時に応じ場合に即し

日本語使いさばき辞典

改訂増補版

あすとろ出版

時に応じ場合に即し

日本語使いさばき辞典

改訂増補版

はしがき

日本語は、語彙《ごい》が非常に豊かです。とりわけ、自然に関する言葉が多彩なことが大きな特徴です。たとえば、身近な「雨」「雪」についての言葉をとりあげてみても、「袖笠雨《そでがさあめ》・小糠雨《こぬかあめ》・篠突《しのつ》く雨《あめ》・繁吹《しぶ》き雨《あめ》・煙雨《えんう》・小夜時雨《さよしぐれ》・漫《そぞ》ろ雨《あめ》・村雨《むらさめ》・私雨《わたくしあめ》・桜雨《さくらあめ》・花《はな》の雨《あめ》・春時雨《はるしぐれ》・菜種梅雨《なたねづゆ》・走《はし》り梅雨《づゆ》・卯《う》の花腐《はなくた》し・五月雨《さみだれ》・麦雨《ばくう》・通《とお》り雨《あめ》・秋霖《しゅうりん》…」「深雪《みゆき》・銀雪《ぎんせつ》・雪華《せっか》・風花《かざはな》・吹雪《ふぶき》・斑雪《はだれゆき》・雪催《ゆきもよ》い・綿雪《わたゆき》・淡雪《あわゆき》・雪消《ゆきげ》・万年雪《まんねんゆき》・牡丹雪《ぼたんゆき》・細雪《ささめゆき》・粉雪《こなゆき》・新雪《しんせつ》・雪明《ゆきあ》かり・銀世界《ぎんせかい》・雪化粧《ゆきげしょう》…」ときりがありません。そのうえ、「ぽつりぽつり・しとしと・ぱらぱら・ざーざー・じとじと・びしょびしょ・ぽたぽた…」等々の独特の擬態語《ぎたいご》・擬音語《ぎおんご》もあって、実ににぎやかです。

自然の言葉が豊かなのは、日本の自然が、地勢的にも気候的にもたいへん変化に富んでいて、古今を通じて、人々がその自然に深い関心を寄せ愛してきた、いわば思い入れと感受性の所産と言えましょう。

また、心情や感情に関する言葉が豊かなのも特徴です。これは、よく言われる日本人の「情の国民性」「恥の文化」に拠ってきたるところが大きいと思われます。平安朝以来の文学の流れをたどってみても、その趨勢《すうせい》が顕著です。

「労働についての言葉」「交際関係の言葉」「家に関する言葉」「道徳意識・美意識から生まれた特有の言葉」が多いのも一つの特色です。

これらの言葉が、やまと言葉（和語）をはじめとして、中国からの漢語、和製の漢語などを入り交えて、長い歴史の中ではぐくまれて、蓄積されてきました。

〝一国の語彙《ごい》体系は、その国民の文化の索引〟と言われます。まさに、日本語は、わたしたちの先人が営々と築き上げてきた大切な文化遺産です。この文化の索引をしっかり継承して、さらに豊かな語彙体系に発展させてゆくことが、わたしたち現代人に課せられた使命だと思います。

この辞典は、日本語の財産を、使いやすい形にまとめた「シソーラス」（単語を意味に拠って分類した用語集）です。日本語の特色を踏まえて、前述の「雨」「雪」の例のような〝言葉の縁戚〟とも〝言葉の星座〟ともいうべき語彙のまとまりの豊かなものに焦点をしぼって、使いたい言葉が、基本的な日常語一二九のキーワードから引けるように編集してあります。そして、〝時に応じ、場合に即し〟て適切な言葉が選び出せるよう、意味から引ける仕組みに組み立ててあります。

言葉の使い手は、よく料理人にたとえられます。達意の言語表現は、材料としての達意の言葉の吟味と活用にかかっています。読者の皆さんが、この辞典を有効に利用して、より充実した日本語の使い手に熟達されんことを祈って止みません。

一九九五年弥生

編者

「改訂増補版」刊行にあたって

初版の刊行から十年、おかげさまで本書は着実に版を重ねてまいりました。日本語を愛している方々、作歌や句作のなかでみずから美しい日本語を伝えていこうとされる方々のあいだに少しずつ本書が浸透してきたことを、まことにうれしく、ありがたく存じております。

このたび、この改訂増補版の刊行に当たりましては、衣食住や健康など、日常生活の語彙を充実させると共に、「ヘルスケア」や「フォーマルウェア」などのように生活の中で定着しているカタカナ語もいくつか取り入れました。

また、「色彩」、「着る」、「料理」といったテーマを新たに加えました。とくに「色彩」については、現代生活にあふれる豊かな色彩を美しい言葉で表現できるよう、カラー口絵と対応させることで色のイメージをとらえやすくしました。

本書がさらに多くの方々にとって日本語を豊かに使いさばく一助とならんことを心より願っております。

二〇〇六年文月

編者

本辞典の構成と利用法

収録語と配列

❶日本語の中で、次の例のような「**言葉の縁戚**」あるいは「**言葉の星座**」とも言える語彙《ごい》のまとまりの多いものを選んで収めました。

例

「楽しい・楽しむ」

愉楽《ゆらく》・悦楽《えつらく》・歓楽《かんらく》・逸楽《いつらく》・遊楽《ゆうらく》・安逸《あんいつ》・偕楽《かいらく》・交歓《こうかん》・合歓《ごうかん》・享楽《きょうらく》・耽楽《たんらく》・偸安《とうあん》・安楽《あんらく》・快《かい》楽《らく》・暢楽《ちょうらく》・興《きょう》・法楽《ほうらく》・一興《いっきょう》・淫楽《いんらく》・御《お》慰《なぐさ》み・哀楽《あいらく》・行楽《こうらく》・快心《かいしん》・快哉《かいさい》・爽快《そうかい》・快適《かいてき》・陶然《とうぜん》・興《きょう》じる・快《こころよ》い・慰《なぐさ》む・心《こころ》行《ゆ》く…

「風」

天《あま》つ風《かぜ》・微風《そよかぜ》・軽風《けいふう》・和風《わふう》・景風《けいふう》・一陣《いちじん》の風《かぜ》・通《とお》り風《かぜ》・疾風《はやて》・陣風《じんぷう》・強風《きょうふう》・勁風《けいふう》・烈風《れっぷう》・狂《きょう》風《ふう》・嵐《あらし》・野分《のわき》・颶風《ぐふう》・旋風《つむじかぜ》・飄風《ひょうふう》・炎風《えんぷう》・清風《せいふう》・清籟《せいらい》・雄風《ゆうふう》・霜風《しもかぜ》・涼風《すずかぜ》・東風《こち》・谷風《こくふう》・南風《はえ》・凱風《がいふう》・薫風《くんぷう》・朔風《さくふう》・朝北《あさきた》・山背《やませ》・颪《おろし》・山籟《さんらい》・深山颪《みやまおろし》・山下風《やましたかぜ》・夕山風《ゆうやまかぜ》・山谷風《やまたにかぜ》・浦《うら》風《かぜ》・浜風《はまかぜ》・沖《おき》つ風《かぜ》・潮風《しおかぜ》・順風《じゅんぷう》・逆風《ぎゃくふう》・暁《ぎょう》風《ふう》・夜嵐《よあらし》・恵風《けいふう》・光風《こうふう》・春嵐《はるあらし》・春一番《はるいちばん》・貝《かい》寄《よ》せ・花風《はなかぜ》・青嵐《あおあらし》・緑風《りょくふう》・凩《こがらし》…

❷検索のためのキーワードとして**基本的な日常語一一二九を見出し語**にし、容易に引けるようにしました。（「分類キーワード目次」「五十音順内容目次」参照）

❸**配列はキーワードの五十音順**としました。

内容の構成

❶各キーワードの縁戚語彙《ごい》は、それぞれの語彙の性格に応じて、たとえば［吹く勢い・様態・性状からみた「風」］［吹く方向・地域などからみた「風」］［春夏秋冬の「風」］［「風」の吹き方の動詞・複合動詞］…のように、**様態・種別・形態・程度・その他のグループに分類**して、検索の第一次目標としました。

❷各グループの中は、**▼に意味内容の簡潔な解説**を示し、その後にその意味内容に相当する単語群を配しました。

❸単語群には、和語・漢語を広く採録するのはもちろん、**作歌・句作などの用**に役立つよう、**ごく基礎的な古語・歌語**も取り上げました。単語には、単一の意味のものと、複数の意味のものとがあり、また、意味の一致するものと、ほぼ同じ意味のもの・近い意味のものなどがありますが、ここでは、一般的に▼に示した意味で使われるものを配置しました。

❹また、たとえば「疾風《はやて》」「早手《はやて》」のように、**同じ読み・同じ意味で文字の違う語**や、「東風」と書いて、同じ内容で「とうふう」「ひがしかぜ」「こち」「こちかぜ」「あゆ」「あい」と**幾通りかの読み方がある語**も、利用の文脈を考慮して列記しました。

❺キーワードの基本語の内容に応じて、「**擬音語《ぎおんご》・擬態語《ぎたいご》**」あるいは「**動詞・形容語**」を例示したものもあります。

❻キーワードの意味内容に関連した「**慣用句**」や「**故事・成語・ことわざ**」があるものには、その主要なものを選んで解説を付け、末尾にのせました。

❼それぞれの単語には、煩《はん》をいとわず、すべて読み仮名をつけました。

❽巻末に、四季・新年の主要な季語を選んで項目別に配列した、「**主要季語選**」をのせました。

この辞典の利用法

❶キーワードの基本語に関連して、こういう意味の言葉というのではなく、ちょっと気の利いた言葉・しゃれた言葉、あるいは和歌・俳句などに使える言葉などを知りたいという場合には、その掲載頁を「分類キーワード目次」か「五十音順内容目次」で調べて、直接該当頁を一覧するとよいでしょう。

❷たとえば、「雲に隠れて、かすんで見える月」をなんと言うか、というように目的的に引く際には、次の段取りで、該当頁を調べると効率的です。

「五十音順内容目次」の「**月**」の項を引く。

⇐

内容見出しの**〈気象・天候などからみた「月」〉**のところと見当を付ける。

当該頁の▼で示された解説を一覧して、**「雲に覆われて、はっきり見えない。淡く光る」**の部分に目を付けて、「朧月《おぼろづき》・朧月《ろうげつ》・淡月《たんげつ》・澹月《たんげつ》」の語を探し当てる。
その中から、文脈の上で適切なものを選ぶ。

目的の言葉以外に、注目するべきものがあるか一覧して、気に入った言葉にマーカーなどでしるしを付けておくか、別にメモしておく。

❸単語の厳密な意味を知りたい場合には、『国語辞典』あるいは『漢和辞典』を援用してください。

❹短歌・俳句をつくる際の「季語」「季節」を調べるには、巻末の「主要季語選」を参考にしてください。

分類キーワード目次

一 自然・自然物・自然現象

❶ 天文・気象

空 361
太陽・日光 372
月 417
星 539
朝夕 064
昼夜 414
雨 069
雪・氷 586
霧・霞・靄 223
雲 228
風 174
寒暖 207
晴れる・晴れ 507

❷ 季節・暦日

春 504
夏 447
秋 061

分類キーワード目次

冬―529
時・年月・期―428

❸―地勢・地理・景観

山―575
野原―471
海・波・潮―114
川・滝―196
谷・崖―391
みち（道・路・途）―562
田畑―399
景色―230

❹―自然物・自然現象

水―554
火―515

音・響き―132
色彩―269

二―からだ・感覚と性格・才能

❶―からだ・感覚・容姿・健康

からだ（全身―180／頭・首―182／髪―183／顔・ひげ―184／目・眉―185／耳―187／鼻―187／口―188／歯―188／息―189／舌―190／肩・背・尻―190／手・腕・指―190／胸・乳房―191／腹・へそ―192／腰―192／足・脚―193／骨・関節・肌・毛・血・便―194）
みる（見・視・観・覧・看・診）―566
聞く・聞こえる―211
声―245
容貌・容姿―593
健やか―324

分類キーワード目次

▶病む・病――579

❷―性格・才能

▶性格・性質――336
▶賢い・愚か――170
▶賢人――236
▶偉人――103
▶第一人者――368

三―行為・動作と心情・感情

❶―行為・動作

▶行う・行い――120
▶まもる・まもり（守・護・衛）――550
▶たすける・たすけ（助・佑・輔・扶）――381
▶努力――440
▶調べる――307
▶あらわす・あらわれる（表・現・顕）――078
▶はじめる・はじめ（始・初）――481
▶改める・改まる――075
▶歩く・歩き――083
▶走る――488
▶座る――331
▶寝る・眠る――462

❷―心情・感情

▶愛・愛する――047
▶親しい・親しむ――288
▶楽しい・楽しむ――393
▶願う・望む――454
▶心配――317
▶尊敬――364

分類キーワード目次

恩―159
笑う・笑い―615
泣く―443
よろこぶ・よろこび(喜・慶・悦)―603
悲しむ・悲しみ―178
驚く・驚き―140
怒る・怒り―125

四―知的活動と言語生活・伝達

❶―意志・認識・思考・学習

意向・意志・意思―098
判断―510
考える・考え(思考・意見)―200
思う・思い―143
知る・分かる―310
学ぶ・習う―546
教える・教え―128

❷―言語生活・伝達

言葉―248
文章―532
書物―294
手紙―421
書く―161
よむ(読・詠)―598
言う―089
のべる(述・陳・宣)―473
話す・話―494
話し合い―490
知らせ―304

五—人生・生活と家族・人間関係

❶—人生・運命・生活・信仰

命—104
生死—348
年齢—466
結婚—232
葬儀—354
幸・不幸—238
運・巡り合せ—117
習わし—450
食べる・飲む—405
料理—606
着る—225
酒—260
住む・住まい—326
祈る・祈り—107
寺社—278

❷—家族・人間関係

夫婦—524
親子—150
兄弟姉妹—219
友人・知人—582
私・私達—613
貴方・貴方がた—067
この人・この人達—254
交際・付き合い—240
礼・礼儀—609
あう(合・会・逢・遇・遭)—051
ほめる(褒・誉)—544
ゆるす・ゆるし(許・免・赦・宥・恕)—590

分類キーワード目次

六―状態・程度と評価・比較

❶―状態・様子・程度

情趣―291
明るい・明らか―056
美しい―111
静か―285
さびしい(寂・淋)―267
栄える・盛ん―256
すぐれる(秀・優・勝)―319
はやい(早・速)―500
はげしい(激・劇・烈)―478

❷―評価・比較

正しい・正す―386
熱心―459
評判―521
原因・結果―234
大小―369
強弱―215
多少―375
増減―356

付―主要季語選

621

五十音順内容目次

愛・愛する――047
◎様態からみた「愛・愛する」047
◎種別からみた「愛・愛する」048
◎「かわいい」の様態からみた「愛」048
◎男女間からみた「愛・愛する」048
◆「愛・愛する」に関する慣用句 050
◆「愛・愛する」に関する故事・成語・ことわざ 050

あう　合・会・逢・遇・遭――051
◎二つ以上のものが一緒になる意の「あう」051
◎互いに顔をあわせる意の「あう」053
◎目上・高貴な人に顔をあわせる意などの「あう」053
◎「あう」に関する動詞・複合動詞 054
◎偶然にあう意の「あう」054
◆「あう」に関する慣用句 054
◆「あう」に関する故事・成語・ことわざ 055

明るい・明らか――056
◎光からみた「明るい・明らか」056
◎あざやか・透明からみた「明るい・明らか」057
◎性格からみた「明るい・明らか」057
◎物事の「明るい・明らか」058
◎知識・学問からみた「明るい・明らか」059
◆「明るい・明らか」に関する慣用句 059
◆「明るい・明らか」に関する故事・成語 060

秋――061
◎暦の上での「秋」061
◎季節・時からみた「秋」061
◎気象・様態などからみた「秋」062
◎農事からみた「秋」063
◎自然と生活からみた「秋」063
◆「秋」に関する慣用句 064
◆「秋」に関する成語・ことわざ 064

五十音順内容目次

朝夕――064

◎時・状況などからみた「朝」 064
◎暦日・季節などからみた「朝」 065
◎「夜明け」に関する動詞・複合動詞 066
◎時・暦日などからみた「夕」 066
◎「日没」に関する動詞・複合動詞 066
◆「朝夕」に関することわざ 067

貴方・貴方がた――067

◎相手が同等か目上のときの「貴方・貴方がた」 067
◎相手が同等以下のときの「貴方・貴方がた」 068
◎特定の人を呼ぶときの「貴方・貴方がた」 068
◎相手が複数のときの「貴方・貴方がた」 069

雨――069

◎雨が降り出しそうな空模様から雨上がりまで 069
◎雨の量・強弱・降り方からみた「雨」 070
◎降るころ・降る様態・降る場所からみた「雨」 071
◎春夏秋冬の「雨」 072
◎人の暮らしと「雨」、「雨」への祈り 073
◎「雨」の擬音語・擬態語・形容語 074
◆「雨」に関する慣用句 075
◆「雨」に関することわざ 075

改める・改まる――075

◎新しく変える意の「改める・改まる」 075
◎直す・吟味の意の「改める・改まる」 076
◆「改める・改まる」に関する慣用句 077
◆「改める・改まる」に関する故事・成語・ことわざ 077

あらわす・あらわれる　表・現・顕――078

◎一般的な言葉からみた「表す・表れる」 078
◎「表す・表れる」に関する動詞・複合動詞 079
◎一般的な言葉からみた「現す・現れる」 080
◎別の言葉で言い換えた「現す・現れる」 080
◎「現す・現れる」に関する動詞・複合動詞 081
◎「現れる」の擬態語 081
◎一般的な言葉からみた「顕す・顕れる」 082
◆「あらわす・あらわれる」に関する慣用句 082

五十音順内容目次

◆「あらわす・あらわれる」に関する故事・成語・ことわざ 083

歩く・歩き——083

◎「歩く・歩き」の様態と歩くための道など 083
◎目的・内容のある「歩く・歩き」 084
◎これといった目的・指向のない「歩く・歩き」 085
◎歩き方と「歩き」の生態 085
◎特殊な「歩く・歩き」 086
◎「歩く・歩き」の擬音語・擬態語・形容語 087
◆「歩く・歩き」に関する慣用句 088
◆「歩く・歩き」に関する成語 088

言う——089

◎発言の態様からみた「言う」 089
◎言い方・話しぶりからみた「言う」 090
◎内容・程度からみた「言う」 091
◎話す相手との関係からみた「言う」 092
◎「言う」の擬音語・擬態語 093
◆「言う」に関する慣用句 094
◆「言う」に関する故事・成語・ことわざ 097

意向・意志・意思——098

◎何かを思っている心「意」の様態 098
◎何かするつもりの考えからみた「意向・意志・意思」 099
◎積極的な志からみた「意志」の様態 101
◆「意向・意志・意思」に関する慣用句 101
◆「意向・意志・意思」に関する故事・成語 102

偉人——103

◎偉大な人物としての「偉人」 103
◎すぐれた人物としての「偉人」 103
◆「偉人」に関する故事・成語 104

命——104

◎寿命と生命からみた「命」 104
◎長らえることからみた「命」 105
◎「命」を懸ける 106
◆「命」に関する慣用句 106
◆「命」に関する故事・成語・ことわざ 107

五十音順内容目次

祈る・祈り――107
◎参拝することからみた「祈る」107
◎拝むの様態からみた「祈る・祈り」108
◎様態と儀式・行事からみた「祈る・祈り」108
◎物を断っての「祈り」109
◎修行からみた「祈り」110
◎しきたりからみた「祈る」110
◆「祈る・祈り」に関する慣用句 110
◆「祈る・祈り」に関する成語 110

美しい――111
◎様態・種別からみた「美しい」111
◎女性の魅力からみた「美しい」112
◆「美しい」に関する慣用句 113
◆「美しい」に関する故事・成語・ことわざ 113

海・波・潮――114
◎広い・大きいからみた「海」114
◎様態からみた「海」114
◎位置・地形からみた「海」114
◎形状・地形からみた「波」115
◎様態・色調からみた「波」115
◎海水の流れと動きからみた「潮」115
◎季節・行事などからみた「海・波・潮」116
◎「波・潮」の擬音語・擬態語 116
◆「海」に関する故事・ことわざ 117

運・巡り合せ――117
◎様態などからみた「運・巡り合せ」117
◎よしあしからみた「運・巡り合せ」118
◎具体的な対象を表した「運・巡り合せ」118
◆「運・巡り合せ」に関する慣用句 118
◆「運・巡り合せ」に関する故事・成語・ことわざ 119

行う・行い――120
◎意識的な行為としての「行う・行い」120
◎道徳の観点からみた「行う・行い」120
◎実践・実行の様態からみた「行う・行い」121
◆「行う・行い」に関する慣用句 123

五十音順内容目次

◆「行う・行い」に関する故事・成語・ことわざ 124

怒る・怒り――125
◎程度・様態からみた「怒る・怒り」 125
◎対象・種類からみた「怒る・怒り」 125
◎「怒る・怒り」を表す動詞 126
◎「怒る・怒り」の擬態語 126
◆「怒る・怒り」に関する慣用句 126
◆「怒る・怒り」に関する故事・成語・ことわざ 128

教える・教え――128
◎教育の様態からみた「教える・教え」 128
◎教師と教え子の関係での「教える・教え」 129
◎善導などからみた「教える・教え」 130
◎宗教の見地からみた「教える・教え」 130
◆「教える・教え」に関する慣用句 131
◆「教える・教え」に関する故事・成語・ことわざ 131

音・響き――132
◎程度・様態からみた「音・響き」 132
◎対象・種別からみた「音・響き」 133
◎「音・響き」に関する動詞・複合動詞 135
◎「音・響き」の擬音語・擬態語 135

驚く・驚き――140
◎様態・程度からみた「驚く・驚き」 140
◎驚かすからみた「驚く・驚き」 140
◎「驚く・驚き」の擬態語 140
◆「驚く・驚き」に関する慣用句 141
◆「驚く・驚き」に関する故事・成語・ことわざ 142

思う・思い――143
◎心の働きの中の「思う・思い」 143
◎心に感じて判断する意からみた「思う・思い」 144
◎心に思い浮かべ、考える意からみた「思う・思い」 145
◎心をひかれ、心を向ける意からみた「思う・思い」 147
◆「思う・思い」に関する慣用句 148

五十音順内容目次

◆「思う・思い」に関する故事・成語・ことわざ 149

親子 150

◎「親」のさまざまな呼称、「親」のつく言葉など 150
◎「祖父」のさまざまな呼称 151
◎「父」のさまざまな呼称 151
◎「祖母」のさまざまな呼称 152
◎「母」のさまざまな呼称 152
◎「子」のさまざまな呼称 154
◎「息子」のさまざまな呼称 154
◎「娘」のさまざまな呼称 155
◎「孫」のさまざまな呼称 156
◆「親子」に関する慣用句・故事・ことわざ 156

恩 159

◎種別から見た「恩」 159
◎めぐむからみた「恩」 160
◎感謝の意からみた「恩」 160
◆「恩」に関する慣用句 160
◆「恩」に関する成語・ことわざ 161

書く 161

◎筆・ペン・鉛筆などで文字を写し出す「書く」 161
◎手段・方法・筆跡などからみた「書く」 163
◎書き方の上手・下手からみた「書く」 165
◎記載する意からみた「書く」 165
◎記録する意からみた「書く」 166
◎文章に関する様態からみた「書く」 167
◎「書く」の動詞・複合動詞 168
◎「書く」の擬態語 169
◆「書く」に関する慣用句 169
◆「書く」に関する故事・成語・ことわざ 170

賢い・愚か 170

◎賢明・聡明の意からみた「賢い」 170
◎鋭敏・小利口の意からみた「賢い」 171
◎様態からみた「愚か」 172
◆「賢い」に関する慣用句 172
◆「賢い」に関する故事・ことわざ 173
◆「愚か」に関する慣用句・成句・ことわざ 173

五十音順内容目次

風――174
◎吹く勢い・様態・性状からみた「風」 174
◎吹く方向・地域などからみた「風」 175
◎春夏秋冬の「風」 176
◎「風」の吹き方の動詞・複合動詞 176
◎「風」の擬音語・擬態語 177
◆「風」に関する慣用句・成語 177

悲しむ・悲しみ――178
◎様態・程度・種類からみた「悲しむ・悲しみ」 178
◎具体的に対象のある「悲しむ・悲しみ」 179
◎「悲しむ・悲しみ」を表す動詞・複合動詞 179
◎「悲しむ・悲しみ」を表す形容詞 179
◆「悲しむ・悲しみ」に関する慣用句 180
◆「悲しむ・悲しみ」に関する故事・成語 180

体――180
◎「全身」に関する主な言葉 180
◎「頭・首」に関する主な言葉 182
◎「髪」に関する主な言葉 183
◎「顔・ひげ」に関する主な言葉 184
◎「目・眉」に関する主な言葉 185
◎「耳」に関する主な言葉 187
◎「鼻」に関する主な言葉 187
◎「口」に関する主な言葉 188
◎「歯」に関する主な言葉 188
◎「息」に関する主な言葉 189
◎「息」に関する擬音語・擬態語 189
◎「舌」に関する主な言葉 190
◎「肩・背・尻」に関する主な言葉 190
◎「手・腕・指」に関する主な言葉 190
◎「胸・乳房」に関する主な言葉 191
◎「腹・へそ」などに関する主な言葉 192
◎「腰」に関する主な言葉 192
◎「足・脚」に関する主な言葉 193
◎「骨・関節・肌・毛・血・便」などに関する主な言葉 194

川・滝――196
◎大小・地形などからみた「川」 196

五十音順内容目次

◎速さ・位置などからみた「川」196
◎様態からみた「川」197
◎種別・名称などからみた「川」197
◎季節・行事からみた「川」198
◎様態からみた「滝」198
◎災害と利用からみた「川」198
◎信仰や伝説からみた「川」199
◎「流れる」の擬音語・擬態語 199
◆「川」に関する成語・ことわざ 200

考える・考え　思考・意見――200

◎あれこれ考えをめぐらせる「考える・考え」200
◎新しい考え、指向性のある「考える・考え」201
◎他との関わりでの「考え」、第三者の「考え」202
◎賢愚・正誤・考え直しなどからみた「考える・考え」202
◎考え・意見の様態からみた「考える・考え」202
◎人生についての見方からみた「考える・考え」203
◎さまざまな様態からみた「考える・考え」204
◎惑うことからみた「考える・考え」205
◆「考える・考え」に関する慣用句 205
◆「考える・考え」に関する故事・成語・ことわざ 206

寒暖――207

◎暖かい・暑いの様態、季節からみた「寒暖」207
◎涼しいの様態・季節からみた「寒暖」208
◎寒冷の様態からみた「寒暖」208
◎寒冷の気候・季節からみた「寒暖」209
◎対語の組み合わせからみた「寒暖」210
◎「寒暖」の擬態語 210
◆「寒暖」に関する慣用句 210
◆「寒暖」に関する故事・ことわざ 210

聞く・聞こえる――211

◎様態・種別などからみた「聞く・聞こえる」211
◎程度からみた「聞く・聞こえる」212
◎評判・話・うわさなどからみた「聞く・聞こえる」212
◎「聞く」の複合動詞 213
◆「聞く・聞こえる」に関する慣用句 214
◆「聞く・聞こえる」に関する故事・ことわざ 215

五十音順内容目次

強弱——215

◎力の優劣からみた「強弱」 215
◎体力の優劣からみた「強弱」 216
◎意志力の優劣からみた「強弱」 216
◎長持ちする・しないの「強弱」 217
◎程度・度合からみた「強弱」 217
◎「強弱」に関連する擬態語・形容語 218
◆「強弱」に関する慣用句 218
◆「強弱」に関する故事・ことわざ 219

兄弟姉妹——219

◎種類・様態からみた「兄弟姉妹」 219
◎一家族の中で年長の男性をいう「兄」 220
◎「兄」のさまざまな呼称 221
◎一家族の中で年長の女性をいう「姉」 221
◎「姉」のさまざまな呼称 221
◎一家族の中で年下の男性をいう「弟」 222
◎「弟」のさまざまな呼称 222
◎一家族の中で年下の女性をいう「妹」 222
◎「妹」のさまざまな呼称 222
◆「兄弟姉妹」に関する故事・ことわざ 223

霧・霞・靄——223

◎様態からみた「霧・霞・靄」 223
◎地域・季節・時からみた「霧・霞・靄」 224
◎「霧・霞」のつく動詞・複合動詞 224
◎「霧・霞・靄」の擬態語 224
◆「霧・霞」に関する成語 225

着る——225

◎動作からみた「着る」 225
◎様態からみた「着る」 225
◎対象から見た「着る」 226
◎作り方・季節からみた「着る」 226
◎「着る」に関する擬音語・擬態語 227
◆「着る」に関する慣用句・ことわざ 227

五十音順内容目次

雲——228
◎様態からみた「雲」228
◎天候・時・季節からみた「雲」229
◎色彩・吉凶からみた「雲」229
◎種別からみた「雲」229
◎「雲」の擬態語 230

景色——230
◎眺めの様態からみた「景色」230
◎季節・地形・時からみた「景色」231
◎遠近と美からみた「景色」231
◆「景色」に関する故事・成語 231

結婚——232
◎形態からみた「結婚」232
◎男性の側からみた「結婚」233
◎女性の側からみた「結婚」233
◎親の側からみた「結婚」233
◎夫婦にとっての「結婚」234
◆「結婚」に関する慣用句 234
◆「結婚」に関する故事・ことわざ 234

原因・結果——234
◎変化をもたらす元の意の「原因」234
◎原因によって生ずる「結果」235
◆「原因・結果」に関する慣用句 235
◆「原因・結果」に関する故事・ことわざ 236

賢人——236
◎聡明な人としての「賢人」236
◎高徳の人としての「賢人」237
◆「賢人」に関する故事・成語 238

幸・不幸——238
◎人の運命の様相からみた「幸」238
◎幸せでない状態としての「不幸」239
◆「幸・不幸」に関する慣用句 239
◆「幸・不幸」に関することわざ 240

五十音順内容目次

交際・付き合い――240
◎種別・程度からみた「交際・付き合い」 240
◎実際の展開からみた「交際・付き合い」 241
◎疎遠・絶交などからみた「交際・付き合い」 242
◆「交際・付き合い」に関する慣用句 242
◆「交際・付き合い」に関する故事・成語・ことわざ 244

声――245
◎性質からみた「声」 245
◎状況・様態からみた「声」 246
◎「声」の擬音語・擬態語 247
◆「声」に関する慣用句 248

言葉――248
◎伝達手段としての「言葉」 248
◎口語・文語などからみた「言葉」 249
◎事理・感情の交じった「言葉」 250
◎挨拶の様態からみた「言葉」 252
◆「言葉」に関する慣用句 253
◆「言葉」に関する故事・成語・ことわざ 253

この人・この人達――254
◎相手が同等か目上のときの「この人・この人達」 254
◎相手が同等か目下のときの「この人・この人達」 255
◎相手が不定の第三者のときの「この人・この人達」 255

栄える・盛ん――256
◎様態からみた「栄える・盛ん」 256
◎勢い・意気などからみた「盛ん」 257
◎事物・人などからみた「盛ん」 257
◎奮起からみた「盛ん」 258
◆「栄える・盛ん」に関する慣用句 258
◆「栄える・盛ん」に関する故事・成語・ことわざ 259

酒――260
◎質量・状態・用途などからみた「酒」 260
◎季節・時期からみた「酒」 261
◎神仏からみた「酒」 261

五十音順内容目次

◎醸造・種別などからみた「酒」 261
◎飲むの様態からみた「酒」 263
◎酔う・酒を飲む人からみた「酒」 264
◎飲む・酔うに関する擬音語・擬態語 265
◆「酒」に関する慣用句 266
◆「酒」に関する故事・成語・ことわざ 266

さびしい　寂・淋 267
◎様態からみた「さびしい」 267
◎具体的に対象のある「さびしい」 268
◎「さびしい」に関する動詞・形容語 268
◆「さびしい」に関する慣用句 268
◆「さびしい」に関する故事・成語 269

色彩 269
◎色と光沢 269
◎赤系の色 270
◎黄系の色 271
◎茶系の色 272
◎緑系の色 273
◎青系の色 274
◎紫系の色 275
◎白・黒系の色 276
◎様態からみた色 277
◆色の付いた慣用句 277
◆色の付いたことわざ・成句 278

寺社 278
◎仏像を安置した建造物「寺」 278
◎僧の呼称からみた「寺」 280
◎種別・呼称などからみた「社」 282
◎奉仕する人びとからみた「社」 284
◆「寺社」に関する故事・ことわざ 285

静か 285
◎物音や声のしない「静か」 285
◎動きや変化の少ない「静か」 286
◎穏やかで、落ち着いたようすの「静か」 286
◎物事の「静か」 287
◎「静か」に関する動詞・形容語 287

◆「静か」に関する慣用句・成語 288

親しい・親しむ―――288
◎程度・様態からみた「親しい・親しむ」288
◎交わり方からみた「親しい・親しむ」289
◎友人・親友などの関係からみた「親しい・親しむ」289
◎男女・夫婦間の「親しい・親しむ」290
◎「親しい・親しむ」に関する動詞・複合動詞 290
◆「親しい・親しむ」に関する慣用句 290
◆「親しい・親しむ」に関する故事・成語 291

情趣―――291
◎おもむき・味わいの様態からみた「情趣」291
◎対象のある味わいの様態からみた「情趣」292
◎奥深いを意味する「情趣」292
◎みやびやかを意味する「情趣」293
◎気配・心地・おもしろ味などを表す「情趣」293
◎「情趣」に関する動詞・形容語 293
◆「情趣」に関する成語 294

書物―――294
◎一般的呼称からみた「書物」294
◎書き表すことを主体としてみた「書物」296
◎型・外観などからみた「書物」296
◎本文の種類からみた「書物」297
◎本文の内容からみた「書物」298
◎全集・叢書などからみた「書物」301
◎教材・辞典などからみた「書物」302
◎流通からみた「書物」303
◆「書物」に関する故事・成語・ことわざ 303

知らせ―――304
◎物事が起こる気配としての「知らせ」304
◎人に知らせる意での「知らせ」305
◆「知らせ」に関する慣用句 306

調べる―――307
◎明確にする意の調査からみた「調べる」307
◎異常・不正・不備の検査からみた「調べる」307

五十音順内容目次

◎悪事・犯罪などからみた「調べる」309
◆「調べる」に関する慣用句 310

知る・分かる――310
◎認識・感知の意からみた「知る・分かる」310
◎理解・精通の意からみた「知る・分かる」311
◎洞察・悟るの意からみた「知る・分かる」312
◎知識・知恵の意からみた「知る・分かる」313
◆「知る・分かる」に関する慣用句 314
◆「知る・分かる」に関する故事・成語・ことわざ 315

心配――317
◎不安・うれえるの意からみた「心配」317
◎思いやり・配慮の意からみた「心配」318
◆「心配」に関する慣用句 318
◆「心配」に関する故事・成語・ことわざ 319

すぐれる　秀・優・勝――319
◎他のものにまさっている意の「すぐれる」319
◎比較することからみた「すぐれる」321
◆「すぐれる」に関する慣用句 322
◆「すぐれる」に関する故事・成語 323

健やか・健康――324
◎体の様態からみた「健やか」324
◎手紙の言葉からみた「健やか」325
◎健康を保つ生活習慣からみた「健やか」325
◆「健やか」に関する擬態語 325
◆「健やか」に関する故事・ことわざ 326

住む・住まい――326
◎形態の相違からみた「住む」326
◎住んでいる場所の意味の「住まい」327
◎人の暮らす建物としての「住まい」327
◎建物の形態からみた「住まい」329
◎機能からみた「住まい」329
◆「住む・住まい」に関する慣用句・故事・成語・ことわざ 330

五十音順内容目次

座る——331
◎形態・状態からみた「座る」 331
◎着席・退席の様態からみた「座る」 332
◎座席の様態からみた「座る」 333
◎神仏関係の座席からみた「座る」 334
◎「座る」の擬態語 335
◆「座る」に関する慣用句・成語 335

性格・性質——336
◎種別からみた人のもつ「性格・性質」 336
◎様態からみた「性質・気質」 337
◎陽気・陰気からみた「性格」 338
◎気が強い・弱いからみた「性格」 339
◎素直・強情からみた「性格」 340
◎善良・卑劣からみた「性格」 341
◎純真・狡猾《こうかつ》からみた「性格」 342
◎温和・粗野からみた「性格」 343
◎無欲・欲張りからみた「性質」 344
◎気長・気短からみた「性格」 344
◎「性格・性質」に関する擬態語 344
◆「性格・性質」に関する慣用句 345
◆「性格・性質」に関する故事・成語・ことわざ 347

生死——348
◎生存・再生からみた「生」 348
◎生命がなくなることの「死」 348
◎自ら死ぬことの「死」 350
◎何らかの原因による「死」 350
◆「生死」に関する慣用句 351
◆「生死」に関する故事・成語・ことわざ 353

葬儀——354
◎様態からみた「葬儀」 354
◆「葬儀」に関する慣用句・故事・ことわざ 355

増減——356
◎ふえる・ふやすの様態からみた「増」 356
◎へる・へらすの様態からみた「減」 357

五十音順内容目次

◎加える・足すなどの様態からみた「増」 358
◎引く・除くなどの様態からみた「減」 359
◎対語の組み合せからみた「増減」と「加減」 360
◆「増減」に関する慣用句・故事・成語・ことわざ 360

空――361
◎とらえ方・広さ・位置からみた「空」 361
◎気象・時からみた「空」 362
◎春夏秋冬の「空」 363
◆「空」に関する慣用句・成語 364

尊敬――364
◎敬うの様態からみた「尊敬」 364
◎敬う・尊ぶ対象の主体からみた「尊敬」 365
◎具体的に動作を表す「尊敬」 365
◎具体的な対象からみた「尊敬」 365
◎「尊敬」に関する動詞・形容詞 367
◆「尊敬」に関する慣用句 367
◆「尊敬」に関する故事・成語・ことわざ 367

第一人者――368
◎その道で実力のある人としての「第一人者」 368
◆「第一人者」に関する故事・成語 369

大小――369
◎形・規模などからみた「大」 369
◎形・規模などからみた「小」 370
◎事の程度などを示す「大小」 371
◆「大小」に関する慣用句 371
◆「大小」に関する故事・成語・ことわざ 371

太陽・日光――372
◎太陽の異称・美称と太陽の光・色など 372
◎朝・昼・夕の「太陽・日光」 372
◎春夏秋冬の「太陽・日光」 373
◎様態と日光の現象からみた「太陽・日光」 373
◎影響・利用などからみた「太陽・日光」 374
◎「太陽・日光」に関する擬態語・形容語 375
◆「太陽・日光」に関する慣用句・故事・ことわざ 375

多少──375
◎数量・分量からみた「多」375
◎「多」に関する擬態語・形容語 376
◎数量・分量からみた「少」377
◎「少」に関する擬態語 378
◎ある基準からみた数量・分量の「多少」378
◎程度・度合からみた「多少」379
◆「多少」に関する慣用句 380
◆「多少」に関する故事・成語 381

たすける・たすけ　助・佑・輔・扶──381
◎一般的な様態を表す「たすける・たすけ」381
◎神仏・人などによる救いを表す「たすける・たすけ」382
◎政治・仕事などの遂行を意味する「たすける・たすけ」382
◎援助・支援などを意味する「たすける・たすけ」383
◎「たすける」に関する動詞 384
◆「たすける・たすけ」に関する慣用句 385
◆「たすける・たすけ」に関する故事・成語・ことわざ 385

正しい・正す──386
◎対語の組み合せからみた「正しい」386
◎道理・公正の意からみた「正しい」386
◎真実・本物の意からみた「正しい」387
◎正式・正味の意からみた「正しい」387
◎整然・正規の意からみた「正しい」388
◎人道・道徳の面からみた「正しい」388
◎改め直す意からみた「正す」389
◎書物や文章を改め直す意からみた「正す」390
◆「正しい・正す」に関する慣用句 391
◆「正しい・正す」に関する故事・成語 391

谷・崖──391
◎地形・自然・様態からみた「谷」391
◎地形・状態などからみた「崖」392

楽しい・楽しむ──393
◎様態・状態などからみた「楽しむ」393
◎様態・状況などからみた「楽しい」394

五十音順内容目次

◎種類・対象からみた「楽しむ・楽しみ」394
◎心楽しいの意を含む快さからみた「楽しい」395
◎楽しみや慰みなどからみた「楽しい」395
◎「楽しい・楽しむ」に関する動詞・形容語 396
◆「楽しい・楽しむ」に関する慣用句 397
◆「楽しい・楽しむ」に関する故事・成語・ことわざ 397

田畑――399

◎耕地・耕作からみた「田畑」399
◎地形・大小・様態などからみた「田」399
◎耕作からみた「田」400
◎地形・耕作などからみた「畑」401
◎歴史からみた「田畑」401
◎神仏・祭祀などからみた「田畑」404
◆「田畑」に関することわざ 404

食べる・飲む――405

◎行為・行動からみた「食べる」405
◎形態・習慣などからみた「食べる」406
◎食の対象からみた「食べる」408
◎「食べる」に関する擬音語・擬態語 410
◎行為・行動からみた「飲む」410
◎対象別にみた「飲む」411
◎「飲む」に関する擬音語・擬態語 411
◆「食べる・飲む」に関する慣用句 412
◆「食べる・飲む」に関する故事・成語・ことわざ 413

昼夜――414

◎時・様態からみた「昼」414
◎時・日にちなどからみた「夜」414
◎状態・状況からみた「夜」415
◎暦・行事からみた「夜」416
◎春夏秋冬の「昼夜」416
◆「昼夜」に関する慣用句・ことわざ 417

月――417

◎「月」の異称・美称と「月」の満ち欠け、光など 417
◎陰暦との関係からみた「月」418
◎気象・天候などからみた「月」419
◎時間の推移に伴う「月」420

五十音順内容目次

◎様態・種類からみた「月」 420
◆「月」に関する慣用句・成語 421

手紙―――421

◎性質・性格からみた「手紙」 421
◎形式・形態からみた「手紙」 423
◎書かれる内容・目的からみた「手紙」 423
◎本文の書き出しの語からみた「手紙」 424
◎本文の結びの語からみた「手紙」 424
◎送る相手の呼称からみた「手紙」 425
◎宛名に書き添える語からみた「手紙」 425
◎本文に付け足すことからみた「手紙」 426
◎封緘語《ふうかんご》からみた「手紙」 426
◎人間の行為との関連でみた「手紙」 426
◆「手紙」に関する慣用句・故事・ことわざ 427

時・年月・期―――428

◎比較的短い時を表す「時・時間」 428
◎あることの寸前からついでまでの「時・時間」 429
◎主体的な行為との関係からみた「時」 430
◎さまざまな状況での「時刻」 431
◎昔使われた呼称からみた「時刻・時間」 432
◎時の移ろいの中の「日」 433
◎時の移ろいの中の「月」 434
◎陰暦による呼称の「月」 434
◎時の移ろいの中の「年」 435
◎さまざまな状況での「長い時の流れ」 436
◎ある限られた時の「時期・期間」 437
◆「時・年月・期」に関する慣用句 439
◆「時・年月・期」に関する故事・成語・ことわざ 440

努力―――440

◎励む・尽力からみた「努力」 440
◎苦労・忍耐からみた「努力」 441
◆「努力」に関する慣用句 442
◆「努力」に関する故事・成語・ことわざ 442

泣く―――443

◎泣き方の様態からみた「泣く」 443
◎涙の様態からみた「泣く」 445

五十音順内容目次

◎「泣く」の擬音語・擬態語 446
◆「泣く」に関する慣用句 446
◆「泣く」に関する故事・ことわざ 447

夏――447

◎暦の上での「夏」 447
◎季節・時からみた「夏」 448
◎気象・様態などからみた「夏」 448
◎自然と生活からみた「夏」 449
◆「夏」に関する慣用句・故事・ことわざ 450

習わし――450

◎生活様式などからみた「習わし」 450
◎儀式・行事などからみた「習わし」 452
◎物事の行い方などからみた「習わし」 452
◆「習わし」に関する故事・ことわざ 453

願う・望む――454

◎神仏への願いの様態からみた「願う」 454
◎一般的な願いの種類・様態からみた「願う」 455
◎役所などに申請する「願い」 455
◎望みの種類・様態からみた「望む・望み」 455
◎希求の意からみた「望む」 456
◎願い依頼する意からみた「願う」 456
◎「願う・望む」に関する動詞・助動詞など 457
◆「願う・望む」に関する慣用句 457
◆「願う・望む」に関する故事・成語・ことわざ 458

熱心――459

◎情熱・意欲の意からみた「熱心」 459
◎熱中・夢中の意からみた「熱心」 459
◎物事を行う意からみた「熱心」 460
◎「熱心」に関する擬態語・形容語 460
◆「熱心」に関する慣用句 461
◆「熱心」に関する故事・成語 461

寝る・眠る――462

◎体を横にするの意からみた「寝る」 462
◎睡眠の様態からみた「眠る」 463

五十音順内容目次

◎共に寝るの意からみた「寝る」 464
◎病床につくの意からみた「寝る」 464
◎「寝る・眠る」の擬音語・擬態語 464
◆「寝る・眠る」に関する慣用句 465
◆「寝る・眠る」に関する故事・成語・ことわざ 466

年齢―――466

◎幼長・様態などからみた「年齢」 466
◎年齢層の呼称・事柄からみた「年齢」 467
◎特定の呼称からみた「年齢」 469
◆「年齢」に関する慣用句 470
◆「年齢」に関する故事・成語・ことわざ 470

野原―――471

◎地形・季節からみた「野原」 471
◎植物からみた「野原」 472
◎様態からみた「野原」 473

のべる　述・陳・宣―――473

◎順を追って説く意などの「述べる」 473
◎主に文章で記す意の「述べる・叙べる」 474
◎主張する・申し立てる意の「陳べる・申べる」 475
◎行き渡らせる意の「宣べる」 476
◎「のべる」を意味する動詞・複合動詞 476
◆「のべる」に関する慣用句 477
◆「のべる」に関する故事・成語 477

はげしい　激・劇・烈―――478

◎勢いが強い意を表す「はげしい」 478
◎甚だしい・ひどいの意を表す「はげしい」 478
◎厳しいの意を表す「はげしい」 479
◎気性・行動などからみた「はげしい」 479
◎励ます・急になどの意を表す「はげしい」 480
◎「はげしい」に関する動詞・形容語 480
◆「はげしい」に関する慣用句・故事・成語 481

五十音順内容目次

はじめる・はじめ　始・初――481
◎行動を起こすことを意味する「はじめる」481
◎物事の早い段階を意味する「はじめ」482
◎何のという対象のある「はじめ」483
◎物事の起こりを意味する「はじめ」485
◎「はじめる・はじめ」に関する動詞・副詞など485
◆「はじめる・はじめ」に関する慣用句486
◆「はじめる・はじめ」に関する故事・成語・ことわざ487

走る――488
◎動作・行為からみた「走る」488
◎逃げるの意からみた「走る」489
◎事物が自由に動くの意からみた「走る」489
◎「走る」の擬態語490
◆「走る」に関する慣用句490
◆「走る」に関する故事・成語490

話し合い――490
◎相談の意からみた「話し合い」490
◎会議の意からみた「話し合い」491
◎議論の意からみた「話し合い」492
◆「話し合い」に関する慣用句493
◆「話し合い」に関する故事・成語493

話す・話――494
◎発言の意からみた「話す・話」494
◎談話の意からみた「話す・話」495
◎話す内容からみた「話」496
◎文学・話芸などからみた「話」497
◆「話す・話」に関する慣用句498
◆「話す・話」に関する故事・成語・ことわざ499

はやい　早・速――500
◎速度からみた「はやい」500
◎時期・時からみた「はやい」501
◎動作・行為からみた「はやい」501
◆「はやい」に関する慣用句503
◆「はやい」に関する故事・成語・ことわざ503

五十音順内容目次

春―――504
◎暦の上での「春」 504
◎季節・時からみた「春」 504
◎気象・様態などからみた「春」 505
◎自然と生活からみた「春」 506
◆「春」に関する故事・成語・ことわざ 506

晴れる・晴れ―――507
◎天候からみた「晴れる・晴れ」 507
◎春夏秋冬の「晴れる・晴れ」 508
◎わだかまりや疑いが解ける意の「晴れる・晴れ」 508
◎褻晴《けは》れの意からみた「晴れ」 509
◎「晴れる・晴れ」に関する擬態語・形容語 509
◆「晴れる・晴れ」に関する慣用句 509
◆「晴れる・晴れ」に関する成語 510

判断―――510
◎評価・評定の意からみた「判断」 510
◎識別の意からみた「判断」 511
◎決定・決断の意からみた「判断」 512
◎裁定・解決の意からみた「判断」 513
◆「判断」に関する慣用句 514
◆「判断」に関する成語・ことわざ 515

火―――515
◎強弱・様態からみた「火」 515
◎火事からみた「火」 516
◎種別からみた「火」 517
◎神・仏・信仰からみた「火」 519
◎「燃焼」に関する動詞・複合動詞 519
◎「燃焼」に関する擬音語・擬態語 520
◆「火」に関する慣用句 520
◆「火」に関することわざ 521

評判―――521
◎うわさ・世評からみた「評判」 521
◎人気・名声からみた「評判」 522
◎流布などからみた「評判」 523
◆「評判」に関する慣用句 523

五十音順内容目次

◆「評判」に関する故事・成語・ことわざ 524

夫婦——524

◎結婚した男女をいう「夫婦」の様態 524
◎夫婦のうちの男性をいう「夫」の様態 525
◎夫婦のうちの女性をいう「妻」の様態 526
◆「夫婦」に関する慣用句・故事・成語・ことわざ 528

冬——529

◎暦の上での「冬」 529
◎季節からみた「冬」 530
◎気象・様態などからみた「冬」 530
◎自然と生活からみた「冬」 531
◆「冬」に関する故事・ことわざ 531

文章——532

◎一般的な意味、執筆された「文章」 532
◎形態からみた「文章」 532
◎内容からみた「文章」 534
◎分野別からみた「文章」 535
◎全体・前・途中・終わりでの「文章」 536
◎内容の程度、よしあしからみた「文章」 536
◎体裁や文体からみた「文章」 537
◆「文章」に関する故事・成語・ことわざ 538

星——539

◎様態からみた「星」 539
◎種別からみた「星」 541
◎主な星座・星団からみた「星」 542
◎陰陽道・星占いからみた「星」 542
◎時・星の明かり・伝承からみた「星」 543

ほめる　褒・誉——544

◎行為としてみた「ほめる」 544
◎対象との関係からみた「ほめる」 545
◆「ほめる」に関する慣用句・故事・成語 546

五十音順内容目次

学ぶ・習う――546
◎教えを受ける様態からみた「学ぶ・習う」 546
◎勉学の様態からみた「学ぶ・習う」 547
◎修行の様態からみた「学ぶ・習う」 547
◎練習・稽古などの様態からみた「学ぶ・習う」 548
◎仏道・芸道からみた「学ぶ・習う」 548
◎「学ぶ・習う」に関する動詞・複合動詞 548
◆「学ぶ・習う」に関する慣用句 549
◆「学ぶ・習う」に関する故事・成語・ことわざ 549

まもる・まもり　守・護・衛――550
◎守備・防衛からみた「まもる・まもり」 550
◎守護・看護などからみた「まもる・まもり」 552
◎遵守・固執などからみた「まもる・まもり」 553
◆「まもる・まもり」に関する慣用句・故事 554

水――554
◎性質・用途などからみた「水」 554
◎場所・状況からみた「水」 556
◎人の暮らしからみた「水」 557
◎変化・変形からみた「水」 558
◎春夏秋冬の「水・露・霜」 559
◎「水」に関する動詞・複合動詞 559
◎「水」の流れ・湿気などの擬音語・擬態語 560
◆「水」に関する慣用句・故事・成語・ことわざ 561

みち　道・路・途――562
◎地形・位置からみた「みち」 562
◎大小・広狭・様態などからみた「みち」 563
◎管理・敷設からみた「みち」 565
◎空・海・川からみた「みち」 565
◆「みち」に関する成語 566

みる　見・視・観・覧・看・診――566
◎動作・方角からみた「みる」 566
◎態度・様態からみた「みる」 567
◎状況・対象からみた「みる」 568
◎見物の意からみた「みる」 568
◎見守る・見張るの意からみた「みる」 569

五十音順内容目次

◎見抜く・洞察の意からみた「みる」 569
◎「みる」の敬語・謙譲語など 570
◎医者が患者を調べる意の「みる」 570
◎「みる」の擬態語・副詞など 571
◎「みる」に関する主な動詞・複合動詞 571
◆「みる」に関する慣用句 572
◆「みる」に関する故事・成語・ことわざ 574

山 ―― 575
◎高低・形状からみた「山」 575
◎位置・地形・名称からみた「山」 576
◎季節・時・色彩からみた「山」 577
◎様態からみた「山」 577
◎信仰・伝説からみた「山」 578
◆「山」に関する慣用句 579

病む・病 ―― 579
◎体の異変からみた「病む・病」 579
◎様態からみた「病む・病」 579
◎療養や治療からみた「病む・病」 580
◆「病む・病」に関する慣用句 581
◆「病む・病」に関する故事・成語・ことわざ 581

友人・知人 ―― 582
◎親しくしている人からみた「友人」 582
◎付き合い方の深浅による「知人」 584
◆「友人・知人」に関する慣用句 584
◆「友人・知人」に関する故事・成語 585

雪・氷 ―― 586
◎様態・性状などからみた「雪」 586
◎大小・降雪量などからみた「雪」 587
◎季節・時期などからみた「雪」 588
◎様態・成因などからみた「氷」 588
◆「雪」に関する擬音語・擬態語 589
◆「雪」に関する故事・ことわざ 590

ゆるす・ゆるし　許・免・赦・宥・恕 ―― 590
◎一般的な意味からみた「ゆるす・ゆるし」 590

◎罪や過失を意味する「ゆるす・ゆるし」 591
◎心の広さ・寛大さを意味する「ゆるす・ゆるし」 591
◎要求を聞き入れ認める意の「ゆるす・ゆるし」 591
◎「ゆるす・ゆるし」に関する動詞・複合動詞 592
◆「ゆるす・ゆるし」に関する慣用句 592
◆「ゆるす・ゆるし」に関する成語 593

容貌・容姿 593
◎美醜からみた「容貌・容姿」 593
◎喜怒哀楽からみた「容貌・容姿」 595
◎状況からみた「容貌・容姿」 596
◆「容貌・容姿」に関する慣用句 597
◆「容貌・容姿」に関する成語・ことわざ 597

よむ　読・詠 598
◎様態からみた「読む」 598
◎書物・文字・経からみた「読む」 599
◎詩歌からみた「詠む」 600
◎「読む・詠む」の複合動詞 601
◆「よむ」に関する故事・成語・ことわざ 602

よろこぶ・よろこび　喜・慶・悦 603
◎状態・様態からみた「よろこぶ・よろこび」 603
◎程度からみた「よろこぶ・よろこび」 604
◎祝い事・慶事からみた「よろこぶ・よろこび」 604
◎「よろこぶ・よろこび」に関する動詞・形容詞 605
◎「よろこぶ・よろこび」に関する擬態語 605
◆「よろこぶ・よろこび」に関する慣用句 605
◆「よろこぶ・よろこび」に関する故事・成語・ことわざ 606

料理 606
◎行為・行動からみた「料理」 606
◎味を調えることからみた「料理」 607
◎様態からみた「料理」 608
◎味からみた「料理」 608
◎「料理」に関する擬音語・擬態語 608
◆「料理」に関する慣用句・ことわざ 609

礼・礼儀 609
◎感謝の意を表す言葉や金品からみた「礼」 609

五十音順内容目次

◎敬意を表す作法からみた「礼儀」 610
◎敬意を表す拝礼からみた「礼」 611
◆「礼・礼儀」に関する慣用句 612
◆「礼・礼儀」に関する故事・成語・ことわざ 612

私・私達 613

◎自分のさまざまな呼称の「私」 613
◎自分達のさまざまな呼称の「私達」 614
◆「私」に関する慣用句・成語 614

笑う・笑い 615

◎状態・様態からみた「笑う・笑い」 615
◎程度からみた「笑う・笑い」 615
◎種別からみた「笑う・笑い」 616
◎笑のつく別義からみた「笑い」 616
◎「笑う・笑い」に関する動詞・複合動詞 617
◎「笑う・笑い」の擬音語・擬態語 617
◆「笑う・笑い」に関する慣用句 618
◆「笑う・笑い」に関する故事・成語・ことわざ 619

愛《あい》・愛《あい》する

様態からみた「愛・愛する」

▼いとおしく大切に思う
愛《あい》する・愛《め》でる・慈《いつく》しむ・愛《うつく》しむ・慈《うつく》しむ・愛《いと》しむ・愛《いと》おしむ・可愛《かわい》がる

▼愛する心
愛情《あいじょう》・情愛《じょうあい》・愛念《あいねん》

▼いつくしみ愛する
慈愛《じあい》・慈愛《うつくしみ》・慈愛《うつくしび》

▼めぐみいつくしむ
仁愛《じんあい》・恵愛《けいあい》・情《じょう》・恩愛《おんあい》・思《おも》い遣《や》り

▼いつくしみあわれむ
愛憐《あいれん》・憐愛《れんあい》

▼愛し慕う　愛慕《あいぼ》

▼親しみ愛する　親愛《しんあい》・親眷《しんけん》

▼非常に
愛《め》で覆《くつがえ》る・鍾愛《しょうあい》・至愛《しあい》・切愛《せつあい》・熱愛《ねつあい》・渇愛《かつあい》

▼特別に
時《とき》めかす・寵《ちょう》・寵愛《ちょうあい》・寵《ちょう》眷《けん》・殊寵《しゅちょう》・嬖愛《へいあい》・寵《ちょう》す

▼目を掛けて引き立てる
愛顧《あいこ》・眷顧《けんこ》・殊眷《しゅけん》・殊遇《しゅぐう》・眷愛《けんあい》・贔屓《ひいき》・贔負《ひいき》

▼大切にかわいがる　愛玩《あいがん》

▼深く　深愛《しんあい》

▼最も　最愛《さいあい》

▼真心を尽くして　忠愛《ちゅうあい》

▼尊敬し　敬愛《けいあい》・畏愛《いあい》

▼広く平等に
博愛《はくあい》・汎愛《はんあい》・兼愛《けんあい》

▼愛にひかれて思い切れない
愛《お》しむ・愛着《あいじゃく》・愛著《あいじゃく》・愛《あい》着《ちゃく》・愛惜《あいせき》・愛執《あいしゅう》

▼愛着をもって大切にする　惜愛《せきあい》

▼むやみに
溺愛《できあい》・盲愛《もうあい》・愛《め》で痴《し》る・猫《ねこ》可愛《かわい》がり

▼貪欲《どんよく》に愛し、それにとらわれる
愛染《あいぜん》・煩悩《ぼんのう》

▼ひそかに　私愛《しあい》

▼片寄って　偏愛《へんあい》・専愛《せんあい》

▼信用して　信愛《しんあい》

▼なでて　愛撫《あいぶ》

▼かわいがり保護する　愛護《あいご》

▼なぐさみものにする
弄《いじ》る・弄《もてあそ》ぶ・玩《もてあそ》ぶ・翫《もてあそ》ぶ・嫐《なぶ》る

▼憎むことと愛すること
憎愛《ぞうあい》・愛憎《あいぞう》

愛・愛する

種別からみた「愛・愛する」

▼自らを
自愛《じあい》・自己愛《じこあい》・自重《じちょう》

▼身近な人びとへの　隣人愛《りんじんあい》

▼子に対する母の　母性愛《ぼせいあい》

▼子に対する父の　父性愛《ふせいあい》

▼子に対する親の　子煩悩《こぼんのう》

▼親がかわいがっている子
愛児《あいじ》・愛子《あいし》・愛し子《いとしご》

▼友人に対する
友愛《ゆうあい》・友情《ゆうじょう》・友誼《ゆうぎ》

▼自分より他人の利益や幸福を願う
他愛《たあい》・愛他《あいた》・利他《りた》

▼故人が愛したこと。また、そのもの
遺愛《いあい》

▼君主が内々に　内寵《ないちょう》

▼君主から受ける　君寵《くんちょう》・君愛《くんあい》

▼天子のいつくしみ　天寵《てんちょう》

▼昔の事物を好む　好古《こうこ》

▼愛読している本
愛書《あいしょ》・愛読書《あいどくしょ》

▼故郷を愛する　愛郷《あいきょう》

▼国を　愛国《あいこく》

▼好んで使う　愛用《あいよう》

▼歌などを好んで歌う　愛唱《あいしょう》

▼詩歌などを好んで口ずさむ
愛誦《あいしょう》・愛吟《あいぎん》

▼物を大切にしまう
愛蔵《あいぞう》・秘蔵《ひぞう》

▼惜しいものを省略する　割愛《かつあい》

「かわいい」の様態からみた「愛」

▼小さくて、いじらしくほほえましい
可憐《かれん》・愛愛《あいあい》しい・愛《あい》らしい・可愛《かわい》・可愛《かわい》い・かわゆらしい・かわゆい・愛《いと》しい・可《か》愛《わい》らしい・懐《なつ》かしい・しおらしい・いじらしい・美《うつく》しい・愛《うつく》し・愛《かな》し・あどけない・あどなし・あどけなし

▼にこやかで
愛嬌《あいきょう》・愛敬《あいきょう》・愛敬《あいぎょう》

▼非常に
愛《あい》くるしい・愛《あい》くろし

▼小さくて
幼気《いたいけ》・幼気《いたいけ》ない

▼ふっくらとかわいいさま
ほちゃほちゃ・ぽちゃぽちゃ

男女間からみた「愛・愛する」

愛・愛する

▼恋心を抱く
見初《みそ》める・見初《みそ》む・ときめく・恋《こい》に落《お》ちる

▼はじめて恋仲になる
馴《な》れ初《そ》める・馴《な》れ初《そ》む

▼異性に関心がある
思《おぼ》し召《め》し・気《き》がある・憧《あこが》れる

▼男女間の愛情
恋《こい》・恋愛《れんあい》・愛恋《あいれん》・思《おも》い・情《じょう》・愛《あい》・ラブ・ロマンス

▼恋い慕う
恋慕《れんぼ》・懸想《けそう》・恋《こい》する・愛《あい》する・惚《ほ》れる・ほの字《じ》

▼恋い慕う心
思慕《しぼ》の情《じょう》・慕情《ぼじょう》・恋情《れんじょう》・恋心《こいごころ》・愛情《あいじょう》・情《なさ》け

▼深く重い恋心のたとえ
恋河《こいかわ》・恋風《こいかぜ》・恋《こい》の奴《やっこ》・恋《こい》の重荷《おもに》

▼恋を、いつも身から離さない衣にたとえて
恋衣《こいごろも》

▼異性に強くひかれる
首《くび》っ丈《たけ》・頸《くび》っ丈《たけ》・執心《しゅうしん》・恋着《れんちゃく》・べた惚《ぼ》れ・惚《ほ》れ込《こ》む

▼恋い慕ってもだえる
焦《こ》がれる・思《おも》い焦《こ》がれる・恋《こ》い焦《こ》がれる・眷恋《けんれん》

▼恋のため病気になったような状態
恋《こい》の病《やまい》・恋煩《こいわずら》い・恋患《こいわずら》い・狂恋《きょうれん》

▼愛を求める　求愛《きゅうあい》

▼恋が成就する　得恋《とくれん》

▼心の中で思う　下恋《したごい》

▼初めての　初恋《はつこい》

▼純粋な　純愛《じゅんあい》

▼純粋で精神的な
プラトニックラブ

▼思い乱れた　乱《みだ》れ恋《ごい》

▼互いに愛し合う
相思《そうし》・相愛《そうあい》・相惚《あいぼ》れ・諸恋《もろごい》・相思相愛《そうしそうあい》・両思《りょうおも》い

▼夫婦が相手を慕う
夫恋《つまごい》・妻恋《つまごい》

▼一方だけが恋い慕う
片思《かたおも》い・片恋《かたこい》

▼恋の競争相手　恋仇《こいがたき》・恋敵《こいがたき》

▼気まぐれな恋心
徒情《あだなさ》け・仇情《あだなさ》け

▼他の異性に心を移す
浮気《うわき》・蹌踉《よろ》めく

▼他人の恋人をひそかに慕う
岡惚《おかぼ》れ・傍惚《おかぼ》れ・横恋慕《よこれんぼ》

▼道にはずれた恋　邪恋《じゃれん》・不倫《ふりん》

▼男女間の情愛に関すること
情事《じょうじ》・色《いろ》・色事《いろごと》・色恋《いろこい》・色道《しきどう》・濡《ぬ》れ事《ごと》・艶《つや》・艶事《つやごと》・粋事《いきごと》

▼演劇などで情事を演じる場面
濡《ぬ》れ場《ば》・ラブシーン

愛・愛する

▼男女間の本能的な
愛欲《あいよく》・愛慾《あいよく》・性愛《せいあい》・欲望《よくぼう》・情欲《じょうよく》・性欲《せいよく》
▼火のように激しい情欲
情火《じょうか》・情炎《じょうえん》
▼恋が破れる　失恋《しつれん》
▼未練がましいさま　恋恋《れんれん》
▼悲しい恋　悲恋《ひれん》
▼思いを寄せる。または、寄せた相手
恋人《こいびと》・彼《かれ》・彼氏《かれし》・彼女《かのじょ》

「愛・愛する」に関する慣用句

[秋風《あきかぜ》が吹《ふ》く]
男女間で愛情がさめること。「秋」を「飽き」にかけて言う。《類》「秋《あき》風《かぜ》が立《た》つ」

[思《おも》いを懸《か》ける]
恋い慕う。また、望みをかけること。

[思《おも》いを寄《よ》せる]
異性に恋心をいだく。

[心《こころ》を寄《よ》せる]
ある人を恋い慕う。

[子《こ》は鎹《かすがい》]（⇒「親子《おやこ》」一五八ページ）

[子故《こゆえ》の闇《やみ》]
子どもに対する愛にひかれて迷い、親が思慮分別を失うこと。

[情《じょう》が移《うつ》る]
ふだん接しているうちに、段段と愛情を感じるようになること。

[情《じょう》が深《ふか》い]
愛する気持ちがふつうではない。《類》「情《じょう》が厚《あつ》い」

[蝶《ちょう》よ花《はな》よ]
子どもを非常にかわいがって育てるようす。

[胸《むね》を焦《こ》がす]
恋い慕ってもだえ苦しむ。《類》「身《み》を焦《こ》がす」「身《み》を焼《や》く」

[目《め》の中《なか》に入《い》れても痛《いた》くない]
非常にかわいがっているようす。

「愛・愛する」に関する故事・成語・ことわざ

[愛《あい》は屋烏《おくう》に及《およ》ぶ]
人を愛すれば、その家の屋根の烏まで好きになるほど、その人に関するものすべてに愛情が及ぶことのたとえ。《類》「痘痕《あばた》も靨《えくぼ》」「惚《ほ》れた欲目《よくめ》」

[一視同仁《いっしどうじん》]
すべての人を平等に扱い、同じように愛すること。

[恋《こい》に上下《じょうげ》の隔《へだ》てなし]
恋することは、人間の本性に根ざしたものであって、人の身分や地位の上下によって左右されるものではないの意。

[恋《こい》の病《やまい》に薬《くすり》なし]
恋の病は、いわゆる病気ではないか

ら、それを治す薬などはないの意。

[恋《こい》は思案《しあん》の外《ほか》]
恋は、常識や理性では考え及ばないもので、とりこになれば思慮分別も失ってしまうものだということ。

[近惚《ちかぼ》れの早飽《はやあ》き]
惚れっぽくて、すぐに飽きる性格のこと。または、そのような人。惚れやすい人は飽きやすいものだという意味でも使う。「近惚れ」は惚れやすいこと。《類》「早《はや》好《ず》きの早《はや》飽《あ》き」

[落花《らっか》流水《りゅうすい》]
男女がお互いに慕い合うことのたとえ。落花に流水と共に流れたい気持ちがあり、一方、流水には落花を浮かべて流れたい情があるの意から。

あう
……合・会・逢・遇・遭

二つ以上のものが一緒になる意の「あう」

▼あわさって一つになる
合《あ》う・合《がっ》す・合《あ》わさる・合《ごう》・合一《ごういつ》・合体《がったい》・合同《ごうどう》・結合《けつごう》・コンビネーション

▼二つ以上のものを一つにする
合併《がっぺい》・併合《へいごう》

▼二つ以上のものが一つの組織・団体になる
連合《れんごう》・聯合《れんごう》

▼別々のものを一つにまとめる
総合《そうごう》・綜合《そうごう》・統合《とうごう》

▼ある条件・事情によく当てはまる
ぴったり・合致《がっち》・ぴたり・吻合《ふんごう》・契合《けいごう》・符合《ふごう》・一致《いっち》・適合《てきごう》・マッチ・フィット

▼一つに集めてまとめる
糾合《きゅうごう》・鳩合《きゅうごう》

▼整い、一致する　整合《せいごう》

▼よくその場にあっている
調和《ちょうわ》・ハーモニー

▼二つのものを比べ調べる
照合《しょうごう》・照《て》らし合《あ》わす・照《て》らし合《あ》わせる・照《て》り合《あ》わせる

▼二つの物事が互いに関連して対応しあっている
照応《しょうおう》・照《て》り合《あ》う

▼とけて一つになる
溶《と》け合《あ》う・解《と》け合《あ》う・融《と》け合《あ》う・融合《ゆうごう》・解《と》け合《あ》い

▼つなぎあわせる　接合《せつごう》

▼偶然に物事が　暗合《あんごう》

▼一か所に集まる

あう……合・会・逢・遇・遭

集合《しゅうごう》・寄《よ》り合《あ》い・集《あつ》まり
▼離れたり集まったりする
離合《りごう》・集散《しゅうさん》・聚散《しゅうさん》
▼二つ以上の川、団体があわさる
合流《ごうりゅう》
▼多くの人が一緒に歌う
合唱《がっしょう》・コーラス
▼目的をもって多くの人が同じ宿に泊まる
合宿《がっしゅく》
▼いくつかの数をまとめて数える
合計《ごうけい》・合算《がっさん》
▼混じり　混合《こんごう》
▼二つ以上のものを組みあわせる
配合《はいごう》
▼二つ以上のものをあわせて一つのものをつくる
合成《ごうせい》
▼互いに性格がよく
合性《あいしょう》・相性《あいしょう》・性合《しょうあ》い

▼互いに意気・心が
投合《とうごう》・合意《ごうい》・情合《じょうあ》い
▼互いの話が　口合《くちあ》い・合口《あいくち》
▼よく話し　談合《だんごう》・相談《そうだん》
▼互いに仲よくする　和合《わごう》
▼抱き　抱合《ほうごう》・抱擁《ほうよう》
▼傷口が治ってふさがる　癒合《ゆごう》
▼傷口などを縫いあわせる　縫合《ほうごう》
▼二つ以上の物質があわさって別の物質になる
化合《かごう》・化合物《かごうぶつ》
▼二つ以上の国をあわせて一つの国とする
合邦《がっぽう》
▼薄い板を張りあわせた板　合板《ごうはん》
▼二種類以上の薬品を調合した薬
合剤《ごうざい》
▼複数の楽器で同じ曲を演奏する
合奏《がっそう》・アンサンブル
▼共同して作る

合作《がっさく》・コラボレーション
▼両手をあわせて礼拝する
合掌《がっしょう》
▼数冊の本を一冊にまとめる
合本《がっぽん》
▼数巻の草双紙を一冊にまとめたもの
合巻《ごうかん》
▼多くのものが集まって一つになるさま
翕然《きゅうぜん》
▼音楽の音律などがよく　翕如《きゅうじょ》
▼毛抜きの先をあわせるように、ぴったりあわせる
毛抜《けぬ》き合《あわ》せ
▼釣りあいがとれている
見合《みあ》う・似合《にあ》う・釣《つ》り合《あ》う・釣《つ》り合《あ》い・プロポーション・見合《みあ》い・似合《にあ》い・均衡《きんこう》・権衡《けんこう》・平衡《へいこう》・平均《へいきん》・相応《そうおう》
▼手で寄せる　掻《か》き合《あ》わせる

あう……合・会・逢・遇・遭

互いに顔をあわせる意の「あう」

▼互いに顔をあわす
面会《めんかい》・対面《たいめん》・面接《めんせつ》・対顔《たいがん》
▼初めて顔をあわす
初会《しょかい》・生面《せいめん》・初対面《しょたいめん》・一見《いちげん》
▼呼び寄せて
引見《いんけん》・引接《いんせつ》・接見《せっけん》・延見《えんけん》・召見《しょうけん》
▼迎えて　歓迎《かんげい》・奉迎《ほうげい》
▼外に出て人に
出会《しゅっかい》・出合《であ》い・出会《であ》い・遭《そう》逢《ほう》・出《い》で合《あ》い
▼他人に顔をあわせる　顔向《かおむ》け
▼人を他人に引きあわせる　引接《いんせつ》
▼その場に出席して　立《た》ち会《あ》い
▼一か所であうことを決めて
落《お》ち合《あ》い・待《ま》ち合《あわ》せ

▼客に　対客《たいかく》・対客《たいきゃく》
▼後日また　後会《こうかい》・再会《さいかい》
▼人が寄り集まる
会合《かいごう》・集会《しゅうかい》・寄《よ》り合《あ》い
▼一定の所で人に
会見《かいけん》・インタビュー
▼国際上の会見
尊俎《そんそ》・樽俎《そんそ》・談判《だんぱん》
▼ひそかに　密会《みっかい》
▼男女がひそかに
逢瀬《おうせ》・忍《しの》び逢《あ》い
▼男女が日時を決めひそかに
逢《あ》い引《び》き・媾曳《あいび》き
▼男女が一緒に過ごすために
デート
▼男女が結婚を前提にして
見合《みあ》い
▼あうことを謙遜していう女性語
目文字《めもじ》・御見《ごけん》・御目文字《おめもじ》・御見文字《ごけんもじ》

▼七夕の夜に牽牛星と織女星が
星合《ほしあ》い
▼葬式に
踏《ふ》み合《あ》い・踏《ふ》み合《あわ》せ・触穢《しょくえ》・触穢《そくえ》・行《い》き触《ぶ》れ・行《ゆ》き触《ぶ》れ

目上・高貴な人に顔をあわせる意などの「あう」

▼目上・高貴な人に
拝謁《はいえつ》・御見参《ごけんざん》・謁見《えっけん》・面謁《めんえつ》・謁《えつ》・拝顔《はいがん》・拝眉《はいび》・拝芝《はいし》・御見《ぎょけん》・御目見《おめみえ》・御目見得《おめみえ》・目見得《めみえ》・目通《めどお》り・御目通《おめどお》り
▼そば近くでお目にかかる　咫尺《しせき》
▼来てお目にかかる　来謁《らいえつ》
▼内々の謁見《えっけん》
内謁《ないえつ》・内謁見《ないえっけん》・内接見《ないせっけん》
▼親しくおあいなさる　親見《しんけん》
▼朝廷に上がって天子に

あう……合・会・逢・遇・遭

朝謁《ちょうえつ》・朝見《ちょうけん》・朝覲《ちょうきん》

▼面会を申し込む　請謁《せいえつ》

▼私事のために　私謁《しえつ》

「あう」に関する動詞・複合動詞

▼顔と顔をあわす

会《あ》う・出会《であ》う・出《で》合《あ》う・出《で》向《む》かう・逢《あ》う・接《せっ》する・会《かい》する・見《み》る

▼顔と顔をあわせる

会《あ》わせる・見《まみ》える

▼「あう」の謙譲語　見《まみ》える

▼「あう」の丁寧語

お目《め》に掛《か》かる

▼道の途中などで顔をあわす

行《ゆ》き合《あ》う・行《ゆ》き逢《あ》う

▼一か所であうことを決めて、そこで

落《お》ち合《あ》う・待《ま》ち合《あ》わせる

▼その場に出席して　立《た》ち会《あ》う

偶然にあう意の「あう」

▼思いがけず

出会《でくわ》す・出交《でくわ》す・出喰《でくわ》す・際会《さいかい》・逢着《ほうちゃく》・奇遇《きぐう》・遭遇《そうぐう》・邂《かい》逅《こう》・ぶつかる・搗《か》ち合《あ》う・巡《めぐ》り合《あ》う・巡《めぐ》り会《あ》う・鉢合《はちあわ》せ・巡《めぐ》り会《あ》い・巡《めぐ》り合《あ》い

▼災難・事故などに

遭難《そうなん》・受難《じゅなん》・遇《あ》う・遭《あ》う

▼とても苦しい目に　窮命《きゅうめい》

▼たまたま来ていて

来合《きあ》わせる

▼たまたま乗っていて

乗《の》り合《あ》わせる

▼その場で　差《さ》し当《あ》たる

▼偶然に出あうさま

ひょっくり・ひょっこり

「あう」に関する慣用句

[阿吽《あうん》の呼吸《こきゅう》]

吐く息と吸う息の意で、一緒《いっしょ》に何かをするときの、お互いの微妙な調子や気持ちをいう。また、それの一致すること。《類》「阿吽《あうん》の息《いき》」

[憂《う》き目《め》に遭《あ》う]

つらく悲しいことに出会う。「遭う」は、良くないことに「あう」場合に使う。《類》「痛《いた》い目《め》に遭《あ》う」

[馬《うま》が合《あ》う]

お互いに気持ち・心が一致する。《類》「息《いき》が合《あ》う」「気《き》が合《あ》う」「調《ちょう》子《し》が合《あ》う」「肌《はだ》が合《あ》う」

[顔《かお》を合《あ》わせる]

共演する。対戦相手となる。面と向かい合う。

あう……合・会・逢・遇・遭

【機嫌《きげん》を伺《うかが》う】

会って相手の安否などを尋ねる。


【口裏《くちうら》を合《あ》わせる】

示し合わせて、話の内容を一致させる。《類》「口《くち》を合《あ》わせる」


【口《くち》に合《あ》う】

飲食物の味が好みに合っている。


【心《こころ》を合《あ》わせる】

気持ちを一致させる。《類》「腹《はら》を合《あ》わせる」


【刺《し》を通《つう》じる】

名刺を出し、面会を求める。


【側杖《そばづえ》を食《く》う】

そばにいたため、自分とは関係ないことによって災難を受ける。《類》「火《ひ》の粉《こ》が降《ふ》りかかる」「巻《ま》き添《ぞ》えを食《く》う」


【帳尻《ちょうじり》を合《あ》わせる】

収支が合うようにする。


【調子《ちょうし》を合《あ》わせる】

相手の出かたに合うようにして逆らわない。《類》「ばつを合《あ》わせる」


【辻褄《つじつま》が合《あ》う】

筋道が合っている。前後が合う。


【時《とき》に遇《あ》う】

よい時機にめぐりあう。


【馬鹿《ばか》を見《み》る】

つまらない目に遭う。


【鼻《はな》を突《つ》き合《あ》わせる】

人が非常に近くに寄り合う。


【符節《ふせつ》を合《あ》わせる】

両方がぴったりと一致する。


【門前払《もんぜんばら》いを食《く》う】

面会を断られる。

「あう」に関する故事・成語・ことわざ

【会《あ》うは別《わか》れの始《はじ》め】

たとえ親・兄弟であろうとも、いつかは死によって別れの時がくる。出会った者は必ず別れる運命にあるものだ、という人生の無常をいった言葉。《類》「合《あ》わせ物《もの》は離《はな》れ物《もの》」「会者定離《えしゃじょうり》」

【意気投合《いきとうごう》】（⇒「親《した》しい・親《した》しむ」二九一ページ）

【一期一会《いちごいちえ》】

一生に一度だけのこと。また、人との出会いは一生に一度しかないのだという気持ちで常に誠意や全力を尽くせということ。


【挙国一致《きょこくいっち》】

国中がこぞって一体となること。


【蛟竜《こうりょう》雲雨《うんう》を得《う》】

英雄や豪傑が時にめぐりあって大いに器量を発揮することのたとえ。


【三位一体《さんみいったい》】

三つのものが結びついて、まるで一つのようであること。


【死《し》に別《わか》れより生《い》き別《わか》れ】

死によって別離を味わうのはあきらめもつくが、互いに生きていながら別れなければならないのはつらいものだということ。

明るい・明らか

【千載一遇《せんざいいちぐう》】

千年に一度しか出会えないほどの、めったにない機会。「千載」は千年、長い年月のこと。


【前門《ぜんもん》の虎《とら》後門《こうもん》の狼《おおかみ》】

一難を逃れたら、また別の災難に遭うこと。《類》「一難《いちなん》去《さ》ってまた一難《いちなん》」


【同気相求《どうきあいもと》む】

気心の合った者は自然に親しみ集まること。


【時《とき》に遇《あ》えば鼠《ねずみ》も虎《とら》となる】

時の運に遇えば、つまらない者でも勢いを得るということ。


【風雲《ふううん》の会《かい》】

明君と賢臣が出会うこと。出典は『易経《えききょう》』。


【満場一致《まんじょういっち》】

会場全体の人の意見がすべて同じになること。


【離合集散《りごうしゅうさん》】

離れたり合ったり、集まったり散ったりすることで、互いに協同したり、また、逆に反目したりすることをいう。

明《あか》るい・明《あき》らか

光からみた「明るい・明らか」

▼光が十分差していて物がよく見える
明《あか》るい・明《あき》らか

▼光が明るい
耿耿《こうこう》・皓皓《こうこう》・皎皎《こうこう》・耿然《こうぜん》・皓然《こうぜん》・皎然《こうぜん》・明《さや》か・清《さや》か

▼光り輝いて
煌《きら》めく・煌煌《こうこう》・晃晃《こうこう》・爛爛《らんらん》・灼灼《しゃくしゃく》・爍爍《しゃくしゃく》・灼爍《しゃくしゃく》・爛然《らんぜん》・灼然《しゃくぜん》・煌然《こうぜん》・的皪《てきれき》

▼暗いことと明るいこと
明暗《めいあん》・晦明《かいめい》・幽明《ゆうめい》

▼暗闇を照らす明るい光
明《あ》かり・光明《こうみょう》・光明《こうめい》

▼光をあてて明るくする
照明《しょうめい》・ライティング

▼かすかに
微明《びめい》・薄明《はくめい》・薄明《うすあ》かり

▼ほのかに
朧《おぼろ》・朧朧《ろうろう》・仄《ほの》か・仄《ほの》めく・仄仄《ほのぼの》・ぼんやり・ぼーっと・薄《うっす》り・薄《うっす》ら・ほんのり

▼明るい所
明《あか》るみ

▼きわめて
明明《めいめい》・明明《あかあか》

▼窓から差し込む明かり
窓明《まどあ》かり

▼日光が明るい
杲杲《こうこう》

▼月などが
朗朗《ろうろう》

▼月光の明るさ
月明《つきあ》かり・月明《げつめい》

明るい・明らか

▼星の光による　星明《ほしあ》かり

▼元日のあけぼのによる
初明《はつあ》かり

▼明け方に東天がかすかに明るくなる
時明《ときあ》かり

▼だんだん明るくなる
白白《しらしら》・白白《しらじら》

▼日没後の明るさ
夕明《ゆうあ》かり・残照《ざんしょう》・西明《にしあ》かり

▼満開の桜による　花明《はなあ》かり

▼積もった雪による　雪明《ゆきあ》かり

▼川面《かわも》のほの明るさ　川明《かわあ》かり

▼川の水が日・月によって美しく輝く
水明《すいめい》

▼燃えている火による明るさ
火明《ひあ》かり

▼薪《たきぎ》などをたばねて立て、照明としたもの
立《た》て明《あ》かし・立《た》ち明《あ》かし

▼火災による明るさ
火事明《かじあ》かり

▼歌舞伎で俳優の顔をよく見せるための明かり
面明《つらあ》かり・面火《つらび》・差《さ》し出《だ》し

▼神仏の前に供える灯火
御明《みあ》かし・御灯《みあかし》・御灯明《みあかし》・
御灯明《おとうみょう》・灯明《とうみょう》・御明《みあ》かり

あざやか・透明からみた「明るい・明らか」

▼透き通って
明《あか》るい・透明《とうめい》・玲瓏《れいろう》

▼少し透き通って見える
半透明《はんとうめい》

▼澄みきって　澄明《ちょうめい》

▼晴れて　清朗《せいろう》

▼清く　清明《せいめい》

▼あざやかで　鮮明《せんめい》

▼非常にあざやかなさま
くっきりと

▼ひどく目立つさま　際《きわ》やか

性格からみた「明るい・明らか」

▼ほがらかで陽気なさま
明《あか》るい

▼心がはればれして　晴《は》れやか

▼明るく楽しい
朗《ほが》らか・朗《ほが》ら・明朗《めいろう》

▼明るく元気　快活《かいかつ》・活発《かっぱつ》

▼にぎやかで　陽気《ようき》

▼陽気な性質　陽性《ようせい》

▼心配事もなく
晴《は》れ晴《ば》れ・伸《の》び伸《の》び

▼自由で、あけっぴろげなさま
開放的《かいほうてき》

▼のびのびとして　鬯明《ちょうめい》

明るい・明らか

▼さっぱりしている
さくい・気《き》さく・淡泊《たんぱく》・淡白《たんぱく》・洒脱《しゃだつ》・洒落《しゃらく》

▼心が広く快活で、物事にこだわらない
磊落《らいらく》・闊達《かったつ》・豁達《かったつ》

▼元気で活気のあるさま
生《い》き生《い》き・活《い》き活《い》き・精彩《せいさい》・生彩《せいさい》

物事の「明るい・明らか」

▼明らかなこと、また、明らかなさま
在《あ》り在《あ》り・有《あ》り有《あ》り・分明《ぶんめい》・分明《ぶんみょう》・明明《めいめい》・明《あき》らか・明瞭《めいりょう》・明白《めいはく》・明亮《めいりょう》・昭昭《しょうしょう》・昭明《しょうめい》・まざまざ・彰彰《しょうしょう》・歴《れっき》とした・歴歴《れきれき》・歴然《れきぜん》・了了《りょうりょう》・了然《りょうぜん》・亮然《りょうぜん》・あからさま・瞭然《りょうぜん》・判然《はんぜん》・はっきり・炳然《へいぜん》・的然《てきぜん》・昭然《しょうぜん》・炳焉《へいえん》・端的《たんてき》・顕明《けんめい》・章章《しょうしょう》・照照《しょうしょう》・炳乎《へいこ》・クリア

▼明らかになる
判明《はんめい》

▼明らかにする
修明《しゅうめい》

▼詳しく
精明《せいめい》・詳明《しょうめい》

▼わかりやすく
平明《へいめい》

▼公正で隠しだてなく
公明《こうめい》

▼厳しく
厳明《げんめい》

▼著しく
著明《ちょめい》・顕然《けんぜん》

▼筋道が明らかですっきりしている
明快《めいかい》・クリア

▼はっきりとあらわれる
顕彰《けんしょう》

▼明らかな証拠
申証《しんしょう》

▼確かで
明確《めいかく》

▼それ自身
自明《じめい》

▼区別がはっきりしている
画然《かくぜん》・劃然《かくぜん》・截然《せつぜん》・きっかりと

▼他と区別してはっきり分かるよう浮き出させる
浮《う》き彫《ぼ》り

▼言葉や論旨がはっきりしている
明暢《めいちょう》・明鬯《めいちょう》

▼考えや決意を明らかにする
宣明《せんめい》・表明《ひょうめい》

▼意見や立場を公に発表する
声明《せいめい》

▼言葉にしてはっきり言う
言明《げんめい》・明言《めいげん》

▼行き届いて明らかにしてある
詳審《しょうしん》

▼細かな点まではっきりさせる
克明《こくめい》・丹念《たんねん》

▼はっきり見抜く
明察《めいさつ》・審察《しんさつ》

▼分からないことを明らかにする
解明《かいめい》・解《と》き明《あ》かす

▼意味が分かるように述べる
説《と》き明《あ》かす・説《と》き明《あき》らめ

明るい・明らか

る・説明《せつめい》・解説《かいせつ》

▼物事の意味や道理を明らかにする
発明《はつめい》

▼はっきりと解釈する　明解《めいかい》

▼理由や根拠を明らかにする
証明《しょうめい》・立証《りっしょう》

▼自分の言行など説明して理解を求める
弁明《べんめい》・弁解《べんかい》・言《い》い訳《わけ》・釈《しゃく》明《めい》・疎明《そめい》・疏明《そめい》

▼隠さずに語る
打《う》ち明《あ》かす・打《う》ち明《あ》ける

▼よく調べ意義を明らかにする
講明《こうめい》

▼道理や真理を追究して明らかにする
究明《きゅうめい》

▼罪や悪事を追及して明らかにする
糾明《きゅうめい》・糺明《きゅうめい》・糾問《きゅうもん》・糺問《きゅうもん》

▼不明瞭だったことをはっきりさせる
闡明《せんめい》

▼はっきりと書く　明記《めいき》

▼はっきり示す　明示《めいじ》

知識・学問からみた「明るい・明らか」

▼ある事柄をよく知っている
精通《せいつう》・詳《くわ》しい・明《あか》るい・通《つう》

▼広く物事を知っている
物知《ものし》り・博通《はくつう》・博識《はくしき》・該博《がいはく》・造詣《ぞうけい》・博学《はくがく》・多識《たしき》・博聞《はくぶん》

▼知り抜いている
通明《つうめい》・通暁《つうぎょう》・暁通《ぎょうつう》

▼すぐれて賢い　秀発《しゅうはつ》・英発《えいはつ》

▼熟練して上手になる
熟達《じゅくたつ》・通達《つうたつ》・練達《れんたつ》

▼賢くて正しい判断ができる
賢明《けんめい》・明敏《めいびん》・利発《りはつ》

▼賢くて物分かりの早い
聡悟《そうご》・聡敏《そうびん》・英悟《えいご》・穎悟《えいご》

▼賢くて事理に
聡慧《そうけい》・聡明《そうめい》・明達《めいたつ》・明哲《めいてつ》・叡《えい》哲《てつ》・睿哲《えいてつ》・聡察《そうさつ》・英明《えいめい》・英邁《えいまい》

▼有徳で賢明　高明《こうめい》

▼天子のすぐれて賢明なこと
叡聖《えいせい》・英聖《えいせい》・聖明《せいめい》

▼知徳すぐれ事理に明るい人
聖哲《せいてつ》

▼人知の明らかなこと　文明《ぶんめい》

▼知識が開け、文化が進む　開明《かいめい》

▼広く学問に通じる　篤学《とくがく》

▼学芸に　本才《ほんざい》

▼道理に明るい人　目明《めあ》き

「明るい・明らか」に関する慣用句

[言《い》うも愚《おろ》か]（⇒「言《い》う」九四ページ）

[言《い》わずと知《し》れた]

明るい・明らか

いちいち説明しなくても分かりきっている。

【浮《う》き彫《ぼ》りにする】 ある物事をその背景や下地からはっきりさせる。

【隠《かく》れもない】 よく知られている。その事実が隠しようもなく明らかなさま。

【言《げん》を俟《ま》たない】 （⇒「言《い》う」九六ページ）

【自明《じめい》の理《り》】 説明しなくても分かりきったこと。

【掌《たなごころ》を指《さ》す】 手のひらの物を指す意で、物事が明らかなようす。

【種《たね》を明《あ》かす】 手品などの仕掛けを見せて説明する。また、隠していた事情などを説明することをいう。

【手《て》に取《と》るよう】 手中にある物のようにはっきり分かるさま。

【火《ひ》を見《み》るより明《あき》らか】 きわめて明白であることをいう言葉。

【紛《まぎ》れもない】 間違いなどあるはずがない。はっきりしていること。

【紛《まご》う方《かた》なし】 間違いようがない。実に明らかである。「紛う」は、「まがう」とも読む。

【目《め》に見《み》えて】 はっきりと見えるように。いっそう際立って。

【論《ろん》より証拠《しょうこ》】 物事は議論よりも証拠を示すことによって、より一段と明らかになるということ。

【論《ろん》を俟《ま》たない】 論じるまでもない意で、明らかなことをいう。

「明るい・明らか」に関する故事・成語

【一目瞭然《いちもくりょうぜん》】 ひと目ではっきりと分かること。

【黒白分明《こくびゃくぶんめい》】 物事の是非・善悪がはっきりしていること。

【単純明快《たんじゅんめいかい》】 簡単で筋道が明らかであること。

【八面玲瓏《はちめんれいろう》】 （⇒「美《うつく》しい」一一四ページ）

【明窓浄几《めいそうじょうき》】 明るい窓と清らかな机の意で、転じて明るくきれいで、勉学に適した書斎をいう。「浄几」は「浄机《じょうき》」とも書く。出典は欧陽脩《おうようしゅう》『試筆』。

【明朗闊達《めいろうかったつ》】 ほがらかで心の広いさま。《類》「明朗快活《めいろうかいかつ》」

秋《あき》

暦の上での「秋」

▼陰暦では七月～九月、普通には九月～十一月の三か月間

秋《あき》

▼二十四節気の一。八月八日ごろ。秋の始まり

立秋《りっしゅう》

▼二十四節気の一。八月二十三日ごろ。暑さがおさまる

処暑《しょしょ》

▼二十四節気の一。九月八日ごろ。秋の気配が強まる

白露《はくろ》

▼二十四節気の一。九月二十三日ごろ。昼と夜の長さがほぼ同じ

秋分《しゅうぶん》

▼二十四節気の一。十月八日ごろ。寒くなり露をむすぶ

寒露《かんろ》

▼二十四節気の一。十月二十三、二十四日ごろ。霜が降りるころ

霜降《そうこう》

▼立春から二百十日め。九月一日ごろ

二百十日《にひゃくとおか》

▼立春から二百二十日め。九月十日ごろ

二百二十日《にひゃくはつか》

▼秋分を中心とする七日間

彼岸《ひがん》・秋《あき》の彼岸《ひがん》・後《のち》の彼岸《ひがん》

▼秋の彼岸の真ん中の日

秋分《しゅうぶん》の日《ひ》・中日《ちゅうにち》・彼岸《ひがん》の中日《ちゅうにち》

▼立冬の前十八日をいう

秋《あき》の土用《どよう》

▼陰暦九月晦日《みそか》。秋の終わりを惜しんでいう

九月尽《くがつじん》

季節・時からみた「秋」

▼秋の季節

秋季《しゅうき》・商秋《しょうしゅう》・秋《あき》つ方《かた》・秋《あき》方《ざま》・秋場《あきば》・秋日《しゅうじつ》・金秋《きんしゅう》

▼秋の期間

秋期《しゅうき》

▼秋季の九十日間

九秋《きゅうしゅう》

▼秋季の三か月間

三秋《さんしゅう》

▼秋の初め

初秋《しょしゅう》・初秋《はつあき》・孟秋《もうしゅう》・新秋《しんしゅう》・早秋《そうしゅう》

▼秋になってのち

秋後《しゅうご》

▼秋になったばかり

秋口《あきぐち》

▼秋に近づく

秋《あき》片《かた》設《ま》く

▼秋になる

秋

秋《あき》さり・秋《あき》ざれ・秋《あき》さる
▼秋らしくなる
秋《あき》さぶ・秋《あき》づく・秋《あき》めく
▼秋の気配が深まる　秋深《あきふか》し
▼秋の半ば
仲秋《ちゅうしゅう》・仲秋《ちゅうじゅう》・中秋《ちゅうしゅう》
▼秋の末
秋《あき》の暮《く》れ・暮《く》れの秋《あき》・晩《ばん》秋《しゅう》・暮《ぼ》秋《しゅう》・季《き》秋《しゅう》・秋《しゅう》季《き》・行《ゆ》く秋《あき》・秋末《あきずえ》・梢《こずえ》の秋《あき》
▼今年の　今秋《こんしゅう》
▼去年の　昨秋《さくしゅう》・去秋《きょしゅう》
▼翌年の　翌秋《よくしゅう》
▼秋の夜明け　秋暁《しゅうぎょう》
▼秋の夕方　秋夕《しゅうせき》
▼秋の晩　秋宵《しゅうしょう》

気象・様態などからみた「秋」

▼秋の日　秋日《しゅうじつ》
▼秋の日光　秋陽《しゅうよう》
▼立秋後の暑さ。秋まで残る暑さ
残暑《ざんしょ》
▼秋のすっかり晴れ渡った天気
秋晴《あきば》れ
▼秋らしい、晴れたよい天気
秋日和《あきびより》
▼空が澄んで広びろしたさま
秋高《あきたか》し・天高《てんたか》し
▼秋の涼しさ、涼しい風
秋涼《しゅうりょう》・涼秋《りょうしゅう》・新涼《しんりょう》
▼秋の中ごろを過ぎて感じる寒さ
うそ寒《さむ》・秋寒《あきさむ》・秋冷《しゅうれい》・肌寒《はださむ》・露寒《つゆさむ》・そぞろ寒《さむ》・やや寒《さむ》
▼秋になって吹く風
秋風《しゅうふう》・秋風《あきかぜ》
▼秋の山あらし　秋嵐《しゅうらん》
▼秋のころに出る雲
秋雲《しゅううん》・秋《あき》の雲《くも》
▼秋空の曇り　秋陰《しゅういん》
▼秋に降る雨　秋雨《しゅうう》・秋雨《あきさめ》
▼秋の長雨
秋霖《しゅうりん》・秋《あき》黴雨《ついり》・秋《あき》入梅《ついり》・秋《あき》湿《じめ》り
▼秋の終わりころのしぐれ
秋時雨《あきしぐれ》
▼秋の末ごろに置く霜
秋霜《しゅうそう》・秋《あき》の霜《しも》
▼さわやかな　爽秋《そうしゅう》
▼清らかな　清秋《せいしゅう》
▼秋の風情　秋意《しゅうい》
▼秋の物思い　秋思《しゅうし》
▼秋を感じさせるもの
秋声《しゅうせい》・秋風《しゅうふう》・秋《あき》の声《こえ》

▼もの悲しい　悲秋《ひしゅう》

▼秋のおもしろさ　秋興《しゅうきょう》

▼秋の気配、秋の景色　秋色《しゅうしょく》・秋気《しゅうき》・秋《あき》の色《いろ》

▼秋の景色　秋景《しゅうけい》・秋容《しゅうよう》

農事からみた「秋」

▼秋に栽培、または収穫する作物　秋作《あきさく》

▼八月から十月までに施す肥料　秋肥《あきごえ》

▼秋の田。また、稲の実った田　秋田《あきた》

▼秋の実った稲穂　秋穂《あきほ》・秋《あき》の毛《け》

▼実りの　出来秋《できあき》

▼秋のとり入れ　秋収《あきおさ》め・秋収《しゅうしゅう》・秋稼《しゅうか》・秋《しゅう》穫《かく》・秋仕舞《あきじま》い

▼秋、綿の実の熟するころ　綿秋《わたあき》

▼秋のとり入れの祝い　秋忘《あきわす》れ

▼秋のとり入れ後、すぐ畑を耕す　秋耕《しゅうこう》

▼稲刈り・とり入れがすむ　秋上《あきあ》がり

▼稲作不良で秋に米価が高くなる　秋上《あきあ》げ・秋高《あきだか》

▼収穫時に生育が悪くなって収穫が減る　秋落《あきお》ち

▼豊作のため米価が下がる　秋落《あきお》ち・秋下《あきさ》げ

▼七月下旬から晩秋にかけて飼う蚕　秋蚕《あきご》・秋蚕《しゅうさん》

▼秋のとり入れがすんで、妻が生家に泊まりに行く　秋泊《あきどま》り

自然と生活からみた「秋」

▼秋の紅葉した葉　秋《あき》つ葉《は》

▼秋に花の咲く草　秋草《あきくさ》

▼秋に熟する果物　秋果《しゅうか》

▼秋の郊外、野辺　秋郊《しゅうこう》

▼秋に行う祭り。また、新穀を得たことの祝いの祭り　秋祭《あきまつ》り

▼秋に着る衣服　秋袷《あきあわせ》・秋衣《あきごろも》・秋《あき》さり衣《ごろも》

▼秋の七種の草花（ハギ・オバナ・クズ・ナデシコ・オミナエシ・フジバカマ・キキョウ）　秋《あき》の七草《ななくさ》

▼紅葉した美しい　錦秋《きんしゅう》

「秋」に関する慣用句

[秋《あき》の香《か》]
松茸など秋を感じさせるものの香り。また、そのもの。

[秋《あき》の心《こころ》]
秋のものの哀れを感じ、さびしくもの思う心。

[秋《あき》の日《ひ》は釣瓶《つるべ》落《お》とし]（⇒「太陽《たいよう》・日光《にっこう》」三七五ページ）

[身《み》に沁《し》みる]
秋の冷気を痛切に感じる。「沁《し》みる」は「染《し》みる」とも書く。

「秋」に関する成語・ことわざ

[秋茄子嫁《あきなすびよめ》に食《く》わすな]
秋茄子はおいしいので、姑が憎い嫁に食べさせたがらないということ。また、食べると体を冷やすからとも、秋茄子には種が少ないので嫁に子ができないと困るから、ともいわれている。

[秋《あき》の日《ひ》と娘《むすめ》の子《こ》はくれぬようでくれる]
秋の日は暮れそうになくても急に暮れる。それと同じように娘も嫁に容易にくれそうにもないようでいて、案外簡単にくれるものだということ。「暮れる」と「呉れる」をかけている。

[秋月春風《しゅうげつしゅんぷう》]（⇒「月《つき》」四二一ページ）

[秋霜烈日《しゅうそうれつじつ》]（⇒「はげしい」四八一ページ）

[秋風索寞《しゅうふうさくばく》]
秋になって吹く風であたりがものさびしくなるさま。また、勢いが衰え、落ちぶれるさまをいう。

[天高《てんたか》く馬肥《うまこ》ゆ]
秋の空は澄み渡って高く晴れ、気候もよいので馬も食欲がすすみ肥えるということで、秋のよい季節をいう。《類》「秋高《あきたか》くして馬肥《うまこ》ゆ」

[夏沖《なつおき》の秋山《あきやま》]（⇒「夏《なつ》」四五〇ページ）

朝夕《あさゆう》

時・状況などからみた「朝」

▼夜が明けるころの
明《あ》け方《がた》・明《あ》け・夜明《よあ》け・夜《よ》明《あ》け方《がた》・残夜《ざんや》・暁《あかつき》・早暁《そうぎょう》・払暁《ふつぎょう》・曙《あけぼの》・朝朗《あさぼらけ》・黎明《れいめい》・晨明《しんめい》・押《お》し明《あ》け方《がた》・遅明《ちめい》・天明《てんめい》・鶏鳴《けいめい》・薄明《はくめい》・暁旦《ぎょうたん》・

朝夕

暁更《ぎょうこう》・引《ひ》き明《あ》け・旦明《たんめい》・朝《あさ》明《あ》け・朝明《あさけ》・白白明《しらじらあ》け・白明《しらあ》け・いなのめ・東雲《しののめ》

▼明け方の薄暗い時
彼《か》は誰時《たれどき》・彼《かれ》は誰《た》そ時《どき》・彼《かれ》は誰時《たれどき》・彼《か》は誰《たれ》

▼夜が明けきらないころ
未明《みめい》・未明《びめい》・明《あ》け暗《ぐ》れ・朝《あさ》まだき

▼早いころの
早朝《そうちょう》・朝方《あさがた》・朝《あさ》っぱら・朝《あさ》腹《はら》・早天《そうてん》・早晨《そうしん》・早旦《そうたん》

▼夜がほのぼのと明けるころの
仄仄明《ほのぼのあ》け

▼日の出前のほの暗い時。また、月のない明け方
暁闇《ぎょうあん》・暁闇《あかつきやみ》・暁闇《あかときやみ》

▼月が残る夜明けころの
有明《ありあけ》・有明方《ありあけがた》・朝月夜《あさづくよ》・朝《あさ》月夜《づきよ》・暁月夜《あかつきづくよ》・暁月夜《あかときづきよ》

▼夜明けから正午までの間をいう
朝《あさ》・朝《あした》・朝旦《ちょうたん》・午前《ごぜん》・上午《じょうご》

▼夜の十二時から昼の十二時までの間をいう
午前《ごぜん》・上午《じょうご》

▼日が東の地平線上に出るころ
日《ひ》の出《で》・日出《にっしゅつ》

▼ある朝　一朝《いっちょう》

▼男女が逢った次の
後朝《きぬぎぬ》・衣衣《きぬぎぬ》・後《のち》の朝《あさ》・後《のち》の朝《あした》・後朝《ごちょう》・後朝《こうちょう》

▼清らかに晴れた　清晨《せいしん》

▼夜明けから朝食までの
終朝《しゅうちょう》

暦日・季節などからみた「朝」

▼年のはじめの
年《とし》の朝《あした》・元朝《がんちょう》・元旦《がんたん》・初《はつ》朝《あさ》・正旦《せいたん》・三朝《さんちょう》

▼一日《ついたち》の　朔旦《さくたん》

▼今日の
今朝《けさ》・今朝《こんちょう》・今朝方《けさがた》・今旦《こんたん》

▼今日の明け方　今暁《こんぎょう》

▼明日の
翌朝《よくあさ》・又《また》の朝《あした》・翌朝《よくちょう》・明朝《みょうちょう》・明朝《みょうあさ》・翌旦《よくたん》・明旦《みょうたん》・明《あ》くる朝《あさ》

▼次の日の明け方　翌暁《よくぎょう》

▼昨日の　昨朝《さくちょう》・昨旦《さくたん》

▼昨日の明け方　昨暁《さくぎょう》

▼一昨日の　一昨朝《いっさくちょう》

▼毎日の
朝《あさ》な朝《あさ》な・朝《あさ》な朝《さ》な・毎《まい》朝《あさ》・毎朝《まいちょう》・毎旦《まいたん》

▼霜の降りた　霜朝《しもあさ》・霜晨《そうしん》

▼春の明け方　春暁《しゅんぎょう》

▼秋の明け方　秋暁《しゅうぎょう》

朝夕

「夜明け」に関する動詞・複合動詞

▼明るくなる　明《あ》ける・白《しら》む

▼あたり一面が明るくなる
明《あ》け渡《わた》る

▼明るくなってくる　明《あか》るむ

▼すっかり明ける　明《あ》け離《はな》れる

時・暦日などからみた「夕」

▼夜になろうとするころ
夕《ゆう》・夕《ゆう》べ・夕方《ゆうがた》・夕刻《ゆうこく》・暮《く》れ・暮《く》れ方《がた》・夕暮《ゆうぐ》れ・夕間暮《ゆうまぐ》れ・晩《ばん》・晩方《ばんがた》・日暮《にちぼ》・日暮《ひぐ》れ・薄暮《はくぼ》・夕《ゆう》さりつ方《かた》・黄昏《たそがれ》・黄昏時《たそがれどき》・晩暮《ばんぼ》・日夕《にっせき》・夕景《ゆうけい》・晩景《ばんけい》・夕《ゆう》さり・晩景《ばんげい》・晩刻《ばんこく》・薄晩《はくばん》・火点《ひとぼ》し頃《ごろ》・火点《ひとも》し頃《ごろ》

▼夕べの薄暗い時
逢魔《おうま》が時《とき》・おまんが時《とき》・逢《おう》魔時《まどき》・大禍時《おおまがとき》

▼夕方の薄暗さ　夕闇《ゆうやみ》・宵闇《よいやみ》

▼日が西に沈むころ
日《ひ》の入《い》り・日没《にちぼつ》・入《い》り相《あい》

▼夕日の没すること。また、その時
夕《ゆう》日《ひ》隠《がく》れ

▼日没ごろ、空が赤く染まる
夕焼《ゆうや》け・夕映《ゆうば》え・残映《ざんえい》・反《はん》影《えい》・返照《へんしょう》・反照《はんしょう》

▼月の出るころの
夕月夜《ゆうづくよ》・夕月夜《ゆうづきよ》

▼秋の　秋夕《しゅうせき》

▼今日の　今夕《こんせき》・今夕《こんゆう》

▼明日の　明夕《みょうせき》・明夕《みょうゆう》

▼昨日の　昨夕《さくせき》・昨夕《さくゆう》

▼一昨日の　一昨夕《いっさくゆう》

▼毎日の　毎夕《まいせき》・毎夕《まいゆう》

▼朝と
旦夕《たんせき》・明《あ》け暮《く》れ・朝夕《ちょうせき》・朝《あさ》夕《ゆう》・朝《あさ》な夕《ゆう》な

「日没」に関する動詞・複合動詞

▼日が沈んで暗くなる　暮《く》れる

▼日が暮れ始める
暮《く》れ掛《か》かる・暮《く》れ初《そ》む

▼日が暮れそうで暮れない
暮《く》れ泥《なず》む

▼日が次第に暮れる　暮《く》れ行《ゆ》く

▼夕方になる　夕掛《ゆうか》く

▼日暮れ後、しばらく明るさが残る
暮《く》れ残《のこ》る

▼日がとっぷり暮れる
暮《く》れ果《は》てる

▼あたり一面が暮れる

暮《く》れ渡《わた》る

▼途中で日が暮れる

行《ゆ》き暮《く》れる・行《ゆ》き暮《く》らす

「朝夕」に関することわざ

[朝起《あさお》きは三文《さんもん》の徳《とく》]

朝早く起きることは健康にもよく、何かと得をするというたとえ。「三文」は、わずかなもののたとえで、もともとは、早起きをしても三文の得にしかならないの意ともいわれる。「朝起き」は「早起き」ともいう。《類》「朝起《あさお》きは七《なな》つの徳《とく》あり」「朝《あさ》寝《ね》八石《はちこく》の損《そん》」

[夕焼《ゆうや》けに鎌《かま》を研《と》げ]

夕焼けになると翌日は晴天になることが多い。だから、鎌をといで、明日の稲刈りの準備をしておけということ。

貴方《あなた》・貴方《あなた》がた

相手が同等か目上のときの「貴方・貴方がた」

▼目上か同等の男女の相手をさす言葉。一般的に軽い尊敬の意を含む

貴方《あなた》

▼男性に対して　**貴男《あなた》・貴郎《あなた》**

▼女性に対して　**貴女《あなた》・貴女《きじょ》**

▼より丁寧に

貴方様《あなたさま》・貴男様《あなたさま》・貴女様《あなたさま》

▼目上の相手に尊敬をこめて。手紙文に多く使われる

尊台《そんだい》・貴台《きだい》・玉台《ぎょくだい》・高台《こうだい》・尊下《そんか》・台鼎《たいてい》

▼男性に対して　**貴兄《きけい》**

▼女性に対して　**貴姉《きし》**

▼目上か同等の相手を敬って。手紙文に多く使われる

尊君《そんくん》・尊兄《そんけい》・尊堂《そんどう》・賢兄《けんけい》・大兄《たいけい》・尊公《そんこう》

▼年長の人を尊敬して。手紙文で

老台《ろうだい》・老兄《ろうけい》

▼学問上での先輩、同学の人について

学兄《がっけい》

▼それほど親しくない目上か同等の相手に用いる丁寧語

御宅《おたく》・御宅様《おたくさま》

▼主に同等の男性に手紙文で

貴下《きか》

▼同等の男性を敬愛をこめて。主として手紙文で

雅兄《がけい》

▼同輩の文人、詩人を敬って

詞兄《しけい》・詞宗《しそう》・辞宗《じそう》

▼男性に対する尊敬語　**貴所《きしょ》**

貴方・貴方がた

▼同等に近い目上か目下に対する古い言い方

此方《こなた》

▼同等の相手に対する古い言い方

吾殿《わどの》・和殿《わどの》

相手が同等以下のときの「貴方・貴方がた」

▼一般的に同等または目下の人を親しみをこめて

君《きみ》

▼君より丁寧な言葉。男性に対して

貴君《きくん》

▼同等以下の人に、くだけた調子で

あんた

▼同等または目下の人に

貴公《きこう》・貴殿《きでん》

▼同等以下の相手をぞんざいな口調で

己《おのれ》・手前《てめえ》・手前《てまえ》・御前《おまえ》

▼親しい男性同士で同等または目下の相手を卑しめて

貴様《きさま》

▼同等かそれ以下の相手を古風な言い方で

汝《なんじ》・爾《なんじ》・御主《おぬし》・其方《そち》・其方《そなた》・御事《おこと》

▼やや丁寧な口調で

其様《そさま》・其方様《そなたさま》・吾主《わぬし》・御身《おみ》・御身《おんみ》・御前様《おまえさま》

▼主として、女性が手紙の宛名のそばにつけて

御許《おもと》・御許《おんもと》

▼同等か目下に敬意を表して。手紙文で

足下《そっか》

特定の人を呼ぶときの「貴方・貴方がた」

▼天皇や将軍など高貴な相手を尊敬して。現在では、領収書の宛名代わりに使われる

上様《うえさま》

▼高位高官の人に向かって

閣下《かっか》・閣下《こうか》・御前《ごぜん》・御前様《ごぜんさま》・御前《ごぜん》・台下《だいか》・第下《だいか》

▼学者・医者・師匠などに向かって

先生《せんせい》・大人《たいじん》・大人《うし》

▼目上の人や主人に向かって。他人の夫、また、妻が夫に向かって

旦那《だんな》

▼旦那のきわめて敬意の高い言い方

旦那様《だんなさま》

▼昔、同じ身分の武士同士が相手に向かって

君《きみ》・貴殿《きでん》・貴公《きこう》・御辺《ごへん》・御許《おもと》・手前《てまえ》・其方《そち》・其の方《そのほう》・其処《そこ》・其の許《そのもと》・其方《そなた》

▼昔の貴方の女房言葉。女性から男性にいう

其文字《そもじ》

▼職人などが親しみや、からかい・侮りなどを含めて相手をいう
大将《たいしょう》

▼弟子などにいう　小子《しょうし》

▼親しみをこめて、また、からかっていう
社長《しゃちょう》

相手が複数のときの「貴方・貴方がた」

▼その場にいる人全部に呼び掛けるときの尊敬語
皆様《みなさま》・皆様方《みなさまがた》

▼皆様のくだけた言い方
皆《みな》さん・皆《みな》さん方《がた》

▼多くの人に呼び掛けるときの敬語
諸公《しょこう》・諸賢《しょけん》

▼多くの人に呼び掛けるとき
諸氏《しょし》・諸兄姉《しょけいし》

▼多くの男性に呼び掛けるときの敬語
諸兄《しょけい》

▼多くの女性に呼び掛けるときの敬語
諸姉《しょし》

▼目下の複数の人に呼び掛けるとき
諸君《しょくん》・諸子《しょし》

▼複数の人を相手にした手紙文に使う敬語
各位《かくい》

雨《あめ》

雨が降り出しそうな空模様から雨上がりまで

▼いまにも雨が降り出しそうな空模様
雨催《あまもよ》い・雨催《あめもよ》い・雨模様《あまもよう》・雨模様《あめもよう》・雨気《あまけ》づく・雨空《あまぞら》・雨曇《あまぐも》り・雨景色《あまげしき》・雨気《あまけ》・雨気《うき》・雨意《うい》

▼雨が降る
雨降《あめふ》り・降雨《こうう》・雨天《うてん》・雨下《うか》・下雨《かう》・落雨《らくう》

▼空が曇り雨が降る　陰雨《いんう》

▼雨の降る天候・空　雨空《あまぞら》・雨天《うてん》

▼雨の降る日　雨天《うてん》

▼雨が降りながら通り過ぎてゆく
雨脚《あまあし》・雨脚《あめあし》・雨《あめ》の脚《あし》・雨脚《うきゃく》・雨足《あまあし》・雨足《あめあし》

▼長く筋を引いて落ちてくる雨。また、降りゆく
雨脚《あまあし》・雨脚《あめあし》・雨《あめ》の脚《あし》・雨脚《うきゃく》・雨足《あまあし》・雨足《あめあし》

▼雨の粒　雨粒《あまつぶ》・雨粒《あめつぶ》

▼雨のしたたり
雨雫《あめしずく》・雨《あめ》の雫《しずく》・雨滴《うてき》・雨《あめ》の白玉《しらたま》

▼大粒の　疎雨《そう》

▼雨の水　雨水《あまみず》・雨水《うすい》・天水《てんすい》

雨

▼雨が物の上に降り落ちる
降《ふ》り掛《か》かる・降《ふ》り懸《か》かる
▼地上に残る雨の降ったあと
雨跡《あめあと》
▼ひとしきり雨が降る　一雨《ひとあめ》
▼すぐには止みそうもない本格的な
本降《ほんぶ》り
▼天気が続いたあと降る適度の
御湿《おしめ》り
▼雨の降る中　雨下《うか》・雨中《うちゅう》
▼雨が一時降り止む
雨止《あまや》み・小止《おや》み・小止《こや》み・
小止《おや》む・降《ふ》り止《や》む
▼雨が一時降り止んでいる間
雨間《あまあい》・雨間《あまま》
▼雨が降り止んだすぐあと
雨上《あまあ》がり・雨上《あめあ》がり・雨《う》
後《ご》・雨余《うよ》
▼雨が止んで空が晴れる
雨晴《あまば》れ

▼まだ降り残っている
残雨《ざんう》・名残《なごり》の雨《あめ》
▼雨中の景色　雨景色《あまげしき》
▼雨が降るとき現れる雲　雨雲《あまぐも》
▼雨気を含んだ雲　雨雲《あまぐも》
▼雨気を含んだ風　雨風《あまかぜ》・雨風《あめかぜ》
▼雨の降っている地域　雨域《ういき》

雨の量・強弱・降り方からみた「雨」

▼ほんの少し降る
小雨《こさめ》・小雨《しょうう》・小降《こぶ》り・涙《なみだ》
雨《あめ》・軽雨《けいう》・微雨《びう》・零雨《れいう》・袖《そで》
笠雨《がさあめ》・ぱらつく
▼降りしきる小雨　濛雨《もうう》
▼静かにしとしとと降る
そぼ降《ふ》る
▼まばらに降る　疎雨《そう》

▼降ったりやんだり
降《ふ》りみ降《ふ》らずみ
▼細かく降る
糠雨《ぬかあめ》・小糠雨《こぬかあめ》・細雨《さいう》・霧《きり》
雨《さめ》・霧雨《きりあめ》
▼盛んに降る　降《ふ》り頻《しき》る
▼しきりに降り掛かる
降《ふ》り注《そそ》ぐ
▼空が黒くなってしまうような大雨
黒雨《こくう》
▼短時間に多量に降る
大雨《おおあめ》・大雨《たいう》・豪雨《ごうう》・多雨《たう》・
盆雨《ぼんう》
▼激しく降る
大雨《おおあめ》・大雨《たいう》・強雨《きょうう》・豪雨《ごうう》・
猛雨《もうう》・暴雨《ぼうう》・沛雨《はいう》・甚雨《じんう》・
篠突《しのつ》く雨《あめ》・土砂降《どしゃぶ》り・降《ふ》り
荒《すさ》ぶ・降《ふ》り荒《すさ》む・スコール
▼強い風を伴って激しく降る
風雨《ふうう》・雨風《あめかぜ》・暴風雨《ぼうふうう》・飛《ひ》

雨《う》・吹《ふ》き降《ぶ》り
▼激しく吹きつける
繁吹《しぶ》き雨《あめ》・斜雨《しゃう》
▼風はそれほどでなく雨が強い台風
雨台風《あめたいふう》
▼ひとしきり強く降ってくる
群雨《むらさめ》・群時雨《むらしぐれ》・叢雨《むらさめ》・叢《むら》時雨《しぐれ》・村時雨《むらしぐれ》・村雨《むらさめ》
▼急に激しく降る大粒の
鉄砲雨《てっぽうあめ》
▼ますます激しく降る
降《ふ》り募《つの》る・降《ふ》り勝《まさ》る
▼煙るようにかすんで降る
煙雨《えんう》・霧雨《きりさめ》
▼横なぐりに降る
横時雨《よこしぐれ》・横雨《よこあめ》・横雨《よこさめ》
▼雷鳴と共に降る　雷雨《らいう》
▼日が照っているのに降る
日向雨《ひなたあめ》・照《て》り雨《あめ》・日照《ひで》り雨《あめ》・天気雨《てんきあめ》
▼竜巻などで空に巻き上げられた物が雨と共に降ってくる
怪雨《かいう》

降るころ・降る様態・降る場所からみた「雨」

▼明け方に降る　暁雨《ぎょうう》
▼朝に降る　朝雨《あさあめ》
▼朝に降るしぐれ　朝時雨《あさしぐれ》
▼夕方に降る　夕雨《ゆうさめ》
▼夕方四時過ぎに降り出す
七《なな》つ下《さ》がりの雨《あめ》
▼夕暮れに降る　暮雨《ぼう》
▼夕方に降るしぐれ　夕時雨《ゆうしぐれ》
▼夜に降る　夜雨《よさめ》
▼夜に降るしぐれ　小夜時雨《さよしぐれ》
▼雨の降る夜　雨夜《あまよ》・雨夜《うや》
▼明け方まで続けざまに降る
降《ふ》り明《あ》かす
▼日暮れまで一日中降り続く
降《ふ》り暮《く》らす
▼前夜からの　宿雨《しゅくう》
▼正月三が日に降る　御下《おさ》がり
▼雨の降る日が多い
雨《あめ》がち・多雨《たう》
▼幾日も降り続く
長雨《ながあめ》・長雨《ながめ》・霖《ながめ》・陰雨《いんう》・淫雨《いんう》・雨続《あまつづ》き・霖雨《りんう》・宿雨《しゅくう》・積雨《せきう》・連雨《れんう》
▼一年のうち、いちばん多く雨の降り続く季節・時期
雨季《うき》・雨期《うき》
▼一年のうち、最も雨の少ない季節・時期
乾季《かんき》・乾期《かんき》
▼同じような強さで長く降り続く
地雨《じあめ》
▼強くはないが、止まずに降り続く

漫《そぞ》ろ雨《あめ》

▼突然降り出してほどなく止む
俄雨《にわかあめ》・通《とお》り雨《あめ》・驟雨《しゅうう》・急雨《きゅうう》・夕立《ゆうだち》・群雨《むらさめ》・叢雨《むらさめ》・村雨《むらさめ》・繁雨《しばあめ》・屢雨《しばあめ》

▼局地的に降る　私雨《わたくしあめ》

▼ある場所だけに降っている
通《とお》り雨《あめ》・そばえ・片時雨《かたしぐれ》

▼雨がそこにだけ降らないで残す
降《ふ》り残《のこ》す

▼山に降る。また、山の方から降ってくる
山雨《さんう》

▼青葉に降り注ぐ
青雨《せいう》・緑雨《りょくう》・翠雨《すいう》

春夏秋冬の「雨」

▼春の　春雨《はるさめ》・春雨《しゅんう》

▼桜の花の咲くころ降る
桜雨《さくらあめ》・花《はな》の雨《あめ》

▼春の長雨　春霖《しゅんりん》・春霖雨《しゅんりんう》

▼春のにわか雨
春時雨《はるしぐれ》・春驟雨《はるしゅうう》

▼菜の花の盛りのころ降る長雨
菜種梅雨《なたねづゆ》

▼穀物を潤す春の　穀雨《こくう》

▼夏の　夏雨《なつさめ》・夏雨《かう》

▼本格的な梅雨になる前のぐずついた天気
走《はし》り梅雨《づゆ》・迎《むか》え梅雨《づゆ》・梅雨《つゆ》の走《はし》り

▼梅雨になる
入梅《にゅうばい》・梅雨入《つゆい》り・梅《つ》雨入《い》り・入梅《ついり》

▼梅雨どきに降る
梅雨《つゆ》・梅雨《ばいう》・卯《う》の花腐《はなくた》し・黴雨《ばいう》・黴雨《つゆ》・梅霖《ばいりん》・五月雨《さみだれ》・五月雨《さつきあめ》

▼梅雨の間の一時的な晴れ
五月晴《さつきば》れ・梅雨晴《つゆば》れ・梅《つ》雨入《い》り晴《ば》れ

▼陰暦五月二十八日に降る
虎《とら》が雨《あめ》・虎雨《こう》・虎《とら》が涙《なみだ》・曽我《そが》の雨《あめ》

▼麦の熟するころに降る　麦雨《ばくう》

▼梅雨が終わる
梅雨明《つゆあ》け・梅雨上《つゆあ》がり

▼梅雨の時期に雨があまり降らない
空梅雨《からつゆ》・旱梅雨《ひでりづゆ》・照《て》り梅雨《つゆ》・枯《か》れ梅雨《つゆ》

▼梅雨が明けて晴れる
梅雨晴《つゆば》れ・梅《つ》雨入《い》り晴《ば》れ

▼梅雨が明けたあと再び梅雨と同じような天気になる
戻《もど》り梅雨《づゆ》・返《かえ》り梅雨《づゆ》・残《のこ》り梅雨《づゆ》

▼夏の午後から夕方急に降り出す激しい

雨

通《とお》り雨《あめ》・夕立《ゆうだち》・夕立《ゆだち》・俄《にわか》雨《あめ》・白雨《はくう》

▼夏の土用のころ日照りが続いたあとに降る恵みの

恵《めぐ》みの雨《あめ》・喜雨《きう》・慈雨《じう》・恵雨《けいう》

▼秋の　秋雨《あきさめ》・秋雨《しゅうう》・凄雨《せいう》

▼秋の長雨の季節に入る

秋入梅《あきついり》・秋黴雨《あきついり》

▼秋の長雨

秋霖《しゅうりん》・秋霖雨《しゅうりんう》・秋湿《あきじめ》り

▼秋の長雨のために空気が湿っぽい

秋湿《あきじめ》り

▼晩秋から初冬の冷たい　氷雨《ひさめ》

▼晩秋から初冬にかけて降る通り雨

時雨《しぐれ》・時雨《じう》・液雨《えきう》

▼その年初めてのしぐれ

初時雨《はつしぐれ》

▼秋の末のしぐれ　秋時雨《あきしぐれ》

▼冬の　冬雨《とうう》・寒雨《かんう》・凍雨《とうう》

▼寒中の　寒《かん》の雨《あめ》

▼寒に入って九日目に降る（豊年の兆しと喜ばれる）

寒九《かんく》の雨《あめ》

▼冷たい雨が地面に落ちた途端に氷の皮膜となる

雨氷《うひょう》

人の暮らしと「雨」、「雨」への祈り

▼涼しく感じる　涼雨《りょうう》

▼冷たく感じる　冷雨《れいう》

▼気分がさわやかになるような

快雨《かいう》

▼ほどよいときに降る。降るべきときに降る

喜雨《きう》・時雨《じう》・霊雨《れいう》

▼穀物の生長を促す

慈雨《じう》・恵雨《けいう》・恵《めぐ》みの雨《あめ》・瑞《ずい》雨《う》・膏雨《こうう》・甘雨《かんう》

▼雨でびしょ濡れになる

降《ふ》り濡《そぼ》つ

▼雨に濡れるままにして置く

雨曝《あまざら》し・雨晒《あまざら》し

▼軒先などから落ちる雨水

雨垂《あまだ》れ・雨垂《あまだ》り・雨滴《あましたた》り・雨滴《あましだ》り・雨雫《あましずく》・雨雫《あめしずく》・雨《う》滴《てき》・玉水《たまみず》・点滴《てんてき》

▼雨だれが落ちて打ち当たる所

雨垂《あまだ》れ落《お》ち・雨落《あまお》ち・雨打《あまう》ち

▼水がたまらず流れる。また、そのようにした所

雨捌《あまは》け・雨疏《あまはけ》・雨吐《あまば》き

▼軒先から雨だれを受けて流す樋

雨樋《あまどい》

▼軒の雨水を受けるもの

雨受《あまう》け

▼防火用に雨水をためておく桶

天水《てんすい》・天水桶《てんすいおけ》

▼雨を防ぐための覆い

雨

雨覆《あまおお》い・雨除《あまよ》け

▼風雨を防ぐための家の外の戸

雨戸《あまど》

▼雨戸の外に張り出した縁側

雨縁《あまえん》・濡《ぬ》れ縁《えん》

▼雨水のしみたあとの汚れ

雨染《あまじ》み

▼雨が降って中までしみ透る

降《ふ》り染《し》む

▼雨のために湿っぽくなる

雨湿《あまじめ》り

▼建物の中へ雨水が入るのを防ぐ

雨仕舞《あまじま》い

▼雨の止むまで待つ。雨を避ける

雨宿《あまやど》り・雨避《あまよ》け・雨除《あまよ》け・雨止《あまや》み・雨隠《あまがく》れ・雨隠《あまごも》り

▼雨に妨げられて外出できない

雨障《あまさわ》り・雨障《あまつつみ》・降《ふ》り籠《こ》められる

▼その人が現れると雨になると冗談めかして言われる

雨男《あめおとこ》・雨女《あめおんな》

▼外出のとき雨に濡れない仕度

雨仕度《あまじたく》・雨仕度《あめじたく》・雨装《あめよそお》い

▼雨のとき着物などの上にかけたり足にはいたりするもの

雨着《あまぎ》・雨掛《あまが》け・雨羽織《あまばおり》・雨《あま》合羽《がっぱ》・雨靴《あまぐつ》・雨下駄《あまげた》・レインコート・レインシューズ

▼雨天のときのかさ

雨笠《あまがさ》・雨傘《あまがさ》

▼ひでりのとき降雨を神仏に祈る

雨乞《あまご》い・請雨《しょうう》・祈雨《きう》

▼降雨を神仏に祈るときの唄・踊り

雨乞《あまご》い唄《うた》・雨乞《あまご》い踊《おど》り

▼ひでり続きのとき雨が降ると祝う

雨喜《あまよろこ》び・雨祝《あまいわ》い・雨遊《あまあそ》び・雨降《あめふ》り正月《しょうがつ》

「雨」の擬音語・擬態語・形容語

▼降り始める

ぽつぽつ・ぽつりぽつり・ぽつんぽつん

▼小雨や細かい雨が静かにあたりを湿らせる

しとしと・しっとりと

▼雨粒がまばらに落ちてくる

ぱらぱら・ばらばら・ぱらりぱらり

▼激しく連続して降る

ざーざー・じゃーじゃー・じゃんじゃん

▼激しく降り注ぐ

ざーっと・わーっと・沛然《はいぜん》と・滂沱《ぼうだ》たる

▼急に降ってくる　さーっと

改める・改まる

▼長雨が湿っぽく
じとじと・びしゃびしゃ
▼小雨が陰気に降り続く
しょぼしょぼ
▼雨の量がたくさん
たっぷり
▼雨に十分濡れる
ぐっしょり・しっぽり・びしょびしょ・びしょ濡《ぬ》れ・ずぶ濡《ぬ》れ
▼雨だれが軒から落ちる
ぽたぽた・ぼたぼた

「雨」に関する慣用句

[狐《きつね》の嫁《よめ》入《い》り]
日が照っているのに雨が降ること。

[車軸《しゃじく》を流《なが》す]
雨脚を車軸に見立てて大粒の雨が激しく降るさまをいう。《類》「雨《あめ》車軸《しゃじく》の如《ごと》し」

[遣《や》らずの雨《あめ》]
客が帰ろうとしても帰さないかのように降り続く雨のこと。

「雨」に関することわざ

[朝雨《あさあめ》に傘《かさ》要《い》らず]
朝に降る雨は続かず、すぐに止むから、雨具などの用意は必要ないということ。

[朝雨《あさあめ》は女《おんな》の腕《うで》まくり]
朝雨はすぐに止むから、女の腕まくりと同じで少しも恐くないということ。

[朝焼《あさや》けは雨《あめ》夕焼《ゆうや》けは晴《は》れ]
朝の空が朝焼けになっていたら、その日は雨になる兆しであり、夕方に空が夕焼けしていれば、翌日天気がよい兆しであるということ。

[夕立《ゆうだち》は馬《うま》の背《せ》を分《わ》ける]
夏の夕立は馬の背の片側を濡らしても、もう一方の側は濡らさないほどに局地的に降るというたとえ。《類》「夏《なつ》の雨《あめ》は馬《うま》の背《せ》を分《わ》ける」

改《あら》める・改《あら》まる

新しく変える意の「改める・改まる」

▼古いものを変えて新しくする。また、新しくなる
改《あらた》む・革《あらた》む・改《あらた》める・革《あらた》める・改《あらた》まる・変更《へんこう》・変《へん》改《かい》・革《あらた》まる・変革《へんかく》・改変《かいへん》・改革《かいかく》・改易《かいえき》・改新《かいしん》・更改《こうかい》・更新《こうしん》・更始《こうし》・革新《かくしん》・革易《かくえき》
▼すべてを新しく。また、改まって新

改める・改まる

しくなる
一新《いっしん》・刷新《さっしん》・維新《いしん》・イノベーション
▼また元のように変わる
改《あらた》まる・直《なお》る
▼むやみにかき乱して新しく
紛更《ふんこう》
▼古いのを改めて進歩をはかる
改進《かいしん》
▼政治や政令を　新政《しんせい》
▼国家権力を奪って政治体制を根本から
革命《かくめい》
▼職の解任と所領の没収　改易《かいえき》
▼改めたり止めたりする　改廃《かいはい》
▼改まった年
新年《しんねん》・改年《かいねん》・改歳《かいさい》・改暦《かいれき》
▼年号を。また、年号が
改元《かいげん》・改号《かいごう》
▼月が　月立《つきた》つ

▼憲法を　改憲《かいけん》
▼暦を　改暦《かいれき》
▼宗旨を　改宗《かいしゅう》
▼装いや建物のようすを　改装《かいそう》
▼姓を　改姓《かいせい》
▼名を　改名《かいめい》・改称《かいしょう》
▼称号を　改号《かいごう》
▼名称を　改称《かいしょう》
▼使っている印章を　改印《かいいん》
▼組織を　改組《かいそ》
▼銭《ぜに》を　改銭《かいせん》
▼書物などの題名を　改題《かいだい》
▼元の版を組み替える　改版《かいはん》
▼改めて嫁ぐ
改嫁《かいか》・再縁《さいえん》・再婚《さいこん》
▼病状が急に悪化する
革《あらた》まる・改《あらた》まる
▼結婚当夜や披露宴の途中で花嫁が衣服を
色直《いろなお》し
▼態度や居住まいをにわかに変え強気に出る
居直《いなお》る・開《ひら》き直《なお》る

直す・吟味の意の「改める・改まる」

▼悪い点を正しく改める。改められる
正《ただ》す・直《なお》す・改《あらた》める・改正《かいせい》・更正《こうせい》・手直《てなお》し・直《なお》る・改《あらた》まる
▼物事をよい方に
改正《かいせい》・改良《かいりょう》・改善《かいぜん》
▼改めることによって前より悪くする
改悪《かいあく》
▼元のように　引《ひ》き直《なお》す
▼改めて定める　改定《かいてい》・改訂《かいてい》
▼補って　補正《ほせい》
▼物を作り直す　改作《かいさく》・改造《かいぞう》
▼字句などを

077

改める・改まる

添削《てんさく》・筆削《ひっさく》・斧正《ふせい》・点竄《てんざん》・改竄《かいざん》・改刪《かいさん》

▼文章などの誤りを直す　校正《こうせい》・校閲《こうえつ》・修訂《しゅうてい》

▼文章や内容をよりよく　改訂《かいてい》・改定《かいてい》・更訂《こうてい》

▼一度編集した書物などを　改編《かいへん》

▼書物などの内容を再度　重訂《ちょうてい》・重訂《じゅうてい》・再訂《さいてい》

▼原稿を　改稿《かいこう》・リライト

▼一度口に出した言葉を　二言《にごん》

▼建造物などを　改修《かいしゅう》

▼一度出した命令を　反汗《はんかん》

▼悪習を日々　日新《にっしん》

▼過ちを悔い　改心《かいしん》・改悛《かいしゅん》・悛悔《しゅんかい》・改悟《かいご》・悔悛《かいしゅん》

▼キリスト教などで悔い改めて正しい信仰に向かう　回心《かいしん》

▼急に心を　翻然《ほんぜん》

▼もう一度する　為《し》直《なお》す・仕《し》返《かえ》す・遣《や》り直《なお》す・仕《し》替《が》わる・出《で》直《なお》す・蒔《ま》き直《なお》す

▼鋳直す　改鋳《かいちゅう》

▼建物の一部または全部を建て直す　改築《かいちく》・リフォーム・リニューアル

▼選挙をし直す　改選《かいせん》

▼ある事を調べる。吟味する　改《あらた》む・改《あらた》める

▼切符などを検査する　改札《かいさつ》

▼威儀を正す　改《あらた》まる

「改める・改まる」に関する慣用句

[心《こころ》を入《い》れ替《か》える]
それまでの考え方や行動を改める。改心する。

[手《て》を入《い》れる]
文章や内容の不足・不備なところを補い、よりよく改める。また、こっそり人に調べさせたり、手段を講じたりする。《類》「手《て》を加《くわ》える」

[年《とし》が改《あらた》まる]
新しい年になる。年号が改まる。《類》「年《とし》が替《か》わる」

[年《とし》が返《かえ》る]
新しい年になる。年が改まる。《類》「年《とし》が立《た》つ」

「改める・改まる」に関する故事・成語・ことわざ

[過《あやま》ちて改《あらた》めざる是《これ》を過《あやま》ちと謂《い》う]
人は自分の過ちに気づいたらすぐさま改めるべきで、改めないことこそ真の過ちなのである。出典は『論語』。《類》「過《あやま》ちを飾《かざ》る勿《なか》れ」

【過《あやま》ちては改《あらた》むるに憚《はばか》ること勿《なか》れ】
過ちを犯したことに気づいたら、周りの人の思惑などを考えずに即刻改めることが大切だという教え。出典は『論語』。

【君子《くんし》は豹変《ひょうへん》す】
君子が過ちを改めて善にうつるようすは、ヒョウの皮のまだらな模様が目立つように、非常にはっきりしていること。転じて、人の考えや態度などが急変する、変わり身の早さをいう。出典は『易経《えききょう》』。

【口中《こうちゅう》の雌黄《しおう》】
一度言った言論や意見を訂正すること。中国の古書の紙は黄色で、誤字を抹消するのに雌黄（硫黄と砒素でできた黄色の結晶体）を用いたことから。

【朝令暮改《ちょうれいぼかい》】
朝に出した命令を夕方には変えてしまうことで、いったん定められた法律・命令などが次々とすぐに改められるさまをいう。出典は『漢書《かんじょ》』。《類》「朝改暮令《ちょうかいぼれい》」「朝改暮変《ちょうかいぼへん》」

【人《ひと》の振《ふ》り見《み》て我《わ》が振《ふ》り直《なお》せ】
他人の言動のよしあしを見て、自分の姿や行動を反省し、改めるべき点は改めよという教え。《類》「他山《たざん》の石《いし》」「人《ひと》こそ人《ひと》の鏡《かがみ》なれ」「人《ひと》の上《うえ》見《み》て我《わ》が身《み》を思《おも》え」

【斧鉞《ふえつ》を加《くわ》える】
文章などに手を加え、よりよく改めること。「斧」はおの、「鉞」はまさかり。伐採のとき、おのやまさかりをふるう意から。

【斧正《ふせい》を請《こ》う】（⇒「正《ただ》しい・正《ただ》す」三九一ページ）

あらわす あらわれる

……表・現・顕

一般的な言葉からみた「表す・表れる」

▼考え・気持ちを外に
表出《ひょうしゅつ》・表示《ひょうじ》・意思表示《いしひょうじ》・表《ひょう》顕《けん》・決意表明《けついひょうめい》・表明《ひょうめい》・表白《ひょうはく》

▼文字が意味を。また、意思を
表意《ひょうい》

▼心中の感情が顔付きに出る
表情《ひょうじょう》

▼広く公に
発表《はっぴょう》・披露《ひろう》・リリース

▼あらわし掲げる
表掲《ひょうけい》

あらわす・あらわれる……表・現・顕

▼抽象的なものを外部にある具体的なもので
象徴《しょうちょう》・表徴《ひょうちょう》・表象《ひょうしょう》・シンボル
▼はっきりと言葉で
明言《めいげん》・言明《げんめい》
▼その状態を言葉で
名状《めいじょう》
▼考えを工夫して
発想《はっそう》
▼思ったり感じたりしたことを具体的なもので
表現《ひょうげん》
▼意見を公に
鼓吹《こすい》
▼文字で書き
表記《ひょうき》
▼言葉による表現
筆法《ひっぽう》・言《い》い回《まわ》し
▼状態をたとえて
形容《けいよう》
▼あらわし記す
表識《ひょうしき》
▼徳を世間に
彰徳《しょうとく》
▼立派な行いを
表徳《ひょうとく》
▼正義を
彰義《しょうぎ》

▼武力を
振武《しんぶ》
▼手柄を
奏功《そうこう》・功名《こうめい》・功名《こうみょう》
▼趣旨をあらわし示す
標致《ひょうち》
▼多数のものに代わって意思を
代表《だいひょう》
▼力・特性などを十分に
発揮《はっき》
▼慶祝の気持ちを
表慶《ひょうけい》
▼敬意を
表敬《ひょうけい》
▼実際よりも大げさに表現する
誇張《こちょう》
▼大げさな言い方・話
誇大表現《こだいひょうげん》・大風呂敷《おおぶろしき》
▼文字が音を
表音《ひょうおん》
▼一字一字が音をあらわす働きをする文字
表音文字《ひょうおんもじ》
▼一字一字が（音声のほかに）意味をあらわす文字
表意文字《ひょういもじ》
▼本・雑誌・新聞などを世間に
発行《はっこう》・発刊《はっかん》・刊行《かんこう》・上梓《じょうし》
▼目で笑いを
目笑《もくしょう》
▼微妙な言葉の表現
言葉《ことば》の綾《あや》

「表す・表れる」に関する動詞・複合動詞

▼外部に具体的に
表《あらわ》す・表《ひょう》す・表《ひょう》する・出《だ》す
▼心の中などが外部に
表《あらわ》れる・出《で》る
▼書いて外部に
書《か》き表《あらわ》す・描《か》き表《あらわ》す
▼言葉で外部に
言《い》い表《あらわ》す
▼公然と世間に知られる
表立《おもてだ》つ
▼考え・気持ちを十分に
意《い》を尽《つ》くす
▼磨いて模様などを
磨《す》り出《だ》す

あらわす・あらわれる……表・現・顕

▼染めて色や模様を　染《そ》め出《だ》す

一般的な言葉からみた「現す・現れる」

▼実際に
現出《げんしゅつ》・出現《しゅつげん》・実現《じつげん》・発現《はつげん》・来現《らいげん》

▼目の前に　現前《げんぜん》

▼再び　再現《さいげん》・再来《さいらい》

▼変わった形で　変現《へんげん》

▼考えなどを具体的な形で
具現《ぐげん》・体現《たいげん》

▼目の前に出てくる不思議なしるし
現奇特《げんきどく》・現奇特《げんきとく》・験奇特《げんきどく》・験奇特《げんきとく》

▼神や仏が姿を　現形《げんぎょう》・影向《ようごう》

▼仮に人間となってこの世にあらわれた神
現人神《あらひとがみ》・現《あき》つ神《かみ》・現《あき》つ御神《みかみ》

▼神や仏が仮に他のものに姿を変えてこの世にあらわれたそのもの
化身《けしん》

▼化身となって
応化《おうげ》・応現《おうげん》・応作《おうさ》・化現《けげん》・権化《ごんげ》・権現《ごんげん》・下生《げしょう》・化作《けさ》

▼神や仏が霊験を　示現《じげん》・黙示《もくし》

▼姿・形がはっきりと
顕現《けんげん》・顕見《けんげん》

▼開き　開顕《かいけん》

▼物事が形にあらわれて存在する
顕在《けんざい》

▼外部に
剝《む》き出《だ》し・顕露《けんろ》・露出《ろしゅつ》・裸出《らしゅつ》

▼隠れたりあらわれたりする
隠顕《いんけん》・隠見《いんけん》

▼あらわれることとあらわれないこと
顕否《けんぴ》

▼はっきりと目につく　顕著《けんちょ》

▼正しい仏の道を　顕正《けんしょう》

▼はっきりと　顕然《けんぜん》

▼心の中のことが自然に外部に
発露《はつろ》・流露《りゅうろ》・露呈《ろてい》

▼物事をあるがままに　露骨《ろこつ》

▼隠していたことが
露顕《ろけん》・露見《ろけん》・霊見《れいけん》・発覚《はっかく》

▼悪事や秘密をあばく
暴露《ばくろ》・曝露《ばくろ》

▼自分の欠点など悪いことをわざと
露悪《ろあく》

▼頭をむき出しにする
露頭《ろとう》・露頂《ろちょう》

別の言葉で言い換えた「現す・現れる」

▼過去の経験・学習したことを再び
再生《さいせい》

▼しきりに　頻出《ひんしゅつ》

▼いろいろなものが数多く

あらわす・あらわれる……表・現・顕

百出《ひゃくしゅつ》
▼すぐれた面が外に　煥《かん》発《ぱつ》
▼あらわし示す　顕《けん》示《じ》
▼めでたいしるしが　発《はっ》祥《しょう》
▼夢の中に神や仏が　夢《む》想《そう》
▼新しい製品などが　登《とう》場《じょう》・初《はつ》登《とう》場《じょう》
▼やせて骨が見える　骨《ほね》立《だ》つ
▼着物などを脱いで肌を　肉《にく》袒《たん》・裸《ら》裎《てい》・肌《はだ》脱《ぬ》ぎ
▼着物が短くて脛《すね》が長く　鶴《つる》脛《はぎ》
▼裾《すそ》をたくし上げて脛《すね》を　裸《はだか》鶴《つる》脛《はぎ》
▼縫い物の裏のくけ糸が表に出たもの　しち針《ばり》
▼一つのことに関連して類似したものが次々と出てくる　芋《いも》蔓《づる》式《しき》
▼突然頭を　闖《ちん》然《ぜん》

▼明らかに　爛《らん》漫《まん》・爛《らん》曼《まん》・爛《らん》縵《まん》

「現す・現れる」に関する動詞・複合動詞

▼実在するものとして見える状態にする　現《あらわ》す・顕《あらわ》す・呈《てい》する・出《だ》す・示《しめ》す・呈《てい》す
▼実在し見えるような状態になる　現《あらわ》れる・顕《あらわ》れる・出《で》る
▼姿を　立《た》ち現《あらわ》れる・立《た》ち顕《あらわ》れる
▼表面にはっきりと　浮《う》かぶ・浮《う》かび上《あ》がる・浮《う》き出《で》る
▼一部分が外に　覗《のぞ》く・覘《のぞ》く
▼心に思うことが顔に　気《き》色《しょく》立《だ》つ・気《け》色《しき》立《だ》つ・気《き》色《しょく》付《づ》く・気《け》色《しき》付《づ》く・気《き》色《しょく》どる・気《け》色《しき》どる・気《き》色《しょく》ばむ・気《け》色《しき》ばむ
▼霊験が　験《げん》ず
▼中のものをすっかり出して　曝《さら》け出《だ》す・剝《む》き出《だ》す
▼人の秘密や弱点などを　明《あ》かす・ばらす・洗《あら》い立《た》てる・素《す》っ破《ぱ》抜《ぬ》く・暴《あば》く
▼人の秘密や弱点などが　ばれる・知《し》れる
▼茎がのびて節が　節《ふし》立《だ》つ・節《ふし》榑《くれ》立《だ》つ

「現れる」の擬態語

▼音もなく不意に　にゅっと・ぬっと
▼思いがけずに　ひょっくら・ひょっくり・

ひょっこり

▼突然、出て行ったりあらわれたりする
ひょっこり・ふらっと・ふらりと・ふらふらっと

一般的な言葉からみた「顕す・顕れる」

▼善行・功績などをほめて世間に広く知らせる
表彰《ひょうしょう》・表章《ひょうしょう》

▼世間に広く知らせてほめ、表彰する
顕誉《けんよ》・顕彰《けんしょう》

▼世間に広く　表顕《ひょうけん》

▼善行を門戸に掲げ広く人に
標榜《ひょうぼう》

▼広く名を
宣揚《せんよう》・発揚《はつよう》・揚名《ようめい》・顕揚《けんよう》

▼人の善行を世間に
彰旋《しょうせい》・旋顕《せいけん》・表旋《ひょうせい》

▼手柄を世間に明らかにする
彰功《しょうこう》

▼名があらわれ栄える　顕栄《けんえい》

▼ごく小さいものを明らかにする
顕微《けんび》

▼はっきりとあらわれるよい結果
顕報《けんぽう》・陽報《ようほう》

▼世間に広く名の知られた人
顕者《けんじゃ》

▼名を世間に広く知らせる
顕《あらわ》す・売《う》り出《だ》す・プロモートする・宣伝《せんでん》する

▼名が世間に広く知られる
顕《あらわ》れる

「あらわす・あらわれる」に関する慣用句

[頭《あたま》をもたげる]
隠れていた物事が現れる。また、力量をのばし、人から注目されるようになる。

[陰影《いんえい》に富《と》む]
言い表すことに変化や深みがある。

[笑《え》みの眉開《まゆひら》く]（⇒「笑《わら》う・笑《わら》い」六一八ページ）

[地《じ》が出《で》る]
生まれつきの性格・本性が表面に現れる。《類》「めっきが剝《は》げる」「生地《きじ》が出《で》る」「地金《じがね》が出《で》る」

[尻尾《しっぽ》を出《だ》す]
ごまかしていたのがばれる。正体を現す。《類》「尻《しり》が割《わ》れる」「馬脚《ばきゃく》を現《あらわ》す」「化《ば》けの皮《かわ》が剝《は》がれる」

[氷山《ひょうざん》の一角《いっかく》]
表面に現れたのは、物事のほんの一部に過ぎないということ。

[片鱗《へんりん》を示《しめ》す]
すぐれた才能の一部を現す。

[襤褸《ぼろ》を出《だ》す]
隠していた欠点や短所が現れる。

《類》「襤褸《ぼろ》が出《で》る」


【世《よ》に出《で》る】

世間に現れる。また、世間に知られる。

「あらわす・あらわれる」に関する故事・成語・ことわざ

【噂《うわさ》をすれば影《かげ》が差《さ》す】

うわさ話をしていると、その当人が現れるものだ。「噂《うわさ》をすれば影《かげ》」ともいう。


【思《おも》い内《うち》にあれば色外《いろそと》に現《あらわ》る】

何か心の中に思っていることがあると、それは知らず知らず表情や態度などに現れるということ。


【隠《かく》すより現《あらわ》る】

隠し事は、隠そうとすればするほどかえって他人の目を引いて早く知れ渡ってしまうということ。《類》「隠《かく》すことは現《あらわ》る」「隠《かく》れたるより見《あらわ》るるは莫《な》し」


【才気煥発《さいきかんぱつ》】（⇒「賢《かしこ》い・愚《おろ》か」一七三ページ）

【名《な》は体《たい》を表《あらわ》す】

人や物の名は、そのままその実体や性質などを的確に表しているものであるということ。「表《あらわ》す」は「現《あらわ》す」とも書く。《類》「名詮自性《みょうせんじしょう》」「名実相応《めいじつそうおう》」


【破邪顕正《はじゃけんしょう》】

間違った考えを否定して、正しい道をはっきりと表し示すこと。もともと仏教語であって、「破邪」は邪道を説き伏せる、「顕正」は正しい仏法、すなわち正道を表し示すの意。出典は『三論玄義《さんろんげんぎ》』。

歩《ある》く・歩《ある》き

「歩く・歩き」の様態と歩くための道など

▼足で
歩《あゆ》む・徒歩《とほ》・徒歩《かちある》き・徒《と》行《こう》・歩行《ほこう》・行歩《こうほ》・運歩《うんぽ》・歩《ほ》・徒《かち》・ウォーキング

▼わずかな
寸歩《すんぽ》

▼歩きながら
歩歩《ほほ》

▼歩くようす
歩《ある》き様《ざま》・足取《あしど》り・歩《ある》き振《ぶ》り・足付《あしつ》き

▼人や馬が列をなして進むときの歩き具合
足並《あしな》み・歩調《ほちょう》・足取《あしど》り

歩く・歩き

▼互いに歩いて近寄る
歩《あゆ》み寄《よ》り

▼相当に歩いたと感じられる歩行距離
歩《ある》き出《で》

▼休みなく歩き続ける
歩《ある》き詰《づ》め・歩《ある》き通《どお》し

▼歩ける限り
足任《あしまか》せ

▼ひとりで
独《ひと》り歩《ある》き・独行《どっこう》・独歩《どっぽ》・単行《たんこう》

▼連れ立って
同行《どうこう》

▼天皇・皇后・皇太后の歩きの尊敬語
玉歩《ぎょくほ》

▼歩いて何歩あるか
歩数《ほすう》・歩数《ほかず》

▼何歩歩いたかを数える度数計
歩数計《ほすうけい》・万歩計《まんぽけい》

▼一歩で進む距離
歩幅《ほはば》

▼速さや一歩の距離の程度
歩度《ほど》

▼人の歩く道
歩道《ほどう》・人道《じんどう》・散歩道《さんぽどう》・遊歩道《ゆうほどう》・横断歩道《おうだんほどう》・プロムナード

▼歩行者が道路を横断するための橋
歩道橋《ほどうきょう》・渡道橋《とどうきょう》

▼歩いて渡る廊下
歩廊《ほろう》・回廊《かいろう》・廻廊《かいろう》

目的・内容のある「歩く・歩き」

▼郊外を散歩する
郊行《こうこう》

▼春、若草を踏んで野山を
踏青《とうせい》

▼山を
山行《さんこう》・山歩《やまある》き・山踏《やまぶ》み・縦走《じゅうそう》・尾根歩《おねある》き・トレッキング

▼遠い道のりを
遠足《えんそく》・遠歩《とおある》き・遠出《とおで》

▼各地を旅して
旅行《りょこう》・旅歩《たびある》き・旅《たび》

▼各地をめぐり
漫遊《まんゆう》・周遊《しゅうゆう》・歴遊《れきゆう》・巡遊《じゅんゆう》・遍歴《へんれき》・跋渉《ばっしょう》・巡行《じゅんこう》・巡回《じゅんかい》・行脚《あんぎゃ》

▼遊び
遊行《ゆうこう》・遊行《ゆぎょう》・行楽《こうらく》・遊楽《ゆうらく》

▼あちこち景色・風物などを見物して
物見遊山《ものみゆさん》・遊覧《ゆうらん》・観光《かんこう》・遊山《ゆさん》・ツアー

▼花見や紅葉狩りなど山野を歩き回って遊ぶ
野遊《のあそ》び・野掛《のが》け・野駆《のが》け・野掛《のが》け遊《あそ》び

▼景色のよい所を見物して
観光《かんこう》・探勝《たんしょう》・済勝《さいしょう》・済勝《せいしょう》

▼道の歩きやすい所を選んで
拾《ひろ》い歩《ある》き・拾《ひろ》い足《あし》

▼ある地点を行ったり来たり
行《い》きつ戻《もど》りつ・行《ゆ》きつ戻《もど》りつ・行《い》き来《き》・行《ゆ》き来《き》・往《い》き来《き》・往《ゆ》き来《き》・行《い》き通《かよ》う・

歩く・歩き

▼
行《ゆ》き通《かよ》う・往来《おうらい》・低回《ていかい》・低《てい》徊《かい》・彽徊《ていかい》

▼心を決めかねて同じ所をうろうろする
低回《ていかい》・低徊《ていかい》・彽徊《ていかい》

▼人に知られないよう、こっそり
密行《みっこう》・潜行《せんこう》・間行《かんこう》

▼地位のある人が他に知られないよう出歩く
微行《びこう》・忍《しの》び歩《ある》き・御忍《おしの》び

▼用事を言い付けられてあちこち
使《つか》い走《ばし》り・使《つか》い歩《ある》き・使《つか》いっ走《ぱし》り

▼各地をめぐって事情を視察・調査して
見回《みまわ》る・巡見《じゅんけん》・巡察《じゅんさつ》・巡《じゅん》検《けん》・巡視《じゅんし》

▼警備のため見回って
巡邏《じゅんら》・パトロール

▼夜、警戒のために回り
夜警《やけい》・夜回《よまわ》り・夜巡《よめぐ》り・ナイトウォッチ

▼自分の考えを各地に説いて
遊説《ゆうぜい》・説《と》き回《まわ》る

▼長く困難な道のりを歩き抜く
踏破《とうは》

▼足ならしをする
試《ため》し歩《ある》き・試歩《しほ》

▼健康維持のために
ウォーキング

▼詩想を練りながら。また、詩歌を吟じながら
吟歩《ぎんぽ》・吟行《ぎんこう》

▼人びとに広く告げて
触《ふ》れ歩《ある》く

▼歩いて距離を測る
歩測《ほそく》

▼徒歩で戦う兵士
歩兵《ほへい》・歩卒《ほそつ》

これといった目的・指向のない「歩く・歩き」

▼子どもが初めて
歩《ある》き初《ぞ》め・初歩《はつある》き

▼足の向くままに
足任《あしまか》せ

▼あてどもなくさまよい
漫歩《まんぽ》・徘徊《はいかい》・彷徨《さまよ》う・彷《ほう》徨《こう》・漫《そぞ》ろ歩《ある》き・流浪《るろう》・浪《ろう》浪《ろう》・彷徨《さまよ》い歩《ある》く・ぶらつく・よろつく

▼定まった住居・職業がなく、さまよい
浮浪《ふろう》・漂泊《ひょうはく》・旅烏《たびがらす》

▼郷里を離れて他郷をさまよい
流離《りゅうり》・流離《さすらい》・流浪《るろう》・放浪《ほうろう》

▼勝手気ままに
横行《おうこう》

▼用もないのに廊下をうろうろと
廊下鳶《ろうかとんび》

歩き方と「歩き」の生態

▼大股でゆっくり
闊歩《かっぽ》

歩く・歩き

▼小さい歩幅で速く　刻《きざ》み足《あし》
▼足の裏をするようにして
摺《す》り足《あし》
▼音を立てないように
抜《ぬ》き足《あし》・差《さ》し足《あし》・抜《ぬ》き足《あし》差《さ》し足《あし》・忍《しの》び足《あし》・抜《ぬ》き足《あし》差《さ》し足《あし》忍《しの》び足《あし》・盗《ぬす》み足《あし》・忍《しの》び歩《ある》き・猫足《ねこあし》・鷺足《さぎあし》
▼ひざまずいて膝で
膝行《しっこう》・躄《いざ》る・膝行《いざ》る
▼横向きに
横歩《よこある》き・横行《おうこう》・蟹行《かいこう》・蟹《かに》の横這《よこば》い
▼はだしで　跣行《せんこう》・徒跣《かちはだし》
▼片方の足を引くようにして
跛行《はこう》
▼足もとをさぐりながら
探《さぐ》り足《あし》
▼普通の足並み　並《な》み足《あし》
▼急ぎの足どりで
急《いそ》ぎ足《あし》・早足《はやあし》・速足《はやあし》・足早《あしばや》・急行《きゅうこう》・疾行《しっこう》・疾歩《しっぽ》・捷歩《しょうほ》・急歩《きゅうほ》・速歩《そくほ》・疾足《しっそく》・逸足《いっそく》・俊足《しゅんそく》・駿足《しゅんそく》
▼ゆっくり
鈍足《のろあし》・鈍鈍足《のろのろあし》・牛歩《ぎゅうほ》・徐行《じょこう》・徐歩《じょほ》・緩歩《かんぽ》・寛歩《かんぽ》
▼そぞろ
散歩《さんぽ》・散策《さんさく》・漫《そぞ》ろ歩《ある》き・遊歩《ゆうほ》・拾《ひろ》い歩《ある》き・拾《ひろ》い足《あし》・間歩《かんぽ》・閑歩《かんぽ》・御拾《おひろ》い・逍遥《しょうよう》
▼少しずつ進む　歩一歩《ほいっぽ》
▼列になってゆっくりと
練《ね》り歩《ある》く
▼隊列を組んで歩き進む　行進《こうしん》
▼よろめき
千鳥足《ちどりあし》・蹌踉《そうろう》・蹌踉《よろめ》く・蹌《そう》蹌《そう》・蹣跚《まんさん》
▼酒に酔ってふらふら
千鳥足《ちどりあし》・酔歩《すいほ》

▼勝手気ままに、いばって
闊歩《かっぽ》・伸《の》し歩《ある》く
▼遊び気分であちこち
浮《う》かれ歩《ある》く
▼心が落ち着かず　浮《う》かれ歩《ある》き
▼あちこちと忙しく　飛《と》び歩《ある》く
▼一か所に落ち着かずあちこちさすらう
流《なが》れ歩《ある》く・渡《わた》り歩《ある》く
▼あちこち歩き回る
ほつき歩《ある》く・ほっつき歩《ある》く
▼夜、外を　夜歩《よある》き・夜行《やこう》
▼美人のあでやかな
金蓮歩《きんれんぽ》・金蓮《れん》歩《ぽ》

特殊な「歩く・歩き」

▼一方の足が常に地面から離れないようにして速く歩行する競争

歩く・歩き

競歩《きょうほ》
▼登山で尾根伝いに幾つかの山頂をきわめて
縦走《じゅうそう》・尾根歩《おねある》き
▼僧が修行・教化のために各地をめぐり
行脚《あんぎゃ》・遊行《ゆぎょう》・巡錫《じゅんしゃく》・飛錫《ひしゃく》
▼僧が修行のため経を唱えながら人びとの施しを受けて
托鉢《たくはつ》
▼歌舞伎で俳優が誇張した足踏みで歩く演技
六方《ろっぽう》・六法《ろっぽう》
▼昔の遊女の八の字の歩き方
内八文字《うちはちもんじ》・外八文字《そとはちもんじ》・八文字《はちもんじ》
▼馬術で馬の最もゆるやかな
並《な》み足《あし》・常歩《じょうほ》・ウォーク
▼馬術で馬が足早に
跑足《だくあし》・鹿足《ししあし》・諸足《だくあし》・トロット

「歩く・歩き」の擬音語・擬態語・形容語

▼静かにゆっくり　そろそろ
▼小股で急いで、小刻みに
ちょこちょこ
▼足早に軽やかに
とことこ・すたすた・すたこら
▼わき目もふらず、どんどん
とっとと・さっさと・一散《いっさん》に・一目散《いちもくさん》に
▼元気よく急ぎ足で　たったと
▼力強く、重々しく
のっしのっし・のしのし
▼身軽に体をゆするように
ひょこひょこ
▼ためらわずに進み出る
つかつか・ずかずか

▼気ぜわしく　せかせか
▼幼児などがたどたどしく
よちよち
▼力なく安定しない
ふらふら・よろよろ・よたよた
▼ぐずぐずと。てきぱきしない
のろのろ・のそのそ
▼大儀そうに
えっちらおっちら
▼しょんぼりと　とぼとぼ
▼荒々しく音をたてて
どたどた・どたばた
▼長い道のりを根気よく
てくてく
▼目的もなく、ゆっくりと
ぶらぶら・ぶらりぶらり・ぶらりと・ふらふら
▼あてもなく
うろうろ・うろちょろ

歩く・歩き

▼あてどもなく、さまよう

飄飄《ひょうひょう》と・飄飄乎《ひょうひょうこ》と

▼気まぐれに出入りする

ふらりと・ふらっと

▼気配りの必要な場所・場合におかまいなしに

のこのこ

▼気取って

しゃなりしゃなり

▼美しい女性の　**楚楚《そそ》とした**

▼男性の元気で気持ちよい

颯爽《さっそう》とした

「歩く・歩き」に関する慣用句

[足《あし》が速《はや》い]
歩いたり走ったりするのが速い。

[足《あし》が向《む》く]
知らず知らずにその方へ歩いて行く。

[足《あし》に任《まか》せる]
あてもなく気のままに歩いて行く。また、足の力の続く限り歩く。

[足《あし》を取《と》られる]
酒に酔って歩けなくなる。また、何か障害があって思うように歩けないこと。

[足《あし》を伸《の》ばす]
（ある地点から、）さらにその先まで行く。

[足《あし》を運《はこ》ぶ]
ある場所まで出掛ける。

[足《あし》を棒《ぼう》にする]
足が疲れて感覚がなくなるほど歩き回る。

[足《あし》を休《やす》める]
歩くのを中断して休息する。

[歩《ほ》を移《うつ》す]
歩く。歩みを進める。《類》「歩《ほ》を進《すす》める」

[歩《ほ》を転《てん》ずる]
歩いて行く方向を変える。

[歩《ほ》を運《はこ》ぶ]
歩き進む。出向く。

[歩《ほ》を回《めぐ》らす]
歩いて来た方向に戻る。

「歩く・歩き」に関する成語

[横行闊歩《おうこうかっぽ》]
大手を振って大威張りで歩き回ること。また、勝手気ままに振る舞うこと。

[跼天蹐地《きょくてんせきち》]
恐れかしこまって体をかがめ音を立てないで歩くこと。

[飄飄踉踉《ひょうひょうろうろう》]
ふらふらよろめくように歩くこと。
《類》「蹌蹌踉踉《そうそうろうろう》」

言《い》う

発言の態様からみた「言う」

▼口から言葉で表現する
言《い》う・話《はな》す・物《もの》言《い》う・吐《は》く・喋《しゃべ》る・発言《はつげん》

▼「言う」の尊敬語
仰《おっしゃ》る・宣《のたま》う・仰有《おっしゃ》る

▼最上級の尊敬語　仰《おお》せられる

▼「言う」の謙譲語
申《もう》す・物申《ものもう》す・申《もう》し上《あ》げる

▼言い始める
言《い》い掛《か》ける・言《い》い出《だ》す・切《き》り出《だ》す・開口《かいこう》

▼終わりまで
言《い》い終《お》わる・言《い》い切《き》る・言《い》い果《は》つ

▼言葉で説明する　言説《げんせつ》

▼まとまった話をする
語《かた》る・物語《ものがた》る

▼話がそこに及ぶ　言及《げんきゅう》

▼うっかり　口走《くちばし》る

▼口から出るままに
出任《でまか》せ・口任《くちまか》せ

▼思うままに
放言《ほうげん》・放語《ほうご》・言《い》い散《ち》らす

▼きっぱりと
言《い》い放《はな》つ・言《い》い放《はな》す

▼深く考えずに　漫言《まんげん》・漫語《まんご》

▼おごり高ぶって　慢言《まんげん》・慢語《まんご》

▼あたりはばからず公然と
公言《こうげん》・揚言《ようげん》

▼公の場ではっきりと
言明《げんめい》・表明《ひょうめい》・表白《ひょうはく》

▼方針などを広く世間に
宣言《せんげん》・声明《せいめい》

▼意見を言い、相手の意見を退ける
言《い》い退《の》ける・説破《せっぱ》

▼盛んに言い触らす　喧伝《けんでん》

▼突飛な言動をする
飛《と》び上《あ》がり

▼ひとこと　一言《いちげん》・一言《いちごん》

▼ひとりでものを
独《ひと》り言《ごと》・独語《どくご》・独言《どくげん》

▼言うのをためらう　言《い》い渋《しぶ》る

▼口を閉ざしてものを言わない
緘口《かんこう》・緘黙《かんもく》・箝口《かんこう》・鉗口《かんこう》

▼不利益にならないように口をつぐむ
黙秘《もくひ》

▼言い訳をして責任をかわす
言《い》い逃《のが》れる・言《い》い抜《ぬ》ける

▼発言させない
箝口《かんこう》・鉗口《かんこう》・口《くち》止《ど》め・口塞《くちふさ》ぎ

▼何も言わない
黙《だま》る・黙《もく》する・黙《だま》りこく

る・押《お》し黙《だま》る・沈黙《ちんもく》・無言《むごん》・
黙止《もくし》・暗黙《あんもく》・ノーコメント

言い方・話しぶりからみた「言う」

▼ものの言い方。言葉付き
物言《ものい》い・口舌《こうぜつ》・口付《くちつ》き・弁《べん》
舌《ぜつ》・口振《くちぶ》り・口吻《こうふん》・舌尖《ぜっせん》・
口前《くちまえ》・舌端《ぜったん》・口気《こうき》
▼ものの言い方の癖　口癖《くちぐせ》
▼他人とそっくりな言い方
口写《くちうつ》し
▼その場をとりつくろう
言《い》い做《な》す
▼本心ではなく表面だけの
口先《くちさき》・舌先《したさき》・舌《した》の先《さき》
▼口先がうまい
口上手《くちじょうず》・口達者《くちだっしゃ》・言好《ことよ》し・
口才《こうさい》

▼鋭い弁舌　舌鋒《ぜっぽう》
▼弁舌が達者　能弁《のうべん》
▼よどみなく
言《い》い通《とお》す・流暢《りゅうちょう》・滔滔《とうとう》
▼すらすらと言えるように練習する
口慣《くちな》らし・口馴《くちな》らし
▼せわしなく
急言《きゅうげん》・早口《はやくち》・疾言《しつげん》・口早《くちばや》・
口速《くちばや》・口疾《くちど》
▼舌を巻くようにして早口で
巻《ま》き舌《じた》
▼しきりに　喋喋《ちょうちょう》・喃喃《なんなん》
▼勢いよく続けて
捲《ま》くし立《た》てる
▼相手に余裕を与えず続けて
畳《たた》み掛《か》ける
▼従わせようとしていろいろと
口説《くど》く
▼言葉がすらすらと出る
口軽《くちがる》・軽口《かるくち》

▼調子にのってしゃべりまくる
言《い》い募《つの》る
▼言い過ぎる　過言《かげん》・過言《かごん》
▼口数が少ない　寡言《かげん》・寡黙《かもく》
▼うるさくあれこれ
口喧《くちやかま》しい
▼うるさく盛んに
言《い》い立《た》てる・言《い》い立《た》つ・鳴《な》
らす
▼言葉を巧みに　言《い》い回《まわ》す
▼言葉を飾り巧みに　巧言《こうげん》
▼荒々しい口調で　口荒《くちあら》
▼激しい口調で
言《い》い昂《あが》る・言《い》い揚《あ》がる
▼強く言い張る　口強《くちごわ》
▼はっきりと断定して
言《い》い切《き》る・断言《だんげん》・明言《めいげん》・確《かく》
言《げん》・道破《どうは》
▼遠回しにして

言う

婉曲《えんきょく》・曲言《きょくげん》・諷《ふう》する

▼大げさに　誇張《こちょう》・誇称《こしょう》

▼取り立てて　言挙《ことあ》げ

▼小さな声でひとりごとを
呟《つぶや》く

▼小声でひそひそと
囁《ささや》く・ささめく・私語《ささや》く・
私語《しご》

▼耳へ口を寄せて小声で
耳打《みみう》ち・耳語《じご》

▼男女が小声で絶え間なく語り合う
喃語《なんご》

▼すらすらと言えない
舌足《したた》らず・舌縺《したもつ》れ

▼甘えたような言い方
舌《した》たるい・舌《した》ったるい

▼言い方が下手
口下手《くちべた》・口不調法《くちぶちょうほう》

▼つまりながら話す
吶吶《とつとつ》・吶弁《とつべん》

▼たどたどしい言い方
片言交《かたことま》じり

▼言い違いをする　失語《しつご》・失言《しつげん》

▼言葉が口からはっきりと出ない
淀《よど》む・口籠《くちごも》る

▼言葉が軽く出ない　口重《くちおも》

▼共通語と異なる語調で　訛《なま》る

▼それとなく分かるように
匂《にお》わせる・仄《ほの》めかす

▼物事にかこつけて仄《ほの》めかす
寓《ぐう》する

内容・程度からみた「言う」

▼理由をはっきりと説明する
申《もう》し開《ひら》き・弁明《べんめい》・弁解《べんかい》

▼こと細かく説明する　縷縷《るる》

▼こまごまと　縷言《るげん》・詳言《しょうげん》

▼おおよその要点のみを
略言《りゃくげん》・概言《がいげん》

▼要約して　約言《やくげん》

▼付け加えて　言《い》い足《た》す・付言《ふげん》

▼言い足すの謙譲語
申《もう》し添《そ》える

▼他の言葉で言い換える
換言《かんげん》・別言《べつげん》

▼言い訳、言い掛かりの材料
口実《こうじつ》

▼本心や秘密を打ち明ける　告白《こくはく》

▼秘密などをそれとなく
漏《も》らす・口外《こうがい》

▼言い損なう。言い過ぎる
過言《かげん》・過言《かごん》・逸言《いつげん》

▼無駄なことを　無駄口《むだぐち》・贅言《ぜいげん》

▼隠していた事などを人に
白状《はくじょう》

▼言ってはいけないことを　失言《しつげん》

▼秘密などを人に

言う

他言《たげん》・他言《たごん》・口外《こうがい》

▼口から出まかせを
放言《ほうげん》・放語《ほうご》

▼大げさなことを
吹《ふ》く・嘯《うそぶ》く・大言《たいげん》・広言《こうげん》

▼偉そうなことを
高言《こうげん》・壮言《そうげん》・壮語《そうご》

▼自慢して大口を叩く　舌長《したなが》

▼自信たっぷりに大きなことを
豪語《ごうご》

▼大げさに言い立てる　呼号《こごう》

▼うそをつく　食言《しょくげん》・妄語《もうご》

▼前後で矛盾したことを
二枚舌《にまいじた》・両舌《りょうぜつ》

▼気のきいたことを　洒落《しゃれ》る

▼昔からそのように。また、口癖のように
言《い》い習《なら》わす

▼何度も言って珍しくない
言《い》い古《ふる》す・語《かた》り古《ふる》す

▼恋人や配偶者のことを嬉しそうに
惚気《のろけ》る

▼口ぐちにほめる　嘖嘖《さくさく》

▼手ひどく　痛言《つうげん》

▼未来や吉凶を予測する
予言《よげん》・讖《しん》

▼神の神託を人びとに伝える
預言《よげん》

▼死後のために言い残す
遺言《いごん》・遺言《ゆいごん》・遺言《いげん》

話す相手との関係からみた「言う」

▼口で直接に伝える
口伝《くちづた》え・口伝《くちづ》て・口移《くちうつ》し

▼思うことを遠慮なく
直言《ちょくげん》・謇諤《けんがく》・蹇愕《けんがく》・侃諤《かんがく》

▼きっぱりと　喝破《かっぱ》

▼言うことが手厳しい　辛辣《しんらつ》

▼極端な言い方をする
極言《きょくげん》・極論《きょくろん》

▼相手の言い分を聞かずに
頭《あたま》ごなし

▼分をわきまえない口のきき方をする
口幅《くちはば》ったい

▼文句を　ごねる・ごてる

▼不平不満を
愚痴《ぐち》る・零《こぼ》す・ぼやく

▼不平不満をぶつぶつ　愚図《ぐず》る

▼同じ愚痴を繰り返し　繰《く》り言《ごと》

▼人を悪く　悪口《わるくち》・悪口《あっこう》・口悪《くちわる》

▼悪口を
言《い》い下《くだ》す・言《い》い腐《くさ》す・腐《くさ》す・貶《けな》す・毒突《どくづ》く・言《い》い腐《くた》す

▼憎まれるような口のきき方をする
悪《あく》たれ・悪《あく》たれ口《ぐち》・憎《にく》まれ・憎《にく》まれ口《ぐち》・悪態《あくたい》・悪態口《あくたいぐち》

▼言い方に品がない
口汚《くちぎたな》い・口穢《くちぎたな》い・口《くち》さが

言う

ない

▼きわめて痛烈な悪口　毒舌《どくぜつ》

▼人を陥れるためにうそや悪口を
讒言《ざんげん》・讒口《ざんこう》・讒説《ざんせつ》

▼人の秘密などをこっそりと他人に知らせる
告《つ》げ口《ぐち》

▼分を越えて口出しする
差《さ》し出口《でぐち》

▼端《はた》から口を出す
容喙《ようかい》・干渉《かんしょう》・差《さ》し出口《でぐち》・傍《ぼう》言《げん》・傍語《ぼうご》

▼話の途中に言葉をはさみ、とりなす
口添《くちぞ》え

▼自分の代わりに人に言わせてときどき口添えする
端声《つまごえ》

「言う」の擬音語・擬態語

▼金属がひびくような高い声
きんきん

▼こうるさく、つまらないことを
ぺちゃくちゃ・ぺちゃぺちゃ

▼品のない感じでうるさく
べちゃべちゃ・べちゃくちゃ・ぺちゃくちゃ

▼軽薄な調子で、よく
べらべら・ぺらぺら

▼静かに心にしみるように
しんみり

▼小さくはっきりしない声で
ぼそっと・ぼそぼそ

▼口の中で不明瞭に何かを
むにゃむにゃ・もぐもぐ・ごにょごにょ

▼舌がもつれて何を言っているのか分からない
れろれろ

▼息がもれて、言っていることが分からない
ふがふが

▼人に聞かれないように声を小さくする
ひそひそ

▼歯切れよくはっきりと
はきはき

▼思ったことを遠慮なく
ずばずば・ずけずけ・つけつけ

▼短い言葉で核心をつく
ずばり・ずばっと

▼手厳しくはっきりと
ぴしゃっと・ぴしゃりと

▼言いにくいことを平気で
ぬけぬけ

言う

▼強い調子で小言などを

がみがみ

▼必要以上に長く

くだくだ・くどくど・ぐずらぐずら

▼不愉快なことをうんざりするほど長たらしく

たらたら

▼不平不満をもらす

ぶつくさ・ぶつぶつ

▼不平や理屈などをうるさく

つべこべ・つべつべ・つべらこべら

「言う」に関する慣用句

[悪態《あくたい》をつく]
強い調子で悪口を言う。

[油紙《あぶらがみ》に火《ひ》の付《つ》いたよう]
ぺらぺらとよくしゃべるさま。

[言《い》い得《え》て妙《みょう》]
実にうまく言い表されている。

[言《い》うに事欠《ことか》いて]
ほかに適当な言い方があるだろうに、それを言わないで。

[言《い》うも愚《おろ》か]
分かりきったことで言うまでもなく。とても言葉で言い尽くせないが。

[曰《いわ》く言《い》い難《がた》し]
なかなか簡単には言い表せない。

[言《い》わずもがな]
言わない方がよい。言うに及ばない。

[嘘八百《うそはっぴゃく》を並《なら》べる]
嘘ばかりを次々に言い立てる。

[有無《うむ》を言《い》わせず]
相手の意思などは無視して、強引に自分の言う通りにさせるさま。

[得《え》も言《い》われぬ]
何とも言い表すことができない。

[お愛想《あいそ》を言《い》う]（⇒「交際《こうさい》・付《つ》き合《あ》い」二四二ページ）

[大口《おおぐち》を叩《たた》く]
偉そうなことを言う。

[奥歯《おくば》に物《もの》が挟《はさ》まったよう]
率直にものを言わず、何か言いたいことがはっきりと言えないでいるさま。

[お題目《だいもく》を唱《とな》える]
口先だけで、もっともらしいことを言う。

[おだを上《あ》げる]
得意になって勝手なことを盛んに言う。

[頤《おとがい》を叩《たた》く]
悪口を言う。また、勝手なことをよくしゃべること。

[おべっかを使《つか》う]
こびへつらいの言葉を言う。

[陰口《かげぐち》を叩《たた》く]
本人のいないところで悪口を言う。
《類》「陰口《かげぐち》を利《き》く」

言う

【軽口《かるくち》を叩《たた》く】
気軽に冗談などを言う。

【噛《か》んで含《ふく》める】
よく分かるように、細かく説明して聞かせる。

【苦言《くげん》を呈《てい》する】
本人のためを思い、言いにくいことをあえて言う。

【糞味噌《くそみそ》に言《い》う】
むちゃくちゃに悪口を言う。《類》「味噌糞《みそくそ》に言《い》う」

【くだを巻《ま》く】
きりのないことをいつまでも言い続ける。

【口《くち》が軽《かる》い】
言わなくていいことまで言ってしまう。

【口《くち》が過《す》ぎる】
失礼なことを言う。《類》「言葉《ことば》が過《す》ぎる」

【口《くち》が酸《す》っぱくなる】
同じ忠告などを繰り返し言う。

【口《くち》が滑《すべ》る】
言ってはいけないことがつい出てしまう。《類》「口を滑らす」

【口《くち》が塞《ふさ》がらない】
あきれてものが言えない。

【口《くち》が減《へ》らない】
口が達者である。

【口《くち》が悪《わる》い】
人に憎まれてもしかたのないことを、平気で言う。

【口口《くちぐち》に言《い》う】
同じようなことを、おのおのが言う。

【口《くち》と腹《はら》とは違《ちが》う】
言っていることと思っていることとは違う。

【口《くち》にする】
口に出して言う。

【口《くち》に出《だ》す】
言葉として言う。

【口《くち》に出《で》る】
思っていることをうっかり言ってしまう。

【口《くち》に任《まか》せる】
前後を考えずに、ぺらぺらしゃべる。

【口《くち》を合《あ》わせる】
二人以上の間で言うことを同じにする。《類》「口裏《くちうら》を合《あ》わせる」

【口《くち》を利《き》く】
ものを言う。しゃべる。

【口《くち》を切《き》る】（⇒「はじめる・はじめ」四八六ページ）

【口《くち》を極《きわ》めて】
あらん限りの言葉を用い、力を込めて言うさま。

【愚痴《ぐち》をこぼす】
言ってもしかたのないことを、いつまでもくどくどと言う。

【口《くち》を揃《そろ》える】
それぞれが同じことを揃って言う。《類》「声《こえ》を揃《そろ》える」

【口《くち》を出《だ》す】
人の話の中に、第三者が加わって

言う

意見などを言う。《類》「口《くち》を挟《はさ》む」「嘴《くちばし》を容《い》れる」「口《くち》を入《い》れる」

[口《くち》を噤《つぐ》む]
一切、ものを言わない。《類》「口《くち》を閉《と》ざす」

[口《くち》を開《ひら》く]
今まで黙っていた人がものを言い始める。

[言《げん》を構《かま》える]
いい加減なことを言う。いろいろと口実を設ける。

[言《げん》を俟《ま》たない]
言うまでもない。分かりきっていること。

[効能《こうのう》書《が》きを並《なら》べる]
そのものがいかにすぐれているかを、あれこれと言う。

[声《こえ》を尖《とが》らす]
とげとげしくものを言う。

[御託《ごたく》を並《なら》べる]
いつまでも自分勝手なことを言い立てる。

[言葉《ことば》に余《あま》る]
言葉では言い尽くせない。

[言葉《ことば》の綾《あや》]
微妙な言い回し。

[言葉《ことば》の先《さき》を折《お》る]
相手が言い続けようとするのをさえぎる。

[言葉《ことば》を濁《にご》す]
自分に不都合なことなどをはっきりと言わない。

[舌《した》が回《まわ》る]
よどみなく、ぺらぺらとしゃべる。

[四《し》の五《ご》の言《い》う]
うるさくあれこれと言う。

[正面《しょうめん》切《き》って]
言うべきことを遠慮しないできちんと言うさま。

[啖呵《たんか》を切《き》る]
明解な口調でまくしたてる。

[直截《ちょくせつ》に言《い》う]
要点をすぐにきっぱりと言う。

[取《と》って付《つ》けたよう]
後から付け加えたようなわざとらしい言い方。

[謎《なぞ》を掛《か》ける]
それとなく遠回しに言う。

[憎《にく》まれ口《ぐち》を叩《たた》く]
人の気にさわるような厭味な言い方をする。《類》「憎《にく》まれ口《ぐち》を利《き》く」

[熱《ねつ》を吹《ふ》く]
勝手に言いたい放題を言う。

[歯切《はぎ》れがいい]
言い方が明解でわかりやすいさま。

[歯《は》に衣《きぬ》を着《き》せない]
思ったままを率直に言う。

[早《はや》い話《はなし》が]
てっとり早く言うと。

[平《ひら》たく言《い》えば]
分かりやすく言うと。

[不平《ふへい》を鳴《な》らす]
強く不平不満を言い立てる。

[屁理屈《へりくつ》を捏《こ》ねる]

言う

筋の通らない勝手な言い分を主張する。


【襤褸糞《ぼろくそ》に言《い》う】

手厳しく、悪く言う。


【本音《ほんね》を吐《は》く】

本心を口に出して言う。

【耳《みみ》に入《い》れる】（⇒「聞《き》く・聞《き》こえる」二二四ページ）

【無駄口《むだぐち》を叩《たた》く】

くだらないことをあれこれと言う。


【持《も》って回《まわ》った言《い》い方《かた》】

不自然に遠回しな言い方。


【野次《やじ》を飛《と》ばす】

人の言動に対して、からかったりひやかしたりする。


【与太《よた》を飛《と》ばす】

いい加減なことをあちこちで言う。

【弱音《よわね》を吐《は》く】（⇒「強弱《きょうじゃく》」二一九ページ）

【喇叭《らっぱ》を吹《ふ》く】

大げさにでたらめなことを言う。

《類》「法螺《ほら》を吹《ふ》く」


【呂律《ろれつ》が回《まわ》らない】

酒に酔ったりして、舌がもつれてうまくしゃべれない。

「言う」に関する故事・成語・ことわざ

【悪口雑言《あっこうぞうごん》】

ひどい言葉で悪口を言うこと。「雑言」は「ぞうげん」とも読む。


【言《い》いたい事《こと》は明日《あす》言《い》え】

思ったときにすぐに言わずに、時間をおいてよく考えたうえで言えば、悔やむこともないという教え。


【言《い》うは易《やす》く行《おこな》うは難《かた》し】

言うだけならやさしいが、それをいざ実行するのはなかなか難しいことだという教え。出典は『塩鉄論』。


【一言居士《いちげんこじ》】

何事にも、ひとこと自分の意見を言わないと気がすまない人。


【一口両舌《いっこうりょうぜつ》】

その場その場で言うことが違うこと。


【言《い》わぬが花《はな》】

口に出して言わない方が、当たりさわりがなくて好都合である。

《類》「言《い》わぬは言《い》うに勝《まさ》る」


【言《い》わねば腹脹《はらふく》る】

言いたいことを言わずに我慢していると、不満はたまる一方である。

《類》「物言《ものい》わねば腹脹《はらふく》る」「思《おも》う事《こと》言《い》わねば腹脹《はらふく》る」


【顧《かえり》みて他《た》を言《い》う】

斉の宣王が孟子の問いに答えられず、左右の臣下を見て他のことを言ったという故事から、返答に困ったときに、関係のないことを言って話をそらし、ごまかすこと。出典は『孟子《もうし》』。


【口先三寸《くちさきさんずん》】

口先だけでその場しのぎのことを

言うこと。

［言文一致《げんぶんいっち》］（⇒「文章《ぶんしょう》」五三八ページ）

［針小棒大《しんしょうぼうだい》］
小さなことを大げさに言い立てること。

［大言壮語《たいげんそうご》］（⇒「言葉《ことば》」二五四ページ）

［多言《たげん》は一黙《いちもく》に如《し》かず］
多くを話しても、しばらく黙っている者にはかなわないの意で、多弁よりも沈黙の方が、時として勝ることがあるということ。《類》「沈黙《ちんもく》は金《きん》雄弁《ゆうべん》は銀《ぎん》」

［多言《たげん》は身《み》を害《がい》す］
口数が多い人は余計なことも言ってしまい、他人に迷惑などをかけて、自分の信用を落としてしまうこともあるという戒め。

［罵詈雑言《ばりぞうごん》］
口をきわめて人をののしること。《類》「罵詈讒謗《ばりざんぼう》」

［目《め》は口《くち》ほどに物《もの》を言《い》う］
目は、口で伝えるのと同じくらいに、自分の気持ちを相手に伝えることができるというたとえ。

［物言《ものい》えば唇《くちびる》寒《さむ》し秋《あき》の風《かぜ》］
芭蕉の句で、人の短所を言ったり得意げに自慢したりした後は、不快な気持ちになったり災いを招いたりするものだということ。

［物《もの》も言《い》いようで角《かど》が立《た》つ］
何でもないことでも、話し方次第で相手の感情を害することがあるので、気をつけなくてはならないという教え。《類》「口《くち》は禍《わざわい》の門《かど》」

意向《いこう》・意志《いし》・意思《いし》

何かを思っている心 「意」の様態

▼思っていること
意《い》・存意《ぞんい》・存念《ぞんねん》・考《かんが》え・気《き》持《も》ち

▼こころ
心意《しんい》・精神《せいしん》

▼本当の気持ち
真意《しんい》・本意《ほんい》・本心《ほんしん》・実意《じつい》

▼本当の気持ちと違う
不本意《ふほんい》

▼本心から出た言葉
本音《ほんね》

▼心のうちの考え
腹積《はらづ》もり・内意《ないい》・内心《ないしん》・内《うち》懐《ぶところ》・意中《いちゅう》

▼心の奥底

意向・意志・意思

底《そこ》・心底《しんてい》・心底《しんそこ》・心《こころ》の底《そこ》・
真底《しんそこ》・胸底《きょうてい》・胸奥《きょうおう》・奥底《おくそこ》・
腹心《ふくしん》・奥意《おくい》・心肝《しんかん》・肝胆《かんたん》・
肺腑《はいふ》・肺肝《はいかん》

▼心の奥に隠している考え
下心《したごころ》・底意《そこい》

▼心に思う　所懐《しょかい》・所感《しょかん》・感想《かんそう》

何かするつもりの考えからみた「意向・意志・意思」

▼何かをしようとする思い・考え
意思《いし》・所思《しょし》・心思《しんし》・情思《じょうし》・
意想《いそう》・意相《いそう》・思想《しそう》・心想《しんそう》・
念慮《ねんりょ》・旨意《しい》・思念《しねん》

▼心の向かうところ
意向《いこう》・意嚮《いこう》・思《おも》わく・意《い》
見《けん》・意趣《いしゅ》・心向《こころむ》け・心向《こころむ》
き・志向《しこう》・考《かんが》え

▼静かに考える　静思《せいし》

▼考え出す　発意《はつい》・発意《ほつい》

▼計画する　造意《ぞうい》

▼思考をめぐらす
考《かんが》える・図《はか》る

▼かねてからの考え　素意《そい》

▼熱心な気持ち
熱意《ねつい》・意気込《いきご》み・意気組《いきぐ》み

▼ある事だけに心を向ける
専意《せんい》・専心《せんしん》・一意《いちい》・一心《いっしん》

▼最初の考え　初意《しょい》

▼初めに抱いた思い
初志《しょし》・初念《しょねん》・初一念《しょいちねん》

▼前もって考えていたこと
意図《いと》・心算《しんさん》・胸算用《むなざんよう》・胸《むね》
算用《ざんよう》・積《つ》もり・心積《こころづ》もり・
心組《こころぐ》み

▼いろいろ注意深く考える
思慮《しりょ》・思料《しりょう》・思量《しりょう》・分別《ふんべつ》・
慮《おもんぱか》る

▼心を集中させて気をつける
注意《ちゅうい》・留意《りゅうい》・着意《ちゃくい》

▼注意が足りない　不注意《ふちゅうい》

▼深い考え　深慮《しんりょ》・深思《しんし》・尋思《じんし》

▼心をくだく。また、心を深く用いる
刻意《こくい》・苦心《くしん》・腐心《ふしん》

▼気を配る
配意《はいい》・配慮《はいりょ》・心配《こころくば》り

▼同じ考えの意思表示　同意《どうい》

▼同意しない　不同意《ふどうい》・不賛成《ふさんせい》

▼意見が一致する
合意《ごうい》・相対尽《あいたいず》く

▼内々の　内意《ないい》

▼賛成の　賛意《さんい》

▼感謝の　謝意《しゃい》

▼承諾の　諾意《だくい》

▼辞職・辞退の　辞意《じい》

▼思いついたまま
恣意《しい》・肆意《しい》・意《い》の儘《まま》・気《き》
儘《まま》・気《き》の儘《まま》

意向・意志・意思

▼自分の考え
吾《わ》が意《い》・我《わ》が意《い》・私意《しい》・私《し》見《けん》・私心《ししん》・私考《しこう》・独見《どっけん》・私《し》議《ぎ》・一存《いちぞん》・私説《しせつ》

▼自分の考えの謙譲語
愚意《ぐい》・愚考《ぐこう》・愚見《ぐけん》・愚案《ぐあん》・愚慮《ぐりょ》・愚存《ぐぞん》・愚察《ぐさつ》・卑見《ひけん》・鄙《ひ》見《けん》・陋見《ろうけん》・管見《かんけん》・鄙懐《ひかい》・卑懐《ひかい》

▼押し通そうとする自分の考え
我意《がい》・我《が》

▼自分の気持ち・意見に固執する
執意《しつい》

▼自分の思い通りになる　如意《にょい》

▼思い通りにする
任意《にんい》・随意《ずいい》・適意《てきい》

▼思い通りにならない
不如意《ふにょい》・不随意《ふずいい》・不自由《ふじゆう》

▼生き長らえようとする　生意《せいい》

▼昔をなつかしむ　古意《こい》

▼死をいたみ、悲しむ　弔意《ちょうい》

▼祝う　祝意《しゅくい》

▼親切な志　篤志《とくし》・厚志《こうし》

▼他人の親切心の尊敬語
芳意《ほうい》・芳志《ほうし》・芳情《ほうじょう》・芳心《ほうしん》

▼好ましいと思う
好意《こうい》・好感《こうかん》・好感情《こうかんじょう》

▼思いやりの　厚意《こうい》・厚情《こうじょう》

▼互いの気持ちにすき間のあること
隙意《げきい》

▼うそ偽りのない
誠意《せいい》・真心《まごころ》・至情《しじょう》

▼疎《うと》んじる　疎意《そい》・隔意《かくい》

▼わざとする　故意《こい》

▼故意ではない　無意《むい》

▼もののはずみで起こした悪心
出来心《できごころ》

▼他人に害を与えようとする
悪意《あくい》・悪心《あくしん》・害心《がいしん》・害意《がいい》・敵意《てきい》

▼よこしまな　邪意《じゃい》・邪心《じゃしん》

▼罪を犯そうとする　犯意《はんい》

▼人を殺そうとする　殺意《さつい》

▼そむく
逆意《ぎゃくい》・逆心《ぎゃくしん》・叛心《はんしん》・反心《はんしん》・異《い》志《し》・異心《いしん》・他志《たし》・二心《ふたごころ》・弐心《ふたごころ》

▼別の考え
他意《たい》・他心《たしん》・他念《たねん》・別意《べつい》・余念《よねん》

▼訪問のわけ　来意《らいい》

▼目上の人の意向
御意《ぎょい》・尊意《そんい》・思《おぼ》し召《め》し・尊《そん》慮《りょ》・尊旨《そんし》・芳慮《ほうりょ》・賢慮《けんりょ》・貴意《きい》

▼目下の者の　下意《かい》

▼主君・支配者の　上意《じょうい》・主意《しゅい》

▼全員の　総意《そうい》

▼人民の
民意《みんい》・民心《みんしん》・人心《じんしん》・人意《じんい》

▼大勢の人の　衆意《しゅうい》

意向・意志・意思

▼天子・天皇の
天意《てんい》・天心《てんしん》・聖意《せいい》・勅意《ちょくい》・宸意《しんい》・宸旨《しんし》・宸慮《しんりょ》・叡慮《えいりょ》・聖慮《せいりょ》・聖旨《せいし》・大御心《おおみこころ》・叡旨《えいし》・宸衷《しんちゅう》・宸襟《しんきん》・天慮《てんりょ》・勅旨《ちょくし》

▼神の　神意《しんい》・神慮《しんりょ》・神心《しんしん》

積極的な志からみた「意志」の様態

▼何かを成し遂げようとする心の働き
意志《いし》・心志《しんし》・志《こころざし》・志向《しこう》・志気《しき》

▼本当の　本志《ほんし》

▼志を立てる　立志《りっし》

▼意志を決めること。また、その意志
決意《けつい》・決心《けっしん》・決志《けっし》・覚悟《かくご》

▼心の中で目標を決める
志《こころざ》す・思《おも》い立《た》つ・志望《しぼう》・発心《ほっしん》・志慮《しりょ》

▼目標に向かう
指向《しこう》・目指《めざ》す・目差《めざ》す・狙《ねら》う・目掛《めが》ける

▼一緒に成し遂げようとする
有志《ゆうし》

▼戦おうとする　戦意《せんい》・闘志《とうし》

▼思い立ったときの初めの
初志《しょし》・夙志《しゅくし》・初心《しょしん》

▼積極的に何かしようとする
意欲《いよく》

▼かねてからの考えや望み
宿意《しゅくい》・宿志《しゅくし》・宿願《しゅくがん》・宿望《しゅくぼう》・宿望《しゅくもう》・素志《そし》・前志《ぜんし》・素心《そしん》・素望《そぼう》・素懐《そかい》

▼志すところ　所志《しょし》

▼守って変えない　志操《しそう》

▼そうしようとする意志がある
有意《ゆうい》

▼自発的な　自由意志《じゆういし》

▼志を同じくする　同志《どうし》

▼親しく付き合おうとする　懇志《こんし》

▼わずかの
微志《びし》・微意《びい》・寸志《すんし》・片志《へんし》・寸意《すんい》・寸心《すんしん》・寸情《すんじょう》・寸衷《すんちゅう》・微衷《びちゅう》

▼立派な　英志《えいし》

▼雄々しい、また、遠大な
大志《たいし》・雄志《ゆうし》・壮志《そうし》・雄心《ゆうしん》・雄図《ゆうと》

▼弱い　弱志《じゃくし》・薄志《はくし》

▼故人が生前抱いていた
遺志《いし》・遺意《いい》

「意向・意志・意思」に関する慣用句

[意気《いき》に感《かん》じる]
相手の強い意気込みに同感して自分もやる気になる。

[意気《いき》に燃《も》える]
何かをやろうという意気込みがあ

意向・意志・意思

ふれている。

[意地《いじ》を通《とお》す]
どこまでも心に決めたことを押し通す。

[意地《いじ》を張《は》る]
人とさからっても自分の考えを通そうとする。

[意《い》を決《けっ》する]
はっきりと心を決める。《類》「腹《はら》を固《かた》める」「腹《はら》を決《き》める」「臍《ほぞ》を固《かた》める」

[意《い》を体《たい》する]
人の意思をよく飲み込んで、その考えに沿って実行する。「体する」はとり入れて身に付けること。

[意《い》を尽《つ》くす]
考えていることをすべて表す。また、相手に分からせる。

[我《が》を折《お》る]
自分の意志を主張することをやめて、譲歩する。

[我《が》を立《た》てる]
自分の意志を通す。

[気《き》が向《む》く]
あることをしようとする気持ちになる。《類》「心《こころ》が動《うご》く」

[魔《ま》が差《さ》す]
ふっと悪い考えを起こすこと。

「意向・意志・意思」に関する故事・成語

[意志堅固《いしけんご》]
物事をなすに当たって、簡単に相手に従ったり、また、動かされたりしないこと。

[意志薄弱《いしはくじゃく》]
意志が弱く、我慢強さに欠けること。一度決めたことでも、人に言われるとすぐ心が揺らぎ変えてしまう場合にもいう。《類》「意志弱行《いしじゃっこう》」

[燕雀《えんじゃく》安《いずく》んぞ鴻鵠《こうこく》の志《こころざし》を知《し》らんや]
小人物にとっては大人物のもつ遠大な志は分かるはずはないというたとえ。「鴻鵠」は、オオトリとクグイで、大きな鳥のこと。出典は『史記』。

[玩物喪志《がんぶつそうし》]
珍奇な物をもてあそび、それにのめり込んで大切な志を失うこと。

[箕山《きざん》の志《こころざし》]
しりぞいて節操を守ろうとする心。隠遁《いんとん》の志のこと。《類》「箕山《きざん》の節《せつ》」「箕山《きざん》の操《みさお》」

[志《こころざし》ある者《もの》は事竟《ことつい》に成《な》る]
やり遂げようとする強固な志をもった人は、どんなことでも必ずいつかは成功するということ。出典は『後漢書《ごかんじょ》』。《類》「精神一到何事《せいしんいっとうなにごと》か成《な》らざらん」

[四方《しほう》の志《こころざし》]
諸国をめぐる志。また、経営しようとする志のこと。

[深謀遠慮《しんぼうえんりょ》]

偉人

遠い将来のことまで考えた深いはかりごとのこと。《類》「深慮遠謀《しんりょえんぼう》」「遠謀深慮《えんぼうしんりょ》」《対》「短慮軽率《たんりょけいそつ》」

[青雲《せいうん》の 志《こころざし》]

高い地位に到達しようとする心。または、立身出世して功名をあげようとする心。

[匹夫《ひっぷ》も 志《こころざし》を奪《うば》うべからず]

身分がいかに低い男性であっても、その者のもつ志が堅固なものであるならば、だれもその志を動かすことはできないということ。《類》「一寸《いっすん》の虫《むし》にも五分《ごぶ》の 魂《たましい》」

[風雲《ふううん》の 志《こころざし》]

大きく変動しようとする世の気運に乗じて、大事をなそうとする志。《類》「風雲《ふううん》の望《のぞ》み」「風雲《ふううん》の思《おも》い」

[凌雲《りょううん》の 志《こころざし》]

俗世から離れた高い理想、雲よりも高く上がった志の意。

偉人《いじん》

偉大な人物としての「偉人」

▼はかり知れない才能や徳性をそなえた

偉人《いじん》・大人物《だいじんぶつ》・偉器《いき》・大器《たいき》・良器《りょうき》

▼人間の能力の限界を超越した理想的な人間像

超人《ちょうじん》・スーパーマン

▼品性や才能・学識の並はずれた

巨人《きょじん》

▼偉大な人物をたとえて　巨星《きょせい》

▼高徳をそなえ、行いの正しい

君子《くんし》

▼君子と呼ぶにふさわしい

君子人《くんしじん》

▼俗世間を逃れ、山林などに隠れ住む高徳の

隠君子《いんくんし》・高士《こうし》・隠者《いんじゃ》・隠子《いんし》・世捨《よす》て人《びと》

▼徳高く、度量の大きい　大人《たいじん》

▼人並はずれた文武の才をもって難事を成し遂げる

英雄《えいゆう》・英傑《えいけつ》・雄傑《ゆうけつ》・ヒーロー

▼二人の　両雄《りょうゆう》・竜虎《りゅうこ》

▼多くの　群雄《ぐんゆう》

すぐれた人物としての「偉人」

▼その仕事・役割・地位などにふさわしい立派な

人《ひと》・材《ざい》・人材《じんざい》・人才《じんさい》・人物《じんぶつ》・適材《てきざい》

▼すぐれた、優秀な

命

▼良材《りょうざい》・良才《りょうさい》・出来物《できぶつ》・逸材《いつざい》・逸才《いっさい》・逸足《いっそく》・魁傑《かいけつ》

▼特にすぐれた才能をもつ
偉材《いざい》・異才《いさい》

▼多くのすぐれた　多士《たし》

▼教養があり、ある程度の地位にある
人士《じんし》・士人《しじん》

▼名実共に備わった
雄《ゆう》・偉物《えらぶつ》・豪物《えらぶつ》

▼確固たる見識をもつ　一人物《いちじんぶつ》

▼すぐれた力をもつ不思議な
怪傑《かいけつ》

▼並はずれてすぐれた
傑物《けつぶつ》・傑人《けつじん》・傑士《けっし》

▼女性の傑物
女傑《じょけつ》・女丈夫《じょじょうふ》・女丈夫《おんなじょうぶ》

▼才知の特にすぐれた
英傑《えいけつ》・人傑《じんけつ》・俊傑《しゅんけつ》

「偉人」に関する故事・成語

【群雄割拠《ぐんゆうかっきょ》】
多くの英雄が各地に勢力を張っているさま。

【国士無双《こくしむそう》】
天下第一の人物のこと。「国士」は国中で特にすぐれた人、「無双」は二つとないこと。

【多士済済《たしせいせい》】
すぐれた人材が大勢いるさま。「済済」は、「さいさい」とも読む。

【呑舟の魚《どんしゅうのうお》】
舟を丸ごと呑み込むような大魚の意から、善悪両方の意味での大人物をいう。

【両雄並び立たず《りょうゆうならびたたず》】
英雄が二人現れれば必ず争いが起こり、いずれかが滅ぶ。

命《いのち》

寿命と生命からみた「命」

▼生きて行く力
命《いのち》・命《めい》・生《せい》・生《しょう》・生命《せいめい》・性《せい》・息《いき》・息の根《いきのね》・一命《いちめい》・身命《しんめい》・玉の緒《たまのお》・息の緒《いきのお》・身命《しんみょう》・命脈《めいみゃく》・命の綱《いのちのつな》

▼からだと　身命《しんめい》・身命《しんみょう》

▼はかない
露命《ろめい》・露の命《つゆのいのち》・露の身《つゆのみ》・命《いのち》の露《つゆ》

▼生きている状態の長さ
寿命《じゅみょう》・命《いのち》・命数《めいすう》・年寿《ねんじゅ》

▼天から定められた

命

天命《てんめい》・天《あま》の命《いのち》・天寿《てんじゅ》・天年《てんねん》

▼天命を知ること。また、五十歳
知命《ちめい》

▼天子の寿命・年齢　聖寿《せいじゅ》

▼因縁によって定まっている命数
常命《じょうみょう》

▼一定している　定命《じょうみょう》

▼僧侶の　法命《ほうみょう》

▼短い　短命《たんめい》・薄命《はくめい》

▼長い
長命《ちょうめい》・長寿《ちょうじゅ》・霞《かすみ》の命《いのち》・長生《ながい》き・長年《ちょうねん》・長齢《ちょうれい》・永寿《えいじゅ》・高寿《こうじゅ》

▼いたずらに長生きする人
命盗人《いのちぬすびと》

▼これから死ぬまでの
余命《よめい》・余生《よせい》・余年《よねん》・余齢《よれい》・残年《ざんねん》・残生《ざんせい》・残暦《ざんれき》

▼これから平均して何年生きられるかを示す年数
平均余命《へいきんよめい》

▼悟りのために命を捨てる
捨命《しゃめい》

▼天命を全うしない　非命《ひめい》

▼命をなくす　失命《しつめい》

▼命を落とす　落命《らくめい》

▼命が絶える　絶命《ぜつめい》

長らえることからみた「命」

▼命を保つ、生存する　生《い》きる

▼生き長らえさせる
生《い》かす・活《い》かす

▼生きている、命がある
生《い》ける

▼生きて生活する　生息《せいそく》

▼動物がある場所に生活している
棲息《せいそく》・栖息《せいそく》

▼命を持続する、生きている
生存《せいぞん》・生存《せいそん》・存生《ぞんじょう》・存命《ぞんめい》・活命《かつめい》

▼人がこの世に生きている
在世《ざいせい》・在世《ざいせ》

▼長生きする　長生《ちょうせい》

▼損なうことなく天命を全うする
立命《りつめい》・立命《りゅうめい》

▼命を延ばす。また、死期の迫った患者の命を長らえさせる
延命《えんめい》

▼寿命を延ばす　延齢《えんれい》・延年《えんねん》

▼飢えや渇きで命が危うくなる
渇命《かつめい》・渇命《かつみょう》

▼命を救う　救命《きゅうめい》

▼命を助ける　助命《じょめい》

▼助命を頼む
命乞《いのちご》い・命貰《いのちもら》い

▼死と命。また、死ぬか生きるかの大事なところ
死命《しめい》

▼死ぬべき人が一命を取り留める

命

死《し》に損《そこ》なう

▼死ぬべきときに死ぬことができず

死《し》に後《おく》れる・死《し》に遅《おく》れる

▼死ぬような目にあって、運よく助かる

命拾《いのちびろ》い・命果報《いのちかほう》・命冥加《いのちみょうが》・取《と》り留《と》める・取《と》り止《と》める

▼やっと命だけは失わずに

命辛辛《いのちからがら》

▼苦しみを乗り越えて

生《い》き抜《ぬ》く

▼他の者が死んだあとも

生《い》き残《のこ》る・生《い》き止《と》まる・死《し》に残《のこ》る

▼死ぬべきところを死なずに

生《い》き延《の》びる

▼いたずらに　生《い》きはだかる

▼長くこの世に

長《なが》らえる・永《なが》らえる・存《ながら》える・生《い》き長《なが》らえる・生《い》き存《ながら》える

▼年とって無為に　老残《ろうざん》

▼夫婦が共に白髪になるまで

共白髪《ともしらが》・友白髪《ともしらが》・諸白髪《もろしらが》・偕老《かいろう》

▼永久に死なない　不死《ふし》

▼いつまでも　万歳《ばんざい》

「命」を懸ける

▼命にかかわる事柄　命沙汰《いのちざた》

▼命にかかわるような　致命的《ちめいてき》

▼命の続く限り

命限《いのちかぎ》り・命限《いのちぎ》り

▼生死をかえりみず事をする

命掛《いのちが》け・命懸《いのちが》け・懸命《けんめい》・一所懸命《いっしょけんめい》・一生懸命《いっしょうけんめい》・死《し》に物狂《ものぐる》い・捨《す》て身《み》・死《し》に身《み》・必死《ひっし》・死《し》に狂《ぐる》い・決死《けっし》

▼身の危険をかえりみず事に当たる。また、その人

命知《いのちし》らず

▼命を捧げて仏陀に帰依する

帰命《きみょう》

「命」に関する慣用句

[命《いのち》を懸《か》ける]
失敗すれば命を捨てる覚悟で物事に当たる。

[命《いのち》を投《な》げ出《だ》す]
死んだつもりになって一生懸命にやる。

[命《いのち》を的《まと》にかける]
命懸けで物事をやる。

[体《からだ》を張《は》る]
自分の一身をなげうって行動する。

[九死《きゅうし》に一生《いっしょう》を得《え》る]
ほとんど死ぬような危険な状態か

ら生き延びる。

[身命《しんめい》を賭《と》する]
命をなげうつ。

[命脈《めいみゃく》を保《たも》つ]
やっとのことで命がつながっている。

[目《め》の黒《くろ》い内《うち》]
生きているうち。存命中。《類》「目《め》の玉《たま》の黒《くろ》い内《うち》」

「命」に関する故事・成語・ことわざ

[命《いのち》あっての物種《ものだね》]
生きていればこそ何事でもできる。命が何よりも大切だということ。《類》「命《いのち》なりけり」

[命長《いのちなが》ければ恥多《はじおお》し]
人間は長生きすると、それだけ恥をかくことも多くなるということ。出典は『荘子《そうじ》』。

[命《いのち》より名《な》を惜《お》しむ]
自分の命より名誉を大切にするという意で、恥をかくくらいならいっそ命を捨てた方がよいということ。

[佳人薄命《かじんはくめい》]
美しい女性は、とかく病弱で、寿命が短いということ。《類》「美人薄命《びじんはくめい》」

[死生命有《しせいめいあ》り]
人の生死は天命によって決まっていることで、人力ではどうすることもできない。

[息災延命《そくさいえんめい》]（⇒「生死《せいし》」三五四ページ）

[河豚《ふぐ》は食《く》いたし命《いのち》は惜《お》しし]
おいしいフグは食べたいが、その毒にあたって死ぬのは怖いの意から、いい思いをしたいが、後のことを考えると怖くて迷うようす。

[不惜身命《ふしゃくしんみょう》]
仏法のためには命を惜しむことなく捧げること。

祈《いの》る・祈《いの》り

参拝することからみた「祈る」

▼社寺に神仏を拝みに行く
参《まい》る・詣《もう》でる・お参《まい》り・物詣《ものもう》で・参拝《さんぱい》・参詣《さんけい》

▼神社に
神詣《かみもう》で・神参《かみまい》り・参宮《さんぐう》・宮参《みやまい》り・宮詣《みやもう》で・社参《しゃさん》

▼伊勢神宮に
参宮《さんぐう》・伊勢参《いせまい》り

▼寺に
寺詣《てらもう》で・寺参《てらまい》り・参堂《さんどう》

▼墓に
墓参《はかまい》り・墓詣《はかもう》で・墓参《ぼさん》・展墓《てんぼ》

▼新年に社寺に

祈る・祈り

初詣《はつもう》で・初参《はつまい》り

▼子どもが生まれて初めて神社に
産土参《うぶすなまい》り・宮参《みやまい》り

▼男子の三歳、五歳、女子の三歳、七歳に当たる年の十一月十五日に氏神に
七五三《しちごさん》・七五三参《しちごさんまい》り

▼毎日社寺に　日参《にっさん》

▼社寺の一定の場所を百回往復しながら
百度参《ひゃくどまい》り・御百度《おひゃくど》

▼千日間、同じ社寺に
千日参《せんにちまい》り・千日詣《せんにちもう》で

▼月に一度、社寺に
月参《つきまい》り・月詣《つきもう》で

▼午前二時ごろ人を呪《のろ》い殺すために
丑《うし》の刻参《こくまい》り・丑《うし》の時参《ときまい》り

▼願がかなったお礼に
礼参《れいまい》り・御礼参《おれいまい》り

▼他人に代わって社寺に
代参《だいさん》・代参《だいまい》り

▼寒中に社寺に
寒参《かんまい》り・寒詣《かんもう》で

▼寒夜に鉦《かね》を叩きながら寺に
寒念仏《かんねぶつ》・寒念仏《かんねんぶつ》

▼社寺を次々に　巡拝《じゅんぱい》

▼各地の神社に　宮巡《みやめぐ》り

▼各地の聖地・霊場を参拝して回る。また、その人
巡礼《じゅんれい》・順礼《じゅんれい》

▼空海ゆかりの四国八十八か所の霊場などをめぐる。また、その人
遍路《へんろ》・辺路《へんろ》

拝むの様態からみた「祈る・祈り」

▼神仏などを　礼拝《れいはい》・礼拝《らいはい》

▼キリスト教で　礼拝《れいはい》

▼頭を低く下げて神仏などを
拝礼《はいれい》・拝礼《はいらい》

▼掌《たなごころ》を合わせ神仏などに拝礼する
拝《おが》む・拝《はい》する・合掌《がっしょう》

▼額を地につけて
額衝《ぬかず》く・叩頭《ぬかず》く・額突《ぬかず》く

▼体を低く伏しかがめて
平伏《ひれふ》す・伏《ふ》し拝《おが》む

▼ひざまずいて　拝跪《はいき》・跪拝《きはい》

▼膝・肘・頭を地につけ手で相手の足を頂くようにして
五体投地《ごたいとうち》・接足礼拝《せっそくらいはい》・接足《せっそく》礼《らい》・挙身投地《こしんとうち》・頂礼《ちょうらい》

▼二度繰り返して　再拝《さいはい》

▼三度繰り返して　三拝《さんぱい》

▼幾度となく　三拝九拝《さんぱいきゅうはい》

▼はるか遠く離れた所から　遥拝《ようはい》

様態と儀式・行事からみた「祈る・祈り」

▼神仏に望みがかなうよう願う

祈る・祈り

祈《いの》り・祷《いの》り・祈願《きがん》・祈念《きねん》・祈祷《きとう》・祈《いの》る・祷《いの》る・念《ねん》じる・念《ねん》ずる・念願《ねんがん》

▼誓いを立てて神仏に願い事をする
誓願《せいがん》・願《がん》・発願《ほつがん》・願立《がんだ》て・願《がん》掛《か》け・願懸《がんか》け・立願《りつがん》・立願《りゅうがん》

▼勅命によって祈願する　勅願《ちょくがん》

▼神仏の加護を願う　加持《かじ》

▼神仏に祈ってけがれ、罪障などを除き去る
祓《はら》う・祓《はら》え・清《きよ》める・祓《はら》い・清《きよ》める・祓《はら》い・御祓《おはら》い

▼お祓いを行う　修祓《しゅうふつ》

▼古来、六月と十二月の晦日《みそか》に行われた、万民のけがれ、罪障を祓うための神事
大祓《おおはら》え・大祓《おおはら》い・禊祓《みそぎはら》え

▼言葉を発せず、目を閉じて
黙祷《もくとう》

▼仏事を営んで冥福を
回向《えこう》・廻向《えこう》

▼霊に供物を供えて
供養《くよう》・手向《たむ》け

▼仏前で香をたいて　焼香《しょうこう》

▼密教で護摩木をたいて本尊に祈る儀式
護摩《ごま》

▼ある期間、社寺にこもって
籠《こも》り・隠《こも》り・御籠《おこも》り・参籠《さんろう》

▼災難を払いのけるため神仏に
厄除《やくよ》け・厄払《やくはら》い・厄落《やくお》とし

▼悪魔を避けたり追い払ったりする力のあるもの
魔除《まよ》け・護符《ごふ》・御守《おまも》り・御《お》札《ふだ》・守《まも》り札《ふだ》

▼神仏の力によって授かる恵み
御利益《ごりやく》・利生《りしょう》・神助《しんじょ》

▼牧師が礼拝式の終わりに行う祝福の
祝祷《しゅくとう》

▼恨みのある相手に災いがふりかかるよう神仏に
詛《のろ》う・呪《のろ》う・詛《のろ》い・呪《のろ》い・呪詛《じゅそ》

▼神仏などの力によって災難を避けたり招いたりすることを
呪《まじな》う・呪《まじな》い・禁厭《きんえん》・厭勝《えんしょう》・符呪《ふじゅ》・呪法《じゅほう》・呪術《じゅじゅつ》

▼願い事の約束の日数が満ちる
結願《けちがん》・満願《まんがん》

物を断っての「祈り」

▼魚・肉を絶って身を慎む
精進《しょうじん》・精進《そうじ》

▼神仏に祈願して、ある一定の期間、茶を飲まない
茶断《ちゃだ》ち

▼ある期間、塩気のあるものを食べない
塩断《しおだ》ち

祈る・祈り

▼修行・立願などのためにある期間、穀類を食べない
穀断《こくだ》ち

▼祈願して一定期間食物をとらない
断食《だんじき》

修行からみた「祈り」

▼仏の名を唱える
念仏《ねんぶつ》・唱名《しょうみょう》・称名《しょうみょう》

▼毎日時を定めて、仏前で読経などをして
御勤《おつと》め・勤行《ごんぎょう》

▼浄土教で南無阿弥陀仏と唱える
念仏《ねんぶつ》

▼日蓮宗で南無妙法蓮華経と唱える
唱題《しょうだい》

▼寒中の三十日間、山野で声高く念仏を唱える
寒念仏《かんねぶつ》・寒念仏《かんねんぶつ》

▼心のこもらない口先だけの念仏
空念仏《からねんぶつ》

しきたりからみた「祈る」

▼神事の前に心身をきれいにする
潔斎《けっさい》

▼重大な神事を行う前などに川で身を清める
禊《みそぎ》

▼神仏に祈る前に冷水を浴びて身を清浄にする
垢離《こり》・水垢離《みずごり》

▼飲食・動作などを慎んで、心身を清める
斎戒《さいかい》・物忌《ものい》み・斎忌《さいき》

▼湯水で身を清める
沐浴《もくよく》

「祈る・祈り」に関する慣用句

[縁起《えんぎ》を祝《いわ》う]
よいことが到来するように祝い祈る。

[縁起《えんぎ》を担《かつ》ぐ]
縁起のよしあしを気にする。
《類》「御幣《ごへい》を担《かつ》ぐ」

[御百度《おひゃくど》を踏《ふ》む]
神仏に百度参りをする。また、頼みごとをするのに何度も同じ所を訪ねる意にも使われる。「百度参り」「百度詣で」ともいう。

[菩提《ぼだい》を弔《とむら》う]
死者の冥福を祈る。

「祈る・祈り」に関する成語

【一路平安《いちろへいあん》】旅に出る人を見送るときの言葉で、旅立つ人の一路（道筋）が平安（無事）であることを祈って言う。

【加持祈禱《かじきとう》】病気や災難を除くために神仏の加護を願って祈ること。

【追善供養《ついぜんくよう》】死者の冥福を祈る。忌日などに仏事供養を営むこと。

【南無三宝《なむさんぼう》】仏・法・僧の三宝に帰依すること。また、失敗したときや驚いたときに発する語。略して「南無三《なむさん》」ともいう。

美《うつく》しい

様態・種別からみた「美しい」

▼形・色・声などが快い感じを与える
美《うつく》しい・麗《うるわ》しい
▼整った　綺麗《きれい》・奇麗《きれい》
▼規模が大きく整った　壮麗《そうれい》
▼交じり気のない、この上なく清らかな
純美《じゅんび》・醇美《じゅんび》・浄妙《じょうみょう》
▼気高くうるわしい
壮美《そうび》・壮麗《そうれい》
▼上品で優美な
雅《みやび》やか・風雅《ふうが》・風流《ふうりゅう》・はんなり・嫋《たお》やか・エレガント

▼すぐれた　瑰麗《かいれい》
▼他よりすぐれた
秀美《しゅうび》・秀麗《しゅうれい》
▼この上ない　絶美《ぜつび》・絶佳《ぜっか》
▼何とも言いようがないほどの
美妙《びみょう》
▼よくて　善美《ぜんび》
▼はでで目立つ
華《はな》やか・花《はな》やか・ビビッド
▼はなやかになる
色《いろ》めく・華《はな》やぐ・花《はな》やぐ
▼ぜいたくで、はでな
華美《かび》・華麗《かれい》・ゴージャス
▼きらきらして
華華《はなばな》しい・花花《はなばな》しい
▼つやつやとして
匂《にお》やか・匂《にお》いやか
▼生き生きとして　鮮《あざ》やか
▼あざやかな　鮮美《せんび》・鮮麗《せんれい》
▼見事で輝くばかりの

美しい

煌《きら》びやか・絢爛《けんらん》

▼きらびやかな　綺羅《きら》

▼てぎわよく　手綺麗《てぎれい》・手奇麗《てぎれい》

▼音楽や文章がよどみなく滑《なめ》らかで
流麗《りゅうれい》

女性の魅力からみた「美しい」

▼小さくて愛さずにいられないような
可愛《かわい》い・可愛《かわい》らしい・愛《あい》らしい・愛《あい》くるしい・キュート

▼人をひきつける
魅力的《みりょくてき》・チャーミング

▼いじらしい　可憐《かれん》

▼憎めないかわいらしさ
愛嬌《あいきょう》・愛敬《あいきょう》・愛敬《あいぎょう》

▼清らかで　清楚《せいそ》・楚楚《そそ》・清麗《せいれい》

▼汚れのない　清《きよ》らか・清純《せいじゅん》

▼飾り気がなくさっぱりした
瀟洒《しょうしゃ》・瀟灑《しょうしゃ》

▼つやがあって若々しい
瑞瑞《みずみず》しい

▼しとやかで優美な
婉美《えんび》・嫋《たお》やか・しなやか

▼やさしくうるわしい　優麗《ゆうれい》

▼はなやかな　美麗《びれい》・美美《びび》しい

▼美しくうるわしい　佳麗《かれい》

▼上品な　優美《ゆうび》・淑《しと》やか

▼上品であでやか　清艶《せいえん》

▼色気があって、あでやかな
艶《つや》やか・艶美《えんび》・艶《なまめ》かしい・艶《つや》っぽい

▼ひどく色っぽい
婀娜《あだ》・婀娜《あだ》っぽい

▼あでやかで美しい
妍《けん》・妍艶《けんえん》・艶麗《えんれい》

▼あでやかでつやっぽい
艶麗《えんれい》・濃艶《のうえん》

▼肉付きがよくあでやか
豊艶《ほうえん》・豊麗《ほうれい》・豊満《ほうまん》・グラマー・肉感的《にくかんてき》

▼ぞっとするほどの　凄艶《せいえん》

▼なまめかしくうるわしい
嬌艶《きょうえん》

▼男心を惑わす女の怪しい
妖美《ようび》・妖麗《ようれい》

▼怪しいまでにあでやか
妖艶《ようえん》・妖婉《ようえん》

▼顔貌《かおかたち》の
見目麗《みめうるわ》しい・美貌《びぼう》・美顔《びがん》・美形《びけい》・妍麗《けんれい》・娟麗《けんれい》・花顔《かがん》・見《み》目好《めよ》い・眉目《みめ》良《よ》い・佳容《かよう》・妍容《けんよう》・娟容《けんよう》・玉容《ぎょくよう》・美色《びしょく》

▼容貌の美しい女性
美人《びじん》・明眸《めいぼう》・器量《きりょう》好《よ》し・見《み》目《め》好《よ》し

▼化粧をした美人　粉黛《ふんたい》

美しい

▼形や姿が整った　**端麗《たんれい》・典麗《てんれい》**

▼脚の線の優美な　**脚線美《きゃくせんび》**

▼なまめかしくなる　**色《いろ》めく・色付《いろづ》く**

▼色っぽく見える　**艶《つや》めく・艶《なま》めく・婀娜《あだ》めく**

「美しい」に関する慣用句

[垢《あか》が抜《ぬ》ける]
洗練されて美しくなる。「垢《あか》抜《ぬ》ける」「垢《あか》抜《ぬ》けする」ともいう。《類》「渋皮《しぶかわ》が剥《む》ける」「一皮《ひとかわ》剥《む》ける」

[絵《え》になる]
見た目がいい。その場にぴったりはまっている。

[錦上花《きんじょうはな》を添《そ》える]
美しいものの上にさらに美しいものを加える。

[妍《けん》を競《きそ》う]
大勢の美女が美しさを張り合うこと。

[小股《こまた》の切《き》れ上《あ》がった]（⇒「容貌《ようぼう》・容《よう》姿《し》」五九七ページ）

[卵《たまご》に目鼻《めはな》]
色白でまるくてかわいい女性。

[水《みず》の滴《したた》るような]
みずみずしく、美しいようす。美男・美女・役者についていう。

[目《め》もあや]
光り輝くように美しいようす。

「美しい」に関する故事・成語・ことわざ

[鬼《おに》も十八番茶《じゅうはちばんちゃ》も出花《でばな》]
年ごろの女性はみんな美しいということ。

[解語《かいご》の花《はな》]
美人のたとえ。《類》「物言《ものい》う花《はな》」

[迦陵頻伽《かりょうびんが》]
声がとても美しいもののたとえ。極楽に棲むという想像上の鳥の名で、美しい声で啼《な》くという。

[才色兼備《さいしょくけんび》]
すぐれた才能をもち、容貌もまた美しいこと。特に女性についていう。

[山紫水明《さんしすいめい》]
山や川の景色が清らかで美しいこと。《類》「風光明媚《ふうこうめいび》」

[人面桃花《じんめんとうか》]
美人の顔と桃の花。出典は唐の崔《さい》護《ご》の句の「人面桃花相映じて紅なり」から。

[立《た》てば芍薬《しゃくやく》座《すわ》れば牡丹《ぼたん》歩《ある》く姿《すがた》は百合《ゆり》の花《はな》]
美人の立ち居振る舞いをたとえた言葉。

[沈魚落雁《ちんぎょらくがん》]
美人の前では、魚はそれを見て深く隠れ棲み、雁は見とれて列を乱し落ちてしまうの意。絶世の美人の形容。《類》「閉月羞花《へいげつしゅうか》」

【八面玲瓏《はちめんれいろう》】

どの方面から見ても美しいこと。「八面」はすべての方面の意。《類》「八方美人《はっぽうびじん》」


【明眸皓歯《めいぼうこうし》】

澄んだ瞳と白い歯で、女性の顔かたちがとても美しいことをいう。《類》「朱唇皓歯《しゅしんこうし》」


【目元千両口元万両《めもとせんりょうくちもとまんりょう》】

目元は千両の値打ちがあるほど美しく、口元は万両の値打ちがあるほど愛らしい。美人の形容。《類》「靨《えくぼ》万両《まんりょう》」


【面向不背《めんこうふはい》】

前後ともに美しくて、表裏のないこと。「面向」は、額の真ん中の意。「不背」は裏側がないこと。

海《うみ》・波《なみ》・潮《しお》

広い・大きいからみた「海」

▼大きい。ひろびろとした
大海《たいかい》・大海《おおうみ》・海洋《かいよう》・大洋《たいよう》・海《わた》の原《はら》・海原《うなばら》・大海原《おおうなばら》

▼青々として大きい
青海原《あおうなばら》・碧海《へきかい》・滄海《そうかい》・蒼海《そうかい》・溟海《めいかい》

様態からみた「海」

▼波の高い、荒れた
荒海《あらうみ》・荒海《あるみ》・灘《なだ》

▼深い
深海《しんかい》・海溝《かいこう》・海淵《かいえん》

▼浅い
浅海《せんかい》・潟《かた》

▼広く穏やかな
庭《にわ》

▼泥交じりの濁った
泥海《どろうみ》

▼一面に氷が張った
氷海《ひょうかい》

位置・地形からみた「海」

▼大洋の縁の
縁海《えんかい》

▼陸地近くの
辺海《へんかい》・近海《きんかい》・沿海《えんかい》

▼陸地に囲まれた
内海《ないかい》・内海《うちうみ》・内洋《ないよう》

▼陸地に入り込んだ
湾《わん》・入海《いりうみ》・入江《いりえ》・浦《うら》

▼細長い湾の
峡湾《きょうわん》

▼幅の狭い
海峡《かいきょう》・瀬戸《せと》・水道《すいどう》

海・波・潮

▼四方の　四海《しかい》・四方《よも》の海《うみ》
▼囲まれている　環海《かんかい》
▼主権のある　領海《りょうかい》
▼主権の及ばない　公海《こうかい》
▼荒磯のある　荒磯海《ありそうみ》
▼外に広がる　外洋《がいよう》・外海《がいかい》・外海《そとうみ》
▼遠くの　遠海《えんかい》・遠洋《えんよう》・絶海《ぜっかい》
▼岸から離れた　沖《おき》・沖合《おきあい》

形状・地形からみた「波」

▼大きい　大波《おおなみ》・波濤《はとう》・巨濤《きょとう》・うねり
▼小さい　漣《さざなみ》・小波《こなみ》・小波《さざなみ》・細波《さざなみ》
▼低く弱い方の　女波《めなみ》・女浪《めなみ》
▼高い　高波《たかなみ》・高潮《たかしお》

▼高低で高い方の　男波《おなみ》・男浪《おなみ》
▼峰のとがった　三角波《さんかくなみ》
▼波のあたま　波頭《はとう》・波頭《なみがしら》
▼潮の先　潮頭《しおがしら》
▼磯辺を打つ　磯波《いそなみ》
▼荒磯を打つ　荒磯波《ありそなみ》
▼浦の　浦波《うらなみ》
▼岩を打つ　岩波《いわなみ》
▼瀬に立つ　門波《となみ》・戸浪《となみ》
▼沖の　沖波《おきなみ》・沖《おき》つ波《なみ》

様態・色調からみた「波」

▼白い　白波《しらなみ》・白浪《しらなみ》
▼激しい　早波《はやなみ》・早浪《はやなみ》・荒波《あらなみ》・激浪《げきろう》
▼荒れ狂う　怒濤《どとう》・狂濤《きょうとう》・狂瀾《きょうらん》

▼濁った　濁浪《だくろう》
▼流れにさからう　逆波《さかなみ》・逆浪《さかなみ》
▼風と　波風《なみかぜ》・風波《ふうは》・風浪《ふうろう》・風濤《ふうとう》
▼次々と寄せる　千波《せんぱ》・万波《ばんぱ》・千波万波《せんぱばんぱ》
▼金銀に輝く　金波銀波《きんぱぎんぱ》
▼風が凪《な》いでも静まらない　余波《なごり》・名残《なごり》・余波《よは》
▼夕方無風の　夕凪《ゆうなぎ》
▼朝無風の　朝凪《あさなぎ》・朝和《あさな》ぎ
▼地震による　地震津波《じしんつなみ》・津波《つなみ》・津浪《つなみ》・海嘯《つなみ》

海水の流れと動きからみた「潮」

▼海水の流れ　海流《かいりゅう》・潮流《ちょうりゅう》・潮《しお》・汐《しお》・潮《うしお》

海・波・潮

▼めぐる　環流《かんりゅう》

▼水温が高い　暖流《だんりゅう》

▼水温が低い　寒流《かんりゅう》

▼渦を巻く　渦潮《うずしお》

▼海面の昇降　潮《しお》・潮《うしお》・汐《しお》・潮汐《ちょうせき》

▼潮のみちひ　干満《かんまん》

▼潮が満ちる　満潮《まんちょう》・満《み》ち潮《しお》・上《あ》げ潮《しお》・差《さ》し潮《しお》・出潮《でしお》

▼潮が引く　干潮《かんちょう》・引《ひ》き潮《しお》・下《さ》げ潮《しお》・入《い》り潮《しお》・退潮《たいちょう》・落《お》ち潮《しお》・潮干《しおひ》

▼干満が大きい　大潮《おおしお》

▼干満が小さい　小潮《こしお》

▼潮の主流　真潮《ましお》

▼潮の主流の方向と逆　逆潮《さかしお》

▼潮がさしてくるときのとどろき　潮騒《しおさい》・潮騒《しおざい》

季節・行事などからみた「海・波・潮」

▼力強い春の潮　春潮《しゅんちょう》・春《はる》の潮《しお》

▼干潟をあさって貝などをとる遊び　潮干《しおひ》・潮干狩《しおひがり》

▼陰暦三月三日ごろ潮の引いた磯で遊ぶ行事　磯遊《いそあそ》び

▼陰暦四月の波　卯波《うなみ》・卯浪《うなみ》・卯月波《うづきなみ》

▼陰暦五月の波　五月波《さつきなみ》・皐月波《さつきなみ》

▼夏になり、海水浴場を開場すること。また、その日　海開《うみびら》き

▼土用のころ立つ、うねりの高い波　土用波《どようなみ》

▼陰暦八月十五日の名月の大潮　初潮《はつしお》・初汐《はつしお》

「波・潮」の擬音語・擬態語

▼濁流が連続して鳴りひびく　ごーごー

▼かたまりとなって勢いよく迫ってくる　どっと

▼濁流が一気に迫ってくる　どどっ・どどーん

▼ゆっくり連続してうねる　のたりのたり

▼連続して軽く打ち当たりながら迫ってくる　ひたひた

「海」に関する故事・ことわざ

[一衣帯水《いちいたいすい》]
一筋の帯のように狭い海や川。また、その狭い海や川を隔てて近接していることをいう。

[海闊《うみひろ》くして魚《うお》の躍《おど》るに任《まか》す]
限りなく海が広いことのたとえ。また、度量の大きいことのたとえにもいう。

[三月《さんがつ》の海《うみ》なら尼《あま》でも渡《わた》る]
三月になって、海が非常に波静かとなり穏やかになるさまをいう。陰暦の三月は風が静かになって穏やかな日が多いことから。

[七《なな》つの海《うみ》]
南太平洋・北太平洋・南大西洋・北大西洋・南極海・北極海・インド洋の総称。世界中の海。

運《うん》・巡《めぐ》り合《あわ》せ

様態などからみた「運・巡り合せ」

▼人の力では変えることのできない善悪吉凶の、自然の成り行き
運《うん》・天《てん》・数《すう》・命《めい》・星《ほし》・間《まん》・運《うん》命《めい》・運歳《うんざい》・宿命《しゅくめい》・宿運《しゅくうん》・命《めい》運《うん》・命数《めいすう》・約束事《やくそくごと》・定数《ていすう》・暦数《れきすう》・歴数《れきすう》・約束《やくそく》・仕合《しあわ》せ・定《さだ》め・巡《めぐ》り合《あわ》せ・回《まわ》り合《あわ》せ

▼天から与えられた
天運《てんうん》・運祚《うんそ》・天命《てんめい》・天数《てんすう》

▼天の理にかなった　理運《りうん》

▼時の
時運《じうん》・世運《せうん》・時《とき》の運《うん》・機運《きうん》・気運《きうん》・運気《うんき》・時勢《じせい》・天歩《てんぽ》

▼盛んな
昌運《しょううん》・隆運《りゅううん》・盛運《せいうん》・進運《しんうん》

▼衰えてゆく　衰運《すいうん》・頽運《たいうん》

▼強い運をもっている　強運《きょううん》

▼運が向いてきている　開運《かいうん》

▼運命に任せる
運尽《うんず》く・運任《うんまか》せ

▼損な　貧乏籤《びんぼうくじ》

▼終わりに近づいた　末運《まつうん》

▼運があるかないか　運不運《うんふうん》

▼運不運のめぐり合せ　運勢《うんせい》

▼運が向いているかどうか試す
運試《うんだめ》し

▼ある人のめぐり合わせた
境遇《きょうぐう》

▼苦しい　逆境《ぎゃっきょう》・窮境《きゅうきょう》

▼あわれな　悲境《ひきょう》・悲運《ひうん》

▼運命を決めるという本命星《ほんみょうせい》の

運・巡り合せ

運星《うんせい》・星回《ほしまわ》り
▼本命星の吉凶を占う
星見《ほしみ》・星占《ほしうらな》い
▼その年の　年回《としまわ》り
▼その月ごとの　月回《つきまわ》り

よしあしからみた「運・巡り合せ」

▼よい
好運《こううん》・幸運《こううん》・福運《ふくうん》・好命《こうめい》・
有命《ゆうめい》・佑命《ゆうめい》・吉命《きつめい》・有卦《うけ》・
ラッキー
▼運のよい人　運者《うんしゃ》
▼よくない
不運《ふうん》・否運《ひうん》・非運《ひうん》・悪運《あくうん》・
薄運《はくうん》・微運《びうん》・薄福《はくふく》

具体的な対象を表した「運・巡り合せ」

▼天子の　聖運《せいうん》・皇運《こううん》
▼国の　国運《こくうん》・国歩《こくほ》
▼平和な時の　泰運《たいうん》
▼学問や芸術などが盛んな気運
文運《ぶんうん》・奎運《けいうん》
▼戦いでの勝ち負けの運。また、武士としての
武運《ぶうん》
▼一家が栄えるかどうかの　家運《かうん》
▼会社が栄えるかどうかの　社運《しゃうん》
▼商売上の　商運《しょううん》
▼女性にとって男性との　男運《おとこうん》
▼男性にとって女性との　女運《おんなうん》
▼金銭についての　金運《きんうん》
▼籤《くじ》に当たるかどうかの　籤運《くじうん》
▼干支《えと》などによる人がもって生まれた運気
運勢《うんせい》・運性《うんせい》

「運・巡り合せ」に関する慣用句

[いい目《め》を見《み》る]
幸運に出会う。
[有卦《うけ》に入《い》る]（⇒「幸《こう》・不幸《ふこう》」二三九ページ）
[運《うん》が尽《つ》きる]
めぐり合せが悪くなり、もはやこれまでという状態になる。《類》「命運《めいうん》が尽《つ》きる」「運の蹲《つくばい》」
[運《うん》が強《つよ》い]
苦しい立場にあっても事態が好転したり、思いがけない幸運に恵まれたりする。
[運《うん》が開《ひら》く]
めぐり合せがよくなり、よいことが

運・巡り合せ

続くようになる。「運《うん》が開《ひら》ける」ともいう。《類》「運《うん》が向《む》く」

［泣《な》き面《つら》に蜂《はち》］
不運の上に、さらに不運が重なること。「泣き面」は「泣きっ面」ともいう。《類》「弱《よわ》り目《め》に祟《たた》り目《め》」「踏《ふ》んだり蹴《け》ったり」

［間《ま》がいい］
運がいい。ころあいがちょうどよい。《対》「間《ま》が悪《わる》い」

［明暗《めいあん》を分《わ》ける］
喜ぶべきことと悲しむべきことなど、運不運がはっきりする。

［山《やま》を掛《か》ける］
運にまかせて成功をねらう。試験などで問題に出そうな所を予測する。《類》「山《やま》を張《は》る」

「運・巡り合せ」に関する故事・成語・ことわざ

［一蓮托生《いちれんたくしょう》］（⇩「生死《せいし》」三五三ページ）

［運根鈍《うんこんどん》］
成功するための教えで、幸運であることと根気強いこと、そして小さいことにこだわらない鈍感さ・愚直さが必要だということ。「ん」のつく語呂合せ。「運鈍根」ともいう。

［運《うん》は天《てん》にあり］
人の運は天命であり、人の力では変えられない。また、最善を尽くした結果は天の決めるところであるということ。

［運《うん》は寝《ね》て待《ま》て］
幸運は自然とやって来るのを待つべきで、あせらずに待てば必ずやって来るものだということ。《類》「果《か》報《ほう》は寝《ね》て待《ま》て」

［運否天賦《うんぷてんぷ》］
人の運不運は天が決めるということ。転じて運を天に任せること。

［運《うん》を天《てん》に任《まか》せる］
事の成り行きは自然に任せておくということ。「運を天道に任せる」ともいう。

［禍福《かふく》は糾《あざな》える縄《なわ》の如《ごと》し］
禍《わざわい》と思っていたものが福になったり、その逆に福と思っていたものが禍となったりするように、人の運不運も縄をより合わせたもののように常に表裏をなし、変転きわまりないものだというたとえ。《類》「人間《にんげん》万事塞翁《ばんじさいおう》が馬《うま》」

［勝負《しょうぶ》は時《とき》の運《うん》］
勝ち負けはそのときの運次第で決まるもので、強い方が必ず勝つというわけではなく、予測がつかないということ。

［武運長久《ぶうんちょうきゅう》］
戦士としての命運が長く続くこと。

行《おこな》う・行《おこな》い

意識的な行為としての「行う・行い」

▼ある目的のために物事をする
身熟《みごな》し・行《おこな》い・行為《こうい》・仕業《しわざ》・行動《こうどう》・振《ふ》る舞《ま》い・動作《どうさ》・所行《しょぎょう》・所業《しょぎょう》・業《わざ》・挙《きょ》・所為《しょい》・挙動《きょどう》・挙止《きょし》・所作《しょさ》・施為《しい》・所在《しょざい》・アクション・モーション
▼仏教における行為や行動　業《ごう》
▼迅速な　早業《はやわざ》
▼人間離れした　神業《かみわざ》
▼人の力でなしうる
人間業《にんげんわざ》・人事《じんじ》
▼知ることと行うこと
知行《ちこう》・知行《ちぎょう》
▼言うことと行うこと
言行《げんこう》・言動《げんどう》・云為《うんい》
▼一つ一つの言動　一言一行《いちげんいっこう》
▼あらゆる　百行《ひゃっこう》
▼ただ一回の
一行《いっこう》・単行《たんこう》・一挙《いっきょ》
▼無益な　徒事《いたずらごと》
▼取るに足らない　細行《さいこう》

道徳の観点からみた「行う・行い」

▼日ごろの身の処し方
行《おこな》い・身持《みも》ち・所行《しょぎょう》・品行《ひんこう》・行状《ぎょうじょう》・操行《そうこう》・素行《そこう》・行跡《ぎょうせき》・行迹《ぎょうせき》
▼性質と日ごろの　性状《せいじょう》・性行《せいこう》
▼私生活上の　私行《しこう》

▼節操のある　節行《せっこう》
▼篤実な　篤行《とっこう》
▼真っすぐ正しい　直行《ちょっこう》・正行《せいこう》
▼気宇壮大な　壮挙《そうきょ》・快挙《かいきょ》
▼よい
善行《ぜんこう》・徳行《とっこう》・善業《ぜんごう》・好事《こうじ》・美徳《びとく》・モラル
▼正義のための　義挙《ぎきょ》
▼仏教で善果をえるべき
善業《ぜんごう》・功徳《くどく》・善根《ぜんこん》・善根《ぜんごん》
▼褒めるべき美しい　美挙《びきょ》
▼道理にはずれた
妄挙《ぼうきょ》・心得違《こころえちが》い
▼道理に背いた
背徳《はいとく》・悖徳《はいとく》・悪徳《あくとく》・不義《ふぎ》・非道《ひどう》・無道《むどう》
▼世間から非難を浴びるような
沙汰《さた》
▼よこしまな　邪行《じゃこう》

行う・行い

▼不正な　曲行《きょっこう》

▼悪い
悪行《あっこう》・悪行《あくぎょう》・罪悪《ざいあく》・非行《ひこう》・失行《しっこう》・悪事《あくじ》・過《あやま》ち・悪逆《あくぎゃく》

▼この上なく悪い
極悪《ごくあく》・大悪《だいあく》・至悪《しあく》

▼悪い報いを招く　罪業《ざいごう》

▼ふしだらな
不行跡《ふぎょうせき》・不行状《ふぎょうじょう》・濫行《らんこう》・乱《らん》行《こう》・不品行《ふひんこう》・乱行《らんぎょう》・不身持《ふみも》ち

▼みだらな　淫行《いんこう》

▼人間にあるまじきみだらな
獣行《じゅうこう》

▼好色な　好《す》き業《わざ》・好《す》き事《ごと》

▼恥ずべき　醜行《しゅうこう》

▼道にはずれた汚い　汚行《おこう》

▼奇抜な　奇行《きこう》

▼軽薄な　軽挙《けいきょ》・薄行《はっこう》

▼愚かな　愚行《ぐこう》・愚挙《ぐきょ》

▼男気のある　俠行《きょうこう》

▼暴力的な
暴行《ぼうこう》・乱行《らんこう》・乱行《らんぎょう》・乱暴《らんぼう》・暴《ぼう》挙《きょ》・狼藉《ろうぜき》・亡状《ぼうじょう》・亡状《むじょう》・無状《むじょう》

▼野蛮な　蛮行《ばんこう》

▼凶悪な　凶行《きょうこう》・兇行《きょうこう》

▼質素・倹約にする　倹徳《けんとく》

▼信を重んじて務めを果たす
信義《しんぎ》

▼善行を重ねる　積善《せきぜん》

▼人知れず徳行を重ねる　陰徳《いんとく》

▼よく親に仕える
孝行《こうこう》・親孝行《おやこうこう》・孝養《こうよう》・孝養《きょうよう》

▼人の目を盗んで
盗《ぬす》む・盗《ぬす》まう

▼道にはずれた
不届《ふとど》き・破廉恥《はれんち》

▼人に知られない悪事・悪行
隠悪《いんあく》・私慝《しとく》・隠慝《いんとく》・隠匿《いんとく》

▼以前に犯した悪事
旧悪《きゅうあく》・宿悪《しゅくあく》・前非《ぜんぴ》・先非《せんぴ》

▼仏教での前世の悪事　悪業《あくごう》

▼仏教での前世の行い。その報い
宿業《しゅくごう》

▼悪事を行う。その人
極道《ごくどう》・獄道《ごくどう》

▼積もり積もった悪　積悪《せきあく》

▼悪事と知りながら　横着《おうちゃく》

▼分別なく　妄動《もうどう》・盲動《もうどう》

実践・実行の様態からみた「行う・行い」

▼ある物事をする
行《おこな》う・遊《あそ》ばす・仕出《しで》かす・為《な》す・為《す》る・致《いた》す・遣《や》る・遣《や》らかす・遣《や》っ付《つ》ける・遣《や》って退《の》ける・仕《つかまつ》る・聞《きこ》し召《め》す・使《つか》う・遣《つか》う・営《いとな》む

▼人前である事を

行う・行い

演《えん》じる・演《えん》ずる
▼心にとめて　体《たい》する
▼ある手段をもって
講《こう》ずる・講《こう》じる
▼物事をある状態にする
為《し》成《な》す・為《し》做《な》す
▼実際に物事を
実行《じっこう》・践行《せんこう》・履行《りこう》・実践《じっせん》・
履践《りせん》
▼決めたことを実際に
実行《じっこう》・執行《しっこう》・実施《じっし》・施行《しこう》・
施行《せこう》
▼言った通りに　践言《せんげん》
▼ある目的を達するために前もって
根回《ねまわ》し・工作《こうさく》
▼先に　先行《せんこう》・前行《ぜんこう》
▼現に　現行《げんこう》
▼正式に行う前にあらかじめ
予行《よこう》
▼ある物事を初めて。また、その人

草分《くさわ》け・草創《そうそう》
▼いつもすること　慣行《かんこう》
▼逆らわず　順行《じゅんこう》・順行《じゅんぎょう》
▼特別なことを　事立《ことだ》つ
▼ある物事を標準にして
準行《じゅんこう》・準依《じゅんい》・準由《じゅんゆう》
▼承って心にとめて　奉体《ほうたい》
▼自分だけの判断で
受《う》け張《ば》る・専行《せんこう》
▼自分の力だけで
取《と》り切《き》る・独行《どっこう》・独歩《どっぽ》・単行《たんこう》
▼思ったことを曲げずに　径行《けいこう》
▼思ったままに　恣行《しこう》
▼二つのことを兼ねて　兼行《けんこう》
▼直ちに　即行《そっこう》
▼当事者だけで　相対《あいたい》
▼力を合わせて
為合《しあ》う・催合《もや》う・最合《もや》う・協《きょう》
力《りょく》・共同《きょうどう》・協同《きょうどう》・提携《ていけい》・タイ

アップ・コラボレーション
▼中心になって　主動《しゅどう》
▼努力して　励行《れいこう》・厲行《れいこう》
▼並々ならぬ努力をして
力行《りっこう》・力行《りきこう》
▼無理を承知で
断行《だんこう》・強行《きょうこう》・決行《けっこう》・敢行《かんこう》・
果断《かだん》・進取《しんしゅ》・敢為《かんい》・断《だん》
▼何の手だてもなく　無手《むて》
▼試しに　試《こころ》み・試行《しこう》
▼命懸けで
捨《す》て身《み》・必死《ひっし》・決死《けっし》・死《し》に
物狂《ものぐる》い・死《し》に狂《ぐる》い
▼体を投げ出して真剣に
挺身《ていしん》・体当《たいあ》たり
▼どこまでも意志を強く
押《お》し通《とお》す・遣《や》り抜《ぬ》く
▼最後まで
為《な》し遂《と》げる・為遂《しと》げる・為《し》
果《おお》せる・為抜《しぬ》く・遣《や》り遂《と》げ

行う・行い

る・為済《しす》ます・遣《や》り抜《ぬ》く・遂行《すいこう》・完遂《かんすい》・成就《じょうじゅ》・成業《せいぎょう》・達成《たっせい》・全《まっと》うする

▼続けて　続行《ぞっこう》

▼後から続いて　追行《ついこう》

▼予告なしに突然　抜《ぬ》き打《う》ち

▼何度も念入りに　糾返《あざかえ》す

▼一度失敗したことを再度　再挙《さいきょ》

▼命令に従って　循行《じゅんこう》・遵行《じゅんこう》

▼手順・手続きを踏まずに　差《さ》し越《こ》す

▼定められた期日より早く　取《と》り越《こ》す

▼工事を　施工《しこう》・施工《せこう》

▼儀式・行事などを　行《おこな》う・執《と》り行《おこな》う・挙《あ》げる・開《ひら》く・催《もよお》す・執行《しっこう》・挙行《きょこう》・挙式《きょしき》・催《もよお》し・開催《かいさい》

▼事務などを　執行《しゅぎょう》・執行《しっこう》

▼事務などを代わりに　摂行《せっこう》

「行う・行い」に関する慣用句

[裏《うら》を返《かえ》す] 同じことをまたする。

[禍福《かふく》を擅《ほしいまま》にする] 権威をかさに、人の賞罰などを勝手にする。

[胸臆《きょうおく》を行《おこな》う] 思っていることをそのままに行う。「胸臆」は心の中の意。

[地《じ》で行《い》く] うわべを飾ることなく、自分本来の姿で事を行う。

[畳掛《たたみか》ける] 相手に余裕を与えずに続けざまに物事をする。

[罪作《つみつく》り] 罪なことをすること。その人。また、生き物を殺したり苦しめたりすること。

[手《て》を下《くだ》す] 自分で直接事を行う。《類》「手懸《てが》ける」「手懸《てが》く」

[手《て》を染《そ》める] (⇒「はじめる・はじめ」四八七ページ)

[手《て》を汚《よご》す] 好ましくない事を自ら行う。

[抜《ぬ》け駆《が》け] 人よりも先に、ひそかに物事を行うこと。

[肌《はだ》を脱《ぬ》ぐ] 身を入れて尽力する。《類》「一肌脱《ひとはだぬ》ぐ」

[見切《みき》り発車《はっしゃ》] 比喩的に用い、準備不足ながら実行に移すことをいう。

[向《む》こう見《み》ず] 前後を考えずに事を行うこと。《類》「無手《むて》っ法《ぽう》」「無鉄砲《むてっぽう》」

[物《もの》は試《ため》し]

行う・行い

物事はやってみなければ成否は分からない。あきらめずにやってみることである。

【有終《ゆうしゅう》の美《び》】（⇒「原因《げんいん》・結果《けっか》」二三六ページ）

【横紙破《よこがみやぶ》り】（⇒「性格《せいかく》・性質《せいしつ》」三四七ページ）

【両刀遣《りょうとうづか》い】

二つのことを一人が同時にすること。また、その人。

「行う・行い」に関する故事・成語・ことわざ

【一気呵成《いっきかせい》】

文章や詩などをひと息に作り上げること。また、物事をひと息に成し遂げること。


【乾坤一擲《けんこんいってき》】

運を天に任せて事を行うこと。《類》「伸《の》るか反《そ》るか」「一《いち》か八《ばち》か」「一六勝負《いちろくしょうぶ》」「一擲乾坤《いってきけんこん》を賭《と》す」


【実践躬行《じっせんきゅうこう》】

自分自身で実際に行うこと。「躬」は、自らの意。


【善《ぜん》は急《いそ》げ】

よいと思ったことはためらわずにすぐ行えという教え。《類》「善《ぜん》は急《いそ》げ悪《あく》は延《の》べよ」「思《おも》い立《た》ったが吉《きち》日《じつ》」「旨《うま》い物《もの》は宵《よい》に食《く》え」


【千万人《せんまんにん》と雖《いえど》も吾往《われゆ》かん】

自ら省りみて考えや行いが正しいと思ったら、千万人の反対があっても恐れることなく我が道を進んで行こう。《類》「水火《すいか》を辞《じ》せず」


【断《だん》じて行《おこな》えば鬼神《きじん》も之《これ》を避《さ》く】

断固として行えば、鬼神さえも恐れて邪魔をしないように、誰もこれを妨げるものはないということ。出典は『史記』。


【直情径行《ちょくじょうけいこう》】

感情を包まずに自分の思うがままに行動するさま。


【独立独歩《どくりつどっぽ》】

人に頼らず、また人の意見にも動かされずに、自分の信じることを行うこと。《類》「独立独行《どくりつどっこう》」


【為《な》せば成《な》る】

その気になって真剣に行えば、どんなことでもできないことはない。


【傍若無人《ぼうじゃくぶじん》】

そばに人がいても、まるでいないかのように勝手放題に振る舞うさま。


【無理無体《むりむたい》】

相手の考えに逆らって、強引に事を行うこと。また、そのさま。《類》「無理矢理《むりやり》」「無理遣《むりや》り」

怒《おこ》る・怒《いか》り

程度・様態からみた「怒る・怒り」

▼興奮して気が荒くなる　怒《いか》り・憤《いきどお》り・腹《はら》立《だ》ち・立腹《りっぷく》

▼激しく　激怒《げきど》・激憤《げきふん》・憤激《ふんげき》・痛憤《つうふん》・憤怒《ふんど》・憤怒《ふんぬ》・忿怒《ふんど》・忿怒《ふんぬ》・赫怒《かくど》・瞋怒《しんど》・瞋恚《しんい》・瞋恚《しんに》・瞋恚《しんね》・震怒《しんど》・大立腹《だいりっぷく》・怒《ど》火《か》・激昂《げきこう》・激昂《げっこう》・激高《げっこう》

▼ちょっとした、わずかな　小忿《しょうふん》

▼積もり積もった　積怒《せきど》・積憤《せきふん》

▼怒り始める　発憤《はっぷん》

▼急に　暴発《ぼうはつ》

▼大声で　号怒《ごうど》・叫怒《きょうど》

▼むかむかと　向《む》か腹《ばら》・向《む》かっ腹《ぱら》

▼悲しみ　悲憤《ひふん》

▼憤り嘆く　慷慨《こうがい》

▼うれい　憂憤《ゆうふん》

▼怒りうらむ　憤怨《ふんえん》・憤恨《ふんこん》・忿怨《ふんえん》・忿恨《ふんこん》

▼怒りねたむ　憤嫉《ふんしつ》

▼怒りもだえる　憤懣《ふんまん》・忿懣《ふんまん》・憤悶《ふんもん》

▼まだ残っている　余憤《よふん》

▼とがめ　譴怒《けんど》・譴責《けんせき》

▼怒りののしる　怒罵《どば》

▼怒りのあまり死ぬ　憤死《ふんし》

▼腹を立てたくなる　癪《しゃく》

▼怒りやすい性質。また、その怒り　癇癪《かんしゃく》・癇癪玉《かんしゃくだま》

▼怒って機嫌を悪くする　御冠《おかんむり》・不機嫌《ふきげん》

▼喜びと　喜怒《きど》・喜憤《きふん》

▼怒りの気持ち　怒気《どき》

▼怒った顔付き　慍色《おんしょく》・慍色《うんしょく》・膨《ふく》れ面《つら》・脹《ふく》れ面《つら》・膨《ふく》れっ面《つら》・脹《ふく》れっ面《つら》

▼怒りのため血が頭にのぼって取り乱す　逆上《ぎゃくじょう》

▼怒るさま　憤然《ふんぜん》・忿然《ふんぜん》

対象・種類からみた「怒る・怒り」

▼忠義の心から出た　忠憤《ちゅうふん》

▼義のための　義憤《ぎふん》

▼自分ひとりで世を　孤憤《こふん》

▼公事についての　公憤《こうふん》・公《おおやけ》腹《はら》立《だ》たし

怒る・怒り

▼私事についての　私憤《しふん》

▼心から恥じてうらみ　慚恚《ざんい》

▼不正・不当なものに　憤慨《ふんがい》

▼負けたために　負《ま》け腹《ばら》

▼敵に対しての。また、その気持ち　敵愾《てきがい》・敵愾心《てきがいしん》

▼無実の罪を　冤憤《えんぷん》

▼天子の　逆鱗《げきりん》

▼怒りで逆立った髪　怒髪《どはつ》

▼酔うとすぐ怒り出す人　怒《おこ》り上戸《じょうご》

▼怒って関係のない人にまで当たり散らす　八《や》つ当《あ》たり

「怒る・怒り」を表す動詞

▼興奮して気が荒くなる　怒《おこ》る・怒《いか》る・憤《いきどお》る

▼興奮させて気を荒くさせる　怒《おこ》らせる

▼怒って不機嫌な顔をする　膨《ふく》れる・脹《ふく》れる・剝《む》れる

▼憤りの気分になる　嘆《なげ》く・歎《なげ》く

▼怒りや思いを表情に出す　気色《けしき》ばむ

▼せき込んで　息巻《いきま》く

「怒る・怒り」の擬態語

▼激しく　かんかん・ぷんぷん

▼急に怒りが込み上げてくる　むかっと・むかむか・むらむら

▼急に怒り出し、のぼせ上がる　かっかと・かーっと・かっと

▼腹が立って気持ちがおさまらない　むしゃくしゃ

▼態度で怒りを示している　ぶりぶり

▼激しい怒りを我慢しきれないでいる　ぷりぷり

▼怒りを口に出さないで我慢している　むっと

▼怒ってふくれっ面をしている　ぷんと

「怒る・怒り」に関する慣用句

［青筋《あおすじ》を立《た》てる］
激高すると、こめかみの静脈が浮き出ることから、激しく怒るさま。

［頭《あたま》から湯気《ゆげ》を立《た》てる］
かんかんになって怒る。

怒る・怒り

【頭《あたま》に来《く》る】
かっとなる。

【怒《いか》り心頭《しんとう》に発《はっ》する】
激しく怒ること。「心頭」は、心の中、心の底の意。

【怒《いか》りを遷《うつ》す】
腹を立てて、何の関係もない人にまで八つ当たりする。

【色《いろ》をなす】
怒って顔色を変える。

【堪忍袋《かんにんぶくろ》の緒《お》が切《き》れる】
我慢していた怒りがこらえきれずに、爆発する。

【冠《かんむり》を曲《ま》げる】
怒って機嫌を悪くする。

【忌諱《きい》に触《ふ》れる】
君主の怒りに触れる。「忌諱」は忌み嫌う意。「きき」の慣用読み。

【口《くち》を尖《とが》らす】
不平・不満で怒った表情をする。《類》「小鼻《こばな》を膨《ふく》らませる」「頬《ほお》を膨《ふく》らます」

【血相《けっそう》を変《か》える】（⇒「驚《おどろ》く・驚《おどろ》き」一四一ページ）

【小腹《こばら》が立《た》つ】
わずかだけ怒る。《類》「生腹立《なまはらだ》つ」「小腹《こばら》を立《た》てる」

【癪《しゃく》に障《さわ》る】
気に入らなくて怒る。《類》「腹《はら》が立《た》つ」「かちんと来《く》る」「神経《しんけい》に障《さわ》る」

【席《せき》を蹴《け》る】
激しく怒って、その場を立ち去る。

【鶏冠《とさか》に来《く》る】
「頭に来る」の俗な言い方。

【無《な》い腹《はら》を立《た》てる】
わずかなことに怒る。《類》「向《む》きになる」

【腹《はら》に据《す》えかねる】
怒りを抑えることができない。

【腹《はら》の虫《むし》が納《おさ》まらない】
腹が立って、どうにも我慢できない。《類》「腹《はら》の虫《むし》が承知《しょうち》しない」

【腸《はらわた》が煮《に》え繰《く》り返《かえ》る】
我慢できないほど腹が立つ。

【満面朱《まんめんしゅ》を濺《そそ》ぐ】
激しく怒って顔を真っ赤にするさま。

【向《む》かっ腹《ぱら》を立《た》てる】
むしゃくしゃして怒る。

【目《め》くじらを立《た》てる】
些細なことに怒る。

【目《め》に角《かど》を立《た》てる】
怒った目つきで見る。

【目《め》を三角《さんかく》にする】
怒って険しい目つきをする。

【目《め》を吊《つ》り上《あ》げる】
怒って目じりを上げる。

【目《め》を剝《む》く】
怒って目を大きく見開く。

【柳眉《りゅうび》を逆立《さかだ》てる】
美人が眉を釣り上げて激しく怒るさまの形容。「柳眉」は柳の葉のような細くて美しい眉のこと。

【烈火《れっか》の如《ごと》く】
烈しく燃える火のように、非常に怒る。

「怒る・怒り」に関する故事・成語・ことわざ

【怒《いか》りは敵《てき》と思《おも》え】

怒りをおもてに出すと人の恨み・反感を招いてしまうから、怒りは自分を滅ぼす敵だと思って身を慎むべきだという戒め。


【怒《いか》れる拳《こぶし》笑顔《えがお》に当《あ》たらず】

怒って拳を振り上げた人も笑顔で接すると拍子抜けがして打ち下ろせなくなるように、やさしい態度で接する方が効果的だということ。

【喜怒哀楽《きどあいらく》】（⇒「よろこぶ・よろこび」六〇六ページ）

【逆鱗《げきりん》に触《ふ》れる】

天子や目上の人を激しく怒らせる。「逆鱗」は、竜の喉《のど》の下に一枚だけ逆さに生えた鱗《うろこ》のこと。これに触れると竜が怒って人を殺すという伝説による。出典は『韓非子《かんぴし》』。


【切歯扼腕《せっしやくわん》】

激しく怒ったり残念がったりするさま。「切歯」は歯ぎしり、「扼腕」は自分の腕を握りしめること。出典は『史記』。


【怒気《どき》起《お》こらば手《て》を引《ひ》け】

腹を立てて怒りたくなったら手を出さず、いったん身を引いて気を落ち着かせるべきである。


【怒髪天《どはつてん》を衝《つ》く】

頭髪を逆立てた、激しい怒りの形相。「怒髪《どはつ》冠《かんむり》を衝《つ》く」ともいう。

【悲憤慷慨《ひふんこうがい》】（⇒「悲《かな》しむ・悲《かな》しみ」一八〇ページ）

【仏《ほとけ》の顔《かお》も三度《さんど》】

どんなに寛容な人でも、何度もひどい仕打ちをされれば、しまいには怒り出すということ。

教《おし》える・教《おし》え

教育の様態からみた「教える・教え」

▼知識・技芸などを学び取らせる
教《おし》う・教《おし》える・仕込《しこ》む

▼知識・技芸などを
教授《きょうじゅ》・指南《しなん》

▼具体的に示し
教示《きょうじ》・教示《きょうし》・示教《しきょう》・指教《しきょう》

▼口づたえに
口授《くじゅ》・口授《こうじゅ》・口伝《くでん》

▼人を教え育てる
教育《きょういく》・教《おし》え・教養《きょうよう》・育英《いくえい》・訓育《くんいく》・指導《しどう》

▼英才を
育英《いくえい》

教える・教え

▼学問・技芸などの初歩的段階を
手解《てほど》き・手引《てび》き
▼念入りに
教《おし》え込《こ》む・仕込《しこ》む
▼教え習わせる　教習《きょうしゅう》
▼学校で知識・技術などを
授業《じゅぎょう》
▼技芸・武芸などの奥義・秘伝を
伝授《でんじゅ》
▼師が弟子の所に出向いて
出稽古《でげいこ》
▼知識や思考力を身に付けさせる教育
知育《ちいく》・智育《ちいく》
▼道徳心を高めるための教育
徳育《とくいく》
▼身体機能を向上させるための教育
体育《たいいく》
▼食に関する知識や健全な食生活を
実践する力を身につけさせる
食育《しょくいく》

▼主として軍事に関する教育訓練
教練《きょうれん》
▼人に教えてもらう
教《おそ》わる・受業《じゅぎょう》
▼口づたえに教えを受ける
口受《くじゅ》・口受《こうじゅ》
▼知識・技術などを修得する
学習《がくしゅう》
▼技芸の奥義などを師から直接教え
授けられる
師伝《しでん》・直伝《じきでん》
▼師から技芸の奥義などのすべてを
教え授けられる
皆伝《かいでん》
▼技芸などが代々教え継がれていく
相伝《そうでん》
▼物事を教える上での規則
教則《きょうそく》
▼教えることと学ぶこと　教学《きょうがく》

教師と教え子の関係での「教える・教え」

▼児童・生徒・学生などを教える職業
教職《きょうしょく》・教導職《きょうどうしょく》
▼学校に勤めて子弟の教育にあたる者
教師《きょうし》・教員《きょういん》・教職員《きょうしょくいん》
▼幼稚園や小・中・高校の正規の教員。
旧制中学の教員
教諭《きょうゆ》
▼旧制の小学校教員　訓導《くんどう》
▼大学・研究所などで専門的研究を行
いつつ、知識・技術を教え授ける者
教授《きょうじゅ》
▼教える相手
教《おし》え子《ご》・児童《じどう》・生徒《せいと》・学《がく》
生《せい》・弟子《でし》・門人《もんじん》・門弟《もんてい》
▼教師が教える場所
学校《がっこう》・学園《がくえん》・教《おし》えの庭《にわ》・杏《きょう》

教える・教え

壇《だん》・学問所《がくもんじょ》・講堂《こうどう》
▼教室内の教師の立つ所　教壇《きょうだん》
▼教えるときに使う材料
教材《きょうざい》・教具《きょうぐ》・教え草《おしぐさ》・教弁物《きょうべんぶつ》

善導などからみた「教える・教え」

▼言い聞かせて理解させる。過ちを犯さないように注意する
教う《おし》・教える《おし》・諭す《さと》・説教《せっきょう》・垂訓《すいくん》・教訓《きょうくん》・説諭《せつゆ》・諭告《ゆこく》・告諭《こくゆ》・訓諭《くんゆ》・意見《いけん》
▼教え諭す言葉　教え《おし》・教訓《きょうくん》
▼教えて善の方に向かわせる
善導《ぜんどう》・教導《きょうどう》・教化《きょうか》・教令《きょうれい》・補導《ほどう》・輔導《ほどう》
▼徳をもって教え導く　風教《ふうきょう》
▼教育を通じて人を正しい方向に導く
文教《ぶんきょう》
▼知識などを広めることによって教え導く
啓発《けいはつ》・啓蒙《けいもう》
▼それとなく教える、そそのかす
示唆《しさ》・示唆《じさ》
▼人に悪事を教えてそそのかす
教唆《きょうさ》
▼人を教え戒める
教戒《きょうかい》・教誡《きょうかい》・教誨《きょうかい》
▼受刑者の徳性を高めるために教え導く
教誨《きょうかい》
▼不良行為をした、あるいはする恐れのある児童を教育保護する
教護《きょうご》
▼目下の者に教え示す。その言葉
訓示《くんじ》
▼強い口調で教え諫める　強諫《きょうかん》
▼誠意をもって人の過ちなどを戒め諭す
忠告《ちゅうこく》・忠言《ちゅうげん》
▼堅苦しいが、教訓となる話
説教《せっきょう》
▼立派な教え。相手の教えを敬って
高教《こうきょう》
▼故人の言いのこした　遺訓《いくん》
▼家代々に伝わる　家訓《かくん》
▼家庭の教訓　庭訓《ていきん》

宗教の見地からみた「教える・教え」

▼信仰の内容が言葉として表現され、人に示されたもの
教え《おし》・教義《きょうぎ》・教理《きょうり》・教説《きょうせつ》・教条《きょうじょう》・ドグマ
▼人を説いて仏道に向かわせる
教化《きょうけ》・教化《きょうげ》
▼修行と教化　行化《ぎょうけ》

教える・教え

▼教義などを説いて聞かせる
説教《せっきょう》・説法《せっぽう》

▼教えのおもむき、内容
教旨《きょうし》・教趣《きょうしゅ》

▼教えの根本
教本《きょうほん》

▼釈迦の説いた
教法《きょうほう》・教法《きょうぼう》・経法《きょうぼう》

▼教えの基本となる書物
経典《きょうてん》・教典《きょうてん》・教範《きょうはん》

▼経典に示された
経教《きょうぎょう》

▼言葉をもって示した仏の
言教《ごんきょう》・教跡《きょうしゃく》・教迹《きょうしゃく》・仏法《ぶっぽう》

「教える・教え」に関する慣用句

[教鞭《きょうべん》を執《と》る]
教師として勉強を教える。《類》「教《きょう》壇《だん》に立《た》つ」

[知恵《ちえ》を付《つ》ける]
何も分からない人に悪事を教える。《類》「悪知恵《わるぢえ》を付《つ》ける」「入《い》れ知恵《ぢえ》する」

[手取《てと》り足取《あしと》り]
一つ一つ丁寧に教えるさま。

[範《はん》を垂《た》れる]
人に模範を示す。手本となることをして見せる。

[道《みち》を付《つ》ける]
後進を教え導く。

[蒙《もう》を啓《ひら》く]
無知な人を教え導く。

「教える・教え」に関する故事・成語・ことわざ

[負《お》うた子《こ》に教《おし》えられて浅瀬《あさせ》を渡《わた》る]
川を渡るときに背負った子に浅い所を教えられることがあるように、ときには自分より未熟な人に教えられることがあるということ。

[教《おし》うるは学《まな》ぶの半《なか》ば]
人に教えることは、その半分は自分の勉強のためになることなのである。

[率先垂範《そっせんすいはん》]
人に先立って模範を示すこと。

[頂門《ちょうもん》の一針《いっしん》]
人の急所をついた戒め、教訓。「頂門」は頭の上のこと。

[二度《にど》教《おし》えて一度《いちど》叱《しか》れ]
子どもは失敗を繰り返しながら成長していくものだから、いちいち叱りつけないで根気よく教え諭すことが大切である。

[百日《ひゃくにち》の説法《せっぽう》屁《へ》一《ひと》つ]
百日間も仏の教えを説いて信者をありがたがらせた坊さんが、思わずもらしたおならのために台無しになってしまったということで、長い間の苦労がちょっとした失敗で全くむだになってしまうことのたとえ。

［孟母三遷《もうぼさんせん》の教《おし》え］
子弟の教育には環境を選ぶことが非常に大切であるという孟子の母の故事にちなむ教え。出典は『列女伝』。

音《おと》・響《ひび》き

程度・様態からみた「音・響き」

▼耳に聞こえる物の振動
音《おと》・音《おん》・音声《おんせい》・音声《おんじょう》

▼高い　高音《こうおん》

▼大きな音、大きな声
大音《だいおん》・大声《おおごえ》・大音声《だいおんじょう》

▼音が大きく鳴り渡る
轟《とどろ》き・轟然《ごうぜん》

▼とどろき渡る　轟音《ごうおん》

▼低い　低音《ていおん》

▼かすかな　微音《びおん》

▼弱い　弱音《じゃくおん》

▼力の入った低い　唸《うな》り

▼心に訴える小さくて美しい
音《ね》・音色《おんしょく》・音色《ねいろ》

▼とてもよい　好音《こうおん》・好音《こういん》

▼美しい　美音《びおん》・妙音《みょうおん》

▼聞いていて快い　快音《かいおん》

▼澄んだ音色　清音《せいおん》

▼周囲に伝わる音の振動
音響《おんきょう》・響《ひび》き・響《とよ》み・響《どよ》み・響《とよ》めき・響《どよ》めき・響動《とよ》めき・響動《どよ》めき

▼音・声とひびき　音韻《おんいん》・声韻《せいいん》

▼鳴り終わっても、あとまで残る音のひびき
残響《ざんきょう》・余音《よいん》・余韻《よいん》

▼音が物に当たってはね返ってくる
谺《こだま》・木霊《こだま》・反響《はんきょう》・天彦《あまびこ》・山彦《やまびこ》

▼一緒にひびく　共音《ともね》

▼音が交じってひびき合う
交響《こうきょう》

▼高さの違う二つ以上の音が同時にひびくときできる
和音《わおん》

▼二つ以上の音を同時に鳴らしたとき、不安定な感じがする
不協和音《ふきょうわおん》

▼音が聞こえる　音聞《おとぎ》き

▼遠くからの。また、遠くまで聞こえる
遠音《とおと》・遠音《とおね》・遠鳴《とおな》り

▼うるさくて騒がしい
雑音《ざつおん》・騒音《そうおん》・噪音《そうおん》・ノイズ

▼雑音などを消す　消音《しょうおん》

▼鳴る。また、騒がしい物の鳴り
鳴《な》り

音・響き

▼何かの　物音《ものおと》・物《もの》の音《ね》

▼物を続けて打つ
打打《ちょうちょう》・丁丁《ちょうちょう》

▼偽りの鳴き声。または、偽りのこと
空音《そらね》

対象・種別からみた「音・響き」

▼風が鳴る
風音《かぜおと》・風音《かざおと》・風声《ふうせい》・風籟《ふうらい》・風韻《ふういん》・天籟《てんらい》

▼風が物に触れて鳴る。また、笛の穴から発する
籟《らい》

▼地上で発する音・ひびき　地籟《ちらい》

▼人工で出す笛や尺八などの
人籟《じんらい》

▼天籟《てんらい》・地籟《ちらい》・人籟《じんらい》の三つの籟の総称
三籟《さんらい》

▼風に当たっていろいろの物が鳴る
万籟《ばんらい》・衆籟《しゅうらい》

▼秋を感じさせるものさびしい風の
秋声《しゅうせい》・秋《あき》の声《こえ》

▼松風の　松籟《しょうらい》・松韻《しょういん》

▼波の音にたとえた松風の
松濤《しょうとう》

▼山風が樹木に当たってざわざわする
山籟《さんらい》

▼木の葉が風などで触れて出す
葉音《はおと》

▼雨や雪の降る音、風の吹く音、落葉の音など
淅瀝《せきれき》

▼雨の降る　雨音《あまおと》・雨声《うせい》

▼激しい風や波の　怒号《どごう》

▼雷の　雷鳴《らいめい》

▼急に鳴る雷の　霹靂《へきれき》

▼雷が鳴りひびく　轟轟《ごうごう》・殷殷《いんいん》

▼地震や火山の噴火などで地盤が揺れるときの
地響《じひび》き・地鳴《じな》り・鳴動《めいどう》

▼家が鳴りひびく　家鳴《やな》り

▼山が鳴動する　山鳴《やまな》り

▼水の流れる。また、物が水の中に落ち込んだとき出る
水音《みずおと》・水声《すいせい》

▼水が流れ注ぐ　淙淙《そうそう》

▼川が流れる　川音《かわおと》

▼川の急な流れの　瀬音《せおと》

▼滝の　瀑声《ばくせい》

▼波が寄せたり引いたりするときに起こす
波音《なみおと》・濤声《とうせい》・唸《うな》り

▼沖から寄せるうねりの
海鳴《かいめい》・海鳴《うみな》り

▼潮が満ちるとき立つ波のざわめき
潮騒《しおさい》・潮騒《しおざい》

▼爪をはじいたときに出る。また馬

音・響き

の蹄《ひづめ》や琴の　爪音《つまおと》
▼歩く　足音《そくおん》・足音《あしおと》・跫音《きょうおん》
▼人がいる気配、人の歩く足の　人音《ひとおと》
▼靴の　靴音《くつおと》
▼人が来る足音がするさま　跫然《きょうぜん》
▼着物の裾《すそ》などが触れ合う　衣擦《きぬず》れ
▼鳥が羽を打つ　羽音《はおと》
▼蚊が多く集まって鳴く　蚊雷《からい》・蚊鳴《かな》り
▼鳥の鳴く声の高い　高音《たかね》
▼むちを打つ　鞭声《べんせい》
▼音楽での高い　高音《たかね》
▼さえた音楽の　錚錚《そうそう》
▼楽器の　楽音《がくおん》・物《もの》の音《ね》
▼金属楽器の　金声《きんせい》

▼楽器・玉の鳴る音を形容して　瑲瑲《そうそう》
▼琴や金属の　錚然《そうぜん》
▼三味線などの　弦声《げんせい》・絃声《げんせい》
▼撥《ばち》で引き鳴らす　撥音《ばちおと》
▼茶の湯で湯が沸騰する最適の湯相の　松風《まつかぜ》
▼刀などで打ち合う　刃音《はおと》・太刀音《たちおと》・打打発止《ちょうちょうはっし》
▼よく鍛えた鉄などのひびき　錚錚《そうそう》
▼固い物を打ち合う　戛戛《かつかつ》・鏗鏗《こうこう》
▼寺の鐘が鳴りひびく　鯨音《げいおん》・鐘声《しょうせい》・鏗鏗《こうこう》
▼矢が風を切って飛ぶ　矢音《やおと》・羽音《はおと》
▼弓を射る　弓音《ゆみおと》
▼矢を放ったとき弦が鳴る　弦音《つるおと》・鞆音《ともね》

▼爆発したときの音。また、飛行機の　爆音《ばくおん》
▼鉄砲・大砲の弾を打ち出す　筒音《つつおと》
▼大砲を撃ったときに出る　砲声《ほうせい》
▼銃を撃ったときに出る　銃声《じゅうせい》
▼合図に撃った大砲などの　号音《ごうおん》・号砲《ごうほう》
▼サイレン・汽笛などの　吹鳴《すいめい》
▼重い物が落ちたり通過したりするとき大地が揺れる　地響《じひび》き
▼地ひびきをたてる　轟轟《ごうごう》
▼船をこぐ楫《かじ》の　楫音《かじおと》
▼艪《ろ》をこぐ　艪声《ろせい》・櫓声《ろせい》
▼槌《つち》で物を叩いたときに出る　槌音《つちおと》
▼心臓が脈打つ　心音《しんおん》
▼心音のひびき　鼓動《こどう》

音・響き

「音・響き」に関する動詞・複合動詞

▼音が聞こえる。音が広がっていく
響《ひび》く

▼音がする。音が高くひびく
鳴《な》る・高鳴《たかな》る

▼物と物とがこすれて音を出す
軋《きし》む・軋《きし》めく・軋《きし》る・がたつく

▼鈍い音が低く長く鳴りひびく
唸《うな》る

▼あたり一面に音がひびく
響《どよ》めく・轟《とどろ》く・響《ひび》き渡《わた》る・鳴《な》り響《ひび》く・鳴《な》り渡《わた》る

▼音を聞こえさせる、出させる
響《ひび》かせる・轟《とどろ》かせる・鳴《な》らす・響《とよ》む・響《どよ》む・響《とよ》もす

▼床などを踏んで鳴りひびかせる
踏《ふ》み鳴《な》らす

▼楽器などの音がさえて聞こえる
澄《す》む・清《す》む

▼音がはっきりしなくなる　濁《にご》る

▼音が細く高くひびく　甲走《かんばし》る

▼高い音をたてる
さざめく・さんざめく・さんざらめく

▼戸をたたく音がする
ほとめく

「音・響き」の擬音語・擬態語

▼雨が激しく降っている
ざあざあ

▼雨がまだらに降る　ぱらぱら

▼雨・みぞれなどが強く降る
ばらばら

▼雪道を歩いたときの軽快な
さくさく

▼雷などがとどろく　ごろごろ

▼かすかに吹く風の
そよ・そよそよ

▼強く吹く風の
ひゅーひゅー・びゅーびゅー

▼水をかき回す
じゃぶじゃぶ

▼水の中を軽快に進む
すいすい

▼水などがしたたり落ちる
ぼとぼと・ぽとぽと・ぽとり・ぽとん

▼水中に物などを投げ入れたときの
どぼん・どぶん・ざぶ・ざぶり・ざんぶ・ざんぶり・どんぶり

▼水に入る
ずぶずぶ・ずんぶり・ずぶ

り

▼大量の水が落下したり、続けて注ぎかかったりする
どーどー・じゃーじゃー

▼水がごくわずかしか出ていないとき
ちょろちょろ

▼水などがあふれ出る
ざあーっ

▼水が勢いよく打ち当たる
びしゃっ・びしゃびしゃ

▼火などがはじける　ぱちぱち

▼風がすき間から吹き入る
すーすー・すーっ

▼頭を叩く　ぽかり

▼乱暴に歩く
どしどし・どたばた・ばたばた

▼古い建物の廊下などを歩く
みしみし

▼ゆっくり歩く　ぽくぽく

▼ぜんそくなどで咳《せ》き込む
ぜーぜー

▼咳《せき》をする
こんこん・ごほんごほん

▼くしゃみの　くしゃん

▼液体などを飲む
ごくん・ごくり

▼液体などをなめる
ぺちゃぺちゃ

▼水や酒などを勢いよく飲む
がぶがぶ・がばがば・ごくごく

▼靴の　こつこつ

▼駒下駄などを踏みならす
からころ・からんころん

▼草履《ぞうり》などで歩く　ぱたぱた

▼拍手の
ぱちぱち・しゃんしゃん

▼室内などで暴れる
どしんどしん・どたばた・どたんばたん

▼人・物などが倒れる
ばたん・ぱたん・どたん・どたり・ばったり・ばたり・ぱったり・ぱたり

▼たばこを吸う
すぱすぱ・すばすば

▼乳児が乳などを吸う
ちゅーちゅー

▼人の鼓動の
どきどき・どっきん・どきん

▼口を開けて続けて息をするときの
はーはー・はっはっ

▼空腹で腹が鳴る　ぐー

▼腹をこわしたときの
ごろごろ

▼放屁《ほうひ》の　ぶうー・ぷうー

▼いびきの　ぐーぐー

▼物を吐き出そうと喉《のど》で出す

音・響き

げーげー

▼口の中の物を勢いよく出す
ぺっ・ぺっぺっ

▼物をかんだときの軽快な
さくさく

▼物をかんで嫌な感じがする
じゃきじゃき

▼ひげなどを剃《そ》る　ぞりぞり

▼木の葉が触れ合って出る
さわさわ・ざわざわ・さらさら

▼木などを折る。また、鞭《むち》などで強く打つ
ぴしぴし

▼木や骨などが折れたときの
ぼきっ・ぽきっ・ぽきり

▼塵《ちり》などをはたき落とす
ぱたぱた

▼猫などが喉《のど》から出す
ころころ・ごろごろ

▼鳥などが羽ばたく
ふつふつ・ぱたぱた・ばたばた

▼馬の蹄《ひづめ》の　ぱかぱか

▼ハエ・カなどが飛ぶ羽音
ぶんぶん

▼花火の　ぽんぽん

▼拍子木を続けて打つ
ちょんちょん

▼車輪がひびく　ごろごろ

▼戸や障子を動かす
がたん・かたん

▼戸などを叩く
こつこつ・とんとん・どんどん・ほとほと

▼戸を閉める　ばたん

▼戸を開けたとき、きしんで出る
ぎしっ

▼急に戸などを開けたときの
がらり

▼飛行機などの金属的な
きゅーん・きーん

▼鈴が鳴る
ころころ・りんりん

▼鈴・鉦《かね》などが鳴る
ちんちん・ちりんちりん・しゃんしゃん・ちりちり

▼靴の革などがきしんで鳴る
きゅっきゅっ

▼布などを引き裂く
びりびり・ぴりぴり・びりり

▼鋏《はさみ》で切り刻む
ちょきちょき・じゃきじゃき

▼鼓《つづみ》を打つ　ぽんぽん

▼太鼓の
どろどろ・でんでん

▼お化け屋敷・芝居などで幽霊が出る
どろどろ

音・響き

▼物を叩いて出る濁った太い
ぼとぼと
▼木魚を叩く　ぽくぽく
▼呼子笛などを吹き鳴らす
ぴりぴり
▼時計の針が刻む
かちかち・こつこつ・ちくたく
▼目覚まし時計などのベルの
じりじり
▼鐘の　ごんごん
▼半鐘を続けざまに打つ
じゃんじゃん
▼大砲などを放ったときの
ずどん・どん・だーん・どかん
▼小銃などを続けて撃つ
ばんばん・ぱんぱん
▼物が火で焦げる　じーじー
▼火に水をかけたときなどに出る
じゅっ
▼物が煮える
ぐつぐつ・ことこと・ごとごと
▼湯が沸騰する
ちんちん・ことこと・しゅんしゅん
▼金属の高くて鋭い　きーん
▼金属製の小さい物などに強く当たる
ちゃりん
▼固くて重い物が連続して打ち合う
がんがん
▼金属製の物が落ちる。また、互いに触れ合う
がちゃん・かーん・がちゃがちゃ・かんかん
▼固い物が触れ合う
こちこち・ごつごつ・ごつり・こつん・がんから・かんかち・がちゃり・からり・がんがらがん
▼固い物が激しく一度固い物にぶつかる
がーん・ばん・ばーん
▼固い物が落ちる。固い物が打ち当たる大きな
がたん・がたがた
▼固くて細い物が触れる
がじゃがじゃ・かちゃ・かちゃり・かちゃかた
▼固い物・乾いた物が触れる
からから・がらがら
▼固くて小さい物が詰まってきしむ
きちきち・きしきし
▼固くて小さい物が触れ合う
ぎしぎし
▼粗くて小さい物が触れる
ざくざく
▼固い物が倒れ、また、落ちる
かたり・かたん・がったり

音・響き

▼固い物が倒れ、また、落ちる大きい
がたり

▼固い物が破裂する
ばーん・ばん

▼滑らかでない物が触れる
ざらざら・ごそごそ・ごそっ・ごそり

▼固い物をかむ
こりこり・ごりごり・ぱりぱり・ぼりぼり・ぽりぽり

▼固い物を細かくかみ砕く
かりかり

▼荒々しく物をかみ砕く
がりがり

▼やわらかな物を刺し通す
ずぶり

▼重い物が倒れる
どしり・どしん

▼重い物がぶつかった
ごつん・どかん・どしっ

▼重量のある物を投げ出したときの
どさっ・どしり

▼重い物が急に動いて衝撃が起こる
がくん

▼大量の液体が流れ出る
ごーごー

▼物が崩れる
がらがら・がらり

▼軽い物が互いに触れる
さらさら

▼物と物とが触れて鳴る
ことこと・さやさや・ぎちぎち

▼激しく物が触れる
がたがた・かちかち・がちがち・がりがり

▼乾いた物が互いに触れる
かしゃかしゃ・がさっ

▼器の中が小さいために触れ合う
がさがさ・ことこと・ごとごと・ぽこぽこ

▼物を叩くと発する
ことこと・こんこん

▼力を入れてこする
ごしごし・ごりごり・きゅっきゅっ

▼筒・穴など細いところに物を出し入れしたとき出る
すぽん・ずぼん

▼抵抗なく落ちる　すとん

▼物を動かしたり取りこわしたりする
みしみし

▼誰も気づかないほどの静かな夜の
こそっ・こそり

▼カメラのシャッターなどが下りる
かしゃっ

▼カメラのシャッターが連続で下りる
ぱちぱち・かしゃかしゃ

▼スピーカーなどから出る
がーがー

▼大勢の人が集まって出す
がやがや

▼油が切れたなどの原因で滑らかに動かないで回る物の
きりり・ぎりり・ぎりぎり

驚《おどろ》く・驚《おどろ》き

様態・程度からみた「驚く・驚き」

▼びっくりして心の平静を失う
驚《おどろ》く・魂消《たまげ》る・喫驚《きっきょう》・吃《きっ》驚《きょう》・一驚《いっきょう》

▼突然のことに
はっとする・ぎょっとする・飛《と》び上《あ》がる

▼非常に
驚愕《きょうがく》・驚駭《きょうがい》・打《ぶ》っ魂消《たまげ》る・驚倒《きょうとう》・仰天《ぎょうてん》

▼ひどく
愕然《がくぜん》・駭然《がいぜん》・おどろおどろし

▼驚いて途方にくれる
呆《あき》れる・恐《おそ》れ入《い》る

▼ひどくあきれる
呆《あき》れ返《かえ》る・呆《あき》れ果《は》てる

▼驚きあわてる
錯愕《さくがく》・動転《どうてん》・動顚《どうてん》

▼驚いて、あわてふためく
周章《しゅうしょう》・狼狽《ろうばい》・驚慌《きょうこう》

▼驚きあきれて何も言えない
啞然《あぜん》・呆然《ぼうぜん》

▼怪しみ　憮然《ぶぜん》

▼驚き恐れる　驚懼《きょうく》

▼驚き震え上がる　震驚《しんきょう》・震駭《しんがい》

▼非常に驚き感心する
驚《おどろ》き入《い》る・驚嘆《きょうたん》・驚歎《きょうたん》

▼驚くほど素晴らしい　驚異《きょうい》

▼驚くほど詩文にすぐれている
警策《きょうざく》・警策《きょうさく》

驚かすからみた「驚く・驚き」

▼相手をびっくりさせる
驚《おどろ》かす・脅《おど》す・脅《おど》かす

▼相手のすきをついて事を行う
闇打《やみう》ち

▼世間をひどく　動地《どうち》

「驚く・驚き」の擬態語

▼不意をつかれて　ぎくりと

▼急に驚き恐れる
ぎくっと・どきっと・どきんと・どきりと

驚く・驚き

▼驚き恐れて身震いする
びくっと

▼驚いて心が動揺する
あっと・はっと・ぎょっと

▼一瞬、恐怖を感じて
ひやっと

▼あっけにとられている
きょとんと

▼驚きあわてふためいている
どぎまぎ・へどもど

「驚く・驚き」に関する慣用句

[開《あ》いた口《くち》が塞《ふさ》がらない]
相手が示した態度や行為に対して驚きあきれて、ものが言えない。

[足下《あしもと》から鳥《とり》が立《た》つ]
驚くべきことが突然起こる。《類》「地《ち》から湧《わ》いたよう」「降《ふ》って湧《わ》く」

[呆気《あっけ》に取《と》られる]
意外なことを目のあたりにして、驚きあきれる。

[あっと言《い》わせる]
意外なことをして、感心させる。

[泡《あわ》を食《く》う]
突然のことに驚き、あわてふためく。

[息《いき》を呑《の》む]
はっと驚く。

[一驚《いっきょう》を喫《きっ》する]
すっかり驚いてしまう。「一驚」は驚くこと、「喫する」は「受ける」「こうむる」の意。

[意表《いひょう》に出《で》る]
意外なことをしたり言ったりして、相手を驚きあわてさせる。《類》「意《い》表《ひょう》を衝《つ》く」

[上《うえ》を下《した》へ]
驚きあわてふためくさま。

[肝《きも》を潰《つぶ》す]
突然のことに驚いて、冷や汗をかく。《類》「肝《きも》が潰《つぶ》れる」

[挙措《きょそ》を失《うしな》う]
ひどく驚いて取り乱す。

[血相《けっそう》を変《か》える]
ひどく驚いたり怒ったりして、顔色が変わる。

[声《こえ》を呑《の》む]
非常に驚いて、声が出なくなる。

[腰《こし》が抜《ぬ》ける]
あんまり驚いて、立っていられなくなる。

[腰《こし》を抜《ぬ》かす]
非常に驚いて、体が動かなくなる。

[舌《した》を巻《ま》く]
人の行いや力量などに、驚き感心する。

[耳目《じもく》を驚《おどろ》かす]
世間の人の注意を集め驚かせる。

[尻毛《しりげ》を抜《ぬ》く]
相手のすきに付け込んで、驚きあわてさせる。

驚く・驚き

[心臓《しんぞう》が止《と》まる思《おも》い]
あまりの突然の出来事で、驚きのショックで死ぬかと思うほどのさま。

[前後《ぜんご》を忘《わす》れる]
ひどく驚いて、状況判断ができなくなる。

[度肝《どぎも》を抜《ぬ》く]
相手の思いもかけないことをして、ひどく驚かせる。《類》「生《い》き肝《ぎも》を抜《ぬ》く」

[毒気《どっけ》を抜《ぬ》かれる]
驚かされて、意気込みをはぐらかされる。

[と胸《むね》を衝《つ》かれる]
はっとする。どきりとする。「と」は強意の語。

[二《に》の句《く》が継《つ》げない]
驚きあきれて、次の言葉が出ない。

[寝耳《ねみみ》に水《みず》]
突然意外なことを聞いて、びっくりすること。

[蜂《はち》の巣《す》をつついたよう]
突然の出来事に驚き、みながあわてふためくさま。

[一泡《ひとあわ》吹《ふ》かせる]
相手を驚きあわてさせる。

[不意《ふい》を食《く》う]
だしぬけに、びっくりするような目にあう。

[耳《みみ》を疑《うたが》う]
突然驚くべきことを聞いて、それが信じられない。

[胸《むね》が潰《つぶ》れる]
驚いて胸がどきどきする。

[胸《むね》を突《つ》く]
驚いてはっとする。

[胸《むね》を冷《ひ》やす]
突然のことに驚き、ぞっとする。《類》「肝《きも》を冷《ひ》やす」

[目《め》が飛《と》び出《で》る]
値段などが非常に高くて驚くさま。《類》「目《め》の玉《たま》が飛《と》び出《で》る」

[目《め》を疑《うたが》う]
驚きのあまり、自分の見たものが信じられない。

[目《め》を白黒《しろくろ》させる]
思いもかけなかった出来事に出会って、驚きあきれるさま。

[目《め》を丸《まる》くする]
驚いて、目を大きく見開く。《類》「目《め》を見張《みは》る」

[藪《やぶ》から棒《ぼう》]
だしぬけに驚くようなことを言ったり行ったりすること。《類》「窓《まど》から鑓《やり》」。

「驚く・驚き」に関する故事・成語・ことわざ

[驚《おどろ》き桃《もも》の木山椒《きさんしょ》の木《き》]
「おどろき」の語呂合せ。これは驚いたの意。

[驚心動魄《きょうしんどうはく》]
非常に心を驚かせ、魂をゆさぶるさま。人の心を感動させること。

［驚天動地《きょうてんどうち》］
天を驚かし地を動かすことから、世間をひどく驚かすこと。《類》「震天《しんてん》動地《どうち》」

［周章狼狽《しゅうしょうろうばい》］
とてもうろたえ、あわてふためくこと。

［鳩《はと》に豆鉄砲《まめでっぽう》］
突然のことに驚いて、呆然としているさま。「豆鉄砲」は、えんどう豆を鉄砲の玉にして遊ぶおもちゃ。《類》「鳩《はと》が豆鉄砲《まめでっぽう》を食《く》ったよう」

［風声鶴唳《ふうせいかくれい》］
敗れた兵が風の音や鶴の鳴き声を敵かと思うことから、おじけづいた人が、ささいなことに驚き恐れることをいう。

思《おも》う・思《おも》い

心の働きの中の「思う・思い」

▼物事を感じとったり理解したりするために心を働かす
思《おも》う・念《ねん》じる

▼思いめぐらす
考《かんが》える・思案《しあん》・惟《おもんみ》る・思《し》考《こう》・思惟《しい》・考思《こうし》・思念《しねん》・思惟《しゆい》

▼筋道を立てて考えを進める
思索《しさく》・思惟《しい》・思惟《しゆい》

▼思うこと。思っていること
思《おも》い・考《かんが》え・心《こころ》・所思《しょし》・心思《しんし》・感《かん》・所存《しょぞん》・所懐《しょかい》・所《しょ》見《けん》・意想《いそう》・意相《いそう》・心想《しんそう》

▼自分ひとりだけの考え
一存《いちぞん》

▼思う・考えるの尊敬語
思《おぼ》し召《め》す

▼思い・考えの尊敬語
思《おぼ》し召《め》し・御意《ぎょい》

▼思う・考えるの謙譲語
存《ぞん》じる・存《ぞん》ずる

▼思っていること、意見の謙譲語
存《ぞん》じ寄《よ》り

▼天皇の意思
勅旨《ちょくし》・聖旨《せいし》・聖慮《せいりょ》・叡慮《えいりょ》

▼故人の生前の意思
遺意《いい》

▼心、思い
心頭《しんとう》・念頭《ねんとう》・情懐《じょうかい》・衷懐《ちゅうかい》

▼心の中で思っていること
手《て》の内《うち》・心中《しんちゅう》・心事《しんじ》・心《しん》裏《り》・意中《いちゅう》・内意《ないい》・心情《しんじょう》・懐《ふところ》・胸中《きょうちゅう》・胸裏《きょうり》・腹《はら》の中《なか》・腹《はら》の中《うち》・胸臆《きょうおく》・胸襟《きょうきん》・胸《きょう》懐《かい》・胸次《きょうじ》・心腹《しんぷく》・胸間《きょうかん》

思う・思い

▼自分の心中の　存心《ぞんしん》・存意《ぞんい》・下思《したおも》い

▼自分の本心　本音《ほんね》

▼本心などの謙譲語　微衷《びちゅう》・微意《びい》

▼心に抱く　抱懐《ほうかい》・懐抱《かいほう》・含《ふく》む

▼深く心中に銘記した　憶念《おくねん》・臆念《おくねん》

▼深く考え　思慮《しりょ》・心慮《しんりょ》・深慮《しんりょ》・熟慮《じゅくりょ》・熟考《じゅっこう》・深念《しんねん》・深思《しんし》・三思《さんし》

▼つくづく思いめぐらす　熟思《じゅくし》

▼静かに　静思《せいし》

▼深く静かな　幽思《ゆうし》

▼俗念を払った寂静《じゃくじょう》な　寂念《じゃくねん》・禅定《ぜんじょう》

▼あてどもない　漫《すず》ろ心《ごころ》・漫《そぞ》ろ心《ごころ》

▼よこしまな　邪念《じゃねん》

▼雑多な　雑念《ざつねん》

▼他の　余念《よねん》・他念《たねん》

▼世間一般に共通している　通念《つうねん》

▼道徳の観念　道念《どうねん》・道義心《どうぎしん》・モラル

▼理性によって到達する最高の概念　理念《りねん》・イデア・イデー

▼生き方にかかわるものの見方・考え方　思想《しそう》

▼思想の流れ　思潮《しちょう》

▼ある時代の思想傾向　時代思潮《じだいしちょう》

心に感じて判断する意からみた「思う・思い」

▼心に感じ　感《かん》・感想《かんそう》・所感《しょかん》・感懐《かんかい》

▼いろいろな感想　断想《だんそう》・随感《ずいかん》・雑感《ざっかん》

▼ふと心に　偶感《ぐうかん》

▼いろいろな　万感《ばんかん》

▼同じように　同感《どうかん》

▼折りに触れて起こるさまざまな　情緒《じょうしょ》・情緒《じょうちょ》・情思《じょうし》

▼思い立つ　発起《ほっき》

▼あることをしようと心に決める　決心《けっしん》・決意《けつい》

▼はっきりと心を決める　決断《けつだん》・英断《えいだん》

▼心に決めておく　思《おも》い置《お》く

▼めいめい自分の思う通りに　思《おも》い思《おも》い

▼一度決めたことを考え直す　再思《さいし》・再考《さいこう》・思《おも》い返《かえ》す

▼考え迷う　当惑《とうわく》

▼心に悲しいと　心悲《うらがな》しい・痛《いた》む

▼悲しい　悲懐《ひかい》

思う・思い

▼感じて心を痛める　感傷《かんしょう》
▼人に対して抱く不快感
悪感情《あくかんじょう》
▼不思議に
訝《いぶか》る・訝《いぶか》しがる・怪《あや》しむ・怪訝《かいが》
▼言いにくく思って悩む
言《い》い煩《わずら》う・言《い》い侘《わ》ぶ
▼物思いして嫌になる
思《おも》い倦《う》む・思《おも》い倦《う》んず
▼春の
春思《しゅんし》・春愁《しゅんしゅう》・春心《しゅんしん》
▼秋の　秋思《しゅうし》・秋意《しゅうい》
▼うれい
愁思《しゅうし》・愁意《しゅうい》・物思《ものおも》い・ややむ・思《おも》い侘《わ》ぶ
▼心に染み込んで忘れない
思《おも》い染《し》む
▼気がめいる
憂鬱《ゆううつ》・沈鬱《ちんうつ》・思《おも》い屈《くっ》す・思《おも》い撓《たわ》む・グルーミー・ブルー・メランコリー
▼心が晴れない　鬱然《うつぜん》・鬱鬱《うつうつ》
▼旅先での
旅情《りょじょう》・旅心《たびごころ》・客思《かくし》・客思《きゃくし》・客意《かくい》・客意《きゃくい》・客情《かくじょう》・客情《きゃくじょう》・旅愁《りょしゅう》
▼みやびやかな　雅懐《がかい》
▼実際よりも自分をえらいと
思《おも》い上《あ》がる・自惚《うぬぼ》れる・己惚《うぬぼ》れる・思《おも》い驕《おご》る
▼自分の才能などに自信や誇りを持つ
自負《じふ》
▼自ら適任だと　自任《じにん》
▼物事を肯定的に、好都合に見る
楽観《らっかん》
▼否定的に見る　悲観《ひかん》

心に思い浮かべ、考える意からみた「思う・思い」

▼経験していないことを
想像《そうぞう》・想見《そうけん》・察《さっ》する・イマジネーション
▼心に　想念《そうねん》
▼心に浮かぶ思い、その記録
随想《ずいそう》・随感《ずいかん》
▼ある物事から他の物事を
連想《れんそう》・思《おも》い渡《わた》す
▼思い付き
着想《ちゃくそう》・工夫《くふう》・思《おも》い付《つ》き・アイデア
▼それからそれへと続けて
思《おも》い流《なが》す・連想《れんそう》
▼黙って思いを凝らす
黙想《もくそう》・黙思《もくし》・黙考《もっこう》
▼心を静めて思いを凝らす　観想《かんそう》
▼目を閉じて静かに考える　瞑想《めいそう》
▼夢に思い見る　夢想《むそう》
▼現実離れした想像
空想《くうそう》・白昼夢《はくちゅうむ》・白日夢《はくじつむ》・デ

思う・思い

イドリーム

▼根拠のない空想
幻想《げんそう》・ファンタジー・イリュージョン

▼根拠のない想像　妄想《もうそう》

▼仮定して想像する　仮想《かそう》

▼思い描く最善の状態　理想《りそう》

▼物事などの事情を推し量る
推察《すいさつ》・推量《すいりょう》・推測《すいそく》

▼分かっていることをもとに未知のことを推察する
推理《すいり》・推論《すいろん》

▼相手の推察の敬称
高察《こうさつ》・賢察《けんさつ》

▼相手の推察を敬服していう語
明察《めいさつ》

▼自分の推察の謙称　拝察《はいさつ》

▼推し測って考える
推考《すいこう》・推測《すいそく》

▼物事の成り行きを推測する
端倪《たんげい》

▼人の気持ちを推察する　忖度《そんたく》

▼想像をもとにしたいい加減な推測
憶測《おくそく》・臆測《おくそく》

▼勝手に推測して判断する
思《おも》い当《あ》て・思《おも》い做《な》し

▼比べ合わせて考える
思《おも》い準《なずら》う・思《おも》い合《あ》わせる

▼よけいな推測
過慮《かりょ》・思《おも》い過《す》ごし

▼ひがんで推測する
邪推《じゃすい》・勘繰《かんぐ》る

▼将来のことを前もって思いめぐらす
予想《よそう》

▼前もって推測する
予測《よそく》・見込《みこ》む・見通《みとお》す

▼前もって期待や覚悟をする
予期《よき》・思《おも》い設《もう》ける

▼思い違い
勘違《かんちが》い・考《かんが》え違《ちが》い・誤解《ごかい》

▼まったく予想もしない
思《おも》い掛《が》けない

▼予想や推測がはずれる
誤算《ごさん》・当《あ》て外《はず》れ

▼思いもよらない
意外《いがい》・案外《あんがい》・予想外《よそうがい》・意想《いそう》外《がい》・思《おも》いの外《ほか》・望外《ぼうがい》

▼過去のことを思いめぐらす
回想《かいそう》・回顧《かいこ》・追憶《ついおく》・追念《ついねん》・顧念《こねん》

▼過去のことや去った人を思い出して慕う
追想《ついそう》・追思《ついし》・追懐《ついかい》・追慕《ついぼ》・偲《しの》ぶ

▼昔のことを懐かしく
懐古《かいこ》・懐旧《かいきゅう》・レトロ

▼過去のことを思い出す
思《おも》い起《お》こす・想起《そうき》

▼過去の出来事を思い出す
思《おも》い出《で》・想《おも》い出《で》

思う・思い

▼故郷を懐かしく
懐郷《かいきょう》・望郷《ぼうきょう》・思郷《しきょう》・ノスタルジー・ホームシック

▼自分の経験などを思い浮かべ、なるほどと気づく
思《おも》い当《あ》たる・思《おも》い合《あ》わせる

心をひかれ、心を向ける意からみた「思う・思い」

▼こうしたいと心に
願《ねが》う・望《のぞ》む・念《ねん》じる・思《おも》う

▼願い望むこと。願っていること
願《ねが》い事《ごと》・思《おも》い事《ごと》・願望《がんぼう》・念《ねん》願《がん》・希《き》望《ぼう》

▼願望を抱く　夢見《ゆめみ》る

▼平素の思い・願い
素志《そし》・素懐《そかい》・素願《そがん》・宿願《しゅくがん》

▼かねてからの念願　蓄念《ちくねん》

▼あこがれる　憧憬《しょうけい》・憧憬《どうけい》

▼あることをしようと心に決める
志《こころざ》す

▼初めに思い立った気持ち・考え
初心《しょしん》・初志《しょし》・初一念《しょいちねん》・初念《しょねん》

▼心を奮い起こす
思《おも》い起《お》こす・奮起《ふんき》

▼心に深く思い込む
思《おも》い入《い》れ・一念《いちねん》・執念《しゅうねん》・執心《しゅうしん》

▼一心に念ずる　専念《せんねん》

▼思いっ切り　思《おも》う存分《ぞんぶん》

▼思い切る。あきらめる　断念《だんねん》

▼いつも心にかけている　思念《しねん》

▼人の身について思いやる
同情《どうじょう》・察《さっ》する・顧慮《こりょ》

▼心が行き届く　思《おも》い隈《ぐま》

▼気の毒だと　哀《あわ》れむ・憐《あわ》れむ

▼気の毒だと思う気持ち
哀《あわ》れみ・憐憫《れんびん》・憐愍《れんびん》・哀《あい》・憐《れん》・不憫《ふびん》・不愍《ふびん》・憐情《れんじょう》

▼悲しみ惜しむ　哀惜《あいせき》

▼深く愛し、かわいく
慈《いつく》しむ・愛惜《あいせき》・愛《いと》おしむ

▼心をひかれ恋しく
慕《した》う・思慕《しぼ》・思恋《しれん》・眷恋《けんれん》

▼あこがれ慕う　渇仰《かつごう》

▼思い慕う気持ち　慕情《ぼじょう》

▼情愛の　情思《じょうし》

▼人知れず思いをかける
下延《したば》え

▼思う気持ちのありったけ
思《おも》いの丈《たけ》

▼思ってはならないのに抑えることができない
有《あ》らぬ思《おも》い

▼恋しく思っているようなようす
思《おも》い顔《がお》

▼互いに恋しく　思《おも》い交《か》わす

▼互いに思い慕う　相思《そうし》

▼人や物への思いを断ち切れない

思う・思い

執着《しゅうちゃく》・愛着《あいちゃく》・愛着《あいじゃく》・愛著《あいじゃく》・愛執《あいしゅう》

▼固く執着する　固執《こしつ》・固執《こしゅう》

▼迷いから起こる執念
妄念《もうねん》・妄執《もうしゅう》・妄心《もうしん》

▼俗事にひかれる心
俗念《ぞくねん》・俗情《ぞくじょう》

▼心配のたね。また思い人
思《おも》い種《ぐさ》

▼思いが深く絶えないことをたとえて
思《おも》い川《がわ》

▼あれこれ考えて悩む
思《おも》い悩《なや》む・思《おも》い煩《わずら》う

▼思い悩んで処理できなくなる
思《おも》い余《あま》る

▼いろいろに苦心する
思《おも》い砕《くだ》く

▼心配して悩み苦しむさま
憂悶《ゆうもん》・悶悶《もんもん》

▼うれい　憂思《ゆうし》

▼嘆き悲しむ　愁傷《しゅうしょう》

▼うらみに思う気持ち
怨念《おんねん》・遺恨《いこん》

▼残念に　遺憾《いかん》

「思う・思い」に関する慣用句

[案《あん》に相違《そうい》する]（⇒「考《かんが》える・考《かんが》え」二〇五ページ）

[一日千秋《いちじつせんしゅう》の思《おも》い]
一日が千年にも感じられるほどの待ち遠しい思い。

[意《い》を決《けっ》する]（⇒「意向《いこう》・意志《いし》・意思《いし》」一〇二ページ）

[推《お》して知《し》るべし]（⇒「知《し》る・分《わ》かる」三一四ページ）

[思《おも》いが募《つの》る]
思いがますます激しくなる。

[思《おも》い半《なか》ばに過《す》ぎる]（⇒「知《し》る・分《わ》かる」三一四ページ）

[思《おも》いも寄《よ》らない]（⇒「考《かんが》える・考《かんが》え」二〇六ページ）

[思《おも》いを致《いた》す]（⇒「考《かんが》える・考《かんが》え」二〇六ページ）

[思《おも》いを馳《は》せる]
心の中であれこれと想像をめぐらす。

[思《おも》いを晴《は》らす]
長い間思っていたことを成し遂げる。

[思《おも》いを寄《よ》せる]（⇒「愛《あい》・愛《あい》する」五〇ページ）

[思《おも》う壺《つぼ》]
あらかじめ思っていた通りの結果になる。

[気持《きも》ちを汲《く》む]
相手の気持ちを推し量る。

[気《き》を回《まわ》す]
相手の気持ちをあれこれと想像する。

[首《くび》を長《なが》くする]
あることが実現されるのを待ち遠

思う・思い

しく思っているさま。

[怪我《けが》の功名《こうみょう》]
失敗が思いも寄らないよい結果を生むこと。

[下種《げす》の勘繰《かんぐ》り]
ひがんで、あれこれと邪推すること。

[心《こころ》に描《えが》く]
心に思い浮かべる。《類》「胸《むね》に描《えが》く」

[心《こころ》を寄《よ》せる]（⇒「愛《あい》・愛《あい》する」五〇ページ）

[察《さっ》しが付《つ》く]
相手の心中がほぼ推測できる。

[思案投《しあんな》げ首《くび》]（⇒「考《かんが》える・考《かんが》え」二〇六ページ）

[青天《せいてん》の霹靂《へきれき》]
予想もしなかった事件や衝撃。

[念頭《ねんとう》に置《お》く]
いつも心の中で忘れずにいる。

[端《はし》なくも]
思いがけず。

[腹《はら》を読《よ》む]
相手が思っていることを推察する。

[瓢箪《ひょうたん》から駒《こま》]
意外なところから思いがけないものが出る。

[胸《むね》の火《ひ》]
胸中のやるせない思い。

[胸《むね》を焦《こ》がす]（⇒「愛《あい》・愛《あい》する」五〇ページ）

[目《め》に浮《う》かぶ]
目の前に見るように想像できる。

[夢《ゆめ》を描《えが》く]
理想的な生活などについて、あれこれと空想する。

「思う・思い」に関する故事・成語・ことわざ

[磯《いそ》の鮑《あわび》の片思《かたおも》い]
自分だけが相手を恋い慕うだけで、相手が自分を何とも思わないことをいう。アワビが片貝であることと「片思い」をかけて言う。

[一念発起《いちねんほっき》]
物事を成し遂げようと強く思い立つこと。

[思《おも》い内《うち》にあれば色外《いろそと》に現《あらわ》る]（⇒「あらわす・あらわれる」八三ページ）

[思《おも》い立《た》ったが吉日《きちじつ》]（⇒「はじめる・はじめ」四八七ページ）

[思《おも》う念力岩《ねんりきいわ》をも通《とお》す]
必死の思いでやれば、どんな困難なことでも成し遂げることができるというたとえ。

[揣摩臆測《しまおくそく》]
なんの根拠もなく自分の心だけでいい加減な推量をすること。《類》「当《あ》て推量《ずいりょう》」

[思慮分別《しりょふんべつ》]（⇒「考《かんが》える・考《かんが》え」二〇七ページ）

[断腸《だんちょう》の思《おも》い]（⇒「悲《かな》しむ・悲《かな》しみ」

一八〇ページ）

［学《まな》びて思《おも》わざれば則《すなわ》ち罔《くら》し］（⇓「学《まな》ぶ・習《なら》う」五五〇ページ）

［無念無想《むねんむそう》］
仏教で無我の境地にはいり、一切の妄念を捨て去ること。転じて何も考えないこと。

親子《おやこ》

「親」のさまざまな呼称、「親」のつく言葉など

▼自分を生んだ人
親《おや》・二親《にしん》・二親《ふたおや》・両親《りょうしん》・父母《ふぼ》・実父母《じつふぼ》・父母《ちちはは》・父母《ててはは》・怙恃《こじ》・足乳根《たらちね》・垂乳根《たらちね》・生《う》みの親《おや》・産《う》みの親《おや》

▼血のつながりのない
継父母《けいふぼ》・継親《ままおや》・養親《ようしん》・養《やしな》い親《おや》・養父母《ようふぼ》・仮親《かりおや》・育《そだ》ての親《おや》

▼結婚式などで一時的に親の役をする
仮親《かりおや》

▼実の親が死んだあと、親とも頼む
後《のち》の親《おや》

▼親に代わり養育・世話をする
親様《おやざま》・親代《おやが》わり

▼親代わりになって他人の子の世話をする
里親《さとおや》

▼名前をつけてくれた
名親《なおや》・名付《なづ》け親《おや》

▼他人の親を敬っていう
親御《おやご》・親御前《おやごぜ》

▼親御よりさらに丁寧な語
親御様《おやごさま》

▼両親のうち、父あるいは母だけ。また、一方しかいない
片親《かたおや》

▼年とった　老親《ろうしん》

▼死んだ　亡親《ぼうしん》

▼死んだ父と母　考妣《こうひ》

▼親と子　親子《おやこ》

▼本当の親と子
肉親《にくしん》・骨肉《こつにく》・骨肉《こつじく》

▼一家を支えている人　親柱《おやばしら》

▼子が親によく仕える　親孝行《おやこうこう》

▼親から譲り受けた気性・性格など
親譲《おやゆず》り

▼親が子を溺愛《できあい》するあまり愚かなことをする。また、その親
親馬鹿《おやばか》

▼親の子への愛《いと》しみの心　親心《おやごころ》

▼苦しい状況から生命を救ってくれた恩人
命《いのち》の親《おや》

「祖父」のさまざまな呼称

▼両親の父と母　祖父母《そふぼ》

▼父母の男親
祖父《そふ》・祖父《じじ》・祖父《おおじ》・大父《たいふ》・
大父《おおちち》・阿翁《あおう》

▼父と　父祖《ふそ》

▼母方の　外祖《がいそ》・外祖父《がいそふ》

▼養親の父　養祖父《ようそふ》

▼死んだ祖父の尊敬語　王父《おうふ》

▼祖父を親しみをこめて呼ぶ
御祖父《おじい》さん

▼御祖父《おじい》さんをさらにくだけた調子で呼ぶ
御祖父《おじい》ちゃん

▼天皇の　皇祖《おうじのみこと》

▼天皇の亡くなった　皇祖考《こうそこう》

▼祖父母の男親
曾祖父《そうそふ》・曾祖父《ひおおじ》・曾祖父《ひいじじ》・
曾祖《そうそ》

「父」のさまざまな呼称

▼両親のうち男の人
父《ちち》・男親《おとこおや》・父親《ちちおや》・父親《てておや》・親《おや》
父《じ》・家父《かふ》・家厳《かげん》・家君《かくん》・足《たら》
乳男《ちお》・垂乳男《たらちお》

▼父を親しみ敬っていう
慈父《じふ》・阿父《あふ》・大人《たいじん》

▼父の尊敬語
父上《ちちうえ》・父君《ててき》・父君《ててぎみ》・厳父《げんぷ》

▼自分の父を謙遜していう　愚父《ぐふ》

▼父が自分の子に対していう自称
乃父《だいふ》

▼一般的に子が父に呼び掛ける
御父《おとう》さん・父《とう》さん

▼やや敬意をこめて子が父に呼び掛ける
御父様《おとうさま》・父上様《ちちうえさま》

▼御父さんよりくだけていう
御父《おとう》ちゃん・おっとう・親《おや》
父《じ》

▼年少の子が父に呼び掛ける
父《とう》ちゃん・父《とと》・ちゃん

▼他人の父の尊敬語
尊父《そんぷ》・父御《ててご》・父御《ちちご》・父君《ちちぎみ》・
父君《ふくん》

▼他人の父の称　乃父《だいふ》

▼仮の　仮父《かふ》

▼義理の　義父《ぎふ》

▼母が同じで父が違う　異父《いふ》

▼父が同じ　同父《どうふ》

▼養子先の　養父《ようふ》

▼年とった　老父《ろうふ》

▼主君と　君父《くんぷ》

▼妻の　岳父《がくふ》・外舅《がいきゅう》

親子

▼妻が夫の父を呼ぶときの称
阿翁《あおう》

▼帝王の　王父《おうふ》

▼天皇が亡くなった父をいう
皇考《こうこう》

▼死んだ祖父と父をいう　祖考《そこう》

▼死んだ
亡父《ぼうふ》・亡《な》き父《ちち》・先父《せんぷ》・先考《せんこう》

▼君主に対して自分の亡父をいう
先臣《せんしん》

▼いつくしみ深い、やさしい
慈父《じふ》

▼厳しい　厳父《げんぷ》

▼がみがみと口やかましい
雷《かみなり》親父《おやじ》

▼手紙などで自分の父を他人にいう
父《ちち》・親父《おやじ》・老父《ろうふ》・愚父《ぐふ》・家父《かふ》・家翁《かおう》・家厳《かげん》・実父《じっぷ》

▼手紙などで自分の亡くなった父を他人にいう
亡父《ぼうふ》・亡《な》き父《ちち》・先代《せんだい》

▼手紙などで相手の父を相手にいう
御父様《おとうさま》・御父上《おちちうえ》・父君《ふくん》・御尊父《ごそんぷ》

▼手紙などで亡くなった相手の父を相手にいう
御先父様《ごせんぷさま》・御先考様《ごせんこうさま》

「祖母」のさまざまな呼称

▼両親の母と父　祖父母《そふぼ》

▼父母の女親
祖母《そぼ》・祖母《ばば》・祖母《おおば》・太母《たいぼ》

▼母方の　外祖母《がいそぼ》

▼養親の母　養祖母《ようそぼ》

▼死んだ祖母の尊敬語
王母《おうぼ》・祖妣《そひ》

▼祖母を親しみをこめて呼ぶ
御祖母《おばあ》さん

▼御祖母《おばあ》さんをさらにくだけた調子で呼ぶ
御祖母《おばあ》ちゃん

▼天皇の祖母で、皇后だった方
太皇太后《たいこうたいごう》

▼天皇の亡くなった　皇祖妣《こうそひ》

▼祖父母の女親
曾祖母《そうそぼ》・曾祖母《ひおおば》・曾祖母《ひいばば》

「母」のさまざまな呼称

▼両親のうち女の人
足乳根《たらちね》・垂乳根《たらちね》・足乳女《たらちめ》・垂乳女《たらちめ》・母《はは》・母《おも》・女親《おんなおや》・女《め》親《おや》・母親《ははおや》・家母《かぼ》・親母《しんぼ》・北堂《ほくどう》

▼母を親しみ敬っていう
慈母《じぼ》・母者人《ははじゃひと》・母人《ははびと》

▼母の尊敬語
母御前《ははごぜ》・母御前《ははごぜん》・母刀自《おもとじ》・

親子

母刀自《ははとじ》・母上《ははうえ》・母君《ははぎみ》・母御《ははご》
▼自分の母を謙遜していう　愚母《ぐぼ》
▼自分の母を謙遜していう（昔は尊敬語）
御袋《おふくろ》
▼子が母に呼び掛ける
御母《おかあ》さん・母《かあ》さん
▼やや敬意をこめて子が母に呼び掛ける
御母様《おかあさま》・母上様《ははうえさま》
▼御母さんよりくだけていう
御母《おかあ》ちゃん・おっかあ・御《お》袋《ふくろ》さん
▼年少の子が自分の母に対して呼び掛ける
母《かあ》ちゃん・母《かか》
▼他人の母の尊敬語
尊母《そんぼ》・母御《ははご》・母君《ははぎみ》・令堂《れいどう》・母堂《ぼどう》
▼自分を生んだ　生母《せいぼ》・実母《じつぼ》

▼血のつながりのない　継母《けいぼ》・継母《ままはは》
▼義理の　義母《ぎぼ》
▼養子先の　養母《ようぼ》
▼父が同じで母が違う　異母《いぼ》
▼母が同じ　同母《どうぼ》
▼父の正式の妻　嫡母《ちゃくぼ》・嫡母《てきぼ》
▼離縁された生母　出母《しゅつぼ》
▼年とった　老母《ろうぼ》
▼天皇の母、また、皇后　国母《こくも》・国母《こくぼ》
▼夫の　姑《しゅうとめ》・姑《しゅうと》
▼天皇が亡くなった母をいう　皇妣《こうひ》
▼死んだ　亡母《ぼうぼ》・先妣《せんぴ》
▼いつくしみ深い　慈母《じぼ》
▼賢い　賢母《けんぼ》
▼キリストの生母　聖母《せいぼ》
▼母に代わって子に乳を飲ませたり世話したりする女性
乳母《うば》・乳母《めのと》
▼母に代わって母のように後見する人
母代《ははしろ》
▼手紙などで自分の母を他人にいう
母《はは》・老母《ろうぼ》・愚母《ぐぼ》・御袋《おふくろ》
▼手紙などで自分の亡くなった母を他人にいう
亡母《ぼうぼ》・亡《な》き母《はは》
▼手紙などで相手の母を相手にいう
御母様《おかあさま》・御母上《おははうえ》・御母君《おははぎみ》・御母堂《ごぼどう》・御賢母様《ごけんぼさま》
▼手紙などで亡くなった相手の母を相手にいう
亡《な》き母上様《ははうえさま》・御先妣様《ごせんぴさま》・御亡母様《ごぼうぼさま》

親子

「子」のさまざまな呼称

▼両親の間に生まれた
子《こ》・子供《こども》・子女《しじょ》・吾子《あこ》・吾《わ》が子《こ》・吾子《わこ》・和子《わこ》・二世《にせい》・児女《じじょ》

▼自分が生んだ
実子《じっし》・生《う》みの子《こ》・産《う》みの子《こ》

▼親が大切にかわいがって育てている
愛児《あいじ》・寵児《ちょうじ》・愛《いと》し子《ご》・愛子《あいし》・秘蔵《ひぞ》っ子《こ》

▼親にとって宝のような　子宝《こだから》

▼血のつながらない義理の
義子《ぎし》・継子《ままこ》

▼血のつながらない子を養子縁組にした
養子《ようし》

▼よその家に預けて養ってもらっている
里子《さとご》

▼両親の間にひとりだけしかいない
一子《いっし》・独《ひと》り子《ご》・一人《ひとり》っ子《こ》・独《ひと》りっ子《こ》・一粒種《ひとつぶだね》

▼一人の母親から一度に二人生まれた
二子《にし》・双子《ふたご》・双生児《そうせいじ》

▼一つしか年の違わない　年子《としご》

▼初めての　初子《ういご》・初子《はつご》

▼二番目の　次子《じし》

▼一番下の
末子《まっし》・末子《ばっし》・末《すえ》っ子《こ》

▼血筋を継ぐもの　子種《こだね》

▼正妻が生んだ子で家督を継ぐ
跡継《あとつ》ぎ・跡取《あとと》り・嫡子《ちゃくし》・嫡出子《ちゃくしゅつし》・嗣子《しし》・宗子《そうし》

▼妻以外の女性から生まれた
庶子《しょし》

▼神や仏に祈って生まれた
申《もう》し子《ご》

▼貴人と正妻でない女性との間に生まれた
落胤《らくいん》・落《お》とし胤《だね》・落《お》とし子《ご》

▼親の死後残された
遺児《いじ》・遺子《いし》・忘《わす》れ形見《がたみ》

▼両親を亡くしてしまった
孤児《こじ》・孤子《こし》・孤児《みなしご》

▼父親の死後に生まれた
忘《わす》れ形見《がたみ》

▼天皇の　御子《みこ》

▼親に孝行を尽くす　孝子《こうし》

▼親不孝な　賊子《ぞくし》

「息子」のさまざまな呼称

▼自分の男の子
男《だん》・男子《だんし》・倅《せがれ》・悴《せがれ》・男《おとこ》の子《こ》・男《お》の子《こ》・息子《むすこ》・息男《そくなん》

▼兄弟がいない

親子

一人息子《ひとりむすこ》・一男《いちなん》
▼一番上の　長子《ちょうし》・長男《ちょうなん》
▼長男
総領《そうりょう》・惣領《そうりょう》・総領息子《そうりょうむすこ》
▼二番目の　次男《じなん》
▼大切にかわいがって育てている
愛息《あいそく》・秘蔵息子《ひぞうむすこ》
▼自分の男の子を謙遜していう
愚息《ぐそく》・豚児《とんじ》・餓鬼《がき》
▼他人の　子息《しそく》
▼他人の男の子の敬称
愛息《あいそく》・令息《れいそく》・御子息《ごしそく》・賢《けん》
息《そく》・賢郎《けんろう》
▼嫡出の　嫡男《ちゃくなん》
▼皇位を継ぐべき位置にある
太子《たいし》・皇太子《こうたいし》・東宮《とうぐう》・春宮《とうぐう》
▼天皇の　皇子《おうじ》
▼皇子・皇孫の　親王《しんのう》・御子《みこ》
▼王・王族の男の子。また、親王とな
らない　王子《おうじ》・プリンス
▼貴族の
公子《こうし》・公達《きんだち》・貴公子《きこうし》・御曹《おんぞう》
子《し》・若様《わかさま》
▼息子としての身分、親がかり
息子株《むすこかぶ》
▼息子の妻　嫁《よめ》・娵《よめ》

「娘」のさまざまな呼称

▼自分の女の子
女《おんな》・女子《じょし》・娘《むすめ》・娘子《むすめご》・娘《むすめ》
の子《こ》・女の子《おんなのこ》・女の子《めのこ》・児《じ》
女《じょ》・子女《しじょ》
▼姉妹がいない
一人娘《ひとりむすめ》・一女《いちじょ》・一女《いちにょ》
▼一番上の　長女《ちょうじょ》
▼長女　総領娘《そうりょうむすめ》

▼二番目の　次女《じじょ》
▼一番年下の　末娘《すえむすめ》
▼女の子をもらって自分の子とした
養女《ようじょ》・貰い娘《もらいむすめ》・取り娘《とりむすめ》
▼婿を迎える家の
婿取り《むことり》・聟取り《むことり》・婿取り《むことり》
娘《むすめ》・聟取り娘《むことりむすめ》
▼大切にかわいがって育てている
愛嬢《あいじょう》・愛娘《まなむすめ》・箱入り娘《はこいりむすめ》・
秘蔵娘《ひぞうむすめ》
▼他人の娘の敬称
御息女《ごそくじょ》・御令嬢《ごれいじょう》・御嬢様《おじょうさま》・愛《あい》
嬢《じょう》・令嬢《れいじょう》・御嬢《おじょう》・御嬢《おじょう》さん
▼娘の美称　姫《ひめ》
▼娘の尊敬語　娘御《むすめご》
▼若い娘。また、若い娘を軽蔑してい
う　小娘《こむすめ》
▼若い　乙女《おとめ》・少女《おとめ》
▼弁天のように美しい　弁天娘《べんてんむすめ》

▼町中で評判の美しい
小町《こまち》・小町娘《こまちむすめ》
▼店先にいて、客を引き付けるような美しい
看板娘《かんばんむすめ》
▼世間なれしていない初々《ういうい》しい、うぶな
生娘《きむすめ》・おぼこ娘《むすめ》
▼天皇の　皇女《こうじょ》・皇女《おうじょ》・姫御子《ひめみこ》
▼嫡出の皇女。また、皇位を継ぐべき位置にある男子の
内親王《ないしんのう》
▼王、王族の娘。また、内親王とならない皇族の
王女《おうじょ》・王女《おうにょ》・プリンセス
▼貴族の　姫《ひめ》・媛《ひめ》・姫君《ひめぎみ》
▼孝行な　孝女《こうじょ》
▼娘の夫　婿《むこ》・聟《むこ》・女婿《じょせい》・女壻《じょせい》
▼娘らしい初々《ういうい》しい気立て
娘気質《むすめかたぎ》・娘気《むすめぎ》・娘心《むすめごころ》
▼娘として最も美しい年ごろ
娘盛《むすめざか》り

「孫」のさまざまな呼称

▼子の子　孫《まご》・孫《うまご》・孫《むまご》
▼子と　子孫《しそん》・児孫《じそん》・孫子《まごこ》
▼他人の孫の尊敬語　令孫《れいそん》
▼他人の孫をやわらかい口調でいう
御孫様《おまごさま》・御孫《おまご》さん
▼自分の跡取りから生まれた子
内孫《うちまご》
▼嫡子の嫡子　嫡孫《ちゃくそん》・総領孫《そうりょうまご》
▼娘が生んだ　女孫《じょそん》
▼嫁いだ娘の生んだ子
外孫《がいそん》・外孫《そとまご》
▼初めて生まれた　初孫《はつまご》・初孫《ういまご》
▼孫の子　曾孫《そうそん》・曾孫《ひまご》
▼曾孫の子　玄孫《げんそん》・玄孫《やしゃご》
▼玄孫の子　来孫《らいそん》
▼すえの　末孫《ばっそん》・末孫《すえまご》
▼天皇の　皇孫《こうそん》
▼将来、天皇の位につくべき
太孫《たいそん》・皇太孫《こうたいそん》
▼王侯の　公孫《こうそん》
▼かわいがっている　愛孫《あいそん》
▼孝行な　孝孫《こうそん》
▼死んだ　亡孫《ぼうそん》

「親子」に関する慣用句・故事・ことわざ

[一姫二太郎《いちひめにたろう》]
最初の子が女、二番目が男の子のこと。女一人に男二人のこともいう。

[いつまでもあると思《おも》うな親《おや》と金《かね》]
頼りに思う親はいつまでも生きてはおらず、お金もまたいつまでもあるものではなく、いつかはなく

親子

なってしまう。だから将来をしっかり見すえていまの生活を送るべきだということ。人を頼ることを戒め、また、倹約すべきことの大切さを教えた言葉である。

［生《う》みの親《おや》より育《そだ》ての親《おや》］
自分を生んだだけの親よりも長い間苦労して育ててくれた養い親に、より深い恩義を感じるということ。《類》「生《う》みの恩《おん》より育《そだ》ての恩《おん》」「後《のち》の親《おや》が親《おや》」「生《う》んだ子《こ》より抱《だ》いた子《こ》」

［老《お》いては子《こ》に従《したが》え］
年をとったならば何事も子に任せて、それに従った方がよいということ。

［親思《おやおも》う心《こころ》に勝《まさ》る親心《おやごころ》］
親のことを思う子の孝心よりも、親が子のことを思う愛情の方がより深いということ。

［親《おや》が親《おや》なら子《こ》も子《こ》］
親がだめなら、その子も似たようにだめだということ。親子を非難していう言葉。《類》「親《おや》も親《おや》なり子《こ》も子《こ》」「親《おや》が鈍《どん》すりゃ子《こ》も鈍《どん》する」「親《おや》に似《に》ぬ子《こ》なし」

［親子《おやこ》は一世《いっせ》］
親子の関係は現世だけのものであるということ。

［親《おや》に似《に》ぬ子《こ》は鬼子《おにご》］
子は親に似るものだから似てない子は人間ではなく鬼の子だということ。転じて、子が親よりも劣る場合、悪い振る舞いなどをする場合に言う。《類》「親《おや》に似《に》ぬ子《こ》は芋《いも》の子《こ》」「親《おや》に似《に》ぬ子《こ》は茗荷《みょうが》の子《こ》」「親《おや》に似《に》ぬ子《こ》は島流《しまなが》し」

［親《おや》の因果《いんが》が子《こ》に報《むく》う］
親の悪業の報いが子に及んで、子が苦しむということ。

［親《おや》の恩《おん》は子《こ》で送《おく》る］
親から受けた恩には自分が子を立派に育て上げることで報いるということ。《類》「親《おや》の恩《おん》は次第送《しだいおく》り」「親《おや》の思《おも》いは子《こ》に送《おく》る」

［親《おや》の心《こころ》子《こ》知《し》らず］
親の子に対する愛情を子は理解せずに勝手に振る舞うということ。

［親《おや》の光《ひかり》は七光《ななひかり》］
親の威光・名声が大きいとその子に及んで、いろいろと恩恵を受けるということ。親の名声・社会的地位が子にとって大きな助けとなるということ。《類》「親《おや》の七光《ななひかり》」

［親《おや》の目《め》は贔屓目《ひいきめ》］
親は子を実際よりもよく見てしまうということ。《類》「親《おや》の欲目《よくめ》」

［親《おや》は親《おや》子《こ》は子《こ》］
親は立派でも子が悪い場合、その逆の場合があって、子が親に似るとは限らないということ。また、親は親、子は子それぞれ別の考え方・生き方があるということ。《類》「親《おや》は親《おや》だけ子《こ》は子《こ》だけ」「形《かたち》は生《う》めども心《こころ》は生《う》まぬ」

［親《おや》はなくとも子《こ》は育《そだ》つ］
実の親がいなくても子はどうにか

親子

大きくなっていくものだ。世の中のことはそれほど心配することはないということ。

[可愛《かわい》い子《こ》には旅《たび》をさせよ]

かわいければかわいいほどその子を甘やかせて育てるよりも、世の中に出して苦労させた方がよいということ。《類》「獅子《しし》の子落《こお》とし」

[孝行《こうこう》のしたい時分《じぶん》に親《おや》はなし]

親の苦労が分かり、親に孝養を尽くそうと思った年代には、もう親が亡くなってこの世にはいないということ。親が生きているときに孝行しなさいという教え。《類》「子養《こやしな》わんと欲《ほっ》すれども親待《おやま》たず」

[子《こ》に勝《まさ》る宝《たから》なし]

子は何物にも代えがたい宝だということ。《類》「子宝千両《こだからせんりょう》」「千《せん》の倉《くら》より子《こ》は宝《たから》」「万《まん》の倉《くら》より子《こ》は宝《たから》」

[此《こ》の親《おや》にして此《こ》の子《こ》あり]

父親がすぐれているから、こうした立派な子が育つということ。反対の意味で、「親が親なら子も子」と同じように用いられることも多い。

[子《こ》は親《おや》を映《うつ》す鏡《かがみ》]

子は親に似て、親を見て育つから、その子を見れば親の人柄や教養などが分かるということ。《類》「子は親《おや》に似《に》る」

[子《こ》は鎹《かすがい》]

二つの材木をつなぎ止める鎹のように、子どもへの愛情によって夫婦仲が悪くなったときでもその仲を保たせるものだということ。《類》「縁《えん》の切《き》れ目《め》は子《こ》で繋《つな》ぐ」

[子《こ》は三界《さんがい》の首枷《くびかせ》]

人間の情愛は深いもので、子への愛着・苦労のためにその一生を束縛されるということのたとえ。「三界」は過去・現在・未来。

[子《こ》を持《も》って知《し》る親《おや》の恩《おん》]

自分が親となり子を持って、初めて親の恩愛の深さやありがたさが分かるということ。

[立《た》っている者《もの》は親《おや》でも使《つか》え]

急ぎの用事があるときには、近くに立っている人が親であっても遠慮せずに手伝ってもらえ、ということ。

[冷《ひ》や酒《ざけ》と親《おや》の意見《いけん》は後《あと》の薬《くすり》]

冷や酒は飲んだあと時間が経ってから利き始め、親の意見も後日になってから思い当たり、そのありがたさが分かるということ。

[娘三人《むすめさんにん》持《も》てば身代潰《しんだいつぶ》す]

娘が三人いれば嫁入り仕度に全財産がなくなってしまうということ。嫁入りさせるのには莫大な費用がかかるということ。

恩《おん》

種別から見た「恩」

▼いつくしみ、めぐみ
仁恵《じんけい》・恩恵《おんけい》・仁恩《じんおん》・恵沢《けいたく》・恩沢《おんたく》・徳沢《とくたく》・恩愛《おんあい》・仁慈《じんじ》・慈仁《じじん》・恩寵《おんちょう》・慈善《じぜん》・恩徳《おんとく》・恩顧《おんこ》・恩眷《おんけん》・恩波《おんぱ》・賑給《しんきゅう》・徳《とく》

▼厚い、大きな
重恩《じゅうおん》・高恩《こうおん》・厚恩《こうおん》・鴻恩《こうおん》・洪恩《こうおん》・至恩《しおん》・大恩《だいおん》・厚徳《こうとく》・高義《こうぎ》

▼ありがたい　恩典《おんてん》

▼わずかばかりの　寸恩《すんおん》

▼特別に受けた
殊恩《しゅおん》・特恩《とくおん》・殊眷《しゅけん》・殊遇《しゅぐう》・特恵《とっけい》・特典《とくてん》

▼いつくしみの
慈恩《じおん》・寵恩《ちょうおん》・愛恵《あいけい》

▼報いるべき義理のある
恩義《おんぎ》・恩誼《おんぎ》

▼返す
恩返《おんがえ》し・報恩《ほうおん》・返報《へんぽう》・報徳《ほうとく》・報謝《ほうしゃ》・報《むく》いる・報《ほう》じる・報《ほう》ずる

▼私情からの　私恩《しおん》・私恵《しけい》

▼名誉をたたえた待遇　栄典《えいてん》

▼与える　加恩《かおん》

▼ある一家や一族への　家恩《かおん》

▼昔受けた　旧恩《きゅうおん》

▼他人から受けた　芳恩《ほうおん》・御恩《ごおん》

▼先人からのこされた
遺恩《いおん》・遺徳《いとく》・遺沢《いたく》・余徳《よとく》・余沢《よたく》

▼主君や親などの威光による
七光《ななひかり》

▼主人・主君の　主恩《しゅおん》

▼君主の　君恩《くんおん》・君寵《くんちょう》

▼先生の　師恩《しおん》

▼国家の　国恩《こくおん》・国《くに》の乳房《ちぶさ》

▼国家の恩に報いる　報国《ほうこく》

▼天子の
天恩《てんおん》・皇恩《こうおん》・聖恩《せいおん》・朝恩《ちょうおん》・皇沢《こうたく》・王沢《おうたく》

▼天の
天眷《てんけん》・天恩《てんおん》・造化《ぞうか》の恩《おん》

▼神の
神徳《しんとく》・神恵《しんけい》・恩賚《みたまのふゆ》・恩頼《みたまのふゆ》

▼神仏の
冥加《みょうが》・冥利《みょうり》・冥助《みょうじょ》・利生《りしょう》・利益《りやく》・霊寵《れいちょう》・御蔭《おかげ》・御陰《おかげ》

▼仏の広大な慈悲　大慈大悲《だいじだいひ》

▼恩を忘れる　忘恩《ぼうおん》・恩知《おんし》らず

▼恨みと　恩讐《おんしゅう》

恩

めぐむからみた「恩」

▼めぐむ　給《きゅう》す・潤《うるお》す

▼大きなめぐみ　雨露《うろ》

▼救いめぐむ　救恤《きゅうじゅつ》・義捐《ぎえん》・義援《ぎえん》・賑恤《しんじゅつ》・振恤《しんじゅつ》

▼あわれみ　憐恤《れんじゅつ》・恩恤《おんじゅつ》・撫恤《ぶじゅつ》

▼いつくしみ　慈恵《じけい》

▼手厚く　優恤《ゆうじゅつ》

▼相互に　互恵《ごけい》

▼まずしい人に　喜捨《きしゃ》

▼人に物を　布施《ふせ》

▼金品を目下の者に　恵賜《けいし》

▼僧や巡礼に物を　報謝《ほうしゃ》

▼天が人間に　天恵《てんけい》

▼君主や神仏の　恵雨《けいう》

感謝の意からみた「恩」

▼恩を感じる　感恩《かんおん》・感佩《かんぱい》

▼受けた恩に感謝の気持ちを表す　謝恩《しゃおん》

▼感謝の気持ちを表す言葉　礼《れい》・謝礼《しゃれい》・謝辞《しゃじ》・畏《かしこ》まり

▼礼の丁寧語　御礼《おれい》・御礼《おんれい》

▼感謝の気持ち　謝意《しゃい》

▼謝意を表す礼儀　謝儀《しゃぎ》

▼礼の言葉を述べる　礼謝《れいしゃ》・拝謝《はいしゃ》・謝《しゃ》する

▼ありがたく思い謝意を表す　感謝《かんしゃ》

▼深く感謝する　深謝《しんしゃ》

▼厚く礼を言う　鳴謝《めいしゃ》・万謝《ばんしゃ》・厚謝《こうしゃ》・多謝《たしゃ》

「恩」に関する慣用句

[足《あし》を向《む》けて寝《ね》られない]
人からの恩をいつも忘れない気持ちを表す言葉。

[恩《おん》に着《き》せる]
恩を与えたことをことさら相手に意識させ、ありがたがらせる。《類》「恩《おん》に掛《か》ける」

[恩《おん》に着《き》る]
人から受けた恩をありがたいと思うこと。《類》「恩《おん》に受《う》ける」

[恩《おん》を仇《あだ》で返《かえ》す]
恩を受けた人に感謝するどころか、ひどい仕打ちをする。《類》「情《なさ》けを仇《あだ》で返《かえ》す」「後足《あとあし》で砂《すな》をかける」「陰《かげ》にいて枝《えだ》を折《お》る」

[恩《おん》を売《う》る]
相手からの見返りを見込んで親切にし、ありがたく思わせる。

【恩《おん》を知《し》る】

恩を受けたありがたさが分かる。


【干天《かんてん》の慈雨《じう》】

日照りのときの恵みの雨。また、待望していたことの実現や苦しいときの救いなどのたとえ。「干天」は「旱天」とも書く。

「恩」に関する成語・ことわざ

【親《おや》の恩《おん》は子《こ》で送《おく》る】（⇒「親子《おやこ》」一五七ページ）

【親《おや》の恩《おん》より義理《ぎり》の恩《おん》】

親から受ける恩に報いるより、恩義を受けた義理のある他人の恩に報いる方が先決であるということ。

【子《こ》を持《も》って知《し》る親《おや》の恩《おん》】（⇒「親子《おやこ》」一五八ページ）

【大恩《だいおん》は報《ほう》ぜず】

小さな恩は、ありがたいと感じて恩返しもするが、大き過ぎる恩はかえって気づかなかったり、分かったとしてもあまりに大き過ぎて恩返しをすることもできないものだということ。


【父《ちち》の恩《おん》は山《やま》よりも高《たか》く母《はは》の恩《おん》は海《うみ》よりも深《ふか》し】

父母から受ける恩というものは、途方もなく大きいことのたとえ。


【猫《ねこ》は三年《さんねん》飼《か》っても三日《みっか》で恩《おん》を忘《わす》れる】

猫は、犬と違って人に飼われた恩をすぐに忘れてしまうものだということ。《対》「犬《いぬ》は三日《みっか》飼《か》えば三《さん》年《ねん》恩《おん》を忘《わす》れぬ」

書《か》く

筆・ペン・鉛筆などで文字を写し出す「書く」

▼文字を
記《き》・書写《しょしゃ》・筆写《ひっしゃ》・書記《しょき》・筆記《ひっき》

▼文字を。また、筆と硯《すずり》
筆硯《ひっけん》・筆研《ひっけん》

▼筆で思うことを書いて述べる
筆述《ひつじゅつ》

▼書き始める
筆頭《ひっとう》・起筆《きひつ》・初筆《しょひつ》・初筆《しょふで》

▼書くのをやめる
絶筆《ぜっぴつ》

▼書画を
翰墨《かんぼく》

▼書き記す。また、そのもの
題署《だいしょ》

書く

▼書き入れる　記入《きにゅう》

▼読むことと書くこと
読書《どくしょ》・読《よ》み書《か》き

▼文字を太く。また、その文字
筆太《ふでぶと》

▼目立つように。特に、取り立てて
特筆《とくひつ》・特記《とっき》・大書《たいしょ》

▼目立つように。また、書いてすぐ
書《か》き立《た》て

▼文字を細かく。また、詳しく
細書《こまが》き・細書《さいしょ》

▼葦がふるえているように文字を
角葉書《つのはが》き

▼文字の尾を長く引き延ばして、水が流れるように
水手《みずて》

▼勢いよく　達筆《たっぴつ》・健筆《けんぴつ》

▼とても乱暴に。自分の字をへりくだっていう
乱筆《らんぴつ》・乱《みだ》れ書《が》き・粗筆《そひつ》・楚筆《そひつ》

▼はやく字を
速筆《そくひつ》・早筆《そうひつ》・早書《はやが》き・走《はし》り書《が》き

▼話している内容を素早く記号などを使って
速記《そっき》

▼筆にまかせて。また、書いたもの
捨《す》て書《が》き・殴《なぐ》り書《が》き・擲《なぐ》り書《が》き・書《か》き散《ち》らし

▼筆にまかせて。また、気晴らしに
筆荒《ふですさ》び

▼気晴らしに　筆慰《ふでなぐさ》み

▼思いつくまま、それとなく書きつづる
漫筆《まんぴつ》・随筆《ずいひつ》・書《か》き散《ち》らし・漫録《まんろく》

▼あまり考えもせずにさらさらと
書《か》き流《なが》し

▼書きっぱなし　書《か》き捨《す》て

▼必要なところを抜き出して。その文書・記録
抜《ぬ》き書《が》き・抄《しょう》・抄書《しょうしょ》・抄《しょう》出《しゅつ》・摘録《てきろく》・摘記《てっき》

▼必要なところだけを
略筆《りゃくひつ》・略記《りゃっき》

▼聞いたそのままを。また、その記録
打《う》ち聞《ぎ》き・打《う》ち聴《ぎ》き・聞《き》き書《が》き

▼一つのことを二度
弥書《いやが》き・重《かさ》ね書《が》き

▼心をこめて　謹書《きんしょ》

▼詳しく　詳記《しょうき》

▼足りないところを補い、加えて
補筆《ほひつ》・加筆《かひつ》

▼二つ以上のことを並べて
併記《へいき》・列記《れっき》

▼はっきりと　明記《めいき》

▼間違って　誤記《ごき》・誤写《ごしゃ》

▼ちょっと書きつける
一筆《いっぴつ》・一筆《ひとふで》・付記《ふき》

書く

▼あとから書き加える　追記《ついき》
▼本文のほかに　別記《べっき》
▼別のものに書き移す　転記《てんき》
▼後日の証拠とするために別に書いて取って置く。そのもの　控《ひか》え

手段・方法・筆跡などからみた「書く」

▼漢字を形成している一つの点、一つの画のこと。わずかのこともゆるがせにしないこと。　一点一画《いってんいっかく》・一措一画《いっそいっかく》
▼毛筆で文字の書き方・技術を学ぶ　書道《しょどう》・習字《しゅうじ》
▼書道の専門家　書家《しょか》・書師《しょし》
▼書道の名人の敬称　書聖《しょせい》
▼「永」の一字に含まれる八通りの筆法　永字八法《えいじはっぽう》

▼文字の書き方　書法《しょほう》
▼筆で文字を　染筆《せんぴつ》・潤筆《じゅんぴつ》・揮毫《きごう》・弄翰《ろうかん》
▼毛筆の文字の書きぶり　書風《しょふう》・筆付《ふでつ》き
▼途中で墨つぎをしないで一気に　一筆《いっぴつ》・一筆《ひとふで》
▼墨つぎをしないで一気に。また、書いたもの　一筆書《いっぴつが》き・一筆書《ひとふでが》き
▼筆を紙に押し付けるように　躙《にじ》り書《が》き
▼筆を垂直に立てて。また、事実をありのままに　直筆《ちょくひつ》
▼筆を傾けて　側筆《そくひつ》
▼筆で字を書くその時をいう　筆下《ひっか》
▼楷書《かいしょ》・行書《ぎょうしょ》・草書・篆書《てんしょ》・隷書《れいしょ》をいう　書体《しょたい》

▼草書で　草筆《そうひつ》
▼草書か行書で。また、字画を略して　崩《くず》し書《が》き・崩《くず》し字《じ》
▼順に下の方へ　書《か》き下《くだ》し
▼文節のまとまりで分けて。また、語と語を一字ずつあけて　別《わか》ち書《が》き・分《わ》かち書《が》き・粒《つぶ》粒《つぶ》・粒《つぶ》粒《つぶ》書《が》き・放《はな》ち書《が》き
▼短冊・色紙などに一行の長さを適当に、また行間を広く狭く、字をとびとびにあけるなどして　散《ち》らし書《が》き・葦手書《あしでが》き・葦《あし》手《で》・水手書《みずでが》き・水手《みずで》
▼ひらがな・かたかなど仮名で。また、書いたもの　仮名《かな》書《が》き
▼漢字だけで　真名《まな》書《が》き
▼漢字と仮名とを交互に　仮名交《かなま》じり
▼漢字よりも仮名を多く使う　仮名勝《かなが》ち

書く

▼文中に貴人の名が出てきたときなどに、次の行の上方にその文字を
平出《へいしゅつ》

▼本文の途中に二行に小さく
割《わ》り書《が》き・別《わか》ち書《が》き・分《わ》かち書《が》き

▼本文の前に書き添える
前書《まえが》き

▼書物の本文の上に注・解釈などを書き添える
頭書《かしらが》き・頭注《とうちゅう》・標注《ひょうちゅう》

▼歌舞伎・浄瑠璃・草子などの題名の上に二行で内容を簡単に書き添えたもの
角書《つのが》き

▼脚本で、登場人物の動作、場面の状況等をせりふの間に「ト…」の形で書き入れたもの
ト書《とが》き

▼注などを細かく。また、能・狂言などで演出上の指定を小さな字で書き入れる
小書《こが》き

▼直接自分の手で
直筆《じきひつ》・自筆《じひつ》・手書《てが》き・肉筆《にくひつ》・親筆《しんぴつ》・手書《しゅしょ》・自書《じしょ》・自記《じき》・手記《しゅき》

▼自分の手で書き抜く。また、そのもの
手抄《しゅしょう》

▼本人に代わって　代筆《だいひつ》・代書《だいしょ》

▼代書する人　代書人《だいしょにん》

▼自分で氏名を　手署《しゅしょ》・自署《じしょ》

▼何人かの名前を並べて
連名《れんめい》・連署《れんしょ》・連署《れんじょ》

▼朱で。また、そのもの
朱書《しゅしょ》・朱墨《しゅぼく》

▼決意を示すために自分の血で文字を
血書《けっしょ》

▼全面にぎっしり　べた書《が》き

▼一枚の紙に何人かが絵や文字などを。また、そのもの
寄《よ》せ書《が》き

▼書物の本文の初めに成立事情・内容などを
端書《はしが》き・前書《まえが》き・序《じょ》・諸言《しょげん》・緒言《ちょげん》・緒言《しょげん》・序言《じょげん》・序文《じょぶん》・叙文《じょぶん》

▼書物の終わりに書き添える
後書《あとが》き・後記《こうき》・後序《こうじょ》・跋《ばつ》・跋文《ばつぶん》

▼新年に初めて
始筆《しひつ》・試筆《しひつ》・書《か》き初《ぞ》め

▼手本を見て　臨書《りんしょ》

▼すでに書いてある文字の上をたどって
なぞり書《が》き

▼正式に書く前に試しに。また、そのもの
下書《したが》き

▼きれいに書き改める
清書《せいしょ》・清書《きよが》き・清《きよ》め書《が》き・浄書《じょうしょ》

書く

▼文字を黒板に　板書《ばんしょ》

▼酒に酔って。また、そのもの　酔筆《すいひつ》

▼都合よく事実をゆがめて　曲筆《きょくひつ》

▼文字を正しく書く練習　書《か》き取《と》り

▼書いた文字のさま　筆跡《ひっせき》・筆跡《ふであと》・書《か》き様《ざま》・筆《ふで》様《さま》・筆致《ひっち》・筆調《ひっちょう》・筆札《ひっさつ》・書《か》き振《ぶ》り・手跡《しゅせき》・筆《ふで》の跡《あと》・手《しゅ》蹟《せき》・水茎《みずくき》

▼文字が書かれている掛物　書軸《しょじく》・書幅《しょふく》

▼とても美しい筆跡　麗筆《れいひつ》

▼当人が書いた真実の筆跡　真筆《しんぴつ》

▼天子の筆跡　宸筆《しんぴつ》・勅筆《ちょくひつ》・宸翰《しんかん》

▼他人の筆跡の尊敬語　尊筆《そんぴつ》

▼欺《あざむ》くために他人の筆跡に似せて。また、そのもの　贋《にせ》書《が》き・偽《にせ》書《が》き・偽書《ぎしょ》・偽筆《ぎひつ》

▼書類などに気づいたことや趣旨を書き添える。また、その文章　添書《てんしょ》・添《そ》え書《しょ》

書き方の上手・下手からみた「書く」

▼上手な字　達筆《たっぴつ》・能筆《のうひつ》・名筆《めいひつ》・良筆《りょうひつ》・健筆《けんぴつ》・能書《のうしょ》

▼下手な字　悪筆《あくひつ》

▼下手な筆跡。自分の筆跡を謙遜していう　拙筆《せっぴつ》・粗筆《そひつ》・楚筆《そひつ》

▼筆遣いの勢い　筆勢《ひっせい》・筆力《ひつりょく》・運筆《うんぴつ》

▼品のない筆跡。下手な筆跡をばかにしていう　俗筆《ぞくひつ》

▼ミミズが這《は》い回った跡のような下手な字　蚯蚓《みみず》書《が》き

記載する意からみた「書く」

▼公式の書類のある決まった書き方　書式《しょしき》

▼文書などの表面に　表書《ひょうしょ》・表書《おもてが》き・表記《ひょうき》・上《うわ》書《が》き・上付《うわづ》け・上文《うわぶみ》

▼文書などに書かれた内容　書面《しょめん》・文面《ぶんめん》

▼文書などの裏面に表面に記載したものに対する注記などを　裏書《うらが》き

▼「但」という字を付け加えて、前文の補足、例外などを。また、そのもの　但《ただ》し書《が》き

書く

▼幾つかの項目に分けて
箇《か》条《じょう》書《が》き

▼一つ…、一つ…と各項目ごとに箇条書きする。また、そのもの
書《か》き立《た》て・一《ひと》つ書《が》き

▼一件ごとに区別して　筆《ふで》別《わ》け

▼書物の小口側の上あるいは下に文字を
小《こ》口《ぐち》書《が》き

▼上方に書き記してある。その文
上《じょう》記《き》

▼下方に書き記してある。その文
下《か》記《き》

▼前に書き記してある。その文
前《ぜん》記《き》

▼左側に書き記してある。その文
左《さ》記《き》

▼右側に書き記してある。その文
右《う》記《き》

▼天子の自筆の詔書　手《しゅ》詔《しょう》

▼印刷のための版などをつくるため、清書した文字や絵
版《はん》下《した》

▼筆を口にくわえて書画を
口《くち》書《が》き

▼文字で書いて答える　筆《ひっ》答《とう》

▼計算することと字を書くこと
算《さん》筆《ぴつ》

▼刷毛のような筆でかすれたように書いたもの
飛《ひ》白《はく》

▼書き損じていらなくなったもの
書《か》きほぐし・反《ほ》古《ご》・反《ほ》故《ご》

▼会合の席などで即興的に書画を
席《せき》書《が》き

▼文字を書くことを職業とする人
筆《ひっ》生《せい》・写《しゃ》字《じ》生《せい》

記録する意からみた「書く」

▼書き記された文書　記《き》録《ろく》

▼詳しく記す。また、その記録
詳《しょう》記《き》・詳《しょう》録《ろく》

▼筆で記録する。そのもの　筆《ひつ》録《ろく》

▼抜き書きして記す。また、その記録
抄《しょう》録《ろく》

▼あとから書き加えて記録する。また、そのもの
追《つい》録《ろく》

▼もう一度記録する。また、そのもの
再《さい》録《ろく》

▼取り入れて記録する　収《しゅう》録《ろく》

▼取り上げて記録する　採《さい》録《ろく》

▼資料などを集めて記録としてまとめる。そのもの
集《しゅう》録《ろく》

書く

▼事実のありのままの記録
実記《じっき》・実録《じつろく》・ドキュメント

▼心に浮かんだことなどいろいろなことをとりとめもなく記した記録
雑録《ざつろく》・散録《さんろく》・漫録《まんろく》・漫筆《まんぴつ》

▼文字で記してあとまで残しておく
書留《かきとめ》

文章に関する様態からみた「書く」

▼文章を　執筆《しっぴつ》・書《か》き物《もの》・筆紙《ひっし》

▼詩文を　鉛槧《えんざん》

▼文字や書画を　揮毫《きごう》

▼文章の書き方　行文《こうぶん》

▼上手な文章を。また、文才がある
才筆《さいひつ》

▼上手な文章を　健筆《けんぴつ》

▼原稿を書き始める　起稿《きこう》

▼原稿を書き終える　脱稿《だっこう》

▼筆をおき書くことをやめる。書き終える
擱筆《かくひつ》

▼文章を書くのが遅い。また、その人
遅筆《ちひつ》

▼忘れないように書いておく文章
覚《おぼ》え書《が》き・備忘録《びぼうろく》・メモ

▼紙切れなどに書いておく覚え書き
端書《はが》き・葉書《はがき》

▼人を呼び出す文書　召書《しょうしょ》

▼手紙の本文の末尾に付け加えて書く文
追而書《おってが》き・尚尚書《なおなおが》き・追伸《ついしん》

▼文章を加筆・削除する
筆削《ひっさく》・添削《てんさく》・訂正《ていせい》

▼文章や手紙を面倒がらずに。また、その人
筆忠実《ふでまめ》

▼文章や手紙を面倒がってなかなか書かない。また、その人
筆不精《ふでぶしょう》・筆無精《ふでぶしょう》

▼和歌の前書き　詞書《ことばがき》

▼進物の上包みに、のしの代わりに、「のし」と書いたもの
書《か》き熨斗《のし》

▼漢文を仮名交じり文に書き改める
書《か》き下《くだ》し

▼用事などを紙に。そのもの。また、遺書
書《か》き置《お》き

▼勝利を知らせる書状　捷書《しょうしょ》

▼たわむれに書いた文章
戯書《ぎしょ》・戯《たわむ》れ書《が》き・落書《らくしょ》・落書《らくが》き・無駄書《むだが》き・徒書《むだが》き・悪戯書《いたずらが》き

▼筆で記載する人
筆工《ひっこう》・筆者《ひっしゃ》・筆師《ふでし》

▼文章を書く人
書《か》き役《やく》・物書《ものか》き・書記《しょき》・書《か》き手《て》

▼文章を書くことを仕事にしている人

書く

文筆家《ぶんぴつか》・著作家《ちょさくか》・ライター
▼文筆に従事する　鉛槧《えんざん》・操觚《そうこ》
▼死んだ人が生前に書いた最後の作品
絶筆《ぜっぴつ》
▼書いた文章の内容で災難を受ける
筆禍《ひっか》

「書く」の動詞・複合動詞

▼筆・ペン・鉛筆などで文字を写し出す
書《か》く・記《しる》す・書《か》き付ける・認《したた》める・録《ろく》する・書《か》き載《の》せる
▼のちのちに備えて書いて残す
控《ひか》える・書《か》き留《と》める
▼書き始める　書《か》き出《だ》す
▼書き終える
書《か》き上《あ》げる・書《か》き果《おお》す
▼残りなく全部　書《か》き尽《つ》くす
▼目立つように　書《か》き立《た》てる

▼記入する
書《か》き込《こ》む・書《か》き入《い》れる
▼内容などを新しくするため書き改める
書《か》き換《か》える・書《か》き直《なお》す
▼補いの語句を追加して
書《か》き添《そ》える・書《か》き込《こ》む・書《か》き入《い》れる
▼一部を書かないまま残す
書《か》き残《のこ》す
▼書き入れることを忘れる
書《か》き漏《も》らす・書《か》き落《お》とす
▼手を休めずに書く。また、余白がないまで
書《か》き詰《つ》める
▼他と匹敵するうまさで
書《か》き並《なら》べる
▼続けて、また並べて
書《か》き連《つら》ねる
▼大切な事項を抜き出して

書《か》き出《だ》す・書《か》き抜《ぬ》く
▼筆にまかせて無造作に
書《か》き散《ち》らす・書《か》き流《なが》す
▼手当たり次第に。また、乱暴に
書《か》きなぐる・書《か》きのめす
▼あちこちに　書《か》き散《ち》らす
▼いろいろなものを交ぜて
書《か》き交《ま》ぜる
▼誰が書いたのか、分からないように
書《か》き紛《まぎ》らわす
▼区別して　書《か》き分《わ》ける
▼書くのを間違える
書《か》き損《そこ》なう・書《か》き損《そん》じる
▼そっくりそのまま
書《か》き写《うつ》す・書《か》き取《と》る
▼下手な字や歌などをやたらに
ぬたくる
▼小説・随筆・脚本などを新しく
書《か》き下《お》ろす

「書く」の擬態語

▼全面にいっぱい詰めて
ぎっしり・びっしり

▼文字が整っていて誤りがない
きっちり

▼休みなく文字を　こつこつ

▼筆の運びがよどみなく進む
さらさら・すらすら

▼時間をかけて念入りに
じっくり

▼相手の急所、物事の核心をついて
ずばり

▼ゆっくりと際限なく文字・文章を
だらだら・のろのろ

「書く」に関する慣用句

［金釘流《かなくぎりゅう》］
下手な字をばかにしていう言葉。

［健筆《けんぴつ》を揮《ふる》う］
上手な文章を書く。《類》「麗筆《れいひつ》を揮《ふる》う」

［朱《しゅ》を入《い》れる］
朱筆で訂正したり、文章を書き加えたりする。

［手《て》を加《くわ》える］
文章を加筆・訂正する。《類》「手《て》を入《い》れる」「筆《ふで》を加《くわ》える」「筆《ふで》を入《い》れる」

［禿筆《とくひつ》を呵《か》す］
うまくない文章を書く。

［筆硯《ひっけん》を新《あら》たにする］
構想を新たにして文章を書く。

［筆《ふで》下《お》ろし］
文字・文章を書き始めること。また、新しい筆を初めて使うこと。

［筆《ふで》が滑《すべ》る］
書いてはいけないことを書いてしまう。

［筆《ふで》が立《た》つ］
文章を書くのがうまい。

［筆馴《ふでな》らし］
文章を書きならすこと。また、筆の書き具合をならすこと。

［筆《ふで》に任《まか》せる］
気の向くままに書く。

［筆《ふで》を擱《お》く］
書くことをやめる。書き終える。「擱筆《かくひつ》する」ともいう。

［筆《ふで》を折《お》る］
文筆活動をやめる。《類》「筆《ふで》を断《た》つ」「筆《ふで》を捨《す》てる」「筆《ふで》を拭《ぬぐ》う」

［筆《ふで》を染《そ》める］
執筆に取り掛かる。初めて書物を書く。

［筆《ふで》を執《と》る］

文章を書き始める。

[筆《ふで》を走《はし》らせる]
すらすらと書く。

[筆《ふで》を揮《ふる》う]
文章を書く。

[蚯蚓《みみず》がのたくったよう]
ミミズが這い回った跡のような下手な字。

「書く」に関する故事・成語・ことわざ

[言文一致《げんぶんいっち》]（⇒「文章《ぶんしょう》」五三八ページ）

[弘法《こうぼう》にも筆《ふで》の誤《あやま》り]
三筆の一人である弘法大師のような書道の名人でも書き損じることがある。どんなにその道の名人でも時には失敗することがあるというたとえ。《類》「猿《さる》も木《き》から落《お》ちる」「河童《かっぱ》の川流《かわなが》れ」

[弘法筆《こうぼうふで》を択《えら》ばず]
書の名人はどんな筆でも上手に字を書く。その道の権威は道具や材料などは問題にしないということのたとえ。《類》「能書筆《のうしょふで》を択《えら》ばず」

[書《しょ》は言《げん》を尽《つ》くさず言《げん》は書《しょ》を尽《つ》くさず]
文字に書かれたものは言いたいことを十分に述べ尽くしていない。また、言葉は心に思ったことを十分に言い尽くすことはできないということ。

[筆《ふで》の海《うみ》]
書いた詩文の多いことをたとえていう。《類》「筆《ふで》の林《はやし》」

[文《ふみ》はやりたし書《か》く手《て》は持《も》たず]
恋文をやりたいが字が書けない。さりとて、人に依頼できない。気をもむこと。

[文《ぶん》は人《ひと》なり]（⇒「文章《ぶんしょう》」五三九ページ）

[墨痕淋漓《ぼっこんりんり》]
筆のあとが水のしたたるようであるということから、筆勢の盛んなことをいう。

[魯魚《ろぎょ》の誤《あやま》り]
魯の字と魚の字とは似ていて書き誤りやすいことから、文字の書き間違いのことをいう。

賢《かしこ》い・愚《おろ》か

賢明・聡明の意からみた「賢い」

▼才能・思慮・分別などがすぐれている　賢《かしこ》い

▼賢くて道理にも明るい　賢明《けんめい》

▼すぐれて　英発《えいはつ》・秀発《しゅうはつ》

▼頭の回転が早く物事を巧みにこなす

利口《りこう》・利巧《りこう》・悧巧《りこう》・伶俐《れいり》・伶俐《り》・利発《りはつ》・発明《はつめい》・機才《きさい》・頓知《とんち》・頓才《とんさい》・頓智頓才《とんちとんさい》・クレバー

▼理解することが早い　聡《さと》い

▼物事にさとく道理にも明るい
聡明《そうめい》・明哲《めいてつ》・聡慧《そうけい》・聡察《そうさつ》・明察《めいさつ》・睿哲《えいてつ》・叡哲《えいてつ》

▼才知にすぐれていて事理にも明るい
英明《えいめい》

▼道理に明るく頭の働きが素早い
明敏《めいびん》・敏捷《びんしょう》

▼才知にすぐれていて悟りが早い
穎悟《えいご》・英悟《えいご》・聡悟《そうご》・敏慧《びんけい》・慧悟《けいご》

▼賢くて善良　賢良《けんりょう》

▼賢い性格　利根《りこん》

▼さとく考え深い　聡叡《そうえい》

▼天子のすぐれて賢明なこと
叡聖《えいせい》・英聖《えいせい》

▼頭がよくて思考力がある
頭脳明晰《ずのうめいせき》

▼才知が非常にすぐれている
英哲《えいてつ》・穎哲《えいてつ》・英俊《えいしゅん》・英邁《えいまい》・奇才《きさい》・鬼才《きさい》

▼知性や知識に富む
知的《ちてき》・理知的《りちてき》

▼知性を重視する　主知的《しゅちてき》

鋭敏・小利口の意からみた「賢い」

▼物事に感じやすく鋭い
敏《さと》い・敏感《びんかん》

▼過度に敏感　過敏《かびん》

▼感じやすく敏感
多感《たかん》・繊細《せんさい》・デリケート

▼才知が鋭くさとい　鋭敏《えいびん》

▼素早く気が付く
目敏《めざと》い・目賢《めがしこ》い

▼聴覚が鋭い　耳聡《みみざと》い

▼物事を聞き付けるのが早い
早耳《はやみみ》・近耳《ちかみみ》

▼頭が鋭くてすばしこい
俊敏《しゅんびん》・英敏《えいびん》・鋭利《えいり》・慧敏《けいびん》

▼精密で敏捷　精敏《せいびん》

▼聡明で俊敏　聡敏《そうびん》・聡警《そうけい》

▼時に応じて素早い対応をする
機敏《きびん》

▼その場の状況に応じた知恵が働く
機警《きけい》・気の利《き》いた

▼気がきいて身の処し方が巧み
利口《りこう》・利巧《りこう》・悧巧《りこう》

▼その場しのぎの目先のことに気付き抜け目がない
小利口《こりこう》・猿賢《さるがしこ》い・猿利口《さるりこう》

▼利口そうに振る舞う
賢《さか》しい・賢《さか》しら・賢立《かしこだ》て

▼利口ぶって生意気
小賢《こざか》しい・生賢《なまさか》しい・生《なま》賢《かしこ》い・小慧《しょうけい》

賢い・愚か

▼浅ましいほど小利口
あざとい
▼ずるくて抜け目ない。悪知恵が働く
狡賢《ずるがしこ》い・悪賢《わるがしこ》い
▼世渡りの才に長《た》けている
世知賢《せちがしこ》い・世知《せち》がまし

様態からみた「愚か」

▼考えが浅い、足りない
浅《あさ》はか・浅薄《せんぱく》・短慮《たんりょ》・愚《おろ》か・愚《おろ》かしい・愚《ぐ》・愚痴無知《ぐちむち》・軽率《けいそつ》・軽《かる》はずみ・軽々《かるがる》しい
▼ひどく愚かである
大馬鹿《おおばか》・大愚《たいぐ》・下愚《かぐ》・蠢愚《しゅんぐ》
▼知識や知恵がない。能力がない、乏しい
無知《むち》・無智《むち》・無能《むのう》・拙《つたな》い
▼思慮分別がない
心無《こころな》い・無分別《むふんべつ》
▼道理がわからない
愚昧《ぐまい》・愚蒙《ぐもう》・暗愚《あんぐ》・愚闇《ぐあん》・愚暗《ぐあん》・愚痴《ぐち》
▼子をかわいがるあまり親が愚かに見える
親馬鹿《おやばか》
▼平凡で愚かである
凡愚《ぼんぐ》・庸愚《ようぐ》
▼頑固で愚かである
頑愚《がんぐ》・頑鈍《がんどん》
▼世間知らずで愚かである
迂愚《うぐ》
▼ばからしくてくだらない
愚劣《ぐれつ》・愚陋《ぐろう》
▼人をばかにする
愚弄《ぐろう》
▼賢いことと愚かなこと。知者と愚者
賢愚《けんぐ》・利鈍《りどん》・愚知《ぐち》・愚智《ぐち》

「賢い」に関する慣用句

[機知《きち》に富《と》む]
その場の状況をよくするようにとっさに知恵が働く。
[機転《きてん》が利《き》く]
物事の動きに応じた素早い心の働きができる。
[小才《こさい》が利《き》く]
ちょっとしたことに働く才知・知能がある。
[如才《じょさい》ない]
人の気持ちをそらさない。「如才《じょさい》がない」ともいう。《類》「そつがない」
[世故《せこ》に長《た》ける]
世間の事情をよく知っている。
[先見《せんけん》の明《めい》がある]
将来のことを前もって見通した

賢い・愚か

り、予言したりする見識がある。《類》「目先《めさき》が利《き》く」

[抜《ぬ》け目《め》がない]

よく気が付き、ずる賢く立ち回るさま。《類》「要領《ようりょう》がいい」

[物《もの》が分《わ》かる]

人情や道理などをよくわきまえている。

[融通《ゆうずう》が利《き》く]

状況に応じて物事をうまく処理できる。《類》「小回《こまわ》りが利《き》く」

「賢い」に関する故事・ことわざ

[一《いち》を聞《き》いて十《じゅう》を知《し》る]

物事の一部分を聞いただけで、全体を理解する。理解が早くて賢いたとえ。

[才気煥発《さいきかんぱつ》]

頭の働きが活発であり、かつ早いこと。また、才気が盛んに外に向かって現れるさま。「煥発」は外に輝き現れる意。《類》「才気横溢《さいきおういつ》」

[臨機応変《りんきおうへん》]

その時どきで成り行きに応じた適切な対応をすること。情勢の変化に応じて素早い判断力で適切な方法をめぐらすということ。

「愚か」に関する慣用句・成句・ことわざ

[頭隠《あたまかく》して尻隠《しりかく》さず]

悪事などの一部を隠しているにすぎないのに、全部を隠したつもりでいる愚かさをいう。

[独活《うど》の大木《たいぼく》]

体は人並み外れて大きいが、取り柄がなくて役に立たない人間のたとえ。「独活」は約二メートルに成長する植物だが、柔らかくて木材のような利用価値がないことから。

[愚者《ぐしゃ》の一得《いっとく》]（⇒「考《かんが》える・考《かんが》え」二〇六ページ）

[愚《ぐ》の骨頂《こっちょう》]

ばかばかしくて話にもならないこと。

[虚仮《こけ》も一心《いっしん》]（⇒「熱心《ねっしん》」四六一ページ）

[上知《じょうち》と下愚《かぐ》とは移《うつ》らず]

生まれながらに賢明な者と、学ぶことを知らない者とは、教育や環境の変化などで変わるものではない。出典は『論語《ろんご》』。

[貧《ひん》すれば鈍《どん》する]

貧乏をして生活に疲れると、頭の働きが鈍くなり、心もさもしくなる。

[間《ま》が抜《ぬ》ける]

肝心なところが抜けている。

風《かぜ》

吹く勢い・様態・性状からみた「風」

▼風の異称。また、すべての罪やけがれを吹き払う風
科戸《しなと》の風《かぜ》・級長戸《しなと》の風《かぜ》

▼空を吹く　天風《てんぷう》・天《あま》つ風《かぜ》

▼そよそよと吹く
微風《びふう》・微風《そよかぜ》・戦《そよ》ぐ風《かぜ》・軟風《なんぷう》・軽風《けいふう》

▼穏やかな　和風《わふう》・景風《けいふう》

▼さっとひと吹きする
一陣《いちじん》・一陣《いちじん》の風《かぜ》・通《とお》り風《かぜ》

▼激しく吹く
疾風《しっぷう》・疾風《はやて》・早手《はやて》・疾風《はやち》・陣風《じんぷう》

▼疾風と激しい雷　疾風迅雷《しっぷうじんらい》

▼強く吹く　強風《きょうふう》・勁風《けいふう》

▼非常に強く吹く
烈風《れっぷう》・猛風《もうふう》・狂風《きょうふう》・大風《おおかぜ》

▼建物などに被害を及ぼすような激しく強く吹く
暴風《ぼうふう》・悪風《あくふう》・暴風雨《ぼうふうう》・嵐《あらし》・台風《たいふう》・颱風《たいふう》・野分《のわき》・颶風《ぐふう》・あからしま風《かぜ》・あかしま風《かぜ》・暴風《あらしまかぜ》・ハリケーン

▼小規模の台風　豆台風《まめたいふう》

▼凄まじい　凄風《せいふう》

▼激しく吹きまくる　風巻《しまき》

▼突然強く吹く　突風《とっぷう》・天狗風《てんぐかぜ》

▼渦巻き状に強く吹く
旋風《つむじかぜ》・旋風《せんぷう》・竜巻《たつまき》・辻風《つじかぜ》・旋風《つじかぜ》・回風《かいふう》・廻風《かいふう》・飄風《ひょうふう》・飆風《ひょうふう》・天狗風《てんぐかぜ》・トルネード

▼爆発によって起こる激しい　爆風《ばくふう》

▼日光を覆うほどの渦巻いて強く吹く　黒風《こくふう》

▼暖かい　暖風《だんぷう》・温風《おんぷう》

▼熱い　熱風《ねっぷう》・炎風《えんぷう》

▼清らかな　清風《せいふう》・清籟《せいらい》

▼強く気持ちのよい　雄風《ゆうふう》

▼風が寒い。また、陰暦十一月の称　風寒《ふうかん》

▼寒くて冷たい　寒風《かんぷう》・寒風《さむかぜ》・冷風《れいふう》

▼霜で凍った地面を渡って吹く　霜風《しもかぜ》

▼そよそよと涼しい　涼風《りょうふう》・涼風《すずかぜ》

▼雨を降らせそうな湿った。また、雨を伴った　雨風《あまかぜ》・雨風《あめかぜ》

▼塵・ほこりを吹きつける　塵風《じんぷう》

▼松に当たる。また、その音

松風《しょうふう》・松風《まつかぜ》・松籟《しょうらい》・松濤《しょうとう》

吹く方向・地域などからみた「風」

▼風の吹いてくる方向
風位《ふうい》・風向《ふうこう》・風向《かざむ》き・風向《かぜむ》き

▼最も多く吹く風向きの
卓越風《たくえつふう》・主風《しゅふう》・常風《じょうふう》

▼一定の方向に吹く　恒風《こうふう》

▼東から吹く
東風《とうふう》・東風《ひがしかぜ》・真東風《まこち》・東風《こち》・東風《こちかぜ》・東風《あゆ》・東風《あい》・正東風《まこち》・谷風《こくふう》

▼朝吹く東風　朝東風《あさごち》

▼西から吹く
西風《せいふう》・西風《にしかぜ》・神渡《かみわた》し・神立風《かみたつかぜ》

▼南に片寄った東風　南東風《みなみごち》

▼南から吹く
南風《なんぷう》・南風《みなみかぜ》・南風《はえ》・凱風《がいふう》・薫風《くんぷう》・南薫《なんくん》

▼南または南寄りの　真風《まじ》

▼南西から吹く　日方《ひかた》

▼北から吹く
北風《ほくふう》・北風《きたかぜ》・北打《きたう》ち・朔風《さくふう》・北《きた》げ

▼朝吹く北風　朝北《あさきた》

▼北に片寄った東風　北東風《きたごち》

▼南北の極圏内で吹く
極風《きょくふう》・極偏東風《きょくへんとうふう》

▼中緯度地方を年中吹く西寄りの
偏西風《へんせいふう》・ジェットストリーム

▼東北の海岸地方で吹く北東の
山背《やませ》・山背風《やませかぜ》

▼横ざまに吹く
横《よこ》しま風《かぜ》・横風《よこかぜ》

▼熱帯地方で赤道に向かって年中吹く
貿易風《ぼうえきふう》・恒信風《こうしんふう》

▼山から吹いてくる、山で吹く
颪《おろし》・山風《さんぷう》・山風《やまかぜ》・山籟《さんらい》・山颪《やまおろし》・深山颪《みやまおろし》

▼山の下を吹く。山から麓へ吹く
山下風《やましたかぜ》

▼夕方山から吹く　夕山風《ゆうやまかぜ》

▼山の斜面沿いに吹く
山谷風《やまたにかぜ》・山谷風《さんこくふう》

▼川を吹く　川風《かわかぜ》

▼岸辺を吹く　辺《へ》つ風《かぜ》

▼海辺を吹く　浦風《うらかぜ》・浜風《はまかぜ》

▼海辺にある山を吹く　浦山風《うらやまかぜ》

▼海から吹く
海風《かいふう》・海風《うみかぜ》・沖《おき》つ風《かぜ》・潮風《しおかぜ》

▼陸から海の方へ吹く
出《だ》し風《かぜ》・出《だ》し・陸風《りくふう》・陸軟風《りくなんぷう》

▼船が進む方向へ吹く
順風《じゅんぷう》・追《お》い風《かぜ》・時《とき》つ風《かぜ》・追《おい》風《て》・帆風《ほかぜ》・便風《びんぷう》・便風《べんぷう》

▼船が進む方向から吹いてくる

風

逆風《ぎゃくふう》・向《む》かい風《かぜ》・向《む》こう風《かぜ》・仇《あだ》の風《かぜ》

▼朝吹く　朝風《あさかぜ》・晨風《しんぷう》・暁風《ぎょうふう》

▼夕暮れに吹く　晩風《ばんぷう》・夕風《ゆうかぜ》

▼夜吹く　夜風《よかぜ》

▼夜吹く強い　夜嵐《よあらし》・小夜嵐《さよあらし》

春夏秋冬の「風」

▼季節初めに吹く　初風《はつかぜ》

▼春先に吹く穏やかな
春風《はるかぜ》・春風《しゅんぷう》・和風《わふう》・恵風《けいふう》

▼うららかに晴れた春の日に吹く
光風《こうふう》

▼春先に吹く激しい
春嵐《はるあらし》・春嵐《しゅんらん》・春疾風《はるはやて》・春《はる》荒《あ》れ

▼春の初めにその年最初に吹く強い南風
春一番《はるいちばん》

▼涅槃会《ねはんえ》〔三月十五日〕前後に一週間ほど吹き続く西風
涅槃西風《ねはんにし》・涅槃西風《ねはんにしかぜ》

▼陰暦二月二十日ごろに吹く西風
貝寄《かいよ》せ・貝寄《かいよ》せの風《かぜ》

▼桜の花の盛りに吹く　花風《はなかぜ》

▼夏冬によって風向きが変わる
季節風《きせつふう》・モンスーン

▼夏の　夏風《なつかぜ》・南風《なんぷう》・南風《はえ》

▼陰暦五月に吹く南東風
黄雀風《こうじゃくふう》

▼梅雨時のどんより曇った日に吹く南風
黒南風《くろはえ》

▼梅雨明けのころ南から吹く
白南風《しらはえ》・白南風《しろはえ》

▼青葉のころに吹くやや強い
青嵐《せいらん》・青嵐《あおあらし》

▼初夏の青葉を吹き渡る
薫風《くんぷう》・緑風《りょくふう》

▼初秋のころに吹く　初秋風《はつあきかぜ》

▼秋に吹く
秋風《あきかぜ》・秋風《しゅうふう》・金風《きんぷう》・商風《しょうふう》・悲風《ひふう》・西風《せいふう》

▼晩秋から初冬に吹く冷たい
木枯《こが》らし・凩《こがらし》

▼冬に吹く　冬風《ふゆかぜ》・寒風《かんぷう》・陰風《いんぷう》

▼冬に吹く強い
ならい・ならい風《かぜ》

▼冬に雨雪を伴わないで強く吹く
空風《からかぜ》・乾風《からかぜ》・空《から》っ風《かぜ》・乾《から》っ風《かぜ》

「風」の吹き方の動詞・複合動詞

▼風が通っていく　吹《ふ》く

▼静かに　そよ吹《ふ》く

▼雨交じりの風が強く
繁吹《しぶ》く・重吹《しぶ》く

風

▼絶えず　吹《ふ》き通《とお》す
▼しきりに　吹《ふ》き頻《しき》る
▼強く
吹《ふ》き立《た》つ・吹《ふ》き付《つ》く・吹《ふ》き付《つ》ける・吹《ふ》き着《つ》ける
▼物を吹き払い飛ばす
吹《ふ》き払《はら》う
▼激しく
吹《ふ》き荒《あ》れる・吹《ふ》き荒《すさ》ぶ
▼激しく吹きまくる　風巻《しま》く
▼紙などをまくるように長時間盛んに
吹《ふ》き捲《ま》くる・吹《ふ》き惑《まど》う
▼吹き方がますます激しくなる
吹《ふ》き募《つの》る
▼逆の方向に　吹《ふ》き返《かえ》す
▼吹く方向が一定しない
吹《ふ》き迷《まよ》う
▼風が激しく雪が乱れ降る
乱吹《ふぶ》く・吹雪《ふぶ》く

「風」の擬音語・擬態語

▼風が吹きつけて物が軽く触れ合って鳴る
さわさわ・さやさや
▼風が吹いて木の枝葉《えだは》が音をたてる
ざわざわ
▼かすかに吹く　そよと
▼静かに吹く　そよそよ
▼風が吹き過ぎる　ひゅー
▼風が強く吹き過ぎる
びゅー・ぴゅー
▼激しく強く吹き続ける
ひゅーひゅー
▼激しく吹き荒れている
びゅーびゅー
▼鋭く吹きすさぶ
ぴゅーぴゅー
▼木の葉を乱れ舞わすかのように吹いている
ひゅるひゅる

「風」に関する慣用句・成語

［風薫《かぜかお》る］（⇒「夏《なつ》」四五〇ページ）
［風冴《かぜさ》ゆる］
冬の風が身に凍《し》みるほどに冷たく吹く。
［風死《かぜし》す］
盛夏の暑いさ中に風が全然吹かないこと。
［風《かぜ》に付《つ》く］
風にゆだねる。
［風光《かぜひか》る］
春の陽光の中を風が吹き渡るさま。
［雲《くも》の返《かえ》しの風《かぜ》］
雨雲を吹き払う風。《類》「雲《くも》の返《かえ》しの嵐《あらし》」

【黄塵万丈《こうじんばんじょう》】
強い風に吹かれて土ぼこりが空高くのぼるさま。「黄塵」は黄色い土煙のこと。

悲《かな》しむ・悲《かな》しみ

様態・程度・種類からみた「悲しむ・悲しみ」

▼心が痛んで泣きたくなるような気持ち
悲《かな》しみ・嘆《なげ》き・歎《なげ》き・愁《うれ》い・憂《うれ》い・嘆《たん》・歎《たん》・嗟嘆《さたん》・嗟歎《さたん》・咨嘆《したん》・嗟咨《さし》

▼嘆き
悲嘆《ひたん》・悲歎《ひたん》・愁嘆《しゅうたん》・愁歎《しゅうたん》

▼悲しみ痛む。痛み
悲傷《ひしょう》・哀傷《あいしょう》・傷嘆《しょうたん》・傷歎《しょうたん》・痛傷《つうしょう》

▼うれえ　憂愁《ゆうしゅう》

▼悲しみあわれむ
哀憫《あいびん》・哀愍《あいびん》・哀憐《あいれん》・哀憫《あいみん》・哀愍《あいみん》

▼しみじみとした　哀《あわ》れ

▼もの悲しさ　哀愁《あいしゅう》

▼もの悲しい感じ
哀感《あいかん》・ペーソス

▼悲しく痛ましい　悲惨《ひさん》・悲酸《ひさん》

▼うれえ痛む　愁傷《しゅうしょう》

▼悲しくあわれ　悲哀《ひあい》

▼とても悲しい　哀絶《あいぜつ》

▼悲しみとうれい　悲愁《ひしゅう》

▼深く嘆き
長嘆《ちょうたん》・長歎《ちょうたん》・痛嘆《つうたん》・痛歎《つうたん》・深痛《しんつう》・痛哭《つうこく》・断腸《だんちょう》・断魂《だんこん》・哀哀《あいあい》・嘆息《たんそく》・歎息《たんそく》

▼悲しみ惜しむ　哀惜《あいせき》

▼非常にあわれでもの悲しい
哀切《あいせつ》

▼うれえ嘆く　慨嘆《がいたん》・慨歎《がいたん》

▼悲しみ慕う　哀慕《あいぼ》

▼勇ましくも悲しい　悲壮《ひそう》

▼喜びと　休戚《きゅうせき》・悲喜《ひき》

▼大いに嘆く　浩歎《こうたん》

▼大きな、長いため息をついて嘆く
大息《たいそく》・長大息《ちょうたいそく》・長嘆息《ちょうたんそく》・長歎息《ちょうたんそく》

▼つらくて悲しい　憂《う》き節《ふし》

▼嘆き訴える
哀訴《あいそ》・哀願《あいがん》・愁訴《しゅうそ》

▼うらみ嘆く　怨嗟《えんさ》

▼嘆きの原因　嘆《なげ》き種《ぐさ》

悲しむ・悲しみ

具体的に対象のある「悲しむ・悲しみ」

▼悲しみ、傷ついた心。悲しく感じる

傷心《しょうしん》

▼声を上げて泣き

悲慟《ひどう》・哀哭《あいこく》・慟哭《どうこく》

▼人の死を悲しみ痛む

悲悼《ひとう》・哀悼《あいとう》・痛悼《つうとう》・追悼《ついとう》・哀傷《あいしょう》・哀惜《あいせき》

▼悲しい別れ。別れを

哀別《あいべつ》・離愁《りしゅう》

▼天子の嘆き

叡嘆《えいたん》・睿歎《えいたん》

▼世間のありさまを見て嘆く

慨世《がいせい》

▼秋のあわれを　悲秋《ひしゅう》

▼悲しい運命　悲運《ひうん》

▼人生の悲惨な出来事　悲劇《ひげき》

▼悲しみを表した歌。また悲しみ歌う

悲歌《ひか》・エレジー

▼悲しみで終わる恋　悲恋《ひれん》

「悲しむ・悲しみ」を表す動詞・複合動詞

▼心が痛み泣きたいような気持ちになる、気持ちを見せる

悲《かな》しむ・哀《かな》しむ・嘆《なげ》く・歎《なげ》く・痛《いた》める・痛《いた》む・悲《かな》しがる・哀《かな》しがる・嘆《なげ》き入《い》る

▼よくないことになりはしないかと悲しみ嘆く

憂《うれ》う・憂《うれ》える・愁《うれ》える・寂《さび》しがる

▼嘆きうれえる　慨《がい》する

▼嘆いていろいろ言う

託《かこ》つ・零《こぼ》す・溢《こぼ》す

▼人の死を悲しむ　悼《いた》む

▼一晩中嘆いて朝を迎える

嘆《なげ》き明《あ》かす

▼嘆いて月日を過ごす

嘆《なげ》き暮《く》らす

▼長い間嘆き続ける　嘆《なげ》き渡《わた》る

▼嘆いても嘆いても嘆ききれない

嘆《なげ》き余《あま》る

「悲しむ・悲しみ」を表す形容詞

▼心が痛む　悲《かな》しい・哀《かな》しい

▼何となく心が痛む

心悲《うらがな》しい・物悲《ものがな》しい

▼悲しみで胸がいっぱい

切《せつ》ない・遣《や》る瀬《せ》無《な》い

▼嘆きたくなるような

嘆《なげ》かわしい

「悲しむ・悲しみ」に関する慣用句

[血《ち》の涙《なみだ》]
とてもつらい悲しみにあって流す涙。涙が涸《か》れて血が流れ出すほどの耐えがたい悲しみをいう。

[悲嘆《ひたん》に暮《く》れる]
深く悲しみ嘆く。《類》「悲《かな》しみに暮《く》れる」

[胸《むね》が裂《さ》ける]
悲しみや悔しさなどで胸が破れそうな思いがする。

[胸《むね》がつかえる]
深い悲しみや心配事で胸がいっぱいになる。《類》「胸《むね》が塞《ふさ》がる」「胸《むね》が潰《つぶ》れる」

「悲しむ・悲しみ」に関する故事・成語

[哀毀骨立《あいきこつりつ》]
親などとの死別に、とても悲しむこと

[鼓琴《こきん》の悲《かな》しみ]
心を許し合った親友に死に別れた悲しみのこと。中国の晋《しん》の張翰《ちょうかん》が親友が死んだことを悲しみ、親友が生前愛していた琴をひいて慟哭したという故事から。

[楽《たの》しみ尽《つ》きて哀《かな》しみ来《きた》る]（⇒「楽《たの》しい・楽《たの》しむ」三九八ページ）

[断腸《だんちょう》の思《おも》い]
我慢しきれないほどの、つらくて悲しい気持ち。「断腸」は、はらわたがちぎれる意。《類》「九回腸《きゅうかいちょう》」

[悲喜交交《ひきこもごも》]
悲しいことと喜ばしいことが入り交じっていること。《類》「人生《じんせい》の哀歓《あいかん》」

[悲憤慷慨《ひふんこうがい》]
世の中の不義・不正を悲しみ憤って嘆くこと。

[風樹《ふうじゅ》の嘆《たん》]
子どもが親孝行をしたいと思ったとき、もうすでに親は亡くなっていて、孝養を尽くすことはできないという嘆き、悲しみをいう。出典は『韓詩外伝《かんしがいでん》』。《類》「風木《ふうぼく》の嘆《たん》」

体 からだ

「全身」に関する主な言葉

▼頭から足の先まで
体《からだ》・体《たい》・人体《じんたい》・身体《しんたい》・人身《じんしん》・骨身《ほねみ》・肌身《はだみ》・身《み》

体

▼生きている
肉体《にくたい》・肉《にく》・肉塊《にくかい》・肉塊《にっかい》・生《せい》
体《たい》・生身《なまみ》・生《い》き身《み》
▼自分の　一身《いっしん》
▼天皇・貴人の　玉体《ぎょくたい》
▼カトリックでキリストの　聖体《せいたい》
▼頭・頸《くび》・胸・手・足、または頭と両手・
両足。全身　五体《ごたい》
▼体全体
全身《ぜんしん》・満身《まんしん》・総身《そうしん》・総身《そうみ》・
渾身《こんしん》・満腔《まんこう》
▼腰を中心にした上半分と下半分
上下《かみしも》
▼全身の半分。特に上半分　半身《はんしん》
▼体の上半分　上半身《じょうはんしん》・上体《じょうたい》
▼体の下半分　下半身《かはんしん》
▼体の中　身内《みうち》・体内《たいない》
▼頭と手足を除いた部分
胴《どう》・胴体《どうたい》

▼手足。手足と体　肢体《したい》
▼足と腰　足腰《あしこし》
▼外からの体の格好
体格《たいかく》・体《からだ》付《つ》き・体軀《たいく》・筋骨《きんこつ》
▼体格の型　体型《たいけい》
▼身長と体付き
背格好《せかっこう》・背恰好《せかっこう》・背格好《せいかっこう》・
背恰好《せいかっこう》
▼体の骨の組み合せ。体全体の感じ
骨格《こっかく》・骨《ほね》組《ぐ》み・骨《ほね》っ節《ぷし》
▼背が高い　長身《ちょうしん》・長軀《ちょうく》
▼体が大きい
大柄《おおがら》・巨体《きょたい》・巨軀《きょく》・大兵《たいひょう》
▼背が高くも低くもない　中背《ちゅうぜい》
▼背が低い　短身《たんしん》・短軀《たんく》・矮軀《わいく》
▼体格が小さい
小柄《こがら》・小兵《こひょう》・小《こ》作《づく》り・小粒《こつぶ》
▼体の肉付きがよい
豊満《ほうまん》・丸丸《まるまる》・むっちり・

ぽってり・ぽちゃぽちゃ・
ころころ
▼体が少し太っている　小太《こぶと》り
▼体が太っている
肥満《ひまん》・でっぷり・太《ふと》りじ
し・太《ふと》っちょ
▼太って大きい
肥大《ひだい》・大兵肥満《たいひょうひまん》
▼筋肉がよくしまって盛り上がって
いる　隆隆《りゅうりゅう》
▼ほどよい肉付き　中肉《ちゅうにく》
▼身長が頭長の八倍ある体型
八頭身《はっとうしん》
▼ほっそりとした体形　優形《やさがた》
▼やせた体付き
痩身《そうしん》・痩軀《そうく》・痩《や》せ形《がた》・痩《や》せ
型《がた》・痩《や》せ・スリム
▼ひどくやせている
痩《や》せぎす・痩《や》せっぽち・骨《ほね》

と皮《かわ》

▼子どもを身ごもっている体
母体《ぼたい》

▼母親の体内　母胎《ぼたい》

▼弱い体　弱体《じゃくたい》

▼病気の体
病体《びょうたい》・病身《びょうしん》・病軀《びょうく》

▼老人。老人の体
老体《ろうたい》・老身《ろうしん》・老軀《ろうく》・老骨《ろうこつ》

▼死んだ体
骸《むくろ》・軀《むくろ》・身《むくろ》・屍《しかばね》・尸《しかばね》・屍《かばね》・死屍《しし》・死体《したい》・遺体《いたい》・遺《い》骸《がい》・死骸《しがい》・亡《な》き骸《がら》

▼取り残された死体　残骸《ざんがい》

▼脂肪分が蠟《ろう》のようになった死体
屍蠟《しろう》

▼乾燥して原形を保った死体
木乃伊《みいら》

「頭・首」に関する主な言葉

▼頸部《けいぶ》から上の部分　頭《あたま》

▼頭の異称
頭《かしら》・頭《かぶり》・頭《つむり》・頭《つぶり》・頭《こうべ》・頭《ず》・首《かしら》・首《こうべ》・天窓《てんそう》・脳天《のうてん》・頂《いただき》・御頭《おつむ》・御頭《おつも》・天天《てんてん》

▼首《こうべ》の尊敬語　御首《みぐし》・御頭《おつむり》

▼頭または首の俗称　雁首《がんくび》

▼頭のてっぺん
脳天《のうてん》・脳頭《のうとう》・頭角《とうかく》

▼大きい
大頭《おおあたま》・巨頭《おおあたま》・頭《あたま》でっかち

▼丸い　擂《す》り粉木頭《こぎあたま》

▼頭の部分　頭部《とうぶ》

▼頭の前面　前頭《ぜんとう》

▼頭の後面　後頭《こうとう》

▼額と後頭部の出ている
才槌頭《さいづちあたま》・才槌頭《さいづちがしら》

▼上部が大きく下部の小さい
外法頭《げほうあたま》・外法頭《げほうがしら》

▼凸凹の　花梨頭《かりんあたま》

▼固い　石頭《いしあたま》・金槌頭《かなづちあたま》

▼頂上に毛を残して周囲をそった小児の
芥子坊主《けしぼうず》・髾《すずしろ》

▼白髪交じりの
胡麻塩頭《ごましおあたま》・斑白《はんぱく》

▼白髪の
白髪頭《しらがあたま》・白頭《はくとう》・白首《はくしゅ》・皓首《こうしゅ》

▼髪を切り下げたままの
散切り頭《ざんぎりあたま》・残髪頭《ざんぱつあたま》

▼髪の毛の短い。または剃髪した
毬栗頭《いがぐりあたま》・円頭《えんとう》・坊主頭《ぼうずあたま》・丸《まる》坊主《ぼうず》・くりくり坊主《ぼうず》・毬栗《いがぐり》

▼髪が抜け落ちた
禿げ頭《はげあたま》・禿頭《とくとう》・光頭《こうとう》・薬《や》

体

缶頭《かんあたま》・禿《は》げ薬缶《やかん》・蛸入道《たこにゅうどう》・金柑頭《きんかんあたま》・茶瓶頭《ちゃびんあたま》・禿《は》げ茶瓶《ちゃびん》・つんつるてん

▼乳幼児の頭骨のすき間が脈につれて動く部分
顋門《ひよめき》・踊《おど》り子《こ》・顖門《ひよめき》・顖《しん》門《もん》・顖門《そうもん》・泉門《せんもん》・踊《おど》り

▼何もかぶらない　素頭《すあたま》・露頭《ろとう》

▼頭と胴をつなぐ部分
首《くび》・頸《くび》・馘《くび》・頸玉《くびたま》・首玉《くびたま》

▼首を俗っぽく言った言葉
首《くび》っ玉《たま》・頸《くび》っ玉《たま》

▼首の部分　頸部《けいぶ》

▼首の後ろ
項《うなじ》・項《こう》・項根《うなね》・首筋《くびすじ》・襟《えり》・襟首《えりくび》・襟元《えりもと》・首根《くびね》っこ・頸《くび》根《ね》っこ・身柱元《ちりけもと》

▼首の後ろの髪の生え際
襟足《えりあし》・領脚《えりあし》

▼項《うなじ》の中央のくぼんでいる所
盆《ぼん》の窪《くぼ》・盆《ぼん》の窪《くど》・盆《ぼ》の窪《くぼ》

▼長い
長頸《ちょうけい》・鶴首《つるくび》・鵞鳥首《がちょうくび》

▼短い
猪首《いくび》・入《い》り首《くび》・短頸《たんけい》

▼細い　細首《ほそくび》

▼鎌のように曲がった。蛇などにいう
鎌首《かまくび》

▼首の喉《のど》に当たる部分　喉頸《のどくび》

▼喉の中間にある甲状軟骨の突き出た所
喉仏《のどぼとけ》・喉骨《のどぼね》

▼寝ている人の　寝首《ねくび》

▼相手をののしっていう
素首《そくび》・素《そ》っ首《くび》

▼ねじり殺す　捩《ね》じ首《くび》

▼切り取った
斬《き》り首《くび》・切《き》り首《くび》・鎌首《かまくび》・掻《か》き首《くび》

▼切り取ったばかりの　生首《なまくび》

▼討ち取った
首級《しゅきゅう》・首《しるし》・御首《みしるし》

▼さらした
竿首《かんしゅ》・梟首《きょうしゅ》・晒《さら》し首《くび》・獄門首《ごくもんくび》

「髪」に関する主な言葉

▼頭に生えている毛
髪《かみ》・頭髪《とうはつ》・毛髪《もうはつ》・髪《かみ》の毛《け》

▼頭髪の尊敬・丁寧語
御髪《おぐし》・御髪《みぐし》

▼頭に生えている自分の
地髪《じがみ》・地毛《じげ》

▼髪の毛の一本一本　毛筋《けすじ》

▼一本の髪の毛　一髪《いっぱつ》

▼頭の左右側面の　鬢《びん》

▼びんの先　小鬢《こびん》

▼びんの耳の前　揉《も》み上《あ》げ

▼えり首あたりの　襟髪《えりがみ》・領髪《えりがみ》

▼髪の毛が渦巻き状に
旋毛《つむじ》・辻毛《つじげ》
▼固い髪の毛　剛毛《ごうもう》
▼細い　毫髪《ごうはつ》・毫毛《ごうもう》
▼縮れた
縮れ毛《ちぢれげ》・癖髪《くせがみ》・縮れっ毛《ちぢれっけ》・癖毛《くせげ》
▼少ない　寡髪《かはつ》
▼まばらに生えた　疎髪《そはつ》
▼髪の毛が抜け落ちること。その毛
抜け毛《ぬけげ》
▼額の前に垂らした　前髪《まえがみ》
▼女性が髪を結ったり束ねたりしたとき、両びんやえり足に残って垂れ下がった生え際《ぎわ》の短い毛
後れ毛《おくれげ》・後れ髪《おくれがみ》
▼垂らし下げた　垂れ髪《たれがみ》
▼毛を一緒に束《たば》ねて結んだ所
髻《もとどり》・髻《たぶさ》
▼日本髪の後方に張り出した
髱《たぼ》・髱髪《たぼがみ》
▼髪を結うときに添える
入れ髪《いれがみ》・入れ毛《いれげ》・髢《かもじ》・髪文字《かもじ》
▼乱れた
乱髪《らんぱつ》・乱れ髪《みだれがみ》・蓬髪《ほうはつ》・頭蓬《とうほう》
▼寝て乱れた
寝乱れ髪《ねみだれがみ》・寝腐れ髪《ねくたれがみ》
▼洗ったばかりの
洗い髪《あらいがみ》・濡れ髪《ぬれがみ》
▼怒りのために逆立った　怒髪《どはつ》
▼亡くなった人の形見の　遺髪《いはつ》
▼黒ぐろとしてつやのある
黒髪《くろかみ》・緑の黒髪《みどりのくろかみ》・烏《からす》の濡《ぬ》れ羽色《ばいろ》・烏《う》羽《ば》玉《たま》藻《も》
▼半分白い
胡麻塩《ごましお》・斑白《はんぱく》・半白《はんぱく》・頒白《はんぱく》
▼白髪交じりの乱れた　吹雪《ふぶき》
▼白くなった
頭の雪《かしらのゆき》・年の雪《としのゆき》・白髪《はくはつ》・白髪《しらが》・霜《しも》・皓髪《こうはつ》・頭の霜《かしらのしも》・霜雪《そうせつ》
▼若いときから生えている白い
若白髪《わかしらが》
▼白くて美しい　銀髪《ぎんぱつ》
▼老女の白い　九十九髪《つくもがみ》
▼老人の黄色い　黄髪《こうはつ》
▼西洋人の赤い　紅毛《こうもう》・赤毛《あかげ》
▼西洋人の金色の　金髪《きんぱつ》

「顔・ひげ」に関する主な言葉

▼顔の全体
顔《かお》・顔《かんばせ》・顔面《がんめん》・面部《めんぶ》・面《おも》輪《わ》・満面《まんめん》・容貌《ようぼう》・容顔《ようがん》・面《つら》・面《めん》・面《おもて》・面《おも》
▼髪の生え際から眉まで
額《ひたい》・前額《ぜんがく》
▼眉と眉の間　眉間《みけん》
▼眉のあたり　眉宇《びう》

▼耳の上の物をかむと動く所
顳顬《こめかみ》・蟀谷《こめかみ》
▼目の下の部分　頰《ほお》・頰《ほ》っぺた
▼笑うとできる頰のくぼみ　靨《えくぼ》
▼口の上下　顎《あご》
▼上あご　上顎《じょうがく》
▼下あご　下顎《かがく》・頤《おとがい》
▼皮膚が二重になったあご
二重顎《にじゅうあご》
▼唇の上に生える毛　髭《ひげ》・口髭《くちひげ》
▼あごに生える毛　鬚《ひげ》・顎鬚《あごひげ》
▼頰《ほお》の付近に生える毛
髯《ひげ》・頰髯《ほおひげ》
▼あごひげと頰ひげ　鬚髯《しゅぜん》
▼美しいひげ　美髯《びぜん》・美鬚《びしゅ》
▼量の少ない　ちょび髭《ひげ》・小髭《こひげ》
▼まばらで薄い　泥鰌髭《どじょうひげ》・疎髯《そぜん》
▼なまずのような　鯰髭《なまずひげ》
▼白い
白髯《はくぜん》・白髯《しらひげ》・白鬚《はくしゅ》・白鬚《しらひげ》・
霜鬚《そうしゅ》
▼赤い　赤鬚《あかひげ》・紅髯《こうぜん》
▼銀白色の　銀髯《ぎんぜん》
▼鎌のようにはね上げた　鎌髭《かまひげ》
▼あごの下に長く垂れた
山羊鬚《やぎひげ》
▼ひげが伸びた
髭面《ひげづら》・無精髭《ぶしょうひげ》・不精髭《ぶしょうひげ》・髭《ひげ》
もじゃ
▼作ったひげ。また、それを付ける
付《つ》け髭《ひげ》
▼高く出ている額《ひたい》　おでこ
▼額の中央　真《ま》っ向《こう》
▼髪の生え際《ぎわ》が富士山のような形の額
富士額《ふじびたい》・火灯額《かとうびたい》・雁額《かりがねびたい》

「目・眉」に関する主な言葉

▼顔の前面にあって物を見る働きをする器官
目《め》・眼《め》・眼《まなこ》・目《め》の玉《たま》・目《め》玉《だま》・眼球《がんきゅう》・瞳《ひとみ》・眸《ひとみ》・眸子《ぼうし》
▼目の玉の中にある黒い部分
瞳《ひとみ》・眸《ひとみ》・瞳孔《どうこう》
▼大きな目　大目玉《おおめだま》・巨眼《きょがん》
▼丸くてくりくりした
団栗眼《どんぐりまなこ》・団栗目《どんぐりめ》
▼眼球の入っている頭骨の穴
眼窩《がんか》・眼窠《がんか》
▼飛び出た　出目《でめ》・出眼《でめ》
▼くぼんだ
奥目《おくめ》・金壺眼《かなつぼまなこ》・猿眼《さるまなこ》
▼少し開いた　細目《ほそめ》・薄目《うすめ》
▼耳に近い方の目の端《はし》

目尻《めじり》・眦《まなじり》・眥《まなじり》

▼鼻に近い方の目の端《はし》　目頭《めがしら》

▼目尻が長い　切《き》れ長《なが》

▼目尻が上がった　吊《つ》り目《め》・上《あ》がり目《め》

▼目尻が下がった　垂《た》れ目《め》・下《さ》がり目《め》

▼眼球の上下を覆って開閉する皮膚　瞼《まぶた》・目蓋《まぶた》・眼瞼《がんけん》

▼目の縁《ふち》のこと　目縁《まぶち》

▼一重の　一重瞼《ひとえまぶた》

▼二重の　二重瞼《ふたえまぶた》・二皮目《ふたかわめ》

▼澄み切って美しい　明眸《めいぼう》

▼眼球の白い部分　白目《しろめ》・白眼《しろめ》・白眼《しろまなこ》・白目《しろめ》玉《だま》・白眼玉《しろめだま》

▼眼球の黒い部分　黒目《くろめ》・黒眼《くろめ》・黒眼《くろまなこ》・黒目《くろめ》玉《だま》・黒眼玉《くろめだま》

▼眼鏡・望遠鏡などを使わない人間自身の　肉眼《にくがん》

▼人工の眼球　義眼《ぎがん》・入《い》れ目《め》

▼白い斑点のある　星眼《ほしめ》・星目《ほしめ》

▼緑の　碧眼《へきがん》・緑眼《りょくがん》

▼西洋人の青い　青目《あおめ》・碧眼《へきがん》

▼赤い　赤目《あかめ》・赤眼《あかめ》・血目《ちめ》・血眼《ちめ》

▼両方の　両眼《りょうがん》・両目《りょうめ》・双眸《そうぼう》・双眼《そうがん》・諸目《もろめ》

▼片方の　隻眼《せきがん》・独眼《どくがん》・一《ひと》つ目《め》・片目《かため》

▼左の　左眼《さがん》・左目《ひだりめ》

▼右の　右眼《うがん》・右目《みぎめ》

▼左右の目のうち、はっきり見える方の　利《き》き目《め》

▼構造が簡単な　単眼《たんがん》

▼多くの個眼が集まった　複眼《ふくがん》

▼近視の　近眼《きんがん》・近目《ちかめ》

▼遠視の　遠眼《えんがん》・遠目《とおめ》

▼老いて衰えた　老眼《ろうがん》

▼美しい眉　柳眉《りゅうび》・柳《やなぎ》の眉《まゆ》・遠山《えんざん》の眉《まゆ》

▼三日月形の　三日月眉《みかづきまゆ》・曲眉《きょくび》・蛾眉《がび》・細眉《ほそまゆ》

▼長く横に引いた　連山《れんざん》の眉《まゆ》

▼長くて湾曲し根の太い　地蔵眉《じぞうまゆ》

▼両方の　双眉《そうび》

▼うれいを含んだ　愁眉《しゅうび》

▼雪のように白い老人の　眉雪《びせつ》

▼黒く墨をさした　黒眉《くろまゆ》・鶯眉《うぐいすまゆ》・引《ひ》き眉《まゆ》・黛《まゆずみ》・眉墨《まゆずみ》・作《つく》り眉《まゆ》

▼緑色の美しい　翠眉《すいび》

「耳」に関する主な言葉

▼顔の左右にあって聞く働きをする器官
耳《みみ》・耳朶《じだ》
▼耳の下部の柔らかい部分
耳朶《みみたぶ》・耳埵《みみたぶ》・耳朶《みみたぼ》・耳埵《みみたぼ》
▼耳の外の部分。鼓膜まで　外耳《がいじ》
▼耳の鼓膜から内耳までの部分
中耳《ちゅうじ》
▼耳の最も奥の部分　内耳《ないじ》
▼頭の両側に突き出た外耳の貝殻状の部分
耳介《じかい》・耳殻《じかく》
▼耳たぶの大きい耳　福耳《ふくみみ》
▼耳たぶの垂れた　垂《た》れ耳《みみ》
▼長い　長耳《ながみみ》・兎耳《うさぎみみ》
▼遠くの音もよく聞き取れる
遠耳《とおみみ》

「鼻」に関する主な言葉

▼顔の中央に隆起し、呼吸や嗅《か》ぐ働きをする
鼻《はな》
▼鼻の左右両側　小鼻《こばな》・鼻翼《びよく》
▼眉間から鼻の下まで
鼻筋《はなすじ》・鼻梁《びりょう》・鼻道《はなみち》・鼻茎《はなぐき》
▼鼻の中央を通る軟骨
鼻柱《はなばしら》・鼻準《びじゅん》
▼鼻の下　鼻下《びか》
▼鼻の下のみぞ　鼻溝《はなみぞ》
▼鼻の先　鼻面《はなづら》・鼻《はな》っ面《つら》・鼻先《はなさき》
▼鼻の穴　鼻孔《びこう》
▼鼻の穴の空間　鼻腔《びこう》・鼻腔《びくう》
▼眠ったときに鼻の穴から出る音
鼾《いびき》・鼻鼾《いびき》

▼鼻の穴から出る液体
洟《はな》・鼻液《びえき》・鼻汁《はなじる》・鼻水《はなみず》
▼大きな　大鼻《おおばな》・巨鼻《きょび》
▼高い　高鼻《こうび》・鼻高《はなだか》・隆鼻《りゅうび》
▼低くて横に広がっている
胡座鼻《あぐらばな》・胡坐鼻《あぐらばな》
▼低くて小鼻の開いた
獅子鼻《ししばな》・獅子《しし》っ鼻《ぱな》
▼すごく低い
鼻潰《はなつぶ》れ・鼻《はな》ぺちゃ
▼先の丸い
団子鼻《だんごばな》・団子《だんご》っ鼻《ぱな》
▼先のとがった　尖鼻《せんび》・尖《とが》り鼻《ばな》
▼鼻筋が段になっている　段鼻《だんばな》
▼とがって曲がった
鷲鼻《わしばな》・鉤鼻《かぎばな》・鉤鼻《かぎはな》・鉤《かぎ》っ鼻《ぱな》
▼酒や病気のために赤い　赤鼻《あかばな》
▼赤くてぶつぶつの　石榴鼻《ざくろばな》

「口」に関する主な言葉

▼物を食べ、話す器官　口《くち》

▼大きく開いた口　大口《おおぐち》

▼横に大きい　鰐口《わにぐち》

▼怒ってとがった
角口《つのぐち》・尖《とが》り口《ぐち》

▼つぼめたかわいい
おちょぼ口《ぐち》・御《お》壺《つぼ》口《ぐち》

▼口の端　口角《こうかく》

▼口のあたり
口辺《こうへん》・口許《くちもと》・口元《くちもと》

「歯」に関する主な言葉

▼食物をかみ砕く器官　歯《は》

▼歯と牙《きば》　歯牙《しが》

▼口の前面にある上下各四本の歯
前歯《まえば》・門歯《もんし》

▼前面の上の
向《む》こう歯《ば》・向《む》か歯《ば》

▼前面上の二本のうち左側の
大黒歯《だいこくば》

▼前面上の二本のうち右側の
恵比寿歯《えびすば》

▼口の奥にあるうすのような形の
奥歯《おくば》・臼歯《うすば》・臼歯《きゅうし》

▼門歯と臼歯の間
犬歯《けんし》・糸切《いとき》り歯《ば》

▼最も遅く生える奥歯
知歯《ちし》・智歯《ちし》・知恵歯《ちえば》・親不知《おやしらず》歯《ば》・親不知《おやしらず》・第三大臼歯《だいさんだいきゅうし》

▼老人になって生える
瑞歯《みずは》・稚歯《みずは》

▼乳児のときに生えて六、七歳で抜ける
乳歯《にゅうし》・代《か》わり歯《は》・乳《ち》飲《の》み歯《ば》

▼乳歯と入れ代わりに生える
永久歯《えいきゅうし》・成歯《せいし》

▼歯の口内に出ている部分　歯冠《しかん》

▼歯茎の中に入っている部分
歯根《しこん》

▼歯の中の空所を満たす柔らかい組織
歯髄《しずい》

▼歯の付け根の肉
歯茎《はぐき》・歯肉《しにく》・歯齦《しぎん》

▼歯の根がはまっているあごの骨の穴
歯槽《しそう》

▼白く美しい　皓歯《こうし》・白歯《しらば》

▼玉を並べたように美しい
玉歯《ぎょくし》

▼黒く染めた
御歯黒《おはぐろ》・鉄漿《おはぐろ》・染《そ》め歯《ば》・涅《でっ》歯《し》・涅歯《ねっし》

▼重なって生えた
八重歯《やえば》・添《そ》い歯《ば》

▼外へ突き出た八重歯　鬼歯《おにば》

▼斜めに突き出た前歯　反《そ》っ歯《ぱ》・出《で》っ歯《ぱ》

▼不揃いな　乱杙歯《らんぐいば》

▼丈夫な　堅歯《けんし》

▼虫の食ったような　虫歯《むしば》・齲歯《うし》・虫齧め歯《むしかめば》

▼子どもの黒くなって欠けた　味《み》噌《そ》っ歯《ぱ》

▼人造の　入《い》れ歯《ば》・義歯《ぎし》

▼金で作った入れ歯　金歯《きんば》

▼のこぎり状の　鋸歯《きょし》

「息」に関する主な言葉

▼空気を吸ったり吐いたりする　息《いき》・呼吸《こきゅう》・気息《きそく》

▼大きく息をする　深呼吸《しんこきゅう》・大息《たいそく》

▼腹で　腹式呼吸《ふくしきこきゅう》

▼鼻で　鼻息《はないき》・鼻息《びそく》

▼失望したりして　溜《た》め息《いき》・吐息《といき》

▼困ったときに　青息《あおいき》

▼嘆いたときに　嘆息《たんそく》・歎息《たんそく》

▼長いため息　長息《ちょうそく》・長嘆息《ちょうたんそく》・長大息《ちょうたいそく》

▼大きく緩やかな　太息《ふといき》

▼激しい鼻息　鼻風《はなかぜ》・鼻嵐《はなあらし》

▼絶えそうに弱い　片息《かたいき》・肩息《かたいき》・死《し》に息《いき》

▼今にも呼吸が止まりそう　息《いき》の下《した》・余喘《よぜん》

▼息が詰まる　窒息《ちっそく》

▼咳《せき》が出て息苦しい病　喘息《ぜんそく》

▼息をするようす　息遣《いきづか》い

▼息が止まったときに行う処置　人工呼吸《じんこうこきゅう》

▼眠っているときの呼吸　寝息《ねいき》

▼酒臭い　酒息《さかいき》

「息」に関する擬音語・擬態語

▼激しく動いた後などに苦しそうに息をする　はーはー

▼今にも死にそうな感じで激しい息遣いをする　はっはっ

▼疲れ切って苦しそうに大きく何度も吐く　ふーふー

▼短く軽く息を吐く　ふっと

▼安心して緊張がとけたときなどにため息をつく　ほっと

▼喘息《ぜんそく》や風邪などで苦しそうに息をする

ぜーぜー

「舌」に関する主な言葉

▼口の中にある味覚と言語をつかさどる器官
舌《した》・べろ

▼舌の先　舌先《したさき》・舌頭《ぜっとう》・舌尖《ぜっせん》

▼舌の付け根　舌《した》の根《ね》

▼舌の根の所に垂れ下がった円筒形の突起
小舌《ひこ》・喉彦《のどびこ》・喉《のど》ちんこ・口《こう》蓋垂《がいすい》

▼熱いものが食べられない　猫舌《ねこじた》

「肩・背・尻」に関する主な言葉

▼腕と胴体をつなぐ部分の上部
肩《かた》

▼肩の格好　肩付《かたつ》き

▼肩の上の方　肩頭《かたがしら》

▼肩の付け根に近い部分　肩口《かたぐち》・肩先《かたさき》

▼両方の肩　双肩《そうけん》

▼衣服を脱いだ片方の　片肌《かたはだ》

▼大きな　巨肩《きょけん》

▼なで下ろしたような形の　撫《な》で肩《がた》

▼角張った　怒《いか》り肩《がた》

▼野球などで球を遠くまで投げられる。また、その肩　強肩《きょうけん》

▼四十～五十歳代から起こる肩関節の痛み　四十肩《しじゅうかた》・五十肩《ごじゅうかた》

▼胸・腹の反対側の部分　背《せ》・背中《せなか》

▼曲がった背　猫背《ねこぜ》

▼腰の後方の下の部分　尻《しり》・尻《けつ》・臀部《でんぶ》・尻《しり》っぺた・おいど

▼突き出た尻　出《で》っ尻《ちり》・出尻《でじり》

▼消化器の末端で大便を排出する所　肛門《こうもん》

「手・腕・指」に関する主な言葉

▼肩から左右に出ている部分　手《て》

▼手と足　手足《てあし》・手足《しゅそく》

▼両手両足　四肢《しし》

▼手の全体　腕《うで》・腕《かいな》・上肢《じょうし》・大手《おおで》

▼腕と手の平のつながる部分　手首《てくび》・腕首《うでくび》

▼関節部分　肘《ひじ》・肱《ひじ》・臂《ひじ》

▼肩からひじまで　二《に》の腕《うで》・上膊《じょうはく》

▼ひじから手首まで
下膊《かはく》・前膊《ぜんはく》・小手《こて》
▼指の折れ曲がる方
手《て》の平《ひら》・掌《てのひら》・掌《たなごころ》・御手《おて》
の窪《くぼ》
▼手の平の反対側　手《て》の甲《こう》
▼手足の先に五本ずつ分かれ出たもの
指《ゆび》
▼指一本　一指《いっし》
▼指五本　五指《ごし》
▼指十本。両手の　十指《じっし》
▼第一指
親指《おやゆび》・拇指《ぼし》・巨指《きょし》・大指《おおゆび》
▼第二指
人差《ひとさ》し指《ゆび》・食指《しょくし》・塩嘗《しおな》め指《ゆび》
▼第三指
中指《なかゆび》・高指《たかゆび》・丈高指《たけたかゆび》・高高《たかたか》
指《ゆび》・長指《ちょうし》
▼第四指
薬指《くすりゆび》・無名指《むめいし》・紅差《べにさ》し指《ゆび》・
紅付《べにつ》け指《ゆび》
▼第五指　小指《こゆび》・季指《きし》
▼指の先端　指先《ゆびさき》・指頭《しとう》・手先《てさき》
▼親指・人差し指・中指の三本
三《み》つ指《ゆび》
▼指の内側の模様　指紋《しもん》
▼両方の手
両手《りょうて》・両腕《りょううで》・両《りょう》の手《て》・諸《もろ》
手《て》・双手《そうしゅ》
▼片方の
片手《かたて》・片腕《かたうで》・隻手《せきしゅ》・隻腕《せきわん》
▼右の
右手《みぎて》・右腕《うわん》・右手《めて》・馬手《めて》
▼左の
左手《ひだりて》・左腕《さわん》・左手《ゆんで》・弓手《ゆんで》
▼指を握りしめる
拳《こぶし》・拳固《げんこ》・拳骨《げんこつ》・握《にぎ》り拳《こぶし》
▼固いげんこつ　鉄拳《てっけん》
▼開いた手の平　平手《ひらて》

▼手に表れた筋　手筋《てすじ》
▼失った手の代わりに作った人工の
義手《ぎしゅ》
▼女性の細くてしなやかな　繊手《せんしゅ》
▼手が長いこと　手長《てなが》
▼左右の手のうち、よく動く
利《き》き手《て》・利《き》き腕《うで》
▼やせて力のない腕
細腕《ほそうで》・痩《や》せ腕《うで》

「胸・乳房」に関する主な言葉

▼首と腹との間、乳房のある部分
胸《むね》・胸部《きょうぶ》
▼胸部を取り巻く骨格
胸郭《きょうかく》・胸廓《きょうかく》
▼胸部の内部　胸腔《きょうくう》・胸腔《きょうこう》
▼胸の中央のくぼみ
鳩尾《みずおち》・鳩尾《みぞおち》

体

▼胸の平らな部分　胸板《むないた》

▼胸のあたり　胸元《むなもと》・胸間《きょうかん》

▼胸のみぞおちのあたり
胸先《むなさき》・胸前《むなさき》・胸落《むなお》ち

▼ろっ骨とろっ骨の間　肋間《ろっかん》

▼前に突き出た胸　鳩胸《はとむね》

▼腕の付け根の下
脇《わき》・腋《わき》・脇《わき》の下《した》・腋《わき》の下《した》

▼わきの下のくぼんだ所　腋窩《えきか》

▼乳を出す器官
乳房《ちぶさ》・乳房《にゅうぼう》・乳《ち》・乳《ちち》・おっぱい

▼乳房の先の乳を出す部分
乳首《ちくび》・乳首《ちちくび》・乳首《にゅうしゅ》・乳頭《にゅうとう》

「腹・へそ」などに関する主な言葉

▼胸腔と骨盤との間で、胃腸等を包む部分
腹《はら》・腹部《ふくぶ》・御腹《おなか》・土手《どて》っ腹《ぱら》

▼腹の側面
脇腹《わきばら》・横腹《よこばら》・片腹《かたはら》・脾腹《ひばら》

▼腹の下の部分
下腹《したばら》・下腹《かふく》・小腹《しょうふく》

▼突き出ている大きな腹
布袋腹《ほていばら》・太鼓腹《たいこばら》

▼皺《しわ》の寄った老人の腹　皺腹《しわばら》

▼腹部の中央にある穴のようにくぼんだ所
臍《へそ》・臍《ほそ》・臍《ほぞ》

▼突き出た　出臍《でべそ》

▼男女の生殖器
陰部《いんぶ》・局部《きょくぶ》・前《まえ》の物《もの》・局所《きょくしょ》・前《まえ》

▼男性の外にあらわれた生殖器
陰茎《いんけい》・男根《だんこん》・一物《いちもつ》・陽物《ようぶつ》・魔羅《まら》・摩羅《まら》・末羅《まら》

▼陰茎の先端部　亀頭《きとう》・雁首《がんくび》

▼女性の外陰部にある小突起
陰核《いんかく》・陰挺《いんてい》・核《さね》

▼睾丸《こうがん》の入った皮膚の袋
陰嚢《いんのう》・陰嚢《ふぐり》

▼成人後も亀頭が皮で包まれた状態のもの
包茎《ほうけい》

「腰」に関する主な言葉

▼背の下、尻の上の部分
腰《こし》・腰部《ようぶ》・小腰《こごし》

▼腰の左右の細い所
弱腰《よわごし》・細腰《ほそごし》・帯縛《おびしば》り・帯《おび》し

▼腰のあたり　腰間《ようかん》・腰元《こしもと》

▼腰のあたりの格好
腰付《こしつ》き・腰《こし》ばせ

▼腰部の周囲
腰回《こしまわ》り・ウエスト

▼細く弱々しい腰
細腰《ほそごし》・腰細《こしぼそ》

▼ハチのようにくびれた　蜂腰《ほうよう》

▼女性のしなやかな腰付き
柳腰《やなぎごし》・柳腰《りゅうよう》・腰細《こしぼそ》

▼老人の曲がった
海老腰《えびごし》・二重腰《ふたえごし》・腰折《こしお》れ

「足・脚」に関する主な言葉

▼腰から下全体
足《あし》・下肢《かし》・脚《あし》・脚《きゃく》

▼特に足首から爪先まで　足《あし》

▼足の幼児語　あんよ

▼他人の足の丁寧語　御御足《おみあし》

▼大きな　大足《おおあし》

▼足の踝《くるぶし》の上の部分、または下の称
足首《あしくび》・足頸《あしくび》

▼脚のひざから上
上腿《じょうたい》・大腿《だいたい》・股《もも》・股《また》・小股《こまた》

▼脚の付け根に近いもも　太腿《ふともも》

▼ももの内側
内腿《うちもも》・内股《うちもも》・内股《うちまた》

▼ももとすねの間の関節
膝《ひざ》・小膝《こひざ》

▼ひざの前面　膝頭《ひざがしら》・膝小僧《ひざこぞう》

▼左右のひざ　諸膝《もろひざ》

▼片方のひざ　片膝《かたひざ》

▼左右に開いたひざ。また、その座り方
割《わ》り膝《ひざ》

▼ひざ頭の下のくぼんだ所　三里《さんり》

▼ひざから足首までの部分
脛《すね》・臑《すね》・脛《はぎ》・下腿《かたい》

▼すねの前側
向《む》こう脛《ずね》・脛《すね》・臑《すね》・弁慶《べんけい》の泣《な》き所《どころ》

▼すねの後ろ側
脹《ふく》ら脛《はぎ》・脛《はぎ》・腓《こむら》・腓《こぶら》

▼毛が多く生えたすね　毛脛《けずね》

▼靴下などをはいていない足
素足《すあし》

▼急に走ったときなどに起こるふくらはぎのけいれん
腓返《こむらがえ》り

▼足首の両側に突き出た所　踝《くるぶし》

▼足の上側　足《あし》の甲《こう》

▼足の底の部分　足《あし》の裏《うら》

▼足の裏のくぼんだ所
土踏《つちふ》まず

▼足の裏の後部　踵《かかと》・踵《きびす》・踵《くびす》

▼足の指の先　爪先《つまさき》

▼脚と脚の間　股《また》・股間《こかん》

▼外の方に曲がっている両足。その人
蟹股《がにまた》

▼両足を広く開くこと
大股《おおまた》・大足《おおあし》

▼左右の足のうち、より自由のきく足
利《き》き足《あし》

▼足が胴につながる内側の部分

鼠蹊《そけい》・鼠径《そけい》

▼両足を広げてできる空間
股座《またぐら》・胯座《またぐら》

▼両方の
両足《りょうあし》・両脚《りょうあし》・双脚《そうきゃく》

▼片方の　片足《かたあし》・隻脚《せっきゃく》

▼失った足の代わりに作った人工の
義足《ぎそく》・義肢《ぎし》

「骨・関節・肌・毛・血・便」などに関する主な言葉

▼頭の骨　頭骨《とうこつ》・頭蓋《ずがい》・頭蓋骨《ずがいこつ》

▼背骨　脊柱《せきちゅう》・脊椎《せきつい》

▼脊椎の中にある中枢神経　脊髄《せきずい》

▼頭蓋に包まれた意識・神経活動の中枢
脳《のう》・頭脳《ずのう》・脳髄《のうずい》・脳味噌《のうみそ》

▼骨と骨とをつなぐ可動の部分
関節《かんせつ》

▼あちこちの関節　節節《ふしぶし》

▼骨の関節　骨《ほね》っ節《ぷし》

▼内臓
腸《はらわた》・腸《わた》・腑《ふ》・臓腑《ぞうふ》・五臓《ごぞう》・
六腑《ろっぷ》

▼内臓器官　臓器《ぞうき》

▼体の表面を包んでいる膜
皮膚《ひふ》・皮《かわ》・肌《はだ》・肌《はだえ》・膚《はだえ》

▼顔の表皮　面《つら》の皮《かわ》・面皮《めんぴ》

▼皮膚にある黒暗褐色の小さい斑点
黒子《ほくろ》

▼書き、または貼ったほくろ
入《い》れ黒子《ぼくろ》

▼主として顔にできる茶褐色の小さい斑点
雀斑《そばかす》・夏日斑《かじつはん》・雀卵斑《じゃくらんはん》

▼皮膚にできる赤・紫などの斑紋
痣《あざ》・黶《あざ》

▼皮膚にできる茶色の斑点
染《し》み・肝斑《しみ》

▼顔にできる小さな吹き出物
面皰《にきび》

▼頭の皮膚から分泌する皮脂が乾燥してできる白色のうろこ状のもの
雲脂《ふけ》・頭垢《ふけ》

▼皮膚・肌のようす　肌《はだ》付《つ》き

▼白く美しい肌
美肌《びはだ》・餅肌《もちはだ》・雪肌《ゆきはだ》

▼柔らかな
柔肌《やわはだ》・和膚《にきはだ》・柔膚《にきはだ》・和膚《にこはだ》・
柔膚《にこはだ》

▼生まれたままの　素肌《すはだ》・素膚《すはだ》

▼化粧されていない生地《きじ》の
地肌《じはだ》・地膚《じはだ》

▼上半身全部の
諸肌《もろはだ》・諸膚《もろはだ》・両肌《りょうはだ》

▼ざらざらした　鳥肌《とりはだ》・鮫肌《さめはだ》

▼かさかさした
荒《あ》れ肌《はだ》・膚《はだ》荒《あ》れ

▼あかじみた　渋皮《しぶかわ》

▼荒れやすい体質の　荒《あ》れ性《しょう》

体

▼脂ぎっている体質の　脂性《あぶらしょう》

▼皮膚の表面にある毛の生える穴　毛穴《けあな》・毛孔《けあな》

▼手・足などの皮膚の一部が絶えずこすられてできる固くて厚いもの　胼胝《たこ》

▼いつも座っているためできる足のたこ　座《すわ》り胼胝《だこ》・坐《すわ》り胼胝《だこ》

▼筋肉の一部が固まって盛り上がったもの　瘤《こぶ》・たん瘤《こぶ》

▼腕に力を入れたとき、二の腕に盛り上がる固い筋肉　力瘤《ちからこぶ》

▼こすれたため手足にできる水ぶくれ　肉刺《まめ》

▼皮膚の内出血のためにできる赤黒い豆状のもの　血豆《ちまめ》

▼足の裏にできるまめ　底豆《そこまめ》

▼筋肉が凝《こ》り固まったもの　痼《しこ》り・凝《しこ》り

▼皮膚に生えている細い糸状のもの　毛《け》

▼体に生えている　体毛《たいもう》

▼胸に生えている　胸毛《むなげ》

▼わきの下に生えている　脇毛《わきげ》・腋毛《わきげ》

▼脛《すね》に生えている　脛毛《すねげ》

▼鼻の穴に生えている　鼻毛《はなげ》

▼陰部に生えている　陰毛《いんもう》

▼顔などに生まれたときから生えている薄く柔らかい　産毛《うぶげ》

▼柔らかい　和毛《にこげ》

▼体内を流れる赤い液体　血《ち》・血液《けつえき》

▼血液の循環　血行《けっこう》・血《ち》の巡《めぐ》り・血《ち》の気《け》

▼血が血管の外に流れ出る　出血《しゅっけつ》

▼体の組織内で起こる小さい出血　溢血《いっけつ》

▼体内の動脈の流れる部分に異常に血液が増す状態　充血《じゅうけつ》

▼臓器や組織に静脈血がたまった状態　鬱血《うっけつ》

▼体の内部で起こる出血　内出血《ないしゅっけつ》

▼水分が少なくなってねばねばした　血糊《ちのり》

▼血が凝固する　凝血《ぎょうけつ》

▼外気に関係なく温かい　温血《おんけつ》

▼体温が低い　冷血《れいけつ》

▼生きた動物の　生《い》き血《ち》・生血《なまち》

▼色のあざやかな　鮮血《せんけつ》

▼流れ出る　血潮《ちしお》

▼人を斬ったときに飛び散る　血煙《ちけむり》

▼大便を排出する
排便《はいべん》・便通《べんつう》・通《つう》じ・脱糞《だっぷん》
▼無意識のうちに小便、大便をもらす
失禁《しっきん》
▼大便、小便をする
用便《ようべん》・手水《ちょうず》・用《よう》・排出《はいしゅつ》・排《はい》泄《せつ》・用足《ようた》し
▼大便が出ない
便秘《べんぴ》・秘結《ひけつ》・糞詰《ふんづ》まり
▼小便をする
排尿《はいにょう》・放尿《ほうにょう》・小用《しょうよう》・小用《こよう》・小水《しょうすい》
▼眠っていて気付かないうちにする小便
寝小便《ねしょうべん》・遺尿《いにょう》・おねしょ
▼小便が近い　頻尿《ひんにょう》
▼小便の出をよくする　利尿《りにょう》
▼屁《へ》をする
放屁《ほうひ》・放《ひ》る・おなら

川《かわ》・滝《たき》

大小・地形などからみた「川」

▼地表のくぼみに沿って水が集まって流れるもの
川《かわ》・河《かわ》・河川《かせん》・河流《かりゅう》・江流《こうりゅう》
▼細い、小さな
小川《おがわ》・細川《ささらがわ》・細小川《いささがわ》・細小《いささ》小川《おがわ》・細小川《いさらがわ》・細小小川《いさらおがわ》・細流《さいりゅう》・せせらぎ・せらぎ・小流《しょうりゅう》・細水《ほそみず》
▼大きな
大川《おおかわ》・大川《たいせん》・大河《たいが》・大江《たいこう》
▼地下を流れる　伏流《ふくりゅう》・水脈《すいみゃく》
▼谷間を流れる
谷川《たにがわ》・渓流《けいりゅう》・渓澗《けいかん》・渓水《けいすい》
▼流れの細い谷川　細谷川《ほそたにがわ》
▼傾斜の急な地表を流れる
山流《さんりゅう》
▼深山《みやま》から流れる　深山川《みやまがわ》
▼河床が両側の平地より高い
天井川《てんじょうがわ》
▼傾斜のゆるやかな所を流れる
野流《やりゅう》
▼川底の浅い
瀬《せ》・湍《せ》・浅瀬《あさせ》・川瀬《かわせ》・高瀬《たかせ》

速さ・位置などからみた「川」

▼流れの速い　急流《きゅうりゅう》・早川《はやかわ》
▼流れの激しい
激流《げきりゅう》・奔流《ほんりゅう》・滝《たき》つ川《がわ》・滝《たき》川《がわ》・懸河《けんが》
▼流れの速い瀬

川・滝

早瀬《はやせ》・急湍《きゅうたん》・奔湍《ほんたん》・湍流《たんりゅう》

▼激しい早瀬　激湍《げきたん》

▼海などに流れ込む所
河口《かこう》・川口《かわぐち》・川尻《かわじり》・川裾《かわすそ》

▼水源に近い
上流《じょうりゅう》・川上《かわかみ》・水上《みなかみ》

▼流れの中間　中流《ちゅうりゅう》

▼海などに出るあたり
下流《かりゅう》・川下《かわしも》・水下《みなしも》・末流《まつりゅう》・末流《ばつりゅう》

▼神社のそばを流れる
御手洗川《みたらしがわ》・御手洗《みたらし》

▼よどんで深い所　淵《ふち》・深淵《しんえん》

様態からみた「川」

▼水が絶え間なく流れる
流《なが》れ川《かわ》・流《なが》れ

▼二つ以上の川が流れ込んで、一つになる
合流《ごうりゅう》

▼一筋の流れ　一水《いっすい》・一流《ひとなが》れ

▼古くから流れている
古川《ふるかわ》・古河《ふるかわ》

▼清らかな　清流《せいりゅう》

▼清らかな流れの谷川　清澗《せいかん》

▼濁った　濁流《だくりゅう》

▼泥深い　沼川《ぬまがわ》

▼どぶのように汚れた小川　溝川《どぶがわ》

▼氾濫を起こしやすい　暴《あば》れ川《がわ》

▼貫いて流れる　貫流《かんりゅう》

▼他の川とは反対に流れる
逆《さか》さ川《がわ》・逆《さか》さま川《がわ》

▼めぐり流れる
環流《かんりゅう》・周流《しゅうりゅう》・回流《かいりゅう》・廻流《かいりゅう》

▼高緯度や高山で氷のかたまりが次第に流れ下る
氷河《ひょうが》

▼下流が途中でなくなっている
末無《すえな》し川《がわ》・尻無《しりな》し川《がわ》

▼降雨のときのほか流れのない
水無瀬川《みなせがわ》

種別・名称などからみた「川」

▼名高い　名川《めいせん》・名水《めいすい》

▼鵜飼いをする　鵜川《うかわ》

▼漁を禁止した　留川《とめかわ》・御留川《おとめかわ》

▼杣《そま》木を流し下す　杣川《そまがわ》

▼川のほとり
岸《きし》・岸辺《きしべ》・水際《みずぎわ》・川岸《かわぎし》・河岸《かし》・河岸《かがん》・河畔《かはん》・川原《かわら》・川端《かわばた》・畔《ほとり》・辺《ほとり》・水辺《みずべ》・川辺《かわべ》・川縁《かわべり》・リバーサイド

▼川の水面　川面《かわも》

▼下流に向かって右　右岸《うがん》

川・滝

▼下流に向かって左　左岸《さがん》

▼土砂がたまって水面上に現れる　州《す》・洲《す》・砂州《さす》・砂洲《さす》

▼土砂がたまり、水面上に現れて島のようになった所　中州《なかす》・中洲《なかす》・中州《なかず》・中洲《なかず》

▼土砂が堆積して河口にできた三角形の地　三角州《さんかくす》・三角洲《さんかくす》

▼蛇行《だこう》により河道が切れてできた湖　河跡湖《かせきこ》・三日月湖《みかづきこ》

▼川が山地から平地に出てつくった扇形の地形　扇状地《せんじょうち》

▼水が流れる地面　川床《かわどこ》・河床《かしょう》

▼川の入江　江川《えがわ》・江河《えがわ》

▼港のある入江　港江《みなとえ》

▼水の濁った入江　濁《にご》り江《え》

▼水の流れ出るもと　源《みなもと》・水源《すいげん》・源流《げんりゅう》

▼川の折れ曲がって流れる所　川曲《かわわ》・川曲《かわわた》・川隈《かわくま》

▼主となる　本流《ほんりゅう》・主流《しゅりゅう》

▼分かれ流れる　支流《しりゅう》・分流《ぶんりゅう》・枝流《えだなが》れ・傍《ぼう》流《りゅう》・余流《よりゅう》・枝川《えだかわ》

季節・行事からみた「川」

▼秋のころの澄んだ流れ　秋水《しゅうすい》

▼夏、河原の桟敷や川舟での納涼　川涼《かわすず》み

▼夏越《なご》しの祓《はらえ》に行う夏の行事　川祓《かわはらえ》

▼五月雨《さみだれ》で増水して濁った　五月川《さつきがわ》

▼夏に特に川で魚をとる　川狩《かわが》り・川猟《かわりょう》・川《かわ》せせり

▼川の納涼初めを祝う行事　川開《かわびら》き

様態からみた「滝」

▼高所から急激に流れ落ちる　滝《たき》・瀑布《ばくふ》・飛泉《ひせん》・飛瀑《ひばく》・滝《たき》つ瀬《せ》・白糸《しらいと》・垂水《たるみ》

▼滝の水が落ちるくぼんだ所　滝壺《たきつぼ》

▼一対の滝のうち大きい方　雄滝《おだき》

▼一対の滝のうち小さい方　雌滝《めだき》・女滝《めだき》

▼水のなくなった　涸《か》れ滝《たき》・枯《か》れ滝《たき》

災害と利用からみた「川」

▼河川の水があふれ出る

川・滝

洪水《こうずい》・氾濫《はんらん》・大水《おおみず》・大水《たいすい》・出水《しゅっすい》・出水《でみず》

▼堤防が切れて水があふれ出る
決水《けっすい》

▼洪水による災害　水害《すいがい》

▼掘って水を通す
堀《ほり》・堀川《ほりかわ》・堀割《ほりわり》・疎水《そすい》・疏《そ》水《すい》・渠《きょ》・運河《うんが》・水路《すいろ》・溝渠《こうきょ》

▼ふたをされていない水路　明渠《めいきょ》

▼覆いをした水路　暗渠《あんきょ》

▼飲料その他に使われる水を通す設備
上水道《じょうすいどう》・水道《すいどう》・用水路《ようすいろ》

▼汚水を流す設備
下水道《げすいどう》・下水《げすい》

▼川の中や湖に設けた水流を調節するしきり
堰《せき》・堰《いせき》・堰堤《えんてい》

▼貯水池や水路に設けた水流を調節する門
水門《すいもん》

▼水があふれないよう築いたもの
堤《つつみ》・堤《てい》・土手《どて》・堤防《ていぼう》

信仰や伝説からみた「川」

▼死後七日目に渡るという
三途《さんず》の川《かわ》・三《み》つ瀬川《せがわ》・渡《わた》り川《がわ》・三途川《そうずがわ》・葬頭川《そうずがわ》

▼三途の河原　賽《さい》の河原《かわら》

▼神仏に参拝する際にみそぎする
祓川《はらえがわ》

▼みそぎを行う　禊川《みそぎがわ》

▼河川を守護する神
河《かわ》の神《かみ》・河伯《かわのかみ》・河伯《かはく》

▼神話で天上界にある河原
天《あま》の河原《かわら》

▼七月七日に牽牛星と織女星が渡るという
天《あま》の川《がわ》・天《あま》の河《がわ》・安《やす》の河《かわ》・銀《ぎん》河《が》・銀漢《ぎんかん》・天漢《てんかん》・天河《てんが》・河漢《かかん》・天《あま》の戸河《とがわ》・星河《せいが》・星漢《せいかん》・雲漢《うんかん》

▼陰暦六月と十二月の年二回行われる水神の祭り
川祭《かわまつ》り

「流れる」の擬音語・擬態語

▼よどみなく浅い所を
さらさら

▼水が激しく　ざーざー

▼川を渡るときなど水を絶えず動かす
ざぶざぶ

▼水が勢いよく
しゃーしゃー・しゃーっと

▼大量に水が勢いよく
じゃーじゃー

▼一度に多量に水が流れ込む
だーっと

▼少しの水が　ちょろちょろ
▼狭い所から流れ出る　とくとく
▼水が盛んに流れ出る　どくどく
▼大きくて重い物が水に浮き沈みながら　どんぶりこ・どんぶらこ

「川」に関する成語・ことわざ

［浅《あさ》い川《かわ》も深《ふか》く渡《わた》れ］
浅い川でも渡るときは深い川と同様に用心して渡らなくてはいけないという教え。

［一衣帯水《いちいたいすい》］（⇒「海《うみ》・波《なみ》・潮《しお》」一一七ページ）

［川下三尺《かわしもさんじゃく》］
川の水は三尺も流れて行けば汚れがなくなるということ。「一尺《いっしゃく》」は、約三〇・三センチメートル。

［川虹《かわにじ》立《た》ったら川越《かわこ》すな］
川をまたいで虹が立ったら雨の前触れであるから、遠くまで行くなということ。

考《かん》える・考《かん》え

……思考・意見

あれこれ考えをめぐらせる「考える・考え」

▼考える
思考《しこう》・思惟《しい》・思惟《しゆい》・考思《こうし》・思念《しねん》

▼考え
思想《しそう》・意想《いそう》・意中《いちゅう》・心慮《しんりょ》・心底《しんてい》・存慮《そんりょ》・旨意《しい》・思惑《おもわく》・論《ろん》・念頭《ねんとう》・料簡《りょうけん》・了見《りょうけん》・了簡《りょうけん》

▼筋の通った　理屈《りくつ》・道理《どうり》

▼よく　熟考《じゅっこう》・熟慮《じゅくりょ》・熟思《じゅくし》・勘考《かんこう》・思案《しあん》・思考《しこう》・考察《こうさつ》・計慮《けいりょ》・惟《おもんみ》る

▼いろいろ　思慮《しりょ》・思料《しりょう》・思《おも》い巡《めぐ》らす・思案《しあん》・思議《しぎ》・百考《ひゃっこう》・千慮《せんりょ》・万慮《ばんりょ》・万考《ばんこう》・慮《おもんぱか》る

▼深く考える。またそのさま　沈思《ちんし》・深思《しんし》・深慮《しんりょ》・念慮《ねんりょ》・潜考《せんこう》・潜思《せんし》・潜心《せんしん》・尋思《じんし》・掘《ほ》り下《さ》げる・考《かんが》え深《ぶか》い・思慮深《しりょぶか》い・思案深《しあんぶか》い

▼子細に　細思《さいし》

▼筋道を立てて深く　思索《しさく》・思惟《しい》

▼ある物事についてのしっかりした　見識《けんしき》・識見《しきけん》・識見《しっけん》

▼あれこれの事柄・要素・条件などを

考える・考え……思考・意見

考え合わせる
考慮《こうりょ》・勘案《かんあん》・校勘《こうかん》・参考《さんこう》・参勘《さんかん》・考量《こうりょう》・思量《しりょう》・商量《しょうりょう》・鑑《かんがみ》る

▼筋の通った考えかどうか判断する
分別《ふんべつ》

▼信じて疑わない　信念《しんねん》

新しい考え、指向性のある「考える・考え」

▼これまで誰も考えつかなかった考え
創意《そうい》・創案《そうあん》・新機軸《しんきじく》・新案《しんあん》

▼よい手段・方法を考え出す
考案《こうあん》・案出《あんしゅつ》・立案《りつあん》・発案《はつあん》・工夫《くふう》・意匠《いしょう》・才覚《さいかく》

▼あることを考えつく
着想《ちゃくそう》・着意《ちゃくい》・考《かんが》え付《つ》く・思《おも》い付《つ》く・発想《はっそう》・思《おも》い付《つ》き・発意《はつい》・発意《ほつい》

▼先ざきのことや細かいことまでよく考える
遠慮《えんりょ》・深慮《しんりょ》・知慮《ちりょ》・智慮《ちりょ》

▼のちのちのことを　後勘《こうかん》

▼深く考えて明らかにする
考究《こうきゅう》・探究《たんきゅう》・考覈《こうかく》

▼道理や事情などからおしはかって
推考《すいこう》・推察《すいさつ》

▼論理をおしはかって深く考えきわめる
推究《すいきゅう》

▼論じ考察を加える
論考《ろんこう》・論攷《ろんこう》

▼考え調べる　考査《こうさ》・勘審《かんしん》

▼考え評議する　思議《しぎ》

▼考えてはっきりさせる
考定《こうてい》・勘定《かんてい》・勘定《かんじょう》・勘決《かんけつ》

▼物事を理解して考えを決める
判断《はんだん》・判定《はんてい》

▼十分に考えて判断する
熟察《じゅくさつ》・考量《こうりょう》

▼こうしようと考える
意図《いと》・構想《こうそう》・ビジョン

▼どうしたいか、どうするつもりかという
意向《いこう》・意嚮《いこう》・意思《いし》

▼物事を考え処理していく能力
知恵《ちえ》・智慧《ちえ》・知力《ちりょく》・智力《ちりょく》・知能《ちのう》・英知《えいち》・英智《えいち》・叡知《えいち》・叡智《えいち》・インテリジェンス

▼多くのものの中から適否などを考えて選ぶ
選考《せんこう》・銓衡《せんこう》・ピックアップ

▼おもしろみやおもむきを出すための新しい
趣向《しゅこう》

▼事の善悪・当否などを考え見分ける
勘弁《かんべん》

▼よく考えて物の道理をわきまえる
思弁《しべん》

▼昔のことについて　考古《こうこ》

▼古い事柄について調べ考え、証拠をあげて説明する　考証《こうしょう》

他との関わりでの「考え」、第三者の「考え」

▼自分だけの　私見《しけん》・私考《しこう》・私意《しい》・私議《しぎ》・独見《どっけん》・我見《がけん》・一存《いちぞん》

▼自分の考えの謙譲語　私見《しけん》・卑見《ひけん》・鄙見《ひけん》・陋見《ろうけん》・管見《かんけん》・愚考《ぐこう》・愚見《ぐけん》・愚慮《ぐりょ》・愚意《ぐい》・愚案《ぐあん》・鄙懐《ひかい》・愚存《ぐぞん》・浅見《せんけん》

▼他の人の、また、その尊敬語　貴意《きい》・尊意《そんい》・思《おぼ》し召《め》し・貴慮《きりょ》・御考《おかんが》え・高慮《こうりょ》・賢慮《けんりょ》・尊慮《そんりょ》・尊旨《そんし》

▼全員の　総意《そうい》

▼相手と同じ　同意《どうい》・同腹《どうふく》

▼他の人とは違った　他意《たい》・他念《たねん》・余念《よねん》・異存《いぞん》

▼他の人びとの　思惑《おもわく》

▼目下の者の。また、大衆の　下意《かい》・衆慮《しゅうりょ》

▼貴人の　台慮《たいりょ》

▼主君や支配者の　上意《じょうい》

▼天皇や天子などの　天慮《てんりょ》・聖慮《せいりょ》・大御心《おおみこころ》・叡慮《えいりょ》・宸慮《しんりょ》・聖旨《せいし》・叡旨《えいし》・思《おぼ》し召《め》し・宸旨《しんし》・聖意《せいい》・宸意《しんい》

賢愚・正誤・考え直しなどからみた「考える・考え」

▼賢明な　賢慮《けんりょ》

▼平凡な　凡慮《ぼんりょ》

▼愚かな　愚慮《ぐりょ》

▼浅薄な　浅慮《せんりょ》・短慮《たんりょ》・浅見《せんけん》・短見《たんけん》・管見《かんけん》

▼道理にかなった正しい　正論《せいろん》

▼誤った　謬見《びゅうけん》・不所存《ふしょぞん》・考《かんが》え違《ちが》い・勘違《かんちが》い・思《おも》い違《ちが》い

▼迷っている　迷想《めいそう》・妄想《もうそう》

▼同じ事柄をもう一度　再考《さいこう》・再思《さいし》・考《かんが》え直《なお》す・思《おも》い直《なお》す

▼考え直す必要がありそう　考《かんが》え物《もの》

▼よく考えねばならない場合　思案所《しあんどころ》・分別所《ふんべつどころ》

考え・意見の様態からみた「考える・考え」

▼あることについてもっている　思想《しそう》・意見《いけん》・所見《しょけん》・見解《けんかい》・

考える・考え……思考・意見

所思《しょし》・存念《ぞんねん》・所存《しょぞん》・存意《ぞんい》・存慮《ぞんりょ》・存《ぞん》じ寄《よ》り・論《ろん》

▼物事の本質や成り行きを見通す、すぐれた判断力・意見
見識《けんしき》・識見《しきけん》・識見《しっけん》・知見《ちけん》・智見《ちけん》

▼確固とした　定見《ていけん》

▼常にもち続けている強い
主張《しゅちょう》・持論《じろん》・持説《じせつ》

▼ひとかどの見識のある意見。また、その人独自の意見
一家言《いっかげん》

▼今までにない新しい　創見《そうけん》

▼広く事情を見通した
達見《たっけん》・達識《たっしき》

▼人並みすぐれた
卓見《たっけん》・卓識《たくしき》・一見識《いちけんしき》・高見《こうけん》

▼通俗的な　俗見《ぞっけん》

▼浅薄な　浅見《せんけん》・管見《かんけん》・短見《たんけん》

▼正しい意見・主張　正論《せいろん》

▼誤った　謬見《びゅうけん》

▼勝手な推測による　臆見《おっけん》

▼公平を欠いた
偏見《へんけん》・僻見《へきけん》・僻見《びゃっけん》

▼前もってつくられた固定的な見解
先入観《せんにゅうかん》・先入主《せんにゅうしゅ》・先入見《せんにゅうけん》・色眼鏡《いろめがね》・思《おも》い込《こ》み

▼自分だけの
私見《しけん》・私考《しこう》・私意《しい》・私議《しぎ》・自説《じせつ》・独見《どっけん》・我見《がけん》・一存《いちぞん》

▼自分の意見の謙譲語
私見《しけん》・卑見《ひけん》・陋見《ろうけん》・浅見《せんけん》・管見《かんけん》・愚見《ぐけん》・愚考《ぐこう》・愚案《ぐあん》・愚《ぐ》意《い》・愚慮《ぐりょ》・愚存《ぐぞん》・鄙懐《ひかい》・鄙見《ひけん》

▼他人の意見、またその尊敬語
高見《こうけん》・尊見《そんけん》・高慮《こうりょ》・尊慮《そんりょ》・賢《けん》慮《りょ》・貴慮《きりょ》・芳慮《ほうりょ》・尊意《そんい》・貴意《きい》

▼他の人と同じ意見で、それを容認する
同意《どうい》・同腹《どうふく》・同心《どうしん》・合意《ごうい》

▼他の人とは違った
異見《いけん》・異存《いぞん》・異《い》・異議《いぎ》・異論《いろん》

▼全体に共通している　総意《そうい》

▼世間の大多数の人の
世論《せろん》・世論《せいろん》・世論《よろん》・輿論《よろん》・公論《こうろん》・公議《こうぎ》・衆論《しゅうろん》

▼政治を行っていく上での　政見《せいけん》

▼物事の価値についての個人または集団の見解
価値観《かちかん》

人生についての見方からみた「考える・考え」

▼人生についての見解　人生観《じんせいかん》

▼世界および世界における人間のあり方についての意見
世界観《せかいかん》

▼歴史的世界の構造や発展に関する見解

考える・考え……思考・意見

史観《しかん》・歴史観《れきしかん》
▼現実をよい方向に考え、人生は楽しいものであるとする見解
楽天観《らくてんかん》・楽天主義《らくてんしゅぎ》・楽観論《らっかんろん》・オプチミズム
▼物事を悪い方にばかり考え、人生を悲観する見解
厭世観《えんせいかん》・悲観主義《ひかんしゅぎ》・悲観論《ひかんろん》・ペシミズム
▼現実に即して合理的に事を処していこうとする見解
現実主義《げんじつしゅぎ》・リアリズム
▼理想的な人生を構築しようとする見解
理想主義《りそうしゅぎ》・イデアリズム
▼すべての事象は運命的に決まっていて人間は無力であるという見解
宿命観《しゅくめいかん》・宿命論《しゅくめいろん》・運命論《うんめいろん》
▼人の世は変転きわまりなく生命ははかないものとする見解
無常観《むじょうかん》

さまざまな様態からみた「考える・考え」

▼静かに
静思《せいし》・静慮《せいりょ》・思《おも》い澄《す》ます
▼黙って深く
黙考《もっこう》・黙思《もくし》・黙想《もくそう》・黙念《もくねん》
▼目を閉じて心を集中し深く
瞑想《めいそう》・冥想《めいそう》
▼反省して
省察《せいさつ》・省察《しょうさつ》・省慮《せいりょ》・省思《せいし》
▼ある事をしようという考えを起こす
思《おも》い立《た》つ・考《かんが》え付《つ》く
▼ある考えを抱くようになる
思《おも》い寄《よ》る
▼ある考えに没頭する
思《おも》い耽《ふけ》る
▼繰り返し　覆考《ふっこう》
▼考えがそこまで達する
思《おも》い至《いた》る・思《おも》い及《およ》ぶ・考《かんが》え及《およ》ぶ
▼物事の進み具合が考えた通り
思《おも》い通《どお》り・思《おも》いの儘《まま》・思惑《おもわく》通《どお》り
▼あらかじめ考えていたのと違う結果
意外《いがい》・意想外《いそうがい》・思《おも》いの外《ほか》・思惑違《おもわくちが》い
▼考える余地がなくなるほど
考《かんが》え尽《つ》くす・思《おも》い尽《つ》くす
▼考えを最後までおし進める
煎《せん》じ詰《つ》める・突《つ》き詰《つ》める
▼ある物事について徹底的に
考《かんが》え抜《ぬ》く
▼長い時間　長考《ちょうこう》
▼一度考えてみる　一考《いっこう》
▼ちょっと考えてみる　一顧《いっこ》
▼後日あらためて　後考《こうこう》

考える・考え……思考・意見

惑うことからみた「考える・考え」

▼物事の成り行きが気掛かりで考え悩む

苦慮《くりょ》・思《おも》い悩《なや》む

▼あれこれ考えて、どうしてよいか分からなくなる

思《おも》い惑《まど》う・思《おも》い迷《まよ》う・思《おも》い余《あま》る・考《かんが》えあぐねる

▼余分なことまで考え、くよくよする

思《おも》い過《す》ごし・思《おも》い過《す》ぎ

▼考え直してやめる

思《おも》い止《とど》まる

▼これ以上仕方がないと考える

思《おも》い切《き》る

「考える・考え」に関する慣用句

［頭《あたま》が固《かた》い］
固定観念にとらわれ、柔軟な考え方ができない。融通がきかない。《類》「石頭《いしあたま》」「杓子定規《しゃくしじょうぎ》」

［頭《あたま》を抱《かか》える］
どうしたらいいか分からず考え込む。《類》「思《おも》い沈《しず》む」「思案《しあん》に沈《しず》む」

［頭《あたま》を絞《しぼ》る］
何かよい考えはないだろうかと、いろいろ考える。「絞る」は「搾る」とも書く。

［頭《あたま》を悩《なや》ます］
考えあぐむ。《類》「思《おも》い煩《わずら》う」「頭《あたま》を痛《いた》める」

［頭《あたま》を捻《ひね》る］
分からないことや、よい方法を見つけようと考える。

［案《あん》に相違《そうい》する］
予想していたことと異なる。考えが外れる。

［一計《いっけい》を案《あん》じる］
一つのはかりごとを考え出す。

［一考《いっこう》を要《よう》する］
改めて慎重に考えてみることが必要である。

［一歩《いっぽ》を譲《ゆず》る］
自分の主張を一部引っ込めて、相手の考えを聞き入れる。

［意《い》に適《かな》う］
考えに合う。

［意《い》を酌《く》む］
相手の考えを肯定的に察してやる。

［意《い》を尽《つ》くす］（⇒「意向《いこう》・意志《いし》・意思《いし》」一〇二ページ）

［異《い》を挟《はさ》む］
他人の考えや意見に疑問を投げ掛ける。

［お伺《うかが》いを立《た》てる］
目上の人に考えや指図などをあお

ぐ。

[思《おも》いも寄《よ》らない]
考えもつかない。

[思《おも》いを致《いた》す]
考えをそのことに寄せる。そのことをよく考える。

[片意地《かたいじ》を張《は》る]
頑固に自分の考えを通す。《類》「鹿《しか》を指《さ》して馬《うま》となす」「言《い》っても黒豆《くろまめ》」

[首《くび》を捻《ひね》る]
分からなくて考える。

[強情《ごうじょう》を張《は》る]
自分の考えなどをなかなか変えようとしない。

[小首《こくび》を傾《かし》ぐ]
首を傾けて考える。

[心《こころ》を一《いつ》にする]
たくさんの人が考えを一つにする。

[思案投《しあんな》げ首《くび》]
よい考えが浮かばず首をかしげるさま。

[思案《しあん》に余《あま》る]
どんなに考えてもよい知恵が浮かんでこない。

[視野《しや》が広《ひろ》い]
考えの及ぶ範囲が広い。

[知恵《ちえ》が回《まわ》る]
頭の回転が早く、とっさにいい考えが浮かぶ。

[知恵《ちえ》を絞《しぼ》る]
よい案はないか、考えに考える。

[脳味噌《のうみそ》を絞《しぼ》る]
できるだけの知恵をめぐらして懸命に考える。

[腹《はら》を探《さぐ》る]
相手の考えを知ろうとする。《類》「意中《いちゅう》を探《さぐ》る」

[胸《むね》に手《て》を置《お》く]
よく考える。

[余念《よねん》がない]
一心になっていて、他のことを考えない。没頭している。《類》「余念《よねん》もない」

[我《わ》が意《い》を得《え》る]
自分の考えていた通りになって満足するさま。

「考える・考え」に関する故事・成語・ことわざ

[内股膏薬《うちまたごうやく》]
きまった主張や意見がなく、あちこちに付き従うこと。また、その人。《類》「二股膏薬《ふたまたごうやく》」「股座膏薬《またぐらごうやく》」

[机上《きじょう》の空論《くうろん》]
実際には役に立たない案や意見。《類》「空理空論《くうりくうろん》」

[奇想天外《きそうてんがい》]
思いもよらない変わった考え。

[愚者《ぐしゃ》の一得《いっとく》]
愚かな者でも時にはよい考えを出すときもあるということ。《類》「千慮《せんりょ》の一得《いっとく》」

[君子《くんし》は豹変《ひょうへん》す]（⇒「改《あらた》める・改《あらた》まる」七八ページ）

【再思三考《さいしさんこう》】

二度も三度も考えること。何度も考えること。


【時代錯誤《じだいさくご》】

現代の傾向に合わない考え方。


【十人十色《じゅうにんといろ》】

人の好みや考えがそれぞれに違っていること。


【思慮分別《しりょふんべつ》】

深く考えめぐらして判断すること。


【深謀遠慮《しんぼうえんりょ》】（⇒「意向《いこう》・意志《いし》・意思《いし》」一〇二ページ）

【千思万考《せんしばんこう》】

いろいろと考えること。また、その考え。


【創意工夫《そういくふう》】

誰も思いつかなかった新しい考えや方法を編み出すこと。「創意」はまねではなく、新しい思いつき。


【沈思黙考《ちんしもっこう》】

黙って深く考え込むこと。《類》「沈《ちん》思凝想《しぎょうそう》」


【当意即妙《とういそくみょう》】

その場で即座に気転を利かすこと。


【肺肝《はいかん》を摧《くだ》く】

いろいろと気を遣い、十分に考えをめぐらす。「肺肝」は肺臓と肝臓で心の意。出典は杜甫《とほ》の詩『垂老《すいろうの》別《わかれ》』。


【世《よ》の中《なか》は九分《くぶ》が十分《じゅうぶ》】

物事は、自分の思い通りにいかないもので、望みの九分がかなえば十分であって満足すべきであるということ。


【理路整然《りろせいぜん》】

物事や考えの筋道が整っているさま。

寒暖《かんだん》

暖かい・暑いの様態、季節からみた「寒暖」

▼気候や気温がほどよい
暖《あたた》かい・暖《あった》かい・暖《あたた》か・暖《あった》か

▼物の温度がほどよい熱さで気持ちよい
温《あたた》かい・温《あった》かい・温《あたた》か・温《あった》か

▼暖かい気候。またあたたかみ
暖気《だんき》・煖気《だんき》・温気《おんき》

▼気候などがあたたかい。また、そのさま
温暖《おんだん》・暄暖《けんだん》

▼気候があたたかでおだやか

寒暖

温和《おんわ》・穏和《おんわ》・暖和《だんわ》

▼気温や水温などがあたたかい
温《ぬく》い・温《ぬく》し

▼少しあたたかい
温《ぬる》い・生暖《なまあたた》かい・生暖《なまあった》かい・生温《なまぬる》い

▼あたたかみ
温《ぬく》み・温《ぬく》もり・温《ぬく》まり

▼あたたかく気持ちよい　温温《ぬくぬく》

▼春のあたたかさ
春暖《しゅんだん》・春暄《しゅんけん》

▼温度が高い　熱《あつ》い

▼気温が高い　暑《あつ》い

▼蒸されるような熱気
熅《いき》れ・熱《いき》れ

▼暑さに向かう　向暑《こうしょ》

▼夏の暑さ　暑《しょ》・暑気《しょき》

▼初夏の　薄暑《はくしょ》・清暑《せいしょ》

▼夏の盛りの　盛暑《せいしょ》・盛熱《せいねつ》

▼蒸し暑い　温気《うんき》

▼焼けるような　灼熱《しゃくねつ》

▼きわめて
極熱《ごくねつ》・極熱《ごくねち》・酷熱《こくねつ》・酷暑《こくしょ》・厳暑《げんしょ》・激暑《げきしょ》・劇暑《げきしょ》・極暑《ごくしょ》・炎暑《えんしょ》・炎熱《えんねつ》・暑熱《しょねつ》・炎天《えんてん》・大暑《たいしょ》・猛暑《もうしょ》・炎威《えんい》

▼はなはだしい　甚暑《じんしょ》

▼焦げるような　焦熱《しょうねつ》・焦暑《しょうしょ》

▼蒸すような　蒸暑《じょうしょ》・炎蒸《えんじょう》

▼苦しい　苦熱《くねつ》・苦暑《くしょ》

▼秋になって残る
残暑《ざんしょ》・残熱《ざんねつ》・余炎《よえん》

▼暑さに敏感。また、その人
暑《あつ》がり・暑《あつ》がり屋《や》

▼夏の暑さを避けて涼しい土地で過ごす
避暑《ひしょ》

涼しいの様態・季節からみた「寒暖」

▼涼しさ　涼《りょう》・涼気《りょうき》・涼味《りょうみ》

▼さわやかな　清涼《せいりょう》・爽涼《そうりょう》

▼涼しさを味わう　納涼《のうりょう》・涼《すず》み

▼冷ややかな　冷涼《れいりょう》

▼木陰で涼む　下涼《したすず》み

▼夏の朝の　朝涼《あさすず》

▼夕方の　晩涼《ばんりょう》・夕涼《ゆうすず》

▼夏の晴れて　清夏《せいか》

▼秋の初めの　新涼《しんりょう》・初涼《しょりょう》

▼秋の　秋涼《しゅうりょう》

▼秋の冷ややかさ　秋冷《しゅうれい》

寒冷の様態からみた「寒暖」

寒暖

▼寒さに向かう　向寒《こうかん》

▼なんとなく感じる　料峭《りょうしょう》・漫《そぞ》ろ寒《さむ》し・うそ寒《さむ》い・薄《うす》ら寒《さむ》い

▼いかにも寒そうな　寒寒《さむざむ》・寒寒《さむざむ》しい

▼寒さを感じる　寒気立《さむけだ》つ・総毛立《そうけだ》つ・苛《いらら》ぐ

▼寒さに敏感。また、その人　寒《さむ》がり・寒《さむ》がり屋《や》

▼肌に感じる　肌寒《はださむ》い・膚寒《はださむ》い

▼冷たく　冷寒《れいかん》・寒冷《かんれい》

▼体の芯《しん》まで冷える　底冷《そこび》え

▼非常に寒い。また、そのさま　大寒《だいかん》・苦寒《くかん》・酷寒《こっかん》・酷寒《こくかん》・極寒《ごっかん》・厳寒《げんかん》・凜冽《りんれつ》・凜烈《りんれつ》・凜凜《りんりん》・凜然《りんぜん》・峭寒《しょうかん》・寒烈《かんれつ》

▼厳しい　寒威《かんい》

▼凍って厳しい　冱寒《ごかん》

▼凍るほどの　凍寒《とうかん》

▼飢えと　飢寒《きかん》・饑寒《きかん》

▼冬の寒さを避けてあたたかい土地で過ごす　避寒《ひかん》

▼熱を出してぞくぞくする寒け　悪寒《おかん》

寒冷の気候・季節からみた「寒暖」

▼曇って寒い　霜折《しもお》れ

▼寒い日の空　寒天《かんてん》・冬天《とうてん》・寒空《さむぞら》・冬空《ふゆぞら》

▼夜の寒さ　夜寒《よさむ》

▼一月六日ごろ。寒の入り　小寒《しょうかん》

▼一月二十日ごろ　大寒《だいかん》

▼桜の咲くころの冷え込み　花冷《はなび》え

▼梅雨のころの　梅雨冷《つゆび》え・梅雨寒《つゆさむ》

▼朝、特に秋の朝のうすら寒さ　朝寒《あささむ》

▼秋になって感じる　秋寒《あきさむ》・うそ寒《さむ》・漫《そぞ》ろ寒《さむ》・稍《やや》寒《さむ》・肌寒《はださむ》

▼晩秋の　露寒《つゆさむ》

▼寒冷の候を迎える。また、陰暦八月の称　迎寒《げいかん》

▼寒い季節　歳寒《さいかん》・冬季《とうき》

▼風が寒い。風と寒さ。また、陰暦十一月の称　風寒《ふうかん》

▼冬の　厳冬《げんとう》

▼春になっても残る　春寒《しゅんかん》・春寒《はるさむ》

▼春になって一時寒さがぶり返す　寒《かん》の戻《もど》り・寒返《かんがえ》り

寒暖

▼立春後の　余寒《よかん》・残寒《ざんかん》

対語の組み合わせからみた「寒暖」

▼冷たいこととあたたかいこと
冷暖《れいだん》

▼寒さとあたたかさ
寒暖《かんだん》・寒煖《かんだん》・寒暄《かんけん》

▼寒さと暑さ
寒熱《かんねつ》・寒暑《かんしょ》・暑寒《しょかん》

「寒暖」の擬態語

▼春の日の光がのどか
うらうら

▼ぬくみが感じられる
ほかほか・ほっかほか

▼あたたかな
ぽかぽか・ぬくぬく・ぬっくり

▼あたたかくて柔らかそうな
ほやほや

▼あたたかさにのんびり心がなごむ
ほんわか

▼蒸し暑さで息が詰まりそうになる
むっと

▼熱気が立ちこめる　むんむん

▼蒸し暑い　蒸《む》し蒸《む》し

▼一瞬冷ややかさを感じる
ひやっと

▼冷たい　ひやひや

▼冷気を感じる
ひんやり・ひやり・ひやりと

▼寒さのため体が震える
ぞくぞく

▼一瞬寒さを強く感じる
ぞくっと

「寒暖」に関する慣用句

［鳥肌《とりはだ》が立《た》つ］
寒さや恐怖などを感じたとき、肌が鳥の皮のようにつぶつぶになる。《類》「肌《はだ》に粟《あわ》を生《しょう》ずる」

［身《み》を切《き》るよう］
寒さの非常に厳しいさま。

「寒暖」に関する故事・ことわざ

［暑《あつ》さ寒《さむ》さも彼岸《ひがん》まで］
春・秋の彼岸を過ぎると、しのぎよい気候になるということ。《類》「暑《あつ》い寒《さむ》いも彼岸《ひがん》ぎり」

［三寒《さんかん》四温《しおん》］
三日ほど寒い日が続き、のち四日ほど暖かい日が続くのを交互に繰

り返す現象。冬や春先に著しい。

[頭寒足熱《ずかんそくねつ》] 頭部を冷やし、足をあたためるのが健康によいという、古来からの健康法。

聞《き》く・聞《き》こえる

様態・種別などからみた「聞く・聞こえる」

▼**自然に耳に感じる**　聞《き》く
▼**しっかり意志をもって**　聴《き》く
▼**音や声が耳に感じられる**　聞《き》こえる
▼**聴き取る**　聴取《ちょうしゅ》
▼**あらかじめ**　下聞《したぎ》き
▼**静かに**　静聴《せいちょう》

▼**聞くともなしに**　傍耳《かたみみ》・余所耳《よそみみ》
▼**聞きながら**　聞《き》く聞《き》く・聞《き》き聞《き》き
▼**うすうす**　側聞《そくぶん》・仄聞《そくぶん》・仄聞《ほのき》く
▼**ふと耳にする**　漏聞《ろうぶん》・漏《も》れ聞《き》く・漏《も》り聞《き》く
▼**探り**　探聞《たんぶん》・探聴《たんちょう》
▼**ひそかに盗み**　盗聴《とうちょう》・立《た》ち聞《ぎ》き・盗《ぬす》み聞《ぎ》き・立《た》ち聞《き》く
▼**誤って**　誤聞《ごぶん》
▼**見たり聞いたりする**　見聞《けんぶん》・見聞《みき》き
▼**初めて**　初耳《はつみみ》
▼**人づてに**　又聞《またぎ》き・伝聞《でんぶん》・伝承《でんしょう》・人聞《ひとぎ》き・伝《つた》え聞《き》く・還《かえ》り聞《き》く
▼**他人が**　他聞《たぶん》

▼**人が聞いたときの感じ**　人聞《ひとぎ》き・外聞《がいぶん》
▼**情報などを早く聞きつける**　早耳《はやみみ》・耳聡《みみざと》い・耳聰《みみざと》い
▼**実際に自分で**　実聞《じつぶん》
▼**言いふらす**　吹聴《ふいちょう》
▼**聞くことの最後**　聞《き》き納《おさ》め
▼**言いつけを**　奉命《ほうめい》・受命《じゅめい》
▼**話を聞きに来る**　来聴《らいちょう》
▼**会議・公判などで**　傍聴《ぼうちょう》
▼**公に**　公聴《こうちょう》・聴聞《ちょうもん》
▼**行政機関が広く意見や要望などを**　広聴《こうちょう》
▼**講義を**　聴講《ちょうこう》
▼**自分の話を聞いてくれることの敬語**　清聴《せいちょう》・高聞《こうぶん》
▼**謹んで**　敬聴《けいちょう》・拝聞《はいぶん》・敬承《けいしょう》・拝承《はいしょう》・承《うけたまわ》る・伺《うかが》う・拝聴《はいちょう》

聞く・聞こえる

▼目下の者に　下問《かもん》・下聞《かぶん》

▼詔《みことのり》を承る　奉勅《ほうちょく》

▼君子が　天聴《てんちょう》・叡聞《えいぶん》・聞《き》こし召《め》す・上聞《じょうぶん》・上聴《じょうちょう》

▼貴人の耳に入る　台聴《たいちょう》・台聞《たいぶん》

▼天皇に申し上げる　奏聞《そうもん》・奏聞《そうぶん》・奏上《そうじょう》

▼音や声があまりよく聞こえない　難聴《なんちょう》

▼聴力をなくす　失聴《しっちょう》

▼音や声が聞こえるように感じる。また、その音や声　幻聴《げんちょう》

程度からみた「聞く・聞こえる」

▼見聞が狭い　寡聞《かぶん》・浅聞《せんぶん》

▼内々で　内聞《ないぶん》

▼ちらっと　打《う》ち聞《き》く・打《う》ち聴《き》く

▼確実に　確聞《かくぶん》

▼耳を傾けて　傾聴《けいちょう》

▼広く聞いて知る　博聞《はくぶん》

▼多くの事物を　多聞《たぶん》・百聞《ひゃくぶん》

▼詳しく　諦聴《ていちょう》・詳聞《しょうぶん》

▼試しに　試聴《しちょう》

▼一方の言い分のみ　片聞《かたぎ》き・偏聴《へんちょう》

評判・話・うわさなどからみた「聞く・聞こえる」

▼世間の評判　名聞《めいぶん》・名聞《みょうもん》・聞《き》こえ・名《めい》声《せい》・声聞《せいぶん》

▼遠くにまで評判が聞こえる　遠聞《えんぶん》

▼世間によく知られている　著聞《ちょぶん》・著聞《ちょもん》

▼珍しい話・うわさ　奇聞《きぶん》・珍聞《ちんぶん》・異聞《いぶん》

▼世間に知られていない珍しい話　逸聞《いつぶん》・遺聞《いぶん》

▼本筋からはずれたちょっとした話　余聞《よぶん》

▼聞いて書いたもの　紀聞《きぶん》・記聞《きぶん》・聞《き》き書《が》き

▼どこからともなく　風聞《ふうぶん》

▼根も葉もないうわさ。また、実のない名声　虚聞《きょぶん》

▼怪しいうわさ　怪聞《かいぶん》・怪説《かいせつ》

▼気持ちのよいうわさ　快聞《かいぶん》

▼よくないうわさ　醜聞《しゅうぶん》・スキャンダル

▼情事についてのうわさ　艶聞《えんぶん》

▼痛ましいうわさ　惨聞《さんぶん》

「聞く」の複合動詞

▼何度も聞いて嫌になる
聞《き》き飽《あ》きる

▼間違えて
聞《き》き誤《あやま》る・聞《き》き違《ちが》える・聞《き》き損《そこ》なう・聞《き》き違《たが》える

▼探り聞いてはっきりさせる
聞《き》き顕《あらわ》す

▼熱心に
聞《き》き入《い》る・聞《き》き付《つ》く

▼相手の話を聞くだけで自分の考えを言わない
聞《き》き置《お》く

▼うっかりして聞かないでしまう
聞《き》き落《お》とす・聞《き》き漏《も》らす・聞《き》き洩《も》らす・聞《き》き逃《のが》す・聞《き》き外《はず》す・聞《き》き損《そこ》なう

▼聞いて記憶している
聞《き》き覚《おぼ》える

▼人づてに
聞《き》き及《およ》ぶ・聞《き》き伝《つた》える

▼一度聞いたことを再び尋ねる
聞《き》き返《かえ》す・聞《き》き直《なお》す

▼深くは分からずうわべだけ
聞《き》き齧《かじ》る

▼お互い聞き合う　聞《き》き交《か》わす

▼よく聞いて再び尋ねないようにする
聞《き》き切《き》る

▼ほかから聞いて知る
聞《き》き込《こ》む・聞《き》き付《つ》ける

▼聞いて問いただしたり非難したりする
聞《き》き咎《とが》める

▼中途で聞くのをやめる
聞《き》き止《さ》す

▼我慢しながら黙って
聞《き》き忍《しの》ぶ

▼終わりまで
聞《き》き済《す》ます・聞《き》き遂《と》ぐ・聞《き》き尽《つ》くす・聞《き》き通《とお》す

▼注意して
聞《き》き澄《す》ます・聞《き》き留《とど》む・聞《き》き留《とど》める

▼聞いて探る。また、聞き始める
聞《き》き出《だ》す

▼質問して確かめる　聞《き》き質《ただ》す

▼続いて　聞《き》き継《つ》ぐ

▼願いなどを承知する
聞《き》き届《とど》ける・聞《き》き入《い》れる

▼聞いて心にとどめる
聞《き》き取《と》る・聴《き》き取《と》る・聞《き》き挿《はさ》む

▼聞いても心にとどめない
聞《き》き流《なが》す・聞《き》き過《す》ごす・聞《き》き放《はな》つ・聞《き》き捨《す》てる

▼いつも聞いて耳に馴れ親しむ
聞《き》き馴《な》らす

聞く・聞こえる

▼いつも聞いて耳に馴れる
聞《き》き馴《な》れる

▼終わりまで聞かない
聞《き》き外《はず》す

▼聞いてその意のあるところを理解する
聞《き》き開《ひら》く

▼聞いてうっとりとする
聞《き》き惚《ほ》れる

▼聞いたり見たりする
聞《き》き見《み》る・見聞《みき》く

▼聞いて区別する、また、是非を判断する
聞《き》き分《わ》ける

▼聞いておくべきこと、また、聞いたことを忘れる
聞《き》き忘《わす》れる

「聞く・聞こえる」に関する慣用句

[音《おと》に聞《き》く]（⇒「評判《ひょうばん》」五二三ページ）

[聞《き》きしに勝《まさ》る] 話に聞いていた以上である。

[聞《き》き捨《ず》てならない] 聞き流すわけにはいかない。聞いたことが無視できない。

[聞《き》き耳《みみ》を立《た》てる] 注意を集中してよく聞こうとする。《類》「耳《みみ》を澄《す》ます」「耳《みみ》を欹《そばだ》てる」

[聞《き》く耳《みみ》持《も》たぬ] 相手の言うことを聞こうとしない。

[耳目《じもく》に触《ふ》れる] 聞いたり見たりする。目や耳にはいる。

[他聞《たぶん》を憚《はばか》る] 他人に聞かれると、さしさわりがある。他人に聞かれるのを恐れる。

[耳《みみ》が遠《とお》い] 耳がよく聞こえない。

[耳《みみ》が早《はや》い] 物事を素早く聞き知っている。

[耳《みみ》に入《い》れる] 話を聞かせる。

[耳《みみ》に胼胝《たこ》ができる] 何度も同じことを聞かされて聞き飽《あ》きている。

[耳《みみ》に付《つ》く] 飽きるほどに聞いている。

[耳《みみ》に入《はい》る] 話などが自然に聞こえてくる。《類》「耳《みみ》に触《ふ》れる」「耳朶《じだ》に触《ふ》れる」

[耳《みみ》に挟《はさ》む] ちらっと聞く。《類》「小耳《こみみ》に挟《はさ》む」「耳《みみ》にする」

[耳《みみ》を貸《か》す] 相手の話を聞く。また、聞こうとする。

[耳《みみ》を傾《かたむ》ける] 熱心に聞く。よく注意して聞く。

[耳《みみ》を塞《ふさ》ぐ] 聞かないようにする。

「聞く・聞こえる」に関する故事・ことわざ

［聞《き》くは一時《いっとき》の恥《はじ》聞《き》かぬは末代《まつだい》の恥《はじ》］
他人に聞くことが恥ずかしいからといって、知らないことをそのままにしておくと、一生知らないままになり、その恥は後の世までの大きなものになる。《類》「問《と》うは一旦《いったん》の恥《はじ》問《と》わぬは末代《まつだい》の恥《はじ》」

［馬耳東風《ばじとうふう》］
人の意見や批判などを聞き流して気にもとめないこと。《類》「馬《うま》の耳《みみ》に念仏《ねんぶつ》」

［話上手《はなしじょうず》は聞《き》き上手《じょうず》］（⇒「話《はな》す・話《はなし》」五〇〇ページ）

強弱《きょうじゃく》

力の優劣からみた「強弱」

▼力がある。猛だけしい
強《つよ》い・強《つよ》し
▼力が乏しい。強くない
弱《よわ》い・弱《よわ》し
▼力の強いと弱い　強弱《きょうじゃく》
▼力やその作用が大きい
強力《きょうりょく》
▼力が弱い　微力《びりょく》・非力《ひりき》
▼強さをさらに大きくする
強化《きょうか》・増強《ぞうきょう》
▼だんだん強くなる、また、増大する
エスカレート

▼非常に強い力　威力《いりょく》
▼きわめて力が大きい
屈強《くっきょう》・究竟《くっきょう》
▼強い力で押しつける　強圧《きょうあつ》
▼強くて大きい　強大《きょうだい》
▼弱くて小さい　弱小《じゃくしょう》
▼力や権力の大きい人　強者《きょうしゃ》
▼力の乏しい人　弱者《じゃくしゃ》
▼相手として手に余る
手強《てごわ》い・手強《てづよ》い
▼強くて乱暴
強暴《きょうぼう》・凶猛《きょうもう》・兇猛《きょうもう》
▼制することができないほど強い
彊梁《きょうりょう》・強梁《きょうりょう》・剛暴《ごうぼう》
▼手強《てこわ》いこと。その人
強豪《きょうごう》・強剛《きょうごう》・剛強《ごうきょう》
▼手強い相手
強敵《きょうてき》・強敵《ごうてき》・大敵《たいてき》
▼悪強いこと。その人　強禦《きょうぎょ》

強弱

▼悪強い相手　梟敵《きょうてき》
▼弱い相手　弱敵《じゃくてき》
▼国際社会で軍事力や経済力などにすぐれた国　強国《きょうこく》・強邦《きょうほう》
▼強大な国ぐに　列強《れっきょう》
▼力の弱い国　弱小国《じゃくしょうこく》・小国《しょうこく》
▼弱い国ぐに　列弱《れつじゃく》
▼強固な布陣　強陣《きょうじん》・堅陣《けんじん》
▼強い大将　強将《きょうしょう》
▼強い兵卒　強卒《きょうそつ》・強兵《きょうへい》
▼弱い兵卒　弱卒《じゃくそつ》
▼強大な権力　強権《きょうけん》
▼経済力に富み、かつ強い　富強《ふきょう》・強盛《きょうせい》
▼勢力が小さく弱い　微弱《びじゃく》・虚弱《きょじゃく》・弱体《じゃくたい》

体力の優劣からみた「強弱」

▼病気をしない　強《つよ》い・強《つよ》し
▼健やかでない　弱《よわ》い・弱《よわ》し
▼体が強く悪いところがない　健康《けんこう》・丈夫《じょうぶ》・達者《たっしゃ》・堅固《けんご》・強健《きょうけん》・強壮《きょうそう》・頑丈《がんじょう》・頑健《がんけん》・壮健《そうけん》・タフ
▼体が弱く病気がち　病弱《びょうじゃく》・虚弱《きょじゃく》・薄弱《はくじゃく》・微弱《びじゃく》・軟弱《なんじゃく》・弱体《じゃくたい》・惰弱《だじゃく》・懦弱《だじゃく》・蒲柳《ほりゅう》
▼見るからに弱々しい　貧弱《ひんじゃく》・華奢《きゃしゃ》・花車《きゃしゃ》
▼か弱い子ども　弱子《じゃくし》
▼生まれつき弱い体質　弱質《じゃくしつ》
▼勉強ばかりしていて病弱　文弱《ぶんじゃく》
▼年老いて体が弱まる　老弱《ろうじゃく》
▼体力がめっきり弱まる　衰弱《すいじゃく》
▼意識が薄れて識別能力がきわめて弱まった状態　心神耗弱《しんしんこうじゃく》
▼胃の働きが弱い状態　胃弱《いじゃく》
▼視力が弱い　弱視《じゃくし》
▼肩が強い　強肩《きょうけん》

意志力の優劣からみた「強弱」

▼心がくじけない　強《つよ》い・強《つよ》し
▼心がしっかりしていない　弱《よわ》い・弱《よわ》し
▼気が強い　強気《つよき》・強腰《つよごし》
▼気が弱い　弱気《よわき》・弱腰《よわごし》
▼気持ちがしっかりしている　気丈《きじょう》・強毅《きょうき》
▼しっかりしていて揺るぎない　牢乎《ろうこ》

強弱

▼心の守りが固い　堅固《けんご》

▼生活などがしっかりしていて危なげない　堅実《けんじつ》

▼心が強く真っ正直である　強直《きょうちょく》

▼強情で、人の言うことを聞かない　屈強《くっきょう》・勝気《かちき》

▼かたくなまでに屈せず強い　頑強《がんきょう》・強情《ごうじょう》・意地《いじ》っ張《ぱ》り・強情《ごうじょ》っ張《ぱ》り・頑固一徹《がんこいってつ》

▼安易に人に頭を下げない　強項《きょうこう》

▼我慢強くする　堅忍《けんにん》

▼意志が弱い　弱志《じゃくし》・薄弱《はくじゃく》

▼小心で気が弱い　怯弱《きょうじゃく》・臆病《おくびょう》・怯懦《きょうだ》

▼物事をやり通す気力がない　惰弱《だじゃく》・懦弱《だじゃく》・意気地《いくじ》なし・甲斐性《かいしょう》なし

▼気力が弱い　柔弱《にゅうじゃく》・気弱《きよわ》

長持ちする・しないの「強弱」

▼ある物が丈夫で長持ちする　強《つよ》い・強《つよ》し

▼もろくてすぐ壊れる　弱《よわ》い・弱《よわ》し

▼堅固でしっかりしている　丈夫《じょうぶ》・頑丈《がんじょう》・岩乗《がんじょう》・確固《かっこ》・磐石《ばんじゃく》・盤石《ばんじゃく》

▼強くて固い　強固《きょうこ》・鞏固《きょうこ》・堅固《けんご》

▼強くてしなやか　強靭《きょうじん》

▼作りが堅固で丈夫　堅牢《けんろう》・牢固《ろうこ》

▼堅固で壊れない　不壊《ふえ》

▼もろい点を補って強くする　補強《ほきょう》

▼もろくて弱い　脆弱《ぜいじゃく》

▼やわらかくて強固でない　軟弱《なんじゃく》

程度・度合からみた「強弱」

▼強さの程度。また、その度合　強度《きょうど》

▼強いところ　強《つよ》み・利点《りてん》・長所《ちょうしょ》・メリット

▼引け目となる弱いところ　弱《よわ》み・弱点《じゃくてん》・欠点《けってん》・短所《たんしょ》・デメリット・ウイークポイント

▼程度が激しい　強烈《きょうれつ》・猛烈《もうれつ》

▼一番強い　最強《さいきょう》

▼すぐれて強い　精強《せいきょう》

▼人より劣って弱い　劣弱《れつじゃく》

「強弱」に関連する擬態語・形容語

▼物が堅固で力強い感じ
がっしり・がしっと
▼体格などが頑丈
がっちり・がちっと
▼互いにかぶさるようにして強く結合している
がっぷり
▼物事や気持ちなどが堅固
確《しっか》り・聢《しっか》り
▼容赦なく手厳しい
ぴしりと・ぴしっと・ぴしゃりと・緊緊《ひしひし》・犇犇《ひしひし》・緊緊《びしびし》・犇犇《びしびし》・緊緊《ぴしぴし》・犇犇《ぴしぴし》
▼猛烈な勢いで物事を進める
がんがん
▼力のかかり方が急速
ぐんぐん
▼一段と力を増して物事を行う
ぐんと
▼やわらかくてしまりのない
ふにゃふにゃ・ふにゃっと
▼調子がものやわらかなさま
やんわり
▼元気がなくさびしそうにしている
しょんぼり
▼気力を失い、ものわびしくしている
しょぼしょぼ・しょぼっと
▼老人がよろめき歩く
よぼよぼ
▼張りを失った。気力・体力が抜け落ちた
へなへな・へなっと

「強弱」に関する慣用句

［青息《あおいき》吐息《といき》］
弱りきったときに出るため息。
［老《お》いの一徹《いってつ》］（⇒「性格《せいかく》・性質《せいしつ》」三四六ページ）
［気《き》が勝《か》つ］
負けん気が強い。勝ち気である。
［気骨《きこつ》がある］（⇒「性格《せいかく》・性質《せいしつ》」三四六ページ）
［腰《こし》が弱《よわ》い］
弱気のため、最後まで頑張り通せない。意地がない。また、餅や麵類の粘り気がない。
［筋金《すじがね》入《い》り］
筋金が入っているように精神・身体がしっかりとしていて強い。「筋金」は物を強くするために入れる細長い金属。
［線《せん》が細《ほそ》い］
外見がいかにも弱々しい感じがするようす。
［敵《てき》もさる者《もの》］
相手も相当なしたたか者だ。

[歯《は》が立《た》たない]
相手が強すぎてかなわない。《類》「太刀打《たちう》ちできない」

[鼻《はな》っ柱《ばしら》が強《つよ》い]
向こう意気が強く、自分の主張などにどこまでもこだわる。《類》「負《ま》けん気《き》が強《つよ》い」

[弱音《よわね》を吐《は》く]
困難や苦しみに我慢しきれず、意気地のないことをいう。《類》「音《ね》を上《あ》げる」

[弱《よわ》みに付《つ》け込《こ》む]
他人の弱点を自分の都合のいいように利用して利益を図る。

「強弱」に関する故事・ことわざ

[鬼《おに》に金棒《かなぼう》]
もともと強いところに、さらに強力なものが加わって、いっそう強くなること。

[弱肉強食《じゃくにくきょうしょく》]
弱い者が、強い者の餌食になること。弱者の犠牲をもって強者が繁栄すること。《類》「適者生存《てきしゃせいぞん》」「優勝劣敗《ゆうしょうれっぱい》」

[強《つよ》き木《き》はむず折《お》れ]
堅くて強い木は意外に折れやすいという意から、強そうに見える者ほど、もろくくじけやすいというたとえ。《類》「堅《かた》い木《き》は折《お》れる」

[弱《よわ》い味方《みかた》より強《つよ》い敵《てき》]
たとえ味方であっても弱い者は頼りないが、強い敵は相手にとって不足なく、心をひかれるものだということ。

[弱《よわ》い者《もの》の空威張《からいば》り]
口先で威張ったり、威勢よく振る舞ったりするのは、実力がない弱い者であるということ。

[弱《よわ》きを助《たす》け強《つよ》きを挫《くじ》く]
力は弱いが正しい生き方をしている者が、同じような弱者の味方になり、横暴な強い者をこらしめることをいう。《類》「強《つよ》きを挫《くじ》き弱《よわ》きを助《たす》ける」

[弱《よわ》り目《め》に祟《たた》り目《め》]（⇒「幸《こう》・不幸《ふこう》」二四〇ページ）

兄弟《きょうだい》姉《し》妹《まい》

種類・様態からみた「兄弟姉妹」

▼同じ母から生まれた子
同胞《どうほう》・同胞《どうぼう》・同胞《はらから》・兄弟《きょうだい》・同腹《どうふく》

▼同じ両親から生まれた二人以上の男の人
兄弟《けいてい》・兄弟《きょうだい》・弟兄《おととえ》・弟兄《おととい》・昆弟《こんてい》

兄弟姉妹

▼兄と弟　伯《はく》叔《しゅく》・伯《はく》仲《ちゅう》

▼両親のきょうだい　伯《はく》叔《しゅく》

▼両親のおじ、祖父母のきょうだい
大伯父《おおおじ》・大叔父《おおおじ》・従祖父《おおおじ》

▼同じ親から生まれた二人以上の女の人
姉妹《しまい》・女兄弟《おんなきょうだい》

▼同じ両親から生まれた男と女のきょうだい
兄弟《きょうだい》・兄弟姉妹《けいていしまい》・兄弟姉妹《きょうだいしまい》

▼父または母の異なったきょうだい
異兄弟《いきょうだい》

▼父が同じで母が異なるきょうだい
異母兄弟《いぼきょうだい》・異腹《いふく》・腹違《はらちが》い・腹変《はらが》わり・行《ゆ》き合《あ》い兄弟《きょうだい》

▼母が同じで父が異なるきょうだい
異父兄弟《いふきょうだい》・行《ゆ》き合《あ》い兄弟《きょうだい》

▼妻や夫のきょうだい、また、姉妹の夫をまとめていう。義理のきょうだい
義兄弟《ぎきょうだい》

▼兄の妻　兄嫁《あによめ》・嫂《あによめ》

▼妻の実家の姉妹　外姉妹《がいしまい》

▼妻の実家の姉　外姉《がいし》

▼夫の姉　姉姑《あねじゅうと》

▼義によってきょうだいの約束をした者
義兄弟《ぎきょうだい》・兄弟分《きょうだいぶん》

▼血のつながりはないが、同じ女性の乳で育てられた者
乳兄弟《ちきょうだい》

▼配偶者の男のきょうだい。普通、婚家の場合にいう。
小舅《こじゅうと》

▼配偶者の女のきょうだい。普通、婚家の場合にいう。
小姑《こじゅうと》・小姑《こじゅうとめ》

▼兄と父　父兄《ふけい》

▼兄と妹　兄妹《けいまい》

▼姉と弟　姉弟《してい》

▼弟と妹　弟妹《ていまい》

一家族の中で年長の男性をいう「兄」

▼同じ両親から生まれた年上の男
兄《けい》・兄《あに》・実兄《じっけい》・親兄《しんけい》・親兄《しんきょう》

▼一番上の
長兄《ちょうけい》・大兄《おおえ》・大兄《おいね》・伯兄《はっけい》

▼二番目の　次兄《じけい》・仲兄《ちゅうけい》

▼同母から生まれた　母兄《ぼけい》

▼父が同じで母が異なる
異母兄《いぼけい》・庶兄《ままあに》・継兄《ままあに》

▼母が同じで父が異なる
異父兄《いふけい》

▼妾腹《しょうふく》の　庶兄《しょけい》

▼夫や妻の　義兄《ぎけい》

▼年老いた　老兄《ろうけい》

▼死んだ　亡兄《ぼうけい》

▼他人の　舎兄《しゃけい》・舎兄《しゃきょう》

兄弟姉妹

▼他人の兄の尊敬語　令兄《れいけい》

▼義によって兄弟の約束をした者のうち、年上の方　義兄《ぎけい》・兄分《あにぶん》

▼父母の兄、父母の姉の夫　伯父《おじ》・伯父《はくふ》

「兄」のさまざまな呼称

▼一般的に　兄《にい》さん・お兄《にい》さん

▼やや丁寧に　お兄様《にいさま》

▼親しみをこめて　兄貴《あにき》・兄《にい》ちゃん・お兄《にい》ちゃん・あんちゃん・阿兄《あけい》・兄御《あにご》

▼尊敬の念をこめて昔風に　兄者人《あにじゃひと》・兄様《あにさま》・兄御前《あにごぜ》

▼昔、武士の家で　兄上《あにうえ》・兄君《あにぎみ》

▼自分の兄を謙遜して他人に　愚兄《ぐけい》・舎兄《しゃけい》・舎兄《しゃきょう》・家兄《かけい》

▼他人の兄を敬意をこめて　兄上《あにうえ》・兄君《あにぎみ》

▼主に手紙で相手の兄を　令兄《れいけい》・賢兄《けんけい》・尊兄《そんけい》

▼若者仲間で兄分の者を弟分が　兄貴《あにき》

一家族の中で年長の女性をいう「姉」

▼同じ両親から生まれた年上の女　姉《あね》・実姉《じっし》

▼一番上の　長姉《ちょうし》・大姉《おおあね》

▼二番目の　次姉《じし》

▼父が同じで母が異なる　異母姉《いぼし》

▼母が同じで父が異なる　異父姉《いふし》・行《ゆ》き合《あ》い姉《あね》

▼夫や妻の　義姉《ぎし》

▼夫の　姉姑《あねじゅうと》

▼姉の夫　姉婿《あねむこ》

▼死んだ　亡姉《ぼうし》

▼父母の姉、父母の兄の妻　伯母《おば》・伯母《はくぼ》

「姉」のさまざまな呼称

▼一般的に　姉《ねえ》さん・お姉《ねえ》さん

▼やや丁寧に　お姉様《ねえさま》

▼親しみをこめて　姉《ねえ》ちゃん・お姉《ねえ》ちゃん・姉《あね》貴《き》・姉御《あねご》

▼尊敬の念をこめて昔風に　姉者人《あねじゃひと》・姉様《あねさま》・姉御許《あねおもと》・姉《あね》御前《ごぜ》

▼昔、武士の家で　姉上《あねうえ》・姉君《あねぎみ》

▼自分の姉を謙遜して他人に

兄弟姉妹

愚姉《ぐし》

▼他人の姉を敬意をこめて

姉上《あねうえ》・姉君《あねぎみ》

▼主に手紙で相手の姉を

令姉《れいし》・貴姉《きし》

一家族の中で年下の男性をいう「弟」

▼同じ両親から生まれた年下の男

弟《てい》・弟《おとうと》・実弟《じってい》

▼すぐ下の　直弟《じきてい》・長弟《ちょうてい》

▼一番下の　末弟《ばってい》・末弟《まってい》

▼嫡出の　嫡弟《ちゃくてい》

▼夫や妻の　義弟《ぎてい》

▼死後にのこった　遺弟《いてい》

▼義によって兄弟の約束をした者のうち、年下の方

義弟《ぎてい》・弟分《おとうとぶん》

▼天皇の　皇弟《こうてい》

▼父母の弟、父母の妹の夫

叔父《おじ》・叔父《しゅくふ》

「弟」のさまざまな呼称

▼一般的に　弟《おとうと》

▼親しみをこめて　汝弟《なおと》

▼自分の弟を謙遜して他人に

愚弟《ぐてい》・舎弟《しゃてい》・家弟《かてい》・小弟《しょうてい》・少弟《しょうてい》

▼他人の弟を一般的に

弟《おとうと》さん

▼他人の弟を昔風に　弟御《おとうとご》

▼手紙で相手の弟を

令弟《れいてい》・賢弟《けんてい》

一家族の中で年下の女性をいう「妹」

▼同じ両親から生まれた年下の女

妹《いもうと》・実妹《じつまい》

▼父が同じで母が異なる

異母妹《いぼまい》・庶妹《ままいも》・継妹《ままいも》

▼夫や妻の　義妹《ぎまい》

▼死んだ　亡妹《ぼうまい》

▼父母の妹、父母の弟の妻

叔母《おば》・叔母《しゅくぼ》

「妹」のさまざまな呼称

▼一般的に　妹《いもうと》

▼自分の妹を謙遜して

愚妹《ぐまい》・小妹《しょうまい》・少妹《しょうまい》

▼他人の妹を一般的に

妹《いもうと》さん

▼他人の妹を昔風に　妹御《いもうとご》

▼主に手紙で他人の妹を　令妹《れいまい》

霧・霞・靄

「兄弟姉妹」に関する故事・ことわざ

[姉女房《あねにょうぼう》は身代《しんだい》の薬《くすり》]
年上の妻は、家計のやりくりがなにかとうまいのでその結果として財産がふえ、その上に夫を大事にするから夫婦仲はよく、家庭も円満になるということ。《類》「姉女《あねにょう》房倉《ぼうくら》が立《た》つ」

[兄弟《きょうだい》は他人《たにん》の始《はじ》まり]
血を分けた兄弟であっても、独立して家庭をもつと妻子への情が強くなり、やがて他人のような関係になったりすること。《類》「兄弟《きょうだい》は他人《たにん》の別《わか》れ」

[兄弟《きょうだい》は両《りょう》の手《て》]
兄弟は両手のごとくお互いしっかり助け合わなければならないという教え。

[兄弟牆《けいていかき》に鬩《せめ》ぐも外其《そとそ》の務《あなど》りを禦《ふせ》ぐ]
兄弟というものは、よく内輪げんかをするけれども、外部から侮辱を受けると力を合わせてそれを防ぐものだということ。「鬩ぐ」は互いに反目して争う意。出典は『詩《し》経《きょう》』。

霧《きり》・霞《かすみ》・靄《もや》

様態からみた「霧・霞・靄」

▼春、微細な水滴が浮かんで空がはっきりしない
霞《かすみ》

▼秋の霞の現象
霧《きり》・狭霧《さぎり》・細小波《いさらなみ》

▼低くたちこめる細霧・煙霧
靄《もや》

▼薄くたなびいた霞
薄霞《うすがすみ》

▼薄くかかった霧
薄霧《うすぎり》

▼薄くかかった靄
薄靄《うすもや》

▼一条の霞
一霞《ひとかすみ》

▼濃い霧
濃霧《のうむ》・ガス

▼霧が深いさまをしぐれにたとえて
霧時雨《きりしぐれ》

▼雲と霞
雲霞《うんか》・雲霞《くもかすみ》

▼雲と霧
雲霧《うんむ》・雲霧《くもきり》

▼雲や霞の集まりたなびくさま
靄靄《あいあい》・靄然《あいぜん》

▼煙と霞
煙霞《えんか》・烟霞《えんか》

▼煙と霧
煙霧《えんむ》・スモッグ

▼群れたつ霞
群霞《むらかすみ》

▼たちこめた霧
大霧《たいむ》・濃霧《のうむ》・蒙霧《もうむ》・朦霧《もうむ》

▼水蒸気が凝結して霧のようにたちこめる
氷霧《ひょうむ》・氷霧《こおりぎり》

霧・霞・靄

▼緑色をした霞　翠霞《すいか》

▼小雨に似た霧　雨霧《あまぎり》

▼霧のように細かな雨　霧雨《きりさめ》・霧雨《きりあめ》

地域・季節・時からみた「霧・霞・靄」

▼山にかかっている霧　山霧《やまぎり》

▼山を覆う靄　山靄《さんあい》

▼川にたつ霧　川霧《かわぎり》・河霧《かわぎり》・水霧《すいむ》

▼海にたつ霧　海霧《かいむ》・海霧《うみぎり》

▼地表近くにたつ霧　地霧《じぎり》

▼方向が分からぬほどの霧　迷霧《めいむ》

▼晴れた日の霞　晴嵐《せいらん》

▼朝にたつ霞・靄　朝霞《あさがすみ》・朝靄《あさもや》・朝靄《ちょうあい》

▼朝たちこめる霧　朝霧《あさぎり》・暁霧《ぎょうむ》

▼夕方にたつ霞　晩霞《ばんか》・夕霞《ゆうがすみ》

▼夕方にたつ霧　夕霧《ゆうぎり》・夕霧《せきむ》

▼夕方にたちこめる靄　晩靄《ばんあい》・夕靄《ゆうもや》・暮靄《ぼあい》

▼夜にたつ霧　夜霧《よぎり》

▼秋にたつ霧　秋霧《あきぎり》

▼新年になって野山にかかる霞　初霞《はつがすみ》・新霞《にいがすみ》

▼春にたつ霞・靄　春霞《しゅんか》・春霞《はるがすみ》・春《はる》の衣《ころも》・春《しゅん》靄《あい》・春靄《はるもや》・春嵐《しゅんらん》

「霧・霞」のつく動詞・複合動詞

▼雲霧などによって曇る　天霧《あまぎ》る

▼かすみ日が暮れる　霞《かす》み暮《く》る

▼霞がたちこめる　霞《かす》み籠《こ》む

▼その部分だけ霞がかかっていない　霞《かす》み残《のこ》る

▼あたり一面にかすむ　霞《かす》み渡《わた》る・霞《かす》み敷《し》く

▼霞がたつ　霞《かす》む

▼霧に姿が隠れる　霧隠《きりがく》る

▼霧がかかって曇る　霧曇《きりくも》る

▼霧がたちこめる　霧塞《きりふた》がる

▼霧があたり一面にかかっている　霧《き》り渡《わた》る・棚霧《たなぎ》る

「霧・霞・靄」の擬態語

▼ごく薄くかかっている　うっすら

▼湿気を含んでぬれる　しっとり

▼霧などが一気にはれる　すーっと

▼たちこめてはっきりしない

ぼーっと・ぼやっと

▼霞などがかすかにかかっている

ほんのり

▼霧などがたちこめて周りがぼやけてしまう

もやもや

「霧・霞」に関する成語

【霞《かすみ》に千鳥《ちどり》】
霞は春のもの、千鳥は冬のものなので、実際にはあり得ないことのたとえ。

【霧《きり》不断《ふだん》の香《こう》を焚《た》く】
霧がいつも去来しており、絶え間なく香をたいているようであるということ。

着《き》る

動作からみた「着る」

▼衣服を体に着ける

着《き》る・着《ちゃく》す・着《つ》ける・身《み》に着《つ》ける・着用《ちゃくよう》する・装《よそお》う・着衣《ちゃくい》・被服《ひふく》・装束《しょうぞく》

▼「着る」の尊敬語

召《め》す・お召《め》しになる

▼上から着る

羽織《はお》る・被《かぶ》る・纏《まと》う

▼下から着る

穿《は》く

▼靴・草履などを着用する

履《は》く

▼サンダルなどを

突《つ》っ掛《か》ける

▼帽子・冠などを着用する

被《かぶ》る・頂《いただ》く

▼装身具を着用する

着《つ》ける・嵌《は》める（指輪）

▼状況に合わせて着る

着替《きが》える・身繕《みづくろ》いする・見《み》支度《じたく》する・身仕舞《みじま》いする・身拵《みごしら》えする・拵《こしら》える

▼「着替え」の尊敬語

お召《め》し替《か》え

▼衣服を体からとる

脱《ぬ》ぐ・脱《ぬ》ぎ捨《す》てる・脱衣《だつい》

様態からみた「着る」

▼はなやかに着る。格好良く着る

盛装《せいそう》する・着飾《きかざ》る・めかす・めかし込《こ》む・洒落《しゃれ》る・お洒落《しゃれ》する・綺羅《きら》を飾《かざ》る・ドレスアップ・きめる・き

着る

め込《こ》む・着《き》こなす・美装《びそう》を
凝《こ》らす

▼少なく着る　薄着《うすぎ》する

▼着用している様子
身《み》なり・出《い》で立《た》ち・装《よそお》い・
なり・風体《ふうてい》・身支度《みじたく》・身仕舞《みじま》
い・身繕《みづくろ》い・身拵《みごしら》え・拵《こしら》え・
服装《ふくそう》・衣文《えもん》・衣紋《えもん》・御作《おつく》り

対象から見た「着る」

▼着るもの
衣服《いふく》・衣類《いるい》・着類《きるい》・衣《い》・衣《ころも》・
着衣《ちゃくい》・被服《ひふく》・服《ふく》・衣装《いしょう》・装《しょう》
束《ぞく》・ウェア・アパレル

▼衣服と装身具
服飾《ふくしょく》・服装《ふくそう》・ファッション

▼西洋風の服装
服《ふく》・洋服《ようふく》・洋装《ようそう》

▼日本風の服装
着物《きもの》・和服《わふく》・和装《わそう》

▼民族風の服装
民族衣装《みんぞくいしょう》・エスニック

▼特定の時代や民族などに特有の服
装・服飾。また、演劇などの衣装
コスチューム

▼身につけているもの一切
身包《みぐる》み

▼正式な服装
正装《せいそう》・礼装《れいそう》・式服《しきふく》・礼服《れいふく》・
フォーマルウェア

▼家紋のついた　紋付《もんつ》き・紋服《もんぷく》

▼やや正式な服装
略礼装《りゃくれいそう》・準礼装《じゅんれいそう》・セミフ
ォーマル

▼晴の場に着る　晴《は》れ着《ぎ》

▼唯一の、または一番上等の
一張羅《いっちょうら》

▼正式でない、普段の服装
平服《へいふく》・略服《りゃくふく》・普段着《ふだんぎ》・便《べん》
服《ぷく》・便衣《べんい》・街着《まちぎ》・町着《まちぎ》・遊《あそ》
び着《ぎ》・カジュアルウェア・
タウンウェア

▼家で着る
部屋着《へやぎ》・ホームウェア

▼旅の服装
旅装束《たびしょうぞく》・旅支度《たびじたく》・旅装《りょそう》

▼喪中、弔問に着る　喪服《もふく》

▼死者に着せる服
死《し》に装束《しょうぞく》・経帷子《きょうかたびら》

作り方・季節からみた「着る」

▼布を衣服に仕立てること
縫《ぬ》い物《もの》・裁縫《さいほう》・仕立物《したてもの》・針《はり》
仕事《しごと》・洋裁《ようさい》・和裁《わさい》

▼仕立て上げられて売られる
既製服《きせいふく》・プレタポルテ・レ

ディメイド

▼採寸して作ってもらう

仕立《した》て服《ふく》・オーダーメイド・テーラーメイド

▼自作の、また、家庭で作る

手作《てづく》り服《ふく》・ハンドメイド

▼一部採寸して作る

イージーオーダー

▼借り物の

借《か》り着《ぎ》・レンタルウェア

▼中古の

古着《ふるぎ》・お下《さ》がり

▼春に着る

春着《はるぎ》・春服《はるふく》

▼夏に着る

夏物《なつもの》・夏着《なつぎ》・夏衣《なつぎぬ》・夏衣《なつごろも》・夏服《なつふく》

▼秋に着る

秋袷《あきあわせ》・秋衣《あきごろも》・秋《あき》さり衣《ごろも》

▼冬に着る

冬物《ふゆもの》・冬着《ふゆぎ》・冬衣《ふゆぎぬ》・冬服《ふゆふく》

▼春秋に着る

間服《あいふく》・合服《あいふく》・間着《あいぎ》・合着《あいぎ》

▼気候にふさわしい

時服《じふく》

「着る」に関する擬音語・擬態語

▼大きすぎる

ぶかぶか・だぶだぶ・ゆるゆる・だぼだぼ

▼小さすぎる

きちきち・きつきつ・ぱんぱん・ぱつぱつ

▼くたびれた、古びた

よれよれ・くたくた・ぼろぼろ

「着る」に関する慣用句・ことわざ

[襟《えり》を正《ただ》す]

身なりを整える意から、気持ちを引き締める。

[兜《かぶと》を脱《ぬ》ぐ]

降参する。《類》「シャッポを脱《ぬ》ぐ」

[着《き》の身着《みき》の儘《まま》]

身に着けている衣服のほかは何ひとつ着るものを持っていない。

[下駄《げた》を預《あず》ける]

相手に物事の処置などをまかせる。

[下駄《げた》を履《は》かせる]

数量などを水増しして実際より多く見せる。

[袖《そで》にする]

親しくしていた人を冷淡にあしらう。「袖になす」、「袖にあしらう」ともいう。

[袖振《そでふ》り合《あ》うも多生《たしょう》の縁《えん》]

「多生」は仏教で何度も生まれ変わること。袖が触れ合うようなちょっとしたことも、前世からの因縁によるものだ。《類》「袖摺《そです》り合《あ》うも多生《たしょう》の縁《えん》」

［袂《たもと》を分《わ》かつ］（⇩「交際《こうさい》・付《つ》き合《あ》い」二四三ページ）

［無《な》い袖《そで》は振《ふ》れない］実際に持っていないのだから出したくても出せない。

［錦《にしき》を飾《かざ》る］美しい着物を着る意から、立身出世をして故郷に帰る。

［二足《にそく》の草鞋《わらじ》を履《は》く］同じ人が本来両立し得ない職業を兼ねること。昔、博打《ばくち》打ちが捕吏を兼ねていたことをいった。

［歯《は》に衣《きぬ》を着《き》せない］（⇩「言《い》う」九六ページ）

［襤褸《ぼろ》を出《だ》す］（⇩「あらわす・あらわれる」八二ページ）

［馬子《まご》にも衣装《いしょう》］だれでも外面を飾れば立派に見えること。

雲《くも》

様態からみた「雲」

▼一片の　片雲《へんうん》・寸雲《すんうん》

▼切り離れた　断雲《だんうん》・断雲《ちぎれぐも》・千切《ちぎ》れ雲《ぐも》

▼雲が切れる　雲切《くもぎ》れ・雲間《くもま》・雲離《くもばな》れ

▼凸レンズのような　レンズ雲《ぐも》

▼横にたなびいた　横雲《よこぐも》・棚雲《たなぐも》

▼旗のようになびいた　旗雲《はたぐも》・豊旗雲《とよはたぐも》

▼かすかな　有《あ》り無《な》し雲《ぐも》

▼薄い　薄雲《はくうん》・薄雲《うすぐも》・淡雲《たんうん》・疎雲《そうん》

▼どんよりした　陰雲《いんうん》・沈雲《ちんうん》

▼幾重にも重なった　八雲《やくも》・八重雲《やえくも》・八重棚雲《やえたなぐも》

▼密集している　密雲《みつうん》

▼群がっている　群雲《むらくも》・叢雲《むらくも》・叢雲《そううん》

▼動いて行く　行雲《こううん》

▼浮かんでいる　浮雲《ふうん》・浮《う》き雲《ぐも》

▼静かに浮かんでいる　閑雲《かんうん》

▼飛び行く　飛雲《ひうん》

▼乱れ飛ぶ　乱雲《らんうん》

▼多くの雲がたちのぼる意　八雲立《やくもた》つ・八雲《やくも》さす・やつめさす

▼高山の頂にかかる笠のような　笠雲《かさぐも》・一尺八寸《いっしゃくはっすん》

▼飛行機がつくる　飛行機雲《ひこうきぐも》

▼核爆発でできる　茸雲《きのこぐも》・原子雲《げんしぐも》

▼雲の動くさま
雲脚《うんきゃく》・雲足《くもあし》・雲脚《くもあし》
▼雲の行きかう道　雲《くも》の通《かよ》い路《じ》
▼雲の漂うさまを海路の波にたとえた語
雲《くも》の波路《なみじ》

天候・時・季節からみた「雲」

▼雲がたなびいて曇る
との曇《ぐも》る・棚曇《たなぐも》る
▼虹と　雲霓《うんげい》
▼風が吹く前兆の　風雲《かざぐも》・風雲《かぜぐも》
▼雨気を含んだ　雨雲《あまぐも》
▼雪を含んだ　凍雲《とううん》・雪雲《ゆきぐも》
▼暁の　暁雲《ぎょううん》
▼夕暮れの　暮雲《ぼうん》・夕雲《ゆうぐも》
▼夕日で染まった紅色の
紅霞《こうか》・茜雲《あかねぐも》
▼春の　春雲《しゅんうん》
▼夏の　夏雲《かうん》・夏雲《なつぐも》・岩雲《いわぐも》
▼夕立の　神立雲《かんだちぐも》・夕立雲《ゆうだちぐも》
▼夏に現れる山の峰のように湧きたつ
入道雲《にゅうどうぐも》・雲《くも》の峰《みね》・積乱雲《せきらんうん》・
鼬雲《いたちぐも》・雷雲《らいうん》・雷雲《かみなりぐも》
▼積乱雲の上部にできる
鉄床雲《かなとこぐも》
▼秋の　秋雲《しゅううん》
▼冬空の　寒雲《かんうん》
▼ひでりの　旱雲《かんうん》

色彩・吉凶からみた「雲」

▼白色の　白雲《はくうん》・白雲《しらくも》・白《しら》さ雲《ぐも》
▼黄色の　黄雲《こううん》
▼黒色の　黒雲《こくうん》・黒雲《くろくも》
▼彩られた美しい色の
彩雲《さいうん》・鮮雲《せんうん》
▼青色を帯びた
青雲《せいうん》・青雲《あおぐも》・碧雲《へきうん》
▼空いっぱいに広がる灰色の
朧雲《おぼろぐも》
▼暗くなる厚い　暗雲《あんうん》
▼めでたいことのある兆しの
景雲《けいうん》・卿雲《けいうん》・紫《むらさき》の雲《くも》・紫雲《しうん》・
瑞雲《ずいうん》・祥雲《しょううん》・慶雲《けいうん》・霊雲《れいうん》
▼怪しい　妖雲《よううん》・怪雲《かいうん》
▼不吉な　邪雲《じゃうん》
▼巴《ともえ》形の雲。天候が定まるしるしとされる
日照《ひで》り雲《ぐも》

種別からみた「雲」

▼地上から約五〜十三キロの
上層雲《じょうそううん》

▼上層雲の薄く筋状の白い
巻雲《けんうん》・絹雲《けんうん》・巻《ま》き雲《ぐも》・捲《ま》き雲《ぐも》
▼上層雲で小さく白い氷晶の
巻積雲《けんせきうん》・絹積雲《けんせきうん》・鯖雲《さばぐも》・鰯《いわし》
雲《ぐも》・斑雲《まだらぐも》・鱗雲《うろこぐも》・鱗雲《りんうん》
▼上層雲で白色の薄い氷晶の
巻層雲《けんそううん》・絹層雲《けんそううん》・笠雲《かさぐも》
▼地上から約二〜七キロの
中層雲《ちゅうそううん》
▼中層雲で大きな丸みのある
高積雲《こうせきうん》・羊雲《ひつじぐも》
▼地上から約二キロの　下層雲《かそううん》
▼下層雲で底面が平らで上方が盛り
上がる
積雲《せきうん》・綿雲《わたぐも》
▼積雲の乱れたもの　蝶蝶雲《ちょうちょうぐも》
▼下層雲で、水平にかかる霧のような
層雲《そううん》

「雲」の擬態語

▼軽やかに進む　すいすい
▼軽やかに浮かぶ　ぷかぷか
▼空中に浮かび上がる
ぷかりぷかり・ぷかりぷかりと
▼軽く浮き上がる　ふわっと
▼浮かび漂う
ふわふわ・ふわりふわり
▼軽くゆるやかに漂う
ふわり・ふんわり
▼雲が一つ軽く浮かんでいる
ぽかり・ぽっかりと
▼勢いよく湧き上がる
むくむく
▼次々と重なり合うように湧き上がる
もくもく

景色《けしき》

眺めの様態からみた「景色」

▼あたりのようす
眺《なが》め・風景《ふうけい》・景色《けしき》・光景《こうけい》・
風光《ふうこう》・風色《ふうしょく》・風物《ふうぶつ》・景趣《けいしゅ》・
風致《ふうち》・風情《ふうじょう》・風情《ふぜい》・ラン
ドスケープ
▼実際の　真景《しんけい》・実景《じっけい》
▼その場の　場景《じょうけい》
▼全体の　全景《ぜんけい》
▼小さな　小景《しょうけい》
▼人物・動物などを添えた
点景《てんけい》・添景《てんけい》
▼目に映じた　情景《じょうけい》

景色

▼見渡す

眺望《ちょうぼう》・展望《てんぼう》・見晴《みは》らし・パノラマ

季節・地形・時からみた「景色」

▼春の

春景《しゅんけい》・春色《しゅんしょく》・春景色《はるげしき》・春光《しゅんこう》・煙景《えんけい》・烟景《えんけい》・春容《しゅんよう》・春《はる》ざれ

▼秋の

秋景《しゅうけい》・秋色《しゅうしょく》・秋容《しゅうよう》

▼雪が降って、いかにも冬らしい

冬化粧《ふゆげしょう》

▼雪で白い

雪景《せっけい》・雪景色《ゆきげしき》・雪化粧《ゆきげしょう》・銀《ぎん》世界《せかい》

▼土地の　地景《ちけい》

▼野原の　野景《やけい》・野色《やしょく》

▼山の　山景《さんけい》・山色《さんしょく》

▼山と水の加わった　山水《さんすい》

▼谷の　渓光《けいこう》

▼川や湖沼などの　水色《すいしょく》

▼夕方の

夕景《ゆうけい》・夕景色《ゆうげしき》・晩景《ばんけい》・暮景《ぼけい》・暮色《ぼしょく》

▼夜の　夜景《やけい》・夜色《やしょく》

遠近と美からみた「景色」

▼遠くの　遠景《えんけい》

▼近くの　近景《きんけい》

▼手前に見える　前景《ぜんけい》

▼背後の　背景《はいけい》・後景《こうけい》

▼ぼんやりとかすんで見える

煙霞《えんか》・烟霞《えんか》

▼すぐれた

景勝《けいしょう》・形勝《けいしょう》・絶景《ぜっけい》・絶勝《ぜっしょう》・勝景《しょうけい》

▼よい、美しい

美景《びけい》・美観《びかん》・佳景《かけい》・景観《けいかん》・致景《ちけい》

▼珍しい　奇勝《きしょう》・奇観《きかん》・異観《いかん》

▼景色が奥深く静かなさま　幽邃《ゆうすい》

▼絵になるような　画趣《がしゅ》

▼壮大な

大観《たいかん》・壮観《そうかん》・偉観《いかん》・盛観《せいかん》

▼庭園外の山や樹木をその庭のものであるかのように利用してある

借景《しゃっけい》

▼景色のいい所を見て歩く

探勝《たんしょう》・済勝《せいしょう》・済勝《さいしょう》・観光《かんこう》

「景色」に関する故事・成語

【一望千里《いちぼうせんり》】

眺めがよく、広びろとはるかかなた

まで見渡されるということ。

【煙《えん》霞《か》の癖《へき》】
自然の景を愛して執着し、旅を好む趣味。《類》「煙《えん》霞《か》の痼《こ》疾《しつ》」

【花《か》鳥《ちょう》風《ふう》月《げつ》】
四季折々の美しい自然の景色。《類》「雪《せつ》月《げつ》風《ふう》花《か》」「風《ふう》花《か》雪《せつ》月《げつ》」「雪《せつ》月《げっ》花《か》」

【山《さん》紫《し》水《すい》明《めい》】(⇒「美《うつく》しい」一一三ページ)

【春《しゅん》花《か》秋《しゅう》月《げつ》】(⇒「月《つき》」四二一ページ)

【深《しん》山《ざん》幽《ゆう》谷《こく》】
人里離れた奥山や深い静かな谷間。ひっそりした自然のありさま。

【水《すい》天《てん》髣《ほう》髴《ふつ》】
遠方の海上などでの水と空が続いて見えて、見分けにくいさま。

【晴《せい》好《こう》雨《う》奇《き》】
晴雨のどちらもそれぞれの異なった趣があり、景色のよいこと。北宋の詩人、蘇軾《そしょく》の詩から。

【長《ちょう》汀《てい》曲《きょく》浦《ほ》】
海辺が長く続いているさま。

【白《はく》砂《しゃ》青《せい》松《しょう》】
白い砂と青い松。海岸の美しい景色。「はくさせいしょう」とも読む。

【風《ふう》光《こう》明《めい》媚《び》】
自然の景色がたいへんすばらしいこと。「明媚」は、景色が清らかで美しいさま。

【暮《ぼ》色《しょく》蒼《そう》然《ぜん》】
夕暮れの景色が青く薄暗いさま。「蒼然」は、夕方の薄暗いようす。

【柳《やなぎ》は緑《みどり》花《はな》は紅《くれない》】
春の景色の美しいことの形容。また、物事が自然のままにあることのたとえ。

結婚《けっこん》

形態からみた「結婚」

▼男女が夫婦の縁を結ぶ
結婚《けっこん》・婚姻《こんいん》・縁結《えんむす》び・縁組《えんぐ》み・縁付《えんづ》き・夫婦《ふうふ》・婚媾《こんこう》・婚娶《こんしゅ》・ウエディング

▼結婚するのにふさわしい年ごろ
結婚適齢期《けっこんてきれいき》・適齢期《てきれいき》・婚期《こんき》

▼民法に定められた結婚資格が生じる年齢
結婚年齢《けっこんねんれい》・婚姻適齢《こんいんてきれい》

▼未だに結婚していない　未婚《みこん》

▼すでに結婚している　既婚《きこん》

▼結婚を申し込む

結婚

求婚《きゅうこん》・プロポーズ

▼結婚の約束をする。また、その約束
婚約《こんやく》

▼結婚が成立する。また、貴人の
成婚《せいこん》

▼天皇の　大婚《たいこん》

▼皇女・王女が臣下に嫁ぐ　降嫁《こうか》

▼よい縁組み　良縁《りょうえん》

▼事実上結婚していながら、まだ正式に届を出していない状態
内縁《ないえん》・内縁関係《ないえんかんけい》

▼初めての　初婚《しょこん》・初縁《しょえん》

▼再度の　再婚《さいこん》・再縁《さいえん》

▼すでに配偶者のいる者の
重婚《じゅうこん》・二重結婚《にじゅうけっこん》

▼親類同士の間の
重縁《じゅうえん》・親族結婚《しんぞくけっこん》・近親婚《きんしんこん》

▼年若いうちの　早婚《そうこん》

▼ある程度年をとってからの
晩婚《ばんこん》

▼政治的に利用するために、本人同士の意思を度外視して結び付ける
政略結婚《せいりゃくけっこん》・政略婚《せいりゃくこん》

▼結婚の儀式
婚礼《こんれい》・婚儀《こんぎ》・結婚式《けっこんしき》・華燭《かしょく》・祝言《しゅうげん》・ウェディング

▼結婚したてのころ
新婚《しんこん》・蜜月《みつげつ》・ハネムーン

▼結婚に伴って入籍した家　婚家《こんか》

男性の側からみた「結婚」

▼婿にいく。その人
縁付《えんづ》く・婿入《むこい》り・入《い》り婿《むこ》

▼妻を迎える
嫁取《よめと》り・娶《めと》る・妻帯《さいたい》

女性の側からみた「結婚」

▼嫁にいく
縁付《えんづ》く・嫁《とつ》ぐ・嫁《か》する・嫁入《よめい》り・輿入《こしい》れ・婚嫁《こんか》

▼再婚する　再嫁《さいか》

▼婿を迎える　婿取《むこと》り

親の側からみた「結婚」

▼二人を結婚させる　添《そ》わせる

▼娘を結婚させる
縁付《えんづ》ける・片付《かたづ》ける・娶《めあわ》せる・妻合《めあ》わせる・妻合《めあ》わす

▼娘を結婚させた状態　片付《かたづ》く

夫婦にとっての「結婚」

▼夫婦として暮らす

添《そ》う・連《つ》れ添《そ》う・連《つ》れ合《あ》う

▼終生夫婦として暮らす

添《そ》い遂《と》げる

▼夫婦別れした二人がまた元の状態に戻る

復縁《ふくえん》

「結婚」に関する慣用句

【華燭《かしょく》の典《てん》】

婚礼、結婚式の美称。


【所帯《しょたい》を持《も》つ】

結婚して一家を構える。《類》「身《み》を固《かた》める」


【玉《たま》の輿《こし》に乗《の》る】

美しい輿に乗る意から、ごく普通の女性が地位や財産のある男性と結婚することのたとえ。


【手鍋《てなべ》提《さ》げても】

好きな男性と結婚できるならば、どんな苦労も厭《いと》わないということ。


【元《もと》の鞘《さや》に収《おさ》まる】

夫婦別れした二人が、またもとの状態に戻る。《類》「縒《よ》りを戻《もど》す」

「結婚」に関する故事・ことわざ

【月下氷人《げっかひょうじん》】

結婚の媒酌人、仲人のこと。「月下老」と「氷上人」の故事から。出典は『続幽怪録《ぞくゆうかいろく》』。


【釣《つ》り合《あ》わぬは不縁《ふえん》の基《もと》】

育ちや家柄などが違い過ぎる者同士の結婚は、やがてうまくいかず、離婚する場合が少なくないということ。


【破《わ》れ鍋《なべ》に綴《と》じ蓋《ぶた》】

割れ目のはいった鍋にもそれに似合う修繕した蓋があるように、どんな人にもその人にふさわしい結婚相手がいるということ。《類》「牛《うし》は牛連《うしづ》れ馬《うま》は馬連《うまづ》れ」

原因《げんいん》・結果《けっか》

変化をもたらす元の意の「原因」

▼物事の始まり

起《お》こり・起源《きげん》・起原《きげん》・起因《きいん》・原因《げんいん》・元《もと》・本《もと》・原《もと》・因縁《いんねん》・因由《いんゆ》・由来《ゆらい》・基《もとい》・オリジン

▼ある物事に変化をもたらすもの

原因・結果

原因《げんいん》・基因《きいん》・元《もと》・本《もと》・原《もと》・因《いん》

▼ある物事が生じるもと　種《たね》・因《もと》

▼物事のよってくるところ
由来《ゆらい》・来歴《らいれき》・由緒《ゆいしょ》

▼物事が成り立つのに必要な原因
因子《いんし》・要因《よういん》

▼大本の　素因《そいん》

▼主な　主因《しゅいん》

▼二次的な　副因《ふくいん》

▼直接的な　近因《きんいん》

▼間接的な　遠因《えんいん》

▼内部的な　内因《ないいん》

▼外部的な　外因《がいいん》

▼本当の　真因《しんいん》

▼一つの　一因《いちいん》

▼事の起こる　起因《きいん》・口火《くちび》

▼ある現象を引き起こす　誘因《ゆういん》

▼ある状態を招く直接の　動因《どういん》

▼物事ができ上がるまでの　成因《せいいん》

▼偶然の　偶因《ぐういん》

▼人の行動を決める意識的な
動機《どうき》・モチベーション

▼勝利の　勝因《しょういん》

▼敗北の　敗因《はいいん》

▼病気の
病因《びょういん》・病根《びょうこん》・病原《びょうげん》・病源《びょうげん》

▼死亡の　死因《しいん》

原因によって生ずる「結果」

▼原因によってもたらされたある状態
結果《けっか》・果《か》・成果《せいか》

▼よい
賜《たまもの》・賜物《たまもの》・効果《こうか》・甲斐《かい》・詮《かい》

▼よい結果を得ようとして、かえって悪い結果を得る
逆効果《ぎゃくこうか》

▼ある行為の　所為《しょい》・所為《せい》

▼ある行為をした結果得られるもの
報《むく》い・応報《おうほう》・果報《かほう》

▼はっきりとした形で報いが現れる
陽報《ようほう》

▼原因と　因果《いんが》

▼原因と結果にある関係が互いに悪影響を及ぼし合って堂々めぐりしている状態
悪循環《あくじゅんかん》

「原因・結果」に関する慣用句

［因果《いんが》を含《ふく》める］
事の成り行きを説明して諦めさせる。

［薬《くすり》が効《き》く］
忠告などによってよい結果がでる。

［功《こう》を奏《そう》する］
よい結果を得る。《類》「奏功《そうこう》」

［種《たね》を蒔《ま》く］

物事を起こす原因をつくる。

[血《ち》と汗《あせ》の結晶《けっしょう》]
忍耐と努力によって得た成果。

[波紋《はもん》を投《とう》じる]
ある事の結果が周囲に影響を及ぼす。《類》「影《かげ》を落《お》とす」

[火《ひ》が付《つ》く]
結果を受けて不都合なことが起こる。《類》「煽《あお》りを食《く》う」「弾《はず》みを食《く》う」

[引《ひ》き金《がね》になる]
物事が起こるきっかけとなる。《類》「起爆剤《きばくざい》となる」「呼《よ》び水《みず》になる」

[実《み》を結《むす》ぶ]
努力の甲斐があってよい結果を得る。

[有終《ゆうしゅう》の美《び》]
最後までやり抜いて、その結果として立派な成果を収めること。

「原因・結果」に関する故事・ことわざ

[悪事《あくじ》身《み》に返《かえ》る]
自分が行った悪事は、やがては自分の身に戻ってきて苦しむことになるという戒め。《類》「自業自得《じごうじとく》」

[因果応報《いんがおうほう》]
人間の行いの善悪に応じて、それ相応の報いがあること。《類》「善因善果《ぜんいんぜんか》」「悪因悪果《あくいんあっか》」

[風邪《かぜ》は万病《まんびょう》の因《もと》]
風邪はあらゆる病の大本である。風邪くらいと侮ることは戒めなくてはならない。《類》「風邪《かぜ》は百病《ひゃくびょう》の長《ちょう》」

[失敗《しっぱい》は成功《せいこう》の因《もと》]
失敗をすれば、なぜ失敗したかを検討・反省し、新たに立ち向かうことができる。失敗を恐れていては成功はおぼつかないという教え。《類》「失敗《しっぱい》は成功《せいこう》の母《はは》」

[火《ひ》のない所《ところ》に煙《けむり》は立《た》たぬ]
火種のないところには煙は立つはずがないのと同じように、うわさが立つのはそのことを裏づける何らかの事実なり理由なりがあるからだということ。

[蒔《ま》かぬ種《たね》は生《は》えぬ]
努力しないでよい結果は得られない。

賢人《けんじん》

聡明な人としての「賢人」

▼世間の物事を広く知っている
物知《ものし》り・物識《ものし》り・通人《つうじん》・知識人《ちしきじん》・インテリ・インテリ

賢人

ゲンチャ

▼その道のことに精通していて、聞けば何でも答えられる
生《い》き字引《じびき》・ウオーキングディクショナリー

▼その道で豊富な知識を有する
博士《はかせ》・学者《がくしゃ》

▼豊かな知識と見識をそなえている
識者《しきしゃ》・有識者《ゆうしきしゃ》

▼その道を知り尽くしている　通《つう》

▼人情の機微や花柳界の事情などに通じている
通《つう》・通人《つうじん》・通客《つうかく》・粋人《すいじん》・粋《すい》士《し》・粋者《すいしゃ》

▼知識が豊富で、賢い
知者《ちしゃ》・智者《ちしゃ》・賢哲《けんてつ》

▼生まれつき卓越した才能をもつ
天才《てんさい》

▼世にもまれな才能をもつ　奇才《きさい》

▼人間とは思えない才能をもつ
鬼才《きさい》

▼多くの人より特にすぐれている
英俊《えいしゅん》・俊英《しゅんえい》・英哲《えいてつ》・エリート

▼すぐれた才能をもつ　英才《えいさい》

▼学才にすぐれている
俊茂《しゅんも》・俊茂《しゅんぼう》・秀才《しゅうさい》

▼才知がすぐれている
俊秀《しゅんしゅう》・俊才《しゅんさい》・俊士《しゅんし》・俊彦《しゅんげん》・才子《さいし》・才人《さいじん》・才物《さいぶつ》

▼才知がとりわけすぐれている
俊異《しゅんい》・儁異《しゅんい》・俊邁《しゅんまい》・俊逸《しゅんいつ》・偉才《いさい》・異才《いさい》

▼鋭い才知を有する　穎才《えいさい》

▼才知の特にすぐれた少年
麒麟兒《きりんじ》・麒麟児《きりんじ》・鳳雛《ほうすう》

▼才知、人徳を兼ねそなえている
器量人《きりょうじん》

▼才知のすぐれた女性
才女《さいじょ》・才媛《さいえん》

▼才知がすぐれて賢い　才賢《さいけん》

▼賢い女性　賢女《けんじょ》

▼世界や人生の根本原理に通じている
哲人《てつじん》・哲学者《てつがくしゃ》・哲士《てつし》

▼昔のすぐれた哲人
先哲《せんてつ》・前哲《ぜんてつ》

▼西洋の哲人　西哲《せいてつ》

高徳の人としての「賢人」

▼知徳にすぐれ、万人が師と仰ぐ
聖《せい》・聖《ひじり》・聖人《せいじん》・聖者《せいじゃ》

▼知徳の最もすぐれた聖人　大聖《たいせい》

▼知徳をそなえ、僧俗共に範とする
聖人《しょうにん》・上人《しょうにん》・聖《ひじり》

▼煩悩を脱却し、道理を悟った
聖者《しょうじゃ》

▼仏道・悟りに教え導く
知識《ちしき》・智識《ちしき》・善知識《ぜんちしき》

▼高徳の僧　智者《ちしゃ》

▼徳が高い
賢人《けんじん》・賢者《けんじゃ》・賢者《けんしゃ》・聖哲《せいてつ》

▼昔の　先賢《せんけん》・前賢《ぜんけん》・古賢《こけん》

▼聖人に次ぐ　亜聖《あせい》

▼非常に賢い　大賢《たいけん》

▼聖人と　聖賢《せいけん》

▼仁者と　仁賢《じんけん》

▼多くの　諸賢《しょけん》

▼官職に登用されず民間にいる
遺賢《いけん》

「賢人」に関する故事・成語

[賢者《けんじゃ》は考《かんが》えを変《か》えるが、愚者《ぐしゃ》は決《けっ》して変《か》えない]
賢い人は自分に過ちがあるのに気が付けば、すぐに改めて正しい道に進むけれども、一方、愚かな者は自分の過ちを認めようともせず決して改めない。

[賢者《けんじゃ》は中道《ちゅうどう》を取《と》る]
賢い人間は、極端な方法はとらないで、誰もが認める方法を選ぶ。

[賢人《けんじん》は危《あや》うきを見《み》ず]
賢い人は危ない所に近づくような愚行をあえてしないから、危ない目などにあうことは決してないという意。

[大賢《たいけん》は愚《ぐ》なるが如《ごと》し]
すぐれて賢い人は、自分の才能をことさら表に出すことがないので、見掛けは愚か者と同じに見えるということから、外見で人を判断してはならないという戒め。《類》「大智《だいち》は愚《ぐ》の如《ごと》し」

幸《こう》・不幸《ふこう》

人の運命の様相からみた「幸」

▼心が満ち足りて快く感じられる状態
幸福《こうふく》・仕合《しあわ》せ・幸《しあわ》せ・倖《しあわ》せ・幸《さいわ》い・幸運《こううん》・好運《こううん》・幸《さち》・福祉《ふくし》・福祉《ふくち》・福祚《ふくそ》・福《ふく》禄《ろく》・幸祐《こうゆう》・福運《ふくうん》・福《ふく》・果報《かほう》

▼この上ない
至福《しふく》・至幸《しこう》・幸甚《こうじん》

▼清らかな　浄福《じょうふく》・清福《せいふく》

▼思いも掛けない
僥倖《ぎょうこう》・紛《まぐ》れ幸《ざいわ》い・零《こぼ》れ幸《ざいわ》い・ラッキー

▼幸せが多い

幸・不幸

▼万福《まんぷく》・万福《ばんぷく》・多福《たふく》・多幸《たこう》・福福《ふくふく》・多祥《たしょう》
▼大きな　景福《けいふく》
▼天から授けられた
天幸《てんこう》・天福《てんぷく》
▼待ちもうけた　待《ま》ち幸《ざいわ》い
▼幸せなめぐり合せにある者
幸《しあわ》せ者《もの》・果報者《かほうもの》
▼長命で幸せである　寿福《じゅふく》
▼多くの子どもをもつ　子福《こぶく》
▼男が女に愛される　艶福《えんぷく》
▼めでたいことと
祥福《しょうふく》・福祥《ふくしょう》・慶福《けいふく》・嘉幸《かこう》・祥禎《しょうてい》・慶事《けいじ》
▼利益と　利福《りふく》・福利《ふくり》
▼善行によって得られる福利
福徳《ふくとく》
▼先祖の功徳によって子孫が幸いを得る
余慶《よけい》・御陰《おかげ》・御蔭《おかげ》・余光《よこう》

▼頼みにならない　似非幸《えせざいわ》い
▼死後の　冥福《めいふく》・冥福《みょうふく》
▼災いと　禍福《かふく》
▼禍福の因縁　倚伏《いふく》
▼福ぶくしい人相　福相《ふくそう》

幸せでない状態としての「不幸」

▼幸せでない
不幸《ふしあわ》せ・不幸《ふこう》・不運《ふうん》・非運《ひうん》・不遇《ふぐう》・数奇《すうき》・薄命《はくめい》・否運《ひうん》
▼幸せが少ない　薄幸《はっこう》・薄倖《はっこう》
▼不幸なめぐり合せ
悲運《ひうん》・因果《いんが》
▼幸せでない運命　逆運《ぎゃくうん》・不運《ふうん》
▼不幸な身の上
悲境《ひきょう》・逆境《ぎゃっきょう》
▼不幸な出来事
災《わざわ》い・禍《か》・災難《さいなん》・禍害《かがい》・災《さい》厄《やく》・厄《やく》・厄難《やくなん》・難《なん》

「幸・不幸」に関する慣用句

[命拾《いのちびろ》いする]
死にそうな目にあっていたのが幸運にも助かる。
[有卦《うけ》に入《い》る]
運が向いてきて、吉事が続く。
[幸先《さいさき》がいい]
幸運の兆しがある。
[幸《さいわ》いする]
ある事柄が、他の事柄にとってたいへんよい結果をもたらす。
[幸《さいわ》いにして]
都合よく。運よく。幸運にも。
[付《つ》きが回《まわ》る]
幸運がめぐってくる。《類》「目《め》が出《で》る」「運《うん》が開《ひら》く」

【不幸中《ふこうちゅう》の幸《さいわ》い】

災難にあいながらも、いくらか気持ちの休まる点があること。


【勿怪《もっけ》の幸《さいわ》い】

思いも掛けなかった幸運。

「幸・不幸」に関することわざ

【開《あ》いた口《くち》へ牡丹餅《ぼたもち》】

努力も苦労もしないのに、思い掛けない幸運に恵まれることのたとえ。《類》「棚《たな》から牡丹餅《ぼたもち》」「鴨《かも》が葱《ねぎ》を背負《しょ》って来《く》る」


【犬《いぬ》も歩《ある》けば棒《ぼう》に当《あ》たる】

何もしないでじっとしているだけでは得るものはないが、積極的に行動していれば思いの外の幸運に恵まれるというたとえ。


【果報《かほう》は寝《ね》て待《ま》て】

幸運は求めて得られるものではない。人事を尽くして、焦らず気長に待っていれば、そのうち、必ずやってくるものだということ。《類》「待《ま》てば海路《かいろ》の日和《ひより》あり」


【幸《しあわ》せは袖褄《そでつま》に付《つ》かず】

幸せはどこにでもあるわけではなく、得がたいものであることのたとえ。「袖褄」は着物の袖と褄。また、衣服の総称。


【不幸《ふこう》が幸《しあわ》せ】

不幸なことが逆に幸せになることもある。また、考え方によっては不幸の中にも幸せと思われるものがあるものだということ。


【弱《よわ》り目《め》に祟《たた》り目《め》】

不幸の上にさらに不幸が襲うこと。《類》「泣きっ面《つら》に蜂《はち》」「痛《いた》い上《うえ》の針《はり》」

交際《こうさい》・付《つ》き合《あ》い

種別・程度からみた「交際・付き合い」

▼人と人との交わり
交際《こうさい》・付《つ》き合《あ》い・人付《ひとづ》き・人付《ひとづ》き合《あ》い・人交《ひとまじ》わり・交《まじ》わり・交《まじ》らい・行《ゆ》き来《き》・行《い》き来《き》・往《ゆ》き来《き》・往《い》き来《き》・交遊《こうゆう》

▼わだかまりのない　淡交《たんこう》

▼美しい　蘭交《らんこう》・蘭契《らんけい》

▼親しい
親交《しんこう》・情交《じょうこう》・誼《よしみ》・好《よしみ》・交誼《こうぎ》・情誼《じょうぎ》・交情《こうじょう》・近《ちか》しい・慇懃《いんぎん》・昵懇《じっこん》・懇意《こんい》・入魂《じっこん》・入魂《じゅこん》・入魂《じゅっこん》・入魂《にゅうこん》・親密《しんみつ》・近付《ちかづ》き

交際・付き合い

▼仲がよい
仲良《なかよ》し・睦《むつ》まじい

▼気楽に付き合える
心安《こころやす》い・気安《きやす》い

▼親しみ合う
親睦《しんぼく》・懇親《こんしん》・親和《しんわ》・睦《むつ》む

▼心から親しい
厚誼《こうぎ》

▼ごく親しい
莫逆《ばくげき》・莫逆《ばくぎゃく》・別懇《べっこん》・高誼《こうぎ》

▼この上なく親しい好意による
好誼《こうぎ》・至交《しこう》

▼深い
深交《しんこう》

▼昔からの
昔馴染《むかしなじ》み・旧交《きゅうこう》・旧好《きゅうこう》・旧誼《きゅうぎ》・旧情《きゅうじょう》

▼幼馴染みの男女の
筒井筒《つついづつ》

▼親しい友達
親友《しんゆう》

▼打ち解けて仲よくなる
融和《ゆうわ》・和合《わごう》

▼許し合って仲よくなる
宥和《ゆうわ》

▼心を合わせて仲よくする
協和《きょうわ》

▼打ち解けて共に楽しむ
交歓《こうかん》

▼親しみ仲よくする
親善《しんぜん》

▼義理のための
義理付《ぎりづ》き合《あ》い

▼親類間の
親類付《しんるいづ》き合《あ》い・親戚付《しんせきづ》き合《あ》い

▼友達との
交友《こうゆう》

▼友達に対するよしみ
友誼《ゆうぎ》・友好《ゆうこう》

▼隣家との
隣交《りんこう》・善隣《ぜんりん》・隣付《となりづ》き合《あ》い

▼世間との
社交《しゃこう》

▼国と国との
国交《こっこう》・外交《がいこう》・通交《つうこう》・交通《こうつう》・国際《こくさい》

▼国と国との親しい
通好《つうこう》・和親《わしん》・修好《しゅうこう》・修交《しゅうこう》

▼隣国と仲よくする
善隣《ぜんりん》

▼外国との国交を開く
開国《かいこく》

実際の展開からみた「交際・付き合い」

▼思い掛けなく人に出会う
奇遇《きぐう》・遭遇《そうぐう》

▼長く会わない人に偶然出会う
邂逅《かいこう》

▼人に直接会う
面会《めんかい》

▼公式に人と会う
会見《かいけん》・インタビュー

▼相手と顔を合わせる
対面《たいめん》・対顔《たいがん》

▼交渉がない
没交渉《ぼつこうしょう》

▼間に立って知らない人同士を引き合わせる
紹介《しょうかい》・顔繋《かおつな》ぎ

▼間に入って仲立ちする

交際・付き合い

仲介《ちゅうかい》・媒介《ばいかい》・橋渡《はしわた》し・取《と》り持《も》つ

疎遠・絶交などからみた「交際・付き合い」

▼自分の意見にこだわって譲らない
確執《かくしつ》・確執《かくしゅう》

▼敬って近づかない　敬遠《けいえん》

▼嫌って避ける　忌避《きひ》

▼連絡を絶つ　絶信《ぜっしん》

▼親しくない状態
疎《うと》い・疎疎《うとうと》しい・余所余所《よそよそ》しい・疎縁《そえん》

▼仲が悪い状態
仲違《なかたが》い・不仲《ふなか》・不和《ふわ》・反目《はんもく》

▼交際をやめる
絶交《ぜっこう》・断交《だんこう》・絶縁《ぜつえん》・断絶《だんぜつ》

▼夫婦の縁を絶つ
離別《りべつ》・離婚《りこん》・三行半《みくだりはん》・三《み》下《くだ》り半《はん》

▼夫婦または養子などの縁を切る
離縁《りえん》・絶縁《ぜつえん》・縁切《えんき》り

▼子や弟子との縁を切る　勘当《かんどう》

▼世俗から離れる
絶俗《ぜつぞく》・脱俗《だつぞく》・超俗《ちょうぞく》・絶塵《ぜつじん》・隠遁《いんとん》

▼国家間の交際をやめる　断交《だんこう》

▼外国との交通・通商を禁じる
鎖国《さこく》

「交際・付き合い」に関する慣用句

[足《あし》が遠《とお》のく]
頻繁に訪れていた仲が疎遠になる。

[当《あ》たりがいい]（⇒「性格《せいかく》・性質《せいしつ》」三四五ページ）

[一席設《いっせきもう》ける]
人をもてなすために宴席を用意する。

[お愛想《あいそ》を言《い》う]
相手に向かってお世辞を使う。《類》「味噌《みそ》を擂《す》る」

[椀盤振《おうばんぶ》る舞《ま》い]（⇒「食《た》べる・飲《の》む」四一二ページ）

[顔《かお》が利《き》く]
知っている間柄なので無理が通る。

[角《かど》が立《た》つ]
人との関係がうまくいかない。

[殻《から》に閉《と》じ籠《こも》る]（⇒「性格《せいかく》・性質《せいしつ》」三四六ページ）

[款《かん》を通《つう》じる]（⇒「親《した》しい・親《した》しむ」二九一ページ）

[気《き》が合《あ》う]
互いに気持ちが通じ合う。《類》「馬《うま》が合《あ》う」

[気《き》が置《お》けない]
遠慮する必要がない。気楽に付き合える。

[機嫌《きげん》を取《と》る]

交際・付き合い

相手に気に入られるように気を遣う。《類》「機嫌《きげん》を伺《うかが》う」

【義理一遍《ぎりいっぺん》】世間体を整えるだけで、形式的な付き合いですること。

【義理《ぎり》を立《た》てる】付き合いや恩義を第一に考えて交際する。《類》「義理立《ぎりだ》てをする」

【ぐるになる】悪事の仲間に加わる。

【犬猿《けんえん》の仲《なか》】犬と猿は仲が悪いとされることから、非常に仲の悪い間柄のこと。

【下《した》にも置《お》かない】客などを丁重にもてなすさま。《類》「下《した》へも置《お》かない」

【世間《せけん》が狭《せま》い】交際の範囲が狭い。《対》「世間《せけん》が広《ひろ》い」「顔《かお》が広《ひろ》い」

【背中合《せなかあわ》せ】互いに仲が悪いさま。

【そつがない】もてなし方や心配りが行き届いている。《類》「至《いた》れり尽《つ》くせり」「痒《かゆ》い所《ところ》に手《て》が届《とど》く」

【袖《そで》を連《つら》ねる】行動を共にする。《類》「袂《たもと》を連《つら》ねる」

【外面《そとづら》がいい】身内の者にはともかく、外の人間に対しては応対のしかたが非常にいい。

【反《そ》りが合《あ》わない】気性が合わず、仲が悪い。

【袂《たもと》を分《わ》かつ】行動を共にしてきた人と別れる。

【調子《ちょうし》を合《あ》わせる】(⇒「あう」五五ページ)

【付《つ》かず離《はな》れず】一定の距離を保って付き合うさま。

【手《て》を切《き》る】交際を絶って別れる。《類》「手《て》を分《わ》かつ」

【手《て》を繋《つな》ぐ】協力し合って一緒の行動を取る。《類》「手《て》を携《たずさ》える」

【手《て》を握《にぎ》る】共通の目的のため、協力し合うことを約束する。

【徒党《ととう》を組《く》む】ある事をもくろむために人が寄り集まる。

【波風《なみかぜ》が立《た》つ】平穏な付き合いが続いていたところに突然争い事が起こる。

【肌《はだ》が合《あ》う】気性や好みが似通っていて、うまくいく。

【八方美人《はっぽうびじん》】どんな相手にも調子よく振る舞う人。

【罅《ひび》が入《はい》る】仲が悪くなる。《類》「間隙《かんげき》を生《しょう》じる」「溝《みぞ》ができる」

【摩擦《まさつ》を生《しょう》じる】意見の対立などから仲たがいや紛

交際・付き合い

争が生まれる。

[水入《みずい》らず]
親しい間柄の者ばかりで、他人がいないこと。

[持《も》ちつ持《も》たれつ]
お互いに助け合う関係での付き合いのさま。

[縒《よ》りを戻《もど》す]
仲直りをして元の関係になる。《類》「元《もと》の鞘《さや》に収《おさ》まる」

[渡《わた》りを付《つ》ける]
事がうまく運ぶように、話し合うきっかけをつくる。

「交際・付き合い」に関する故事・成語・ことわざ

[魚心《うおごころ》あれば水心《みずごころ》あり]
自分にその気があれば、相手もそれに応じた気持ちになってくれるというたとえ。

[音信不通《おんしんふつう》] （⇒「手紙《てがみ》」四二七ページ）

[肝胆相照《かんたんあいて》らす]
心の底まで打ち明け合う非常に親しい交わりのたとえ。「肝胆」は肝臓と胆嚢《たんのう》のことで、心の奥底の意。

[管鮑《かんぽう》の交《まじ》わり]
中国の管仲《かんちゅう》と鮑叔《ほうしゅく》という仲のよい者同士が友人への援助を惜しまなかったという故事により、利害や打算のない親密な友人関係のたとえ。出典は『列子《れっし》』。

[来《く》る者《もの》は拒《こば》まず]
自分の考えなどに共鳴して寄ってくる者は拒絶しないで、その者の自由にさせるということ。「来《きた》る者《もの》は拒《こば》まず」ともいう。出典は『春秋公羊伝《しゅんじゅうくようでん》』。《類》「去《さ》る者《もの》は追《お》わず」

[義理《ぎり》と褌《ふんどし》は欠《か》かされぬ]
男にとっての身に付けている褌と同様に、義理を欠いては一日たりともこの世間を渡ってはいけないという教え。

[金石《きんせき》の交《まじ》わり]
金属や石のように固く、破れることなく続く友情のこと。出典は『漢書《かんじょ》』。《類》「金石《きんせき》の交《こう》」「金蘭《きんらん》の契《ちぎ》り」

[傾蓋故《けいがいこ》の如《ごと》し] （⇒「親《した》しい・親《した》しむ」二九一ページ）

[膠漆《こうしつ》の交《まじ》わり]
お互いに非常に親密な関係にあって離れがたい友情のたとえ。「膠漆」は、にかわとうるしのこと。出典は元稹《げんしん》『説剣《せつけん》』。

[去《さ》る者《もの》は日日《ひび》に疎《うと》し] （⇒「時《とき》・年《ねん》月《げつ》・期《き》」四四〇ページ）

[爾汝《じじょ》の交《まじ》わり]
お互いに「おまえ」「きさま」のように呼び合うほど親密な間柄のこと。出典は王世貞《おうせいてい》『円機活法《えんきかっぽう》』。

[朱《しゅ》に交《まじ》われば赤《あか》くなる]
人はその環境や友人によって、よ

くも悪くもなるというたとえ。よい友を選ぶことが大切だという教え。

[水魚《すいぎょ》の思《おも》い]
非常に緊密な交情のたとえ。

[水魚《すいぎょ》の交《まじ》わり]
魚は水の中でしか生きていけないので水とは離れられないが、これと同様に離れることのできない友人関係のこと。出典は『三国志』。《類》「水魚《すいぎょ》の親《しん》」「水魚《すいぎょ》の因《ちなみ》」

[断金《だんきん》の交《まじ》わり]
二人の友情の固さは、金をも断ち切るほどであるの意で、きわめて固い交友関係のたとえ。出典は『易経《えききょう》』。

[鬚《ひげ》の塵《ちり》を払《はら》う]
他人のひげに付いた塵を取るの意から、目上の人にこびへつらうことのたとえ。出典は『宋史』。《類》「胡《ご》麻《ま》を擂《す》る」

[不即不離《ふそくふり》]
付きもせず、離れもせずに一定の距離を保つこと。《類》「不離不即《ふりふそく》」

[刎頸《ふんけい》の交《まじ》わり]
友人のために自分の首をはねられてもいいと思うほどの友情ということで、固い信頼によって結ばれた友人関係のたとえ。出典は『史記』。

[忘形《ぼうけい》の交《まじ》わり]
分け隔てのない親密な交際。「忘形」とは、容貌や地位などと関係なく親しく交わるの意。出典は『唐《とう》書《じょ》』。

[忘年《ぼうねん》の交《まじ》わり]
年齢の差に関係なく親密に交際すること。出典は『後漢書《ごかんじょ》』。

[和光同塵《わこうどうじん》]
仏や菩薩がこの世に仮の姿を現し、俗世間の人びとと縁を結ぶ意から、転じて、すぐれた知恵、見識をもつ人が俗世間の人と別け隔てなく交わること。出典は『老子《ろうし》』。《類》「塵《ちり》に同《どう》ず」「塵《ちり》に交《まじ》わる」

[和《わ》して同《どう》ぜず]
仲よく交際はするが、自分の意思はきちんともち、何でもかんでも同じ行動は取らないこと。出典は『論語』。

声《こえ》

性質からみた「声」

▼人が発声器官を使って出す音
声《こえ》・音声《おんせい》・音声《おんじょう》

▼声の質・ようす
声柄《こえがら》・声色《こわいろ》・声差《こわざ》し・声《こわ》音《ね》・声様《こえざま》・声様《こわざま》・声付《こえつ》き

▼美しい　美声《びせい》・佳音《かおん》

▼かん高く鋭い　きいきい声《ごえ》

声

▼金属を切るようなかん高い　金切《かなき》り声《ごえ》

▼低い　低音《ていおん》・低声《ていせい》

▼大きい　大声《おおごえ》・大音声《だいおんじょう》

▼大きく高い　高声《たかごえ》・声高《こわだか》

▼荒々しい大声　蛮声《ばんせい》

▼小さい　小声《こごえ》

▼鼻にかかった　鼻声《はなごえ》

▼いびき　鼾声《かんせい》

▼渋みのある　錆声《さびごえ》・寂声《さびごえ》

▼口にこもっているような　含《ふく》み声《ごえ》

▼ひびきの悪い　悪声《あくせい》

▼つやのないがらがらした　土器声《かわらけごえ》・がらがら声《ごえ》

▼かすれた　嗄《しわが》れ声《ごえ》・嗄《か》れ声《ごえ》・嗄《しゃが》れ声《ごえ》・ハスキー

▼濁って下品な　濁《にご》り声《ごえ》・どら声《ごえ》・濁声《だみごえ》・訛声《だみごえ》

▼調子はずれで太く濁った　胴声《どうごえ》・胴間声《どうまごえ》・胴間声《どうまんごえ》・胴《どう》張《ば》り声《ごえ》

▼生まれたばかりの赤ん坊が泣く　呱呱《ここ》

▼生まれつきの　地声《じごえ》

▼機械などを通さない　肉声《にくせい》

▼人民の　民声《みんせい》

▼天皇の　玉音《ぎょくおん》

▼神の　神籟《しんらい》・神声《しんせい》

状況・様態からみた「声」

▼笑っている　笑《わら》い声《ごえ》・笑《え》み声《ごえ》

▼喜んでいる　歓声《かんせい》・歓呼《かんこ》

▼ほめたときの　喝采《かっさい》・誉《ほ》め声《ごえ》

▼興奮したときの　喚声《かんせい》

▼泣いている　泣《な》き声《ごえ》

▼涙ぐんで泣き出しそうな　涙声《なみだごえ》

▼大声で泣く　慟哭《どうこく》

▼泣き叫ぶ　哭声《こくせい》・悲鳴《ひめい》

▼わめき叫ぶ　絶叫《ぜっきょう》・叫喚《きょうかん》

▼大声で叫ぶ　大呼《たいこ》・呼号《こごう》・大喊《たいかん》

▼続けざまに叫ぶ　連呼《れんこ》

▼大声で叱りつける　大喝《だいかつ》

▼怒って怒鳴るときの　怒声《どせい》・怒号《どごう》・怒鳴《どな》り声《ごえ》

▼あたりにひびく怒鳴り　雷声《かみなりごえ》

▼勇ましく叫ぶ　雄叫《おたけ》び・男建《おたけび》・雄誥《おたけび》

▼ののしってわめく　罵声《ばせい》

▼生まれて初めての　産声《うぶごえ》・初声《うぶごえ》

声

▼恐怖などから発する　悲鳴《ひめい》

▼震えながら発する　震《ふる》え声《ごえ》・戦慄《わなな》き声《ごえ》・戦慄声《わななきごえ》

▼嘆きの　嘆声《たんせい》・悲《かな》しみ声《ごえ》

▼ため息をついて嘆く　咨嗟《しさ》

▼わざとこしらえた　作《つく》り声《ごえ》

▼わざと出す高い　裏声《うらごえ》

▼普通でない　奇声《きせい》

▼若い女性などのかん高い　黄色《きいろ》い声《こえ》

▼女性のなまめかしい　嬌声《きょうせい》

▼人にこびるような　猫撫《ねこな》で声《ごえ》

▼風邪をひいたときの　風邪声《かざごえ》・風声《かざごえ》・風邪声《かぜごえ》・風声《かぜごえ》

▼忍んで出す　忍《しの》び音《ね》・忍《しの》び声《ごえ》

▼わびしそうな　侘《わ》び声《ごえ》

▼うらんで嘆き悲しむ　怨嗟《えんさ》の声《こえ》

▼とげとげしい　尖《とが》り声《ごえ》

▼互いに呼ぶ　諸声《もろごえ》

▼勢いをつける　掛《か》け声《ごえ》

▼戦場で一斉にあげる　鬨《とき》の声《こえ》・勝《か》ち鬨《どき》・鯨波《げいは》

▼書物を読む　伊吾《いご》・咿唔《いご》・唔咿《ごい》

▼詩歌などを吟ずる　吟声《ぎんせい》

▼読経・説法の　法《のり》の声《こえ》

▼調和する　諧声《かいせい》

▼調子の整わない　斑声《むらごえ》

▼万歳楽などを唱える。また、平和を祈る　千歳《ちとせ》の声《こえ》

▼鉄道員が信号などを確認して出す　喚呼《かんこ》

▼声帯が変化するため声が低く変わる　声変《こえが》わり

▼鳥獣が鳴く　啼声《ていせい》

▼鳥などがその季節になって初めて鳴く　初音《はつね》

▼ガンが鳴く　雁金《かりがね》・雁《かり》が音《ね》

▼鐘の音　鐘声《しょうせい》

▼波の音　濤声《とうせい》

▼風の音　風声《ふうせい》

▼一度だけ音を出す　一声《いっせい》

「声」の擬音語・擬態語

▼大勢の声が騒がしい　ざわざわ・がやがや

▼大勢の人が一斉に声をあげる　どっと

▼泣き叫んだりはしゃいだりする　きゃーきゃー・ぎゃーぎゃー

▼女性や子どもなどが喜び、またはたわむれて出す高くにぎやかな　きゃっきゃっ

▼やかましく騒ぎたてる

わーわー

▼大勢が一緒になって騒ぐ

わいわい

▼口やかましく叱りつける

がみがみ

▼人に聞こえないように話す

ひそひそ・こっそり

「声」に関する慣用句

[蚊《か》の鳴《な》くような声《こえ》]
蚊の羽音のようなかすかな細い声。力なくたよりない声。

[絹《きぬ》を裂《さ》くよう]
女性が叫ぶ声の鋭くかん高いようす。

[声《こえ》が潤《うる》む]
悲しみのあまり声が震えて涙声になる。

[声《こえ》が潰《つぶ》れる]
声を出し過ぎて、かすれ声になる。

[声《こえ》が弾《はず》む]
うきうきとした気分で、元気な声になる。

[声《こえ》の下《した》から]
言い終わってすぐ。

[声《こえ》を落《お》とす]
声の調子を下げて小さい声で話す。

[声《こえ》を嗄《か》らす]
大声で叫んでいて、かすれ声になる。

[声《こえ》を曇《くも》らす]
心配そうな悲しそうな声になる。

[声《こえ》を殺《ころ》す]
人に聞こえないような小声で話す。《類》「声《こえ》を潜《ひそ》める」

[声《こえ》を作《つく》る]
ふだんと違う飾った声を出す。

[声《こえ》を呑《の》む]（⇒「驚《おどろ》く・驚《おどろ》き」一四一ページ）

[声《こえ》を振《ふ》り絞《しぼ》る]
できる限りの声を張り上げる。

[鈴《すず》を転《ころ》がすよう]
女性の声の美しく澄んでいるようす。《類》「玉《たま》を転《ころ》がすよう」

言葉《ことば》

伝達手段としての「言葉」

▼人の考えや感情などを表現、伝達する手段

言《げん》・言《こと》・言《げん》語《ご》・言《ごん》語《ご》・言《こと》葉《ば》・語《ご》・言《げん》辞《じ》・言《げん》詞《し》

▼一つの

一《いち》言《ごん》・一《いち》言《げん》・一《ひと》言《こと》・一《いち》語《ご》・単《たん》辞《じ》

▼一つ一つの

言葉

言言《げんげん》・一言《ひとこと》一言《ひとこと》・言言句句《げんげんくく》
▼わずかの、ちょっとした
片言《へんげん》・隻語《せきご》・隻句《せっく》
▼短くて意味深い　寸言《すんげん》
▼ひとりでの
独言《どくげん》・独語《どくご》・独《ひと》り言《ごと》
▼本人に代わって　代言《だいげん》
▼多くの
万言《まんげん》・千言《せんげん》・百万言《ひゃくまんげん》
▼多くの人の
衆言《しゅうげん》・群言《ぐんげん》・衆口《しゅうこう》・群口《ぐんこう》・
衆口《しゅこう》
▼口に出す　言《い》い草《ぐさ》・言《い》い種《ぐさ》
▼早口の
早口《はやくち》・早口言葉《はやくちことば》・早言葉《はやことば》・
早口《はやくち》そそり・早言《はやこと》
▼巧みに修飾した
詞華《しか》・詞花《しか》・詞藻《しそう》・文藻《ぶんそう》
▼洗練された　雅語《がご》・雅言《がげん》

▼すぐれた　名言《めいげん》
▼よい、うまい
美言《びげん》・嘉言《かげん》・佳言《かげん》・美語《びご》
▼奥深いすぐれた　微言《びげん》
▼言づての
嘱言《しょくげん》・伝言《でんごん》・託言《たくげん》・メッ
セージ
▼糸口の　緒言《しょげん》・緒言《ちょげん》
▼付け加える
付言《ふげん》・附言《ふげん》・付語《ふご》・附語《ふご》
▼前もっての　前言《ぜんげん》・予言《よげん》
▼目上の人の言葉の尊敬語　咳唾《がいだ》
▼天皇の
大御言《おおみこと》・詔《みことのり》・勅《みことのり》・勅《ちょく》・勅《ちょく》
諭《ゆ》・勅語《ちょくご》・勅諚《ちょくじょう》・大詔《たいしょう》・綸言《りんげん》
▼皇太子などの命令の
令旨《りょうじ》・令旨《れいし》
▼帝王・天皇ののこした　遺詔《いしょう》
▼君主が臨終のときのこす　顧命《こめい》

▼先人ののこした　先言《せんげん》・遺言《いげん》
▼文字・言葉の用い方や配置
措辞《そじ》

口語・文語などからみた「言葉」

▼日常会話の　口語《こうご》・話《はな》し言葉《ことば》
▼文章を書くときの
文語《ぶんご》・書《か》き言葉《ことば》
▼手紙や文章中の　文言《ぶんげん》・文言《もんごん》
▼昔の　古言《こげん》・古語《こご》
▼現代に使われる　現代語《げんだいご》
▼一般に使われる　通言《つうげん》・通語《つうご》
▼国内で通じる　共通語《きょうつうご》
▼一国の規範としての
標準語《ひょうじゅんご》・国語《こくご》
▼母国語。幼児のときから自然に習
得する言語
母語《ぼご》

言葉

▼外国の　外国語《がいこくご》

▼異国家・異民族間で共通して用いられる
国際語《こくさいご》・世界語《せかいご》・エスペラント

▼ある限られた地方だけの　方言《ほうげん》

▼地方の世俗的な
俚言《りげん》・俗言《ぞくげん》・俚《さと》び言葉《ことば》・俚語《りご》・俗語《ぞくご》

▼戒めとなる
格言《かくげん》・金言《きんげん》・箴言《しんげん》・嘉言《かげん》・アフォリズム

▼土着の人びとの　土語《どご》

▼卑しい　卑語《ひご》・鄙語《ひご》・鄙言《ひげん》

▼特定の仲間だけの
隠語《いんご》・隠《かく》し詞《ことば》・隠《かく》し言葉《ことば》・スラング

▼一定範囲で使われる単語の総称
語彙《ごい》・ボキャブラリー

▼一般に習慣として使われる
慣用語《かんようご》・套語《とうご》・套言《とうげん》・常套句《じょうとうく》・常套語《じょうとうご》・きまり文句《もんく》

▼二つ以上の言葉が結合して特別の意味を表す
慣用句《かんようく》・慣用語《かんようご》・イディオム

▼音や様子を表す
擬音語《ぎおんご》・擬声語《ぎせいご》・擬態語《ぎたいご》・オノマトペア

▼訛《なま》った
訛言《かげん》・訛語《かご》・訛言葉《なまりことば》

▼別語で、意義がほぼ同じの
同義語《どうぎご》・同意語《どういご》・シノニム

▼反対の意義をもつ
反義語《はんぎご》・反意語《はんいご》・反対語《はんたいご》・対語《たいご》・対語《ついご》・対義語《たいぎご》・アントニム

▼熟語で事物が相対している
対語《たいご》・対語《ついご》

▼類似の意義をもつ
類語《るいご》・類義語《るいぎご》

▼単語が結合して一語となった
熟語《じゅくご》・合成語《ごうせいご》・複合語《ふくごうご》・複合詞《ふくごうし》

▼合図としてあらかじめ決めた
合言葉《あいことば》・符牒《ふちょう》・符帳《ふちょう》・符丁《ふちょう》

▼現在使われなくなった
死語《しご》・廃語《はいご》

▼芝居で述べる
台詞《せりふ》・科白《せりふ》・台詞《だいし》・科白《かはく》

▼相手なしで語る
独白《どくはく》・モノローグ

▼使用を避ける
忌詞《いみことば》・忌言葉《いみことば》

事理・感情の交じった「言葉」

▼道理に適《かな》った正しい
正言《せいげん》・正辞《せいじ》

言葉

▼道理に適ったもっともな　至言《しげん》
▼道理をわきまえた　知言《ちげん》
▼道徳に適った　善言《ぜんげん》
▼高尚な　危言《きげん》
▼教えさとす　訓言《くんげん》・訓辞《くんじ》
▼いさめる　諫言《かんげん》
▼他の事柄に仮託して意見や教訓などを言う　寓言《ぐうげん》・寓話《ぐうわ》・譬《たと》え話《ばなし》
▼そばから助ける　助言《じょげん》・助言《じょごん》・助語《じょご》・口添《くちぞ》え・アドバイス
▼後日のあかしとなる　言質《げんち》・言質《げんしつ》・言葉質《ことばじち》
▼婉曲に悟らせる　諷言《ふうげん》
▼批評の　評言《ひょうげん》・評語《ひょうご》
▼やさしい　温言《おんげん》・温辞《おんじ》
▼巧みな　巧言《こうげん》・甘言《かんげん》・美言《びげん》・美辞《びじ》・甘辞《かんじ》
▼即興による言葉と巧みな　興言利口《きょうげんりこう》
▼奇抜な　奇言《きげん》・奇語《きご》
▼意気盛んな　壮言《そうげん》・壮語《そうご》・雄語《ゆうご》
▼思うがままの　放言《ほうげん》・放言《ほうごん》・放語《ほうご》
▼道理にはずれた気ままな　横言《おうげん》
▼隠さず公然と　公言《こうげん》
▼とりとめのない、たわむれの　戯言《ぎげん》・戯言《たわごと》・戯語《ぎご》・戯語《けご》・冗語《じょうご》・冗談《じょうだん》・漫言《まんげん》・漫語《まんご》・漫《すず》ろ言《ごと》・漫《そぞ》ろ言《ごと》・由《よし》無《な》し言《ごと》・河漢《かかん》の言《げん》・ジョーク
▼おごり高ぶった　慢言《まんげん》・慢語《まんご》
▼大げさないばった　大言《たいげん》・高言《こうげん》・広言《こうげん》・荒言《こうげん》
▼侮《あなど》る　侮言《ぶげん》
▼前に言ったことと違った　二言《にごん》・二言《にげん》・両舌《りょうぜつ》・二枚舌《にまいじた》
▼言い触らす　声言《せいげん》・事触《ことふ》れ・言触《ことふ》れ
▼つかえがちで下手な　訥言《とつげん》・訥弁《とつべん》
▼言い過ぎの　逸言《いつげん》・過言《かげん》・失言《しつげん》
▼よけいな　贅言《ぜいげん》・贅語《ぜいご》
▼なまめいた　嬌言《きょうげん》・嬌語《きょうご》
▼みだらな　猥言《わいげん》・猥語《わいご》・褻言《せつげん》・猥辞《わいじ》
▼世間のうわさ　聞《き》こえ・物《もの》の聞《き》こえ・世間口《せけんぐち》・巷説《こうせつ》・世説《せせつ》・巷議《こうぎ》・世話《せわ》・取《と》り沙汰《ざた》・下馬評《げばひょう》・人呼《ひとよ》び声《ごえ》・口《くち》の端《は》・人言《じんげん》・人《ひと》の口《くち》・人口《じんこう》・街談《がいだん》
▼根拠のないうわさ　風説《ふうせつ》・流説《りゅうせつ》・流言《りゅうげん》・飛言《ひげん》・飛語《ひご》・蜚語《ひご》・浮言《ふげん》・浮説《ふせつ》・浮評《ふひょう》・

言葉

流説《るせつ》・空言《くうげん》・空言《そらごと》・虚説《きょせつ》・虚聞《きょぶん》・虚談《きょだん》・虚声《きょせい》・虚伝《きょでん》・デマ

▼事実無根の　造言《ぞうげん》・根無《ねな》し言《ごと》

▼でたらめな

痴《し》れ言《ごと》・空言《そらごと》・空言《くうげん》・虚言《きょげん》・虚言《きょごん》・虚声《きょせい》・虚語《きょご》・虚談《きょだん》・嘘《うそ》・虚説《きょせつ》・虚伝《きょでん》・虚聞《きょぶん》・妄言《ぼうげん》・妄語《ぼうご》・妄言《もうげん》・妄語《もうご》・偽言《ぎげん》・法螺《ほら》・空音《そらね》・偽《いつわ》り

▼故意に事実を曲げた

誣言《ふげん》・誣言《ぶげん》・誣語《ふご》・誣説《ふせつ》

▼大うその　駄法螺《だぼら》・虚誕《きょたん》

▼無益な

無駄口《むだぐち》・徒口《むだぐち》・無駄言《むだごと》・徒言《むだごと》・閑言《かんげん》・閑語《かんご》

▼繰り返し言う　繰《く》り言《ごと》

▼痛切な　切言《せつげん》

▼その人のいない所での

後言《こうげん》・陰言《かげごと》・陰口《かげぐち》・後言《しりゅうごと》・後言《しりうごと》

▼へつらいの　佞言《ねいげん》・諛言《ゆげん》

▼あしざまな

悪口《あっこう》・悪口《わるくち》・悪言《あくげん》・悪言《あくごん》・暴言《ぼうげん》・毒言《どくげん》・毒舌《どくぜつ》・毒口《どくぐち》・悪《あく》たれ口《ぐち》・雑言《ぞうごん》・雑言《ぞうげん》・野次《やじ》

▼ののしる　罵言《ばげん》

▼そしる

謗言《ぼうげん》・誹言《ひげん》・謗《そし》り言《ごと》・毀言《きげん》・謗《そし》り・譏《そし》り・誹《そし》り

▼中間にあって両方に相手を悪く言う

中言《ちゅうげん》・中言《なかごと》・中口《なかぐち》

▼人を陥れる

讒《ざん》・讒言《ざんげん》・讒言《ぞうげん》・讒口《ざんこう》・姦言《かんげん》・横言《よこごと》

▼責任など逃れるための

遁辞《とんじ》・逃《に》げ口上《こうじょう》・逃《に》げ言葉《ことば》・逃《に》げ口《ぐち》・逃《のが》れ辞《ことば》

▼怪しい　妖言《ようげん》・怪辞《かいじ》

▼うらみの

怨言《えんげん》・怨語《えんご》・怨《うら》み言《ごと》

▼呪っての

呪言《じゅげん》・呪言《じゅごん》・呪《のろ》い言《ごと》・詛《のろ》い言《ごと》

▼謝罪の　侘《わ》び言《ごと》・詫《わ》び言《ごと》

▼悲しい　悲語《ひご》・悲言《ひげん》・悲辞《ひじ》

▼発熱などで発する

囈語《げいご》・譫言《うわごと》・囈語《うわごと》・譫語《せんご》・譫言《せんげん》

▼死に際の

遺命《いめい》・遺言《ゆいごん》・遺言《いごん》・遺言《ゆいげん》・顧命《こめい》

挨拶の様態からみた「言葉」

▼書物の巻頭などの

題辞《だいじ》・題詞《だいし》・題言《だいげん》・巻頭言《かんとうげん》

▼凡例に述べる　例言《れいげん》

▼式場での挨拶の　式辞《しきじ》・式言《しきげん》

▼ほめたたえる

賞詞《しょうし》・頌辞《しょうじ》・賞辞《しょうじ》・頌詞《しょうし》・

▼お礼の
褒辞《ほうじ》・褒詞《ほうし》・褒称《ほうしょう》
謝辞《しゃじ》・謝礼《しゃれい》

▼祝いの
祝辞《しゅくじ》・祝詞《しゅくし》・賀詞《がし》・寿詞《じゅし》・
祝言《しゅうげん》

▼神への
祝詞《のりと》・祝詞《のりとごと》・祝詞《のっとう》・神寿《かむほき》・
神賀《かむほき》

▼神のお告げの
神託《しんたく》・神語《しんご》・神語《かみごと》・神言《かみごと》

▼弔意を述べる
弔詞《ちょうし》・弔辞《ちょうじ》・誄《しのびごと》

「言葉」に関する慣用句

[合《あ》いの手《て》を入《い》れる]
話の途中に別の言葉を差しはさむ。

[売《う》り言葉《ことば》に買《か》い言葉《ことば》]
相手の暴言に対して、同じような暴言を言い返すこと。

[うんともすんとも]
まったく言葉の反応がないさま。
《類》「うんともすっとも」

[鸚鵡《おうむ》返《がえ》し]
相手の言うことをそのままの言葉で繰り返すこと。

[口《くち》を衝《つ》いて出《で》る]
考えるでもなしに、言葉が次々に出てくる。

[言語《げんご》に絶《ぜっ》する]
言葉では言い表せないほどに度を越している。

[言葉尻《ことばじり》を捕《と》らえる]
他人の言葉遣いの誤りやあいまいな部分を取り上げ、ことさらに問題にする。

[言葉《ことば》に甘《あま》える]
他人の親切な言葉をそのまま受け取り、その好意に従う。

[言葉《ことば》を飾《かざ》る]
言葉巧みな表現をする。または、偽りを言う。

[鶴《つる》の一声《ひとこえ》]（⇒「判断《はんだん》」五一五ページ）

[何《なに》をか言《い》わんや]
もはや言うべき言葉もない。

[二《に》の句《く》が継《つ》げない]（⇒「驚《おどろ》く・驚《おどろ》き」一四二ページ）

[半畳《はんじょう》を入《い》れる]
人の言動に対して、横からひやかしの言葉を投げかける。

[名状《めいじょう》しがたい]
言葉では言い表しにくい。

「言葉」に関する故事・成語・ことわざ

[一言一句《いちごんいっく》]
ひと言ひと言。

[一言半句《いちごんはんく》]
ほんのちょっとした言葉。

[咳唾《がいだ》珠《たま》を成す]

口から出る一言一句が玉のように美しい。詩や文章の才能に富んでいるたとえ。出典は『晋書《しんじょ》』

[狂言綺語《きょうげんきご》]
人の気を引くような大げさに飾り立てた言葉。「綺語」は「きぎょ」とも読む。

[言言肺腑《げんげんはいふ》を衝《つ》く]
ひと言ひと言が聞いている人の心にしっかりとこたえるさま。

[巧言令色《こうげんれいしょく》鮮《すくな》し仁《じん》]
言葉が巧みで愛想のいい人間は、仁の心に欠けることが多いということ。「令色」は他人の気に入るように表情を飾ること。出典は『論語』。

[言葉《ことば》は心《こころ》の使《つか》い]
心の中に思っていることは、自然と言葉として表れるものであるということ。《類》「思《おも》うことは口《くち》に出《で》る」「口《くち》は心《こころ》の門《もん》」

[言語道断《ごんごどうだん》]
あきれはてて言葉も出ないほどにひどいさま。とんでもないこと。

[千言万語《せんげんばんご》]
多くの言葉。《類》「千言万句《せんげんばんく》」

[大言壮語《たいげんそうご》]
自分の実力以上に大きなことを言うこと。また、その言葉。

[忠言耳《ちゅうげんみみ》に逆《さか》らう]
真心を尽くしていさめる言葉は、耳に痛いもので、素直に聞き入れることがむずかしい。

[佞言《ねいげん》は忠《ちゅう》に似《に》たり]
こびへつらって言う言葉は、いかにも忠義であるかのように聞こえるという意で、へつらいの言葉への戒め。

[武士《ぶし》に二言《にごん》なし]
武士は信義を重んじるので、一度言った言葉を取り消すようなことはしないということ。

[片言隻句《へんげんせっく》]
ちょっとした言葉。ひと言。「隻句」は「せきく」とも読む。《類》「片《へん》言隻語《げんせきご》」

[綸言汗《りんげんあせ》の如《ごと》し]
流れ出た汗が再び体内に戻らないように、君主が臣下に言った言葉は取り消すことができない。

この人《ひと》・この人達《ひとたち》

相手が同等か目上のときの「この人・この人達」

▼一人の男性の第三者を一般に
彼《かれ》

▼一人の女性の第三者を一般に
彼女《かのじょ》

▼自分に近い第三者
此《こ》の方《かた》・此方《こちら》・此《こ》の御方《おかた》・此方様《こちらさま》

この人・この人達

▼話し相手に近い第三者
其《そ》の方《かた》・其方《そちら》・其《そ》の御方《おかた》・
其方様《そちらさま》

▼話し手同士から離れた所にいる
彼《あ》の方《かた》・彼方《あちら》・彼《あ》の御方《おかた》・
彼方様《あちらさま》

▼今、言及している第三者を指して
本人《ほんにん》・当人《とうにん》・同人《どうにん》・同人《どうじん》・
同氏《どうし》

▼一度氏名を出した男性について改めて言う場合など
氏《し》

▼一人の男性の第三者を古めかしく
仁《じん》・御仁《ごじん》

▼今、言及している二人の人を
両人《りょうにん》・両氏《りょうし》・両所《りょうしょ》

▼二人以上の男性を
彼等《かれら》・彼氏達《かれしたち》

▼二人以上の女性を
彼女等《かのじょら》・彼女達《かのじょたち》

▼二人以上の男女を
彼《あ》の人達《ひとたち》・彼《あ》の方達《かたたち》

相手が同等か目下のときの「この人・この人達」

▼自分に近い第三者を　此奴《こいつ》

▼「こいつ」を古風に　此奴《こやつ》

▼少し離れた第三者を　其奴《そいつ》

▼「そいつ」を古風に　其奴《そやつ》

▼遠く離れた第三者を
彼奴《あいつ》・彼《あ》れ・奴《やつ》・奴《やっこ》さん

▼「あいつ」を古風に　彼奴《きゃつ》

▼今、言及している者について
同君《どうくん》

▼二人以上の「こいつ」を
此奴等《こいつら》・此奴達《こいつたち》・此奴共《こいつども》

▼「こいつら」を古風に
此奴等《こやつら》・此奴共《こやつども》

▼二人以上の「そいつ」を
其奴等《そいつら》・其奴達《そいつたち》・其奴共《そいつども》

▼「そいつら」を古風に
其奴等《そやつら》・其奴共《そやつども》

▼二人以上の「あいつ」を
彼奴等《あいつら》・彼奴達《あいつたち》・彼奴共《あいつども》・
奴等《やつら》

▼「あいつら」を古風に
彼奴等《きゃつら》・奴等《やつら》・奴共《やつども》・奴輩《どはい》

相手が不定の第三者のときの「この人・この人達」

▼知らない人を一般に　誰《だれ》・誰《たれ》

▼「だれ」を丁寧に言う場合
何方《どなた》・何方《どちら》・何方様《どなたさま》・何方様《どちらさま》

▼ぞんざいに言う場合
何者《なにもの》・何奴《どいつ》・何奴《なにやつ》

▼名前が不明なある人を指して
某《ぼう》・某《なにがし》・某《それがし》・某某《ぼうぼう》・何某《なにぼう》・
某氏《ぼうし》・誰某《だれそれ》

▼二人以上の知らない人を
誰誰《だれだれ》・誰彼《だれかれ》

▼「だれかれ」をぞんざいに
何奴此奴《どいつこいつ》

▼どのような人もの意味で
何人《なにびと》・何人《なんぴと》

栄《さか》える・盛《さか》ん

様態からみた「栄える・盛ん」

▼発展する
繁栄《はんえい》・盛《さか》る・栄《さか》える

▼にぎわい
繁昌《はんじょう》・繁盛《はんじょう》・繁盛《はんせい》

▼栄えている
盛《さか》り・隆盛《りゅうせい》・隆昌《りゅうしょう》・昌盛《しょうせい》・盛昌《せいしょう》・盛《さか》ん

▼にぎやかで盛んなありさま
盛況《せいきょう》

▼盛んに　盛栄《せいえい》

▼富み　賑《にぎ》わう・幸《さきわ》う

▼盛んにさせる
賑《にぎ》わす・賑《にぎ》わわす

▼よい時機にあって
乗《の》る・流行《はや》る・時《とき》めく・栄《えい》華《が》・栄花《えいが》・栄映《さかば》え・立《た》ち栄《さか》ゆ・ブーム

▼一時盛ん　一盛《ひとさか》り

▼共に　共栄《きょうえい》

▼次第に　末広《すえひろ》・末広《すえひろ》がり

▼ますます　栄行《さかゆ》く

▼いよいよ　弥栄《いやさか》

▼この上なく
盛大《せいだい》・全盛《ぜんせい》・最盛《さいせい》

▼栄華を極める　世盛《よざか》り・全盛《ぜんせい》

▼一番の盛り
真《み》盛《ざか》り・方《みざかり》・真《ま》盛《さか》り・真《ま》っ盛《さか》り・真《ま》っ最中《さいちゅう》

▼きわめて　殷盛《いんせい》

▼一時衰えたものがまた
返《かえ》り咲《ざ》き・帰《かえ》り咲《ざ》き・返《かえ》り咲《ざ》く・リバイバル・カムバック

▼栄えることと衰えること
浮沈《ふちん》・浮《う》き沈《しず》み・起伏《きふく》・消長《しょうちょう》・盛衰《せいすい》・栄枯《えいこ》・隆替《りゅうたい》・隆替《りゅうてい》

▼落ちぶれることと栄えること
窮達《きゅうたつ》・窮通《きゅうつう》

▼人が多く集まって活気のあるさま
繁華《はんか》・賑《にぎ》やか・賑《にぎ》わしい・賑賑《にぎにぎ》しい

▼活気あふれて　殷賑《いんしん》

▼名があらわれ、栄え立身する　顕栄《けんえい》

▼立身出世する　栄達《えいたつ》・栄進《えいしん》

栄える・盛ん

▼君主から寵愛されて
寵栄《ちょうえい》・栄寵《えいちょう》
▼名を世間に広める　売《う》り出《だ》す

勢い・意気などからみた「盛ん」

▼活力のあるさま　盛《さか》ん・壮《さかん》
▼年若く元気で　盛壮《せいそう》
▼勢いの目立って　隆隆《りゅうりゅう》
▼勢いが盛んになる
高《たか》まる・強《つよ》まる・盛《も》り上《あ》がる・振《ふる》う・奮《ふる》う・勇《いさ》み立《た》つ・勢いづく
▼勢いを盛んにする
発揚《はつよう》・高《たか》める・強《つよ》める・盛《も》り上《あ》げる・逞《たくま》しゅうする
▼ますます勢いが激しくなる
募《つの》る・高《こう》ずる・昂《こう》ずる・高《こう》じる・昂《こう》じる

▼威勢がいい
豪気《ごうき》・豪気《ごうぎ》・強気《ごうぎ》・豪儀《ごうぎ》
▼強くて　強盛《きょうせい》
▼盛んな意気
気炎《きえん》・気焔《きえん》・気勢《きせい》
▼意気が盛んにわき起こる　鬱勃《うつぼつ》
▼気持ちが奮い立つ　軒昂《けんこう》
▼活力・気力などが非常に
旺盛《おうせい》・元気旺盛《げんきおうせい》・気力十分《きりょくじゅうぶん》・気力充実《きりょくじゅうじつ》・気力旺盛《きりょくおうせい》
▼気勢の盛んなさま
熾盛《しせい》・熾盛《しじょう》
▼何かをしようと勢いを込める
意気込《いきご》む・勢《いきお》い込《こ》む・意気《いき》込《ご》み・意気組《いきぐ》み・気負《きお》う・気張《きば》る・気負《きお》い・競《きお》い・勢《きお》い・気負《きお》い立《た》つ・競《きお》い立《た》つ・勇《いさ》み立《た》つ・逸《はや》り立《た》つ・勇《いさ》む・張《は》り切《き》る・逸《はや》る
▼勢いにのる　弾《はず》む

事物・人などからみた「盛ん」

▼物事を盛んにする
振興《しんこう》・振起《しんき》・振作《しんさく》・作興《さっこう》
▼物事の勢いが盛んになる
興隆《こうりゅう》・興起《こうき》・起《お》こる・勃《ぼっ》興《こう》・興《おこ》る
▼物事が盛んに起こり立つ　勃勃《ぼつぼつ》
▼物事の盛んなさま
鬱然《うつぜん》・蔚然《うつぜん》
▼物事が勢いよく起こる
澎湃《ほうはい》・彭湃《ほうはい》
▼物事の一番の盛り
酣《たけなわ》・闌《たけなわ》
▼物事が次第に盛況に向かう
上《のぼ》り坂《ざか》・登《のぼ》り坂《ざか》
▼物事が絶え間なく盛んに活動する
生生《せいせい》

栄える・盛ん

▼勇ましく意気盛ん　壮烈《そうれつ》・勇壮《ゆうそう》・壮絶《そうぜつ》

▼盛んな志　壮志《そうし》

▼意気盛んな人　壮士《そうし》

▼人の勢いなどの非常に強いたとえ　沖天《ちゅうてん》・冲天《ちゅうてん》

▼家業などが　盛業《せいぎょう》

▼勢いが天を動かすほど　動天《どうてん》

▼学問・芸術が盛んになる勢い　文運《ぶんうん》

▼文化の盛んなさま　郁郁《いくいく》

奮起からみた「盛ん」

▼気力を奮い起こす　奮《ふる》い立《た》つ・奮《ふる》い起《た》つ・奮《ふる》い起《お》こす・奮起《ふんき》・発奮《はっぷん》・奮発《ふんぱつ》

▼奮い立って進む　奮進《ふんしん》

▼感じて奮い立つ　感奮《かんぷん》

▼勇んで奮い立つ　勇躍《ゆうやく》

▼勇んで突き進む　邁進《まいしん》

▼勢いよく立ち上がる　決起《けっき》・蹶起《けっき》

▼激しく奮い立つ　奮迅《ふんじん》

「栄える・盛ん」に関する慣用句

[油《あぶら》に火《ひ》が付《つ》いたよう]
一気に激しく勢いづくさま。

[勝《か》ちに乗《じょう》じる]
勝つことによりいっそう勢いをつける。

[騎虎《きこ》の勢《いきお》い]
虎に乗って走る者が途中で降りられないように、やめるにもやめられない激しい勢いのたとえ。

[気《き》を吐《は》く]
意気の盛んなことを見せる。

[調子付《ちょうしづ》く]
弾みがつく。

[調子《ちょうし》に乗《の》る]
勢いづいてうまく進む。

[飛《と》ぶ鳥《とり》を落《お》とす勢《いきお》い]
きわめて盛んな勢いのたとえ。「飛ぶ鳥を落とす」は、「飛ぶ鳥も落ちる」ともいい、空を飛ぶ鳥が地上に落ちるほどに権勢が盛んなさまの意。

[破竹《はちく》の勢《いきお》い]
止められないほど盛んな勢い。

[一花《ひとはな》咲《さ》かせる]
一時的に華やかに栄える。勢いの盛んな時代を出現させる。

[日《ひ》の出《で》の勢《いきお》い]
朝日が東の空に昇るように、勢いの盛んなこと。《類》「旭日昇天《きょくじつしょうてん》の勢《いきお》い」

[世《よ》に合《あ》う]
時勢にのってはぶりをきかせる。

栄える・盛ん

「栄える・盛ん」に関する故事・成語・ことわざ

［意気軒昂《いきけんこう》］
意気込みが盛んなさま。

［意気衝天《いきしょうてん》］
意気込みが天を衝《つ》くほどに盛んなさま。《類》「意気天《いきてん》を衝《つ》く」

［栄華《えいが》の夢《ゆめ》］
夢がさめやすいように、栄華というものははかなく長続きしないということ。

［栄枯盛衰《えいこせいすい》］
草木の茂ることと枯れることの意から、勢いにも盛んな時と衰える時のあること。

［栄耀栄華《えいようえいが》］
華やかでぜいたくなこと。また、おごり高ぶること。「栄耀」は、「えよう」とも読み、権力を得て富み栄えること。

［枯《か》れ木《き》に花《はな》］
衰えたものが再び栄えることのたとえ。

［邯鄲《かんたん》の夢《ゆめ》］
人世の栄枯盛衰は夢がさめるようにはかないものだというたとえ。唐の盧生《ろせい》という少年がわずかの間の夢の中で、栄華をきわめた自分の一生を見たという故事から。出典は『枕中記《ちんちゅうき》』。《類》「邯鄲《かんたん》の枕《まくら》」「邯鄲夢《かんたんゆめ》の枕《まくら》」「盧生《ろせい》の夢《ゆめ》」「黄粱《こうりょう》の夢《ゆめ》」「黄粱一炊《こうりょういっすい》の夢《ゆめ》」「一炊《いっすい》の夢《ゆめ》」

［気炎万丈《きえんばんじょう》］
意気盛んなこと。また、そのさま。「気炎」は「気焰」とも書く。

［共存共栄《きょうそんきょうえい》］
互いに争うことなく、助け合って生存し、共に栄えること。「共存」は、「きょうぞん」とも読む。《類》「共《きょう》存同栄《そんどうえい》」

［槿花一日《きんかいちじつ》の栄《えい》］
人の世の栄華のはかなく、長く続かないことのたとえ。「槿花」は、ムクゲの花で、朝咲いて夕べにはしぼんでしまうことから。出典は白《はく》居易《きょい》『放言』。《類》「槿花一朝《きんかいっちょう》の栄《さか》え」「槿花一晨《きんかいっしん》の栄《さか》え」

［捲土重来《けんどちょうらい》］
一度敗れた者が勢いを盛り返して、再び猛烈に攻め寄せること。また、一度失敗した者が再び意気盛んに始めること。「重来」は、「じゅうらい」とも読む。

［獅子奮迅《ししふんじん》］
シシがあばれるように、激しい勢いで奮闘すること。

［花一時人一盛《はないっときひとひとさか》り］
何事も盛んなときは短いということの意であり、栄華は長続きしないことのたとえ。《類》「花《はな》も一時《いっとき》」「盛《さか》りの花《はな》も一時《いっとき》」

［燎原《りょうげん》の火《ひ》］
勢いが盛んであって止めることができないことのたとえ。

酒《さけ》

質量・状態・用途などからみた「酒」

▼酒の異称
酒《ささ》・百薬《ひゃくやく》の長《ちょう》・竹葉《ちくよう》・竹《たけ》の葉《は》・美禄《びろく》・天《てん》の美禄《びろく》・黄《こう》雲《うん》・玉箒《たまはばき》・忘憂《ぼうゆう》・忘憂《ぼうゆう》の物《もの》

▼酒の丁寧語　御酒《ごしゅ》

▼酒の美称　豊御酒《とよみき》

▼僧の間でいう　般若湯《はんにゃとう》

▼味のよい、うまい
美酒《びしゅ》・旨酒《うまさけ》・旨酒《ししゅ》・緑酒《りょくしゅ》・淥《りょく》酒《しゅ》・味酒《うまさけ》・味酒《あじざけ》・甜酒《たむさけ》・醽酒《れいしゅ》

▼香りが高く味のよい
芳醇《ほうじゅん》・芳純《ほうじゅん》

▼よい
良酒《りょうしゅ》・玉酒《ぎょくしゅ》・佳酒《かしゅ》・嘉酒《かしゅ》・名酒《めいしゅ》・上酒《じょうしゅ》

▼強い　鬼殺《おにころ》し・鬼好《おにごの》み

▼澄んだ
清御酒《きよみき》・清酒《せいしゅ》・清《す》み酒《ざけ》

▼濃厚な　醇酒《じゅんしゅ》・醇酎《じゅんちゅう》

▼うすい
薄酒《うすざけ》・薄酒《はくしゅ》・醨《もそろ》・醪《もそろ》

▼適当に温めた　燗酒《かんざけ》

▼燗《かん》した酒の冷えた　燗冷《かんざ》まし

▼冷たい　冷酒《れいしゅ》・冷《ひ》や・冷《ひ》や酒《ざけ》

▼品質の劣った
悪酒《あくしゅ》・粗酒《そしゅ》・麁酒《そしゅ》・駄酒《だざけ》

▼樽に入れてある　樽酒《そんしゅ》

▼壺に入れてある　壺酒《こしゅ》

▼杯に満たした
杯酒《はいしゅ》・盃酒《はいしゅ》・巵酒《ししゅ》

▼枡《ます》などから滴ってたまった
滴《した》み酒《ざけ》

▼多量の。また一斗の　斗酒《としゅ》

▼少量の。また二合五勺の
小半《こなか》ら酒《ざけ》

▼五合の酒の隠語　五《ご》の字《じ》

▼人をもてなす　振《ふ》る舞《ま》い酒《ざけ》

▼来客に飲ませるために造った
待《ま》ち酒《ざけ》

▼めでたいことを祝う　祝《いわ》い酒《ざけ》

▼酒の良否を知るため味を試す。また、その酒
利《き》き酒《ざけ》・聞《き》き酒《ざけ》

▼枡《ます》に満たした。また、枡売りの
枡酒《ますざけ》

▼酒を売買すること。また、その酒
沽酒《こしゅ》

▼田舎の、また、国もとの
村醸《そんじょう》・村酒《そんしゅ》・田舎酒《いなかざけ》・国酒《くにざけ》

▼その土地でつくる
地酒《じざけ》・所酒《ところざけ》

酒

▼特別の名をつけた上等の　銘酒《めいしゅ》
▼名高い　名酒《めいしゅ》

季節・時期からみた「酒」

▼新年の、また、年始回りの客に勧める
年酒《ねんしゅ》
▼元旦に延命を願って飲む、屠蘇散《とそさん》のはいった
屠蘇《とそ》・屠蘇酒《とそしゅ》
▼春に造った　春酒《しゅんしゅ》・春醸《しゅんじょう》
▼花を観賞しながら飲む
花見酒《はなみざけ》
▼ショウブの根や葉などを浸した
菖蒲酒《しょうぶざけ》・菖蒲酒《あやめざけ》
▼菊を観賞しながら飲む
菊見酒《きくみざけ》
▼その年の秋にとれた米で造った
新酒《しんしゅ》・今年酒《ことしざけ》
▼その年に収穫した米ですぐ造った
新走《あらばし》り
▼その年に収穫したブドウで作った
ヌーボー
▼菊の花を浸した
菊酒《きくざけ》・菊《きく》の酒《さけ》・菊花《きくか》の酒《さけ》・菊《きく》の水《みず》
▼紅葉を観賞しながら飲む
紅葉酒《もみじざけ》
▼月を観賞しながら飲む
月見酒《つきみざけ》
▼雪を観賞しながら飲む
雪見酒《ゆきみざけ》

神仏からみた「酒」

▼酒宴を開いて祝う
酒祝《さかほが》い・酒寿《さかほが》い
▼神に捧げる
神酒《しんしゅ》・神酒《みわ》・大御酒《おおみき》・御酒《みき》・神酒《みき》・御神酒《おみき》・清酌《せいしゃく》
▼大嘗会《だいじょうえ》などで神前に供えた白い
白酒《しろき》
▼白酒《しろき》に臭木《くさぎ》の焼き灰を加え、大嘗会《だいじょうえ》などでお供え用とした
黒酒《くろき》・黒御酒《くろみき》
▼神仏に願をかけて禁酒する
願酒《がんしゅ》・酒断《さかだ》ち・酒断《さけだ》ち
▼神酒の醸造をつかさどった人
酒人《さかびと》・掌酒《さかびと》・酒人《さけびと》

醸造・種別などからみた「酒」

▼穀類や果実を発酵させて造った
醸造酒《じょうぞうしゅ》
▼醸造したての
新酒《しんしゅ》・早酒《わささ》・醅《わさざ》
▼日本固有の米で造った

酒

清酒《せいしゅ》・日本酒《にほんしゅ》

▼何も加えない醸造したままの清酒
原酒《げんしゅ》

▼六十パーセント以下に精米した原料の白米を低温発酵させた清酒
吟醸酒《ぎんじょうしゅ》

▼混ぜ物のない　生酒《きざけ》・醇酒《じゅんしゅ》

▼混ぜ合わせた
混成酒《こんせいしゅ》・再製酒《さいせいしゅ》

▼自家で造った
家醸《かじょう》・手酒《てざけ》・手酒《てしゅ》

▼醸《かも》した　造《つく》り酒《ざけ》・醸酒《じょうしゅ》

▼酒を醸造する
造酒《ぞうしゅ》・酒造《さかづく》り・酒造《さけづく》り・酒造《しゅぞう》

▼何回も醸《かも》した
八塩折《やしおお》りの酒《さけ》

▼米と米麹《こうじ》のみで造った清酒
純米酒《じゅんまいしゅ》

▼上質米と麹で造った清酒
醇酎《じゅんちゅう》・諸白《もろはく》

▼白米のかゆに麹を混ぜた
甘酒《あまざけ》・醴《あまざけ》・醴《こざけ》・醴酒《れいしゅ》・一《いち》夜《や》酒《ざけ》・一夜酒《ひとよざけ》

▼濃厚で白い　白酒《しろざけ》・山川酒《やまかわざけ》

▼糟《かす》をこさない白く濁った
濁《にご》り酒《ざけ》・神代酒《じんだいしゅ》・賢酒《けんしゅ》・諸《もろ》味酒《みざけ》・醪酒《もろみざけ》・濁酒《だくしゅ》・濁《にご》り・濁酒《どぶろく》・白馬《しろうま》・白酒《しろざけ》・白酒《はくしゅ》・濁醪《どぶろく》・醪《さかあぶら》・酒膏《さかあぶら》・醅《かすごめ》

▼清酒に蒸したもち米と麹を加え貯蔵発酵させた
練《ね》り酒《ざけ》・煉《ね》り酒《ざけ》・練貫酒《ねりぬきざけ》

▼多くの麹と少ない水で造った濃い甘みの清酒
甘露酒《かんろしゅ》・甘露《かんろ》

▼うるち米を原料として発酵させた赤くて甘い
赤酒《あかざけ》・赤酒《せきしゅ》・灰持《あくも》ち酒《ざけ》・灰酒《あくざけ》

▼麹をそのままみぞれのように浮かべている
霙酒《みぞれざけ》

▼白米と黒麹で造った　片白《かたはく》

▼発酵で造った酒をさらに蒸留した
蒸留酒《じょうりゅうしゅ》・火酒《かしゅ》

▼穀類やいも類などをアルコール発酵させ、蒸留して造った
焼酎《しょうちゅう》

▼もち米を蒸し、麹を加え焼酎で醸した
味醂《みりん》・味淋《みりん》

▼蒸した米かあられ餅を加え熟成させて造る味醂酒《みりんざけ》
霰酒《あられざけ》

▼味醂に焼酎を混ぜた
本直《ほんなお》し・直《なお》し・直《なお》し味醂《みりん》・柳蔭《やなぎかげ》・柳陰《やなぎかげ》

▼醤油《しょうゆ》などで煮つめた
煎《い》り酒《ざけ》

▼酒に卵を混ぜた
卵酒《たまござけ》・玉子酒《たまござけ》

▼果汁を発酵させて造った
果実酒《かじつしゅ》

▼腐りかけた酒を普通に近いものに加工した
直《なお》し酒《ざけ》・直《なお》し

▼古い　古酒《こしゅ》・古酒《ふるざけ》・老酒《ろうしゅ》

▼薬用となる
薬酒《やくしゅ》・薬酒《くすりざけ》・薬用酒《やくようしゅ》

▼ひそかに造る
密造酒《みつぞうしゅ》・抜《ぬ》け酒《ざけ》

▼酒を造る職人。また、その長
杜氏《とうじ》・杜氏《とじ》・酒杜氏《さかとうじ》・酒刀自《さかとうじ》

▼ワインの専門知識を持った給仕
ソムリエ

飲むの様態からみた「酒」

▼酒を飲む
飲酒《いんしゅ》・飲酒《おんじゅ》・挙白《きょはく》・飲《の》む・呑《の》む・嗜《たしな》む・飲《や》る

▼酒を杯につぐ　酌《しゃく》・御酌《おしゃく》

▼枡《ます》からじかに　枡呑《ますの》み

▼ひとりで　独酌《どくしゃく》・手酌《てじゃく》

▼晩の食事時に　晩酌《ばんしゃく》

▼就寝前に　寝酒《ねざけ》

▼杯を相手に差し出す
献杯《けんぱい》・献盃《けんぱい》・献杯《こんぱい》・献盃《こんぱい》

▼杯をやりとりする
献酬《けんしゅう》・差《さ》しつ抑《おさ》えつ・差《さ》しつ差《さ》されつ

▼人に杯を差してすすめる
勧杯《かんぱい》・勧杯《けんぱい》・勧盃《かんぱい》・勧盃《けんぱい》

▼主君などから頂く
御流《おなが》れ・御通《おとお》り

▼何杯も　重《かさ》ね土器《かわらけ》

▼大量に
豪飲《ごういん》・痛飲《つういん》・牛飲《ぎゅういん》・暴飲《ぼういん》・鯨飲《げいいん》・強酒《ごうしゅ》・豪酒《ごうしゅ》・大酒《たいしゅ》・大酒《おおざけ》

▼滝の水を飲むようにぐいぐい
滝飲《たきの》み

▼度を越して　深酒《ふかざけ》・飲《の》み過《す》ぎ

▼始終　酒浸《さけびた》り・酒浸《さかびた》り

▼よく味わいもしないで
我飲《がの》み・がぶ飲《の》み

▼向かい合って
対酌《たいしゃく》・対飲《たいいん》・相酌《あいじゃく》

▼献酬の順序や席順などに関係なく
打《う》ち越《こ》し酒《ざけ》・乱《みだ》れ酒《ざけ》

▼集まって　会飲《かいいん》

▼祝って　乾杯《かんぱい》・乾盃《かんぱい》・祝杯《しゅくはい》

▼自暴自棄に
自棄飲《やけの》み・焼《や》け飲《の》み・ふて飲《の》み

▼やけになって
自棄酒《やけざけ》・焼《や》け酒《ざけ》

▼次々と場所を変えて
梯子酒《はしござけ》・梯子飲《はしごの》み

▼居酒屋で　居酒《いざけ》

▼多くの人が酒を飲んで楽しむ
酒宴《しゅえん》・酒盛《さかも》り・宴会《えんかい》・宴《うたげ》・

酒事《さかごと》・酒事《ささごと》

▼酒宴を開く　置酒《ちしゅ》

▼約束を固めるために
杯事《さかずきごと》・盃事《さかずきごと》・固《かた》めの杯《さかずき》

▼酒の席での振る舞い
酒振《さけぶ》り・酒振《さかぶ》り・酒振《ささぶ》り

▼酒盛りの終わりの杯
御積《おつ》もり

▼宴会などでの罰として強いて飲ませる
罰酒《ばっしゅ》・罰杯《ばっぱい》

▼酒を飲む代金
酒手《さかて》・酒代《さかだい》・酒代《さかしろ》・飲《の》み代《しろ》・呑《の》み代《しろ》・飲《の》み代《だい》・呑《の》み代《だい》

▼酒の肴《さかな》として初めに出す簡単な料理
御通《おとお》し・突《つ》き出《だ》し・通《とお》し物《もの》

▼飲酒で顔が赤焼けしたようになる
酒焼《さかや》け・酒焼《さけや》け

▼飲酒で太ること
酒太《さけぶと》り・酒肥《さけぶと》り・酒太《さかぶと》り・酒肥《さかぶと》り

▼酒をやめる
断酒《だんしゅ》・禁酒《きんしゅ》・酒断《さかだ》ち・酒断《さけだ》ち

酔う・酒を飲む人からみた「酒」

▼酒を飲んで酔っているようす。また、酒のにおう息
酒気《しゅき》

▼少し酔う
微酔《ほろよ》い・微酔《びすい》・微醺《びくん》・生酔《なまよ》い

▼気持ちよく　陶酔《とうすい》

▼大いに　酩酊《めいてい》・めれん

▼ひどく
大酔《たいすい》・酣酔《かんすい》・泥酔《でいすい》・沈酔《ちんすい》

▼酒にひたる
酒水漬《さかみず》く・酒浸《さけびた》り・酒浸《さかびた》り

▼ひどく飲んで乱れる　乱酔《らんすい》

▼酔って乱れ狂う
酒乱《しゅらん》・酒狂《しゅきょう》・酗《さかがり》・酒狂《さかぐる》い

▼酔ったとき出る癖
酒癖《さけぐせ》・酒癖《さかぐせ》・酒癖《しゅへき》

▼多量に飲み翌日酔いが残る。また、酒毒にあてられる
宿酔《しゅくすい》・二日酔《ふつかよ》い・持《も》ち越《こ》し・酒病《さかやまい》・酒病《さかやもい》

▼酔いがさめる
酔《よ》い覚《ざ》め・酔《よ》い醒《ざ》め

▼二日酔いをなくすために飲む
迎《むか》え酒《ざけ》

▼酔って歩く。また、その足
酔歩《すいほ》・千鳥足《ちどりあし》

▼酒を飲む人
酒飲《さけの》み・酒飲《ささの》み・酒家《しゅか》・飲《の》み手《て》・飲《の》み師《し》

▼酒の好きな
上戸《じょうご》・酒客《しゅかく》・辛党《からとう》・左党《さとう》・酒徒《しゅと》

酒

▼好んでよく飲む
飲《の》み助《すけ》・呑《の》み助《すけ》・飲《の》ん兵衛《べえ》・飲《の》んだくれ

▼強い
酒豪《しゅごう》・酒仙《しゅせん》・左利《ひだりき》き・大酒飲《おおざけの》み・酒食《さけく》らい・底抜《そこぬ》け上戸《じょうご》

▼酔った
虎《とら》・酒酔《さけよ》い・酒酔《さけえ》い・酔人《すいじん》・酔客《すいかく》・酔客《すいきゃく》・酔漢《すいかん》・酔《よ》いどれ・酔《よ》っ払《ぱら》い

▼あとをひく　後引《あとひ》き上戸《じょうご》

▼酔うとよく怒る　怒《おこ》り上戸《じょうご》

▼酔うとよく笑う　笑《わら》い上戸《じょうご》

▼酔うとよく泣く　泣《な》き上戸《じょうご》

▼たくさん飲んでも顔に出ない。また、その人
空上戸《そらじょうご》・盗人上戸《ぬすびとじょうご》

▼酒が飲めない　下戸《げこ》・甘党《あまとう》

▼酒も甘い物も好き。また、その人
両刀遣《りょうとうづか》い・甘辛両党《あまからりょうとう》・雨風《あめかぜ》

飲む・酔うに関する擬音語・擬態語

▼大量に体に取り込むよう勢いよく
がばがば

▼勢いよく音を立てて
がぶがぶ

▼一度に大量に飲み込む
がぶっと

▼大きく口を開けて飲み込む
がぶりと

▼一息にぐっと　きゅっと

▼勢いよく続けて　ぐいぐい

▼一気に気持ちよく飲み下す
くくーっと

▼一気にあおる
ぐっと・ぐいっと

▼のどを鳴らしながらゆっくり
ぐびりぐびり・ぐびぐび

▼のどを鳴らして勢いよく続けて
ごくごく

▼一口で飲み下す
ごくん・ごくり

▼少しずつ続けて
ちびりちびり・ちびちび

▼酔って足がよろけている
ひょろひょろ

▼正体なく酔っている
へべれけ

▼酔ってしまりがない
べろべろ・ぐでんぐでん・べろんべろん

▼軽く気持ちよい程度に酔っている
ほろりと

▼酔って足下が危ない
よろよろ・よたよた

「酒」に関する慣用句

[足《あし》を取《と》られる]（⇒「歩《ある》く・歩《ある》き」八八ページ）

[御神酒《おみき》が入《はい》る]
酒を少し飲んで、ほろ酔い機嫌になっていること。

[杯《さかずき》をかわす]
酒を飲みかわす。

[杯《さかずき》を干《ほ》す]
酒を飲むこと。

[酒《さけ》に呑《の》まれる]
酒を飲み過ぎ酔っぱらって正気を失ってしまうこと。泥酔《でいすい》すること。

[虎《とら》になる]
ひどく酔う。酔って騒ぐ。

[酔《よ》いが回《まわ》る]
酔ってくること。ほろ酔い機嫌から泥酔するまで広く用いる。

「酒」に関する故事・成語・ことわざ

[朝酒《あさざけ》は門田《かどた》を売《う》っても飲《の》め]
朝酒の格別のうまさをいったもの。「門田」は屋敷の入口にある田で、その家の最もよい田とされる。《類》「朝酒後《あさざけあと》を引《ひ》く」

[羽化登仙《うかとうせん》]
中国の古い信仰で、人間に羽が生え、仙人となって昇天することから、酒などに酔い、よい気分になることのたとえ。《類》「壺中《こちゅう》の天《てん》」「壺中《こちゅう》の仙《せん》」

[御神酒《おみき》上《あ》がらぬ神《かみ》はない]
神様はみな御神酒を供えてもらって召し上がっているの意で、酒好きな人が自己弁護に使う言葉。《類》「下戸《げこ》の建《た》てた蔵《くら》はない」

[鯨飲馬食《げいいんばしょく》]
大酒を飲み、大食いすること。《類》「牛飲馬食《ぎゅういんばしょく》」「暴飲暴食《ぼういんぼうしょく》」

[酒《さけ》なくて何《なん》の己《おのれ》が桜《さくら》かな]
酒の出ない花見なんて何の意味もない。酒飲みの花見の弁。

[酒《さけ》に別腸《べっちょう》あり]
体格と酒量とは関係ないということ。昔、小さな体の大酒飲みがなぜそんなに酒が飲めるのかと尋ねられて、「私には食べ物を消化する腸とは別に、酒を飲む腸（別腸）があるからだ」と答えたという中国の故事から。出典は『通俗編』。

[酒飲《さけの》み本性違《ほんしょうたが》わず]
どんな酒飲みであっても、その本性というものは失われないということ。

[酒《さけ》は飲《の》むとも飲《の》まるるな]
酒を適度に飲むのはいいが、理性を失うほどに飲んではいけない。

[酒池肉林《しゅちにくりん》]
豪奢な酒宴の意。殷《いん》の紂王《ちゅうおう》が酒宴に豪華な限りを尽くしたという故

事による。出典は『史記』。

【酒嚢飯袋《しゅのうはんたい》】（⇒「食《た》べる・飲《の》む」四一三ページ）

【酔眼朦朧《すいがんもうろう》】
酒にひどく酔ってはっきり物が見えないさま。

【置酒高会《ちしゅこうかい》】
盛大な宴会のこと。「置酒」は、酒盛りの意。

【長範《ちょうはん》が当《あ》て飲《の》み】
他人の懐を当てにして失敗することのたとえ。大泥棒の熊坂長範が金を盗む前に、もう手に入れた気になって酒盛りをしたが、その夜牛若丸に退治されてしまったという故事から。

【杯盤狼藉《はいばんろうぜき》】
酒宴のあとの散らかったさま。「杯盤」は、酒杯と料理皿。出典は『史記』。

【人酒《ひとさけ》を飲《の》む酒酒《さけさけ》を飲《の》む酒人《さけひと》を飲《の》む】
酒は最初は自制して飲めるが、酔ってくると酔いにまかせて飲み、最後には前後不覚になってしまうたとえ。《類》「一杯《いっぱい》は人酒《ひとさけ》を飲《の》む、二杯は酒酒を飲む、三杯は酒人を飲む」

さびしい
……寂・淋

様態からみた「さびしい」

▼人の気配がなくひっそりしていること。そのさま
寂莫《せきばく》・寂莫《じゃくまく》・寂寞《せきばく》・寂寞《じゃくまく》・寂寥《せきりょう》・寂寂《じゃくじゃく》・寂寂《せきせき》・閑寂《かんじゃく》・落莫《らくばく》・落寞《らくばく》・索莫《さくばく》・索寞《さくばく》・索漠《さくばく》・寥寥《りょうりょう》・蕭寥《しょうりょう》・蕭条《しょうじょう》・蕭然《しょうぜん》・寂然《せきぜん》

▼静かでなんとなく
静寂《せいじゃく》・闃寂《げきじゃく》・莫然《ばくぜん》・莫莫《ばくばく》・寞寞《ばくばく》

▼荒れ果てて
寥落《りょうらく》・荒寥《こうりょう》・荒涼《こうりょう》

▼がらんとして　廓寥《かくりょう》

▼あわれで　淅瀝《せきれき》

▼何もすることがなくて
徒然《とぜん》・徒然《つれづれ》

▼さびしいさま　凄然《せいぜん》・凄然《せいぜん》

▼さびしく痛ましい
凄凄《せいせい》・凄凄《せいせい》

▼ものさびしく、ぞっとする
凄寥《せいりょう》・凄涼《せいりょう》

▼さびしくもの静かな思い
寂念《せきねん》・寂慮《せきりょ》・闃然《げきぜん》

▼奥深く物静かで　幽寂《ゆうじゃく》

さびしい……寂・淋

具体的に対象のある「さびしい」

▼秋風が吹いて　蕭颯《しょうさつ》

▼秋の末のものさびしいさま　蕭殺《しょうさつ》

▼旅で感じるものさびしい思い　旅愁《りょしゅう》

▼ものさびしく静かな住居　寂寞《じゃくまく》の枢《とぼそ》

「さびしい」に関する動詞・形容語

▼人気《ひとけ》がなく、ひっそりしている。さびしくなる　寂《さび》る・荒《さ》びる・寂《さ》ぶ・荒《さ》ぶ・寂《さび》れる・荒《さ》びれる

▼さびしがる　寂《さび》しむ・淋《さび》しむ

▼人気《ひとけ》がなく、ひっそりしている。静かで頼りない　寂《さび》しい・寂《さみ》しい・淋《さび》しい・淋《さみ》しい

▼何となく　心細《こころぼそ》い・心寂《こころさび》しい・心淋《こころさび》しい・心淋《こころざみ》しい・心淋《こころさぶ》しい・心淋《うらさび》しい・物淋《ものさび》しい・うそ寂《さび》しい・うそ淋《さび》しい・小寂《こさび》しい

▼男性の肌に触れてなくて　肌寂《はださび》しい・肌寂《はださみ》しい

▼さびしいさま　幽《かす》か・微《かす》か

▼さびしそうで元気なく　しょんぼり・しょんぼりと

▼静かに、ものさびしく　ひっそり・ひっそりと・しんと・ひっそりかん

▼広い場所に何もなく、また、人がおらず空虚でさびしい感じがするさま　がらんと

▼心が沈んで　しんみり

「さびしい」に関する慣用句

［閑古鳥《かんこどり》が鳴《な》く］人気《ひとけ》がなく、ひっそりとさびしいようす。商売などがはやらないことにもいう。

［口《くち》が寂《さび》しい］口に入れるものがなくてさびしい、物足りない感じがする。

［歯《は》の抜《ぬ》けたよう］ところどころ抜けており、まばらでさびしいようす。《類》「櫛《くし》の歯《は》が欠《か》けたよう」

［火《ひ》の消《き》えたよう］活気がなくなり、急にさびしくなるようす。

［懐《ふところ》が寂《さび》しい］

所持金が少なくて心細い。持っている金《かね》が少ないこと。《類》「懐《ふところ》が寒《さむ》い」

「さびしい」に関する故事・成語

[形影相弔《けいえいあいとむら》う]
ひとりぼっちで自分の影法師と慰め合うだけの意から、同情する人もなく、孤独でさびしいようすをいう。出典は李密《りみつ》『陳情表』。《類》「形《けい》影《えい》自《みずか》ら相憐《あいあわ》れむ」

[孤影悄然《こえいしょうぜん》]
ひとりぼっちでさびしそうに見えるさま。

[満目蕭条《まんもくしょうじょう》]
草木も枯れはて、見渡す限り、ひっそりとしてものさびしいこと。「満目」は、見渡す限り、「蕭条」は、ものさびしいさま。《類》「満目蕭然《まんもくしょうぜん》」「満目荒涼《まんもくこうりょう》」

[門前雀羅《もんぜんじゃくら》を張《は》る]
門の前に雀の網が張れるほどに訪れる人が少なく、さびれたようす。

色彩《しきさい》

色と光沢

▼光により目に映る感覚の一つ
色《いろ》・色彩《しきさい》・彩《いろど》り・カラー

▼色の明るさ・ぐあい
彩度《さいど》・明度《めいど》・色調《しきちょう》・色気《いろけ》・色目《いろめ》・色合《いろあ》い・トーン

▼すべての色のもととなる三種の色
原色《げんしょく》・三原色《さんげんしょく》

▼原色以外の色
間色《かんしょく》・中間色《ちゅうかんしょく》・パステルカラー

▼暖かい感じの色
暖色《だんしょく》・温色《おんしょく》

▼冷たい感じの色
寒色《かんしょく》・冷色《れいしょく》

▼明るい感じの色
明色《めいしょく》

▼暗い感じの色
暗色《あんしょく》

▼一つの色
単色《たんしょく》・一色《いっしょく》・一色《ひといろ》・モノトーン

▼光線の具合で緑色や紫色に見える
玉虫色《たまむしいろ》

▼さまざまな色
雑色《ざっしょく》・多彩《たさい》・五色《ごしき》・五彩《ごさい》・七色《なないろ》・七彩《しちさい》・千紫万紅《せんしばんこう》・カラフル

▼けばけばしい彩り
極彩色《ごくさいしき》

▼自然の色彩に近い色
天然色《てんねんしょく》・テクニカラー

色彩

▼外敵から身を守るため周囲の物に似せた体色
保護色《ほごしょく》

▼身分によって使用が禁じられた色
禁色《きんじき》

▼物が放つ輝き
光沢《こうたく》・手沢《しゅたく》・色艶《いろつや》・艶《つや》・照《て》り・青光《あおびか》り・黒光《くろびか》り

赤系の色

▼茜の根で染めた濃い赤【口絵001】
茜色《あかねいろ》

▼茜の根で染めた鮮やかな黄赤【口絵002】
緋色《ひいろ》・緋《あけ》・真緋《あけ》・火色《ひいろ》・スカーレット

▼緋色に紫を加えた暗い赤。古代の服色に見える【口絵003】
深緋《こきひ》・深緋《こきあけ》・黒緋《くろあけ》

▼緋色より薄い、やわらかい黄赤【口絵004】
纁《そひ》・蘇比《そひ》・素緋《そひ》

▼架空の動物「猩猩」の血の色にたとえられた鮮やかな赤
猩猩緋《しょうじょうひ》

▼天然の鉱物から作られる鮮やかな黄赤【口絵005】
朱色《しゅいろ》・朱《しゅ》・朱《あけ》

▼水銀と硫黄から作られる人工の明るい朱色。
銀朱《ぎんしゅ》

▼赤土から作られるやわらかい赤【口絵006】
埴《はに》・真赭《まそほ》・真朱《まそほ》・真朱《しんしゅ》

▼紅花で染めた鮮やかな濃い赤【口絵007】
紅《くれない》・呉藍《くれない》・紅色《べにいろ》

▼紅の美しさを強調した名称
韓紅《からくれない》・唐紅《からくれない》・韓紅花《からくれない》・唐《から》紅花《くれない》

▼燃えるような紅　紅蓮《ぐれん》

▼紅梅の花のような明るいピンク【口絵008】
紅梅色《こうばいいろ》

▼紅花一斤《いっきん》で絹一疋《いっぴき》を染めたピンク【口絵009】
一斤染《いっこんぞめ》

▼紅染めのごく薄いピンク。身分の低いものが着用した場合は「たいこう」といった【口絵010】
退紅《あらぞめ》・褪紅《あらぞめ》・退紅《たいこう》・褪紅《たいこう》・薄紅《うすくれない》

▼桜の花のようなごく淡いピンク【口絵011】
桜色《さくらいろ》

▼紅花で染めた紫みの赤。平安時代の流行色【口絵012】
今様色《いまよういろ》

▼鴇の風切羽のようなやわらかいピンク【口絵013】
鴇色《ときいろ》・鴾色《ときいろ》・朱鷺色《ときいろ》・鴇羽《ときは》

色《いろ》・鴇羽色《ときばいろ》

▼紅珊瑚のような明るいピンク【口絵０１４】
珊瑚色《さんごいろ》・珊瑚珠色《さんごしゅいろ》・コーラルピンク

▼黒みがかった濃い紅色
真紅《しんく》・深紅《しんく》・クリムゾン

▼蘇芳の木の心材で染めた紫みの赤【口絵０１５】
蘇芳色《すおういろ》・蘇方色《すおういろ》

▼山ぶどうのようなやわらかい紫みの赤【口絵０１６】
葡萄色《えびいろ》・海老色《えびいろ》・蝦色《えびいろ》・葡萄《えびぞめ》・蒲萄《えびぞめ》・ワイン色

▼紫みの暗い赤【口絵０１７】
臙脂色《えんじいろ》・燕脂《えんじ》・燕支《えんじ》

▼小豆のようなくすんだ赤
小豆色《あずきいろ》

▼檜の皮のような暗い赤褐色【口絵０１８】
檜皮色《ひわだいろ》・檜皮色《ひはだいろ》

▼インドのベンガルに由来する赤褐色【口絵０１９】
紅殻色《べんがらいろ》・弁柄色《べんがらいろ》・紅柄色《べんがらいろ》・紅殻色《べにがらいろ》・インディアンレッド

▼赤土の代赭から作られるやわらかい赤褐色【口絵０２０】
代赭色《たいしゃいろ》・褪赭色《たいしゃいろ》

▼赤レンガのようなやや黒みの赤褐色
煉瓦色《れんがいろ》・ブリックレッド

▼茶色みの強いオレンジ色【口絵０２１】
蒲色《かばいろ》・樺色《かばいろ》

▼赤土で染めた鮮やかなオレンジ色【口絵０２２】
丹色《にいろ》

▼皇太子の礼服として制定された鮮やかなオレンジ色【口絵０２３】
黄丹《おうに》・黄丹《おうたん》

▼古代に皇族の衣服の色とされたやわらかいオレンジ色【口絵０２４】
朱華《はねず》・唐棣《はねず》・唐棣花《はねず》・波禰受《はねず》

▼柑橘系の果物のようなオレンジ色
橙色《だいだいいろ》・蜜柑色《みかんいろ》・柑子色《こうじいろ》

▼熟した柿の実のような明るいオレンジ色【口絵０２５】
照柿《てりがき》・柿色《かきいろ》

▼柿渋で染めたにぶい赤茶色【口絵０２６】
柿渋色《かきしぶいろ》・柿色《かきいろ》・團十郎茶《だんじゅうろうちゃ》

▼朱色や柿色を洗い薄めたような淡いオレンジ色【口絵０２７】
洗朱《あらいしゅ》・洗柿《あらいがき》

▼朝焼けの雲のようなやわらかいオレンジ色【口絵０２８】
東雲色《しののめいろ》・曙色《あけぼのいろ》

黄系の色

▼萱草の花のような明るい赤みの黄色【口絵０２９】
萱草色《かんぞういろ》・萱草色《かぞういろ》

▼刈安で染めた明るい黄色【口絵030】

刈安色《かりやすいろ》・苅安色《かりやすいろ》

▼支子の実の色素で染めたやわらかい黄色【口絵031】

支子色《くちなしいろ》・梔子色《くちなしいろ》・山梔子《くちなし》色《いろ》・謂《い》はぬ色《いろ》

▼山吹の花のような鮮やかな赤みの黄色【口絵032】

山吹色《やまぶきいろ》・欵冬色《やまぶきいろ》・款冬色《やまぶきいろ》

▼黄蘗の樹皮から染めた澄んだ黄色【口絵033】

黄蘗色《きはだいろ》

▼鬱金の根茎の色素で染めた濃い黄色【口絵034】

鬱金色《うこんいろ》

▼仁明天皇が好んだ黄菊の花のような黄色【口絵035】

承和色《そがいろ》

▼琥珀のような透明感のある赤みの黄色【口絵036】

琥珀色《こはくいろ》・アンバー

▼光によって微妙に色を変える黄褐色。九世紀以来天皇の礼服の色とされる【口絵037】

黄櫨染《こうろぜん》

▼朽ちた落ち葉のような黄褐色【口絵038】

朽葉色《くちばいろ》

▼草木が枯れたような、薄いくすんだ黄色【口絵039】

枯色《かれいろ》

▼木蘭のような黄褐色。僧尼の衣服に用いられた【口絵040】

木蘭色《もくらんいろ》・木蘭《もくらんじき》

▼菜種油のようなくすんだ緑みの黄色

菜種油色《なたねあぶらいろ》・菜種油色《なたねゆいろ》・油色《あぶらいろ》

▼鶸の羽毛のような緑がかった黄色【口絵041】

鶸色《ひわいろ》

▼くすんだ緑みの黄色。天皇の平服の色とされた【口絵042】

山鳩色《やまばといろ》・麹塵《きくじん》・麹塵《きじん》・麹塵《きくちん》・麹塵《きちん》・青白橡《あおしろつるばみ》・青白橡《あおしらつるばみ》

茶系の色

▼赤みの濃い茶色。明治時代に女学生の袴《はかま》の色に流行した【口絵043】

海老茶《えびちゃ》・海老皮茶《えびかわちゃ》・葡萄茶《えびちゃ》

▼栗の実の皮のような赤茶色【口絵044】

落栗《おちぐり》・栗色《くりいろ》・栗皮色《くりかわいろ》・栗皮茶《くりかわちゃ》

▼赤みの強い栗色　栗梅《くりうめ》

▼とんびの羽根のような赤みの褐色

鳶色《とびいろ》・飛色《とびいろ》

▼金色がかった明るい茶色【口絵045】

金茶《きんちゃ》

▼雀の頭のようなやや赤みの茶色【口絵046】

雀色《すずめいろ》・雀頭色《すずめいろ》・雀茶《すずめちゃ》

▼白っぽい薄茶色【口絵047】

白茶《しらちゃ》・薄茶《うすちゃ》・ベージュ

色彩

▼羊羹《ようかん》のような黒ずんだ茶色【口絵048】

百塩茶《ももしおちゃ》・万塩茶《ももしおちゃ》・羊羹色《ようかんいろ》

▼黒みの暗いオリーブ色【口絵049】

千歳茶《せんさいちゃ》・仙斎茶《せんさいちゃ》・千歳茶《せんざいちゃ》・仙斎茶《せんざいちゃ》・千哉茶《せんざいちゃ》

▼昆布のようなくすんだオリーブ色【口絵050】

媚茶《こびちゃ》

▼鶸色がかった明るいオリーブ色

鶸茶《ひわちゃ》

▼茶色がかった鶯色　鶯茶《うぐいすちゃ》

▼歌舞伎役者二代目嵐吉三郎が好んだ暗いオリーブ色【口絵051】

璃寛茶《りかんちゃ》

▼歌舞伎役者三代目中村歌右衛門が愛用した赤茶色【口絵052】

芝翫茶《しかんちゃ》

▼歌舞伎役者二世瀬川菊之丞から出た黄みの茶色【口絵053】

路考茶《ろこうちゃ》

▼煤竹のような黄みを含んだ暗い茶色【口絵054】

煤竹色《すすたけいろ》

▼素焼きの土器のようなくすんだ茶色

土器色《かわらけいろ》

▼伽羅（沈香木）の色のような暗いくすんだ茶色

伽羅色《きゃらいろ》

▼丁子の樹皮などから染めた薄茶色【口絵055】

丁子色《ちょうじいろ》・丁字色《ちょうじいろ》・丁子染《ちょうじぞめ》・香染《こうぞめ》・濃《こ》き香《こう》・こがれ香《こう》

▼香木で染めたごく淡い薄茶色【口絵056】

香色《こういろ》・薄香《うすこう》・淡香《うすこう》

緑系の色

▼芽吹く草木のような明るい黄緑【口絵057】

萌黄色《もえぎいろ》・萌木色《もえぎいろ》・萌葱色《もえぎいろ》・若草色《わかくさいろ》・浅緑《あさみどり》

▼萌黄色より薄い黄緑

若苗色《わかなえいろ》・苗色《なえいろ》・薄萌黄《うすもえぎ》

▼濃い青に黄を重ねて染めた深い緑【口絵058】

青丹《あおに》

▼海藻の海松のようなくすんだ暗い緑【口絵059】

海松色《みるいろ》・水松色《みるいろ》

▼緑青のような深い緑【口絵060】

緑青《ろくしょう》・銅青《どうしょう》・石緑《せきろく》・マラカイトグリーン

▼白っぽい緑青【口絵061】

白緑《びゃくろく》

▼柳の若葉のようなやわらかい黄緑【口絵062】

柳色《やなぎいろ》・柳葉色《やなぎばいろ》

▼柳の裏葉のような白っぽい緑

裏柳《うらやなぎ》・裏葉柳《うらばやなぎ》・裏葉色《うらはいろ》

▼常緑樹のみずみずしい緑【口絵063】
常盤色《ときわいろ》・常磐色《ときわいろ》・常盤緑《ときわみどり》・千歳緑《ちとせみどり》・深緑《ふかみどり》・エバーグリーン

▼やわらかい青みの緑。竹の実物より鮮やかな色【口絵064】
青竹色《あおたけいろ》

▼若い竹のような明るい緑【口絵065】
若竹色《わかたけいろ》

▼灰みのくすんだ緑【口絵066】
老竹色《おいたけいろ》

▼木賊の茎のようなくすんだ深い緑【口絵067】
木賊色《とくさいろ》・砥草色《とくさいろ》・かげ萌黄《もえぎ》

▼松の葉のようなややくすんだ緑
松葉色《まつばいろ》

▼色あせた浅葱色のような薄い青みの緑【口絵068】
千種色《ちぐさいろ》

▼苔のようなくすんだ濃い萌黄色【口絵069】
苔色《こけいろ》・モスグリーン

▼苔色よりさらに濃い、鶯の羽根のような萌黄色【口絵070】
鶯色《うぐいすいろ》

青系の色

▼宝石の瑠璃のような深い紫みの青【口絵071】
瑠璃色《るりいろ》・碧瑠璃《へきるり》・紺瑠璃《こんるり》・ラピスラズリー・ウルトラマリン

▼藍銅鉱から作られる鮮やかな青【口絵072】
群青《ぐんじょう》・紺青《こんじょう》

▼白っぽい群青【口絵073】
白群《びゃくぐん》

▼磁器の染付に用いる深みのある青【口絵074】
呉須色《ごすいろ》

▼唐代の中国で焼かれた青磁のような淡い緑みの青【口絵075】
青磁色《せいじいろ》・青瓷色《せいじいろ》・青磁《あおじ》・秘色《ひそく》

▼染料の藍の色のような濃い青【口絵076】
藍色《あいいろ》・インディゴブルー

▼露草のような明るい青【口絵077】
露草色《つゆくさいろ》

▼藍だけで染めた深い青【口絵078】
縹色《はなだいろ》・花田色《はなだいろ》・花色《はないろ》

▼澄んだ水のような、やや緑みの薄い青
水縹《みずはなだ》・水色《みずいろ》

▼晴れた空のような明るい青
空色《そらいろ》・空天色《そらいろ》・碧天《そらいろ》・スカイブルー

▼深い紫みの青
紺色《こんいろ》・ネイビーブルー

▼瑠璃色がかった紺色
瑠璃紺《るりこん》

色彩

▼黒に近い、濃い藍色【口絵079】
褐色《かちいろ》・搗色《かちんいろ》・勝色《かついろ》

▼藍染の明るい緑みの青【口絵080】
浅葱色《あさぎいろ》・浅黄色《あさぎいろ》

▼ややくすんだ薄い浅葱色
水浅葱《みずあさぎ》・水浅黄《みずあさぎ》

▼露草で染めた浅葱色。鮮やかな青
花浅葱《はなあさぎ》・花浅黄《はなあさぎ》

▼藍染でもっとも薄い青【口絵081】
瓶覗《かめのぞき》・甕覗《かめのぞき》・覗色《のぞきいろ》

▼深い緑みの青で、江戸時代の藍染の代表的な色【口絵082】
御納戸色《おなんどいろ》・納戸色《なんどいろ》

▼灰みのくすんだ御納戸色
錆納戸《さびなんど》

▼鉄のような緑みの黒っぽい青【口絵083】
鉄色《てついろ》

▼鉄色よりさらに暗い緑みの青
鉄紺《てつこん》・紺鉄《こんてつ》

▼藍染のいちばん濃い色で黒に近い紺色
留紺《とまりこん》

▼明治時代の新橋芸者に好まれた明るい緑みの青【口絵084】
新橋色《しんばしいろ》・金春色《こんぱるいろ》

紫系の色

▼紫草の根で染めた濃い紫。古代、親王や一位の臣下の服色とされた【口絵085】
濃色《こきいろ》・深紫《こきむらさき》・黒紫《こきむらさき》・濃紫《こきいろ》・濃紫《こいろ》

▼「濃色」に対して、薄い紫【口絵086】
薄色《うすいろ》・浅紫《うすむらさき》・赤紫《うすむらさき》

▼「濃色」でも「薄色」でもない中間の紫【口絵087】
半色《はしたいろ》・端色《はしたいろ》

▼藍と呉藍（紅）で染めた、ややくすんだ赤紫【口絵088】
二藍《ふたあい》

▼灰みのくすんだ紫【口絵089】
滅紫《けしむらさき》・滅紫《めっし》・滅色《けしいろ》

▼明るくはなやかな薄紫【口絵090】
藤色《ふじいろ》・ラベンダー

▼明るい紫の美称　若紫《わかむらさき》

▼紅色がかった藤色【口絵091】
紅藤《べにふじ》

▼杜若の花のような青紫【口絵092】
杜若色《かきつばたいろ》・燕子花色《かきつばたいろ》

▼紫苑の花のような青みの薄紫【口絵093】
紫苑色《しおんいろ》・紫苑《しおに》

▼菖蒲の花のような明るい赤みの紫【口絵094】
菖蒲色《あやめいろ》・菖蒲色《しょうぶいろ》・菖蒲色《そうぶいろ》

▼桔梗の花のような濃い鮮やかな青紫【口絵095】
桔梗色《ききょういろ》・桔梗色《きかういろ》・桔梗《きちかう》

▼菫の花のような濃い紫
菫色《すみれいろ》・バイオレット
▼江戸好みの青みの紫【口絵096】
江戸紫《えどむらさき》
▼京の伝統的な赤みの紫【口絵097】
京紫《きょうむらさき》
▼濃く深い紫。優勝旗などに使われる【口絵098】
紫紺《しこん》・紫根《しこん》
▼ナスの表皮のような濃い青みの紫
茄子紺《なすこん》

白・黒系の色

▼真っ黒
黒黒《くろぐろ》・墨色《すみいろ》・墨色《ぼくしょく》・漆黒《しっこく》
▼ヤシの一種の檳榔子で染めた、江戸時代の最高級の黒
檳榔子黒《びんろうじぐろ》
▼青みがかったつややかな黒【口絵099】
濡色《ぬれいろ》・濡烏色《ぬれからすいろ》・烏羽色《からすばいろ》・烏《からす》の濡《ぬ》れ羽色《ばいろ》・濡《ぬ》れ羽色《ばいろ》
▼藍の色合いを含んだ黒【口絵100】
藍墨茶《あいすみちゃ》
▼江戸時代の染匠、吉岡憲法が創案した黒茶色【口絵101】
憲法色《けんぼういろ》・憲房色《けんぼういろ》・憲法色《けんぼういろ》・憲房色《けんぼういろ》・セピア色《いろ》
▼真っ白
純白《じゅんぱく》・雪白《せっぱく》・白妙《しろたえ》・白栲《しろたえ》
▼空木《うつぎ》の花、卯の花のようなやわらかい白【口絵102】
卯花色《うのはないろ》
▼やや黄みのあるオフホワイト【口絵103】
練色《ねりいろ》・鳥の子色《とりのこいろ》・乳白色《にゅうはくしょく》・象牙色《ぞうげいろ》・アイボリー
▼やや灰みのあるオフホワイト【口絵104】
灰白色《かいはくしょく》・亜麻色《あまいろ》・真珠色《しんじゅいろ》
▼墨のような黒に近いグレー
墨染《すみぞめ》
▼墨を薄めたようなグレー
薄墨色《うすずみいろ》
▼墨染よりも薄いグレー。平安時代の喪服の色【口絵105】
鈍色《にびいろ》・鈍色《にぶいろ》・鈍《にび》・錫色《すずいろ》・錫《しゃく》紵《じょ》(天皇の喪服に)
▼やや青みの鈍色【口絵106】
青鈍《あおにび》
▼ヌルデの枝に虫が寄生してできるこぶ(付子《ふし》または五倍子《ごばいし》)で染めた薄墨色。喪服に用いられた【口絵107】
空五倍子色《うつぶしいろ》
▼混じりけのない無彩色のグレー
素鼠《すねず》・素鼠《すねずみ》・鼠色《ねずみいろ》
▼灰汁のような濁ったやや黄みのグレー【口絵108】
灰汁色《あくいろ》
▼銀のような光沢のある明るい鼠色

白鼠《しろねず》・白鼠《しろねずみ》
▼白鼠より少し暗い、薄いグレー【口絵109】
銀鼠《ぎんねず》・銀鼠《ぎんねずみ》・銀灰色《ぎんかいしょく》・シルバーグレー
▼桜色を鼠がからせたグレー
桜鼠《さくらねず》・桜鼠《さくらねずみ》・シルバーピンク
▼緑がかったグレー【口絵110】
利休鼠《りきゅうねず》・利休鼠《りきゅうねずみ》
▼粋《いき》な感じの水色がかったグレー【口絵111】
深川鼠《ふかがわねず》・深川鼠《ふかがわねずみ》
▼藍みがかったグレー
藍鼠《あいねず》・藍鼠《あいねずみ》
▼鳩の羽根のような紫がかったグレー【口絵112】
鳩羽鼠《はとばねず》・鳩羽鼠《はとばねずみ》・鳩羽色《はとばいろ》

様態からみた色

▼色が付く
色付《いろづ》く・色《いろ》めく・差《さ》す・染《そ》まる
▼黒ずむ　くすむ
▼日光などに当たって変色する
焼《や》ける・色焼《いろや》け・赤茶《あかちゃ》ける・白茶《しらちゃ》ける
▼色が薄れる、変わる
変色《へんしょく》・退色《たいしょく》・褪色《たいしょく》・色変《いろが》わり・移《うつ》ろう・暈《ぼ》ける・剝《は》げる・褪《さ》める・褪《あ》せる・色《いろ》褪《あ》せる・色褪《いろあ》せ

色の付いた慣用句

【青《あお》くなる】

ひどく驚いたり恐れたりして、顔色が悪くなる。

【赤《あか》くなる】

恥ずかしがったり、興奮したりして顔を赤くする。赤面する。

【赤《あか》の他人《たにん》】

まったく血のつながりのない人。「赤」は、まったくの、の意。

【頭《あたま》の黒《くろ》い鼠《ねずみ》】

その家にすんでいながら、家の中の物を盗んだりする者を鼠になぞらえて言う。

【紺屋《こうや》の白袴《しろばかま》】

他人のために時間をとられて、自分自身のことをする暇がないことのたとえ。「紺屋」は、染物屋。紺屋は客の仕事で忙しく、自分の袴を染める時間もないことから。

【黒白《こくびゃく》を争《あらそ》う】（⇒「判断《はんだん》」五一四ページ）

【白《しろ》い目《め》で見《み》る】（⇒「みる」五七二

ページ）

【腹《はら》が黒《くろ》い】意地が悪く、ひそかに悪だくみを持っている。

【満面朱《まんめんしゅ》を濺《そそ》ぐ】（⇒「怒《おこ》る・怒《いか》り」一二七ページ）

⇓色の付いたことわざ・成句

【出藍《しゅつらん》の誉《ほま》れ】（⇒「すぐれる」三二四ページ）

【青天白日《せいてんはくじつ》】（⇒「晴《は》れる・晴《は》れ」五一〇ページ）

寺社《じしゃ》

⇓仏像を安置した建造物「寺」

▼仏像を安置し、僧尼が修行・説法を行う所
寺《てら》・院《いん》・寺院《じいん》・仏寺《ぶつじ》・仏刹《ぶつさつ》・仏家《ぶっか》・仏家《ぶつけ》・仏堂《ぶつどう》・仏閣《ぶっかく》・僧宇《そうう》・僧寺《そうじ》・僧舎《そうしゃ》・僧家《そうか》・僧家《そうけ》・梵刹《ぼんさつ》・梵刹《ぼんせつ》・梵閣《ぼんかく》・梵宮《ぼんぐう》・法宇《ほうう》・仁祠《じんし》・精舎《しょうじゃ》・伽藍《がらん》・浄院《じょういん》・寺観《じかん》・檀林《だんりん》・山門《さんもん》・阿蘭若《あらんにゃ》・蘭若《らんにゃ》・練若《れんにゃ》・金地《こんち》・金田《こんでん》・仏宇《ぶつう》・僧院《そういん》・道場《どうじょう》・浮屠《ふと》・浮図《ふと》

▼大きな
大寺《だいじ》・大寺《おおてら》・大伽藍《だいがらん》・僧林《そうりん》・大刹《たいせつ》・大刹《たいさつ》・巨刹《きょさつ》

▼古い　古寺《こじ》・古寺《ふるでら》・古刹《こさつ》

▼名のある　名刹《めいさつ》

▼天皇の勅願による　勅願寺《ちょくがんじ》

▼禅宗の
禅寺《ぜんでら》・禅院《ぜんいん》・禅家《ぜんけ》・禅房《ぜんぼう》・禅閣《ぜんかく》・禅林《ぜんりん》・叢林《そうりん》

▼戒律を専門とする寺院の称
僧坊《そうぼう》・僧房《そうぼう》

▼田舎の　村寺《そんじ》

▼野中の　野寺《のでら》

▼山中の寺。また、立石寺《りっしゃくじ》の俗称
山寺《やまでら》

▼荒れ果てた　廃寺《はいじ》

▼住職のいない　無住寺《むじゅうじ》

▼寺全体を指して　山《さん》

▼寺の門。また、比叡山延暦寺の異称
山門《さんもん》

▼寺の建物
仏閣《ぶっかく》・堂《どう》・堂宇《どうう》・仏宇《ぶつう》・七《しち》

寺社

道伽藍《どうがらん》・伽藍《がらん》
▼仏をまつる堂
仏堂《ぶつどう》・仏殿《ぶつでん》・持仏堂《じぶつどう》・祠《し》
堂《どう》・仏舎《ぶっしゃ》
▼本尊を安置する　本堂《ほんどう》・金堂《こんどう》
▼禅寺の本尊を安置する　仏殿《ぶつでん》
▼説教や講義を行う　講堂《こうどう》
▼禅寺の説教や講義を行う　法堂《はっとう》
▼仏陀をまつる高い建造物
塔《とう》・寺塔《じとう》・仏塔《ぶっとう》
▼鐘をつるした堂
鐘楼《しょうろう》・鐘《かね》撞《つ》き堂《どう》・鐘楼《しゅろう》
▼大蔵経が納められている
経蔵《きょうぞう》・経堂《きょうどう》・経楼《きょうろう》・経庫《きょうこ》
▼禅寺の寺務所、また、厨房
庫院《くいん》・庫堂《くどう》・庫裏《くり》・庫裡《くり》
▼禅寺で僧が座禅を行う堂
僧堂《そうどう》・禅堂《ぜんどう》・撰仏場《せんぶつじょう》・選《せん》
仏場《ぶつじょう》・雲堂《うんどう》

▼寺の食堂　食堂《じきどう》
▼禅寺の仏殿の前に位置する門
三門《さんもん》・山門《さんもん》・空門《くうもん》・無相《むそう》
門《もん》・無願門《むがんもん》
▼仁王像を左右に安置した門
仁王門《におうもん》・二天門《にてんもん》
▼寺の南にある正門　南大門《なんだいもん》
▼南大門の次の門　中門《ちゅうもん》
▼禅寺の風呂場　浴室《よくしつ》
▼禅寺の便所
東司《とうす》・東浄《とうちん》・東浄《とうじょう》
▼僧の住まい　坊《ぼう》
▼寺院付属の坊
僧坊《そうぼう》・僧房《そうぼう》・僧院《そういん》・坊舎《ぼうしゃ》・
坊舎《ぼうじゃ》・宿坊《しゅくぼう》
▼禅寺の坊　禅坊《ぜんぼう》
▼寺に参詣した人の泊まる所
宿坊《しゅくぼう》・宿院《すくいん》
▼金堂・講堂・塔・鐘楼・経蔵・食堂また

は中門・僧坊の全体を指して
七堂《しちどう》・七堂伽藍《しちどうがらん》
▼禅寺における、仏殿・法堂・三門・庫
院・僧堂・浴室・東司を指して
七堂《しちどう》・七堂伽藍《しちどうがらん》
▼七堂以外に僧の住居として建てら
れた堂
別院《べついん》
▼阿弥陀如来を安置する堂
阿弥陀堂《あみだどう》
▼寺の長老や住職が起居する所
方丈《ほうじょう》・本坊《ほんぼう》・庫裏《くり》・庫裡《くり》
▼大寺の境内にある小寺
塔頭《たっちゅう》・塔中《たっちゅう》・寺中《じちゅう》・子院《しいん》・
脇寺《わきでら》
▼大寺に付属する小僧坊　庵《あん》・菴《あん》
▼山寺の僧が人里に建てた僧坊
里坊《さとぼう》
▼一宗一派を総括する　総本山《そうほんざん》
▼総本山の下にあって末寺を統括する

寺社

大本山《だいほんざん》・大本寺《だいほんじ》・本山《ほんざん》・本寺《ほんじ》・別格本山《べっかくほんざん》

▼本山以外に別に建てた別院《べついん》

▼本山の管轄下にある
末寺《まつじ》

▼本山直属の末寺
直末寺《じきまつじ》

▼末寺から本寺を指して
本坊《ほんぼう》・本院《ほんいん》

▼祖師の法統を継承して、同じ法門にあるものを統括する。また、高貴な人が住職となっている
門跡《もんぜき》

▼江戸時代に門跡に準ぜられた
准門跡《じゅんもんぜき》・脇門跡《わきもんぜき》

▼奈良時代に勅願によって諸国に建てられた
国分寺《こくぶんじ》・国分尼寺《こくぶんにじ》

▼尼の住む
尼寺《あまでら》・尼寺《にじ》・比丘尼寺《びくにでら》・尼屋《あまや》・尼家《あまや》

▼皇女・公卿の息女などが出家して住職となった尼寺
比丘尼御所《びくにごしょ》・女王御所《じょおうごしょ》

▼江戸時代、夫のことで苦しむ女性などが駆け込んで助けを求めた
縁切《えんき》り寺《でら》・縁切《えんき》り尼寺《にじ》・駆《か》け込《こ》み寺《でら》

▼檀家として、法事などを営む
檀那寺《だんなじ》・檀那寺《だんなでら》・檀寺《だんでら》・菩提寺《ぼだいじ》・菩提所《ぼだいしょ》・香華院《こうげいん》

▼巡礼者がお札を受けたり納めたりする
札所《ふだしょ》

▼寺と神社
寺社《じしゃ》・社寺《しゃじ》・神社仏閣《じんじゃぶっかく》

▼朝廷や幕府によって願掛けのために建てられた寺社
祈願所《きがんじょ》

▼勅命によって国家鎮護などを祈願するために建てられた寺社
勅願所《ちょくがんしょ》

僧の呼称からみた「寺」

▼出家して仏道にはげむ
僧《そう》・僧侶《そうりょ》・僧徒《そうと》・僧家《そうか》・僧家《そうけ》・僧門《そうもん》・沙門《しゃもん》・沙門《さもん》・出家《しゅっけ》・仏家《ぶっけ》・仏者《ぶっしゃ》・仏氏《ぶっし》・釈子《しゃくし》・釈家《しゃっけ》・釈氏《しゃくし》・禅侶《ぜんりょ》・禅師《ぜんじ》・坊《ぼう》・和尚《おしょう》・法師《ほうし》・聖《ひじり》・法師《ほっし》・法《のり》の師《し》・経読《きょうよ》み・世捨《よす》て人《びと》・桑門《そうもん》・緇徒《しと》・緇衣《しえ》・緇衣《しい》・浮屠《ふと》・浮図《ふと》・比丘《びく》・乞士《こつし》・大徳《だいとく》・大徳《だいとこ》・空門士《くうもんし》

▼僧の異称
髪長《かみなが》・円頂《えんちょう》

▼僧の尊敬語
坊様《ぼんさま》・貴僧《きそう》・御坊《ごぼう》

▼僧の謙譲語
愚僧《ぐそう》・拙僧《せっそう》・愚禿《ぐとく》・野僧《やそう》・山僧《さんそう》・貧道《ひんどう》・野衲《やのう》・野衲《やどう》

寺社

▼僧の俗語
坊主《ぼうず》・坊様《ぼんさん》・主坊《ずぼう》・主坊《ずぼ》

▼出家・剃髪《ていはつ》し仏道に入った。また、仏門に入った三位《さんみ》以上の者の称
入道《にゅうどう》

▼十三歳、また、十五歳以上で仏門に入った
道心《どうしん》

▼出家して十戒を受けた少年僧
沙弥《しゃみ》・沙弥《さみ》

▼年少の
小僧《こぞう》・小坊主《こぼうず》・雛僧《すうそう》・雛僧《ひなそう》

▼寺の　寺僧《じそう》

▼隠遁して修行にはげむ　聖《ひじり》

▼出家した女性
尼《あま》・尼僧《にそう》・女僧《にょそう》・尼法師《あまほうし》・比丘尼《びくに》・禅尼《ぜんに》・禅定尼《ぜんじょうに》

▼比丘尼になる以前の出家者
沙弥尼《しゃみに》

▼僧侶の仲間　緇流《しりゅう》・緇流《しる》

▼同じ法門の修行仲間
法眷《はっけん》・法眷《ほうけん》

▼師匠たる　師僧《しそう》・師《し》の坊《ぼう》

▼律宗での師僧　和尚《わじょう》

▼天台宗での　和尚《かしょう》

▼真言宗での
和尚《わじょう》・和上《わじょう》・真言師《しんごんし》

▼禅宗での　和尚《おしょう》・禅師《ぜんじ》

▼戒を授ける師僧
戒師《かいし》・戒《かい》の師《し》

▼衆生《しゅじょう》を仏道に導く　導師《どうし》

▼法会などのときに中心となる
導師《どうし》

▼法会などのときに上座に座る
上座《じょうざ》・上席《じょうせき》

▼律宗の　律僧《りっそう》

▼天台宗の　山法師《やまほうし》

▼延暦寺の
山法師《やまほうし》・山僧《さんそう》・山僧《さんぞう》・山徒《さんと》

▼禅宗の　禅僧《ぜんそう》・禅侶《ぜんりょ》

▼年老いた　老僧《ろうそう》

▼仏道にすぐれた老僧
名僧《めいそう》・長老《ちょうろう》

▼僧のうちで最もすぐれた者
法灯《ほうとう》・法灯《ほっとう》

▼禅定《ぜんじょう》に通達した師僧または徳の高い禅僧
禅師《ぜんじ》

▼徳、学識共にすぐれた
高僧《こうそう》・聖《ひじり》・名僧《めいそう》・大徳《だいとく》・大徳《だいとこ》・生《い》き菩薩《ぼさつ》・竜象《りゅうぞう》・生《い》き仏《ぼとけ》・生《い》き如来《にょらい》・尊者《そんじゃ》・尊者《そんしゃ》・尊者《そんざ》・開士《かいじ》・大和尚《だいおしょう》・上人《しょうにん》・聖僧《しょうそう》

▼師範たるべき高僧
阿闍梨《あじゃり》・阿闍梨《あざり》

▼朝廷が高僧に授けた号　菩薩《ぼさつ》

▼菩薩の異称　開士《かいじ》

▼朝廷が高徳の禅僧に授けた号
禅師《ぜんじ》

寺社

▼戒律を保つ徳の高い　律師《りっし》

▼一宗一派の創始者
祖師《そし》・開山《かいさん》・開基《かいき》・開祖《かいそ》・高祖《こうそ》・影堂《えいどう》

▼僧官の最上級
僧正《そうじょう》・大僧正《だいそうじょう》

▼仏と祖師　仏祖《ぶっそ》

▼その寺の創始者　開山《かいさん》・影堂《えいどう》

▼法統を継ぐ
法嗣《ほうし》・法嗣《ほっし》・法嗣《はっし》

▼一宗一派を管轄する長　管長《かんちょう》

▼一宗派の長
法主《ほうしゅ》・法主《ほっしゅ》・法主《ほっす》

▼真宗などの管長
法主《ほっす》・善知識《ぜんちしき》・善智識《ぜんちしき》・門跡《もんぜき》・御門跡《ごもんぜき》

▼一寺の主である
住持《じゅうじ》・住持職《じゅうじしょく》・住職《じゅうしょく》・院主《いんじゅ》・方丈《ほうじょう》

▼禅宗での住職の称
長老《ちょうろう》・堂頭《どうちょう》・堂頭《どうとう》・堂上《どうじょう》・方丈《ほうじょう》

▼皇子・貴族などが務める住職の称
門跡《もんぜき》・門主《もんしゅ》・門首《もんしゅ》

▼各宗本山や諸大寺の住持の敬称
管主《かんしゅ》・貫首《かんじゅ》・貫首《かんず》・貫主《かんじゅ》・貫主《かんず》

▼高僧や住職などに付き従う
従僧《じゅうそう》・伴僧《ばんそう》

▼寺に住む　住僧《じゅうそう》

▼妻子のある　火宅僧《かたくそう》・妻帯僧《さいたいそう》

▼山寺の　山僧《さんそう》

種別・呼称などからみた「社」

▼神道の神をまつる所
神社《じんじゃ》・社《やしろ》・宮《みや》・神垣《かみがき》・御室《みむろ》・御諸《みもろ》・三諸《みもろ》・神《かみ》の御室《みむろ》・神《かみ》の宮《みや》

▼熱田・橿原《かしはら》・香取・明治など神宮の号をもつ神社。また、伊勢神宮
神宮《じんぐう》

▼伊勢の皇大神宮の称　内宮《ないくう》

▼伊勢の豊受《とようけ》大神宮の称　外宮《げくう》

▼内宮と外宮の総称
大神宮《だいじんぐう》・太神宮《だいじんぐう》・伊勢《いせ》大神《だいじん》宮《ぐう》・伊勢《いせ》大廟《たいびょう》

▼伊勢神宮の異称　神廟《しんびょう》

▼かつて、社格を大中小に分けた第一の社。あるいは旧官幣社の第一位の社。また、出雲大社のこと
大社《たいしゃ》

▼他に神霊を分祀したもとの
本社《ほんしゃ》・本宮《ほんぐう》・本宮《もとみや》

▼本社に属して本社の祭神と縁の深い神をまつる。本社と末社の中間に位する
摂社《せっしゃ》

▼本社から枝分かれした
末社《まっしゃ》・枝宮《えだみや》・支社《ししゃ》・分社《ぶんしゃ》・

寺社

別宮《べつぐう》・新宮《しんぐう》・若宮《わかみや》・今宮《いまみや》

▼末社にまつられる神
枝神《えだがみ》・裔神《えだがみ》

▼本社の祭神の子を本社の境内にまつった
若宮《わかみや》

▼国内の数社の祭神を一か所に合祀した
総社《そうじゃ》・惣社《そうじゃ》

▼いくつかの小社を一つに合祀した
寄《よ》せ宮《みや》

▼その国第一の由緒ある
一《いち》の宮《みや》・総社《そうじゃ》

▼一の宮に次ぐ　二《に》の宮《みや》

▼明治に定められた旧社格の一つで、宮内省から幣物を供進《ぐしん》された格式の高い
官幣社《かんぺいしゃ》

▼旧官幣社のうち最も格式の高い
官幣大社《かんぺいたいしゃ》

▼旧官幣大社に次ぐ格式の
官幣中社《かんぺいちゅうしゃ》

▼旧官幣中社に次ぐ格式の
官幣小社《かんぺいしょうしゃ》

▼旧官幣小社と同様の格式を有し、多く国家に功労のあった人びとをまつった
別格官幣社《べっかくかんぺいしゃ》

▼旧社格の一つで、国から幣物の供進を受けた神社。格式は官幣社に次ぎ、大社・中社・小社の別があった
国幣社《こくへいしゃ》・国社《こくしゃ》

▼旧官幣社と旧国幣社の総称
官社《かんしゃ》

▼府県から奉幣した神社。旧国幣社の下、郷社の上の位
府県社《ふけんしゃ》

▼府県社の下、村社の上に位した
郷社《ごうしゃ》

▼村から奉幣した神社。郷社の下、無格社の上に位した
村社《そんしゃ》

▼旧社格を有さない　無格社《むかくしゃ》

▼明治維新ころからの国家に殉じた人の霊をまつる
招魂社《しょうこんしゃ》・護国神社《ごこくじんじゃ》

▼延喜式で格式が定められた
式内《しきない》・式内社《しきないしゃ》・式社《しきしゃ》

▼延喜式に記載のない　式外《しきげ》

▼八幡神を祭神とする
八幡《はちまん》・八幡宮《はちまんぐう》・八幡宮《やわたのみや》

▼五穀を司る倉稲魂神《うかのみたまのかみ》をまつる
稲荷《いなり》

▼その地を鎮め守る神をまつる
鎮守《ちんじゅ》・鎮主《ちんじゅ》・鎮守《ちんじゅ》の社《やしろ》

▼神社のある所・区域内
宮居《みやい》・宮処《みやどころ》・神域《しんいき》・境内《けいだい》・神地《しんち》・社地《しゃち》・神領《しんりょう》

▼境内にある庭　神苑《しんえん》

▼神社に通じる道　神路《しんろ》・神路《かみじ》

▼小さな
祠《ほこら》・叢祠《ほこら》・神庫《ほこら》・神祠《しんし》・社《しゃ》

寺社

祠《し》・祠堂《しどう》・小祠《しょうし》・小社《しょうしゃ》
▼路傍にある小さな
妻社《つまやしろ》・端社《つまやしろ》・辻社《つじやしろ》
▼俗信から邪神をまつった　淫祠《いんし》
▼神社の殿舎
社殿《しゃでん》・神殿《しんでん》・神殿《かむどの》・廟宇《びょうう》・
社壇《しゃだん》
▼正面の柱間《はしらま》が一つの神社本殿
一間社《いっけんしゃ》
▼社殿のかたわら。社殿のあたり
社頭《しゃとう》・社前《しゃぜん》
▼神社の祭礼で神輿が本宮から渡御
して仮にとまる所
御旅《おたび》・御旅所《おたびしょ》・御旅所《おたびどころ》・御《お》
旅《たび》の宮《みや》・御輿舎《みこしやどり》・仮屋《かりや》
▼死者の霊魂をまつる建物
廟《びょう》・霊屋《れいおく》・霊舎《れいしゃ》・霊社《れいしゃ》・御《み》
霊屋《たまや》・霊廟《れいびょう》・廟社《びょうしゃ》・廟宇《びょうう》・
霊殿《たまどの》・魂殿《たまどの》・御霊屋《おたまや》・霊屋《たまや》
▼先祖の霊をまつる小さな堂
祠堂《しどう》
▼天皇の先祖をまつる廟
宗廟《そうびょう》
▼孔子をまつった廟
聖堂《せいどう》・聖廟《せいびょう》・大成殿《たいせいでん》・孔廟《こうびょう》

奉仕する人びとからみた「社」

▼神社の神事に仕える
神主《かんぬし》・神主《かむぬし》・神主《こうぬし》・神職《しんしょく》・
神官《しんかん》・神官《かみづかさ》・神官《かむづかさ》・主神《しゅしん》・
主神《かんづかさ》・主神《しゅじん》・神役《しんやく》・神人《かみびと》・
神司《かむづかさ》・神司《かみづかさ》・神《かみ》の宮人《みやびと》・神《かみ》
の祝《はふり》・祠官《しかん》・社《やしろ》の司《つかさ》・社《しゃ》
司《し》・社家《しゃけ》・宮司《みやづかさ》・宮司《ぐうじ》・廟《びょう》
祝《しゅく》・斎《いわい》・斎人《いわいびと》・斎主《いわいぬし》
▼神社に仕える神職の長
神主《かんぬし》・宮司《ぐうじ》
▼祭事の中心になる神職
神主《かんぬし》・祭主《さいしゅ》
▼神主の下、祝《はふり》の上に位する神職
禰宜《ねぎ》
▼禰宜の次位で祭祀などに従う
祝《はふり》・祝子《はふりこ》・祝人《はふりと》・祝部《はふりべ》・巫祝《ふしゅく》
▼神楽を奏し、神降ろしなどを行う
巫《かんなぎ》・巫《かみなぎ》・巫《こうなぎ》・覡《かんなぎ》・覡《かみなぎ》・覡《こうなぎ》
▼神楽を奏し、神降ろしなどを行う女
性
巫女《みこ》・祝女《はふりめ》・巫《かんなぎ》・巫《かみなぎ》・
巫《こうなぎ》・覡《かんなぎ》・覡《かみなぎ》・覡《こうなぎ》
▼郷社などの神職　祠官《しかん》・社司《しゃし》
▼社司の下に属する神職
社掌《しゃしょう》・祠掌《ししょう》
▼伊勢神宮に奉仕する職員　神官《しんかん》
▼伊勢神宮の神官の長　祭主《さいしゅ》
▼伊勢神宮の祭主に次ぐ大宮司・少宮
司の総称
宮司《ぐうじ》
▼宮中の神事を司る
宮主《みやじ》・宮主《みやぬし》

▼神社の雑務を行う神職
社人《しゃじん》・社人《しゃにん》
▼清掃などの雑役を行う
神奴《かみやっこ》・神奴《かみのやっこ》・神《かみ》の御奴《みやっこ》

「寺社」に関する故事・ことわざ

[伊勢《いせ》へ七度《ななたび》熊野《くまの》へ三度《みたび》]
あちこちの神社に何度もお参りに行くこと。信仰心の厚いことのたとえ。この後に「愛宕様《あたごさま》へは月参《つきまい》り」と続けて言うこともある。

[牛《うし》に引《ひ》かれて善光寺詣《ぜんこうじまい》り]
昔、信仰心のあまりない老婆が、干して置いた布を牛が引っかけて逃げて行くのを追って行くうちに善光寺に至り、これが機縁で熱心に善光寺にお参りに行くようになったという故事によるもので、自発的でない行いでも、結果的によい方向に導かれることがあることのたとえ。

[京都《きょうと》の人《ひと》に寺《てら》の自慢《じまん》するな]
京都にはいわれもあり立派な寺が多いので、自分の土地の寺の自慢をしても京都の人には感心してもらえないからやめた方がよいということ。

[京《きょう》に多《おお》きものは寺《てら》と女《おんな》]
京都には有名な寺と美人が多いということ。

[葷酒山門《くんしゅさんもん》に入《い》るを許《ゆる》さず]（⇒「ゆるす・ゆるし」五九三ページ）

[尊《たっと》い寺《てら》は門《もん》から知《し》れる]
人びとが大勢参詣に訪れる由緒ある寺は、門構えからして立派であって、厳粛な宗教心に駆り立てられるということから、価値のあるものは外見だけでも分かるというたとえ。

静《しず》か

物音や声のしない「静か」

▼物音や声がせず、騒がしくない
静《しず》か・静寂《せいじゃく》・寂《じゃく》・寂《せき》・粛《しゅく》・寂静《じゃくせい》・静粛《せいしゅく》・粛静《しゅくせい》・静閑《せいかん》・閑静《かんせい》・間静《かんせい》・間寂《かんじゃく》・閑寂《かんじゃく》・莫莫《ばくばく》・寞寞《ばくばく》・闃寂《げきじゃく》・無言《しじま》
▼静かなさま
寂然《じゃくぜん》・闃然《げきぜん》・粛然《しゅくぜん》・密《ひそ》やか
▼ひっそりしている
間静《かんせい》・閑静《かんせい》・間寂《かんじゃく》・粛粛《しゅくしゅく》・寂寞《せきばく》・寂寞《じゃくまく》・寂寂《せきせき》・寂寂《じゃくじゃく》・深閑《しんかん》・森閑《しんかん》
▼いかにも静かなさま
物静《ものしず》か

静か

▼静かさ。また、その程度をいう
静《しず》けさ

▼静かなことと騒がしいこと
静躁《せいそう》

▼動くことと静かなこと。人・物事の活動のようす
動静《どうせい》

動きや変化の少ない「静か」

▼静かになって動かなくなる
静息《せいそく》・静止《せいし》

▼本来は動きのあるものが静止している状態。また、釣り合って動かない状態
静態《せいたい》

▼夜が静まり返ってふけてゆく
深深《しんしん》・沈沈《しんしん》・沈沈《ちんちん》

▼俗世間のわずらわしさを離れて
清閑《せいかん》

▼俗世間を離れ、清らかで。また、その場所
清幽《せいゆう》

▼物静かで、奥ゆかしい。また、土地・風景などが静かで風情《ふぜい》がある
閑雅《かんが》

▼景色などが奥深く　幽邃《ゆうすい》

▼庭園などが古びて奥ゆかしく
邃古《すいこ》

▼奥深くて
幽静《ゆうせい》・幽寂《ゆうじゃく》・幽閑《ゆうかん》・幽間《ゆうかん》・幽深《ゆうしん》

穏やかで、落ち着いたようすの「静か」

▼静かで心身が穏やか　静逸《せいいつ》

▼心が安定していて　落《お》ち着《つ》き

▼静かで安らか
静安《せいあん》・安静《あんせい》・静泰《せいたい》・静寧《せいねい》・靖寧《せいねい》

▼落ち着いていて　平静《へいせい》・沈静《ちんせい》

▼落ち着いて静かな。また、気持ちをしずめ、落ち着かせる
鎮静《ちんせい》

▼心が落ち着いているさま
冷静《れいせい》・静虚《せいきょ》・虚静《きょせい》・心静《こころしず》か・恬静《てんせい》

▼静かに心を落ち着けて思う
静思《せいし》・静想《せいそう》

▼心を静めて考える　静慮《せいりょ》

▼深く静かな思い　幽思《ゆうし》

▼静かにして黙っている
静黙《せいもく》・沈黙《ちんもく》

▼静かで、穏やか
静和《せいわ》・静穏《せいおん》・安穏《あんのん》・平穏《へいおん》・平《たいら》か・静謐《せいひつ》

▼穏やかで変わりのない　平和《へいわ》

▼世の中が穏やかに治まる
泰平《たいへい》・太平《たいへい》・安泰《あんたい》・安寧《あんねい》

静か

▼心安らかなさま　晏如《あんじょ》・恬然《てんぜん》

▼心安らかで無欲　恬淡《てんたん》・恬澹《てんたん》

▼物静かで、しとやか　静淑《せいしゅく》

物事の「静か」

▼心身を静かに落ち着けて健康の回復をはかる　静養《せいよう》

▼河水の深くて流れの静かな所　瀞《とろ》

▼静止して動かない水　静水《せいすい》

▼静かな住居。また、静かに住む　静居《せいきょ》

▼心静かに学問を修める　静修《せいしゅう》

▼静かに観察すること。静かに物事の推移を見守る　静観《せいかん》

▼物静かな話　閑話《かんわ》

▼静かに聴く　静聴《せいちょう》

▼心を落ち着けて静かに座る　静座《せいざ》・静坐《せいざ》

▼動かない物、静止した物　静物《せいぶつ》

▼花・果物・器物など動かない物を題材にした絵　静物《せいぶつ》・静物画《せいぶつが》

「静か」に関する動詞・形容語

▼物音がやんで騒がしくなくなる。高ぶっていた気持ちなどがおさまる　静《しず》まる・潜《ひそ》まる

▼物音をたてないで騒がしくさせない。気持ちを穏やかにさせる　静《しず》める・潜《ひそ》む・潜《ひそ》める

▼静まるを強めて　静《しず》まり返《かえ》る・押《お》し静《しず》まる

▼人が皆眠ってしまって静かになる　寝静《ねしず》まる

▼心が安定して穏やかになる　落《お》ち着《つ》く

▼心を安定させて穏やかにさせる　落《お》ち着《つ》ける

▼高ぶっていた感情や気分が落ち着く　冷《さ》める

▼高ぶっている感情や気分を落ち着かせる　冷《さ》ます

▼何事もなく平穏で静か　穏《おだ》やか

▼物静かで上品な　淑《しと》やか

▼静かでひっそりしている　しめやか

▼物音一つしないで　しん・しんと・ひっそり・ひっそりかん

▼静かで落ち着いている　しっとり

▼静かに物事をする
こっそり・しずしず・そと・そろり・そっと
▼体を動かさずに静かにしている
じっと
▼静かに進む　そろそろ

「静か」に関する慣用句・成語

［嵐《あらし》の前《まえ》の静《しず》けさ］
変わったことが起こる前の、不気味な静けさのたとえ。
［虚静恬淡《きょせいてんたん》］
心静かにわだかまりをもたず、さっぱりしているさま。《類》「無欲恬淡《むよくてんたん》」「雲烟過眼《うんえんかがん》」
［四海波静《しかいなみしず》か］
世の中が穏やかなさま。
［深山幽谷《しんざんゆうこく》］（⇒「景色《けしき》」一二三二ページ）
［静中《せいちゅう》の静《せい》は真《しん》の静《せい》にあらず］
静かな中にある静は本当の静ではなく、動きの中にある静こそが本当の静であるの意で、落ち着かない中で、平静さを維持すべきであるということ。出典は『菜根譚《さいこんたん》』。
［鳴《な》りを静《しず》める］
物音や声をたてずに静かにする。しばらく活動を停止することにも使う。《類》「鳴《な》りを潜《ひそ》める」
［水《みず》を打《う》ったよう］
誰も口をきかず、一斉に静まり返ったようす。
［明鏡止水《めいきょうしすい》］
一点の曇りもない鏡と静かな水の意から、静かに澄んだ心境をいう。出典は『荘子《そうじ》』。

親《した》しい・親《した》しむ

程度・様態からみた「親しい・親しむ」

▼仲がよい
仲良《なかよ》し・仲好《なかよ》し・親《した》しい・親《ちか》しい・近《ちか》しい・親《しん》・仲良《なかよ》し小好《こよ》し・つうつう・つうかあ・懇意《こんい》・昵懇《じっこん》・入魂《じっこん》・入魂《じゅこん》・入魂《じゅっこん》
▼仲のよいさま
睦《むつ》まじい・睦《むつ》まやか・睦《むつ》まか
▼親しみ
親好《しんこう》・睦《むつ》び・睦《むつ》み・誼《よしみ》・好《よしみ》
▼非常に仲がよい　親密《しんみつ》

親しい・親しむ

▼特別に仲のよい、また、そのさま　別懇《べっこん》

▼親しみ合う　親睦《しんぼく》・懇《ねんご》ろ・うながける

▼打ち解けて仲よくする　懇親《こんしん》・融和《ゆうわ》・和合《わごう》

▼親しみ心を合わせる　親和《しんわ》・協和《きょうわ》

▼親しみなじむ　親昵《しんじつ》

▼親しみ愛する　親愛《しんあい》

▼親しみ近づく　親近《しんきん》・昵近《じっきん》

▼親しみ従う。なつく　親付《しんぷ》・親附《しんぷ》

▼やわらぎ仲よくする　和親《わしん》・和熟《わじゅく》・輯睦《しゅうぼく》

▼親しんでなれなれしくする　親狎《しんこう》

▼すぐになじむ　人懐《ひとなつ》っこい・人懐《ひとなつ》こい・馴《な》れ馴《な》れしい

▼親しんで目を掛ける　親眷《しんけん》

▼許して仲よくする　宥和《ゆうわ》

▼争いをやめて　和睦《わぼく》

▼親しんで感化を受ける　親炙《しんしゃ》

▼気遣いしなくてよい　心安《こころやす》い・気安《きやす》い

▼親しさになれて遠慮がない　心安立《こころやすだ》て

交わり方からみた「親しい・親しむ」

▼親しい、心のこもった交わり　親交《しんこう》・情交《じょうこう》・交情《こうじょう》・交誼《こうぎ》・好誼《こうぎ》・慇懃《いんぎん》・好《よしみ》・誼《よしみ》

▼昔からのよしみ、親しみ　旧好《きゅうこう》・旧誼《きゅうぎ》

▼親しく付き合う　親接《しんせつ》

▼親しく交わり楽しむ　交歓《こうかん》・交驩《こうかん》

▼心からの親しい交わり　厚誼《こうぎ》

▼真心のこもった　情誼《じょうぎ》

▼深い　深交《しんこう》

▼並々ならぬよしみ　高誼《こうぎ》

▼親しんで仲よくする　親善《しんぜん》

▼隣家や隣国が仲よくする　善隣《ぜんりん》

▼国と国とが親しく交わる　修交《しゅうこう》・修好《しゅうこう》・通交《つうこう》・通好《つうこう》・和親《わしん》

友人・親友などの関係からみた「親しい・親しむ」

▼友人のよしみ　友誼《ゆうぎ》・友情《ゆうじょう》・友好《ゆうこう》

▼親しい人　親昵《しんじつ》・昵懇《じっこん》

▼親しい仲の人。また、なれ親しむこと　馴染《なじ》み

▼仲のよい人

親しい・親しむ

親友《しんゆう》・仲良《なかよ》し・仲好《なかよ》し・心《こころ》知《し》り・心合《こころあ》い・知音《ちいん》

▼親しい人と疎遠な人。また、親しいことと疎《うと》いこと
親疎《しんそ》

▼親戚と旧友　親旧《しんきゅう》

▼昔、親しかった人
昔馴染《むかしなじ》み

▼幼い時、仲よかった友
幼馴染《おさななじ》み・幼友達《おさなともだち》・童友達《わらわともだち》

男女・夫婦間の「親しい・親しむ」

▼初めて親しくなったきっかけ。恋のきっかけ
馴《な》れ初《そ》め

▼男女の仲のこまやかなさま
しっぽり

▼男女の非常に深い間柄　深間《ふかま》

▼いつも一緒の仲のよい二人
御神酒徳利《おみきどくり》・御神酒徳利《おみきどっくり》

▼男女が仲睦《むつ》まじいさま
ちんちんかも・ちんちんかもかも・いちゃいちゃ・いちゃつく

▼男女が仲よく語り合う
しんねこ

「親しい・親しむ」に関する動詞・複合動詞

▼仲よくする
親《した》しむ・睦《むつ》ぶ・睦《むつ》む

▼親しい間柄になる
近付《ちかづ》く・近寄《ちかよ》る

▼親しませるようにする
近付《ちかづ》ける・近寄《ちかよ》せる

▼なれ親しむ。親しみなつく
睦《むつ》る・馴《な》れる・懐《なつ》く・馴《な》れ睦《むつ》ぶ・馴《な》れ睦《むつ》む・馴染《なじ》む・馴《な》れ付《つ》く

▼なつかせる　懐《なつ》ける

▼なじませる　慣《な》らす・馴《な》らす

▼隔てがなくなって親しくなる
和《やわ》らぐ・打《う》ち解《と》ける・解《と》け合《あ》う・与《くみ》する

▼なれ親しんで人なつこくする
甘《あま》える・纏《まつ》わり付《つ》く

▼大いに甘える
甘《あま》たれる・甘《あま》ったれる

▼親しさが過ぎて礼を欠く状態になる
狎《な》れる

▼わがままに育てる　甘《あま》やかす

「親しい・親しむ」に関する慣用句

［同《おな》じ釜《かま》の飯《めし》を食《く》う］
一緒に苦楽を共にした親しい間柄

である。

【お安《やす》くない】
男女の仲のよいのをうらやんでいう言葉。

【款《かん》を通《つう》じる】
親しい関係を結ぼうと働きかける。「款」は、親しみ・よしみの意。《類》「誼《よしみ》を通《つう》じる」

【気《き》が置《お》けない】（⇩「交際《こうさい》・付《つ》き合《あ》い」二四二ページ）

【切《き》っても切《き》れない】
いくら断とうとしても断ち切れないほど関係の深いさま。

【旧交《きゅうこう》を温《あたた》める】
古くからの友人と久しぶりに会って、昔通りの付き合いをすること。

【臭《くさ》い仲《なか》】
特別に親しいと疑われる関係。

【車《くるま》の両輪《りょうりん》】
どちらも他方を欠いては成り立たないほど密接な関係にあること。

【心《こころ》が通《かよ》う】
お互いの気持ちが通じ合う。《類》「気心《きごころ》が知《し》れる」

【つうと言《い》えばかあ】
相手の気持ちがよく分かっていて、お互いすぐに通じ合うこと。

「親しい・親しむ」に関する故事・成語

【意《い》気《き》投合《とうごう》】
お互いの気持ちや考えがよく合うこと。

【傾蓋《けいがい》故《こ》の如《ごと》し】
ちょっと会っただけで、すぐに旧友のように親しくなること。孔子と程子が出会って車をとめ、絹傘《きぬがさ》を傾けて親しく話し合ったという故事から。出典は『史記』。

【喧嘩《けんか》の後兄弟名《あときょうだいな》乗《の》り】
けんかしたために、かえって親しくなること。《類》「雨降《あめふ》って地固《じかた》まる」

【親戚知己《しんせきちき》】
親類・知り合いなど、自分を理解してくれる身近な人びとの意。

【和《わ》して同《どう》ぜず】（⇩「交際《こうさい》・付《つ》き合《あ》い」二四五ページ）

情趣《じょうしゅ》

おもむき・味わいの様態からみた「情趣」

▼そのものにあるしみじみとした

情《じょう》・趣《おもむき》・情趣《じょうしゅ》・情致《じょうち》・趣《しゅ》致《ち》・風情《ふぜい》・風情《ふうじょう》・風趣《ふうしゅ》・味《あじ》わい・風致《ふうち》・風韻《ふういん》・風調《ふうちょう》・韻致《いんち》・小気味《こぎみ》・雅致《がち》・興《きょう》趣《しゅ》・興味《きょうみ》・味《あじ》・気味《きみ》・気味《きみ》合《あ》い・心延《こころば》え・風味《ふうみ》・一味《いちみ》

情趣

▼とてもすぐれた、まことの。また、深い
妙趣《みょうしゅ》・妙味《みょうみ》・妙致《みょうち》・勝致《しょうち》・
極致《きょくち》・真味《しんみ》・深趣《しんしゅ》・玄趣《げんしゅ》
▼すべて簡素なものの中にあるひっそりと静かな
侘《わび》
▼古びておもむきがある
寂《さび》・細《ほそ》み
▼しっとりとした　潤《うるお》い
▼しみじみとした　哀《あわ》れ
▼物事に触れて起こるしみじみとした
物《もの》の哀《あわ》れ
▼風雅な　雅趣《がしゅ》・雅致《がち》
▼物静かで上品な　閑雅《かんが》
▼気品の高い
気韻《きいん》・高致《こうち》・匂《にお》い
▼他と違った独特の　一風《いっぷう》・乙《おつ》
▼温かな心情を感じさせる
情味《じょうみ》

▼物事から感じる　趣味《しゅみ》
▼ありのままの　情偽《じょうぎ》
▼新しい　新味《しんみ》
▼人・物などに本来備《そな》わっている独特の
持《も》ち味《あじ》
▼名残の
余情《よじょう》・余情《よせい》・余韻《よいん》・余音《よいん》
▼おもむきが多い　多趣《たしゅ》
▼渋い程度に落ち着いた　渋味《しぶみ》
▼表面には表れない微妙な　機微《きび》
▼神々しいような　神気《しんき》
▼世俗を脱した上品な　仙味《せんみ》
▼下品な　俗趣《ぞくしゅ》

対象のある味わいの様態からみた「情趣」

▼秋の　秋意《しゅうい》
▼田園の　野情《やじょう》・野趣《やしゅ》

▼景色の　景趣《けいしゅ》
▼絵のような。絵になる景色
画趣《がしゅ》
▼姿と心ばえ。姿の　姿情《しじょう》
▼詩的な　詩情《しじょう》・詩趣《ししゅ》
▼俳諧的な　俳味《はいみ》
▼詩文・書画などが醸《かも》し出すすぐれた
神韻《しんいん》
▼詩歌を詠み、そのおもむきを味わう
吟味《ぎんみ》
▼茶道の　茶味《ちゃみ》
▼禅の。また、世俗を離れた枯淡の
禅味《ぜんみ》
▼書いた書画に表出した
筆意《ひつい》・筆致《ひっち》・筆遣《ふでづか》い

奥深いを意味する「情趣」

情趣

▼美しさ・味わいなどが奥深く、簡単には、はかり知ることができない
妙《みょう》・玄妙《げんみょう》・微妙《びみょう》・幽玄《ゆうげん》・深遠《しんえん》

▼奥深いさま
深奥《しんおう》・蘊奥《うんおう》・蘊奥《うんのう》・深邃《しんすい》・邃深《すいしん》・玄玄《げんげん》

▼奥深く遠い　幽遠《ゆうえん》・深遠《しんえん》

▼物静かで奥深い
幽深《ゆうしん》・幽静《ゆうせい》・幽寂《ゆうじゃく》

▼意味などに深みがあって含蓄の多い
深長《しんちょう》

▼物事の深い意味を味わう
含味《がんみ》・玩味《がんみ》

▼あっさりした中に深い味わいがある
枯淡《こたん》

みやびやかを意味する「情趣」

▼上品で優美
雅《みやび》・風雅《ふうが》・風流《ふうりゅう》・風流《ふりゅう》・文雅《ぶんが》

▼俗でない　雅事《みやびごと》・都雅《とが》

▼整っていて　典雅《てんが》・端雅《たんが》

▼高貴な、上品な　貴《あて》・貴《あて》やか

▼気高く　高雅《こうが》

▼清らかで　清雅《せいが》

▼風雅な心、みやびやかな思い
雅懐《がかい》

▼性質などが穏やかで上品　温雅《おんが》

▼古風で　古雅《こが》

▼詩文をつくる風雅な道
文雅《ぶんが》・風騒《ふうそう》

▼風流な、みやびやかな言葉。上品な言葉遣い
雅言《みやびごと》・雅言葉《みやびことば》

▼風流な男　雅男《みやびお》

気配・心地・おもしろ味などを表す「情趣」

▼それと見てわかるようす・ありさま
色《いろ》・気色《けしき》

▼気分・気持ち
情調《じょうちょう》・情緒《じょうちょ》・情緒《じょうしょ》・ムード

▼何ともいえない味のある所
妙所《みょうしょ》

▼周りの気分・感じ
雰囲気《ふんいき》・ムード

▼心がひきつけられておもしろい
興趣《きょうしゅ》・興味《きょうみ》

▼旅で感じる気持ち　旅情《りょじょう》

「情趣」に関する動詞・形容語

▼奥深くなっている、奥ゆかしいさま

である

奥《おく》まる

▼上品で優雅である　雅《みや》ぶ

▼落ち着いたおもむきがある

渋《しぶ》い

▼心ひかれるさま。興趣がある

面白《おもしろ》い

▼情趣を解する心がない

心無《こころな》い

▼上品で優雅なさま　雅《みやび》やか

「情趣」に関する成語

【鏡花水月《きょうかすいげつ》】

鏡に映った花や、水に映った月のように、見えるだけで手にできないもの。詩歌などで、感知されても言葉に言い尽くせないすぐれた情趣のたとえとして使われる。

【情緒纏綿《じょうちょてんめん》】

物事に触れて生ずるさまざまな感慨やおもむきがつきまとうこと。「情緒」は「じょうしょ」とも読む。「纏綿」は絡みつくこと。

【神韻縹渺《しんいんひょうびょう》】

きわめてすぐれたようす。また、詩文などが非常にすぐれており、不思議なおもむきを漂わすことをいう。

【風流韻事《ふうりゅういんじ》】

優美なおもむきや味わいのある遊び。自然に親しみ詩歌を作って遊ぶこと。「韻事」は風流な遊びの意。《類》「風流三昧《ふうりゅうざんまい》」

【文人墨客《ぶんじんぼっかく》】

詩文や書画など、優雅なおもむきのあるものに親しむ人。「墨客」は、「ぼっきゃく」とも読み、詩文や書画にすぐれた人のこと。

【余韻嫋嫋《よいんじょうじょう》】

心に残るおもむきや味わいなどがいつまでも続くこと。「嫋嫋」は、音や声が細く長く続くさま。出典は蘇軾《そしょく》『前赤壁賦《ぜんせきへきのふ》』。

書物《しょもつ》

一般的呼称からみた「書物」

▼文章や絵などを紙に印刷して、一冊に綴じたもの

書《しょ》・書《ふみ》・書物《しょもつ》・書籍《しょせき》・書冊《しょさつ》・書巻《しょかん》・文《ふみ》・書史《しょし》・書帙《しょちつ》・図《と》書《しょ》・図書《ずしょ》・本《ほん》・冊子本《さっしぼん》・書《しょ》誌《し》・文籍《ぶんせき》・典籍《てんせき》・載籍《さいせき》・物《もの》の本《ほん》・巻《かん》・竹帛《ちくはく》・竹素《ちくそ》・ブック

▼書物の尊敬語　御本《ごほん》

▼書物が多い　五車《ごしゃ》

▼一冊の、また、一部の　一書《いっしょ》・一本《いっぽん》

書物

▼書物一冊　一編《いっぺん》・一篇《いっぺん》

▼内容のすぐれた、役に立つ　良書《りょうしょ》・善書《ぜんしょ》・善本《ぜんぽん》

▼なかなか手に入らない珍しい　稀書《きしょ》・希書《きしょ》・稀覯本《きこうぼん》・珍書《ちんしょ》・珍籍《ちんせき》

▼珍しい内容の　珍本《ちんぽん》・奇書《きしょ》

▼貴重な　宝典《ほうてん》

▼有名な、名高い　名著《めいちょ》

▼書名や内容の一部しか存在が分からない　逸書《いっしょ》・佚書《いっしょ》・軼書《いっしょ》

▼ただ一つだけ伝わった　孤本《こほん》

▼本物に似せて書いた　偽書《ぎしょ》

▼昔に書かれ、今でも文化的価値のある　古典《こてん》

▼古い時代に書かれた　古典《こてん》・古書《こしょ》・古本《こほん》・旧典《きゅうてん》

▼過去の時代の資料となる古い文書　古文書《こもんじょ》

▼中国の　漢書《かんしょ》・漢書《からぶみ》・漢籍《かんせき》・唐本《とうほん》

▼新しい　新本《しんぽん》・新刊《しんかん》

▼昔、出版された。また、読み古した　古本《ふるほん》・古本《ふるぼん》・古本《こほん》

▼わが国の、わが国の歴史の　国書《こくしょ》・国つ書《くにつふみ》・国典《こくてん》・国記《こっき》・国記《くにつふみ》

▼自分のもの。また、その書物　蔵書《ぞうしょ》・蔵本《ぞうほん》

▼自分の家の蔵書　家書《かしょ》

▼大切に所蔵されている。また、秘密にして人に見せない　秘書《ひしょ》・秘本《ひほん》

▼天子の蔵書　秘書《ひしょ》

▼書物を集めたがる癖。読書を好む癖　書癖《しょへき》

▼新しく編集した　新編《しんぺん》・新篇《しんぺん》

▼初めの一編　初編《しょへん》・初篇《しょへん》

▼続き物ができたとき、最初に作られた主体となる　正編《せいへん》・正篇《せいへん》・本編《ほんぺん》・本篇《ほんぺん》

▼正編・本編に続いている　続編《ぞくへん》・続篇《ぞくへん》・第二《だいに》の編《へん》

▼二編以上に分かれたもののうちで、前の　前編《ぜんぺん》・前篇《ぜんぺん》

▼二編以上に分かれたもののうちで、後の　後編《こうへん》・後篇《こうへん》

▼初めの巻　首巻《しゅかん》

▼最もすぐれた部分。また、小説・演劇などで全体のうち最もすぐれている部分　圧巻《あっかん》

▼要点を抜き出す　抜粋《ばっすい》・抜萃《ばっすい》

▼故人が生前に愛読した、また、故人が自ら書き込みなどをした　手沢《しゅたく》・手沢本《しゅたくぼん》

▼故事・成語・引用句などの出所となっ

書物

た。また、そのよりどころ
出典《しゅってん》

▼書物を読む
読書《どくしょ》・読書《とくしょ》・書見《しょけん》

▼内容に誤りが多い　杜撰《ずさん》

▼主として政治的な見地から出版・所有を禁じられた
禁書《きんしょ》

▼書物を焼き捨てる　焚書《ふんしょ》

書き表すことを主体としてみた「書物」

▼書き表す。また、その作品
著述《ちょじゅつ》・著作《ちょさく》・著述書《ちょじゅつしょ》・著書《ちょしょ》・著作物《ちょさくぶつ》

▼著作した人
著述家《ちょじゅつか》・著作家《ちょさくか》・著者《ちょしゃ》・著述者《じゅつしゃ》・著作者《ちょさくしゃ》・作者《さくしゃ》・作家《さっか》・筆者《ひっしゃ》・ライター

▼自分が書いた　自著《じちょ》

▼自著の謙譲語　拙著《せっちょ》・兎園冊《とえんさつ》

▼新しく著した　新著《しんちょ》

▼最近の　近著《きんちょ》

▼その人の中心となる　主著《しゅちょ》

▼他人の著作物の敬称
貴著《きちょ》・高著《こうちょ》

▼後世にのこされた
遺著《いちょ》・遺書《いしょ》

型・外観などからみた「書物」

▼大形で、ページ数も多い
大冊《たいさつ》・大巻《だいかん》

▼ページ数が多く、冊数も多い
大冊《たいさつ》・大部《たいぶ》・浩瀚《こうかん》

▼分量も多く、内容もすぐれた
大著《たいちょ》

▼形が小さい
小本《こほん》・小本《しょうほん》・豆本《まめほん》

▼ページ数が少なく冊数も少ない
小冊《しょうさつ》・小部《しょうぶ》・小冊子《しょうさつし》

▼ポケットや袖《そで》に入るほどの小形の
袖珍《しゅうちん》・袖珍本《しゅうちんぼん》・袖珍版《しゅうちんばん》・巾箱《きんそう》・巾箱本《きんそうぼん》

▼印刷・造本などがぜいたくな
豪華版《ごうかばん》

▼装幀などの美しい　美本《びほん》

▼綴じて作った
冊子《さっし》・綴《と》じ本《ほん》・綴《と》じ巻《まき》

▼革で綴じた　韋編《いへん》

▼横に綴じた　横本《よこほん》

▼半紙を縦に二つ切りにして横に綴じた
枕本《まくらぼん》

▼縦十八・八センチ、横十三センチ規格の
四六判《しろくばん》

▼縦二十二センチ、横十五センチ規格

書物

の
菊判《きくばん》

▼菊判の半分の大きさの
菊半截《きくはんせつ》・菊半截《きくはんさい》

▼縦十七・三センチ、横十・五センチ規格の
新書判《しんしょばん》

▼A六判の規格の
文庫判《ぶんこばん》

▼和紙を使い、和風に仕上げた
和本《わほん》

▼洋綴じの
洋本《ようほん》・洋装本《ようそうぼん》

本文の種類からみた「書物」

▼異本を校合《きょうごう》した、標準となる。また、筆者が手を入れて決定版とした
定本《ていほん》

▼翻訳や校訂などのもとにする
底本《ていほん》・底本《そこぼん》

▼異本を校合する際、文字や文章の違いが一覧できるようにまとめた
校本《こうほん》

▼原語で書かれたもとの
原書《げんしょ》・原本《げんぽん》

▼翻訳・改作のもとになる
原著《げんちょ》・原作《げんさく》

▼外国語の書物を翻訳した
訳書《やくしょ》・訳本《やくほん》

▼西洋で出版された
洋書《ようしょ》・洋本《ようほん》

▼よりどころとなる
原典《げんてん》・原本《げんぽん》・出典《しゅってん》・典拠《てんきょ》・テキスト

▼著作する際、よりどころとする他人の
種本《たねほん》

▼書画の模範とする
手本《てほん》・臨本《りんぽん》

▼証拠となる
証本《しょうほん》

▼抜き書きした。また、歌集・漢籍などの注釈書
抄本《しょうほん》・鈔本《しょうほん》

▼筆などで書き写した
写本《しゃほん》・模本《もほん》・書《か》き本《ほん》・稿《こう》本《ほん》・臨書《りんしょ》

▼仏典で本文とその注釈が合わせてある
会本《えほん》

▼漢籍などで、本文のみで注釈などをつけてない
素本《そほん》・素本《すほん》・無点本《むてんぽん》・白本《はくほん》

▼漢文に訓点のついている漢籍・仏典・国書
点本《てんぽん》・訓点本《くんてんぼん》

▼もともとは同一の書であるが、文字・語句などが多少違っている部分のある
異本《いほん》・異巻《ことまき》・異書《いしょ》

▼同一の原本から出た書物のうち、広く世間で見受けられる
流布本《るふぼん》・通行本《つうこうぼん》

書物

▼官府が印刷、また、出版した
官本《かんぽん》・監本《かんぽん》

▼民間で出版した　私版《しはん》・坊本《ぼうほん》

▼個人が営利を目的にせず自費で出版した
私版《しはん》・私家版《しかばん》・自家版《じかばん》

▼日本語で書いてある
国書《こくしょ》・和書《わしょ》・大和文《やまとぶみ》・御国文《みくにぶみ》

▼仏典以外の書物。また、低俗な
俗書《ぞくしょ》・兎園冊《とえんさつ》

▼各宗開宗の根本となる
本書《ほんじょ》・御書《ごしょ》

▼江戸時代の外国の本、特に蘭書をさす
蕃書《ばんしょ》

▼印刷した　印本《いんぽん》

▼印刷して出版した　刊本《かんぽん》

▼版木に彫って印刷した
版本《はんぽん》・板本《はんぽん》・刻本《こくほん》・刷《す》り本《ほん》・摺《す》り本《ほん》

▼活字版で刷った
活字本《かつじぼん》・活版書《かっぱんしょ》

▼古書や碑文を写真に撮り、製版・製本したもの
影照本《えいしょうぼん》・景照本《えいしょうぼん》・影印本《えいいんぼん》

▼碑文や拓本などを写真に撮り原寸以下に縮小して製版・印刷した
縮小本《しゅくしょうぼん》・縮小版《しゅくしょうばん》

▼原書の上に透明な薄い紙を載せて、透いて見える書画を上からなぞって書いた
影写本《えいしゃぼん》・影鈔本《えいしょうぼん》

▼手本として鑑賞するため、昔の名人による筆跡を紙に写し、石・木などに刻んで、これを石摺《いしず》りにした折り本
法帖《ほうじょう》・搨本《とうほん》・法書《ほうしょ》・墨帖《ぼくじょう》・墨本《ぼくほん》

本文の内容からみた「書物」

▼歴史を記した
史書《ししょ》・史籍《しせき》・竹帛《ちくはく》・汗青《かんせい》・汗簡《かんかん》・殺青《さっせい》

▼真実のことを表した　真書《しんしょ》

▼国家が編纂した正式の歴史の
正史《せいし》

▼内容を事項によって分類、編集した。また、同じ種類の
類書《るいしょ》・類本《るいほん》

▼手本となることを書いた　宝鑑《ほうかん》

▼虚構の人物や社会を散文体で書いた
小説《しょうせつ》・稗史《はいし》・ロマン・ノベル

▼小説体の
物語《ものがたり》・ストーリー・ノベライズ

▼奇怪なこと、不思議なことなどを記した小説
伝奇《でんき》・伝奇小説《でんきしょうせつ》

▼読むための物。また、興味本位の書き方の

書物

読《よ》み物《もの》

▼心のままに、いろいろなことを記した　雑書《ざっしょ》・雑著《ざっちょ》・雑記《ざっき》・雑誌《ざっし》・雑編《ざっぺん》・随筆《ずいひつ》・漫筆《まんぴつ》・漫録《まんろく》・エッセー

▼通俗的な、くだらない　俗書《ぞくしょ》・凡書《ぼんしょ》

▼読む価値のない　愚書《ぐしょ》

▼役に立たない、無駄な　駄本《だほん》

▼笑い絵（春画）の入った　笑《わら》い本《ぼん》・枕草紙《まくらぞうし》

▼性行為を煽情《せんじょう》的に描いた　春本《しゅんぽん》・わ印《じるし》

▼性に関するみだらなことを描いた　猥書《わいしょ》・猥本《わいほん》・淫書《いんしょ》・淫本《いんぽん》

▼ある人物の一生の事績を中心とした　伝記《でんき》・一代記《いちだいき》

▼人物の伝記を記録した　紀伝《きでん》

▼秘伝を記した、また、代々伝わった　伝書《でんしょ》

▼皇国の古典　皇典《こうてん》

▼法律に関する　法書《ほうしょ》・法典《ほうてん》

▼法律の六法に関する事項を収めた　六法全書《ろっぽうぜんしょ》

▼医学の　医書《いしょ》・医籍《いせき》

▼政府の公式の調査報告の　白書《はくしょ》

▼宗教上の教えのよりどころとなる。また、教育上の基本となる　教典《きょうてん》

▼神に関する。神が作ったという　神書《しんしょ》・神典《しんてん》

▼仏教に関する　仏書《ぶっしょ》・仏典《ぶってん》・経典《きょうてん》・内典《ないてん》・内典《ないでん》

▼仏教の教えを書き記した　経《きょう》

▼聖人・賢人の教えを記した、また、儒学の基本となる　経書《けいしょ》・経籍《けいせき》・経典《けいてん》・経巻《けいかん》

▼経書の古称　青表紙《あおびょうし》

▼儒学の基本となる『大学』『中庸』『論語』『孟子』『易経』『詩経』『書経』『春秋』『礼記』の総称　四書五経《ししょごきょう》

▼その宗教の教義や教祖の言行などを記した、また、聖人が書いた　聖典《せいてん》・聖書《せいしょ》

▼キリスト教の経典　聖書《せいしょ》・バイブル

▼高僧・政治の指導者などの説き示した言葉を集めた　語録《ごろく》

▼仙人の術など人の知恵を超えた神妙霊気を記した秘書　異書《いしょ》

▼多くの和歌を集めた　歌集《かしゅう》・和歌集《わかしゅう》

▼個人の歌集　家集《かしゅう》・家《いえ》の集《しゅう》

▼歌集・歌学・歌論など和歌に関する　歌書《かしょ》

▼和歌の法則、奥義を述べた

書物

髄脳《ずいのう》

▼俳句・連句を収めた　句集《くしゅう》

▼俳句の季語を集めた　季寄《きよ》せ

▼俳句の季語を集め分類して解説や例句を付した。また、一年中の自然行事などを記した
歳時記《さいじき》

▼詩に関する。また、詩集。中国の『詩経』『書経』
詩書《ししょ》

▼詩を集めた
詩書《ししょ》・詩集《ししゅう》・詩編《しへん》・詩篇《しへん》

▼詩を抜き書きした
詩抄《ししょう》・詩鈔《ししょう》

▼浄瑠璃の全編を一冊にまとめた
院本《いんぽん》・丸本《まるほん》

▼浄瑠璃の一部分を抜粋した
抜《ぬ》き本《ほん》

▼浄瑠璃・長唄など音曲の稽古などに用いる
稽古本《けいこぼん》

▼軍事上のこと、兵法について書かれた
軍書《ぐんしょ》・軍学書《ぐんがくしょ》・兵書《へいしょ》

▼戦争に関する　戦記《せんき》・軍記《ぐんき》

▼暦に関する　暦本《れきほん》

▼未来の吉凶を予言した
図籙《とろく》・図讖《としん》・未来記《みらいき》

▼いろいろな印影を集めて編んだ
印譜《いんぷ》

▼紋の標本を集めた
紋本《もんぽん》・紋帳《もんちょう》

▼絵を主体とした　絵本《えほん》

▼絵画を集めた一冊の　画集《がしゅう》

▼歌舞伎で、俳優の名せりふを書き抜いた
鸚鵡石《おうむせき》

▼室町時代を中心とした婦人・子ども向けの短編小説
御伽草子《おとぎぞうし》

▼江戸時代初期の通俗的小説の一つ。仮名で書かれ、婦人・子ども向けの
仮名草子《かなぞうし》

▼江戸時代初期～中期の小説の一つ。当時の人情・世態・風俗を写実的に描いた
浮世草子《うきよぞうし》・浮世本《うきよぼん》

▼江戸時代後期に流行した通俗娯楽小説の総称
戯作《げさく》・戯作本《げさくぼん》

▼江戸時代後期の大衆向きの絵入り読み物
絵草紙《えぞうし》・絵双紙《えぞうし》・草双紙《くさぞうし》

▼江戸時代後期の草双紙の一つ。洒落と風刺が主体
黄表紙《きびょうし》

▼江戸時代の草双紙の一つ。絵を主とした、子ども向きの
赤本《あかほん》

▼雛祭り・玩具用とされ、赤本を小さくした
雛本《ひいなぼん》

書物

▼江戸時代の草双紙の一つ。若者向きの
青本《あおほん》

▼江戸時代の草双紙の一つ。成人向きの
黒本《くろほん》

▼江戸時代後期、草双紙の数巻分を一冊にした
合巻《ごうかん》・合巻本《ごうかんぼん》・合巻物《ごうかんもの》

▼江戸時代後期の文章を中心とした小説類
読本《よみほん》

▼江戸時代後期、遊郭を題材とした風俗小説
洒落本《しゃれぼん》

▼江戸時代後期の小説の一つ。庶民生活の滑稽ぶりを収めた
滑稽本《こっけいぼん》・中本《ちゅうぼん》

▼江戸時代後期から明治初年まではやった通俗小説の一つ。江戸町民の恋愛を描いた
人情本《にんじょうぼん》・中本《ちゅうぼん》

全集・叢書などからみた「書物」

▼一冊一冊を単独に刊行した
単行本《たんこうぼん》

▼ある分野の事項をすべて集めた、また、欠けた部分のない完全な
全書《ぜんしょ》

▼ある人のすべての著書を集めた、また、同じ種類、同じ年代の著書を集めた
全集《ぜんしゅう》

▼同じ傾向・同じ種類・同じ形で編集され、続けて出された
叢書《そうしょ》・双書《そうしょ》・ライブラリー

▼一つの決まった主題のもとに書物を系統的にまとめたもので、叢書のようなもの
大系《たいけい》

▼数冊から成る書物の一冊
編《へん》・篇《へん》

▼全集などで全部揃っている
完本《かんぽん》・全部《ぜんぶ》・丸本《まるほん》

▼一揃いのうち、冊数の一部分が不足した
端本《はほん》・零本《れいほん》

▼巻数が揃っていない。全集・叢書などのうち欠けている巻
欠本《けっぽん》・闕本《けっぽん》

▼多くの論文を一つにまとめた
論叢《ろんそう》・論纂《ろんさん》・論集《ろんしゅう》

▼すぐれた詩歌・文章などを選び集めた
撰集《せんしゅう》・撰集《せんじゅう》・アンソロジー

▼ある人の著作の中から代表的なものを選び集めた
選集《せんしゅう》

▼詩歌や文章などの作品を集めて編集した。また、一家または諸家の漢詩文を集めた
文集《ぶんしゅう》・文集《もんじゅう》

▼多くの著作の中からある目的・意図で選び出した一連の

書物

選書《せんしょ》

▼小形で携帯して読むのに便利で安価な叢書

文庫《ぶんこ》・新書《しんしょ》

▼一つの書物を何冊かに分けること。また、分けた

分冊《ぶんさつ》

▼付録として別に刊行する。また、別に綴じた

別巻《べっかん》

教材・辞典などからみた「書物」

▼学校での教材用として編集された

教科書《きょうかしょ》・テキスト

▼国語の教科書。また、教科書・入門書を指す

読本《とくほん》

▼読本にそえて補助的に用いる学習用の

副読本《ふくどくほん》

▼技芸などの教科書　教本《きょうほん》

▼声楽・器楽などで基本的な技法を段階的に配列した

教則本《きょうそくぼん》

▼初めて学ぶ人に分かりやすいように書かれた

便蒙《べんもう》

▼初めて学ぶ人の手引きとして書かれた

入門《にゅうもん》・入門書《にゅうもんしょ》

▼初心者に分かりやすく書かれた

案内書《あんないしょ》・手引《てび》き書《しょ》・栞《しおり》・枝《し》折《お》り・ガイドブック・ガイド・ハンドブック

▼調査・研究・学習のため参考として用いる

参考書《さんこうしょ》・参考文献《さんこうぶんけん》

▼文法を説明した　文典《ぶんてん》

▼口語の文法書　語典《ごてん》

▼西洋の音楽の楽理に関する教科書

楽典《がくてん》

▼言葉を集めて解説を施した

辞書《じしょ》・辞典《じてん》・字書《じしょ》・字典《じてん》・辞林《じりん》・辞彙《じい》

▼辞書・字書の俗称　字引《じびき》

▼事物の名称を集めて解説を施した

事典《じてん》・事彙《じい》

▼室町時代から江戸時代にかけて作られた〝いろは〟引きの国語辞典。また、辞書の総称

節用集《せつようしゅう》

▼漢字を韻によって分類・配列した字書

韻書《いんしょ》

▼ある一定の範囲内の単語を一定の順序に配列した

語彙《ごい》

▼あらゆる分野の知識を一冊に収めた

百科事典《ひゃっかじてん》・エンサイクロペディア

▼図を中心に解説されている

書物

図鑑《ずかん》・図録《ずろく》

▼ある分野の一年間の事件や各種統計を集めた年一回刊行の

年鑑《ねんかん》・イヤーブック

▼要点を分かりやすく、見やすくした

要覧《ようらん》

▼見るのに便利なようにまとめた冊子

便覧《べんらん》・便覧《びんらん》・ハンドブック

流通からみた「書物」

▼昭和の初期に流行した一冊一円の

円本《えんぽん》

▼市中の書店で売り出す

坊本《ぼうほん》

▼安値で売られる新しい

ぞっき本《ぼん》

▼代金をとって客に貸す

貸《か》し本《ほん》

▼発売禁止の処分を受けた

発禁本《はっきんぼん》

▼書物の多くあるところ。転じて書店

書林《しょりん》

「書物」に関する故事・成語・ことわざ

［韋編三絶《いへんさんぜつ》］（⇒「熱心《ねっしん》」四六一ページ）

［学《がく》の前《まえ》に書来《しょき》たる］

学びたいという気持ちがあれば、書物は自然に自分の手に入るということ。転じて、何かをやり遂げたいという意志があれば必要なものは自然に手に入るということ。《類》「学《まな》ぶ門《かど》には書来《ふみき》たる」

［壁《かべ》を穿《うが》ちて書《しょ》を読《よ》む］

壁に穴をあけて明かりを入れ読書するということ。貧苦の中で勉学に励むことをいう。《類》「壁《かべ》を穿《うが》って光《ひかり》を引《ひ》く」「蛍《ほたる》の光窓《ひかりまど》の雪《ゆき》」

［汗牛充棟《かんぎゅうじゅうとう》］

車に積んで動かせば牛も汗をかき、積み上げれば家の棟木《むなぎ》にまでとどくということで、蔵書が非常に多いさまをいう。

［尽《ことごと》く書《しょ》を信《しん》ずれば則《すなわ》ち書《しょ》なきに如《し》かず］

どんなに立派な書物でもすべてが真実で、また完璧なものとも限らない。だから書物を読むときはそれを批判し見通せる力を養うことが大切だということ。出典は『孟《もう》子《し》』。

［三日書《さんじつしょ》を読《よ》まざれば語言味《ごげんあじ》なし］

三日間読書をしなければ使う言葉にも味わいがなくなってしまうということ。書物を読むことの大切さをいう。出典は『世説新語』。

［書《しょ》を校《こう》するは塵《ちり》を掃《はら》うが如《ごと》し］

書物の校合《きょうごう》は、そのたびごとに誤りが見つかるだろうが、塵を払っても払い尽くせないように完全を期することはむずかしいということ。出典は『夢渓筆談《むけいひつだん》』。

【読書三到《どくしょさんとう》】（⇒「よむ」六〇二ページ）

【読書三昧《どくしょざんまい》】（⇒「よむ」六〇二ページ）

【読書尚友《どくしょしょうゆう》】（⇒「友人《ゆうじん》・知人《ちじん》」五八五ページ）

【読書百遍《どくしょひゃっぺん》義《ぎ》自《おの》ずから見《あらわ》る】（⇒「よむ」六〇三ページ）

【虎《とら》の巻《まき》】兵法の秘伝、芸道の奥義《おうぎ》を述べた書物。転じて、教科書の内容を解説した参考書をいう。《類》「あんちょこ」

【焚書坑儒《ふんしょこうじゅ》】秦の始皇帝が行った言論統制政策で、主に儒家の経典を集めて焼き、多くの儒者を穴埋めにして殺したこと。言論・思想・学問などを弾圧することに使う。出典は『史記』。

【洛陽《らくよう》の紙価《しか》を高《たか》める】書物の評判がよく、盛んに売れることのたとえ。中国の晋の時代に左思《さし》が『三都賦《さんとのふ》』を著したとき、これが評判となって洛陽の人びとが争ってそれを書き写したため、紙の値段が上がったという故事による。出典は『晋書《しんじょ》』。

知《し》らせ

物事が起こる気配としての「知らせ」

▼何事かが起ころうとする知らせ

兆《ちょう》・徴《ちょう》・兆候《ちょうこう》・徴候《ちょうこう》・徴《しるし》・兆《きざ》し・徴兆《ちょうちょう》・前知《まえじ》らせ・前兆《ぜんちょう》・知《し》らせ・前触《まえぶ》れ・先触《さきぶ》れ・色《いろ》・前表《ぜんぴょう》・先表《せんぴょう》・幸先《さいさき》・瑞相《ずいそう》・縁起《えんぎ》・祥《さが》・験《げん》・胚胎《はいたい》・萌芽《ほうが》

▼めでたいことの前兆

瑞《ずい》・瑞兆《ずいちょう》・瑞祥《ずいしょう》・瑞象《ずいしょう》・祥瑞《しょうずい》・瑞徴《ずいちょう》・瑞相《ずいそう》・符瑞《ふずい》・嘉瑞《かずい》・瑞験《ずいけん》・吉祥《きちじょう》・吉祥《きっしょう》・祥《さが》・休祥《きゅうしょう》・祥禎《しょうてい》・符祥《ふしょう》・善祥《ぜんしょう》・吉兆《きっちょう》・吉瑞《きちずい》・吉相《きっそう》・幸先《さいさき》・休徴《きゅうちょう》・嘉兆《かちょう》

▼めでたいことの前兆として現れた不思議な現象

奇瑞《きずい》・霊瑞《れいずい》

▼天のくだした、めでたいしるし

天瑞《てんずい》

▼前途に見える明るい兆し

曙光《しょこう》

▼表に現れたしるし

表徴《ひょうちょう》・標徴《ひょうちょう》

▼占いに出たしるし

占形《うらかた》・卜兆《うらかた》・占象《うらかた》

▼天候に変化の兆しが見えてくるさま

催《もよ》い

▼怪しいことの前兆

怪《しるまし》

▼凶事の起こる前兆

知らせ

凶兆《きょうちょう》・けち
▼争いごとに負けそうな兆し
敗兆《はいちょう》・敗徴《はいちょう》・負《ま》け色《いろ》・敗色《はいしょく》

人に知らせる意での「知らせ」

▼人に物事、ようすなどを分からせる
知《し》らせる・知《し》らす
▼言葉によって人に事柄を分からせる
告《つ》げる・伝《つた》える
▼自分を理解してもらうために不平や恨《うら》みごとを人に告げる
訴《うった》える
▼意見・主張を広く世間に問い掛け知らしめる
呼《よ》び掛《か》ける・アピール
▼活字・電波などで広く人に伝える
報《ほう》じる・報《ほう》道《どう》・ニュース
▼人に自分の意思を分かってもらう
通《つう》じる
▼主として官庁、役人が広く人に告げ知らせる
達《たつ》する・布《ふ》達《たつ》・諭《ゆ》告《こく》・宣《せん》告《こく》・宣《せん》言《げん》・公《こう》告《こく》・宣《せん》布《ぷ》・布《ふ》告《こく》
▼命令・警告などを告げ知らせる
発《はっ》する
▼広く公に告げ知らせる
宣《せん》する・宣《せん》す・公《こう》表《ひょう》・広《こう》報《ほう》・弘《こう》報《ほう》
▼悪事などを言葉で人に知らせる
言《い》い付《つ》ける
▼順々に事柄を知らしめていく
言《い》い送《おく》る・申《もう》し送《おく》る
▼広く人びとに知られるようにする
広《ひろ》める・弘《ひろ》める・披《ひ》露《ろう》・広《こう》告《こく》・宣《せん》伝《でん》・キャンペーン・パブリシティ
▼口づてに広く知らせる
言《い》い広《ひろ》める・触《ふ》れる・触《ふ》れ回《まわ》る・言《い》い触《ふ》らす・吹《ふい》聴《ちょう》・喧《けん》伝《でん》
▼物事を告げ知らせる
知《し》らせ・通《つう》知《ち》・報《ほう》知《ち》・案《あん》内《ない》・告《こく》知《ち》・報《ほう》告《こく》・報《ほう》・通《つう》報《ほう》・アナウンス・インフォメーション
▼前もっての　予《よ》報《ほう》
▼急ぎの　急《きゅう》報《ほう》・飛《ひ》報《ほう》
▼確かな　確《かく》報《ほう》
▼誤った　誤《ご》報《ほう》
▼うその　虚《きょ》報《ほう》
▼嬉しい　朗《ろう》報《ほう》
▼素晴らしい　快《かい》報《ほう》
▼めでたい　吉《きっ》報《ぽう》・吉《きっ》左《そ》右《う》
▼勝った　勝《しょう》報《ほう》・捷《しょう》報《ほう》
▼負けた　敗《はい》報《ほう》
▼悲しい　悲《ひ》報《ほう》
▼死亡の　訃《ふ》・訃《ふ》報《ほう》・訃《ふ》音《いん》

知らせ

▼悪い　凶報《きょうほう》
▼時刻の　時報《じほう》
▼警戒の　警報《けいほう》
▼官庁や上位者からの　達《たっ》し・触《ふ》れ・通達《つうたつ》・示達《じたつ》・示達《したつ》・布令《ふれい》
▼官庁からの公式な　公報《こうほう》
▼書面による一方的な　通牒《つうちょう》
▼詳しい　詳報《しょうほう》
▼簡単な内容の　一報《いっぽう》
▼出来事などに関する　情報《じょうほう》・インフォメーション・レポート
▼非公式な　内報《ないほう》
▼会社や報道機関などが出す　社告《しゃこく》
▼よそから来る　来報《らいほう》
▼相手からの知らせの敬語　御報《ごほう》
▼会社や商店などが知らせを出すときの敬語　謹告《きんこく》・お知《し》らせ
▼命令や連絡事項を伝える　伝達《でんたつ》
▼上位の者が下位の者に自分の意思を伝え知らせる　下達《かたつ》
▼大事を上位の者に急ぎ知らせる　注進《ちゅうしん》
▼口で伝える　口達《こうたつ》
▼厳しく通達する　厳達《げんたつ》
▼通達ずみ　既達《きたつ》
▼前もって告げ知らせる　予告《よこく》・前触《まえぶ》れ
▼急いで告げ知らせる　急告《きゅうこく》
▼正式に告げ知らせる　通告《つうこく》
▼相手に通報する　連絡《れんらく》
▼こっそりと告げ知らせる　告《つ》げ口《ぐち》・密告《みっこく》
▼敵方にこちらの情報をこっそりと知らせる　内通《ないつう》
▼敵方の情報をこっそりと調べて知らせる　諜報《ちょうほう》・スパイ
▼神が人に乗り移り神意を人に知らせる　託宣《たくせん》・神託《しんたく》・お告《つ》げ・オラクル

「知らせ」に関する慣用句

[音沙汰《おとさた》がない]
知らせや連絡がない。
[梨《なし》の礫《つぶて》]
便りをしても知らせ・返事がない。「無し」を「梨」に掛けた。
[虫《むし》が知《し》らせる]
何となく予感がする。
[目顔《めがお》で知《し》らせる]
目の表情で自分の意思を相手に知

らせる。

調《しら》べる

明確にする意の調査からみた「調べる」

▼ある事を明らかにするため、探したり、問いただしたりする
調査《ちょうさ》・調《しら》べる・按検《あんけん》・案験《あんけん》・調《しら》ぶ・調《しら》む・取《と》り調《しら》べる・リサーチ

▼調べ考える　調法《ちょうほう》

▼調べ探す　検索《けんさく》・サーチ

▼最後まで調べ通す　突《つ》き詰《つ》める

▼実際に調べて証明する　検証《けんしょう》

▼尋ねてはっきり確かめる　聞《き》き質《ただ》す・聞《き》き糺《ただ》す・聞《き》き糾《ただ》す・問《と》い質《ただ》す

▼細かなことまで尋ね　詮索《せんさく》・穿鑿《せんさく》・洗《あら》う

▼厳しく調べ考える　検覈《けんかく》・検考《けんこう》

▼詳しく　精査《せいさ》・審査《しんさ》・精覈《せいかく》・審覈《しんかく》・審理《しんり》・研覈《けんかく》・研究《けんきゅう》・吟味《ぎんみ》

▼もう一度詳しく　再吟味《さいぎんみ》

▼調べて確定する　調定《ちょうてい》

▼ひそかにようすを　探《さぐ》り・探《さぐ》る

▼考え　勘検《かんけん》・考験《こうけん》・考検《こうけん》・考査《こうさ》・考覈《こうかく》

▼考え比べること　勘校《かんこう》

▼探り　探査《たんさ》

▼実地に行って　踏査《とうさ》・実査《じっさ》

▼本当かどうか　実検《じっけん》

▼未知の土地を実地に　探検《たんけん》・探険《たんけん》

▼形跡・状況などを　検案《けんあん》

▼切符を調べる　改札《かいさつ》

▼車中で切符を　検札《けんさつ》

▼箱などを開いて入札の結果を　開札《かいさつ》

▼投票結果を　開票《かいひょう》

▼人物・才能などを調べて選ぶ　銓衡《せんこう》・選考《せんこう》

異常・不正・不備の検査からみた「調べる」

▼異常や不正の有無を　検《けん》する・閲《けみ》する・閲《えつ》する・改《あらた》める・検《あらた》める・検査《けんさ》・点検《てんけん》・検見《けんみ》・査検《さけん》・査験《さけん》・検閲《けんえつ》・査閲《さえつ》・チェック

調べる

▼状況を実際に　査察《ささつ》
▼数え　箇閲《かんえつ》
▼調べてよしあしをただす　按察《あんさつ》
▼調べてよしあしを考える　検討《けんとう》
▼詳しく考え　精察《せいさつ》・観察《かんさつ》
▼ある事のためにあらかじめ　下調《したしら》べ・下検分《したけんぶん》・内検《ないけん》・下見《したみ》
▼開いて調べ、よく見る　披閲《ひえつ》
▼照らし合わせ　照査《しょうさ》・参校《さんこう》・参較《さんこう》・参照《さんしょう》・照合《しょうごう》
▼二つ以上のものの違いを調べるため見比べる　照《て》らし合《あ》わせる・照《て》らし合《あ》わす・照《て》り合《あ》わせる
▼立ち会って　検分《けんぶん》・見分《けんぶん》・見届《みとど》ける
▼もう一度検討、また、検査する　再検《さいけん》・再検討《さいけんとう》・再検査《さいけんさ》
▼検査して見つけ出す　検出《けんしゅつ》

▼品物を検査する　検品《けんぴん》
▼検査ずみの印　検印《けんいん》
▼検査し封印する。また、封印を　検封《けんぷう》
▼検査して合格かを決める　検定《けんてい》
▼監督し検査する　監査《かんさ》
▼鑑定し検査する　鑑査《かんさ》
▼印刷物などで本文を他の本と照合してその違いを知る　校合《きょうごう》・挍合《きょうごう》・校合《こうごう》・校書《こうしょ》・校書《きょうしょ》
▼文書・原稿などの誤りを調べただす　校閲《こうえつ》
▼現金・商品と帳簿とを照らし合わせて　帳合《ちょうあい》
▼調べ監督する　監察《かんさつ》
▼その場に臨んで検査する　臨検《りんけん》
▼その場に行って調べ見きわめる　視察《しさつ》
▼見回って　巡察《じゅんさつ》・巡検《じゅんけん》・巡閲《じゅんえつ》・巡按《じゅんあん》
▼最高位にある者が自ら検閲・閲兵する　親閲《しんえつ》
▼軍隊を検閲する　観閲《かんえつ》
▼整列させた軍隊を検閲する　閲兵《えっぺい》
▼一人一人名を呼んで人数を確かめる　点呼《てんこ》
▼メーターの目盛りを　検針《けんしん》
▼車両を検査する　検車《けんしゃ》
▼自動車の定期的な車体検査　車検《しゃけん》
▼病状を判断するため　診察《しんさつ》
▼病気かどうかを　検診《けんしん》・健康診断《けんこうしんだん》・メディカルチェック
▼顕微鏡で　検鏡《けんきょう》
▼体の発育状態や異常を　身体検査《しんたいけんさ》・体格検査《たいかくけんさ》

調べる

▼視力を　検眼《けんがん》

▼細菌があるかどうか痰を　検痰《けんたん》

▼病気診断のため尿を　検尿《けんにょう》

▼大便中に病原菌などがあるかどうかを
検便《けんべん》

▼伝染病予防のための検査などを行う
検疫《けんえき》

悪事・犯罪などからみた「調べる」

▼理非・曲直を明らかにするため問いただす
調《しら》べる・取《と》り調《しら》べる・尋問《じんもん》する

▼取りたてて問いただす
咎《とが》める・責《せ》める・非難《ひなん》する

▼疑わしい点がないか問いただす
検問《けんもん》

▼不審な人に声をかけて問いただす
誰何《すいか》

▼取り調べて罪の有無をはっきりさせる
糺《ただ》す・糾《ただ》す

▼相手を責めて問いただす
問《と》い詰《つ》める・詰問《きつもん》

▼人を呼び出して問いただす
喚問《かんもん》

▼誤りや不正などの有無を　検察《けんさつ》

▼審理のために問いただす　審問《しんもん》

▼事件の関係者を調べ問いただす
査問《さもん》

▼口頭で問いただす
尋問《じんもん》・訊問《じんもん》

▼罪を問いただして責任を追求する
糾弾《きゅうだん》・糺弾《きゅうだん》

▼法に違《たが》うことをただす
糾正《きゅうせい》・糺正《きゅうせい》

▼罪を問いただして明らかにする
糺問《きゅうもん》・糾問《きゅうもん》・糾察《きゅうさつ》・糺明《きゅうめい》・糾明《きゅうめい》・問罪《もんざい》・糺罪《きゅうざい》・糾罪《きゅうざい》

▼罪状を取り調べる
推覈《すいかく》・詮議《せんぎ》・推問《すいもん》・審案《しんあん》・案問《あんもん》・按問《あんもん》・吟味《ぎんみ》・鞠問《きくもん》・鞫問《きくもん》・鞠訊《きくじん》・鞫訊《きくじん》・訊鞫《じんきく》

▼罪状をくわしく　審糾《しんきゅう》・審鞫《しんきく》

▼取り調べて罪を問いただす
勘問《かんもん》

▼不正をあばき追及する　弾劾《だんがい》

▼容疑者などの確認のため、実際にその人の顔を見る
面通《めんとお》し・面通《めんどお》し・面割《めんわ》り

▼証拠物を見つけるため身体・住居などを強制的に
捜索《そうさく》

▼容疑者や証拠を見つけるため住居の内外を捜索する
家宅捜索《かたくそうさく》・がさ・がさ入《い》れ

▼裁判所が証拠方法を調べ事実認定

▼資料を得る　証拠《しょうこ》調《しら》べ

▼原告と被告とを立ち合わせて審理する　対審《たいしん》

▼第一回の裁判所の審理　初審《しょしん》・一審《いっしん》

▼上級裁判所が行う第二回の審理　二審《にしん》

▼上級裁判所が行う第三回の審理　三審《さんしん》

▼最後の審理　終審《しゅうしん》

▼審理が終了する　結審《けっしん》

▼判決の取り消しと再審理を求める　再審《さいしん》

▼原告と被告を調べその陳述を記す　問注《もんちゅう》・問注《もんじゅう》

▼実際に本人か否か　首実検《くびじっけん》

▼検察官が変死体を　検死《けんし》・検屍《けんし》・検視《けんし》

▼解剖して　剖検《ぼうけん》

「調べる」に関する慣用句

[顔色《かおいろ》を見《み》る]
表情を探る。「顔色」は、人の気持ちがうかがえる顔付きの意。

[がさを入《い》れる]
家宅捜索などのために、警官が踏み込む。「がさ」は、「さがす」の「さが」の倒語で、家宅捜索の意。

[鉦《かね》や太鼓《たいこ》で捜《さが》す]
大騒ぎをしてみんなで捜し回る。

[草《くさ》の根《ね》を分《わ》けて捜《さが》す]
隅から隅まで徹底して捜す。「捜す」は「探す」とも書く。

[探《さぐ》りを入《い》れる]
それとなくようすを調べる。

[鼻息《はないき》を窺《うかが》う]
こわごわ相手の意向や機嫌を探る。

[腹《はら》を抉《えぐ》る]
相手の考えを見通して厳しく問いただす。

[腹《はら》を探《さぐ》る]（⇒「考《かんが》える・考《かんが》え」二〇六ページ）

知《し》る・分《わ》かる

認識・感知の意からみた「知る・分かる」

▼物事の本質やありさまをはっきりととらえる
知《し》る・気付《きづ》く・認《みと》める・分《わ》かる・悟《さと》る・認知《にんち》

▼物事をはっきり知り、その意義を弁別・理解する
認識《にんしき》・識認《しきにん》

▼認識し直す　再認識《さいにんしき》

知る・分かる

▼「知る」「覚える」の謙譲語
存《ぞん》じる・存《ぞん》ずる
▼「存じ」の尊敬語　御存《ごぞん》じ
▼知ってその意をつかむ　知得《ちとく》
▼知っている
存知《ぞんち》・存《ぞん》じ・承知《しょうち》
▼つくづく　思《おも》い知《し》る
▼現状に満足する　知足《ちそく》
▼天命を　知命《ちめい》
▼死ぬ時刻を　知死期《ちしご》
▼世間に名を知られている　知名《ちめい》
▼言い方を会得《えとく》する　言《い》い知《し》る
▼心に感じて　感知《かんち》
▼聞いて　聞知《ぶんち》
▼目で見て　見知《けんち》・検知《けんち》
▼関係があって　関知《かんち》
▼探って
探知《たんち》・探索《たんさく》・嗅《か》ぎ出《だ》す
▼ひそかに事情を探って　諜知《ちょうち》

▼推《お》しはかって
察《さっ》する・読《よ》む・察知《さっち》・推《すい》
知《ち》・推測《すいそく》・推量《すいりょう》・端倪《たんげい》
▼判断して　判知《はんち》
▼すでに知っている　既知《きち》
▼まだ知らない　未知《みち》
▼うかがい　窺知《きち》
▼はっきりと認める　確認《かくにん》
▼誤ってそれと認める　誤認《ごにん》
▼互いに顔を知っている
面識《めんしき》・相識《そうしき》
▼一度会って面識がある
一面識《いちめんしき》
▼前もって面識がある
見知《みし》り越《ご》し
▼相手の事情を察する
了察《りょうさつ》・諒察《りょうさつ》
▼事情などをよく知っている
承知《しょうち》・案内《あんない》

▼認めて賛成する　首肯《しゅこう》
▼相手の事情が分かって要求などを聞き入れる
了解《りょうかい》・諒解《りょうかい》・領解《りょうかい》・領会《りょうかい》・
承知《しょうち》
▼相手の要求などを理解し認める
了承《りょうしょう》・諒承《りょうしょう》・領承《りょうしょう》
▼相手の考えや行為を理解し認める
納得《なっとく》
▼十分に承知・納得する
得心《とくしん》・合点《がてん》・合点《がってん》
▼意見などが相手によく通じる
疎通《そつう》

理解・精通の意からみた「知る・分かる」

▼物事の意味・内容・本質・情趣などをのみ込む
知《し》る・分《わ》かる・解《わか》る・察《さっ》す

知る・分かる

る・解《かい》する・悟《さと》る・理解《りかい》

▼物事の内容が明らかになる
判《わか》る・判明《はんめい》

▼理解できる
解《げ》せる・頷《うなず》ける

▼物事を正しく判断して見分ける
弁《わきま》える・心得《こころえ》る・弁別《べんべつ》・辨《べん》別《べつ》・識別《しきべつ》

▼世間の道理をわきまえる
分別《ふんべつ》・弁知《べんち》

▼しっかりと理解する
把握《はあく》・把捉《はそく》・摑《つか》む

▼物事や言葉の意味を理解する
解釈《かいしゃく》

▼すっかり　氷解《ひょうかい》

▼自分で理解する　自得《じとく》

▼理解して自分のものにする
会得《えとく》・消化《しょうか》

▼見て会得する　看取《かんしゅ》

▼体験して身に付ける　体得《たいとく》

▼深く味わって身に付ける　味得《みとく》

▼はっきり感じて会得する　感得《かんとく》

▼体験して　体認《たいにん》

▼事情をよく知っている
熟知《じゅくち》・通暁《つうぎょう》・暁通《ぎょうつう》

▼知り尽くす
知悉《ちしつ》・知了《ちりょう》・知《し》り抜《ぬ》く

▼物事を詳しく
精通《せいつう》・審識《しんしき》・通《つう》じる

▼物事を深く
通達《つうたつ》・通達《つうだつ》・熟達《じゅくたつ》

▼奥深く物事を見知る　玄覧《げんらん》

▼広く知れ渡っている　周知《しゅうち》

▼理解が早い
早分《はやわ》かり・早呑《はやの》み込《こ》み

▼十分に理解しないで分かったつもりになる
早合点《はやがてん》・早合点《はやがってん》・早呑《はやの》み込《こ》み

▼自分では分かったつもりになる
独《ひと》り合点《がてん》・独《ひと》り呑《の》み込《こ》み

▼よく理解しないまま覚え込む
丸呑《まるの》み・鵜呑《うの》み

▼少し知っているが未熟　半解《はんかい》

▼よく知らないのに知っているふうに振る舞う
半可通《はんかつう》・半可《はんか》

▼間違って理解する
誤解《ごかい》・思《おも》い違《ちが》い

▼曲げて理解する　曲解《きょっかい》

▼別の意味に理解する
取《と》り違《ちが》える・履《は》き違《ちが》える

洞察・悟るの意からみた「知る・分かる」

▼隠れている事情や本質などを
看破《かんぱ》・看取《かんしゅ》・見抜《みぬ》く・見通《みとお》す・見破《みやぶ》る・見透《みす》かす・見《み》て取《と》る

知る・分かる

▼あらかじめ見通して
予知《よち》・前知《ぜんち》・先知《せんち》・予見《よけん》・予測《よそく》・逆睹《ぎゃくと》・逆覩《ぎゃくと》・逆睹《げきと》

▼物事の本質や将来を見抜く
洞察《どうさつ》・先見《せんけん》・洞見《どうけん》

▼全体の情勢を広い視点で見通すこと
達観《たっかん》

▼狩り場で鳥獣が通った跡を見て居場所を
跡見《とみ》

▼物事の真理を会得する
悟《さと》る・覚《さと》る・理会《りかい》

▼悟りを開く
開悟《かいご》・解悟《かいご》・知暁《ちぎょう》・暁悟《ぎょうご》・証悟《しょうご》・覚悟《かくご》・了悟《りょうご》・悟了《ごりょう》・了得《りょうとく》・了知《りょうち》・了覚《りょうかく》・覚知《かくち》・達観《たっかん》・諦観《ていかん》・諦視《ていし》

▼悟りを開いて真理を会得する
悟道《ごどう》・悟得《ごとく》・悟入《ごにゅう》

▼深く悟りを開く　大悟《たいご》・大覚《だいかく》

▼仏道を修めて悟りを開く　得道《とくどう》

▼自分の身をふりかえって誤りを悟る
省悟《せいご》

▼かつての誤りを悔いて悟る
悔悟《かいご》

▼あきらめて悟る　諦観《ていかん》

▼急に悟りに入る　頓悟《とんご》

▼はっきりと悟るさま　了然《りょうぜん》

▼人より先に悟り、世を導く。また、その人
先覚《せんかく》・先覚者《せんかくしゃ》

▼生まれながらに道理を　生知《せいち》

▼才知がすぐれていて悟りが早い
穎悟《えいご》・英悟《えいご》・聡悟《そうご》・敏慧《びんけい》・慧悟《けいご》

▼警告して心の迷いを覚まさせる
警醒《けいせい》

▼心の迷いや非を悟り、正気になる
覚醒《かくせい》

▼雑念や迷いを払って悟りを開く
成仏《じょうぶつ》・解脱《げだつ》

▼仏道の真理を悟る　開眼《かいげん》

▼仏道の正しい悟り
正覚《しょうがく》・正悟《しょうご》・妙覚《みょうかく》・妙覚《みょうがく》

▼悟りの知恵。究極の悟り　菩提《ぼだい》

▼悟りの境地　涅槃《ねはん》

知識・知恵の意からみた「知る・分かる」

▼知っていること　知識《ちしき》

▼新しい　新知識《しんちしき》

▼あらかじめ準備しておく
予備知識《よびちしき》

▼一般の人がもつべき　常識《じょうしき》

▼物事を的確に判断する　良識《りょうしき》

▼学問上の　学識《がくしき》・学殖《がくしょく》

▼蓄えた深い　蘊蓄《うんちく》

▼身に付けた　教養《きょうよう》・素養《そよう》

知る・分かる

▼知識や知恵の多い
多識《たしき》・多知《たち》・多智《たち》

▼広く物事を知っている
物知《ものし》り・物識《ものし》り・博識《はくしき》・博聞《はくぶん》・博学《はくがく》・博雅《はくが》・該博《がいはく》

▼広く書物を読み、物事を　博覧《はくらん》

▼知識や学問のある　有識《ゆうしき》

▼学問や技芸に深い知識をもっている
造詣《ぞうけい》

▼すぐれた知恵　明知《めいち》・明智《めいち》

▼深遠な道理を悟るすぐれた才知
英知《えいち》・英智《えいち》・叡知《えいち》・叡智《えいち》

▼すべてのことに通達する知恵
全知《ぜんち》・全智《ぜんち》

「知る・分かる」に関する慣用句

[得体《えたい》が知《し》れない]
相手や物事の正体が分からない。

[岡目八目《おかめはちもく》]
当事者よりも関係のない人の方が、物事の是非がよく分かること。《類》「傍目八目《そばめはちもく》」

[お里《さと》が知《し》れる]
ちょっとした立ち居振る舞いで、その人の生まれや育った環境が分かる。

[推《お》して知《し》るべし]
容易に推測できる。考えてみればすぐに分かる。

[思《おも》い半《なか》ばに過《す》ぎる]
すべてのことを知らなくても、おおよそのことが分かる。

[気《き》が知《し》れない]
相手が何を考えているのか理解できない。《類》「理解《りかい》に苦《くる》しむ」

[気心《きごころ》が知《し》れる]
互いの気持ちが通じ、分かり合っている。

[狐《きつね》につままれる]
狐に化かされたように、何がなんだか分からない。

[口《くち》を拭《ぬぐ》う]
知っていながら知らないふりをする。《類》「白《しら》を切《き》る」「空《そら》を使《つか》う」「頬被《ほおかぶ》りをする」

[自明《じめい》の理《り》]（⇒「明《あか》るい・明《あき》らか」六〇ページ）

[蛇《じゃ》の道《みち》は蛇《へび》]（⇒「友人《ゆうじん》・知人《ちじん》」五八五ページ）

[知《し》らぬ顔《かお》の半兵衛《はんべえ》]
知っていながら知らないふりをしてすましていること。また、その人をいう。

[先見《せんけん》の明《めい》がある]（⇒「賢《かしこ》い・愚《おろ》か」一七二ページ）

[造詣《ぞうけい》が深《ふか》い]
広くて深い知識をもっていること。

[高《たか》が知《し》れる]
たいしたことのない程度と分かる。

[血《ち》の巡《めぐ》りが悪《わる》い]
とっさに理解できない。

知る・分かる

【東西《とうざい》を弁《わきま》えず】

物事の道理を理解できない。《類》「東西《とうざい》を弁《べん》ぜず」「東西《とうざい》を分《わ》かず」


【生兵法《なまびょうほう》は大怪我《おおけが》のもと】

少しばかり知っていると軽々しくそれに頼ってしまうから、かえって大失敗をする。


【西《にし》も東《ひがし》も分《わ》からない】

その土地のようすや事情などがまったく分からない。《類》「西《にし》も東《ひがし》も知《し》らない」


【百《ひゃく》も承知《しょうち》】

十分知っていること。


【身《み》の程《ほど》を知《し》らない】

自分の身分や能力をわきまえていない。《類》「身《み》の程《ほど》知《し》らず」


【見《み》る目《め》がある】

物事や人物の実力・本質を見抜く力がある

【目《め》が利《き》く】

物事のよしあしを見分ける力がある。《類》「目《め》が高《たか》い」


【目《め》から鱗《うろこ》が落《お》ちる】

ふとしたことで物事の本質が分かる。


【目《め》を塞《ふさ》ぐ】

知っていながら見逃がす。


【物《もの》が分《わ》かる】（⇒「賢《かしこ》い・愚《おろ》か」一七三ページ）

【割《わ》り切《き》れない】

納得できない。理解できない。《類》「腑《ふ》に落《お》ちない」

「知る・分かる」に関する故事・成語・ことわざ

【息《いき》の臭《くさ》きは主知《ぬしし》らず】

自分の口臭には気がつかないように、自分の欠点は分からないものだということ。《類》「我《わ》が身《み》の臭《くさ》さ我知《われし》らず」


【一知半解《いっちはんかい》】

一つの知識しかないのに、その半分も理解していないの意から、浅はかな知識しかもっていないこと。


【井《い》の中《なか》の蛙《かわず》大海《たいかい》を知《し》らず】

井戸の中にすむカエルは、外に広大な海があるのを知らないの意で、自分のみの狭い知識や見聞に固執して、それがすべてであると思い込んでいる狭量なことのたとえ。


【易者身《えきしゃみ》の上《うえ》知《し》らず】

他人の運勢を占う易者も自分のことは分からないように、自分のことには正しい判断ができないということ。


【温故知新《おんこちしん》】

『論語』の中の孔子の言葉で、過去の事実や伝統を学んで、新しい知識や理論を見つけること。「故《ふる》きを温《たず》ねて新《あたら》しきを知《し》る」ともいう。


【彼《かれ》を知《し》り己《おのれ》を知《し》れば百戦殆《ひゃくせんあやう》からず】

敵と味方のことを十分に知ってい

知る・分かる

れば何度戦っても負けることはない。出典は『孫子』。

[知《し》って知《し》らざれ]

よく知っていることでも、むやみに知ったふりをしない方が奥ゆかしいということ。

[知《し》らざるを知《し》らずと為《な》せ是《これ》知《し》るなり]

知らないことは知らないと正直に言うのが真に知ることにつながるのであって、実際は知らないのに知っているふりをしていたのでは学問も知識も上達しないという教え。出典は『論語』。

[知《し》らぬが仏《ほとけ》見《み》ぬが秘事《ひじ》]

知らないでいればすむことなのに、秘密を知りたいと思うのが人の常で、知ってしまえば興ざめすることが多い。何事も知らない見ないにこしたことはないということ。《類》「知《し》らぬが仏《ほとけ》」

[知《し》らぬは亭主《ていしゅ》ばかりなり]

女房の浮気を世間では皆知っていて、知らないのはその亭主だけだの意で、亭主の間抜けぶりをやゆしたもの。当事者のうかつさをいうこともある。

[知《し》る者《もの》は言《い》わず言《い》う者《もの》は知《し》らず]

物事をよく知っている人は、その知識を軽々しく口に出さないが、よく知らない人に限って知ったかぶりをしておしゃべりをする。出典は『老子』。

[世間《せけん》知《し》らずの高枕《たかまくら》]

世の中を知ろうとしない者は安眠することから、世間の事情にうとく、のんきなことのたとえ。

[全《ぜん》知《ち》全《ぜん》能《のう》]

どんなことでもよく分かり、行うことができる能力のこと。

[足《た》ることを知《し》る]

人間の欲望にはきりがないので、自分の能力や環境を考えて分相応のところで満足することが大切であるということ。出典は『老子』。

[天《てん》知《し》る地《ち》知《し》る我《われ》知《し》る人《ひと》知《し》る]

誰も知らないと思ってしたことでも、天地の神々が知っているし、自分も相手も知っている。不正や悪事は必ず露見するものだということ。出典は『後漢書《ごかんじょ》』。

[博覧《はくらん》強記《きょうき》]

広く書物を読み、物事を覚えていること。知識が豊かなこと。

[恥《はじ》を知《し》らねば恥《はじ》かかず]

恥を恥と感じない者はどんなに恥ずかしいことをしても平気でいるから、恥を知らないことこそ本当の恥であるということ。

心配《しんぱい》

不安・うれえるの意からみた「心配」

▼悪いことなどが起こらないかと気にかかること
心配《しんぱい》
▼心配する
憂《うれ》える・愁《うれ》える・案《あん》ずる・案《あん》じる・不安《ふあん》・思案《しあん》・憂《うれ》い・愁《うれ》い・軫憂《しんゆう》・軫念《しんねん》・虞《おそ》れ
▼気に掛かる
気掛《きが》かり・心懸《こころが》かり・気《き》遣《づか》わしい・心置《こころお》き
▼気に掛ける　介意《かいい》
▼物事を気に掛けてくよくよする
屈託《くったく》
▼深く思案する　慮《おもんぱか》る
▼気に掛かって不安に思う
恐《おそ》れる・惧《おそ》れる・懸念《けねん》
▼心配し心を痛める
心痛《しんつう》・痛心《つうしん》
▼深い　深憂《しんゆう》・幽愁《ゆうしゅう》
▼うれいわずらう。大きな　憂患《ゆうかん》
▼心配して思案する　憂慮《ゆうりょ》
▼心配事が多く心が晴れない
憂鬱《ゆううつ》
▼心配そうな顔をする
憂色《ゆうしょく》・愁色《しゅうしょく》・愁眉《しゅうび》
▼うれい悲しむ
憂戚《ゆうせき》・憂愁《ゆうしゅう》・憂傷《ゆうしょう》
▼うれい苦しむ
憂苦《ゆうく》・愁苦《しゅうく》・煩憂《はんゆう》
▼心配してもだえ苦しむ　憂悶《ゆうもん》
▼うれい憤る　憂憤《ゆうふん》
▼不安で心細い
頼《たよ》り無《な》い・頼《たの》み少《すく》ない・覚《おぼ》束無《つかな》い・心許無《こころもとな》い
▼心配し恐れる　危惧《きぐ》・危懼《きぐ》
▼非常に心配する　寒心《かんしん》
▼後になって生じる
後患《こうかん》・後憂《こうゆう》
▼同じように心配している人
同憂《どうゆう》
▼この上もない大きな
大患《たいかん》・大憂《たいゆう》
▼内部または国内の
内患《ないかん》・内憂《ないゆう》
▼外部または外国からの
外患《がいかん》・外憂《がいゆう》
▼国の存亡にかかわるような
国患《こっかん》・国憂《こくゆう》・国難《こくなん》
▼国の現状や将来を
憂国《ゆうこく》・憂世《ゆうせい》・慨世《がいせい》

心配

思いやり・配慮の意からみた「心配」

▼相手に対して心を配る
思《おも》いやり・配慮《はいりょ》・気配《きくば》り・心配《しんぱい》・心配《こころくば》り・気遣《きづか》い・心遣《こころづか》い

▼他人に対して気を使う
気兼《きが》ね・遠慮《えんりょ》・頓着《とんちゃく》・頓着《とんじゃく》

▼気をつける
注意《ちゅうい》

▼あれこれと心遣いする
気苦労《きぐろう》・気骨《きぼね》・心労《しんろう》

▼余計なことまで心配する
思《おも》い過《す》ごし・杞憂《きゆう》

▼前もって気を配る
用心《ようじん》・用意《ようい》・心構《こころがま》え・気構《きがま》え

▼他人の払ってくれる配慮の敬称
高配《こうはい》

▼念頭にかけるの尊敬語
御念《ごねん》・御配慮《ごはいりょ》

「心配」に関する慣用句

[意《い》に介《かい》する]
気に掛ける。

[顔《かお》を曇《くも》らせる]
心配そうな顔付きになる。《類》「顔《かお》が曇《くも》る」「額《ひたい》が曇《くも》る」

[気《き》が気《き》でない]
ひどく気になって落ち着かない。
《類》「居《い》ても立《た》っても居《い》られない」

[気《き》が揉《も》める]
心配でやきもきする。

[鬼胎《きたい》を抱《いだ》く]
ひそかに恐れて心配する。

[気《き》に掛《か》かる]
心配事が気掛かりとなる。

[気《き》にする]
いつまでも気にとめて心配する。
《類》「心《こころ》に掛《か》ける」「気《き》に掛《か》ける」

[気《き》に病《や》む]
心に引っ掛かってひどく心配する。

[屈託《くったく》がない]
何も気に掛かることがない。心配してくよくよすることがない。
《類》「屈託《くったく》ない」

[後顧《こうこ》の憂《うれ》い]
後の心配のこと。自分がいなくなった後を心配する気持ちのこと。

[心《こころ》が騒《さわ》ぐ]
不安で動揺する。

[頭痛《ずつう》の種《たね》]
心配のもと。

[寧日《ねいじつ》がない]
心配事があって心の休まる日がない。

[眉《まゆ》を曇《くも》らせる]
心配で顔をゆがめる。《類》「眉《まゆ》を寄《よ》せる」「額《ひたい》に皺《しわ》を寄《よ》せる」「額《ひたい》に八《はち》の字《じ》を寄《よ》せる」

[胸《むね》を痛《いた》める]
どうなることかとひどく心配する。

【目《め》の前《まえ》が暗《くら》くなる】

将来が不安になる。


【もしもの事《こと》】

万が一のこと。不安にかられて案じられること。

「心配」に関する故事・成語・ことわざ

【案《あん》じるより念《ねん》じろ】

くよくよ心配するだけでは苦痛から逃れられないから、心から神仏にお願いしなさいということ。


【案《あん》ずるより生《う》むが易《やす》し】

出産は何かと気掛かりなものだが、心配していたよりも簡単にすむことから、思い切ってやってみると事前に心配していたよりも案外たやすくできるものだということ。


【疑《ぎ》心《しん》暗《あん》鬼《き》】

不安な気持ちでびくびくしていると、暗がりの中にいるはずもない鬼の姿を見るようになるの意で、疑い出したら何でもないことまで不安にかられるということ。


【杞《き》憂《ゆう》】

中国の杞の国の人が、天が崩れ落ちてきたらどうしようかと心配したという故事から、無用の心配、取り越し苦労のことをいう。出典は『列子』。《類》「杞人《きじん》の憂《うれ》い」


【強《きょう》迫《はく》観《かん》念《ねん》】

打ち消そうとしても付きまとう不安をいう。


【焦《しょう》心《しん》苦《く》慮《りょ》】

心配していらだつさま。


【心配《しんぱい》は身《み》の毒《どく》】

気に掛けていろいろ思いわずらうことは、体の健康にも害が及ぶということ。


【備《そな》えあれば憂《うれ》いなし】

万一のために前もって用心すれば心配ないということ。


【内《ない》憂《ゆう》外《がい》患《かん》】

国内の心配事と国際的な心配事。その両方を同時に抱えているように、悩みの多い状態。


【人《ひと》の疝《せん》気《き》を頭《ず》痛《つう》に病《や》む】

他人の腹痛を心配するあまり自分が頭痛を起こす意。自分に関係のないことでよけいな心配をすることをいう。

すぐれる

……秀・優・勝

他のものにまさっている意の「すぐれる」

▼他のものにまさっている
優《ゆう》等《とう》・見《み》事《ごと》・美《み》事《ごと》・立《りっ》派《ぱ》・良《よ》い・善《よ》い・好《よ》い・良《い》い

▼すぐれている方
右《みぎ》

すぐれる……秀・優・勝

▼普通の程度より
ちょっとした

▼とりわけ
最勝《さいしょう》・殊絶《しゅぜつ》・殊勝《しゅしょう》・秀絶《しゅうぜつ》・秀逸《しゅういつ》・俊異《しゅんい》・儁異《しゅんい》・絶異《ぜつい》・高大《こうだい》・究竟《きゅうきょう》・究竟《くっきょう》・究竟《くっきょう》一《いち》・素敵《すてき》・天晴《あっぱ》れ・適《あっぱれ》・素晴《すば》らしい・目覚《めざ》ましい・輝《かがや》かしい・耀《かがや》かしい・花《はな》花《ばな》しい・華華《はなばな》しい・汀優《みぎわまさ》り

▼際立って
卓然《たくぜん》・超然《ちょうぜん》・挺然《ていぜん》

▼この上なく
最高《さいこう》・至高《しこう》・上乗《じょうじょう》・上上《じょうじょう》・極上《ごくじょう》・最上《さいじょう》・無上《むじょう》・随一《ずいいち》・絶《ぜつ》妙《みょう》・第一《だいいち》・天下一《てんかいち》・不世出《ふせいしゅつ》

▼ひときわ
秀優《しゅうゆう》・優秀《ゆうしゅう》・一角《いっかど》・一廉《いっかど》・一角《ひとかど》・一廉《ひとかど》・異彩《いさい》・卓異《たくい》

▼すぐれていて目立つ　光彩《こうさい》

▼衆に抜きん出ている　特立《とくりつ》

▼やや尋常　小尋常《こじんじょう》

▼特にすぐれた事柄
特長《とくちょう》・特色《とくしょく》・長所《ちょうしょ》

▼非常にすぐれている　尤《ゆう》

▼すぐれてよい
佳《か》・優良《ゆうりょう》・佳良《かりょう》・上等《じょうとう》・御膳上等《ごぜんじょうとう》

▼最もよい
最良《さいりょう》・最善《さいぜん》・ベスト

▼この上なくすぐれてよい
佳絶《かぜつ》・絶佳《ぜっか》

▼立派ですばらしい
強気《ごうぎ》・豪気《ごうぎ》・豪儀《ごうぎ》・強気《ごうき》・豪気《ごうき》・豪華版《ごうかばん》

▼あざやかで生き生きと目立つ
精彩《せいさい》・生彩《せいさい》

▼物事などがすぐれている
警策《きょうざく》・警策《きょうさく》

▼出来上がりがすぐれている
出来栄《できば》え・出来映《できば》え

▼すぐれて出来ばえのよい
傑作《けっさく》・結構《けっこう》

▼出来ばえのよい
上出来《じょうでき》・大出来《おおでき》

▼憎い気になるほど　心憎《こころにく》い

▼代わって前者より
代《か》わり映《ば》え

▼外から見て目立つ
見栄《みば》え・見映《みば》え

▼珍しく　奇抜《きばつ》・奇警《きけい》

▼すぐれて珍しい
奇特《きとく》・奇特《きどく》・奇妙《きみょう》

▼尊く　尊勝《そんしょう》

▼教養・能力が　高《たか》い

▼才知が
才俊《さいしゅん》・英才《えいさい》・穎才《えいさい》・殊才《しゅさい》・俊《しゅん》才《さい》・豪俊《ごうしゅん》・英発《えいはつ》・俊逸《しゅんいつ》・異《い》才《さい》・能才《のうさい》・俊秀《しゅんしゅう》・非凡《ひぼん》・秀才《しゅうさい》

▼才知がすぐれていて悟りが早い

すぐれる……秀・優・勝

穎悟《えいご》・英悟《えいご》・聡悟《そうご》・敏慧《びんけい》・慧悟《けいご》

▼識見が　具眼《ぐがん》

▼非常に知徳が　聖徳《せいとく》・至聖《しせい》

▼幼少から才能が　早熟《そうじゅく》

▼気力がすぐれて強い
豪健《ごうけん》・豪毅《ごうき》

▼世を覆い尽くすほど才能や気力が
蓋世《がいせい》

▼学芸・技術などに　堪能《たんのう》

▼すぐれた大きな器量　偉器《いき》

▼容姿が清らかで　清秀《せいしゅう》

▼書物・催し物で最もすぐれた部分
圧巻《あっかん》

▼景色が　景勝《けいしょう》

▼景色が珍しく　奇勝《きしょう》

▼景色がとりわけ
勝絶《しょうぜつ》・絶勝《ぜっしょう》・絶佳《ぜっか》・絶景《ぜっけい》

▼景色のすぐれた所を見て回る
探勝《たんしょう》・済勝《さいしょう》・済勝《せいしょう》

▼優ることと劣ること
優劣《ゆうれつ》・長短《ちょうたん》・甲乙《こうおつ》・短長《たんちょう》・雌雄《しゆう》・出来不出来《できふでき》

比較することからみた「すぐれる」

▼他のものよりも上である
勝《まさ》る・優《まさ》る・勝《すぐ》れる・優《すぐ》れる・秀《ひい》でる・長《ちょう》じる・長《ちょう》ずる・長《た》ける・闌《た》ける・抜《ぬ》ける・抜《ぬ》け出《で》る・過《す》ぎる・越《こ》す・超《こ》す・勝《か》つ・越《こ》える・超《こ》える・抜《ぬ》きん出《で》る・抽《ぬき》んでる・擢《ぬき》んでる・立《た》ち勝《まさ》る・立《た》ち増《ま》さる・打《う》ち勝《か》つ・滾《たぎ》る・逸出《いっしゅつ》・立《た》ち越《こ》える・上手《うわて》・増《ま》し・超過《ちょうか》・出頭《しゅっとう》

▼すぐれていると思う
見上《みあ》げる

▼あるものをこえてそれ以上になる
凌《しの》ぐ・凌駕《りょうが》

▼多くの人よりも際立って
図抜《ずぬ》ける・頭抜《ずぬ》ける・ずば抜《ぬ》ける・並外《なみはず》れる・抜群《ばつぐん》・逸群《いつぐん》・絶群《ぜつぐん》・出群《しゅつぐん》・超群《ちょうぐん》・卓爾《たくじ》・絶倫《ぜつりん》・絶類《ぜつるい》・秀抜《しゅうばつ》・出色《しゅっしょく》

▼一段と　出頭地《しゅっとうち》

▼標準をはるかにこえて
超越《ちょうえつ》・超越《ちょうおつ》

▼際立って見える
目立《めだ》つ・光《ひか》る・引《ひ》き立《た》つ・際立《きわだ》つ・映《は》える・栄《は》える・輝《かがや》く・耀《かがや》く・赫《かがや》く

▼抜きん出てたくましい
雄偉《ゆうい》・卓偉《たくい》

▼抜きん出て高く立つ　卓立《たくりつ》

▼気高く衆に　高邁《こうまい》

▼他のものよりも飛び抜けて

すぐれる……秀・優・勝

傑出《けっしゅつ》・特出《とくしゅつ》・卓出《たくしゅつ》・卓絶《たくぜつ》・卓抜《たくばつ》・卓越《たくえつ》・超卓《ちょうたく》・挺出《ていしゅつ》・超絶《ちょうぜつ》

▼才能が群を抜いて

穎脱《えいだつ》・脱穎《だつえい》・錐脱《すいだつ》

▼比較するものがないほどまれな
絶代《ぜつだい》・希代《きたい》・稀代《きたい》・希代《きだい》・稀代《きだい》・冠絶《かんぜつ》・無類《むるい》・無比《むひ》・絶世《ぜっせい》・妙絶《みょうぜつ》・独歩《どっぽ》

▼昔から今まで並ぶものがない
未曽有《みぞう》

▼一段と抜きん出て偉大なさま
巍然《ぎぜん》

▼多くの中ですぐれた物
尤物《ゆうぶつ》・逸物《いつぶつ》

▼集団の中で主となる
重立《おもだ》つ・主立《おもだ》つ

▼世にすぐれ出る
超世《ちょうせ》・超世《ちょうせい》

▼弟子が師よりもすぐれるたとえ
出藍《しゅつらん》

▼劣っていた者が上位の者に勝る
追《お》い越《こ》す・追《お》い抜《ぬ》く

▼勢い・形勢が他に　優勢《ゆうせい》

▼成長するにしたがって
ねび勝《まさ》る・生《お》い優《まさ》る

▼子の方が親の能力より
親勝《おやまさ》り

▼年を経てますます　経優《へまさ》る

▼遠くよりも近くで見る方がまさっている
近優《ちかまさ》り・近勝《ちかまさ》り

▼予想よりも　心勝《こころまさ》り

▼打ち解けたときの方がとりつくろったときよりもすぐれて見える
打《う》ち解《と》け優《まさ》り

▼元服した顔かたちがこれまでよりすぐれて見える
上《あ》げ優《まさ》り

▼前よりも、また、他のものよりもまさって見える
見優《みまさ》る・見優《みまさ》り

▼力が他よりすぐれて強い
力優《ちからまさ》り

▼女性が男性よりも気性が強くしっかりしている
男優《おとこまさ》り

「すぐれる」に関する慣用句

［異彩《いさい》を放《はな》つ］
他のものよりきわだってすぐれている。

［一頭地《いっとうち》を抜《ぬ》く］
ほかの多くのものより一段とすぐれている。「一頭」は、頭一つ分の高さの意。《類》「一頭地《いっとうち》を出《いだ》す」

［上《うえ》には上《うえ》がある］
これが最上であると思っていても、必ずそれより上のものがあるものだということ。

［腕《うで》が利《き》く］

すぐれる……秀・優・勝

技量がすぐれている。《類》「腕《うで》が立《た》つ」

【上手《うわて》を行《い》く】
技能や学力などが人より一段とすぐれている。

【聞《き》きしに勝《まさ》る】（⇩「聞《き》く・聞《き》こえる」二一四ページ）

【金《きん》の卵《たまご》】
将来に期待が持てる、若くてすぐれた人材。

【群《ぐん》を抜《ぬ》く】
大勢の中で、飛び抜けてすぐれている。

【毛《け》の生《は》えたよう】
ほんの少しまさっているようす。

【光彩《こうさい》を放《はな》つ】
すぐれていて特に目立つこと。

【雌雄《しゆう》を決《けっ》する】
優劣・勝敗をきめる。

【神《しん》に入《い》る】
演技などが、神業かと思えるほどすぐれている。

【すこぶる付《つ》き】
ずば抜けてすぐれていること。「すこぶる」という語がつくほどという意から。

【精彩《せいさい》を放《はな》つ】
生気に満ちてきわだって見える。「精彩」は「生彩」とも書く。

【粒《つぶ》が揃《そろ》う】
みんな揃ってすぐれている。

【頭角《とうかく》を現《あらわ》す】
学問などがほかの人びとよりも目立ってすぐれるようになる。

【堂《どう》に入《い》る】
学問・技芸が非常にすぐれている。

【並《なら》ぶ者《もの》がない】
非常にすぐれていて、比べられる者がいない。

【引《ひ》けを取《と》らない】
負けることはない。劣ってはいない。

【非《ひ》の打《う》ち所《どころ》がない】
完璧で非難する点がない。

【勝《まさ》るとも劣《おと》らぬ】
すぐれていても劣ってはいない。

【磨《みが》きが掛《か》かる】
技術・芸などが一段とすぐれたものになる。

【右《みぎ》に出《で》る者《もの》がない】
その人に勝る者はいない。

【水際《みずぎわ》立《だ》つ】
ひときわ目立ちあざやかである。

【役者《やくしゃ》が一枚上《いちまいうえ》】
掛け引きや計略などが一段とすぐれていること。

「すぐれる」に関する故事・成語

【蓋世《がいせい》の才《さい》】
世の中を覆い尽くすほどに才知が非常にすぐれていること。

【海内無双《かいだいむそう》】
天下に並ぶ者がないこと。「海内」

は、天下の意。

【金玉満堂《きんぎょくまんどう》】

才学がほかの人よりもすぐれていることのたとえ。

【鶏群《けいぐん》の一鶴《いっかく》】

多くの平凡な人びとの中にいる一人のすぐれた人のたとえ。《類》「掃《は》き溜《だ》めに鶴《つる》」「鶏群孤鶴《けいぐんこかく》」

【古今無双《ここんむそう》】

昔から今に至るまで並ぶ者がないということ。《類》「古今無比《ここんむひ》」

【出藍《しゅつらん》の誉《ほま》れ】

弟子が師よりもすぐれていることのたとえ。《類》「出藍《しゅつらん》の青《せい》」「青《あお》は藍《あい》より出《い》でて藍《あい》より青《あお》し」

【神韻縹渺《しんいんひょうびょう》】（⇒「情趣《じょうしゅ》」二九四ページ）

【栴檀《せんだん》は双葉《ふたば》より芳《かんば》し】

栴檀は発芽のころより香気があるように、大成する者は幼時よりずば抜けてすぐれている。

【嚢中《のうちゅう》の錐《きり》】

内に才能のある者はたちまち外に現れることのたとえ。

【伯仲《はくちゅう》の間《かん》】

いずれがすぐれているか、ほとんど差がなく優劣がつけにくいこと。出典は曹丕《そうひ》の論文。《類》「兄《けい》たり難《がた》く弟《てい》たり難《がた》し」

【飛耳長目《ひじちょうもく》】

物事の観察にすぐれ、よく通じていること。

健《すこ》やか・健康《けんこう》

体の様態からみた「健やか」

▼病気をせず、体がいたって元気
壮《そう》・健《けん》・壮健《そうけん》・健康《けんこう》・強健《きょうけん》・健勝《けんしょう》・健在《けんざい》・健全《けんぜん》・健《すこ》やか・達者《たっしゃ》・堅固《けんご》・丈夫《じょうぶ》・無《む》病《びょう》・健《すこ》やか・健《すく》よか・忠実《まめ》
▼丈夫で勇ましく活動的
勁健《けいけん》・勇健《ゆうけん》・剛健《ごうけん》・壮健《そうけん》・元気《げんき》・頭堅《かしらかた》
▼健康で強い　強壮《きょうそう》
▼がっしりしていて丈夫　頑健《がんけん》
▼この上なく頑健　至健《しけん》
▼ずば抜けて丈夫で病気知らず
不死身《ふじみ》
▼心身が強くたくましい
剛健《ごうけん》・健剛《けんごう》
▼堅固で丈夫　頑丈《がんじょう》・岩乗《がんじょう》
▼日々元気に過ごしている　健在《けんざい》
▼体に異常がなく、何事もなく日を過ごしている
息災《そくさい》・無事《ぶじ》・恙無《つつがな》い
▼気分がさっぱりとして　清康《せいこう》
▼太って精力が旺盛　肥壮《ひそう》

健やか・健康

▼老いてますます盛ん　矍鑠《かくしゃく》
▼年とっても丈夫　老健《ろうけん》
▼元気いっぱいで躍進的なさま
溌剌《はつらつ》・溌溂《はつらつ》

手紙の言葉からみた「健やか」

▼相手が健やかなことを祝う
清勝《せいしょう》
▼相手の無事、健康を祝う　清適《せいてき》
▼相手が元気でめでたく過ごしていることを祝う
清祥《せいしょう》
▼相手の健康と繁栄を祝う　清栄《せいえい》

健康を保つ生活習慣からみた「健やか」

▼健康・安心を意識して求める食品
健康《けんこう》食品《しょくひん》・自然《しぜん》食品《しょくひん》・無《む》農薬《のうやく》・無添加《むてんか》・有機《ゆうき》・オーガニック・健康《けんこう》飲料《いんりょう》
▼穀物
雑穀《ざっこく》・五穀米《ごこくまい》・発芽玄米《はつがげんまい》・シリアル・ブラン
▼水
海洋深層水《かいようしんそうすい》・ミネラルウォーター・アルカリイオン水《すい》
▼食べ物が健康によい
ヘルシー
▼補助的な食品
健康補助食品《けんこうほじょしょくひん》・栄養補助《えいようほじょ》食品《しょくひん》・サプリメント
▼「食」を考える
食育《しょくいく》・スローフード・ロハス
▼健康的な減量
ダイエット・カロリーコントロール
▼もとの体重に戻ってしまう
リバウンド
▼森林を散策する健康法
森林浴《しんりんよく》
▼良い香りで心と体を癒す
アロマセラピー

「健やか」に関する擬態語

▼態度や行動が機敏で明るく、元気さがあふれている
きびきび
▼年の割に丈夫で、若者に伍して元気に立ち働く
しゃんしゃん
▼若さが満ちあふれて全身が活気に満ちている
ぴちぴち

▼勢いよく活動する　ぴんぴん

「健やか」に関する故事・ことわざ

[元気溌剌《げんきはつらつ》]
気力があふれ、生き生きとしていること。

[健康《けんこう》は富《とみ》に勝《ま》さる]
どんなに財産があっても、病弱だったら幸せな暮らしを送ることができない。健康が最も大切であるということ。

[健康《けんこう》は病気《びょうき》になるまで尊《とうと》ばれない]
人間は健康で暮らしていると、健康の大切さを感じないで、病気になってはじめて、そのありがたいことに気付くということ。

[質実剛健《しつじつごうけん》]
派手さがなくまじめで、健やかで強いこと。

[無病息災《むびょうそくさい》]
病気もせず、健康で達者なこと。

住《す》む・住《す》まい

形態の相違からみた「住む」

▼人が居と定めた所で生活を営む
住《す》む・住《す》まう・住《す》まい・住《じゅう》・住《じゅう》する

▼そこに　居住《きょじゅう》・在住《ざいじゅう》

▼居を定めて、落ち着いて
定住《ていじゅう》・住《す》み着《つ》く・居着《いつ》く

▼そこが気に入って　住《す》み成《な》す

▼そこに生まれて住み着いている
土着《どちゃく》

▼先に住んでいる　先住《せんじゅう》

▼現に住んでいる　現住《げんじゅう》

▼長く住んで、その土地の習慣などになれ親しむ
住《す》み慣《な》れる・住《す》み馴《な》れる

▼雇われて主人と共に
住《す》み込《こ》む・住《す》み込《こ》み

▼長く住み着く　永住《えいじゅう》

▼安らかに　安住《あんじゅう》・安居《あんきょ》

▼仮にしばらく
仮住《かりず》まい・仮寓《かぐう》・仮宿《かりやど》

▼他家に身を寄せて一時的に
寄留《きりゅう》・居留《きょりゅう》・寄宿《きしゅく》・寄寓《きぐう》・寄食《きしょく》

▼落ちぶれて他家に身を寄せる
落託《らくたく》・落魄《らくはく》

▼他家に住んで食べさせてもらう
居候《いそうろう》・食客《しょっきゃく》・食客《しょっかく》

▼借家に
借住《しゃくじゅう》・借居《しゃっきょ》・棚借《たなが》り・店《たな》借《が》り

住む・住まい

▼同じ家に一緒に
同居《どうきょ》・共生《きょうせい》・同棲《どうせい》・相住《あいず》み

▼結婚していない男女が一緒に
同棲《どうせい》

▼夫婦が一緒に
妻籠《つまご》み・妻籠《つまご》め・夫籠《つまご》み・夫籠《つまご》め

▼家族同士別々に　別居《べっきょ》・離居《りきょ》

▼別に一家を構えて
別戸《べっこ》・別家《べっけ》・分家《ぶんけ》

▼夫または妻を亡くして
寡住《やもめず》み・寡暮《やもめぐ》らし

▼ひとり寂しく
独居《どっきょ》・索居《さっきょ》・独《ひと》り住《ず》まい・侘《わ》び住《ず》まい・独《ひと》り住《ず》み

▼世間の煩わしさから離れ静かにゆったりと
閑居《かんきょ》・静居《せいきょ》

▼家督を譲って閑居する
隠居《いんきょ》・屏居《へいきょ》

▼俗世を離れて、隠れ
幽棲《ゆうせい》・幽栖《ゆうせい》・幽居《ゆうきょ》・潜居《せんきょ》・巌棲《がんせい》・巌栖《がんせい》

▼庵《いおり》に閑居する　庵住《あんじゅう》

▼世を逃れて山中に
山居《さんきょ》・山伏《やまぶし》・山臥《やまぶし》

▼村里に住み暮らす
村居《そんきょ》・僻在《へきざい》・田舎住《いなかず》まい・田舎住《いなかず》み

▼辺鄙《へんぴ》な所に流されて住み暮らす
謫居《たっきょ》

▼移り
移住《いじゅう》・転居《てんきょ》・宿替《やどが》え・転宅《てんたく》・転住《てんじゅう》・家移《やうつ》り

住んでいる場所の意味の「住まい」

▼住んでいる所
住《す》まい・住居《すまい》・住所《じゅうしょ》・所《ところ》・居所《いどころ》・居所《きょしょ》・居場所《いばしょ》・家《いえ》・住《す》み所《どころ》・在所《ざいしょ》・所在《しょざい》・居《きょ》・住処《すみか》・住家《すみか》・所書《ところが》き

▼現に住んでいる所　現住所《げんじゅうしょ》

▼現に住んでいる地　現住地《げんじゅうち》

▼相手の住む所の敬称　貴所《きしょ》

▼相手の住む土地の敬称
貴地《きち》・御地《おんち》

▼罪を得て流された所　配所《はいしょ》

人の暮らす建物としての「住まい」

▼人がふだん生活する建物
住《す》まい・住居《すまい》・住居《じゅうきょ》・住処《すみか》・住家《すみか》・住宅《じゅうたく》・宅《たく》・居《きょ》・家宅《かたく》・家《いえ》・住屋《じゅうおく》・室家《しっか》・家屋《かおく》・房《ぼう》・舎《しゃ》・宿《やど》・宿元《やどもと》・宿許《やどもと》・宿所《しゅくしょ》

▼いつも住んでいる　居宅《きょたく》

住む・住まい

▼自分の　自宅《じたく》・私宅《したく》・内《うち》
▼家族がいつも住んでいる　本宅《ほんたく》
▼屋敷の中の中心となる
母屋《おもや》・母家《おもや》・母屋《もや》
▼母屋から離れてある
離《はな》れ・離《はな》れ家《や》
▼本宅以外に設けた　別宅《べったく》
▼妾《めかけ》を住まわせる　妾宅《しょうたく》
▼門構えの大きな
邸宅《ていたく》・邸《てい》・館《やかた》・屋敷《やしき》・第《てい》
宅《たく》・第館《だいかん》・邸第《ていだい》
▼住んでいる邸宅　居邸《きょてい》・居館《きょかん》
▼家屋と宅地　家屋敷《いえやしき》・家宅《かたく》
▼自分の屋敷　自邸《じてい》・私邸《してい》
▼家族がいつも住んでいる屋敷
本邸《ほんてい》
▼本邸以外に建てた屋敷
別邸《べってい》・下屋敷《しもやしき》
▼避暑・避寒などのために建てた別邸
別荘《べっそう》・別墅《べっしょ》
▼山中の別荘　山荘《さんそう》
▼他人の住まいの敬称
金屋《きんおく》・玉堂《ぎょくどう》・玉《たま》の枢《とぼそ》・高厦《こうか》
▼自分の住まいの謙譲語
寓居《ぐうきょ》・寓《ぐう》・陋居《ろうきょ》・陋宅《ろうたく》・僑《きょう》
居《きょ》・荊扉《けいひ》・矮屋《わいおく》・草庵《そうあん》・蓬《ほう》
屋《おく》・蓬門《ほうもん》・蓬戸《ほうこ》・草《くさ》の戸《と》・
草《くさ》の扉《と》・草《くさ》の枢《とぼそ》・草《くさ》の扃《とざし》・
荒屋《あばらや》・茅舎《ぼうしゃ》・蓬《よもぎ》が宿《やど》・葎《むぐら》
の宿《やど》・葎《むぐら》の門《かど》・茅廬《ぼうろ》・環《かん》
堵《と》・蝸廬《かろ》・拙宅《せったく》・陋屋《ろうおく》
▼仮に住んでいる所
仮住《かりず》まい・仮寓《かぐう》・寓《ぐう》・寓《ぐう》
居《きょ》・僑居《きょうきょ》・僑寓《きょうぐう》・仮《かり》の宿《やど》・
仮《かり》の宿《やどり》
▼借りている
借家《しゃくや》・借屋《しゃくや》・借《か》り家《や》・借《か》
り住《ず》まい・借宅《しゃくたく》
▼官公庁から役人が借りている
官舎《かんしゃ》・公舎《こうしゃ》・官宅《かんたく》・役宅《やくたく》・
公邸《こうてい》・官邸《かんてい》
▼会社から社員が借りている
社宅《しゃたく》
▼会社・大学などの共同の
寮《りょう》・寄宿舎《きしゅくしゃ》
▼人に貸す　貸家《かしや》・店《たな》・家作《かさく》
▼一定期間部屋を貸す
下宿《げしゅく》・下宿屋《げしゅくや》
▼人に売る　売《う》り家《や》・売《う》り家《いえ》
▼人が住んでいない
空《あ》き家《や》・明《あ》き家《や》・空屋《くうおく》・空《あ》
き巣《す》・明《あ》き巣《す》
▼新しく建てた、あるいは移った
新居《しんきょ》・新宅《しんたく》
▼もと住んでいた
旧宅《きゅうたく》・旧居《きゅうきょ》・故居《こきょ》・古巣《ふるす》・
旧巣《ふるす》
▼静かな
閑居《かんきょ》・閑宅《かんたく》・閑住《かんじゅう》・幽居《ゆうきょ》・

住む・住まい

静居《せいきょ》

▼隠居した者の　隠宅《いんたく》・隠居所《いんきょじょ》

▼俗世を離れ、隠れ住む
隠《かく》れ家《が》・隠《かく》れ処《が》・隠《かく》れ所《どころ》・隠宅《いんたく》・草隠《くさがく》れ・幽棲《ゆうせい》・幽栖《ゆうせい》

▼山中の　山家《やまが》・山居《さんきょ》・仙居《せんきょ》

▼一生を終える住まい
終《つい》の住処《すみか》・終《つい》の栖《すみか》

▼大きな建物　大廈高楼《たいかこうろう》

▼寺院に付属している僧の
僧坊《そうぼう》・僧房《そうぼう》・坊《ぼう》

▼貧しい人の
貧居《ひんきょ》・賤家《せんか》・蓬戸《ほうこ》

建物の形態からみた「住まい」

▼一戸ごとに独立して建てた
戸建《こだ》て・一戸建《いっこだ》て

▼家を一戸ごとに独立して建てて売る。またその家
建売《たてうり》・建売住宅《たてうりじゅうたく》

▼人々が集まって住む
集合住宅《しゅうごうじゅうたく》・共同住宅《きょうどうじゅうたく》・団地《だんち》・アパート・アパートメント

▼中高層の集合住宅
マンション・コーポラス

▼分譲形式の集合住宅
分譲《ぶんじょう》マンション・コンドミニアム

▼情報通信施設が整ったマンション
インテリジェントマンション

▼高台にある集合住宅　ハイツ

▼連棟式の低層集合住宅
タウンハウス

▼各戸が複数階にまたがった中高層集合住宅
メゾネット

▼一部屋に台所・トイレ・浴室があるマンション
ワンルームマンション

機能からみた「住まい」

▼建物正面の入口部分
車寄《くるまよ》せ・玄関《げんかん》・ポーチ・エントランス

▼家族がいつも使う部屋
居間《いま》・茶《ちゃ》の間《ま》・居室《きょしつ》・リビング・リビングルーム

▼客を接待するための部屋
客室《きゃくしつ》・客間《きゃくま》・応接室《おうせつしつ》・応《おう》接間《せつま》・客座敷《きゃくざしき》

▼料理や食事をするための空間
台所《だいどころ》・勝手《かって》・調理場《ちょうりば》・炊《すい》事場《じば》・厨《くりや》・厨房《ちゅうぼう》・厨庖《ちゅうぼう》・

住む・住まい

庖厨《ほうちゅう》・キッチン

▼夜寝るための部屋

寝室《しんしつ》・寝間《ねま》・寝所《しんじょ》・寝所《ねどこ》・閨《ねや》・閨房《けいぼう》・ベッドルーム

▼読書や勉学をするための部屋

書斎《しょさい》・書屋《しょおく》・書房《しょぼう》・明窓浄机《めいそうじょうき》

▼西洋風の部屋

洋室《ようしつ》・洋間《ようま》

▼日本風の部屋

和室《わしつ》・日本間《にほんま》

▼入浴のための設備

風呂《ふろ》・風呂場《ふろば》・浴室《よくしつ》・湯殿《ゆどの》・浴槽《よくそう》・バスルーム・ユニットバス

▼洗顔や衛生を保つための設備

洗面所《せんめんじょ》・化粧室《けしょうしつ》・手洗《てあら》い・便所《べんじょ》・水洗便所《すいせんべんじょ》・トイレ・トイレット・レストルーム・W《ダブリュー》C《シー》・ウオータークロゼット・厠《かわや》・雪隠《せっちん》・手水《ちょうず》・憚《はばか》り・後架《こうか》・御不浄《ごふじょう》・サニタリー

▼物を収納するための空間

押《お》し入《い》れ・物入《ものい》れ・クローゼット・天袋《てんぶくろ》・床下収納庫《ゆかしたしゅうのうこ》

▼物を収納するための小部屋

納戸《なんど》・物置《ものおき》・屋根裏部屋《やねうらべや》・グルニエ・ロフト・サービスルーム・ウォークインクローゼット

▼マンションなどの露台

ベランダ・バルコニー・ルーフバルコニー

▼木や草花を植えたりする敷地の一部

庭《にわ》・庭園《ていえん》・中庭《なかにわ》・裏庭《うらにわ》・花壇《かだん》・植《う》え込《こ》み・アトリウム・パティオ

▼建物の外回りの構造物

塀《へい》・垣《かき》・生《い》け垣《がき》・外構《がいこう》・フェンス・エクステリア

▼建物の外回りの出入り口

門《もん》・門《かど》・門扉《もんぴ》・門口《かどぐち》・正門《せいもん》・表門《おもてもん》・裏門《うらもん》・ゲート・アーチ

「住む・住まい」に関する慣用句・故事・成語・ことわざ

［鰻《うなぎ》の寝床《ねどこ》］
間口が狭く、奥行きのある細長い部屋や建物などの形容。

［居《きょ》は気《き》を移《うつ》す］
住んでいる場所や環境は人の心に大きな影響を及ぼすものであるということ。

［金殿玉楼《きんでんぎょくろう》］
金や玉で飾った非常に美しい御殿のこと。

［九尺二間《くしゃくにけん》］
長屋で間口九尺、奥行二間に仕切った家のことで、非常に狭い家、貧しい人の住まいをいう。

［敷居《しきい》が高《たか》い］
義理を欠いたり迷惑をかけたりし

て、家に入りにくいこと。

【市中《しちゅう》の閑居《かんきょ》】

名のある人が町なかで、人に知れずにひっそり暮らしていること。

【住《す》まば都《みやこ》】

どうせ住むのだったら都の方がよいということ。

【住《す》むばかりの名所《めいしょ》】

名所や観光として有名な土地であっても、実際にそこに住んで暮らしている人には、単に生活を営んでいる場所に過ぎないものだ。

【住《す》めば都《みやこ》】

どんな所でも、住み慣れてみれば都にいるような気持ちで快適に暮らせるものだということ。

座《すわ》る

形態・状態からみた「座る」

▼ひざを折って腰をおろす

座《すわ》る・坐《すわ》る・座《ざ》する・坐《ざ》する

▼座ること　座《すわ》り・坐《すわ》り

▼座ったままその場を動かずにいる

座《すわ》り込《こ》む・坐《すわ》り込《こ》む・居座《いすわ》る・居坐《いすわ》る・座《すわ》り込《こ》み

▼座ることと立つこと

立《た》ち居《い》・起《た》ち居《い》・座作《ざさ》・坐作《ざさ》・起居《ききょ》

▼きちんと

正座《せいざ》・正坐《せいざ》・端座《たんざ》・端坐《たんざ》・危座《きざ》・危坐《きざ》・畏《かしこ》まる

▼座り直す。また、にわかに態度を荒々しいものに改める

居直《いなお》る

▼心を落ち着け、静かに

静座《せいざ》・静坐《せいざ》

▼どっかりと座っている　鎮座《ちんざ》

▼地面にひざまずいて礼をする

土下座《どげざ》

▼くたびれて座り込む

へたばる・へこたれる・へたる・へばる

▼ひざまずいて

跪座《きざ》・跪坐《きざ》・突《つ》い居《い》る

▼片ひざを立てて　立《た》て膝《ひざ》

▼片ひざを立て、手でそのひざを抱くようにして

搔《か》い膝《ひざ》

▼ひざを折り、体を丸くして

蹲《うずくま》る・踞《うずくま》る・踞座《きょざ》・蹲踞《そんきょ》・蹲居《そんきょ》・蹲踞《そんこ》・蹲居《そんこ》

座る

▼腰を浮かして　踞《しりうた》ぐ
▼両足を投げ出して
箕踞《ききょ》・箕座《きざ》・箕坐《きざ》
▼幼児語で、尻をつき足を投げ出して
えんこ
▼足を横に出し姿勢を崩して
横座《よこずわ》り・横坐《よこずわ》り
▼足を前に組んで
胡座《あぐら》・胡坐《あぐら》・胡床《あぐら》・胡坐《こざ》・趺坐《ふざ》・趺座《あぐら》・丈六《じょうろく》・足組《あぐ》み・趺坐《あぐみ》・足組《あぐ》む・趺《あぐ》む・足組《あぐ》まう・じょうらくむ
▼楽な姿勢で、また、あぐらをかく
安座《あんざ》・安坐《あんざ》・平《たい》ら・平座《へいざ》・平坐《へいざ》
▼ずうずうしく大きくあぐらをかく
大胡坐《おおあぐら》・高胡坐《たかあぐら》
▼足を左右に出し尻をつけて
鳶足《とんびあし》
▼足を崩して楽に座るようすすめる

言葉
御平《おたい》らに
▼無言で　黙座《もくざ》・黙坐《もくざ》
▼ひとりで座っている
単座《たんざ》・単坐《たんざ》・孤坐《こざ》・独座《どくざ》・独坐《どくざ》
▼さびしくひとりで座っている
枯坐《こざ》
▼向かい合って
対座《たいざ》・対坐《たいざ》・掛《か》け向《む》かい・差《さ》し向《む》かい・向《む》かい座《ざ》・向《む》かい坐《ざ》・対席《たいせき》
▼三人が向き合って
鼎座《ていざ》・鼎坐《ていざ》
▼多くの人が円形に
円座《えんざ》・円坐《えんざ》・車座《くるまざ》・車坐《くるまざ》・団座《だんざ》・団坐《だんざ》・環座《かんざ》・環坐《かんざ》・円居《まどい》・団居《まどい》・輪坐《りんざ》・団欒《だんらん》
▼起き上がって　起座《きざ》・起坐《きざ》
▼序列を乱して　乱座《らんざ》・乱坐《らんざ》

▼人の家を訪問して長くいる
長座《ちょうざ》・長坐《ちょうざ》・長居《ながい》
▼屋根なしの所に　露座《ろざ》・露坐《ろざ》
▼隠れるようにして　居隠《いかく》る
▼貴人のそば近くにひかえて
侍座《じざ》・侍坐《じざ》
▼禅宗で両足を組んで座り、悟りの境地を得ようとする修行
座禅《ざぜん》・坐禅《ざぜん》・燕座《えんざ》・宴座《えんざ》・宴坐《えんざ》
▼右足を左ももの上に、左足を右ももの上に組んで
結跏《けっか》・結跏趺坐《けっかふざ》・蓮華座《れんげざ》・蓮華坐《れんげざ》

着席・退席の様態からみた「座る」

▼座席に着く
着席《ちゃくせき》・着座《ちゃくざ》・着《つ》く

座る

▼同じ席に居合わす
同座《どうざ》・同坐《どうざ》・同席《どうせき》・一座《いちざ》
▼知らない人と同席する
合《あ》い席《せき》・相席《あいせき》
▼目上に従って同席する　陪席《ばいせき》
▼その席に臨む
臨席《りんせき》・出席《しゅっせき》・参座《さんざ》・参列《さんれつ》・参会《さんかい》
▼人がその席に臨むことの尊敬語
来臨《らいりん》
▼貴人が座に出る　出座《しゅつざ》
▼しかるべき席に着く　直《なお》る
▼椅子・台などに腰をおろす
腰掛《こしか》ける・掛《か》ける
▼その座に連なる
列座《れつざ》・列坐《れつざ》・居並《いなら》ぶ・連座《れんざ》・連坐《れんざ》・列席《れっせき》
▼集会などで中途で席を立つ
中座《ちゅうざ》・中座《なかざ》
▼席を離れる　起座《きざ》・起坐《きざ》

▼その座席から立ち去る
退座《たいざ》・退席《たいせき》
▼もとの座に帰る　帰座《きざ》

座席の様態からみた「座る」

▼座る場所
座《ざ》・座席《ざせき》・席《せき》・居敷《いしき》・筵席《えんせき》
▼座の丁寧語　御座《おざ》・御座《ござ》
▼居るべき　場席《ばせき》・場所《ばしょ》・場《ば》
▼上位の
上座《じょうざ》・上座《かみざ》・上席《じょうせき》・座上《ざじょう》・坐《ざ》上《じょう》・上段《じょうだん》・上座《かみくら》・座上《くらがみ》・高座《こうざ》
▼一番上位の
首座《しゅざ》・一座《いちざ》・主席《しゅせき》・首席《しゅせき》
▼下位の
末席《まっせき》・席末《せきまつ》・下座《しもざ》・下座《げざ》・座後《くらじり》・末座《まつざ》・末坐《まつざ》・末座《ばつざ》
▼二番目の　次席《じせき》

▼自分の　自席《じせき》
▼決まった　定席《じょうせき》
▼本来の　本座《ほんざ》
▼正面の　正座《しょうざ》・上座《じょうざ》・横座《よこざ》
▼かたわらの　側席《そくせき》
▼隣の　隣席《りんせき》
▼別の　別席《べっせき》
▼あいている　空席《くうせき》
▼囲炉裏で主人が座る
横座《よこざ》・亭主座《ていしゅざ》
▼囲炉裏端の客席
寄《よ》り座《ざ》・竪座《たてざ》
▼周囲に幄《あく》をめぐらした
幄《あく》の座《ざ》・幄座《あくざ》
▼客のための　客座《きゃくざ》・客席《きゃくせき》
▼寄り合いの　会席《かいせき》
▼酒宴の
酒席《しゅせき》・御座敷《おざしき》・筵席《えんせき》・宴席《えんせき》
▼宴席の美称　瓊筵《けいえん》

▼寄席など演芸者のための一段高い
高座《こうざ》

▼見物人の
観覧席《かんらんせき》・観客席《かんきゃくせき》・客席《きゃくせき》・見物席《けんぶつせき》

▼立ったまま見物する
立見《たちみ》・立見席《たちみせき》・立《た》ち席《せき》

▼舞台際の　齧《かぶ》り付《つ》き

▼相撲や劇場でのます形の観客席
升《ます》・枡《ます》・升席《ますせき》・枡席《ますせき》・仕切《しき》り枡《ます》

▼相撲で土俵際の観客席
砂被《すなかぶ》り

▼相撲などで高く作った見物席
桟敷《さじき》・桟敷《さんじき》

▼劇場などで土間より高くした見物席
桟敷《さじき》・桟敷席《さじきせき》

▼劇場で後方最上階の低料金の
天井桟敷《てんじょうさじき》

▼料金を取って貸す
貸《か》し席《せき》・貸《か》し座敷《ざしき》

▼茶の湯の会の　茶席《ちゃせき》

▼詩歌・俳句などの会合の　詩筵《しえん》

▼すべての客席がふさがる
満席《まんせき》・満員《まんいん》

▼その座にいる人みんな
挙座《きょざ》・満座《まんざ》

▼講師が座る
講座《こうざ》・講席《こうせき》・講筵《こうえん》

▼便所の腰掛ける所
便座《べんざ》・便坐《べんざ》

▼饗宴で正客以外の相伴人が座る
垣下《えんが》の座《ざ》・垣下《えが》の座《ざ》

▼貴人が座る所　御座《おまし》・御座《みまし》

▼天子の
帝座《ていざ》・玉座《ぎょくざ》・王座《おうざ》・御座《ぎょざ》

▼天子が経書の講義を聴く、また、経書を講ずる
経筵《けいえん》

▼天皇・皇后・東宮などの座る
平敷《ひらしき》の御座《おまし》

▼宮中で公事に公卿が連なった
陣《じん》の座《ざ》・仗座《じょうざ》・仗《じょう》の座《ざ》・陣《じん》

▼紫宸殿《ししんでん》の中央に設けた天皇の
高御座《たかみくら》

▼清涼殿にある御座
昼《ひ》の御座《おまし》・昼《ひ》の御座《ござ》

▼椅子を設けて作った天皇の
倚子《いし》の御座《おまし》

神仏関係の座席からみた「座る」

▼説法する者の　法座《ほうざ》・法席《ほうせき》

▼仏法を聴くための　会座《えざ》

▼法会《ほうえ》・法事の
法筵《ほうえん》・法《のり》の筵《むしろ》

▼禅家の法会で勝手に席に着く
胡乱座《うろんざ》

▼禅宗で修行僧の中で第一席にある者

首座《しゅそ》・首座《しゅざ》

▼禅宗で説法のとき導師を高座に着かせる

引座《いんぞ》

▼蓮華の形に作った仏像の

蓮華座《れんげざ》・蓮華坐《れんげざ》・蓮華台《れんげだい》・蓮座《れんざ》・蓮坐《れんざ》・蓮台《れんだい》・華座《けざ》・蓮《はちす》の座《ざ》・法座《ほうざ》

▼仏の座る

仏座《ぶつざ》・猊座《げいざ》・獅子座《ししざ》

▼像を安置する台　台座《だいざ》

▼仏像を安置する壇

須弥座《しゅみざ》・須弥壇《しゅみだん》・須弥壇《すみだん》

▼岩をかたどった仏像の台座

岩座《いわざ》

▼神霊のいる所　神座《しんざ》

▼天孫の天上での座　天《あま》の磐座《いわくら》

「座る」の擬態語

▼姿勢正しく背筋を伸ばして

しゃんと

▼小さくかしこまり

ちょこんと

▼小さくかしこまって静かに

ちょんと

▼揺るぐことなく腰をすえ堂々と

でんと

▼重々しく揺るぐことなく腰をおろす

どっかと

▼動くことなく重々しく、腰をすえて

どっかり

▼体に力がなくなって座り込む

へたへた・へなへな

▼尻を平らにくっつけて

ぺたりと・ぺたっと・べたりと

▼尻餅をついて

ぺたんと・ぺったん

「座る」に関する慣用句・成語

[胡座《あぐら》をかく]

足を組んで楽な状態にして座る。

《類》「座《ざ》を組《く》む」「膝《ひざ》を組《く》む」「陸《ろく》に居《い》る」

[結跏趺坐《けっかふざ》]

あぐらをかき、左右の大腿部《だいたいぶ》の上にそれぞれの反対の足を置いて組む座り方。「跏」は、足の裏、「趺」は、足の甲。仏教での坐法の一つ。

《類》「半跏趺坐《はんかふざ》」

[座《ざ》が長《なが》い]

他人の家を訪ねて長居をする。

[座《ざ》に直《なお》る]

自分の席に座る。

【座《ざ》を構《かま》える】
着席する。また、行儀よく座る。

【座《ざ》を占《し》める】
着席する。

【座《ざ》を外《はず》す】
用事などのために、席を立ってその場からいなくなる。《類》「席《せき》を外《はず》す」「座《ざ》を立《た》つ」

【只管打坐《しかんたざ》】
すべての雑念を払い、ただひたすら座禅に修行すること。「只管」は、ひたすらの意。

【席《せき》を改《あらた》める】
話し合いや宴会などの場所を改めて別の所に移す。会場を変えること。

【席《せき》を譲《ゆず》る】
自分の座っている席に他の人を座らせる。

【膝《ひざ》を崩《くず》す】
正座の状態から楽な姿勢になって座る。

【膝《ひざ》を組《く》む】
同席する。対座する。

【膝《ひざ》を進《すす》める】
座ったまま、膝で体を前に進めて近寄る。

【膝《ひざ》を正《ただ》す】
行儀よく正座の姿勢で座る。

【膝《ひざ》を突《つ》き合《あ》わせる】
よく話し合うため、互いの膝が触れ合うほど近くに向かい合って座る。

性格《せいかく》・性質《せいしつ》

種別からみた人のもつ「性格・性質」

▼その人特有の行動や考え方の傾向
性格《せいかく》・品格《ひんかく》・品性《ひんせい》・人柄《ひとがら》・キャラクター・キャラ

▼生まれたときから身に備わっていること。生まれたときからの性質
先天《せんてん》・生来《せいらい》・生まれ付《つ》き・天性《てんせい》・性分《しょうぶん》・賦性《ふせい》・資性《しせい》・質《たち》・賦質《ふしつ》・稟性《ひんせい》・生得《しょうとく》・生《せい》得《とく》・資《し》・性《しょう》・性《さが》・相《さが》・性《せい》・質《しつ》・地《じ》・持《も》ち前《まえ》・資質《ししつ》・本性《ほんしょう》・天然《てんねん》・本然《ほんねん》・人《ひと》となり・本《ほん》然《ぜん》・持《も》ち来《きた》り・本性《ほんせい》・徳《とく》・天授《てんじゅ》・天資《てんし》・稟質《ひんしつ》・天質《てんしつ》・天《てん》骨《こつ》・天生《てんせい》・天賦《てんぷ》・素質《そしつ》・性情《せいじょう》

▼天から受けた性質や才能
天性《てんせい》・天成《てんせい》・天授《てんじゅ》・天稟《てんぴん》・天稟《てんりん》・天質《てんしつ》・天分《てんぶん》・天賦《てんぷ》・天機《てんき》・天資《てんし》・天与《てんよ》・天才《てんさい》・天賜《てんし》・稟性《ひんせい》・稟賦《ひんぷ》

▼生まれながらに身についている
先天性《せんてんせい》・先天的《せんてんてき》

▼生まれてから身についた
後天性《こうてんせい》・後天的《こうてんてき》

性格・性質

▼習慣によって身についた性質
習性《しゅうせい》・癖《くせ》・習《なら》い・倣《なら》い・習《しゅう》癖《へき》・性癖《せいへき》

▼本来もっている性質や才能
素質《そしつ》・本領《ほんりょう》・本色《ほんしょく》・下地《したじ》

▼本来のあまりよくない性質
地金《じがね》

▼その人特有の性格や性質
個性《こせい》・特性《とくせい》・特質《とくしつ》・パーソナリティー

▼一般の人に共通する性質　通性《つうせい》

▼心のもちよう。ふだんの感情的傾向
気質《きしつ》・気質《かたぎ》・気立《きだ》て・心立《こころだ》て・気《き》・気性《きしょう》・気象《きしょう》・心延《こころば》え・性向《せいこう》・肌《はだ》・肌合《はだあ》い・心《こころ》馳《ば》せ・気前《きまえ》・気風《きふう》・気《き》っ風《ぷ》・心意気《こころいき》・心柄《こころがら》・性情《せいじょう》・意気《いき》

▼その人の根本的な心のもち方、性質
根性《こんじょう》・性根《しょうね》・根《ね》・心根《こころね》・気《き》心《ごころ》・土性骨《どしょうぼね》・土性《どしょう》っ骨《ぼね》・土《ど》性根《しょうね》・ど根性《こんじょう》・意地《いじ》・底意地《そこいじ》

▼その人に備わっている性格や品性
人柄《ひとがら》・人品《じんぴん》・人格《じんかく》・風格《ふうかく》・骨柄《こつがら》

▼同じ人が全く違った性格を現す
二重人格《にじゅうじんかく》

▼人に自然に備わっている人格的雰囲気
品《ひん》・品位《ひんい》・品格《ひんかく》・気品《きひん》・風格《ふうかく》

▼その人に備わっている徳の高さ
天爵《てんしゃく》

▼ある人・物事に対する性格的な心のもち方
気構《きがま》え・心構《こころがま》え・気宇《きう》・心《こころ》掛《が》け・心懸《こころが》け

▼人の人格的な大きさ　器量《きりょう》

▼人の身に備わる威厳
貫禄《かんろく》・重《おも》み

▼損得にあまりこだわらない気性
気前《きまえ》・気《き》っ風《ぷ》

▼職業・身分などに応じた類型的な気風
気質《かたぎ》・形気《かたぎ》・容気《かたぎ》・形儀《かたぎ》

▼道徳的にすぐれた性格や行い
徳《とく》

▼その人に自然に備わった徳
人徳《じんとく》・人徳《にんとく》

▼冒しがたい威厳のある徳　威徳《いとく》

▼道徳的な性格　徳性《とくせい》

▼互いに気性が合う
性合《しょうあ》い・合《あ》い性《しょう》・相性《あいしょう》

様態からみた「性質・気質」

▼人が本来もっている人間らしさ
人間性《にんげんせい》・人間味《にんげんみ》・人性《じんせい》

▼あることに向いている　適性《てきせい》

▼人とうまく交際できる
社交性《しゃこうせい》

▼父親らしい　父性《ふせい》

性格・性質

▼母親らしい　母性《ぼせい》

▼男らしい　男気《おとこぎ》・侠気《きょうき》

▼女らしい　女気《おんなぎ》・女子気《おなごぎ》

▼娘らしいうぶな　娘気《むすめぎ》・娘気質《むすめかたぎ》

▼学生特有の　書生気質《しょせいかたぎ》

▼商人特有の　商人気質《あきんどかたぎ》・商売気質《しょうばいかたぎ》

▼職人らしい　職人気質《しょくにんかたぎ》

▼美しい、また、すぐれた　美質《びしつ》・麗質《れいしつ》

▼異常な　変質《へんしつ》・アブノーマル

▼人を惑わす　魔性《ましょう》

▼たちの悪い　悪性《あくしょう》

▼動物的な　獣性《じゅうせい》

▼粗野な　野性《やせい》

▼物事に熱中する　凝り性《こりしょう》

▼飽きっぽい　飽き性《あきしょう》

▼すぐに照れる　照れ性《てれしょう》

▼すぐに気に病む　苦労性《くろうしょう》・心配性《しんぱいしょう》・貧乏性《びんぼうしょう》

▼忍耐強い　耐え性《たえしょう》・堪え性《こらえしょう》・怺え性《こらえしょう》

▼不潔・不正をひどく嫌う　潔癖《けっぺき》・潔癖性《けっぺきしょう》

▼物忘れしやすい　健忘症《けんぼうしょう》

▼神経が過敏な　神経質《しんけいしつ》

▼どこか人と違ったところのある　一癖《ひとくせ》

▼一風変わった　奇骨《きこつ》

▼陽気でせっかちで飽きっぽい　多血質《たけつしつ》

▼活気に乏しいが、粘り強い　粘液質《ねんえきしつ》

▼意志が強く冷静だが、威張りちらす　胆汁質《たんじゅうしつ》

▼陰気で人に不信感をもちやすい　憂鬱質《ゆううつしつ》

▼気分の浮き沈みが交互に現れる　躁鬱質《そううつしつ》

▼内向的で過敏な面と鈍感な面をもつ　分裂質《ぶんれつしつ》

陽気・陰気からみた「性格」

▼明るくにぎやかな　陽気《ようき》・陽性《ようせい》

▼陽気な　明《あか》るい・朗《ほが》らか・明朗《めいろう》

▼明るく元気な　快活《かいかつ》

▼明るく開けっ広げな　開放的《かいほうてき》

▼快活で細かいことにこだわらない　磊落《らいらく》

▼物事にこだわらずのびのびとした　闊達《かったつ》・豁達《かったつ》

▼心が広くて元気で生き生きとした　快闊《かいかつ》・快豁《かいかつ》

性格・性質

▼心が広く、こせこせしない
豪放《ごうほう》
▼ゆったりと落ち着きがあって、こせこせしない
大《おお》らか・大様《おおよう》・鷹揚《おうよう》
▼外部の事物に関心が強い
外向的《がいこうてき》
▼さっぱりとしていて明るく打ち解けやすい
気《き》さく・さくい
▼さっぱりとしていて欲のない
淡白《たんぱく》・淡泊《たんぱく》・澹泊《たんぱく》
▼さっぱりとしていて俗気のない
洒脱《しゃだつ》・垢抜《あかぬ》け
▼さっぱりとしていて物に執着しない
洒落《しゃらく》
▼落ち着きのない
上調子《うわちょうし》・上《うわ》っ調子《ちょうし》
▼考えの浅い
軽薄《けいはく》・おっちょこちょい

▼いたずら好きで明るい　茶目《ちゃめ》
▼おしゃべりで茶目
おちゃっぴい
▼明るく滑稽な　剽軽《ひょうきん》
▼自分の心の中にこもりがちな
内向的《ないこうてき》・閉鎖的《へいさてき》
▼感じやすく、すぐに涙を出すような
感傷的《かんしょうてき》・涙脆《なみだもろ》い・ウェット・センチメンタル
▼一癖あって扱いにくい
気難《きむずか》しい
▼何にでも疑ってかかる
疑《うたが》い深《ぶか》い・疑《うたぐ》り深《ぶか》い
▼陰気で無口な
しんねりむっつり
▼物事に消極的で明るくない
陰性《いんせい》・暗《くら》い・陰気《いんき》・陰気臭《いんきくさ》い

気が強い・弱いからみた「性格」

▼気が強く人に負けるのが嫌いな
勝《か》ち気《き》・聞《き》かん気《き》・利《き》かん気《き》・負《ま》けん気《き》・負《ま》け嫌《ぎら》い・負《ま》けず嫌《ぎら》い
▼気が強い　強気《つよき》
▼気性が強く信念を曲げない
剛直《ごうちょく》
▼容易に周りの圧力に屈しない強い意気込み
気骨《きこつ》・気概《きがい》・骨《ほね》っ節《ぷし》
▼気が強くしっかりした
気丈《きじょう》・気丈夫《きじょうぶ》・気強《きづよ》い
▼男性以上に気丈な女性
男勝《おとこまさ》り・女丈夫《じょじょうふ》・女丈夫《おんなじょうぶ》・女傑《じょけつ》
▼気が強くて一筋縄ではいかない強

性格・性質

情な人
強《したた》か者《もの》
▼度量が大きい　寛容《かんよう》・開豁《かいかつ》
▼勇気があり強い。また、気が強くたくましい
剛勇《ごうゆう》・勇猛《ゆうもう》・剛健《ごうけん》
▼豪放で勇ましい　豪気《ごうき》・剛気《ごうき》
▼意志が強く物事にくじけない
剛毅《ごうき》・豪毅《ごうき》
▼決してくじけない
不抜《ふばつ》・不撓《ふとう》・不屈《ふくつ》
▼負けん気の強い一徹な気性
負《ま》けじ魂《だましい》・張《は》り魂《だましい》
▼気骨がありしっかりした
骨《ほね》っぽい
▼気骨があり意志を容易に曲げない
硬骨《こうこつ》
▼時勢や権力などに従わない
反骨《はんこつ》
▼やる気にあふれ、頼りになる
甲斐性《かいしょう》・甲斐性《かいしょ》
▼身内の前では強がり、他人には意気地がない
内弁慶《うちべんけい》・陰弁慶《かげべんけい》・炬燵弁慶《こたつべんけい》
▼気が弱い
弱気《よわき》・気弱《きよわ》・心弱《こころよわ》い・脆《もろ》い
▼気骨がない　骨無《ほねな》し・柔弱《にゅうじゃく》
▼やる気がない　無気力《むきりょく》
▼意気地がない
弱虫《よわむし》・腰抜《こしぬ》け・腑抜《ふぬ》け・腑《ふ》甲斐無《がいな》い・不甲斐無《ふがいな》い・惰《だ》弱《じゃく》・軟弱《なんじゃく》・甲斐性無《かいしょうな》し
▼ぐずぐずして決断力に欠ける
優柔《ゆうじゅう》・因循《いんじゅん》
▼意気地や忍耐力に欠ける
弱腰《よわごし》・腰弱《こしよわ》
▼度胸がない
小心《しょうしん》・臆病《おくびょう》・小胆《しょうたん》
▼小さなことにこだわる
齷齪《あくせく》・偓促《あくせく》
▼引っ込みがちな
引《ひ》っ込《こ》み思案《じあん》・内気《うちき》・シャイ

素直・強情からみた「性格」

▼ひねくれたところがない
素直《すなお》・純真《じゅんしん》
▼素直で逆らわない
従順《じゅうじゅん》・柔順《じゅうじゅん》
▼鋭くぴりっとした　稜稜《りょうりょう》
▼根気がある　粘《ねば》り強《づよ》い
▼しつこい
ねちっこい・ねつい
▼意地を貫き通す
片意地《かたいじ》・依怙地《いこじ》・意固地《いこじ》・剛愎《ごうふく》
▼かたくなで片意地を張る
強気《つよき》・情張《じょうは》り・情張《じょうば》り・

性格・性質

情《じょう》っ張《ぱ》り・意地《いじ》っ張《ぱ》り・強《ごう》情《じょ》っ張《ぱ》り・頑固《がんこ》・頑《かたく》な・一《いっ》徹《てつ》・強情《ごうじょう》・豪気《ごうき》・豪儀《ごうぎ》

▼いつまでもしつこい　くどい

▼粘り強くいつまでもこだわる
執拗《しつよう》

▼頑固で粘り強い　しぶとい

▼片よった考えに固執する
偏執《へんしゅう》・偏執《へんしつ》・パラノイア

▼ひねくれていて頑固
偏屈《へんくつ》・偏窟《へんくつ》

▼考えなどが古く狭くかたくなな
固陋《ころう》

▼古い習慣を頑固に守る　旧弊《きゅうへい》

▼昔風の頑固な
昔気質《むかしかたぎ》・昔堅気《むかしかたぎ》

▼頑固で融通がきかない　石頭《いしあたま》

▼頑固で道理に暗い　頑迷《がんめい》

▼頑固で人と相容れない　狷介《けんかい》

▼強情で人に逆らってばかりいる
臍曲《へそま》がり・旋毛曲《つむじま》がり

▼わざと人の言うことに逆らって片意地を通す人
天《あま》の邪久《じゃく》・天《あま》の邪鬼《じゃく》・天《あま》の邪鬼《じゃこ》

▼何かというと口出しして人に嫌われる
うるさ型《がた》

▼落語にある口やかましい家主
小言幸兵衛《こごとこうべえ》

▼何事も悪くとる、ねじけた性質
僻《ひが》み根性《こんじょう》

善良・卑劣からみた「性格」

▼好ましい品格　上品《じょうひん》・上品《じょうぼん》

▼うそやごまかしが言えない
正直《しょうじき》

▼まじめで正直な
真《ま》っ正直《しょうじき》・真《ま》っ直《す》ぐ

▼真っ正直で飾らない　真率《しんそつ》

▼人のよい　善良《ぜんりょう》

▼誠実で正直な
律義《りちぎ》・律儀《りちぎ》・実直《じっちょく》・忠直《ちゅうちょく》

▼うそや飾り気のない　直情《ちょくじょう》

▼無邪気な　頑是無《がんぜな》い

▼気がよくて善良な　お人好《ひとよ》し

▼人がよくて考えが甘い
御目出度《おめでた》い

▼飾り気がなく正直な　朴直《ぼくちょく》

▼飾り気がなくまじめな　質実《しつじつ》

▼飾り気がなく素朴で善良な
淳良《じゅんりょう》

▼まじめで誠意がある　誠実《せいじつ》

▼真心を尽くしてよくつとめる
忠実《ちゅうじつ》

▼情に厚く誠実な
篤実《とくじつ》・篤厚《とっこう》・敦厚《とんこう》

性格・性質

▼真剣で誠実な　真面目《まじめ》
▼地味でまじめな　堅気《かたぎ》
▼人から受けた恩義などをおろそかにしない
義理堅《ぎりがた》い
▼飾り気がなく人情に厚い
醇厚《じゅんこう》・淳厚《じゅんこう》
▼慎み深く温厚な　謹厚《きんこう》
▼正直過ぎて融通がきかない
馬鹿正直《ばかしょうじき》・愚直《ぐちょく》
▼非常にまじめで融通がきかない
生真面目《きまじめ》・糞真面目《くそまじめ》
▼性質がよくない
性悪《しょうわる》・さがない
▼下等な根性
下根《げこん》・下性《げしょう》・下機《げき》・下劣《げれつ》・下品《げひん》・下品《げぼん》
▼ねじけた　邪気《じゃき》
▼意地が悪い
腹黒《はらぐろ》い・腹汚《はらぎたな》い

▼たちが悪い　悪性《あくしょう》・悪質《あくしつ》
▼非常にたちが悪い　悪辣《あくらつ》
▼心がねじけていてずるい　卑劣《ひれつ》
▼やり方がずるい　卑怯《ひきょう》
▼心が卑しくて軽蔑すべき　陋劣《ろうれつ》
▼うわべは善良そうでいて心がねじけている
陰険《いんけん》
▼心がねじけていて悪い
邪悪《じゃあく》・姦悪《かんあく》
▼心がねじけていて悪賢く人にへつらう
姦佞《かんねい》

純真・狡猾《こうかつ》からみた「性格」

▼邪心のない
純《じゅん》・純情《じゅんじょう》・清純《せいじゅん》・純粋《じゅんすい》・無垢《むく》・無邪気《むじゃき》・純真《じゅんしん》・無心《むしん》

▼邪心がなくかわいらしい
あどけない・可憐《かれん》
▼世間ずれしていない
おぼこ・初《うぶ》・産《うぶ》・生《うぶ》・初心《うぶ》
▼自然のままで飾らない　天真《てんしん》
▼飾り気がなく自然のままである
素朴《そぼく》・素樸《そぼく》・質朴《しつぼく》・質樸《しつぼく》
▼素直で飾り気がない
純朴《じゅんぼく》・淳朴《じゅんぼく》・醇朴《じゅんぼく》
▼飾り気がなく無口である
朴訥《ぼくとつ》・木訥《ぼくとつ》
▼抜け目がない、悪賢い
小賢《こざか》しい
▼人に多く接して、ずるさが身に付く
人擦《ひとず》れ・人摺《ひとず》れ
▼人に交わって悪賢くなる
悪擦《わるず》れ
▼世間にもまれて悪賢くなる
世間擦《せけんず》れ
▼世間ずれして純真さがなくなる

擦《す》れ枯《か》らし・擦《す》れっ枯《か》らし・擦《す》り枯《か》らし・阿婆《あば》擦《ず》れ

▼すれっからしの女性　莫連《ばくれん》

▼人の迷惑など考えず平気な

図図《ずうずう》しい・厚《あつ》かましい

▼大胆で図々しい　太太《ふてぶて》しい

▼悪いと知りながらも平気でいる

横着《おうちゃく》

▼大胆で横着な

図太《ずぶと》い・野太《のぶと》い

▼恥を恥とも思わない

恥知《はじし》らず・無恥《むち》・破廉恥《はれんち》・厚顔《こうがん》・鉄面皮《てつめんぴ》

▼悪知恵がはたらく

悪賢《わるがしこ》い・狡《ずる》い・狡《こす》い・横《おう》着《ちゃく》・狡猾《こうかつ》・狡獪《こうかい》

▼経験を積んで悪賢い　老獪《ろうかい》

温和・粗野からみた「性格」

▼物静かで落ち着きのある

穏和《おんわ》・穏《おだ》やか・大人《おとな》しい

▼おとなしくて従順　温順《おんじゅん》

▼穏やかで思いやりがある

優《やさ》しい

▼穏やかで、やさしい　柔和《にゅうわ》

▼穏やかで素直な

温良《おんりょう》・温柔《おんじゅう》

▼穏やかで真面目である　温厚《おんこう》

▼おとなしくて善良である

順良《じゅんりょう》

▼穏やかで、しっかりした　穏健《おんけん》

▼心が広く温厚な　寛厚《かんこう》

▼落ち着いていて上品な

淑《しと》やか

▼貞操が固くしとやかである

貞淑《ていしゅく》

▼上品で深みがある　奥床《おくゆか》しい

▼穏やかで、角を立てない

丸《まる》い・円満《えんまん》

▼角があり円満でない

角角《かどかど》しい・圭角《けいかく》

▼子どもがいたずらでわがままな

腕白《わんぱく》

▼女の子が男の子のように活発である

御転婆《おてんば》・御跳《おは》ね・御侠《おきゃん》・跳《は》ね返《かえ》り・跳《は》ねっ返《かえ》り

▼男気があって威勢のいい気風

勇《いさ》み肌《はだ》・競《きお》い肌《はだ》・伝法《でんぼう》肌《はだ》・伝《でん》法膚《ぼうはだ》・男伊達《おとこだて》・気風《きっぷ》がいい

▼いきで勇み肌の気風　鯔背《いなせ》

▼粗暴で落ち着きがない

がさつ

▼礼儀を知らない

無骨《ぶこつ》・無作法《ぶさほう》・粗野《そや》

▼いきでない

野暮《やぼ》・野暮天《やぼてん》・無風流《ぶふうりゅう》・無骨《ぶこつ》・野暮助《やぼすけ》・無粋《ぶすい》・不粋《ぶすい》

▼無教養で粗野な　野蛮《やばん》・粗暴《そぼう》

▼乱暴な　荒《あら》くれ

▼荒々しく強い　剽悍《ひょうかん》・慓悍《ひょうかん》

▼残忍な行為を好む　嗜虐《しぎゃく》

無欲・欲張りからみた「性質」

▼欲がない　無欲《むよく》

▼欲が少ない　寡欲《かよく》

▼あっさりしていて、物に固執しない　恬澹《てんたん》・恬淡《てんたん》

▼心が清らかで私欲のない　清廉《せいれん》・廉直《れんちょく》・廉潔《れんけつ》

▼後ろ暗いところがない　潔白《けっぱく》

▼品格が高く潔白である　高潔《こうけつ》

▼利害をこえて物事に打ち込む気風　名人肌《めいじんはだ》・名人気質《めいじんかたぎ》

▼利害によって態度を変える　現金《げんきん》

▼金のことで抜け目がない　がめつい・世知辛《せちがら》い・こす辛《から》い・こすっ辛《から》い

▼金を出し惜しむ　しみったれ・渋《しぶ》い・吝《しわ》い・けち・吝嗇《りんしょく》

▼いかにもけちな　けち臭《くさ》い・みみっちい・せこい

▼けちで心が狭い　いじましい

▼欲が深い　欲張《よくば》り・欲深《よくぶか》

▼ひどく欲が深い　業突《ごうつ》く張《ば》り・強突《ごうつ》く張《ば》り・強欲《ごうよく》・貪欲《どんよく》・貪欲《とんよく》・貪婪《どんらん》・貪婪《とんらん》・胴欲《どうよく》

▼切りがなく、欲が深い　阿漕《あこぎ》

気長・気短からみた「性格」

▼気が長い　気長《きなが》

▼落ち着いてあわてない　悠長《ゆうちょう》

▼のんびりと構えている　呑気《のんき》・暖気《のんき》・暢気《のんき》

▼気が短い、すぐ腹を立てる　短気《たんき》・気短《きみじか》

▼気が短く、すぐにあきる　厭《あ》きっぽい・飽《あ》きっぽい

▼気が短く、すぐに怒る　怒《おこ》りっぽい・怒《おこ》りん坊《ぼう》

▼気が短く、落ち着かない　せっかち・性急《せいきゅう》

「性格・性質」に関する擬態語

性格・性質

▼淡泊である
あっさり・さらりと
▼物にこだわらない
さっぱり・さばさば
▼湿っぽくて陰気な　じめじめ
▼だらしがない　でれでれ
▼頑固で融通がきかない
こちこち・こちんこちん
▼あっさりとせず、しつこい
ねちねち・ねっちり
▼無愛想な
つんつん・つんけん・つんと・つっけんどん
▼厚かましく恥知らず
しゃあしゃあ
▼図々しく抜け目のない
ちゃっかり・がっちり
▼無恥で厚かましくとぼける
ぬけぬけ
▼ぼうっとして気がきかない
もっさり・もさっと
▼落ち着いてしとやか
しっとり
▼粗野な　ごつごつ
▼貪欲な　がちがち
▼非常にけちな　けちけち
▼鈍感で動作も遅い
のそり・のさり・のっそり・ぐずぐず・もっそり・のそのそ
▼物事にこだわらずのんびりしている
あっけらかん
▼こせこせしない　おっとり
▼のんきで無頓着な
のほほんと
▼せっかちな　こせこせ

「性格・性質」に関する慣用句

[灰汁《あく》が強《つよ》い]
性質などに独特の強い癖が感じられる。

[頭《あたま》が固《かた》い]（⇒「考《かんが》える・考《かんが》え」二〇五ページ）

[当《あ》たりがいい]
相手にいい印象を与えるように接する。《類》「人当《ひとあ》たりがいい」

[意気地《いくじ》がない]
困難や苦難に耐えて、物事をやり通そうとする元気・気力がない。《類》「意気地《いくじ》なし」

[意地《いじ》が悪《わる》い]
わざと人を困らせるようなねじけた性質をもつ。

[意地汚《いじきたな》い]（⇒「食《た》べる・飲《の》む」四一二ページ）

性格・性質

【海千山千《うみせんやません》】世間の裏も表も知り尽くした、したたかな人。

【老《お》いの一徹《いってつ》】反対にも耳を貸さずに、どこまでも自分の意志を押し通そうとする老人の頑固さ。

【押《お》しが強《つよ》い】自分の考えなどを無理に通そうとして、相手に譲らない。

【折助根性《おりすけこんじょう》】主人の目を盗んで怠ける奉公人根性。

【殻《から》に閉《と》じ籠《こも》る】内向的で、心を外に開かない。

【借《か》りてきた猫《ねこ》】ふだんと違って非常におとなしいさま。

【気《き》が早《はや》い】よく確かめもせずにすぐ行動を起こす。

【気《き》が回《まわ》る】周囲の細かいことによく気がついて、適切に対応する。《類》「気《き》が利《き》く」

【気骨《きこつ》がある】強い信念をもち、周りの圧力に屈しない意地がある。

【肝《きも》が小《ちい》さい】臆病で度胸がない。《類》「肝《きも》っ玉《たま》が小《ちい》さい」「腹《はら》がない」

【肝《きも》が太《ふと》い】度胸があって物おじしない。《類》「肝《きも》っ玉《たま》が太《ふと》い」「肝《きも》が据《す》わる」「度胸《どきょう》が据《す》わる」

【毛色《けいろ》の変《か》わった】性格・経歴などが他と異なる。

【性《しょう》が合《あ》わない】性格的にしっくりいかない。

【情《じょう》が強《こわ》い】意地っ張りである。

【尻《しり》の穴《あな》が小《ちい》さい】度量が狭く、小さな失敗でもくよくよする。

【心臓《しんぞう》が強《つよ》い】厚かましい。非常に図々しい。《類》「心臓《しんぞう》に毛《け》が生《は》えている」「面《つら》の皮《かわ》が厚《あつ》い」

【清濁併《せいだくあわ》せ呑《の》む】器量が大きく、どんな人とも同じように付き合う。

【線《せん》が太《ふと》い】小さなことにこだわらず大胆に行動する。

【総領《そうりょう》の甚六《じんろく》】初めの子どもはちやほやされて育つところから、お人好しで少しぼんやりした性格であること。

【そつがない】（⇒「交際《こうさい》・付《つ》き合《あ》い」二四三ページ）

【外面《そとづら》がいい】（⇒「交際《こうさい》・付《つ》き合《あ》い」二四三ページ）

【竹《たけ》を割《わ》ったよう】気性がさっぱりしているさま。

【血《ち》の気《け》が多《おお》い】興奮しやすい。けんかっぱやい。

性格・性質

[罪《つみ》がない] 無邪気な性格である。

[旋毛《つむじ》を曲《ま》げる] 気分をそこねて、わざと逆らう。ひねくれる。

[猫《ねこ》を被《かぶ》る] 本性を隠して、おとなしくする。

[八方美人《はっぽうびじん》] （⇒「交際《こうさい》・付《つ》き合《あ》い」二四三ページ）

[腹《はら》が据《す》わる] 物に動じない。

[腹《はら》が太《ふと》い] 度量が大きく、小さなことにこだわらない。《類》「懐《ふところ》が深《ふか》い」

[人《ひと》が悪《わる》い] 人が困るようなことをして喜ぶ性格である。

[臍《へそ》を曲《ま》げる] 機嫌を悪くして人の言うことを聞かない。

[虫《むし》も殺《ころ》さない] 虫も殺せないほど心やさしい。

[横紙破《よこがみやぶ》り] 自分の考えを無理にでも押し通そうとする性格。また、そういう性格の人をいう。《類》「片側破《かたがわやぶ》り」

「性格・性質」に関する故事・成語・ことわざ

[外柔内剛《がいじゅうないごう》] 外見は弱々しいが芯はしっかりしていること。

[人面獣心《じんめんじゅうしん》] 人の顔をしているけれども、心は獣のようで、情けや恥を知らない人。冷酷なもの、恩義を知らないものをののしって言う。「人面」は「にんめん」とも読む。

[性相近《せいあいちか》し習《なら》い相遠《あいとお》し] 人の生まれつきにはそれほどの違いはないのであるが、習慣や教育などの積み重ねによって大きな違いが生まれてくるということ。出典は『論語』。

[性《せい》に率《したが》う之《これ》を道《みち》と謂《い》う] 天から与えられた人間の本性にしたがって行うのを道というの意。出典は『中庸《ちゅうよう》』。

[性《せい》は善《ぜん》なり] 人間の本性は元来善であるという、孟子の唱えた性善説の言葉。《対》「性《せい》は悪《あく》なり」（荀子《じゅんし》の説）

[清廉潔白《せいれんけっぱく》] 心が清らかで、後ろ暗いところが一切ないこと。

[天空開闊《てんくうかいかつ》] 空や海のように度量が大きいこと。

[天真爛漫《てんしんらんまん》] 自然のままで無邪気なさま。《類》「天衣無縫《てんいむほう》」

[習《なら》い性《せい》となる] ある行いが習慣になれば、それは生まれながらの性格と同じであるの意。出典は『書経』。

[三《み》つ子《ご》の魂《たましい》百《ひゃく》まで]

幼少のときの性質は一生変わらないということのたとえ。《類》「三《み》つ子《ご》の魂《たましい》は八十《はちじゅう》まで通《とお》る」

【優柔不断《ゆうじゅうふだん》】

決断力がなく、意志が弱いこと。《類》「煮《に》え切《き》らない」

生死《せいし》

生存・再生からみた「生」

▼生命を保つ

生《い》きる・生存《せいぞん》・生存《せいそん》・存《ぞん》生《じょう》・存命《ぞんめい》・生活《せいかつ》・生《せい》・生《せい》息《そく》・在世《ざいせ》・在世《ざいせい》

▼長く

長生《ちょうせい》・永生《えいせい》・長生《なが》き《い》・長《ちょう》命《めい》・長寿《ちょうじゅ》・生《い》き長《なが》らえる・生《い》き存《ながら》える・生《い》き永《なが》らえる・存《ながら》える・永《なが》らえる・生《い》き延《の》びる

▼残って

生《い》き残《のこ》る・生《い》き止《と》まる・死《し》に残《のこ》る・死《し》に後《おく》れる・死《し》に遅《おく》れる

▼いつまでも

万歳《ばんざい》・不死《ふし》

▼夫婦共に長く

偕老《かいろう》・共白髪《ともしらが》・友白髪《ともしらが》・諸《もろ》白髪《しらが》

▼寿命を延ばす

延命《えんめい》・延齢《えんれい》

▼再び生命を得る

生《い》き返《かえ》る・蘇《よみがえ》る・生《う》まれ変《か》わる・再生《さいせい》・蘇生《そせい》・復活《ふっかつ》・回生《かいせい》・転生《てんせい》・転生《てんしょう》・再来《さいらい》

▼自分の力で生きる

自存《じぞん》

▼他人に頼って

寄生《きせい》・パラサイト

▼いたずらに身を保つ

瓦全《がぜん》・甎全《せんぜん》

▼つまらなく生きる

生《い》きはだかる

▼運よく生命が助かる

命拾《いのちびろ》い・取《と》り留《と》める・取《と》り止《と》める

▼生かすことと殺すこと

活殺《かっさっ》・生殺《せいさつ》

▼生きることと死ぬこと

生死《せいし》・生《い》き死《し》に・生死《しょうし》・生《しょう》死《じ》・死生《しせい》・死活《しかつ》・死命《しめい》

▼生死を繰り返す

輪廻《りんね》・流転《るてん》・多生《たしょう》

生命がなくなることの「死」

▼生命が尽きる

死《し》・没《ぼつ》・死去《しきょ》・死亡《しぼう》・死没《しぼつ》・逝《せい》

生死

去《きょ》・長逝《ちょうせい》・遠逝《えんせい》・没世《ぼっせい》・辞世《じせい》・最期《さいご》・不帰《ふき》・不諱《ふき》・物故《ぶっこ》・落命《らくめい》・絶命《ぜつめい》・他界《たかい》・帰泉《きせん》・畢命《ひつみょう》・絶息《ぜっそく》・永眠《えいみん》・瞑目《めいもく》・成仏《じょうぶつ》・往生《おうじょう》・寂滅《じゃくめつ》・長眠《ちょうみん》・永逝《えいせい》・事切《ことき》れ・逝《い》く・逝《ゆ》く・果《は》つ・果《は》てる・消《き》ゆ・消《き》える・死《し》ぬ・往《い》ぬ・去《い》ぬ・罷《まか》る・身罷《みまか》る・没《ぼっ》す・終《お》わる・畢《おわ》る・竟《おわ》る・引《ひ》き取《と》る・消《き》え入《い》る・消《き》え果《は》つ・消《き》え果《は》てる・絶《た》え入《い》る・死《し》に入《い》る・死《し》に果《は》つ・死《し》に果《は》てる・亡《な》くなる・瞑《めい》する

▼俗語で　くたばる・ごねる

▼天皇の
登霞《とうか》・登遐《とうか》・崩御《ほうぎょ》・徂落《そらく》・殂落《そらく》・升遐《しょうか》・晏駕《あんが》・昇遐《しょうか》

▼天皇・太皇太后・皇太后・皇后の
崩御《ほうぎょ》・崩《ほう》ず・崩《ほう》ずる・神去《かみさ》る・神去《かむさ》る・神上《かむあ》がる・神上《かむのぼ》る・神登《かむのぼ》る・神上《かむあ》がり・神上《かんあ》がり

▼皇族または三位以上の人の
薨去《こうきょ》・薨逝《こうせい》・薨《こう》ずる・薨《こう》ず

▼親王・女院・摂関・大臣の　薨御《こうぎょ》

▼四位・五位の人の
卒去《そっきょ》・卒去《しゅっきょ》・卒《しゅっ》す

▼知徳ある人の　易簀《えきさく》

▼貴人の
隠《かく》る・隠《かく》れる・上僊《じょうせん》・上仙《じょうせん》・登仙《とうせん》・他界《たかい》・登霞《とうか》・岩隠《いわかく》る・雲隠《くもがく》る・登遐《とうか》・升遐《しょうか》・昇遐《しょうか》

▼釈迦または聖者の
入滅《にゅうめつ》・入定《にゅうじょう》・涅槃《ねはん》・円寂《えんじゃく》・寂滅《じゃくめつ》・滅度《めつど》・仏滅《ぶつめつ》

▼高僧の　遷化《せんげ》・示寂《じじゃく》

▼僧の
入滅《にゅうめつ》・入寂《にゅうじゃく》・帰寂《きじゃく》・円寂《えんじゃく》・寂《じゃく》す

▼キリスト教で信者の
昇天《しょうてん》・天上《てんじょう》

▼住み慣れた居を捨てて　捐館《えんかん》

▼旅先で　客死《かくし》・客死《きゃくし》

▼年若くして
夭死《ようし》・若死《わかじ》に・夭折《ようせつ》・夭逝《ようせい》・殤死《しょうし》・長殤《ちょうしょう》・早世《そうせい》・早死《はやじ》に・短折《たんせつ》・短命《たんめい》・非業《ひごう》

▼才子・佳人が年若くして
玉折《ぎょくせつ》

▼すぐに
即死《そくし》・急死《きゅうし》・頓死《とんし》・暴死《ぼうし》・急逝《きゅうせい》

▼一見、死と同じ　仮死《かし》

▼死んだふり　空死《そらじ》に

▼死の間際
死《し》に際《ぎわ》・死《し》に目《め》・今際《いまわ》・往生際《おうじょうぎわ》・臨終《りんじゅう》・末期《まつご》・最期《さいご》・断末魔《だんまつま》・終焉《しゅうえん》・死《し》に様《ざま》

自ら死ぬことの「死」

▼自ら生命を絶つ
自殺《じさつ》・自害《じがい》・自裁《じさい》・自決《じけつ》・自尽《じじん》・生害《しょうがい》

▼毒を飲んで　毒死《どくし》

▼刀をもって
自刃《じじん》・腹切《はらき》り・切腹《せっぷく》・割腹《かっぷく》

▼二人が刺し違えて
耦刺《ぐうし》・耦刺《ぐうせき》

▼自ら首をはねて
自刎《じふん》・自剄《じけい》・刎死《ふんし》

▼水に身を投じて
投身《とうしん》・身投《みな》げ・入水《にゅうすい》・入水《じゅすい》

▼首をくくって
経死《けいし》・縊死《いし》・首縊《くびくく》り・頸吊《くびつ》り・首吊《くびつ》り・縊《くび》る・縊《くび》れる

▼責任を負って　引決《いんけつ》

▼強制的に切腹させられる　詰《つ》め腹《ばら》

▼命をささげる　致命《ちめい》

▼主君の後を追って
殉死《じゅんし》・追《お》い腹《ばら》・供腹《ともばら》・殉《じゅん》じる・殉《じゅん》ずる

▼人を諫めて　諫死《かんし》

▼上奏するため覚悟して　昧死《まいし》

▼相思相愛の男女が共に
情死《じょうし》・心中《しんじゅう》・相対死《あいたいじ》に

▼死ぬ気のない相手と無理に
無理心中《むりしんじゅう》

▼仏道の修行者が自ら火の中に身を投じて
火定《かじょう》・火化《かか》

▼一命を捨てる　一死《いっし》

何らかの原因による「死」

▼病気で
病倒《やまいだお》れ・病死《びょうし》・病没《びょうぼつ》・病《びょう》歿《ぼつ》・不起《ふき》・病《や》み死《じ》に

▼体が弱って　衰死《すいし》

▼気が狂って
狂死《きょうし》・狂《くる》い死《じ》に

▼年老いて　老死《ろうし》

▼注射などによって苦痛なく
安楽死《あんらくし》

▼思い掛けない災害や災難などで
横死《おうし》・変死《へんし》・人死《ひとじ》に・非《ひ》命《めい》・非業《ひごう》・非業《ひごう》の死《し》

▼凍えて
凍死《とうし》・凍《こご》え死《じ》に

▼火によって
焼死《しょうし》・焦死《しょうし》・焦《こ》がれ死《じ》に・焚死《ふんし》・爛死《らんし》・焼《や》け死《し》ぬ

▼爆発などで　爆死《ばくし》

▼飢えて
餓死《がし》・飢《う》え死《じ》に・乾死《ひじ》に・干死《ひじ》に・餓《かつ》え死《じ》に

生死

▼押しつぶされて　圧死《あっし》
▼高い所から落ちて　墜死《ついし》
▼車にひかれて　轢死《れきし》
▼水におぼれて　水死《すいし》・溺死《できし》・溺《おぼ》れ死《じ》に・浸死《しんし》・溺没《できぼつ》
▼川におぼれて　川流《かわなが》れ
▼雷にうたれて　震死《しんし》
▼異常な状態で　変死《へんし》・横死《おうし》・怪死《かいし》
▼国のために　殉国《じゅんこく》
▼職務のために　殉職《じゅんしょく》
▼国や社会の危機を救おうとして　殉難《じゅんなん》
▼戦地にあって　討《う》ち死《じ》に・戦死《せんし》・戦没《せんぼつ》・戦《せん》殁《ぼつ》・陣亡《じんぼう》・陣没《じんぼつ》・散華《さんげ》
▼刀に切られて　斬死《ざんし》・切《き》り死《じ》に・斬《き》り死《じ》に

▼いさぎよく　玉砕《ぎょくさい》・玉摧《ぎょくさい》
▼甘んじて　甘死《かんし》
▼もだえ苦しんで　悶死《もんし》・悶《もだ》え死《じ》に
▼むごたらしく　惨死《ざんし》・惨死《さんし》
▼憤って　憤死《ふんし》
▼恥じ入って　慙死《ざんし》・慚死《ざんし》・愧死《きし》
▼人を恨んで　恨《うら》み死《じ》に・怨《うら》み死《じ》に
▼無駄に　徒死《とし》・浪死《ろうし》・犬死《いぬじ》に・無駄《むだ》死《じ》に・徒死《むだじ》に・朽《く》ち果《は》てる
▼人を恋い焦がれて　恋死《こいじ》に・焦《こ》がれ死《じ》に
▼倒れて　斃死《へいし》・斃仆《へいふ》・倒《たお》れ死《じ》に
▼路上で　行《い》き倒《だお》れ・行《ゆ》き倒《だお》れ・野垂《のた》れ死《じ》に

▼牢内で　牢死《ろうし》・獄死《ごくし》
▼刑に処せられて　刑死《けいし》

「生死」に関する慣用句

[跡《あと》を追《お》う]
亡くなった人の後にすぐ死ぬ。

[息《いき》を引《ひ》き取《と》る]
死ぬ。《類》「息《いき》が切《き》れる」「お陀仏《だぶつ》になる」「事切《ことき》れる」

[息《いき》を吹《ふ》き返《かえ》す]
生き返る。生まれ変わる。

[生《い》ける屍《しかばね》]
体は生きているが、死んでいる人のように生気を失っている人。

[今際《いまわ》の際《きわ》]
まさに死のうとしている、そのとき。死《し》に際《ぎわ》。《類》「今際《いまわ》の刻《きざ》み」「今《いま》際《わ》の綴《と》じ目《め》」「今際《いまわ》の時《とき》」

[老《お》いの木《き》に花《はな》]

再び生気を取り戻すこと。《類》「枯《か》れ木《き》に花《はな》」

【お隠《かく》れになる】
天皇・皇后・貴人などが亡くなることの尊敬語。

【お迎《むか》えが来《く》る】
死期が近づく。仏が浄土から呼びにくる意。

【鬼籍《きせき》に入《い》る】
死ぬ。死ぬことを婉曲に言った言葉。「鬼籍」は過去帳で、死んだ人の法名・俗名・死亡年月日などを記入しておく。

【巨星堕《きょせいお》つ】
偉大な人物が死ぬ。「巨星落《きょせいお》つ」「巨《きょ》星墜《せいお》つ」とも書く。

【魚腹《ぎょふく》に葬《ほうむ》られる】
溺死することをいう。

【後生大事《ごしょうだいじ》】
後世の安楽を願って、今、信仰に励んで生きるの意。転じて、物事を非常に大切に扱うこと。

【死線《しせん》をさまよう】
死ぬか生きるかの状況にいること。「死線」とは、牢獄の周囲に設けた限界線のこと。

【死出《しで》の旅《たび》】
死ぬこと。死出の山に赴くこと。「死出の山」は仏教の十王経で説く、死後初七日秦広王の庁に行くまでの間にある険しい山のこと。《類》「帰《かえ》らぬ旅《たび》」

【死《し》に損《そこ》なう】
死ぬべきときに死ねない。《類》「くたばり損《ぞこ》ない」「死《し》に損《ぞこ》ない」

【死《し》に花《ばな》を咲《さ》かせる】
立派に死んで、死んだあと名誉を残すこと。

【死《し》に水《みず》を取《と》る】
人の死を看取ること。最後まで世話をすること。

【死人《しにん》に口無《くちな》し】
死んでしまった人は、証言も説明もできない。また、死人に無実の罪を着せても弁解できない。

【将星隕《しょうせいお》つ】
大将・英雄が死ぬ。

【死《し》を賜《たまわ》る】
死ぬことを命じられる。切腹を許される。

【畳《たたみ》の上《うえ》で死《し》ぬ】
事故などでなく、自然な形で死ぬ。

【土《つち》になる】
死ぬ。ある土地で死に、そこに葬られる。「土となる」ともいう。

【冷《つめ》たくなる】
死ぬ。死んで体温が下がる。

【天寿《てんじゅ》を全《まっと》うする】
長生きして死ぬ。

【毒《どく》を仰《あお》ぐ】
毒を飲んで死ぬ。

【亡《な》き数《かず》に入《い》る】
死んだ人の仲間になる。

【白玉楼中《はくぎょくろうちゅう》の人《ひと》となる】
文人・墨客などが死ぬこと。

[不帰《ふき》の客《きゃく》となる]
二度と帰らぬ人となる。死を婉曲にいう。

[骨《ほね》が舎利《しゃり》になっても]
たとえ死んでも。「舎利」は火葬にした骨のこと。

[骨《ほね》になる]
死ぬこと。

[骨《ほね》を埋《うず》める]
死ぬまでその土地で暮らす。

[身《み》を投《な》げる]
投身自殺する。

[命数《めいすう》が尽《つ》きる]
死を迎える。

[藻屑《もくず》となる]
海で死ぬことをいう。

[世《よ》を去《さ》る]
死ぬ。この世からいなくなる。

「生死」に関する故事・成語・ことわざ

[異域《いいき》の鬼《おに》]
異国で亡くなった人のこと。

[生《い》き身《み》は死《し》に身《み》]
生きているものは、遅かれ早かれ、いつかは死ぬということ。《類》「生者必滅《しょうじゃひつめつ》」「生《せい》ある者《もの》は必《かなら》ず死《し》あり」

[一蓮托生《いちれんたくしょう》]
死後、あの世の蓮の花の上に一緒に座ろうの意から、死後までも行動を共にしようと契りを結ぶこと。

[気息奄奄《きそくえんえん》]
息も絶え絶えで、今にも死にそうなこと。

[去《さ》る者《もの》は日日《ひび》に疎《うと》し] （⇒「時《とき》・年《ねん》月《げつ》・期《き》」四四〇ページ）

[死生命有《しせいめいあ》り] （⇒「命《いのち》」一〇七ページ）

[死中《しちゅう》に活《かつ》を求《もと》める]
助かる望みのないぎりぎりの状況の中で、なお生きる道を探し求めること。

[生死不定《しょうじふじょう》]
人の生死の定めがたいことをいう。《類》「生死無常《しょうじむじょう》」

[死《し》んで花実《はなみ》が咲《さ》くものか]
枯れ木に花や実がつかないように、死んでしまえば何の幸福もない。苦しくても、生きていてこそ、よいことがめぐってくるというものだということ。《類》「死《し》ねば死《し》に損《ぞん》生《い》くれば生《い》き得《どく》」

[生生流転《せいせいるてん》]
万物が生まれては死に、死んでは生まれること。

[生《せい》は難《かた》く死《し》は易《やす》し]
苦難に耐えて生きることはつらいことではあるが、苦しさに負けて死を選ぶのは簡単なことだ。安易に死へ逃避することを戒める言葉。

【息災延命《そくさいえんめい》】
災いをなくし、長生きすること。《類》「延命息災《えんめいそくさい》」

【半死半生《はんしはんしょう》】
今にも死にそうな状態。生死の境をさまようの意味にも用いる。

【命朝夕《めいちょうせき》に在《あ》り】
今にも死にそうなこと。《類》「命旦《めいたん》夕《せき》に在《あ》り」

【薬石効《やくせきこう》無《な》し】
いろいろ治療しても効果がないこと。人の病死をいう。

【幽明境《ゆうめいさかい》を異《こと》にす】
死別する。「幽明」の「幽」は幽界(あの世)、「明」は顕界(この世)のこと。

【蘭摧玉折《らんさいぎょくせつ》】
賢人や美人の死をたとえていう。

【輪廻転生《りんねてんしょう》】
生まれ変わり、死に変わること。

【流転輪廻《るてんりんね》】
人が生死の迷界をめぐり続けること。

葬儀《そうぎ》

様態からみた「葬儀」

▼葬儀を行う当主
喪主《もしゅ》・喪主《そうしゅ》・施主《せしゅ》

▼死者を葬るのに先立ち、終夜故人をしのぶ
通夜《つや》・夜伽《よとぎ》

▼死者を葬る儀式
葬儀《そうぎ》・葬式《そうしき》・後《のち》の業《わざ》・葬《そう》礼《れい》・弔《とむら》い・弔《とぶら》い

▼仏式による
仏葬《ぶっそう》

▼神道による
神葬《しんそう》

▼国が施主の
国葬《こくそう》

▼会社が施主の
社葬《しゃそう》

▼天皇・太皇太后・皇太后・皇后の
大葬《たいそう》

▼本式の
本葬《ほんそう》

▼仮の
仮葬《かそう》

▼内々で行う
密葬《みっそう》

▼葬儀に参列する
会葬《かいそう》

▼死者の枕元で僧があげる読経
枕経《まくらぎょう》

▼死者を柩《ひつぎ》に納める
納棺《のうかん》

▼死者の霊をなぐさめ、冥福を祈る
弔《とむら》う・弔《とぶら》う

▼故人の霊に別れを告げる儀式
告別式《こくべつしき》

▼遺骸を納めた柩を送り出す
出棺《しゅっかん》

▼柩を運ぶ車
霊柩車《れいきゅうしゃ》

▼死者を火葬場または墓場まで見送る
葬送《そうそう》・送葬《そうそう》・弔《とむら》い・弔《とぶら》い

葬儀

▼死者を焼き、遺骨を葬る
火葬《かそう》・荼毘《だび》・荼毗《だび》

▼火葬にした死者の骨を拾う
骨揚《こつあ》げ・骨拾《こつひろ》い・灰寄《はいよ》せ

▼遺骨などを墓地に納める
埋葬《まいそう》・納骨《のうこつ》・葬《ほうむ》る

▼遺骨を二か所以上に分けて納める。また、その骨
分骨《ぶんこつ》

▼死者が生前愛好した品物を遺骨などと共に葬る
副葬《ふくそう》

▼死者を焼かずに土中に葬る
土葬《どそう》

▼死者を水中に葬る　水葬《すいそう》

▼死者を風雨にさらす
風葬《ふうそう》・曝葬《ばくそう》・空葬《くうそう》

▼死後七日目。また、その日行われる仏事
初七日《しょなのか》・初七日《しょなぬか》・初七日《しょしちにち》

▼死後四十九日目に当たる日。法事を行う
四十九日《しじゅうくにち》・七七日《なななのか》・七七日《なななぬか》・七七日《しちしちにち》・七巡《ななめぐ》り

▼死者の追善供養のために行う仏事
法要《ほうよう》・法事《ほうじ》・後《のち》の業《わざ》

「葬儀」に関する慣用句・故事・ことわざ

［火事《かじ》と葬式《そうしき》に行《い》けば勘当《かんどう》もゆりる］
火事があったり葬式があったりしたときに、かけつけてわびれば、勘当されていても許されるということ。「ゆりる」は、許されるの意。

［煙《けむり》になる］
火葬にされる。

［葬礼帰《そうれいがえ》りの医者話《いしゃばなし》］
葬式の帰り道などであの医者に診てもらえばよかったのになどと医者の話をする意から、いまさら言っても無益な後悔を口にするたとえ。

［荼毘《だび》に付《ふ》す］
火葬にする。

［寺《てら》にも葬式《そうしき》］
葬式を執り行う寺でも死人が出れば葬式を出すことから、冠婚葬祭はどんな家でもあるというたとえ。また、人の世話をすることもあれば、逆の場合もあるというのが、この世の常だとのたとえ。

［野辺《のべ》の送《おく》り］
遺骸を火葬場または墓地まで見送ること。《類》「野辺送《のべおく》り」

増減《ぞうげん》

ふえる・ふやすの様態からみた「増」

▼ふえる。また、ふやす
増加《ぞうか》・増《ぞう》・増大《ぞうだい》・増《ま》し・増《ふ》える・殖《ふ》える・増《ま》す・増《ま》さる・加《くわ》わる・増《ふ》やす・殖《ふ》やす・加《くわ》える・繁殖《はんしょく》・蕃殖《はんしょく》・プラス

▼ふやして多くする　増殖《ぞうしょく》

▼うみふやす　生殖《せいしょく》

▼しげりふえる
繁殖《はんしょく》・蕃殖《はんしょく》・蕃殖《うまわ》る・繁《はん》衍《えん》・蕃衍《はんえん》・蕃息《はんそく》

▼勢いを増す　増進《ぞうしん》

▼わずかに　微増《びぞう》

▼一か所に集まって多くなる　溜《た》まる

▼一か所に集めておく　溜《た》める

▼だんだんに増す　漸増《ぜんぞう》・逓増《ていぞう》・累増《るいぞう》・累進《るいしん》

▼次第に加わり　逓加《ていか》

▼いよいよ　弥増《いやま》す・弥増《いやま》さる

▼大いに　倍増《ばいぞう》・倍加《ばいか》

▼著しく　著増《ちょぞう》

▼飛躍的に　躍増《やくぞう》

▼急に　急増《きゅうぞう》・激増《げきぞう》

▼純粋にふえる。純粋にふえた分　純増《じゅんぞう》

▼金額を　増額《ぞうがく》

▼元金が　利倍《りばい》

▼利子を得て　利殖《りしょく》・殖利《しょくり》

▼分量が　増量《ぞうりょう》・嵩《かさ》む・嵩張《かさば》る

▼体積を　膨張《ぼうちょう》・膨脹《ぼうちょう》

▼前よりいっそう程度を　倍旧《ばいきゅう》

▼二倍に　倍増《ばいぞう》・倍加《ばいか》・倍増《ばいま》し・倍《ばい》する

▼働いて金銭をもうけ出す　生《う》み出《だ》す・産《う》み出《だ》す

▼生産量を　増産《ぞうさん》

▼税金を　増税《ぞうぜい》

▼給料を　増給《ぞうきゅう》・増俸《ぞうほう》・昇給《しょうきゅう》・加給《かきゅう》

▼武士の俸禄が　加増《かぞう》・加秩《かちつ》・加禄《かろく》

▼収入・収穫が　増収《ぞうしゅう》

▼利益が　増益《ぞうえき》

▼株式の配当率を増す。また、配給量を　増配《ぞうはい》

▼資本金を　増資《ぞうし》

▼財貨を　貨殖《かしょく》・殖財《しょくざい》・利殖《りしょく》・殖産《しょくさん》

増減

▼値段を　値増《ねま》し・値上《ねあ》げ
▼見かけだけを　水増《みずま》し
▼水を加えて量を　水増《みずま》し・水割《みずわ》り
▼水量が　増水《ぞうすい》・増《ま》し水《みず》
▼人員を　増員《ぞういん》
▼兵士の数を　増兵《ぞうへい》
▼臨時に乗り物の運転の本数をふやす。また、紙幣などの発行を　増発《ぞうはつ》
▼車両の数を　増車《ぞうしゃ》
▼江戸時代、体重の重い人を乗せたときのかご賃を　重《おも》た増《ま》し
▼作付面積を　増反《ぞうたん》・増段《ぞうたん》
▼石炭の産出量を　増炭《ぞうたん》
▼電流の振幅を　増幅《ぞうふく》
▼思いが　思《おも》い増《ま》す

へる・へらすの様態からみた「減」

▼少なくなる、また、少なくする　減少《げんしょう》・減《げん》・低減《ていげん》・減殺《げんさい》・減《げん》殺《さつ》・減耗《げんこう》・減耗《げんもう》・減損《げんそん》・減《げん》退《たい》・減却《げんきゃく》・損減《そんげん》・減《へ》る・減《げん》ずる・減《げん》じる・費《つい》える・減《め》る・減《め》り・引《ひ》く・減《へ》す・減《へ》らす・剥《へず》る・損《そん》じる・損《そん》ずる・削《けず》る・落《お》とす
▼磨り　摩滅《まめつ》・磨滅《まめつ》
▼かけて損ずる　虧損《きそん》
▼縮め　縮減《しゅくげん》
▼軽く　軽減《けいげん》・減軽《げんけい》
▼損なわれて　損耗《そんこう》・損耗《そんもう》
▼へらし省く　減省《げんしょう》・減省《げんせい》・省略《しょうりゃく》・省《はぶ》く

▼切り詰めて　節減《せつげん》・節約《せつやく》
▼削り　削減《さくげん》・減削《げんさく》・削《けず》り取《と》る・削《そ》ぐ・殺《そ》ぐ
▼次第に　漸減《ぜんげん》・逓減《ていげん》
▼急に　激減《げきげん》・急減《きゅうげん》
▼一度に急に　どか減《べ》り
▼目立って　がた減《べ》り
▼分量が　減量《げんりょう》・欠《かん》・目減《めべ》り
▼使って　消耗《しょうこう》・消耗《しょうもう》・費《つい》やす・消《しょう》費《ひ》・費消《ひしょう》・浪費《ろうひ》
▼半分に　半減《はんげん》
▼米などをついて　搗《つ》き減《べ》り・舂《つ》き減《べ》り
▼収入・収穫が　減収《げんしゅう》
▼利益が　減益《げんえき》
▼ひでりで収穫が　旱損《かんそん》
▼生産量が　減産《げんさん》

増減

▼等級を下げる　減等《げんとう》
▼税額を　減税《げんぜい》
▼金額・数量などを　減額《げんがく》
▼給料を　減給《げんきゅう》・減俸《げんぽう》・罰俸《ばっぽう》
▼資本金額を　減資《げんし》
▼株式配当を　減配《げんぱい》
▼貸金から利子をあらかじめ　天引《てんび》き・天引《てんび》け
▼値段を　減価《げんか》・値下《ねさ》げ
▼売って在庫品を　売《う》り減《へ》らす
▼はかりにかけたとき前より目方が　掛《か》け減《べ》り・計《はか》り減《べ》り・量《はか》り耗《べ》り・斗耗《ますべ》り
▼生糸など練るときに目方が　練《ね》り減《べ》り
▼つまらないことに多くの金銭を使って　散財《さんざい》
▼作付面積を　減反《げんたん》・減段《げんたん》

▼人員を　減員《げんいん》
▼養わなければならない人数を　口減《くちべ》らし
▼点数を　減点《げんてん》
▼食事の量を　減食《げんしょく》
▼水量が　減水《げんすい》
▼速力を遅くする　減速《げんそく》
▼筆をはぶく　減筆《げんぴつ》
▼漢字の字画を一部はぶく　省筆《しょうひつ》・省文《せいぶん》・省字《せいじ》・省画《しょうかく》・略筆《りゃくひつ》・略字《りゃくじ》
▼刑罰の重さを　減刑《げんけい》・減軽《げんけい》

加える・足すなどの様態からみた「増」

▼すでにある物に、さらに合わせてふやす、ふえる　加《くわ》える・足《た》す・添《そ》う・添《そ》える・副《そ》える・付《つ》ける・附《つ》ける・付《つ》く・付《つ》け加《くわ》える・付《つ》け足《た》す・差《さ》し加《くわ》える・差《さ》し増《ま》す・添《そ》わる・付加《ふか》・附《ふ》加《か》・添加《てんか》
▼補い　補足《ほそく》・補充《ほじゅう》・塡補《てんぽ》・補塡《ほてん》・増補《ぞうほ》・補《おぎな》い・継《つ》ぐ・補《おぎな》う
▼あとから増し　追加《ついか》・追補《ついほ》・追《お》い継《つ》ぎ・継《つ》ぎ足《た》し・上塗《うわぬ》り・継《つ》ぎ足《た》す・注《つ》ぎ足《た》す
▼付け加えたもの　付《つ》け足《た》り・御負《おま》け
▼さらに手を　肉付《にくづ》け
▼重ね　累加《るいか》・重《かさ》なる・重《かさ》ねる
▼加えて重くする　加重《かじゅう》
▼重なり積もる　累積《るいせき》
▼前からあったものに付け　上乗《うわの》せ

増減

▼一組になるように中に入れる
組《く》み入《い》れる・組《く》み込《こ》む・組《く》み入《い》れ

▼ある物の中に組み込む
繰《く》り入《い》れる・繰《く》り入《い》れ

▼一つの物事の中に他の物事を取り入れる
織《お》り込《こ》む

▼いろいろな物を一緒に入れる
盛《も》り込《こ》む

▼味わいを　加味《かみ》

▼一方の余りで他方の不足を補う
差《さ》し引《ひ》き・プラスマイナス・プラマイ

▼不足分を買って補う
買《か》い足《た》す

▼本俸以外に加える俸給　加俸《かほう》

▼年功により本俸以外に俸給を
年功加俸《ねんこうかほう》

▼いくらか加えて最低水準を引き上げる
底上《そこあ》げ

▼一定の額にその幾割分かを
割増《わりま》し

▼集団・仕事などに加わる　参加《さんか》

▼書いて
記入《きにゅう》・加筆《かひつ》・書《か》き込《こ》み・書《か》き入《い》れ・書《か》き込《こ》む・書《か》き入《い》れる・書《か》き足《た》す・書《か》き加《くわ》える

▼手紙文のほかにさらに文句を
追伸《ついしん》・追申《ついしん》・添《そ》え書《が》き・添《そ》え筆《ふで》・尚尚書《なおなおが》き・追而書《おってが》き・追《お》い書《が》き

▼従来の注にさらに注を
増注《ぞうちゅう》・増註《ぞうちゅう》

▼年を　越年《えつねん》・越年《おつねん》

▼年齢を　年取《としと》る・加齢《かれい》

▼厄年を逃れるため実際の年齢に年を
貰《もら》い年《どし》

▼位階を上げる　加階《かかい》

▼速度を速める　加速《かそく》

▼無用な付け足し　蛇足《だそく》

▼今ある建物に建て
建《た》て増《ま》し・建《た》て増《ま》す

▼写真を追加して焼き付ける
焼《や》き増《ま》し

引く・除くなどの様態からみた「減」

▼へらす、減じる
控除《こうじょ》・引《ひ》く・引《ひ》き去《さ》る・差《さ》し引《ひ》く・差《さ》っ引《ぴ》く

▼取り
取《と》り除《のぞ》く・取《と》り去《さ》る・撥《は》ねる・撥《は》ね除《の》ける・削除《さくじょ》・除去《じょきょ》・排除《はいじょ》・除《のぞ》く・取《と》る・払《はら》う

▼押し　排《はい》する

▼払って
振《ふ》り払《はら》う・払《はら》い除《の》ける

増減

▼追い散らす　打《う》ち払《はら》う

▼全部払い　一掃《いっそう》

▼追い払って　駆除《くじょ》

▼切って　切除《せつじょ》・切《き》り払《はら》う

▼焼いて追い払う　焼《や》き払《はら》う

▼汚れなどふき去る　払拭《ふっしょく》・払拭《ふっしき》・拭《ぬぐ》い去《さ》る・拭《ぬぐ》う

▼刃物などで横に打ち払う　薙《な》ぎ払《はら》う

▼何分か割り引く　分《ぶ》引《び》き・歩《ぶ》引《び》き

▼決まった値段よりも幾割分か安くする　割引《わりびき》・値《ね》引《び》き・割《わ》り引《び》く・ディスカウント

▼金銭などの貸借関係をなくす　棒《ぼう》引《び》き・帳消《ちょうけ》し

▼十分に生育させるために一部を　間《ま》引《び》き・間《ま》引《び》く

▼刈り　刈《か》り除《そ》く

▼根本の原因を抜き去る　抜本《ばっぽん》

▼不用のものを　淘汰《とうた》

▼内部の空気を除き去る　排気《はいき》

▼内部の水を流し出す　排水《はいすい》

▼湿気を　除湿《じょしつ》

▼害虫など駆除する　駆虫《くちゅう》

▼予防して　防除《ぼうじょ》

▼積もった雪を　雪掻《ゆきか》き・除雪《じょせつ》

▼機雷などを　掃海《そうかい》

対語の組み合せからみた「増減」と「加減」

▼増すこととへらすこと　増減《ぞうげん》・加減《かげん》・増損《ぞうそん》・損益《そんえき》

▼加えることと除くこと　加除《かじょ》

▼ほどよい度合　好《よ》い加減《かげん》・好《い》い加減《かげん》

▼火の燃え具合　火加減《ひかげん》

▼煮え具合　煮《に》え加減《かげん》

▼味具合　味加減《あじかげん》

▼塩味のつけ具合　塩加減《しおかげん》

▼湯の温度　湯加減《ゆかげん》

▼物事をあまり厳しくなく適当に扱う　手加減《てかげん》・匙加減《さじかげん》

「増減」に関する慣用句・故事・成語・ことわざ

[一粒万倍《いちりゅうまんばい》]
一粒の種子をまくと万倍の粒になる意で、少しのものもふえてたくさんの数になるということ。

[錦上花《きんじょうはな》を添《そ》える]（⇒「美《うつく》しい」一一三ページ）

[飲《の》むに減《へ》らで吸《す》うに減《へ》る]
たまに飲む酒代では財産をへらすことはないが、始終吸うたばこ銭は、わずかな額でも積もれば財産をへらすほどになるという意で、小さ

な出費も積み重なれば多額になるということ。

[日向《ひなた》に氷《こおり》]

だんだんへっていくことのたとえ。

[不増不滅《ふぞうふげん》]

あらゆる事物は空であるからふえることもへることもないということ。

[減《へ》らぬものなら銭《ぜに》一貫《いっかん》]

使ってもへらないものであれば、金銭など余分になくともよい。一貫もあれば十分であるということ。

《類》「死《し》なぬものなら子《こ》一人《ひとり》」「減《へ》らぬものなら金百両《かねひゃくりょう》」

空《そら》

とらえ方・広さ・位置からみた「空」

▼すべての天体とそれを取りまく無限の空間　宇宙《うちゅう》・コスモス

▼太陽・月・星など宇宙にある物体の総称　天体《てんたい》

▼天体に起こる諸現象　天文《てんもん》・天象《てんしょう》

▼地上を覆う空間　空《そら》・天《そら》・宙《そら》・昊《そら》・旻《そら》・穹《そら》・霄《そら》・乾《そら》・皓《そら》・天《てん》・天空《てんくう》・天蓋《てんがい》・雲居《くもい》

▼空の全体　全天《ぜんてん》・空《そら》一面《いちめん》・満天《まんてん》・一天《いってん》

▼空の半分　半天《はんてん》

▼大空　天《あま》つ空《そら》・天《あま》の空《そら》・天《あま》の原《はら》・昊天《こうてん》・普天《ふてん》・霄漢《しょうかん》・青漢《せいかん》・青玄《せいげん》・蒼玄《そうげん》・天《あま》つ雲居《くもい》・空《くう》冥《めい》・虚空《こくう》・太虚《たいきょ》・大虚《たいきょ》・大空《たいくう》

▼弓形に見える　穹天《きゅうてん》・天穹《てんきゅう》・穹蓋《きゅうがい》・穹昊《きゅうこう》・穹窿《きゅうりゅう》

▼小さい　壺天《こてん》

▼空の美称　み空《そら》・天《あま》つみ空《そら》

▼地球を取り巻く空間　天球《てんきゅう》

▼天体を取り巻く気体。地球を取り巻く空気　大気《たいき》

▼九方位に分けた天　九天《きゅうてん》・九天《くてん》

▼空の真ん中　鈞天《きんてん》・天心《てんしん》・中天《ちゅうてん》

▼東の　蒼天《そうてん》・東天《とうてん》

▼東北の　変天《へんてん》
▼北の　玄天《げんてん》・北天《ほくてん》
▼西北の　幽天《ゆうてん》
▼西の　顥天《こうてん》・昊天《こうてん》・西天《せいてん》
▼西南の　朱天《しゅてん》
▼南の　炎天《えんてん》・南天《なんてん》
▼東南の　陽天《ようてん》
▼観測者の真上　天頂《てんちょう》
▼空の高い所
上空《じょうくう》・高空《こうくう》・高層《こうそう》
▼天の高い所　天表《てんぴょう》
▼空の低い所　低空《ていくう》
▼中ほどの
中空《ちゅうくう》・中空《なかぞら》・中天《ちゅうてん》・半天《はんてん》
▼地面を離れた空の中
宙《ちゅう》・空《くう》・空中《くうちゅう》
▼天と地
天地《てんち》・天地《あめつち》・天壌《てんじょう》・霄壌《しょうじょう》・
乾坤《けんこん》

▼天と地の間の何もない　虚空《こくう》
▼空に高くそびえ立つ　天聳《あまそそ》る
▼故郷の　郷天《きょうてん》
▼空の果て
天際《てんさい》・天涯《てんがい》・雲際《うんさい》・空際《くうさい》・
天辺《てんぺん》
▼はるかな青い　遥碧《ようへき》
▼空の外、はるかに遠い所
天外《てんがい》・空外《くうがい》
▼空を海にたとえて　天《あめ》の海《うみ》
▼月を鏡に見立てて　空《そら》の鏡《かがみ》
▼宇宙の万物
天地人《てんちじん》・ユニバース
▼空の上にあって神など住む
天《てん》・天上《てんじょう》・天国《てんごく》・天界《てんかい》
▼大空を通る　天伝《あまづた》う
▼鳥や人の霊魂などが大空を飛び走る
天翔《あまがけ》る・天翔《あまかけ》る

気象・時からみた「空」

▼地球をとりまく大気の諸現象
気象《きしょう》
▼晴れや雨など大気の状態
天候《てんこう》・空模様《そらもよう》・天気《てんき》・日和《ひより》・
空色《そらいろ》・陽気《ようき》・天色《てんしょく》・空合《そらあ》
い・天景《てんけい》・日並《ひな》み
▼長期間にわたってみた天気の状態
気候《きこう》
▼その季節の気候　季候《きこう》・時候《じこう》
▼天候の前ぶれとなる雲の動き
雲合《くもあ》い・雲行《くもゆ》き
▼晴れて青々とした
青空《あおぞら》・青天《せいてん》・青天井《あおてんじょう》・蒼天《そうてん》・
蒼空《そうくう》・碧空《へきくう》・碧天《へきてん》・青旻《せいびん》・
青霄《せいしょう》・青冥《せいめい》・蒼冥《そうめい》・碧落《へきらく》・
碧虚《へききょ》・青雲《せいうん》・蒼蒼《そうそう》・蒼茫《そうぼう》

空

▼弓形に見える青い
青穹《せいきゅう》・蒼穹《そうきゅう》・穹蒼《きゅうそう》・蒼弓《そうきゅう》

▼高く澄みきった
高空《たかぞら》・九重《きゅうちょう》の天《てん》

▼曇りの　曇天《どんてん》

▼雨の　雨空《あまぞら》・雨天《うてん》

▼雨上がりの空に見える
虹《にじ》・霓《にじ》・虹霓《こうげい》・虹蜺《こうげい》・レイ
ンボー

▼雪が降りそうな
雪空《ゆきぞら》・雪意《せつい》・雪気《せっき》・雪気《ゆきげ》

▼空を吹く風　天《あま》つ風《かぜ》・天風《あまかぜ》

▼雲が浮かんでいる　雲居《くもい》の空《そら》

▼雲の低い　低天《ていてん》

▼雲や霧などで空が一面に曇る
天霧《あまぎ》る

▼涼しい　涼天《りょうてん》・冷天《れいてん》

▼霜が降りそうな　霜天《そうてん》

▼明け方の
暁天《ぎょうてん》・五更天《ごこうてん》・天明《てんめい》・曙《しょ》
天《てん》・東天《とうてん》・朝空《あさぞら》

▼日の出のころ東の空が赤くなる
朝焼《あさや》け・朝焼《あさや》け空《ぞら》

▼日が沈むとき西の空が赤くなる
夕焼《ゆうや》け・夕映《ゆうば》え・夕焼《ゆうや》け
空《ぞら》・尼《あま》が紅《べに》

▼昼の　午天《ごてん》

▼夕暮れの　夕空《ゆうぞら》・暮天《ぼてん》・暝天《めいてん》

▼夜の　夜空《よぞら》

▼七夕の夜の　星合《ほしあ》いの空《そら》

▼星が輝く　星空《ほしぞら》

春夏秋冬の「空」

▼四季の　四天《してん》・四天《よてん》

▼春の
蒼天《そうてん》・春空《はるぞら》・春空《しゅんくう》・春天《しゅんてん》

▼初春の　初空《はつぞら》

▼春の暗い曇り　春陰《しゅんいん》

▼花どきの曇り
花曇《はなぐも》り・養花天《ようかてん》

▼元旦の　初空《はつぞら》

▼元日の日の出前の朝焼け
初茜《はつあかね》

▼夏の
昊天《こうてん》・熱天《ねってん》・炎天《えんてん》・暑天《しょてん》・
夏空《なつぞら》

▼梅雨どきの
梅雨空《つゆぞら》・梅天《ばいてん》・五月空《さつきぞら》

▼夏の太陽が照りつける　炎天《えんてん》

▼日照り続きの　干天《かんてん》・旱天《かんてん》

▼夏から秋への暑気と涼気とが行き
合う
行《ゆ》き合《あ》いの空《そら》

▼秋の
旻天《びんてん》・秋空《あきぞら》・秋天《しゅうてん》・秋旻《しゅうびん》・
蒼旻《そうびん》・九旻《きゅうびん》・秋穹《しゅうきゅう》・長天《ちょうてん》・

金天《きんてん》・澄天《ちょうてん》・澄碧《ちょうへき》
▼秋の夜明け　秋暁《しゅうぎょう》
▼冬の　上天《じょうてん》・冬空《ふゆぞら》・冬天《とうてん》
▼寒ざむしい冬の
冬空《ふゆぞら》・寒空《さむぞら》・寒天《かんてん》

「空」に関する慣用句・成語

【日月星辰《じつげつせいしん》】太陽・月・星の空を運行するものの意から、空のこと。
【天涯地角《てんがいちかく》】空の果てと地上のすみ。両地の遠く隔たっていること。
【抜《ぬ》ける程《ほど》】（⇒「晴《は》れる・晴《は》れ」五〇九ページ）

尊敬《そんけい》

敬うの様態からみた「尊敬」

▼謹んで
敬《けい》・尊敬《そんけい》・敬命《けいめい》・敬虔《けいけん》・敬《けい》恭《きょう》・恭謹《きょうきん》・恭敬《きょうけい》・粛敬《しゅくけい》
▼あがめ
崇敬《すうけい》・崇敬《そうけい》・崇拝《すうはい》・敬拝《けいはい》・敬《きょう》拝《はい》・敬仰《けいぎょう》・尊崇《そんすう》・尊崇《そんそう》・瞻仰《せんごう》
▼畏《おそ》れ　敬畏《けいい》・畏敬《いけい》
▼心から敬い慕う
敬慕《けいぼ》・心酔《しんすい》・傾倒《けいとう》
▼真心から　誠敬《せいけい》
▼いつくしみ
敬愛《けいあい》・愛敬《あいけい》・愛敬《あいぎょう》

▼心を穏やかに謹み深く　和敬《わけい》
▼尊敬し慕う
仰望《ぎょうぼう》・景仰《けいこう》・景仰《けいぎょう》・景仰《けいごう》・景慕《けいぼ》・景望《けいぼう》
▼おしいただいて尊ぶ。あがめる
推尊《すいそん》・推戴《すいたい》
▼尊く気高い　崇高《すうこう》
▼厳かに謹む　荘敬《そうけい》
▼敬い重んじる　敬重《けいちょう》
▼敬いはばかる　敬憚《けいたん》
▼敬い謹むさま　翼翼《よくよく》
▼尊い。尊ぶ　尊貴《そんき》
▼尊くて厳かな　尊厳《そんげん》
▼尊いことと親しいこと　尊親《そんしん》
▼尊くすぐれている　尊勝《そんしょう》
▼尊び重んじる　尊重《そんちょう》・推重《すいちょう》
▼身分が尊く高い　尊高《そんこう》
▼尊い威光　尊威《そんい》・御威光《ごいこう》
▼尊いことと卑しいこと　尊卑《そんぴ》

尊敬

敬う・尊ぶ対象の主体からみた「尊敬」

▼天を畏《おそ》れ　敬天《けいてん》
▼自然をあがめ　自然崇拝《しぜんすうはい》
▼神をあがめ
敬神《けいしん》・祇敬《ぎけい》・尊神《そんしん》
▼尊んで神仏を信仰する　尊信《そんしん》
▼神仏を信じ敬う　信心《しんじん》・信仰《しんこう》
▼仏を信仰し尊敬する
帰敬《ききょう》・帰敬《きけい》
▼天皇を　尊皇《そんのう》・尊王《そんのう》
▼主君を敬い忠実である　敬忠《けいちゅう》
▼老人を　敬老《けいろう》・尚歯《しょうし》
▼徳を仰ぎ　鑽仰《さんぎょう》・鑽仰《さんごう》
▼昔の文物・制度を　尚古《しょうこ》
▼武を　尚武《しょうぶ》

具体的に動作を表す「尊敬」

▼敬う気持ち、尊敬する気持ち
敬意《けいい》
▼尊敬の念をもって人に従う
敬服《けいふく》
▼敬意を表す　表敬《ひょうけい》
▼敬意を表して礼をする。その礼
敬礼《けいれい》
▼身をかがめて礼をする　敬屈《きょうくつ》
▼敬って手厚くもてなす　敬待《けいたい》
▼敬い仕える　敬事《けいじ》
▼自分の人格を尊び品位を保とうとする
自敬《じけい》・自尊《じそん》
▼うわべは敬って近づかない
敬遠《けいえん》
▼直接教えを受けていないが、ひそかに師と仰いで慕い学ぶ
私淑《ししゅく》
▼うやうやしく聴く　敬聴《けいちょう》
▼謹んで人の言うことを聴く。また、謹んで受け継ぐ
敬承《けいしょう》
▼金銭をこの上ないものとして尊ぶ
拝金《はいきん》
▼謹んで弔う　敬弔《けいちょう》
▼死後に尊号をおくる
追尊《ついそん》・追崇《ついそう》

具体的な対象からみた「尊敬」

▼尊い君主、主上など　尊主《そんしゅ》
▼尊い位、天子の位
尊位《そんい》・尊爵《そんしゃく》
▼この上なく尊いこと。また、天皇を指す

尊敬

至尊《しそん》

▼身分の尊い人
尊者《そんじゃ》・尊者《そんしゃ》・尊人《そんじん》・尊貴《そんき》

▼尊い親　尊親《そんしん》

▼尊い像　尊像《そんぞう》

▼尊い姿、形　尊相《そんそう》

▼人や物を尊敬の念をこめて呼ぶ
尊称《そんしょう》

▼相手の国に対する尊敬語　貴国《きこく》

▼相手の神社や会社などの　貴社《きしゃ》

▼相手の家に対する
尊家《そんか》・貴家《きか》・尊宅《そんたく》・尊邸《そんてい》・
尊堂《そんどう》

▼他人の来訪の
尊来《そんらい》・光来《こうらい》・光臨《こうりん》・来駕《らいが》・
来駕《らいか》

▼仏や菩薩の形体。また、貴人の肖像
の
尊儀《そんぎ》

▼写真や肖像などの　尊影《そんえい》

▼霊魂、また、亡魂の
尊霊《そんれい》・尊霊《そんりょう》

▼位牌の　尊儀《そんぎ》・尊牌《そんぱい》

▼相手の社の新聞・雑誌などの
貴紙《きし》・貴誌《きし》

▼相手の手紙に対する
尊書《そんしょ》・尊札《そんさつ》・尊翰《そんかん》・貴書《きしょ》・
貴札《きさつ》

▼相手を敬って出す返事　貴酬《きしゅう》

▼他人が詠んだ詩歌の尊敬語
尊詠《そんえい》・貴詠《きえい》

▼尊んで呼ぶ称号。太上天皇、皇后・
皇太后など
尊号《そんごう》

▼官吏である相手に対する尊敬語
貴官《きかん》

▼相手の使いに対する尊敬語
貴使《きし》

▼目上の人を敬って
尊者《そんじゃ》・尊上《そんじょう》・長上《ちょうじょう》

▼他人・目上・同輩などを敬って
尊君《そんくん》・尊公《そんこう》・尊兄《そんけい》・貴兄《きけい》

▼相手を敬って
貴方《きほう》・貴方《あなた》・貴君《きくん》・貴殿《きでん》・
貴下《きか》・尊堂《そんどう》

▼手紙などで相手を尊んで
尊台《そんだい》・貴台《きだい》・高台《こうだい》

▼老人の尊敬語　尊老《そんろう》・尊翁《そんおう》

▼他人の父親を呼ぶ尊敬語　尊父《そんぷ》

▼他人の母親を呼ぶ　尊母《そんぼ》

▼目上の婦人、相手の姉に対する
貴姉《きし》

▼他人の氏名の尊敬語。また、尊い称
号
尊名《そんめい》

▼他人の氏名の尊敬語　尊姓《そんせい》

▼他人の顔の　尊顔《そんがん》・尊面《そんめん》

▼他人の容貌の　尊容《そんよう》

▼他人の命令の　尊命《そんめい》

尊敬

▼他人の話の　尊話《そんわ》

▼人が見ることの
尊覧《そんらん》・貴覧《きらん》・高覧《こうらん》

▼相手の考えの
尊慮《そんりょ》・貴慮《きりょ》・賢慮《けんりょ》・尊旨《そんし》

▼他人の意見の
尊意《そんい》・貴意《きい》・尊見《そんけん》・御意見《ごいけん》

▼相手を敬ってへりくだる
敬譲《けいじょう》

▼へりくだって人を敬い謹む
謙恭《けんきょう》

▼高貴な人に対面することの謙譲語
拝覲《はいぎん》

▼人に会うことの謙譲語
拝顔《はいがん》・拝眉《はいび》・拝芝《はいし》

▼人名・相手・相手方の事物に敬意を表す言い方
敬称《けいしょう》

▼敬意の言葉遣い　敬語《けいご》

▼尊敬の意味を表す動詞の相
敬相《けいそう》

「尊敬」に関する動詞・形容詞

▼相手を大切に思い礼を尽くす
敬《うやま》う・敬《けい》する

▼敬って大切に扱う
尊《とうと》ぶ・尊《たっと》ぶ・尊《とうと》む・貴《とうと》ぶ・貴《たっと》ぶ・貴《とうと》む

▼尊び敬う　崇《あが》める

▼尊敬する。敬う　仰《あお》ぐ

▼敬い、かしこまる。敬って近づかない
畏《おそ》れる

▼徳や学問を敬ってそれにならおうとする
慕《した》う

▼尊敬の念をこめて見る
見上《みあ》げる

▼尊くて厳か。ものさびて尊い
神神《こうごう》しい

「尊敬」に関する慣用句

[頭《あたま》が下《さ》がる]
相手を心から敬服する。感心させられる。

[一目置《いちもくお》く]
囲碁で弱い方が先に石を一つ置いて始める意から、すぐれた人に敬意を払って一歩を譲ること。

「尊敬」に関する故事・成語・ことわざ

[帰命頂礼《きみょうちょうらい》]
帰命（仏を礼拝するとき唱える語）して、自分の頭を仏の足につける最敬礼のこと。

【恐惶謹言《きょうこうきんげん》】（⇒「手紙《てがみ》」四二七ページ）

【敬《けい》して遠《とお》ざける】

相手を敬って近づかない。転じて、うわべは敬っているようにしているが、その実、相手を疎んじて近づかないこと。出典は『論語』。


【敬天愛人《けいてんあいじん》】

天を敬い、自分を愛する心で人を愛すること。


【尊皇攘夷《そんのうじょうい》】

皇室を尊んで、外敵を排斥すること。《類》「尊王攘夷《そんのうじょうい》」


【尊《たっと》い寺《てら》は門《もん》から知《し》れる】（⇒「寺社《じしゃ》」二八五ページ）

【尊《たっと》き者《もの》必《かなら》ずしも富《と》まず】

身分の高い立派な人がみんな富にめぐまれているとは限らないの意。


【唯我独尊《ゆいがどくそん》】

この世の中で自分より尊いものはいないということ。転じて、自分だけがすぐれているとうぬぼれること、ひとりよがりのこと。《類》「我《われ》独《ひと》り尊《とうと》し」「天上天下唯我独尊《てんじょうてんげゆいがどくそん》」

第一人者《だいいちにんしゃ》

その道で実力のある人としての「第一人者」

▼その道で他に比べる者のないほどすぐれた
第一人者《だいいちにんしゃ》・ナンバーワン・エース

▼その道で第一人者と認められる
権威《けんい》・権威者《けんいしゃ》・大家《たいか》・オーソリティー・オピニオンリーダー

▼主として芸術方面で特に傑出した
大家《たいか》・巨匠《きょしょう》

▼老成したその道の大家
老大家《ろうたいか》・耆宿《きしゅく》

▼その道の権威として世間から最も尊敬されている
泰斗《たいと》

▼その道で絶大な勢力・能力をもつ
大物《おおもの》

▼すぐれた腕前をもっていて名高い
名匠《めいしょう》・名工《めいこう》

▼学問・技芸に秀でた
明匠《めいしょう》・明匠《みょうしょう》

▼技芸の腕前の非常に秀でた
名人《めいじん》・名手《めいしゅ》・名家《めいか》・エキスパート

▼技芸の腕前が巧み
手足《てだ》り・手足《てだ》れ・手利《てき》き・利《き》き手《て》・巧手《こうしゅ》・巧者《こうしゃ》・功者《こうしゃ》・上手《じょうず》・テクニシャン

▼学問や技芸に熟達し、広く物事の道理に通じた

達《たつ》人《じん》・マスター

▼長年経験を積み重ねて、その道に熟達した
老練家《ろうれんか》・古《ふる》兵《つわもの》・古《ふる》強《つわ》者《もの》・ベテラン

▼物事の処理が手早く巧みな
切《き》れ者《もの》・切《き》れ手《て》・遣《や》り手《て》・敏腕家《びんわんか》・腕利《うでき》き・腕扱《うでこ》き・腕《うで》っ扱《こ》き

▼働きがあり、幅をきかせている
利《き》け者《もの》・利《き》き者《もの》

▼すぐれた実力、腕前をもつ
手腕家《しゅわんか》

▼事業の運営・展開などが巧みな
仕事師《しごとし》・遣《や》り手《て》

▼ある分野を専門に研究し、精通した
専門家《せんもんか》・スペシャリスト・エキスパート

▼技芸などに熟達した
玄人《くろうと》・プロフェッショナル

▼多くの専門家たち　諸家《しょか》

▼相撲などで業に長じた　業師《わざし》

▼剣術の腕前のすぐれた
剣客《けんかく》・剣術使《けんじゅつつか》い・剣客《けんきゃく》・剣士《けんし》

▼剣道・柔道・囲碁・将棋などで初段以上の段位をもっている
有段者《ゆうだんしゃ》

▼音曲《おんぎょく》・舞踊などの精進が認められ、師から芸名を名乗ることを許された
名取《なと》り

「第一人者」に関する故事・成語

[泰山北斗《たいざんほくと》]
泰山と北斗星。転じて、第一人者のこと。「泰山」は、中国山東省にある天下第一とされた名山。

[斗南《となん》の一人《いちにん》]
天下第一の人。天下に並ぶ者がいない人。出典は『新唐書《しんとうじょ》』。

大小《だいしょう》

形・規模などからみた「大」

▼容積などの占める割合が高い
大《おお》きい・大《おお》きな・大《だい》・大《おお》き・でっかい・大《だい》の・厳《いか》し・でかい・ビッグ・ラージ

▼倍の大きさ　倍大《ばいだい》

▼特別に　特大《とくだい》

▼目立って　著大《ちょだい》

▼非常に　厖大《ぼうだい》・鴻大《こうだい》・洪大《こうだい》

▼きわめて
巨大《きょだい》・絶大《ぜつだい》・極大《きょくだい》・莫大《ばくだい》・至大《しだい》

▼きわめて大きい体　巨大《きょだい》

大小

▼最も　最大《さいだい》・マキシマム・マックス
▼限りなく　無限大《むげんだい》
▼多くのものを包み込むほど　恢恢《かいかい》
▼桁《けた》違いに　超弩級《ちょうどきゅう》
▼広く　広大《こうだい》・宏大《こうだい》・弘大《こうだい》・浩大《こうだい》・廓大《かくだい》・闊大《かつだい》・浩蕩《こうとう》・恢廓《かいかく》・浩瀚《こうかん》・恢弘《かいこう》
▼長く　長大《ちょうだい》
▼高く　高大《こうだい》
▼強く　強大《きょうだい》
▼盛んに　壮大《そうだい》・盛大《せいだい》・昌大《しょうだい》
▼建築などの規模が　大規模《だいきぼ》・大大的《だいだいてき》・大掛《おおが》かり・大仕掛《おおじか》け
▼計画などの規模が　遠大《えんだい》

▼勇ましく規模が　雄大《ゆうだい》
▼すぐれて　偉大《いだい》・グレート
▼太って　肥大《ひだい》
▼体格が　大柄《おおがら》
▼顔や体つきが並はずれて　魁偉《かいい》
▼膨《ふく》らんで　膨大《ぼうだい》
▼形や嵩《かさ》が大きめ　大振《おおぶ》り・大風《おおぶり》・大形《おおがた》
▼大き過ぎる　過大《かだい》
▼衣服が大き過ぎて体に合わない　だぶだぶ
▼大きいさま　摩訶《まか》
▼大きく目立つ　でかでか
▼大きくどっしりした　どかん

形・規模などからみた「小」

▼大きくない

小《しょう》・小《ちい》さい・小《ちい》さな・小《ちさ》い・ちっさい・小《ちい》ちゃい・ちっぽけ・コンパクト
▼掌《たなごころ》くらいの大きさ　掌大《しょうだい》
▼他に比べてやや　小振《こぶ》り
▼小さくまとまっている　ちんまり・ちまちま
▼小さいなりによく整っている　小《こ》ぢんまり・細《ささ》やか
▼形などがきわめて　細《こま》かい・細《こま》か
▼小さくて細かい　細《ささ》やか
▼非常に細やかなさま　微微《びび》
▼いかにも小さい　細細《こまごま》しい・細細《こまごま》
▼きわめて　極小《きょくしょう》・微小《びしょう》
▼最も　最小《さいしょう》・ミニマム
▼規模が　小規模《しょうきぼ》
▼背丈が　矮小《わいしょう》

大小

▼短くて　短小《たんしょう》
▼きわめて小さいさま　眇《びょう》・渺《びょう》
▼きわめて小さい物事のたとえ　兎《う》の毛《け》
▼小さいの意を表す　雛《ひな》
▼小さくてかわいらしいの意を表す　姫《ひめ》・媛《ひめ》
▼多くの小さいもの　群小《ぐんしょう》
▼きめが細かい　密《みつ》・緻密《ちみつ》
▼粗く密でない　粗大《そだい》
▼非常に細かい　微《び》・微細《びさい》・零細《れいさい》・細微《さいび》
▼最も細かい　最微《さいび》
▼きわめて細かい　極微《きょくび》・極微《ごくび》・無限小《むげんしょう》・微塵《みじん》
▼大きいと小さい　大小《だいしょう》
▼大刀と小刀　大小《だいしょう》
▼大きいと細かい　細大《さいだい》・巨細《こさい》

事の程度などを示す「大小」

▼程度が甚だしい　大《おお》きい・大《だい》
▼事柄が大きい　重大《じゅうだい》・由由《ゆゆ》しい・重《おも》い
▼程度が過大　酷《ひど》い
▼非常に重大　深刻《しんこく》・事《こと》・大事《おおごと》・重度《じゅうど》
▼程度が取るに足らない　小《ち》さい・些細《ささい》・瑣細《ささい》・些《さ》些《さ》・瑣末《さまつ》・小《しょう》
▼小さく本質的でない　末節《まっせつ》・末事《まつじ》・微微《びび》・区区《くく》・小事《しょうじ》・細事《さいじ》
▼程度がごく小さい　微弱《びじゃく》・軽微《けいび》・軽《かる》い・軽度《けいど》・軽軽《けいけい》

「大小」に関する慣用句

［大台《おおだい》に乗《の》る］
大きな数字の桁《けた》に達する。
［大《だい》なり小《しょう》なり］
大きい小さいにかかわらずに。
［笑《わら》い事《ごと》ではない］
笑ってすませるような小事ではない。

「大小」に関する故事・成語・ことわざ

［広大無辺《こうだいむへん》］
広く大きくて、限りなく果てしないこと。
［滄海《そうかい》の一粟《いちぞく》］
大海の中の一粒の粟の意から、天地間での人間がごく小さく、はかない

ものであることのたとえ。

[大事《だいじ》の前《まえ》の小事《しょうじ》]

大きい事をするときは小さな事を捨ててもよい。または、小さな事もゆるがせにしてはいけない。

[大事《だいじ》は小事《しょうじ》より起《お》こる]

つまらない小さな事が、えてして大きな事を引き起こす原因となるということ。

[大《だい》は小《しょう》を兼《か》ねる]

大きいものは小さいものの代わりができるという意から、小さいものより大きいものの方が役に立つということ。

太陽《たいよう》・日光《にっこう》

太陽の異称・美称と太陽の光・色など

▼太陽の異称・美称

日《ひ》・日輪《にちりん》・火輪《かりん》・烏輪《うりん》・紅輪《こうりん》・天陽《てんよう》・九陽《きゅうよう》・陽日《ようじつ》・天日《てんじつ》・日天《にってん》・赤日《せきじつ》・金鴉《きんあ》・陽鴉《ようあ》・赤鴉《せきあ》・金烏《きんう》・陽烏《ようう》・赤烏《せきう》・日華《にっか》・天《あま》つ日《ひ》・御《お》日《ひ》様《さま》・天道様《てんとうさま》・御《お》天道様《てんとうさま》

▼太陽の光

日光《にっこう》・太陽光《たいようこう》・照《て》る日《ひ》・日《ひ》差《ざ》し・陽射《ひざ》し・日《ひ》の光《ひかり》・日《ひ》影《かげ》・日《ひ》の目《め》・陽《ひ》の目《め》・陽《よう》・陽光《ようこう》・天光《てんこう》・慈光《じこう》・天日《てんじつ》・天《てん》

日《ぴ》・白日《はくじつ》・日《ひ》・サンシャイン

▼太陽の色

日色《にっしょく》

▼戸外の日光

外光《がいこう》

▼太陽の向かっている方。日の当たっている側

陽《よう》

朝・昼・夕の「太陽・日光」

▼朝昇る太陽とその光

朝日《あさひ》・旭《あさひ》・朝陽《ちょうよう》・旭陽《きょくよう》・旭日《きょくじつ》・曙日《しょじつ》・暁日《ぎょうじつ》・紅日《こうじつ》・初日《しょじつ》・旭光《きょっこう》・曙光《しょこう》・暁光《ぎょうこう》・朝暉《ちょうき》・旭暉《きょっき》

▼朝、太陽が昇る

日《ひ》の出《で》・日出《にっしゅつ》・サンライズ

▼正月元旦の太陽とその光

初日《はつひ》・初日《はつひ》の出《で》・初日影《はつひかげ》

▼高山などで尊いものとして迎える

太陽・日光

日の出
御来迎《ごらいごう》・御来光《ごらいこう》・御光《ごこう》・来光《らいこう》
▼昼間の太陽とその光
昼光《ちゅうこう》・白光《はっこう》
▼太陽が中空高く昇っている
日《ひ》長《た》く
▼日暮れ近く西に沈もうとする太陽とその光
夕日《ゆうひ》・入《い》り日《ひ》・夕日《せきじつ》・斜《しゃ》日《じつ》・残日《ざんじつ》・仄日《そくじつ》・西日《にしび》・入《いり》日影《ひかげ》・夕《ゆう》付《づ》く日《ひ》・夕陽《せきよう》・残《ざん》陽《よう》・晩陽《ばんよう》・斜陽《しゃよう》・残照《ざんしょう》・反《はん》照《しょう》・晩照《ばんしょう》・斜照《しゃしょう》・夕暉《せっき》・残暉《ざんき》・晩暉《ばんき》・斜暉《しゃき》
▼日暮れ近く太陽が西に沈む
落日《らくじつ》・入《い》り日《ひ》・日没《にちぼつ》・日《ひ》の入《い》り・落陽《らくよう》・日落《にちらく》・落暉《らっき》・サンセット

春夏秋冬の「太陽・日光」

▼春の太陽・日光
春《はる》の日《ひ》・春日《はるひ》・春日《はるび》・春《しゅん》日《じつ》・春光《しゅんこう》・春《はる》日《ひ》影《かげ》・春色《しゅんしょく》・春陽《しゅんよう》・春《はる》の色《いろ》
▼春分から太陽の出ている時間が長くなる
日長《ひなが》・長《なが》き日《ひ》・日永《ひなが》・永日《えいじつ》・長日《ちょうじつ》・遅日《ちじつ》・遅日《おそひ》・遅《おそ》き日《ひ》
▼春の日が暮れそうでなかなか暮れない
暮《く》れ泥《なず》む
▼夏の太陽・日光
夏《なつ》の日《ひ》・夏日《なつび》・夏日《かじつ》・夏日《なつひ》影《かげ》・真夏日《まなつび》・烈日《れつじつ》・畏日《いじつ》
▼夏の太陽が強く照りつける
かんかん照《で》り・直照《ひたで》り
▼秋の太陽・日光
秋《あき》の日《ひ》・秋日《あきび》・秋日《しゅうじつ》・秋陽《しゅうよう》
▼冬の太陽・日光
冬《ふゆ》の日《ひ》・冬日《ふゆひ》・冬日《ふゆび》・冬《とう》日《じつ》・真冬日《まふゆび》・愛日《あいじつ》
▼冬の太陽の出ている時間が短い
短日《たんじつ》

様態と日光の現象からみた「太陽・日光」

▼太陽が地上を照らす
日照《にっしょう》・日照《ひで》り
▼日光が射るように当たる
日射《にっしゃ》・日差《ひざ》し・陽射《ひざ》し
▼家の中に日光が
差し込む・照《て》り込《こ》む
▼激しく照りつける太陽
烈日《れつじつ》
▼日光に映え輝く。日光が映る
日映《ひうつ》り

太陽・日光

▼日光が照り返す
照《て》り返《かえ》し・反照《はんしょう》
▼一日のうち日差しが強いころ。特に、夏の午後にいう
日盛《ひざか》り
▼日光の弱い日差し
薄日《うすび》・薄《うす》ら日《び》・薄陽《はくよう》
▼日の当たっているところ
日向《ひなた》・日当《ひあ》たり・陽当《ひあ》たり・日《ひ》面《おもて》・日《ひ》の面《おもて》・日《ひ》の面《おも》・日《ひ》の面《も》
▼冬、太陽が集中的に当たって暖かいところ
日溜《ひだま》り
▼日光をさえぎり、日光の当たらないところ
日陰《ひかげ》・日蔭《ひかげ》・日裏《ひうら》
▼木の葉の間から漏れて差す日の光
木漏《こも》れ日《び》・木洩《こも》れ陽《び》・葉漏《はも》れ日《び》・葉洩《はも》れ陽《び》
▼朝日で東の空が赤く染まる
朝焼《あさや》け・暁霞《ぎょうか》・暁光《ぎょうこう》
▼日が沈むとき西の空が赤く染まる
夕焼《ゆうや》け・夕映《ゆうば》え・残映《ざんえい》・残紅《ざんこう》・反影《はんえい》・返照《へんしょう》・紅霞《こうか》
▼日が沈んでもなお空に残っている光
残光《ざんこう》・残照《ざんしょう》・残霞《ざんか》・余光《よこう》
▼太陽が空を移り行く動き、また、その速さ
日脚《ひあし》・日足《ひあし》・日《ひ》の脚《あし》・日行《にっこう》
▼雲の切れ目や物の隙間から差し込む日の光
日脚《ひあし》・日足《ひあし》・日《ひ》の脚《あし》
▼太陽と地球の間に月が入り、太陽が隠れて見える
日蝕《にっしょく》・日食《にっしょく》・太陽蝕《たいようしょく》・太陽食《たいようしょく》・日帯蝕《にったいしょく》・日帯食《にったいしょく》
▼日食で月の周りに太陽の光が輪のように見える
金環蝕《きんかんしょく》・金環食《きんかんしょく》
▼直射日光で地表に近い空気がゆらゆら立ち上るように見える
陽炎《かげろう》・陽炎《ようえん》・糸遊《いとゆう》・遊糸《ゆうし》・野馬《やば》・陽炎《かげろい》・陽炎《かぎろい》
▼太陽の周りにできる光の輪
暈《かさ》・暈《うん》・日暈《にちうん》・日暈《ひがさ》・日《ひ》の暈《かさ》

影響・利用などからみた「太陽・日光」

▼太陽が熱く照る日が続いて水がかれる
旱魃《かんばつ》・旱天《かんてん》・日照《ひで》り・旱《ひでり》
▼太陽の直射で、肌・畳・衣服などが黒くなったり、色あせたりする
日焼《ひや》け・陽焼《ひや》け
▼強い直射日光で起こる病気
日射病《にっしゃびょう》
▼太陽によく照らされたものの特有のにおい
日向臭《ひなたくさ》い
▼日光の直射を避けるためのもの
日除《ひよ》け・日避《ひよ》け・日覆《ひおお》い・

日隠《ひかく》し

▼家の窓・縁側、出入口などに取り付けて日光や雨を防ぐもの

廂《ひさし》・庇《ひさし》

▼冬など日なたに出てあたたまる

日向《ひなた》ぼっこ・日向《ひなた》ぼこ・日向《ひなた》ぼっこり・日向《ひなた》ぼこり

▼物を乾かしたり肌を焼いたりするため日に当てたままにしておく

日晒《ひざら》し・日曝《ひざら》し

▼日に当てて乾かす

日干《ひぼ》し・日乾《ひぼ》し・天道干《てんとうぼ》し

▼健康増進のために体に日光を当てる

日光浴《にっこうよく》

▼地球が太陽の周りを一回転する時間を一年とする暦

太陽暦《たいようれき》・陽暦《ようれき》

「太陽・日光」に関する擬態語・形容語

▼太陽が光り輝く　燦燦《さんさん》と

▼日光が明るく照る　杲杲《こうこう》と

▼春の日光がのどかで明るい

麗《うら》か・うらうらと

▼春の太陽の気持ちよいあたたかさ

ぽかぽかと・ほかほかと

▼焼けつくような夏の太陽の熱さ

灼熱《しゃくねつ》の

▼夏の太陽の激しい熱さ

かんかん・ぎらぎら・かっと・かっかと・じりじりと

▼秋の日光がほどよくあたたかく気持ちがいい

爽《さわ》やか

「太陽・日光」に関する慣用句・故事・ことわざ

[秋《あき》の日《ひ》は釣瓶落《つるべお》とし]

井戸の中へ釣瓶を落とすと、あっという間に沈んでしまうように、秋の日は急速に暮れていくということ。

[春日遅遅《しゅんじつちち》]

春の日の暮れるのが遅い。また、春の日がうららかでのどかなさま。

[日《ひ》が移《うつ》る]

太陽が東から西へ移動する。

[日《ひ》が高《たか》い]

太陽が空高く昇っている。夕暮れまでには時間がある。

多少《たしょう》

数量・分量からみた「多」

▼数量・分量がたくさんある

多《おお》し・多《おお》い・大《おお》きい・繁《しげ》し・いっぱい

多少

▼数量などが
多《た》・多多《たた》・多《おお》く・多《おお》き・多《た》分《ぶん》・数多《すうた》・数多《あまた》・幾多《いくた》・多《たす》数《う》・衆多《しゅうた》・許多《きょた》・数《かず》・数数《かずかず》・大数《たいすう》・大《だい》・沢山《たくさん》・八十《やそ》・百《もも》・千《ち》・百千《ひゃくせん》・百千《ももち》・千千《ちぢ》・万《よろず》

▼数多く
沢山《たくさん》に・少《すく》なからず

▼多くなるにしたがって。また、たくさん
多多《たた》

▼かなりの数量。たくさん。また、いくらかの
若干《そこばく》

▼豊かで数多い　饒多《じょうた》

▼くだくだと　冗多《じょうた》

▼煩わしく　煩多《はんた》

▼用事が　多事《たじ》・繁多《はんた》

▼盛り込まれた内容や分量が
盛《も》り沢山《だくさん》

▼驚くほど　仰山《ぎょうさん》

▼はかりきれないほど多い分量
万斛《ばんこく》

▼非常に
多大《ただい》・夥《おびただ》し・夥《おびただ》しい・夥《か》多《た》・万万《ばんばん》・百千万《ひゃくせんまん》・巨万《きょまん》・億《おく》・億万《おくまん》

▼多くて盛んなさま　藹藹《あいあい》

▼数限りなく
千万《せんまん》・千万《ちよろず》・億兆《おくちょう》・巨億《きょおく》・無数《むすう》・無算《むさん》

▼量が計りきれないほど　無量《むりょう》

▼取っても取り尽くせないほど
無尽蔵《むじんぞう》

▼ほとんど全部に近い　大多数《だいたすう》

▼最も　最多《さいた》

▼きわめて　莫大《ばくだい》

▼多過ぎる　過多《かた》

▼数量の多い意を表す　幾《いく》・百《もも》

▼書物の巻数や頁数が　大部《たいぶ》

▼書物が大部である　浩瀚《こうかん》

▼人数が、また、多くの
多人数《たにんずう》・多人数《たにんず》・大勢《おおぜい》・大《たい》衆《しゅう》・衆《しゅう》・衆《しゅう》・多勢《たぜい》・多衆《たしゅう》

「多」に関する擬態語・形容語

▼数多く、いっぱいある
うんと・たんと・どっさり・たんまり・しこたま・たっぷり

▼十分に　ふんだんに

▼たくさんすき間なく詰まっている
きっしり・ぎっしり・きっちり・ぎっちり・きちきち

▼一か所に集中してものがたくさんある。または大勢が騒がしく押しかける
わんさと

多少

▼多くのものがふさのように垂れる
総総《ふさふさ》・多多《ふさふさ》・房房《ふさふさ》

▼神楽鈴《かぐらすず》のように多くが群がっている
鈴生《すずな》り

▼液体などが器にあふれるほど入っている
なみなみ

▼毛などが密生して乱れている
もじゃもじゃ

▼多くのものが転がっている
ごろごろ

▼多くのものが集まり、うごめく
うようよ

▼小さい虫などが数多く固まってうごめく
うじゃうじゃ

▼たくさんの物を取られたりする
ごっそり・ごそっと

▼多くの金を一度に手にしたり取られたりする
がっぽり

▼勢いよく金がもうかる
がばがば

▼たくさんの金が何度も懐に入ってくる
がっぽがっぽ

▼金などがたくさんある
ざくざく

▼威勢よく金などを使う
じゃんじゃん・じゃかすか

▼大勢の人などが後から続いて動いている
ぞろぞろ・続々《ぞくぞく》

▼大勢の人が騒がしく出入りする
どやどや

数量・分量からみた「少」

▼数量・分量が多くない
少《すく》なし・尠《すくな》し・寡《すくな》し・鮮《すくな》し・少《すく》ない・尠《すくな》い・寡《すくな》い・鮮《すくな》い・小《ちい》さし・小《ちい》さい・細《ほそ》し・細《ほそ》い・乏《とぼ》し・乏《とも》し・乏《とぼ》しい・羨《とも》し・羨《とも》しい・貧《まず》し・貧《まず》しい・薄《うす》し・淡《うす》し・稀《うす》し・薄《うす》い・淡《うす》い・稀《うす》い・浅《あさ》し・浅《あさ》い・聊《いささ》けし・足無《たしな》し・足無《たしな》い・足《た》りない・少《しょう》・下《した》・乏少《ぼうしょう》・乏少《ぼくしょう》・乏少《ほくしょう》・寡少《かしょう》・菲薄《ひはく》

▼数量・分量が満たされない
少《すこ》し・少少《しょうしょう》・小小《しょうしょう》・一寸《ちょっと》・鳥渡《ちょっと》・ちょいと・些《ち》と・些《ちっ》と・少《ち》と・些些《ささ》・聊《いささ》か・些《いささ》か

▼ほんの少しばかり
寸分《すんぷん》・寸分《すんぶん》・僅《わず》か・纔《わず》か・僅《きん》僅《きん》・些《いささ》か・聊《いささ》か・少《すこ》し許《ばか》り・心許《こころばか》り・形許《かたちばか》り・一片《いっぺん》・一《いっ》点《てん》・一縷《いちる》・一毫《いちごう》・毫末《ごうまつ》・秋《しゅう》毫《ごう》・細《ささ》やか・些少《さしょう》・軽少《けいしょう》・些《さ》細《さい》・瑣細《ささい》・厘毛《りんもう》・一二《いちに》・只《ただ》・

多少

唯《ただ》・たった・申《もう》し訳《わけ》許《ばか》り

▼数量がはっきりしないが少しばかり
幾《いく》らか・幾分《いくぶん》・多少《たしょう》・若《じゃっ》干《かん》・一抹《いちまつ》

▼ごくわずかな
露《つゆ》・微塵《みじん》・寸毫《すんごう》・零細《れいさい》・微《び》細《さい》・一分一厘《いちぶいちりん》・万分《まんぶん》の一《いち》・微少《びしょう》・僅少《きんしょう》・鮮少《せんしょう》・極少《きょくしょう》・微微《びび》・寥寥《りょうりょう》

▼ごくわずかな違い　紙一重《かみひとえ》

▼まれで少ない　希少《きしょう》・稀少《きしょう》

▼最も　最少《さいしょう》

▼少な過ぎる　過少《かしょう》

▼ほんの少ししか持っていない
なけなし

▼たくさんのものの中から少しずつ出す
小出《こだ》し

▼少しずつ継続する　小刻《こきざ》み

▼物事を少しずつ処理していく
済《な》し崩《くず》し

▼商品が　品薄《しなうす》

▼人手などが　手薄《てうす》

▼人数が
小人数《こにんずう》・人少《ひとすく》な・寡《か》・小《こ》勢《ぜい》・無勢《ぶぜい》

▼大勢の人と少ない人数　衆寡《しゅうか》

▼多いと少ない　多少《たしょう》・多寡《たか》

「少」に関する擬態語

▼分量などが少ない
ほっちり・ぽっちり

▼分量・時間・程度などがほんのわずかである
ちょっぴり・ちょびっと

▼量や程度などがわずかで、まばらである
ちょぼちょぼ

▼数少なく、まばらである
ちらほら

▼あちこちに小さなものが散らばっている
ぽちぽち

▼一つだけ孤立している
ぽつんと

▼一度に行わず少しずつ
ちびちび・ちびりちびり

▼すべて失って何も残っていない
すっからかん・すってんてん

▼人や物がほとんどない
がらがら・がらんと

ある基準からみた数量・分量の「多少」

▼ある範囲内に人や物が満ちあふれている

多少

一杯《いっぱい》

▼食べ物で腹が満ちる
腹《はら》一杯《いっぱい》・鱈腹《たらふく》

▼器に山のように多く盛る
山盛《やまも》り

▼多くの物が高く積み重なっている
堆《うずたか》い・山積《やまづ》み・山積《さんせき》

▼不足なくたっぷりとある
豊《ゆた》か・豊富《ほうふ》・潤沢《じゅんたく》

▼水などが満ち満ちている　満満《まんまん》

▼水が満ち満ちて流れている
洋洋《ようよう》

▼広い範囲に水があふれている
浩浩《こうこう》

▼劇場などで客が大勢入る
大入《おおい》り

▼分量などがやや多い
大目《おおめ》・多《おお》め

▼数量などがそれより多い
以上《いじょう》

▼数詞につけて、以上の意を表す
有余《ゆうよ》

▼数量などが不揃い　半端《はんぱ》・端《はした》

▼はみ出した数量・分量
余《あま》り・余《よ》・有余《ゆうよ》・余分《よぶん》・残《のこ》り・残余《ざんよ》

▼端数を切り捨てたことを表す
強《きょう》

▼多くも少なくもない程度　程程《ほどほど》

▼余りも不足もない
丁度《ちょうど》・恰度《ちょうど》・正《しょう》

▼端数がない
かっきり・きっかり・きっちり・ちょっきり

▼ちょうどそれだけ　こっきり

▼限度すれすれの　きちきち

▼二つのものがほぼ同程度である
とんとん・おっつかっつ・乙甲《おつかつ》

▼粉状のものを器にちょうどいっぱいにする
摩《す》り切《き》り・摺《す》り切《き》り

▼両手で一すくいする程度の量
一掬《いっきく》

▼分量などがやや少ない
控《ひか》え目《め》・内輪《うちわ》・内端《うちば》

▼劇場などで客の入りが少ない
不入《ふい》り

▼数量などがそれより少ない
以下《いか》・以内《いない》・内《うち》

▼その数量に達しない
未満《みまん》・不足《ふそく》

▼端数を切り上げたことを表す
弱《じゃく》

程度・度合からみた「多少」

▼程度が甚だしい　大《だい》

多少

▼程度がこの上ない　千万《せんばん》
▼かなりの程度に。甚だ　少《すく》なからず
▼驚くほどの　大《たい》した
▼多く見ても　精精《せいぜい》・高高《たかだか》・高《たか》が
▼程度ははっきりとしないが、少しは　幾《いく》らか・稍《やや》・漸《やや》・幾分《いくぶん》
▼ほんの形ばかり　細《ささ》やか
▼辛うじてその数量ぐらいの　そこそこ
▼辛うじて。やっと少しくらいは　僅《わず》かに・纔《わず》かに・多少《たしょう》
▼わずかな程度に　少《すこ》し・少《すこ》しく・少少《しょうしょう》・小《しょう》・小《しょう》・多少《たしょう》・一寸《ちょっと》・些《ちっ》と・ちょっぴり・些《いささ》か・聊《いささ》か・僅《わず》か・纔《わず》か・心持《こころも》ち
▼程度がわずかである　小《ちい》さし・小《ちい》さい・小《ちい》さな・薄《うす》し・薄《うす》い・淡《うす》し・淡《うす》い・浅《あさ》し・浅《あさ》い
▼打ち消しの語と共に。それほど。たいして　余《あま》り・余《あん》まり
▼少ないの意を強める　本《ほん》の
▼形・音・においなどがほんの少し分かる程度　微《かす》か・幽《かす》か・仄《ほの》か
▼ぼんやりと分かるさま　仄《ほの》かに・仄《ほん》のり・薄薄《うすうす》・薄《うっす》ら・薄《うっす》り

「多少」に関する慣用句

[唸《うな》るほど]
金品が驚くほどあるようす。
[雲霞《うんか》の如《ごと》く]
人が非常に多く集まるさま。
[多《おお》かれ少《すく》なかれ]
多くても少なくても。
[餓鬼《がき》も人数《にんずう》]
つまらぬ者でも大勢集まれば少しは役に立つこと。
[数《かず》でこなす]
利益は小さいが、大量に売りさばいて採算がとれるようにする。
[数《かず》を知《し》らず]
数が多いために数え尽くせない。
[数《かず》を尽《つ》くす]
何から何まで残らず集める。全部揃える。
[蚊《か》の涙《なみだ》]
量のごく少ないことのたとえ。《類》「雀《すずめ》の涙《なみだ》」
[腐《くさ》るほど]
物がたくさんあるさま。
[十指《じっし》に余《あま》る]
数えるとかなりの数になる。
[多勢《たぜい》に無勢《ぶぜい》]
大人数に対するのに小人数である

こと。

[些《ちっ》とやそっと]
少しばかり。少々。

[爪《つめ》の垢《あか》ほど]
ごく少ない量、ごくささいなことのたとえ。

[無《な》きにしも非《あら》ず]
全然ないわけではなく、少しはある。

[引《ひ》く手数多《てあまた》]
誘いをかけてくれる人がたくさんいること。

[枚挙《まいきょ》に遑《いとま》がない]
多くあり過ぎて、いちいち数え切れない。

「多少」に関する故事・成語

[一紙半銭《いっしはんせん》]
紙一枚と銭《ぜに》五厘《りん》というように、ごくわずかなもののたとえ。

[九牛《きゅうぎゅう》の一毛《いちもう》]
たくさんの牛の中の一本の毛の意から、多勢の中のごく少数のこと。

[千万無量《せんまんむりょう》]
はかることができないほどに数が多いこと。

[多士済済《たしせいせい》]（⇒「偉人《いじん》」一〇四ページ）

[多事多端《たじたたん》]
仕事が多く忙しいこと。

[多事多難《たじたなん》]
世間が騒がしく事件が多いこと。

[多多益益弁《たたますますべん》ず]
多ければ多いほど、うまくやっていける。出典は『漢書《かんじょ》』。《類》「多多《たた》益益《ますます》可《か》なり」

[門前市《もんぜんいち》を成《な》す]
その家を訪問する者が多く、にぎわうことのたとえ。

たすける・たすけ
……助・佑・輔・扶

一般的な様態を表す「たすける・たすけ」

▼力を添えて物事を成し遂げる。また、その人
助《たす》け・助《すけ》

▼力を添えて
助力《じょりょく》・助力《じょりき》・合力《ごうりき》・合力《ごうりょく》・合力《こうりょく》・加勢《かせい》・与力《よりき》・助勢《じょせい》・援助《えんじょ》・助援《じょえん》・佑助《ゆうじょ》・扶助《ふじょ》・扶翼《ふよく》・翼扶《よくふ》・扶掖《ふえき》・扶賛《ふさん》・賛《さん》翼《よく》・翼賛《よくさん》・力添《ちからぞ》え・引《ひ》き立《た》てる・サポート・アシスト

▼互いに
協翼《きょうよく》・提挈《ていけつ》・協心《きょうしん》・互助《ごじょ》・

協力《きょうりょく》

▼たすけ合う。裁判所が互いに裁判事務について　共助《きょうじょ》

▼補いたすける。たすけ補う　補助《ほじょ》・補佑《ほゆう》・裨輔《ひほ》・裨補《ひほ》・裨助《ひじょ》

▼左右から　夾輔《きょうほ》

▼たすけまもる　擁護《ようご》

▼保護し　保佐《ほさ》

▼たすけ導く　輔導《ほどう》・補導《ほどう》

▼たすけとなる。有益である　裨益《ひえき》

▼ちょっとした、わずかな　一助《いちじょ》

▼強い者をこらしめ弱い者をたすける心　侠心《きょうしん》・義侠心《ぎきょうしん》

▼非を正し、足りないところを　匡弼《きょうひつ》・匡輔《きょうほ》

▼横から口を出して

助言《じょげん》・助言《じょごん》・アドバイス

神仏・人などによる救いを表す「たすける・たすけ」

▼天の　天助《てんじょ》・天佑《てんゆう》

▼神の　神助《しんじょ》・神佑《しんゆう》

▼知らず知らずのうちに受ける神仏の　冥助《みょうじょ》・冥加《みょうが》

▼神仏が人をまもり　加護《かご》

▼仏・菩薩の加護。他のものの　他力《たりき》

▼危険な所から　救助《きゅうじょ》・救出《きゅうしゅつ》・救《すく》い出《だ》す・レスキュー

▼殺される人の命を　助命《じょめい》

▼他人に頼らず自分で自分の身を　自助《じじょ》

▼救い出して保護する　救護《きゅうご》

▼他人の危険や困難を救い

救援《きゅうえん》・リリーフ

▼災害や不幸などで苦しんでいる人を救い　救済《きゅうさい》

政治・仕事などの遂行を意味する「たすける・たすけ」

▼君主・天子の政事《まつりごと》を　輔弼《ほひつ》・補弼《ほひつ》

▼帝王を　王佐《おうさ》

▼君主をたすけて政事《まつりごと》をする人、宰相、大臣　相《しょう》・輔相《ほしょう》

▼君主をたすけて善を勧め、悪を捨てさせる　献替《けんたい》・献替《けんてい》

▼国家を治める。また、政治のたすけをする　資治《しち》

▼君主をたすけるよい臣　良弼《りょうひつ》

▼君主をたすける賢い臣
賢輔《けんぽ》・賢佐《けんさ》
▼たすけて物事を成就させる
助成《じょせい》・助成《じょじょう》・弼成《ひっせい》・輔成《ほせい》・翼成《よくせい》・賛成《さんせい》
▼人をたすけて物事を処理する。また、その人
輔佐《ほさ》・輔佐《ふさ》・補佐《ほさ》・輔翼《ほよく》・羽翼《うよく》・翼佐《よくさ》
▼導き　誘掖《ゆうえき》
▼友人が互いに励まし合って、仁徳の修養に精進する
輔仁《ほじん》
▼そばでたすけて立派な仕事をさせる
守《も》り立《た》てる
▼他人の仕事をたすける。また、その人
手助《てだす》け・アシスタント
▼力を加えて他人をたすける。また、その人
幇助《ほうじょ》

▼産業を助成する。また、出産をたすけ、産婦・新生児の世話をする
助産《じょさん》

援助・支援などを意味する「たすける・たすけ」

▼力を貸して　支援《しえん》・サポート
▼かたわらにいてたすけ支える
扶持《ふじ》・扶将《ふしょう》・扶植《ふしょく》
▼たすけまもる　援護《えんご》
▼味方する。同意する　左袒《さたん》
▼主旨に賛成して　賛助《さんじょ》
▼力を添えて、また、味方する
荷担《かたん》・加担《かたん》
▼たすけたずさえる
扶携《ふけい》・扶挈《ふけつ》
▼たすけいだく　扶擁《ふよう》
▼左右からたすけて世話をする
扶夾《ふきょう》・扶挟《ふきょう》・挟扶《きょうふ》

▼たすけ養う。生活の面倒をみる
扶養《ふよう》
▼たすけ育てる　扶育《ふいく》
▼生活を　資生《しせい》
▼費用を出して
給資《きゅうし》・資給《しきゅう》・給助《きゅうじょ》
▼貧困・罹災などを救い、恵む
救恤《きゅうじゅつ》
▼不幸・災害に遭って困っている人を
慈善《じぜん》・チャリティー
▼内部からの援助、特に、妻の夫の働きに対する
内助《ないじょ》
▼たすけに行く　赴援《ふえん》
▼後方から、また、資金・資材などを提供して
後援《こうえん》・バックアップ
▼来て　来援《らいえん》
▼他からの　外援《がいえん》
▼言葉を添えて　声援《せいえん》・エール

たすける・たすけ……助・佑・輔・扶

▼声援を送って　応援《おうえん》

▼人数をふやして　増援《ぞうえん》

▼たすけ、援助のないこと　無援《むえん》

▼自分の主張のたすけとして他人のものを引用する
援用《えんよう》

▼その人の利益となることを主張して
弁護《べんご》

▼老人を　扶老《ふろう》

▼助勢する人、応援のため出演する人
助《すけ》・友情出演《ゆうじょうしゅつえん》

▼助勢の仲間　助党《すけとう》

▼付き添っていろいろ手助けをする。また、その人や犬
介添《かいぞ》え・相《しょう》・介護《かいご》・介護《かいご》士《し》・介護福祉士《かいごふくしし》・ヘルパー・ホームヘルパー・介助犬《かいじょけん》・盲導犬《もうどうけん》・聴導犬《ちょうどうけん》

▼世話をして
介抱《かいほう》・厄介《やっかい》・介錯《かいしゃく》

▼歌舞伎などで役者の後ろ楯《だて》になって世話する人
黒子《くろこ》・黒衣《くろこ》・黒子《くろご》・黒衣《くろご》

▼表面には出ずに人の世話をし、たすける。また、その人
後見《こうけん》・後《うし》ろ見《み》・後《うし》ろ楯《だて》・背景《はいけい》

▼荷車を後から押す、また、その人。助力する、また、その人
後押《あとお》し

▼左右の　翼《つばさ》

▼同じような環境・境遇の人が互いに同情し合い
相身互《あいみたが》い・相身互《あいみたが》い身《み》

▼他人の事業を　推轂《すいこく》

▼危難の際、たすけてくれた命の恩人
助《たす》け親《おや》・命《いのち》の親《おや》

▼仇討ち・果たし合いなどに加勢する。また、普通に加勢すること。その人
助太刀《すけだち》

▼食物の消化を運動などで
腹熟《はらごな》し

「たすける」に関する動詞

▼間に入って　介《かい》する

▼そばから手を添えて
佐《たす》ける・佑《たす》ける

▼力を添えて　助《たす》ける

▼手で支え　扶《たす》ける

▼相談相手となって　相《たす》ける

▼神が　佑《たす》ける

▼誤りのないように　弼《たす》ける

▼手を引いて　援《たす》ける

▼物質的・金銭的に　資《たす》ける

▼そばに付き添って　輔《たす》ける

▼言葉を添えて
賛《たす》ける・賛《さん》する・讃《さん》する

▼翼のように、抱え　翼《たす》ける

▼補い　裨《たす》ける

たすける・たすけ……助・佑・輔・扶

▼力を添えて危難から　救《すく》う
▼人に衣食などを与えて　貢《みつ》ぐ
▼仲間となって　与《くみ》する
▼たすける、補助する、扶持する　あななう

「たすける・たすけ」に関する慣用句

【一臂《いっぴ》を仮《か》す】
ごくわずかの助力を与える。「一臂」は片ひじ・片腕の意。《類》「一《いっ》臂《ぴ》の力《ちから》を仮《か》す」

【陰《かげ》になり日向《ひなた》になり】
裏で支えたり、あるいは表面に出てかばったりして、人を何かにつけて助けるさま。

【肩《かた》を入《い》れる】
力添えをする。《類》「肩入《かたい》れする」

【肩《かた》を貸《か》す】
力を添える。援助する。《類》「片肌《かたはだ》脱《ぬ》ぐ」

【尻《しり》を押《お》す】
後方から援助する。《類》「腰《こし》を押《お》す」

【助《たす》け船《ぶね》を出《だ》す】
困っているとき助勢する。「助け船」は水上で遭難した人を助ける船のこと。

【力《ちから》になる】
何かをする人の支えになり、その人を助ける。

【力《ちから》を貸《か》す】
人の手助け、仕事の手伝いをする。《類》「手《て》を貸《か》す」

【梃入《てこい》れをする】
順調に行っていない物事に援助して立て直す。

【手《て》を借《か》りる】
援助を受ける。手伝ってもらう。

【手《て》を差《さ》し伸《の》べる】
困っている人を援助する。手助けを申し出る。

【一肌脱《ひとはだぬ》ぐ】
本気になって援助する。

「たすける・たすけ」に関する故事・成語・ことわざ

【経世済民《けいせいさいみん》】
世の中を治め、民を救うこと。また、そういう政治をいう。《類》「救《きゅう》世済民《せいさいみん》」

【左提右挈《さていゆうけつ》】
左右の手でたずさえること。手を引いて互いに助け合うこと。

【敵《てき》に塩《しお》を送《おく》る】
争っている相手が争いの本質でない物で困っているとき、その物を援助すること。

【天《てん》は自《みずか》ら助《たす》くる者《もの》を助《たす》く】
他人の力を借りずに自分自身で努力する者を、天は助けて成功させたり幸福にしたりするということ。

【内助《ないじょ》の功《こう》】

内部から得られた援助、特に妻が家庭にいて夫が外で十分働けるように助けること。また、その功績をいう。

［輔《ほ》車《しゃ》相《あい》依《よ》る］
二つのものが互いに助け合って存在することのたとえ。出典は『春《しゅん》秋《じゅう》左《さ》氏《し》伝《でん》』。

正《ただ》しい・正《ただ》す

対語の組み合せからみた「正しい」

▼正しいことと正しくないこと
正否《せいひ》・正邪《せいじゃ》・邪正《じゃしょう》・曲直《きょくちょく》・正邪曲直《せいじゃきょくちょく》・白黒《しろくろ》・黒白《こくびゃく》・正誤《せいご》・清濁《せいだく》

▼よいことと悪いこと
是非《ぜひ》・善悪《ぜんあく》・白黒《しろくろ》

▼本当のことと偽りのこと
真偽《しんぎ》・真否《しんぴ》・実否《じっぴ》・実否《じっぷ》・虚実《きょじつ》

▼本物とにせ物　真贋《しんがん》

▼道理にかなうこととはずれること
当否《とうひ》・理非《りひ》・順逆《じゅんぎゃく》・逆順《ぎゃくじゅん》

▼評判と実際　名実《めいじつ》

▼正統とそうでないもの　正閏《せいじゅん》

▼正と負。陽極と陰極。正数と負数
正負《せいふ》

▼正と副　正副《せいふく》

道理・公正の意からみた「正しい」

▼道徳・規則・作法などの規範にかなっている
正《ただ》しい

▼この上なく　至正《しせい》

▼正しい論理　道理《どうり》

▼中心となる道理　本筋《ほんすじ》

▼正しく道理にかなっている
正当《せいとう》・当《とう》・正道《せいどう》・順正《じゅんせい》・合《ごう》理《り》・陸《ろく》・碌《ろく》

▼道理にかなっているさま
合理的《ごうりてき》

▼目的や要求などによく当てはまる
適当《てきとう》・適切《てきせつ》・適宜《てきぎ》・妥当《だとう》・順当《じゅんとう》

▼適当で　適正《てきせい》

▼普通の正しい状態
正常《せいじょう》・真面《まとも》・真《ま》っ当《とう》・ノーマル

▼そうあるべき
当然《とうぜん》・当《あ》たり前《まえ》

▼きわめて当然　至当《しとう》

▼片寄らずに平等である　公平《こうへい》

▼立場が片寄らず
公正《こうせい》・中正《ちゅうせい》・フェア

正しい・正す

▼考え方などが片寄らず正当である
中庸《ちゅうよう》・中正《ちゅうせい》
▼厳しく公正を守る
厳正《げんせい》・厳格《げんかく》・厳粛《げんしゅく》
▼正しく整ったさま　正正《せいせい》
▼態度やり方が正しく立派
正大《せいだい》
▼不正や隠し事がない　公明《こうめい》
▼正しい教え　正教《せいきょう》
▼正しい真理をあらわし示す
顕正《けんしょう》
▼道理にかなった議論
正論《せいろん》・正議《せいぎ》
▼常識では考えられない　論外《ろんがい》
▼理非が逆さま
天逆様《あまさかさま》・天逆様《てんさかさま》

真実・本物の意からみた「正しい」

▼間違いやうそでない
真実《しんじつ》・事実《じじつ》・真《しん》・誠《まこと》・本《ほん》真《ま》・実《じつ》・本当《ほんとう》
▼混じり気がない
純《じゅん》・醇《じゅん》・純粋《じゅんすい》・純一《じゅんいつ》・醇乎《じゅんこ》・生《き》・生《き》っ粋《すい》・生一本《きいっぽん》・無垢《むく》
▼純粋で　純正《じゅんせい》・醇正《じゅんせい》
▼きわめて純粋　至純《しじゅん》
▼本物である　正真《しょうしん》・真正《しんせい》
▼正しくそのものである　正銘《しょうめい》
▼通常の確かな意識
正気《しょうき》・本気《ほんき》・正体《しょうたい》・正念《しょうねん》
▼本当のところ
内実《ないじつ》・その実《じつ》・実《じつ》は
▼表現などが真に迫っている
迫真《はくしん》・リアル
▼事実として現れている事柄
現実《げんじつ》・実際《じっさい》・地《じ》・リアリティー
▼現実に即している
現実的《げんじつてき》・実際的《じっさいてき》・リアリスティック
▼実際の通りである　如実《にょじつ》
▼歴史上の事実　史実《しじつ》
▼事実に基づいた伝記　正伝《せいでん》
▼実際の場合　実地《じっち》
▼実際の物　実物《じつぶつ》
▼そのものの実際の姿
正体《しょうたい》・本体《ほんたい》
▼ありのまま　有体《ありてい》・有態《ありてい》
▼本物の病気　真性《しんせい》・真症《しんしょう》

正式・正味の意からみた「正しい」

▼正しいやり方
正式《せいしき》・正規《せいき》・式正《しきしょう》
▼正しい規則　正則《せいそく》
▼正しく間違いがない

正しい・正す

正確《せいかく》・正真《せいしん》
▼詳しくて確か　精確《せいかく》
▼規則にかなっている
正格《せいかく》・正則《せいそく》・合法《ごうほう》
▼簡略化しない規定通りの方法
正式《せいしき》・本式《ほんしき》・本格《ほんかく》・フォーマル
▼規定通りの方法に従う
本格的《ほんかくてき》
▼正式な服装
正装《せいそう》・正服《せいふく》・フォーマルウェア・フォーマルドレス
▼正式な資格のある人　正員《せいいん》
▼法律で認められた正式な妻
正妻《せいさい》・本妻《ほんさい》・正室《せいしつ》
▼正規の課業　正課《せいか》・正科《せいか》
▼まともな、かたぎの仕事
正業《せいぎょう》
▼正しい答え　正解《せいかい》・正答《せいとう》

▼正しい読み方　正訓《せいくん》
▼正統とされている文字　正字《せいじ》
▼正しい系統・血筋　正系《せいけい》・正統《せいとう》
▼伝統的な正しい調子　正調《せいちょう》
▼正調の音楽　正声《せいせい》
▼根拠となる原本　正本《しょうほん》
▼いらない部分を取り去った中身
正味《しょうみ》
▼中身の目方　正目《しょうめ》・正味《しょうみ》
▼掛け値のない値段
正札《しょうふだ》・正価《せいか》

整然・正規の意からみた「正しい」

▼形などがきちんと整っている
正《ただ》しい・整然《せいぜん》・井然《せいぜん》
▼整然としているさま
きちんと・ちゃんと

▼整いそろっている
斉一《せいいつ》・一様《いちよう》
▼数量が一つにそろっている
均一《きんいつ》
▼全体を同じように統一する
一律《いちりつ》・画一《かくいつ》
▼乱れがなくきちんとしている
端正《たんせい》・端直《たんちょく》・方正《ほうせい》
▼容貌が整っている　端整《たんせい》
▼厳格で折り目正しい　几帳面《きちょうめん》
▼まともに見る　正視《せいし》
▼真っすぐ前に向いている
正面《しょうめん》
▼きちんと座る　正座《せいざ》・正坐《せいざ》
▼奇襲と正面攻撃　奇正《きせい》

人道・道徳の面からみた「正しい」

▼人として行うべき道

正しい・正す

人道《じんどう》・人倫《じんりん》・道《みち》
▼人が社会の一員として守るべき行為の基準
道徳《どうとく》・徳《とく》・モラル
▼道徳上の義務　徳義《とくぎ》
▼行動の規範となる道徳　倫理《りんり》
▼道徳にかなった立派な行い
美徳《びとく》
▼人としての正しい道
正道《せいどう》・大道《だいどう》・大道《たいどう》・公道《こうどう》・正経《せいけい》
▼天・地・人の正道　三正《さんせい》
▼人として常に守るべき五つの道徳（父子の親、君臣の義、夫婦の別、長幼の序、朋友の信）
五倫《ごりん》・五常《ごじょう》
▼人として行うべき正しい道
正義《せいぎ》・道義《どうぎ》・義《ぎ》
▼人として最も大切な道義　大義《たいぎ》
▼身分に応じて守るべき道義上のきまり
名分《めいぶん》
▼対人関係で行うべき道
義理《ぎり》・仁義《じんぎ》
▼約束を守り義理を果たす　信義《しんぎ》
▼公共の道徳　公徳《こうとく》
▼世の中で人が守るべき道徳
世道《せどう》
▼片寄らない中正の道　中道《ちゅうどう》
▼誠実で正しい　誠直《せいちょく》
▼素直でうそやごまかしがない
正直《しょうじき》・正直《せいちょく》
▼誠実で正直
誠直《せいちょく》・実直《じっちょく》・実体《じってい》・朴直《ぼくちょく》・樸直《ぼくちょく》・質直《しっちょく》
▼素直で純粋
質朴《しつぼく》・質樸《しつぼく》・純朴《じゅんぼく》・淳朴《じゅんぼく》・醇朴《じゅんぼく》
▼心や行いがきれいで正直
廉直《れんちょく》・廉節《れんせつ》
▼心や行いが　方正《ほうせい》
▼品行の汚れがなく清らか
潔白《けっぱく》・清白《せいはく》
▼女性が操《みさお》を固く守る
貞節《ていせつ》・貞操《ていそう》・貞烈《ていれつ》
▼操が固くしとやか　貞淑《ていしゅく》
▼心が潔く　廉正《れんせい》
▼正しい気風　正気《せいき》
▼気質が強く信念を曲げない
剛直《ごうちょく》・鯁直《こうちょく》
▼主君や国家に真心を尽くす
忠誠《ちゅうせい》・忠節《ちゅうせつ》・忠義《ちゅうぎ》

改め直す意からみた「正す」

▼誤りを改め正しくする
正《ただ》す・直《なお》す
▼新しく改め定める　改定《かいてい》
▼不足のものを補い正しく直す

正しい・正す

補正《ほせい》

▼規則に従って悪い点を改め　規正《きせい》

▼よくないところを改め　改正《かいせい》・修正《しゅうせい》

▼改め　釐正《りせい》

▼誤りを　是正《ぜせい》・匡正《きょうせい》・糾正《きゅうせい》・正誤《せいご》

▼曲がった心などを　矯《た》める・矯正《きょうせい》

▼叱って　叱正《しっせい》

▼悪い風俗を　矯風《きょうふう》

▼自分の行いを正し身を整える　修身《しゅうしん》

▼顔付きを　正色《せいしょく》

▼非を正し足りないところを助ける　匡輔《きょうほ》・匡弼《きょうひつ》

▼悪い言行を正し救う　匡救《きょうきゅう》・匡済《きょうさい》

▼厳しく取り締って不正を除く　粛正《しゅくせい》

▼厳しく取り締って反対者を追放して純化する　粛清《しゅくせい》

▼乱れたものをきちんと片付ける　繕《つくろ》う・纏《まと》める・整《ととの》える・整《せい》理《り》・整頓《せいとん》

書物や文章を改め直す意からみた「正す」

▼本の内容などを　改訂《かいてい》

▼最初の改訂　新訂《しんてい》

▼二度目の改訂　再訂《さいてい》

▼重ねて改訂する　重訂《じゅうてい》・重訂《ちょうてい》

▼古典の本文を他の伝本と比べて誤りを　校訂《こうてい》

▼修正・校訂する　修訂《しゅうてい》

▼改め　更訂《こうてい》

▼内容や字句の誤りを　訂正《ていせい》

▼基準となるものと写本や印刷物とを照らし合わせる　校合《きょうごう》・校合《こうごう》・校書《きょうしょ》・校書《こうしょ》

▼正しいものに改める　更正《こうせい》

▼人の詩文などを加筆・訂正する　添削《てんさく》・筆削《ひっさく》・斧鉞《ふえつ》

▼人に詩文の添削を頼むときの謙譲語　斧正《ふせい》・叱正《しっせい》

▼批評して訂正する　批正《ひせい》

▼校正するために仮に刷った印刷物　校正刷《こうせいず》り・プルーフ

▼校正刷りなどで文字の誤りを　校正《こうせい》・校書《こうしょ》

▼文書・原稿などの正誤・適否をみる　校閲《こうえつ》

▼人の校閲の尊敬語　高閲《こうえつ》

▼文字の校正　文字校正《もじこうせい》

▼色のついた校正刷りの校正

色校正《いろこうせい》

「正しい・正す」に関する慣用句

[筋《すじ》を通《とお》す]
原則を曲げないで押し通す。一貫して道理にかなうようにする。《類》「筋道《すじみち》を通《とお》す」

[正論《せいろん》を吐《は》く]
正しい議論をする。道理にかなった主張をする。

[大義名分《たいぎめいぶん》]
正しい立派な理由。また、人として守るべき正しい道。

[手《て》を加《くわ》える]（⇒「書《か》く」一六九ページ）

[理《り》に適《かな》う]
道理に合っている。《類》「辻褄《つじつま》が合《あ》う」「当《とう》を得《え》る」「筋《すじ》が立《た》つ」

「正しい・正す」に関する故事・成語

[危言危行《きげんきこう》]
言葉を正しくし、行いを正しくすること。「危言」は、言葉遣いが卑しくなるのを慎む、「危行」は、気高い行いのこと。

[規行矩歩《きこうくほ》]
品行方正なこと。また、既存の法則やしきたりを守り続ける意にも使われる。

[公明正大《こうめいせいだい》]
私心がはいらず、心が潔白で正しく、広いこと。《類》「公平無私《こうへいむし》」「正《せい》正堂堂《せいどうどう》」

[正真正銘《しょうしんしょうめい》]
うそいつわりのないこと。「正銘」は、正しい銘がある意で、本物であること。

[青天白日《せいてんはくじつ》]（⇒「晴《は》れる・晴《は》れ」五一〇ページ）

[品行方正《ひんこうほうせい》]
心や行いが正しく立派なこと。「品行」は、道徳的に見た、よい・悪いの判断の対象となる行いの意。「方正」は、心や行いの正しいさま。

[斧正《ふせい》を請《こ》う]
他人に自作の詩文の添削を請うときのへりくだった語。また、自著を献呈するとき使われる語。「斧正」はおので正す意。

谷《たに》・崖《がけ》

地形・自然・様態からみた「谷」

▼山と山との間のくぼんだ所

谷《たに》・谷《や》・谷《やつ》・谷《やと》・渓《たに》・谿《たに》・渓《けい》

谷・崖

谷《こく》・谿谷《けいこく》・渓壑《けいがく》・谿壑《けいがく》・渓《けい》
澗《かん》・山峡《さんきょう》・山峡《やまかい》・山間《やまあい》・山間《さんかん》

▼谷・沢などの湿地　谷地《やち》・野地《やち》

▼谷の美称　み谷《たに》

▼谷のなか
谷間《たにま》・谷間《たにあい》・渓間《けいかん》・峡間《きょうかん》・
狭間《はざま》・迫間《はざま》・谷懐《たにふところ》・くら
谷《たに》・溝壑《こうがく》

▼幅が狭く深くて険しい　峡谷《きょうこく》

▼切り立った深い　崖谷《がいこく》

▼浸食作用でできた
浸食谷《しんしょくこく》・浸蝕谷《しんしょくこく》・水食谷《すいしょくこく》・
水蝕谷《すいしょくこく》

▼谷の入口　谷口《たにぐち》・谷《たに》の戸《と》

▼谷のほとり　谷辺《たにべ》

▼谷のかげになって見えない所
谷隠《たにがく》れ・谷蔭《たにかげ》

▼谷の最も深い所　谷底《たにぞこ》

▼底の深い　深谷《しんこく》・幽谷《ゆうこく》

▼谷間の低湿地　谷深《たにふけ》

▼谷間のみち　谷路《たにじ》

▼谷川の水　谷水《たにみず》・渓水《けいすい》・谿水《けいすい》

▼谷間の川
谷川《たにがわ》・渓流《けいりゅう》・谿流《けいりゅう》・渓水《けいすい》・
谿水《けいすい》

▼谷に沿って流れ下る氷河
谷氷河《たにひょうが》

▼雨期以外は無水の　涸《か》れ谷《だに》

▼山と　山谷《やまたに》・巒壑《らんがく》

▼山間にあって比較的小さな　沢《さわ》

▼山の尾根の少し低くなっている所
鞍部《あんぶ》・撓《たお》り

▼山間が懐のように入り込んだ所
山懐《やまふところ》

▼山の尾根と谷とでひだのようになっている所
山襞《やまひだ》

▼二つの断層崖でできた細長い低地
地溝《ちこう》

▼山脈の走っている方向と平行する
縦谷《じゅうこく》

▼山脈の主軸の方向と直角をなす
横谷《おうこく》

▼夏でも残った雪のある　雪渓《せっけい》

▼谷を吹く風　谷風《たにかぜ》

▼谷から吹き下ろす風
谷下《たにお》ろし・谷颪《たにおろし》

▼岸に湾入した　湾渓《わんけい》

▼陸の谷が沈降してできた湾
溺《おぼ》れ谷《だに》

▼谷から谷へと渡って行く
谷渡《たにわた》り

▼寂しい　空谷《くうこく》

地形・状態などからみた「崖」

▼山・海などで切り立った険しい所
崖《がけ》・厓《がけ》・崖《ほき》・岨《そわ》・岨《そば》・断岸《だんがん》・

崩岸《あず》・崩崖《あず》・岸壁《がんぺき》・岸《きし》・山岸《やまぎし》
▼切り立った険しい
断崖《だんがい》・絶崖《ぜつがい》・切り岸《きぎし》・絶壁《ぜっぺき》・
巉巌《ざんがん》・懸崖《けんがい》・嶮崖《けんがい》・崖壁《がいへき》
▼崖が険しいこと　崖峭《がいしょう》
▼山の一方の
片岨《かたそ》・片岨《かたそわ》・片岨《かたそば》
▼崖のはし　崖端《がけばた》
▼崖の下　崖下《がけした》
▼岩の　岩壁《がんぺき》・巌壁《がんぺき》・石崖《いしがけ》
▼険しい岩壁のある所　岩場《いわば》
▼石で崖の表面を固めたもの
石垣《いしがき》・石崖《いしがけ》
▼水際の険しい　崖岸《がいがん》
▼岸のほとり　崖畔《がいはん》
▼崖につけた険しい細みち
崖路《がけじ》・崖道《がけみち》・崖路《がけみち》
▼崖に棚状につくってかけたみち
懸け路《かじ》・懸け路《かみち》・桟道《さんどう》・掛《か》け橋《はし》・懸け橋《かはし》・桟《さん》
▼崖に建物をつくること
崖造《がけづく》り・懸け造《かつく》り・懸け造《かづく》り・懸《か》け造《つく》る
▼断層によってできた　断層崖《だんそうがい》
▼波の浸食作用によってできた
海食崖《かいしょくがい》
▼大雨・地震などで崖の土砂が崩れ落ちる現象
崖崩《がけくず》れ
▼好んで危険に近寄りたがる軽率な行動のたとえ
崖端歩《がけばたある》き

楽《たの》しい・楽《たの》しむ

様態・状態などからみた「楽しむ」

▼満足して愉快な気持ちになる
楽《たの》しみ・楽《たの》しび・愉楽《ゆらく》
▼喜び
悦楽《えつらく》・悦予《えつよ》・歓楽《かんらく》・歓娯《かんご》・
怡怡《いい》
▼気ままに遊び
逸楽《いつらく》・佚楽《いつらく》・遊楽《ゆうらく》・般楽《はんらく》・
般遊《はんゆう》・大楽《たいらく》
▼安んじて、また、何もしないで
安逸《あんいつ》・安佚《あんいつ》・宴安《えんあん》
▼心穏やかに
和楽《わらく》・和楽《からく》・楽易《らくい》

楽しい・楽しむ

▼皆と共に　偕楽《かいらく》
▼互いに打ち解けて
交歓《こうかん》・交驩《こうかん》・合歓《ごうかん》
▼自分、他人、そして万人と共に
真楽《しんらく》
▼自分だけで　独楽《どくらく》
▼何物にも束縛されずに、自分の意のままに
自適《じてき》
▼我を忘れて思いのままに飲酒を
酣楽《かんらく》・酣娯《かんご》
▼長く楽しむ。また、いつも楽しむ
長楽《ちょうらく》
▼人びとが楽しんだ後に　後楽《こうらく》
▼快楽にふけり　享楽《きょうらく》
▼酒色などの快楽にふけり　耽楽《たんらく》
▼目先の安楽にふけり　偸安《とうあん》
▼物が豊富で人びとが　豊楽《ほうらく》
▼見て　観賞《かんしょう》

様態・状況などからみた「楽しい」

▼心身が安らかで
楽《らく》・安楽《あんらく》・気楽《きらく》
▼気持ちよく　快楽《かいらく》
▼のびのびとして　暢楽《ちょうらく》
▼おもしろく　興《きょう》
▼楽しいこと　楽事《らくじ》
▼いつでも変わらず苦しみなく安楽である
常楽《じょうらく》
▼家族や親しい人との楽しい会合
団欒《だんらん》
▼融和して楽しそうな。のどかなさま
融融《ゆうゆう》
▼安楽な。また、たやすい　楽楽《らくらく》

種類・対象からみた「楽しむ・楽しみ」

▼楽しみのこと
興《きょう》・法楽《ほうらく》・放楽《ほうらく》
▼永久に尽きない　永楽《えいらく》
▼わずかの楽しみ。一つのおもしろみ
一興《いっきょう》
▼食に満足しての
鼓腹《こふく》・腹鼓《はらつづみ》・腹鼓《はらづつみ》
▼みだらな　淫楽《いんらく》
▼楽しみを俗っぽく言って
御慰《おなぐさ》み
▼人を楽しませ、慰めるもの
娯楽《ごらく》・レジャー・レクリエーション・アミューズメント・エンターテインメント
▼悲しみと　哀楽《あいらく》

楽しい・楽しむ

▼苦しみと　苦楽《くらく》
▼苦しみと楽しみ、また、苦しみに甘んじる
甘苦《かんく》・甘酸《かんさん》
▼骨折りと安楽　労逸《ろういつ》
▼人生を楽観する　楽天《らくてん》
▼とても楽しい状態にある。極楽浄土の略
極楽《ごくらく》
▼酒盛りをして楽しむ。心がやわらぎ
燕楽《えんらく》・宴楽《えんらく》
▼野山などに出かけて楽しみ遊ぶ
行楽《こうらく》・ピクニック
▼月を見て　月見《つきみ》
▼花を見て　花見《はなみ》
▼山水画を横になって見て、その地に遊んだ気分で
臥遊《がゆう》
▼おもしろがる　感興《かんきょう》
▼変化のあるおもしろ味　曲《きょく》

心楽しいの意を含む快さからみた「楽しい」

▼楽しくて気持ちがよい
快《かい》・快心《かいしん》・快意《かいい》・快感《かいかん》
▼この上なく気持ちがよい
快絶《かいぜつ》・愉絶《ゆぜつ》・痛快《つうかい》・快哉《かいさい》
▼気分が晴ばれして
愉快《ゆかい》・痛快《つうかい》
▼気分がよく、のびのびする
快暢《かいちょう》
▼さわやかで　爽快《そうかい》
▼とても嬉しく気持ちがよい
欣快《きんかい》
▼はずむような気持ち　軽快《けいかい》
▼心や体に具合がよくて、とても気持ちがよい
快適《かいてき》
▼さっぱりして気持ちがよい
明快《めいかい》
▼堂々としていて、力があふれ見ていて気持ちがよい
豪快《ごうかい》・壮快《そうかい》
▼心楽しくうきうきする　陽気《ようき》
▼気分がさっぱりして心地よいさま
快然《かいぜん》
▼心地よい気分になるさま　陶然《とうぜん》

楽しみや慰みなどからみた「楽しい」

▼気分を晴らす。十分に楽しむ
慰《なぐさ》み・慰《なぐさ》め
▼苦労をねぎらって慰める
慰労《いろう》・犒労《こうろう》
▼慰めて心を穏やかにさせる
慰撫《いぶ》・綏撫《すいぶ》・慰安《いあん》・慰藉《いしゃ》・
慰謝《いしゃ》
▼心を慰める

気慰《なぐさ》み・心慰《こころなぐさ》み

▼心のおもむくままの慰み
荒《すさ》び・進《すさ》び・遊《すさ》び

▼自分自らを慰める　自慰《じい》

▼訪ねて慰める　慰問《いもん》

▼死者を悼《いた》んで遺族を慰める
弔慰《ちょうい》

▼死者の魂を慰める　慰霊《いれい》

▼物や金銭を戦地に贈り兵士を慰める
恤兵《じゅっぺい》

▼慰みにするちょっとした遊び
手慰《てなぐさ》み・手遊《てすさ》び・手遊《てすさ》み・手遊《てあそ》び

▼老人が気晴らしをする
老《おい》の遊《すさ》び・皺伸《しわの》ばし

▼その場に楽しみを添えるための演芸。また、ちょっとしたたわむれ
座興《ざきょう》

▼酒宴での座興。また、酒に酔って興に乗る
酒興《しゅきょう》

▼宴会などでする、ちょっとした演芸
余興《よきょう》

▼何かをして気分を楽しませる
心遣《こころや》り・気保養《きほよう》・気晴《きば》らし・気散《きさん》じ・レクリエーション

▼つらさ・苦しさを忘れさせ、気持ちを晴らす
憂《う》さ晴《ば》らし

「楽しい・楽しむ」に関する動詞・形容語

▼満足して愉快な気持ちになる
楽《たの》しむ・楽《たの》しぶ・うらぐ・エンジョイ

▼おもしろく思って楽しむ。楽しむ勢いがつく
興《きょう》じる・興《きょう》がる・打《う》ち興《きょう》じる

▼楽しくて心がはずむ
浮《う》き浮《う》きする・浮《う》き浮《う》き

▼楽しみを肌で感じる　味《あじ》わう

▼笑って楽しそうに見える
笑《え》み栄《さか》ゆ

▼さわやかで気持ちがよくなる
晴《は》れる

▼気分が晴れる
慰《なぐさ》む・心行《こころゆ》く

▼気分を晴らす
慰《なぐさ》める・心遣《こころや》る

▼機嫌をとってなだめ慰める
賺《すか》す

▼遊び慰める
荒《すさ》ぶ・進《すさ》ぶ・遊《すさ》ぶ

▼骨折り・苦労を慰める
労《ねぎら》う・犒《ねぎら》う・労《いたわ》る

▼満ち足りて気持ちよい
楽《たの》しい・心楽《こころたの》しい

▼ひどく楽しい　転楽《うただの》し

楽しい・楽しむ

▼気持ちがよい
快《こころよ》い・心地好《ここちよ》い・麗《うるわ》しい・清清《すがすが》しい

▼軽快な　軽《かる》い

▼陽気で軽やか　明《あか》るい

▼胸のつかえなどがとれて気持ちよい。胸がすっとする　小気味好《こきみよ》い

▼楽しく愉快　面白《おもしろ》い

▼気持ちよい　爽《さわ》やか

▼心がすっきりして明るい　朗《ほが》らか・麗《うら》らか・晴《は》れやか

▼さわやかで気持ちよい　さっぱり・晴《は》れ晴《ば》れ

▼気持ちがさっぱりする　さばさば・すっきり・清清《せいせい》

▼心のわだかまりがとれさっぱりする　すっと

「楽しい・楽しむ」に関する慣用句

[命《いのち》の洗濯《せんたく》]
日ごろの苦労から解放されてのんびり楽しむこと。

[歓《かん》を尽《つ》くす]
心ゆくまで楽しむ。

[興《きょう》に入《い》る]
夢中になって楽しむ。

[興《きょう》に乗《の》る]
楽しむ勢いがついて何かをする。

[興《きょう》を添《そ》える]
何かをしていっそうその場を盛り上げ、楽しくする。

[天《てん》にも昇《のぼ》る心地《ここち》]（⇒「よろこぶ・よろこび」六〇五ページ）

[胸《むね》がすく]
心につかえていたものがとれてさわやかになる。

[目《め》の薬《くすり》]
それを見て楽しむことのできる美しい物・珍しい物のこと。

[目《め》の保養《ほよう》]
美しい物・貴重な物などを見て、大きな楽しみを感じること。

「楽しい・楽しむ」に関する故事・成語・ことわざ

[益者三楽《えきしゃさんごう》]
人には有益な三種類の楽しみがあるということ。礼儀と音楽を折り目正しく行い、人の行為の立派さをたたえ、賢い友と多く交わることの三つをいう。出典は『論語』。

[関雎《かんしょ》の楽《たの》しみ]（⇒「夫婦《ふうふ》」五二八ページ）

[橘中《きっちゅう》の楽《たの》しみ]
囲碁をうつ楽しみ。

[喜怒哀楽《きどあいらく》]（⇒「よろこぶ・よろこび」六〇六ページ）

楽しい・楽しむ

[曲肱《きょっこう》の楽《たの》しみ]
清貧に甘んじて道を求める、楽しみはそんな中にあるということ。「曲肱」は肱《ひじ》を曲げて枕にするということで、貧しく生活が簡素な意。出典は『論語』。

[君子《くんし》に三楽《さんらく》あり]
君子のもつ三つの楽しみのこと。父母が健在で兄弟も無事なこと、天や人に恥じる後ろめたい点のないこと、天下の英才を集めて教育することの三つ。出典は『孟子《もうし》』。

[壺中《こちゅう》の天《てん》]
酒を飲んで世を忘れる楽しみ。別世界、別天地の意。出典は『後漢書《ごかんじょ》』。

[鼓腹撃壌《こふくげきじょう》]
腹鼓《はらつづみ》を打ち、大地を叩いて歌うこと。太平を楽しむさまをいう。出典は『十八史略』。

[寂滅為楽《じゃくめついらく》]
生死の苦に対して、寂滅が本当の楽しみとする意。「寂滅」は煩悩の世界から脱した悟りの境地。死を意味する。

[先憂後楽《せんゆうこうらく》]
一般の人より先に世の安危を心配し、自分の楽しみは後にすること。為政者の心構えとされる。

[楽《たの》しみ尽《つ》きて哀《かな》しみ来《きた》る]
楽しみが絶頂に達した後には、悲哀の気持ちが生じるということで、楽しみはいつまでも続かないということ。出典は『長恨歌伝《ちょうごんかでん》』。

[楽《たの》しみに女《おんな》なし男《おとこ》なし]
楽しみを享受することにおいては、女性も男性も同じであるということ。

[楽《たの》しみは苦《くる》しみの種《たね》]
楽しいことにふけったあとには、とかく苦しいことが起こるものだということ。《類》「楽《らく》は苦《く》の種《たね》、苦《く》は楽《らく》の種《たね》」

[富貴《ふうき》にして苦《く》あり、貧賤《ひんせん》にして楽《たの》しみあり]
身分の高い金持ちにも苦しみがあり、身分の低い貧しい人にも楽しみがある。身分や金のあるなしで喜びや悲しみが振り分けられるのではないという教え。

[楽《らく》あれば苦《く》あり]
楽すれば、そのあとで苦しむことになる。世の中は、そんなに楽しいことばかりではないということ。

[和気藹藹《わきあいあい》]
なごやかで楽しさが満ちあふれたさま。《類》「和気藹然《わきあいぜん》」「和気洋洋《わきようよう》」

田畑《たはた》

耕地・耕作からみた「田畑」

▼農作物を耕作する土地
農地《のうち》・耕地《こうち》・田畑《たはた》・田畠《たはた》・田畑《でんぱた》・田畠《でんぱた》・田畠《でんばく》・田圃《でんぽ》・田畝《でんぽ》・田園《でんえん》・田疇《でんちゅう》・野良《のら》

▼田畑にすることを予定して囲った区画地
垣内《かいと》・垣内《かいち》・垣内《かきうち》・垣内《かきつ》

▼農業経営を行うのに必要な設備をもつ一定の場所
農場《のうじょう》

▼主として園芸作物を作る農場
農園《のうえん》・ファーム

▼地力を回復させるため休ませている耕地
休閑地《きゅうかんち》

▼作物を作るため田畑を掘り返す
耕《たがや》す・耕《たがや》し・耕《たがえ》し・耕作《こうさく》

▼馬を使って田畑を耕す　馬耕《ばこう》

▼田畑を耕す人　耕人《こうじん》・農民《のうみん》

▼農業に従事する男性
農夫《のうふ》・田子《たご》・田人《たびと》・田夫《でんぶ》・田夫《でんぷ》

▼農業に従事する女性
農婦《のうふ》・田婦《でんぷ》

▼新年に耕作を始める行事
鍬初《くわはじ》め・鍬始《くわはじ》め・鍬入《くわい》れ

地形・大小・様態などからみた「田」

▼稲を植える耕地
田《た》・田地《でんち》・田地《でんじ》・田圃《たんぼ》・耕田《こうでん》・田所《たどころ》・田荘《たどころ》

▼水を入れた　水田《すいでん》・水田《みずた》

▼水湿の多い　湿田《しつでん》

▼水が乾いた　堅田《かただ》

▼収穫後畑にもなる　乾田《かんでん》・墾田《はるた》

▼浅い　浅田《あさだ》

▼泥の深い
深田《ふかだ》・深田《ふけだ》・浮き田《うきた》・沼田《ぬまた》・沼田《ぬた》・沢田《さわだ》・泥田《どろた》・深《ふけ》・泥田《ひどろだ》

▼地味の肥えた
沃田《よくでん》・上田《じょうでん》・美田《びでん》

▼荒れた
荒田《あらた》・荒れ田《あれた》・荒田《こうでん》・荒小田《あらおだ》・新小田《あらおだ》

▼稲を刈った後の
刈り田《かりた》・刈り小田《かりおだ》

▼稲を刈り取った後の株から出た稲の生えた
穭田《ひつじだ》

▼稲を刈り取った後そのままの冬の

田畑

冬田《ふゆた》

▼前年の秋に稲を刈ったままの春の　春田《はるた》

▼雑草の生えた　草田《くさだ》

▼遊ばせてある　間田《かんでん》

▼一時耕作を休む　休耕田《きゅうこうでん》

▼広大な　千町田《ちまちだ》・五百代小田《いおしろおだ》

▼小さい　小田《おだ》

▼狭い　十代《そしろ》・十代田《そしろだ》

▼平坦な　平田《ひらた》

▼門前にある　門田《かどた》・金門田《かなとだ》

▼山にある　山田《やまだ》・峰《お》ろ田《た》・小山田《おやまだ》

▼深山にある　深山田《みやまだ》

▼谷地にある湿田　谷地田《やちだ》・谷津田《やつた》

▼高い所にある　上《あ》げ・上《あ》げ田《た》・高田《あげた》

▼里にある　里田《さとだ》

▼野にある　野田《のだ》

▼階段状の　棚田《たなだ》

▼くぼんだ所の　凹田《くぼた》・窪田《くぼた》

▼古い　古田《ふるた》

▼イノシシ・鹿などが荒らす　猪田《ししだ》・鹿田《ししだ》

▼水田の境に土を盛った細道　畦《あぜ》・畔《あぜ》・畔《くろ》

▼広くて何もない　曠田《こうでん》

耕作からみた「田」

▼田を耕すこと　田作《でんさく》・田作《たづく》り

▼春の初めに、耕作しやすいよう田を打ち返す　田打《たう》ち

▼田の土を畔に壁のように塗り付ける　畔塗《あぜぬ》り・畔塗《くろぬ》り

▼よく耕作された　熟田《じゅくでん》・熟田《こなた》・水田《こなた》

▼早稲を作る　早稲田《わせだ》・早穂田《さほだ》・早稲田《わさだ》

▼田植え前の　代田《しろた》・黒田《くろた》

▼田植えの終わった　植《う》え田《た》

▼稲を栽培する　稲田《いなだ》

▼もみを直《じか》まきする　蒔《ま》き田《た》

▼稲の苗を植えた　苗代《なわしろ》・苗代《なえしろ》・苗代田《なわしろた》

▼苗を間引きする　摘《つ》み田《た》

▼田草を取り除くこと　田草取《たくさと》り

▼稲が青々とした　青田《あおた》

▼稲の実った　秋田《あきた》

▼稲の穂が出た　穂田《ほだ》

▼稲を刈る前に田の水を流し去る　落《お》とし水《みず》

▼麦を作ってある　麦田《むぎた》

田畑

▼ハスを植えた　蓮田《はすだ》
▼稲の生育に適さない　口鋭田《くちとだ》
▼耕作すると病気など不幸があるとされる
病田《やまいだ》

地形・耕作などからみた「畑」

▼水を蓄えない農耕地
白田《しろた》・白田《はくでん》・畑《はたけ》・畠《はたけ》・畑《はた》・畑地《はたち》・陸田《りくでん》
▼新しく開墾した　新畑《しんばた》
▼山にある　山畑《やまはた》
▼山腹などを切り開いた
切《き》り畑《はた》
▼野にある　野畑《のはた》
▼まだ開墾されていない山林・原野などを開発して畑地とする
開畑《かいはた》
▼草地・林地を焼いて、その後作物を作る畑地
焼《や》き畑《はた》・焼《や》き畑《ばた》・切《き》り替《か》え畑《ばた》・焼《や》い畑《ばた》・焼《や》き蒔《まき》・叢焼《やぶや》き
▼朝鮮半島北部での一種の焼き畑
火田《かでん》
▼放牧と耕作を交互に行う　牧畑《まきはた》
▼階段状の　段段畑《だんだんばたけ》・段畑《だんばた》
▼麦を植えた
麦畑《むぎばたけ》・麦畑《むぎはた》・麦畠《むぎばたけ》
▼桑を植えた
桑畑《くわばたけ》・桑畠《くわばたけ》・桑畑《くわはた》・桑田《そうでん》・桑原《くわばら》・桑園《そうえん》
▼瓜を植えた　瓜田《かでん》
▼野菜を栽培する
菜園《さいえん》・菜園《さえん》・野菜畑《やさいばたけ》
▼茶の木を植えた
茶園《ちゃえん》・茶園《さえん》・茶畑《ちゃばたけ》・茶《ちゃ》の木畑《きばたけ》・茶《ちゃ》の木原《きばら》
▼果樹を植えた
果樹園《かじゅえん》・果樹畑《かじゅばたけ》
▼草花を植えた　花畑《はなばたけ》・花畠《はなばたけ》
▼苗や苗木を育てる　苗床《なえどこ》
▼人工的に苗を発育させる
温床《おんしょう》・温床《おんどこ》
▼自然に苗を発育させる　冷床《れいしょう》
▼春、種まきの準備のために畑の土を掘り返す
畑打《はたう》ち
▼土盛りした所　畝《うね》・畦《うね》

歴史からみた「田畑」

▼上代、私有を認められた
私田《しでん》・私田《わたくしだ》
▼国家に直属した　公田《こうでん》・公田《くでん》
▼田租を決める等級分けの最上の
上田《じょうでん》
▼田租を決める等級分けの中程度の

田畑

中田《ちゅうでん》

▼田租を決める等級分けの最下等の
下田《げでん》

▼田地に課する税　田賦《でんぷ》・田租《でんそ》

▼律令制で田租の義務のある
輸租田《ゆそでん》

▼田租を免除された　不輸租田《ふゆそでん》

▼公領・荘園の賦課単位となった
名田《みょうでん》

▼中世、年貢を取ることができた
得田《とくでん》・徳田《とくでん》

▼中世、年貢・課役の対象となった
定田《じょうでん》

▼荘園制下で年貢だけを出した
一色田《いっしきでん》

▼賃租された　賃租田《ちんそでん》

▼中世、年貢・諸役の対象外の
除田《じょでん》

▼荘官に与え、年貢や課役を免除した
間田《かんでん》・余田《よでん》・免田《めんでん》

▼律令制下、賃貸料を取って耕作させた
地子田《じしでん》・輸地子田《ゆじしでん》

▼律令制下で荒廃した
不堪佃田《ふかんでんでん》・不堪田《ふかんでん》

▼幕府・諸藩の検地帳に記載されている
本田《ほんでん》・古田《こでん》

▼律令制下、人民に分けた
班田《はんでん》・班田《あかちだ》・口分田《くぶんでん》

▼律令制下、位階に応じて与えた
位田《いでん》

▼律令制下、官職によって与えた
公廨田《くがいでん》・公廨田《くげでん》・職田《しきでん》・職田《しょくでん》・職分田《しきぶんでん》・職分田《しょくぶんでん》

▼親王・内親王に与えられた
品田《ほんでん》・品位田《ほんいでん》

▼律令制下、畿内にあって皇室の用にあてた
官田《かんでん》・供御田《くごでん》

▼国造《くにのみやつこ》に支給した
国造田《こくぞうでん》

▼律令制下、駅ごとに支給した
駅起田《えききでん》・駅田《えきでん》

▼律令制下、采女《うねめ》を出した郡に与えた
采女田《うねめでん》・采女肩布の田《うねめのひれのた》

▼古代に一代限りの所有を認めた
一身田《いっしんでん》

▼平安時代の鎮守府のための。また、明治の屯田兵の
屯田《とんでん》

▼内職に耕し、自分の収入とした
外持ち田《ほまちだ》

▼位田・職田・口分田などにあててなお余った
乗田《じょうでん》・剰田《じょうでん》・公乗田《こうじょうでん》

▼荘園領主などの直営の
正作田《しょうさくでん》

▼荘園内の
荘田《そうでん》・荘田《しょうでん》・庄田《しょうでん》

▼荘園の領主や主君から与えられた

田畑

土地

給田《きゅうでん》・給地《きゅうち》

▼律令制下、功労者に与えた

功田《くでん》・功田《こうでん》・大功田《だいこうでん》

▼律令制下、功労者に。また、別勅によって与えた

賜田《しでん》・別勅賜田《べっちょくしでん》

▼平安時代、窮民救済のため諸国に設けた

救急田《きゅうきゅうでん》・賑給田《しんごうでん》・賙急田《しゅうきゅうでん》・賑救田《しんきゅうでん》

▼平安時代、学問奨励のためにあてた

学田《がくでん》・学料田《がくりょうでん》・勧学田《かんがくでん》・勧《かん》学料田《がくりょうでん》

▼平安時代、健児《こんでい》の食料にあてた不輸租田

健児田《こんでいでん》

▼律令制下、節婦に与えた不輸租田

節婦田《せっぷでん》

▼奈良・平安時代、射騎奨励のための不輸租田

射騎田《しゃきでん》・射田《しゃでん》

▼律令制下、被害を受けて収穫減となった

損田《そんでん》・不熟田《ふじゅくでん》

▼班田制で地味が悪く、隔年、または、数年おきに耕作することを認められた

易田《えきでん》・易田《やくでん》・片荒《かたあ》らし・休《やす》み田《た》

▼江戸時代、逃散などで耕作者がいなくなった

散田《さんでん》

▼中世、近世において、隠して税を納めない

隠田《おんでん》・隠田《いんでん》・隠《かく》し田《だ》・忍《しの》び田《た》・隠《しの》び田《た》・隠地《おんち》

▼新たに開墾した田

初田《はつた》・新田《しんでん》・新田《あらた》

▼新たに田を開墾すること

新治《にいばり》・新墾《にいばり》・新墾治《あらきはり》・新治《にいはり》・新墾《にいはり》

▼新たに開墾した土地

新墾《あらき》・新開《あらき》・荒開《あらき》

▼律令制下、新たに開墾した田地

墾田《こんでん》・墾田《はりた》・私墾田《しこんでん》・治田《ちでん》・新墾田《あらきだ》

▼平安時代、勅旨によって開墾された皇室領

勅旨田《ちょくしでん》

▼江戸時代、村が主に開発した新田

村請新田《むらうけしんでん》

▼江戸時代、開墾に適する土地を見立てて、許可を得て新たに開発した

見立新田《みたてしんでん》

▼江戸時代、代官所の負担で開発した

代官見立新田《だいかんみたてしんでん》

▼町人が請け負って開発した

町人請負新田《ちょうにんうけおいしんでん》

▼江戸時代、開発して新たに作った田畑・屋敷地などの称

新田《しんでん》・新開《しんかい》

神仏・祭祀などからみた「田畑」

▼律令制下において、寺院に認められた不輸租田
寺田《じでん》

▼仏に供える米飯を得る
仏餉田《ぶっしょうでん》・仏聖田《ぶっしょうでん》

▼奈良・平安時代、放生《ほうじょう》の費用を得るための不輸租田
放生田《ほうじょうでん》

▼神社に属する
社田《しゃでん》・神田《しんでん》・神田《かみだ》・御田《みた》・屯田《みた》・御田《おんだ》・大御田《おおみた》・御田《みた》代《しろ》・御戸代《みとしろ》・御刀代《みとしろ》

▼神に供える米を作る
斎田《さいでん》・斎田《いつきた》・御供田《ごくうでん》

▼幣帛《へいはく》を進ずる費用にあてる
幣田《へいでん》

▼大嘗祭《だいじょうさい》のとき悠紀殿の神饌用の新穀を作る
悠紀田《ゆきでん》

▼大嘗祭のとき主基殿の神饌用の新穀を作る
主基田《すきでん》

▼収穫する稲を神饌に供するため占って定めた
占《うら》え田《た》

▼祭祀用の穀物を作る
籍田《せきでん》・藉田《せきでん》

▼神の恵みでよく実る
幸田《さきだ》

▼中世、寺社で行う講筵《こうえん》や講会《こうえ》の費用をまかなった
講田《こうでん》

▼中世、寺社への供米を作る
供米田《くまいでん》

「田畑」に関することわざ

「田植《たう》え女《おんな》に秋男《あきおとこ》」

米作りは、春の田植えのときには女性が中心に行い、秋の取り入れ時になったら、男性が中心になって行うということ。


「田植《たう》え半《なか》ばに栗《くり》の花《はな》」

田植えの季節になると、ちょうど栗が開花するということ。


「田《た》の事《こと》すれば畑《はたけ》が荒《あ》れる」

田んぼの仕事をしていれば畑のほうがおろそかになって荒れてしまう。一方にかかりきれば他方がないがしろになり、両方が一度にできないたとえ。


「田畑《たはた》の肥料《ひりょう》は主人《しゅじん》の足跡《あしあと》より良《よ》きはなし」

田畑の作物を作る際に大切なことは、そこの主人が先に立って手をかけてやることであって、肥料はその次に大切なことであるということ。

食《た》べる・飲《の》む

行為・行動からみた「食べる」

▼食べ物をかんで飲み込む
食《く》う・喰《く》う・食《く》らう・喰《く》らう・食《た》べる・食《た》ぶ・食《は》む・食す・食する・喫す・喫《きっ》する・認《したた》める・認《したた》む

▼食べるの尊敬語
召《め》す・上《あ》がる・召《め》し上《あ》がる・参《まい》る・聞《き》こし召《め》す

▼食べるの謙譲語
頂《いただ》く・戴《いただ》く・頂戴《ちょうだい》する

▼食べさせるの俗な言い方
食《く》わせる・食《く》らわす・食《く》わす

▼習慣としてものを
食《しょく》・食事《しょくじ》・食事《けごと》・餉《けごと》・飯《めし》・御《ご》飯《はん》・御飯《おまんま》・食膳《しょくぜん》・世事《せいじ》・飯《まま》・飯《まんま》・喫飯《きっぱん》・支度《したく》・仕度《したく》・認《したた》め

▼食事して備える
腹拵《はらごしら》え

▼食べたり飲んだりする
飲《の》み食《く》い・飲食《いんしょく》

▼食べ物をかみ砕く
咀嚼《そしゃく》

▼ぱくぱくと
ぱくつく

▼がつがつと
貪食《どんしょく》・貪食《たんしょく》

▼がつがつする
がっつく

▼急いでものを
搔《か》き込《こ》む・搔《か》っ込《こ》む

▼口にいっぱいものを入れて
頬張《ほおば》る

▼食べ物をほめながら
賞味《しょうみ》・賞玩《しょうがん》・賞翫《しょうがん》

▼おいしいものや珍しいものを食べて楽しむ
食《く》い道楽《どうらく》・食道楽《しょくどうらく》

▼食べ物についての知識・経験が豊富、また、その人
食通《しょくつう》・グルメ・グルマン・ガストロノーム

▼ものを食べたい気持ち
食思《しょくし》・食欲《しょくよく》・食《く》い気《け》

▼さまざまなものを少しずつ。また、食べ散らかす
食《く》い散《ち》らす・食《た》べ散《ち》らす

▼乱暴に
食《く》い荒《あ》らす

▼一度にたくさん食べておく
食《く》い溜《だ》め・食《く》い置《お》き

▼暖かい衣服を着て飽きるほど
暖飽《だんぽう》

▼食べ飽きる
食傷《しょくしょう》

▼度を越して
暴食《ぼうしょく》・過食《かしょく》

▼腹いっぱい
飽食《ほうしょく》・饜食《えんしょく》

▼十分に飲み食いして満足する

満喫《まんきつ》

▼残らず
食《く》い切《き》る・食《く》い尽《つ》くす・平《たい》らぐ・平《たい》らげる

▼食べたいだけ、また、どれほど食べてもよい
食《く》い放題《ほうだい》・食《た》べ放題《ほうだい》

▼意地きたなく何でも食べる人
食《く》いしん坊《ぼう》

▼指でつまんでものを
撮《つま》み食《ぐ》い

▼試みに少しだけ
毒味《どくみ》・毒見《どくみ》・味見《あじみ》・試食《ししょく》

▼主として動物がものを　摂食《せっしょく》

▼牛などが一度食べたものを口中に戻して、また
反芻《はんすう》・齝《にれか》む・齝《にげか》む・齝《ねりが》む・咰《にげか》む

▼鳥などが嘴《くちばし》でつついて
啄《ついば》む・突《つ》き食《は》む

▼もぎ取って　もり食《は》む

形態・習慣などからみた「食べる」

▼食事をする時刻や時分
食時《しょくじ》・飯時《めしどき》・飯時分《めしじぶん》・時分時《じぶんどき》

▼米穀を断って木の実を食べて修行する
木食《もくじき》

▼僧が食事をしてはいけない時間。あるいは午後の食事
非時《ひじ》・非食《ひじき》

▼食べる時機を逃してしまう
食《く》い逸《はぐ》れる・食《く》いっ逸《ぱぐ》れる

▼生のまま　生食《せいしょく》

▼ものを煮《に》焚《た》きして
火食《かしょく》・炊食《すいしょく》

▼外で食事をする　外食《がいしょく》

▼立ちながら
立食《りっしょく》・立《た》ち食《ぐ》い

▼食べるのが早い。また、時間より早く
早飯《はやめし》

▼眠りと食事　眠食《みんしょく》・寝食《しんしょく》

▼着ることと食べること　衣食《いしょく》

▼食事を抜く　欠食《けっしょく》

▼食事の量を減らす　節食《せっしょく》

▼健康維持のために食事の量や質を制限する
食餌療法《しょくじりょうほう》・ダイエット

▼食事を断つ　絶食《ぜっしょく》・断食《だんじき》

▼食べ物に好き嫌いがある
偏食《へんしょく》

▼大勢集まって　会食《かいしょく》

▼会食の席に正客と共に饗応を受ける
相伴《しょうばん》・伴食《ばんしょく》

▼貴人の食事の相伴をする
陪食《ばいしょく》・侍食《じしょく》

▼賓客と共に食事を取る　接伴《せっぱん》

食べる・飲む

▼いたずらに食べてばかりいる
素餐《そさん》・徒食《としょく》・居食《いぐ》い・座食《ざしょく》・坐食《ざしょく》・寝食《ねぐ》い・無駄食《むだぐ》い

▼いたずらに飲み食いして無為に日を過ごす人
無駄飯食《むだめしぐ》い・徒飯食《むだめしぐ》い・穀潰《ごくつぶ》し

▼飲み食いに金を使って貧乏になる
食《く》い倒《だお》れ

▼飲食をして代金を払わない
食《く》い倒《たお》す・食《く》い逃《に》げ・無銭《むせん》飲食《いんしょく》

▼食べる量が少ない
小食《しょうしょく》・小食《こしょく》・少食《しょうしょく》

▼たくさん
大食《たいしょく》・多食《たしょく》・大食《おおぐ》い・健啖《けんたん》

▼たくさん食べる人
大食漢《たいしょくかん》・大食《おおぐ》い・大食《おおぐ》らい・大飯食《おおめしぐ》らい・食《く》らい抜《ぬ》け

▼神前の供物を下げて　別当《べっとう》

▼人に隠れてものを
盗《ぬす》み食《ぐ》い・撮《つま》み食《ぐ》い

▼他人から物をもらって
貰《もら》い食《ぐ》い

▼子どもが菓子などを買って
買《か》い食《ぐ》い

▼一度の食事　一飯《いっぱん》・一食《いちじき》

▼一日に二度食事をする　二食《にじき》

▼朝夕二回の食事の時代の一食
片食《かたけ》・片食《かたき》

▼食事と食事の間に
間食《かんしょく》・間食《あいだぐ》い・口慰《くちなぐさ》み

▼午後の間食　御八《おや》つ・御三時《おさんじ》

▼役所から退出して自宅で食事を取る
退食《たいしょく》

▼正月の三が日に鏡餅など固いものを食べる行事
歯固《はがた》め

▼精進の期間が終わって、魚肉などを
精進明《しょうじんあ》け・精進落《しょうじんお》ち・精進落《しょうじんお》とし

▼朝の食事
朝飯《あさめし》・朝飯《あさはん》・朝御飯《あさごはん》・朝飯《あさいい》・朝食《ちょうしょく》・朝食《あさげ》・朝餉《あさげ》・朝餐《ちょうさん》・ブレックファスト

▼朝、寝床の中で取る食事
蓐食《じょくしょく》

▼昼食と朝食を兼ねた食事
ブランチ

▼昼の食事
昼食《ちゅうしょく》・昼食《ちゅうじき》・昼食《ひるげ》・昼飯《ひるめし》・昼飯《ちゅうはん》・昼飯《ひるいい》・昼《ひる》・昼餉《ひるげ》・昼餉《ちゅうしょう》・中食《ちゅうじき》・中飯《ちゅうはん》・昼養《ひるやしな》い・午餐《ごさん》・午飯《ごはん》・午餉《ごしょう》・昼餐《ちゅうさん》・昼御飯《ひるごはん》・ランチ

▼晩の食事
晩飯《ばんめし》・晩食《ばんしょく》・晩御飯《ばんごはん》・晩餐《ばんさん》・晩餉《ばんしょう》・夕飯《ゆうはん》・夕飯《ゆうめし》・夕食《ゆうしょく》・夕食《ゆうげ》・夕餉《ゆうげ》・夜食《やしょく》・夜長《よなが》・ディナー

食べる・飲む

▼僧の夜食　事《こと》

▼君主が日暮れ後食事を取る
旰食《かんしょく》

▼飲食物をたくさん出してもてなす
御《ご》馳《ち》走《そう》攻《ぜ》め

食の対象からみた「食べる」

▼食べるもの
食《た》べ物《もの》・食《く》い物《もの》・食物《しょくもつ》・食《しょく》料《りょう》・食《しょく》・食《うけ》・食《うか》・飯《いい》・飯《まま》・飯《まんま》

▼食事の尊敬語
御膳《ごぜん》・召《め》し上《あ》がり物《もの》

▼食べたり飲んだりするもの
飲食物《いんしょくぶつ》

▼好きな飲食物　好物《こうぶつ》

▼主として病人が食べるもの
食餌《しょくじ》・病人食《びょうにんしょく》・流動食《りゅうどうしょく》

▼健康維持のための栄養補助食品
サプリメント

▼一緒に食べると害になる食べ物
食《く》い合《あわ》せ

▼その季節に初めて出回った魚・野菜など
走《はし》り・走《はし》り物《もの》・初物《はつもの》・初《はつ》

▼魚・野菜などの味が最もよい時
旬《しゅん》

▼時期の終わり近くなって、初物と同様に珍重されるもの
終《お》わり初物《はつもの》・穏座《おんざ》の初物《はつもの》

▼人に食事を勧めるときの食事の謙譲語
粗飯《そはん》・粗餐《そさん》・口塞《くちふさ》ぎ・口汚《くちよご》し

▼主として天皇の飲食物
供御《くご》・供御《くぎょ》・供御《ぐご》・御物《おもの》・御膳《おもの》・御食《みけ》・御饌《みけ》

▼天皇の飲食物となるべきもの
御食《みけ》つ物《もの》

▼仏家における食事
斎《とき》・斎食《とき》・斎食《さいじき》・時食《じじき》

▼禅寺における午後の斎食《さいじき》と翌朝のかゆとの間の簡単な食事。または正午時の斎食
半斎《はんさい》

▼主要な食べ物　主食《しゅしょく》

▼主食と一緒に食べるもの
副食《ふくしょく》・副食物《ふくしょくぶつ》・御数《おかず》・菜《さい》・御菜《おさい》・総菜《そうざい》・惣菜《そうざい》

▼ちょっとしたおかず　箸休《はしやす》め

▼主食に代わる食べ物　代用食《だいようしょく》

▼ふだんの食事　常食《じょうしょく》

▼食用にあてられるもの。主として主食物
食糧《しょくりょう》・糧食《りょうしょく》・糧《かて》・兵糧《ひょうろう》・兵粮《ひょうろう》

▼酒を飲むときに出す食べ物
撮《つま》み・撮《つま》み物《もの》・酒菜《しゅさい》・肴《さかな》

▼酒と肴《さかな》
酒肴《さけさかな》・酒肴《しゅこう》・酒肉《しゅにく》

▼おいしい酒肴　嘉肴《かこう》・佳肴《かこう》

▼酒を飲み肴を　酒食《しゅしょく》

食べる・飲む

▼おいしい料理
馳走《ちそう》・御馳走《ごちそう》・美食《びしょく》・膏粱《こうりょう》

▼おいしいものを　美食《びしょく》

▼鳥獣の肉を　肉食《にくしょく》・肉食《にくじき》

▼獣肉を、また、常識上食用でもないものを
悪食《あくしょく》・悪食《あくじき》

▼肉類を避け、野菜類のみ食べる。また、その人
菜食《さいしょく》・素食《そしょく》・精進《しょうじん》・ベジタリアン

▼江戸時代に、冬の保温と滋養のために獣肉を食べたこと
薬食《くすりぐ》い

▼植物を　草食《そうしょく》・植食《しょくしょく》

▼穀物を粒のまま調理して
粒食《りゅうしょく》

▼粉にして　粉食《ふんしょく》

▼粗末な食事
粗食《そしょく》・粗飯《そはん》・悪食《あくじき》・粗糲《それい》

▼簡単な食事
軽食《けいしょく》・スナック

▼乳離れした幼児の食べ物
離乳食《りにゅうしょく》

▼すぐに食べられる
ファーストフード・インスタント食品《しょくひん》・レトルト食品《しょくひん》・デリカテッセン

▼ファーストフードと対照的な食べ物
スローフード

▼朝食前に一仕事するときの簡単な食事
茶《ちゃ》の子《こ》

▼本格的な食事
正餐《せいさん》・ディナー

▼正式の膳《ぜん》立ての日本料理
本膳料理《ほんぜんりょうり》

▼茶の湯の席で茶の前に出す簡単な料理
懐石料理《かいせきりょうり》・茶懐石《ちゃかいせき》

▼本膳料理を簡単にした酒宴の席の料理
会席料理《かいせきりょうり》

▼肉類を使わず、野菜類のみを用いた料理
精進料理《しょうじんりょうり》

▼外出先で食べる器に入った軽食
弁当《べんとう》

▼小さな握り飯とおかずを詰め合わせた弁当
幕《まく》の内弁当《うちべんとう》

▼強飯《こわめし》を卵形に握ったもの。公家の握り飯
屯食《とんじき》・頓食《とんじき》・頓食《とじき》・屯食《とじき》

▼皆であぐらをかいて食べる鍋料理
趺坐鍋《あぐらなべ》

▼手で握った飯《めし》や鮨《すし》　握《にぎ》り

▼手づかみで食べる。また、握り飯
手《て》の窪《くぼ》

▼薬を飲んだ後、甘い菓子などを
口直《くちなお》し

「食べる」に関する擬音語・擬態語

▼あっという間にたくさんの料理を平らげる

ぺろっと・ぺろりと・ぺろぺろっと

▼空腹のため、むさぼり食う

がつがつ

▼食べてはすぐ次のものを食べるといったように、元気よく食べる

ぱくぱく

▼口を大きく開けて一気にものを口の中に入れる

ぱくり

▼咀嚼《そしゃく》の音が聞こえるくらいに勢いよく食べる

むしゃむしゃ

▼食欲が旺盛で、次から次へと食べ進む

もりもり

▼口中にものを入れて、口をつぐんで盛んにかむ

もぐもぐ・もごもご

▼大きい口を開けて口より大きいものにかみついたり飲み込んだりする

がぶっと・がぶり

▼ご飯に汁気の多いものをかけて、無造作にものを掻き込む

ざくざく・さくさく・さらさら

▼口の中で盛んにかむ

くちゃくちゃ

▼たくあん漬など、主として漬物をかみ砕く

ばりばり

▼煎餅《せんべい》など、薄くて少々固いものを歯切れよく食べている

ぱりぱり

▼固いものを端からかじっている

ぼりぼり

▼落花生など、やや固くて小さいものを少しずつ食べている

ぽりぽり

▼薄くてすぐ折れてしまう感じのものをかみ砕く

かりかり

▼歯応えのあるものをかじる

がりがり

▼小さくて歯応えのあるものを歯切れよく食べる

こりこり

▼飲んだり食べたりするとき舌で出す

ぴちゃぴちゃ

行為・行動からみた「飲む」

▼口に入れた物をのどに通す

飲《の》む・呑《の》む・飲《の》み込《こ》む・呑《の》み込《こ》む・飲《の》み下《くだ》す・喫《きつ》す・喫《きつ》する

食べる・飲む

▼飲むの尊敬語
召《め》す・上《あ》がる・召《め》し上《あ》がる・参《まい》る・聞《き》こし召《め》す

▼飲むの謙譲語
頂《いただ》く・戴《いただ》く・頂戴《ちょうだい》する

▼飲んだり食べたりする
飲食《いんしょく》・飲《の》み食《く》い

▼食べ物をかまずに
鵜呑《うの》み・丸呑《まるの》み

▼吸うように飲み込む　啜《すす》る

▼度を越して多量に
暴飲《ぼういん》・鯨飲《げいいん》・痛飲《つういん》・牛飲《ぎゅういん》

▼瓶《びん》に直接口を付けて
喇叭《らっぱ》飲《の》み

▼注がれた酒などを完全に
飲《の》み干《ほ》す・飲《の》み乾《ほ》す・汲《く》み干《ほ》す・汲《く》み乾《ほ》す・飲《の》み切《き》る・飲《の》み尽《つ》くす

▼好んで　愛飲《あいいん》

▼試みに少しだけ　試飲《しいん》

▼十分に飲み食いして満足する
満喫《まんきつ》

対象別にみた「飲む」

▼飲むためのもの
飲《の》み物《もの》・飲料《いんりょう》・ドリンク

▼飲んだり食べたりするもの
飲食物《いんしょくぶつ》

▼酒を
呑《の》む・酌《く》む・引《ひ》っ掛《か》ける・湑《した》む・釃《した》む・一杯《いっぱい》やる

▼茶を
喫《の》む・喫茶《きっさ》・喫茶《きっちゃ》・喫《きっ》する・服《ふく》する・一服《いっぷく》

▼お茶を飲むのが好きなこと、また、その仲間
茶飲《ちゃの》み・茶飲《ちゃの》み友達《ともだち》

▼薬を
服用《ふくよう》・服薬《ふくやく》・内服《ないふく》・内用《ないよう》・喫《きっ》する・服《ふく》する・一服《いっぷく》

▼毒を　服毒《ふくどく》

▼子に乳を飲ませる
授乳《じゅにゅう》・哺乳《ほにゅう》

「飲む」に関する擬音語・擬態語

▼多量の液体を続けて飲む
がぶがぶ・ごくごく・こくこく・ぐびりぐびり

▼液体を一口飲み下す
ごくっ・こくっ・ごくり・こくり・ごくん・ごっくん

▼舌で軽くたたくように
ぴちゃぴちゃ・ぺちゃぺちゃ

「食べる・飲む」に関する慣用句

【顎《あご》が落《お》ちる】

食べ物がたいへんおいしく感じる。

《類》「頬《ほ》っぺたが落《お》ちる」


【如何物食《いかものぐ》い】

普通の人が食べないものを好んで食べること。また、その人。

【息《いき》を呑《の》む】（⇒「驚《おどろ》く・驚《おどろ》き」一四一ページ）

【意地汚《いじきたな》い】

がつがつしている。特に飲食物に対する欲が、非常に強いこと。「汚《きたな》い」は「穢《きたな》い」とも書く。


【椀盤振《おうばんぶ》る舞《ま》い】

盛大な御馳走。人に気前よく食事や金品を振る舞うこと。「椀盤《おうばん》」は、「大飯《おおばん》」とも書く。


【固唾《かたず》を呑《の》む】

緊張して、じっと事のなりゆきを見守る様子。「固唾」は、緊張したとき口中にたまるつば。


【渇《かつ》を癒《いや》す】

渇いたのどを潤す意から、欲求を満たす。かねてからの望みがかなって満足する。


【口《くち》が奢《おご》る】

美食に慣れて、おいしいものしか食べない。

【口《くち》に合《あ》う】（⇒「あう」五五ページ）

【口《くち》にする】

食べる。食べてみる。


【苦杯《くはい》を嘗《な》める】

つらくて苦しい経験をする。「苦杯」は苦い酒を入れたさかずき。


【呼吸《こきゅう》を呑《の》み込《こ》む】

物事をうまく行うための微妙な調子や感じを会得する。こつをつかむ。


【舌《した》が肥《こ》える】

食べ物の味をよく知っていて味覚が鋭い。


【舌鼓《したつづみ》を打《う》つ】

おいしいものを食べて思わず舌を鳴らす。


【食《しょく》が進《すす》む】

食欲があり、たくさん食べられる。また、食事が進む。


【食《しょく》が細《ほそ》い】

食べる量が少ない。少食である。


【食《しょく》が細《ほそ》る】

食欲がなく、たくさん食べられない。

【清濁併《せいだくあわ》せ呑《の》む】（⇒「性格《せいかく》・性質《せいしつ》」三四六ページ）

【茶腹《ちゃばら》も一時《いっとき》】

茶を飲んだだけでも、しばらくは空腹をしのげることから、ささいなものでも一時の間に合わせにはなるということ。


【爪《つめ》の垢《あか》を煎《せん》じて飲《の》む】

優れた人にあやかるようにする。


【手酌貧乏《てじゃくびんぼう》】

自分で酌をして飲むのはいかにも貧乏くさい。

［呑《の》んでかかる］
相手を圧倒する態度をとる。

［箸《はし》を付《つ》ける］
食べ始める。また、箸で食べ物に触れる。

［箸《はし》を取《と》る］
食事を開始する。

［腹《はら》ができる］
食事をして満腹になる。

［腹《はら》を拵《こしら》える］
食事をして腹を満たす。

［痩《や》せの大食《おおぐ》い］
やせているのによく食べること。また、やせた人の方がよく食べること。

「食べる・飲む」に関する故事・成語・ことわざ

［朝腹《あさばら》の茶漬《ちゃづ》け］
腹がすいている朝飯前に茶漬けを食べても、あまり腹のたしにならない。少しもこたえない、また、ごくたやすいことのたとえ。

［渇《かっ》しても盗泉《とうせん》の水《みず》を飲《の》まず］
どんなに苦しく困ったときでも決して不正なことには手を出さない。「盗泉」は中国にあった泉の名。孔子はその名を嫌い、その水を飲まなかったという。出典は『淮南子《えなんじ》』。

［錦衣玉食《きんいぎょくしょく》］
美しい衣服とりっぱな御馳走。また、ぜいたくな暮らしのこと。

［鯨飲馬食《げいいんばしょく》］(⇒「酒《さけ》」二六六ページ)

［里腹三日《さとばらみっか》］
実家に帰ると存分に食べるので、三日は空腹を感じないということ。

［酒嚢飯袋《しゅのうはんたい》］
酒ぶくろと飯ぶくろの意で、酒を飲み飯を食うばかりで、無為に暮らす人をののしる言葉。

［暖衣飽食《だんいほうしょく》］
暖かな衣服をまとい、飽きるほどに食べること。何の不足もない暮らし。

［飲《の》む者《もの》は飲《の》んで通《とお》る］
酒を飲むことは大きな浪費だが、酒飲みはそれでもなんとか食っていくものである。

［無芸大食《むげいたいしょく》］
身についた技芸もなく、ただ食べる量だけが多い。また、そのような無能な人。

［夜食過《やしょくす》ぎての牡丹餅《ぼたもち》］
夜の食事で満足した後にうまい牡丹餅をもらってもありがたくないことから、時機が過ぎてしまって値打ちが下がったり、ありがたみが薄らぐたとえ。

昼夜《ちゅうや》

時・様態からみた「昼」

▼朝から夕方までの明るい間
昼《ひる》・午《ひる》・御昼《おひる》・昼間《ひるま》・昼《ちゅう》間《かん》・白昼《はくちゅう》・白日《はくじつ》・日中《にっちゅう》・日《ひ》の中《うち》・日中《ひなか》・昼中《ひるなか》・昼日《ひるひ》中《なか》・デイタイム

▼太陽が子午線を通過する時刻、昼の十二時
正午《しょうご》・午時《ごじ》・日《ひ》の辻《つじ》・亭午《ていご》・日午《にちご》・午天《ごてん》・零時《れいじ》・午後零時《ごごれいじ》

▼昼の最中
真昼《まひる》・真昼間《まひるま》・明昼《あかひる》

▼昼間を強めた語　真《ま》っ昼間《ぴるま》

▼正午ごろ
昼時《ひるどき》・昼時分《ひるじぶん》・午時分《ひるじぶん》・昼《ひる》つ方《かた》・昼《ひる》つ程《ほど》

▼正午の前
昼前《ひるまえ》・小昼《こひる》・上午《じょうご》

▼正午の後
昼過《ひるす》ぎ・昼後《ひるご》・下午《かご》

▼夜の十二時から正午まで
午前《ごぜん》・上午《じょうご》

▼正午から夜の十二時まで
午後《ごご》・午后《ごご》・下午《かご》・昼後《ひるご》

▼正午を少し過ぎたころ
昼下《ひるさが》り

▼昼と夜
日夜《にちや》・昼夜《ちゅうや》・昼夜《ひるよる》・夜昼《よるひる》・日夕《にっせき》・晦明《かいめい》

時・日にちなどからみた「夜」

▼日の入りから日の出までの時間
夜《よる》・夜《よ》・暮夜《ぼや》・夜分《やぶん》・夜陰《やいん》・晩《ばん》刻《こく》・小夜《さよ》・晩《ばん》・宵《よい》・夜《よ》さ・夜《よ》さり・夜《よう》さり・夜《よ》ら

▼日が暮れて間もないころ
宵《よい》・宵《よい》の口《くち》・イブニング

▼夕方の月の出るまで　夕闇《ゆうやみ》

▼夜を三分した初めの時間
初夜《しょや》・初夜《そや》・宵《よい》

▼夜を三分した真ん中の時間
中夜《ちゅうや》

▼夜を三分した最後の時間　後夜《ごや》

▼夜になるころ
夕方《ゆうがた》・夕《ゆう》べ・夜《よ》さりつ方《かた》・夜《よう》さりつ方《かた》・夜《よう》さり方《かた》

▼夜の間
夜中《よなか》・夜中《やちゅう》・夜間《やかん》・夜間《よま》・夜分《やぶん》

▼夜の十二時
零時《れいじ》・午前零時《ごぜんれいじ》・正子《しょうし》

▼夜の最中

昼夜

夜半《やはん》・夜半《よわ》・夜夜中《よるよなか》・真夜《まよ》中《なか》・深夜《しんや》・夜深《よぶか》・半夜《はんや》・夜《よ》更《ふ》け・夜深《よふ》け・深更《しんこう》・夜降《よぐた》ち・夜籠《よごも》る・ミッドナイト

▼夜の間中
終夜《しゅうや》・終夜《よもすがら》・夜《よ》すがら・夜《よ》中《じゅう》・夜通《よどお》し・夜亘《よわた》し・夜一《よひと》夜《よ》・終宵《しゅうしょう》・夜直《よただ》・夜直《よただ》・一《ひと》晩中《ばんじゅう》・夜《よ》っぴて・夜《よ》っぴとい・夜《よ》っぴとよ・夜《よ》がなよっぴて・オールナイト

▼どれほどの
幾夜《いくよ》・幾晩《いくばん》・夜頃《よごろ》・夜来《よごろ》

▼多くの　千夜《ちよ》・百夜《ももよ》・幾夜《いくよ》

▼ひと晩ごとの
隔夜《かくや》・隔晩《かくばん》・夜交《よま》ぜ・一夜《ひとよ》交《ま》ぜ

▼その日の　同夜《どうや》・当夜《とうや》・即夜《そくや》

▼朝から晩まで
晨夜《しんや》・夙夜《しゅくや》・明《あ》け暮《く》れ・朝《あさ》晩《ばん》・朝夕《ちょうせき》・朝宵《あさよい》

▼今日の
今夜《こんや》・今晩《こんばん》・今夕《こんゆう》・今夕《こんせき》・今宵《こよい》・此《こ》の夜《よ》ら

▼昨日の、前日の
昨夜《さくや》・昨夜《ゆうべ》・昨夜《ゆんべ》・昨夜《よんべ》・昨夜《ようべ》・昨夜《きぞ》・昨夜《よべ》・前夜《ぜんや》・前晩《ぜんばん》・昨夕《さくせき》・昨夕《さくゆう》・前夕《ぜんせき》・昨晩《さくばん》・前宵《ぜんしょう》・昨宵《さくしょう》・夜前《やぜん》

▼明日の、次の日の
翌夜《よくや》・明晩《みょうばん》・明夜《みょうや》・翌晩《よくばん》・明夕《みょうせき》・翌夕《よくせき》・又《また》の夜《よ》

▼一昨日の
一昨晩《いっさくばん》・一昨夜《いっさくや》・一昨夕《いっさくゆう》

▼先日の　先夜《せんや》・先晩《せんばん》

状態・状況からみた「夜」

▼ある
一夜《いちや》・一夜《ひとよ》・一晩《ひとばん》・一夕《いっせき》

▼続く
夜夜《よよ》・夜夜《よるよる》・夜《よ》な夜《よ》な・夜《よ》毎《ごと》・新《あら》た夜《よ》・毎夜《まいよ》・毎晩《まいばん》・連夜《れんや》・宵宵《よいよい》・夜並《よなら》べて・夜《よ》去《さ》らず

▼晴れた　晴夜《せいや》

▼心地のよい　良夜《りょうや》・良宵《りょうしょう》

▼清く静かな　清夜《せいや》・清宵《せいしょう》

▼月の光のほのかにさす
朧夜《おぼろよ》・朧月夜《おぼろづくよ》・朧月夜《おぼろづきよ》・薄月夜《うすづきよ》

▼惜しむべき　可惜夜《あたらよ》

▼人を待つ　待宵《まつよい》

▼星明かりのある
星月夜《ほしづきよ》・星月夜《ほしづくよ》・星夜《せいや》

▼月の明かりのある
月夜《つきよ》・月夜《つくよ》・月夜《げつや》・月夕《げっせき》

▼宵の間だけ月明かりのある

昼夜

宵月夜《よいづきよ》・宵月夜《よいづくよ》

▼いつも夜ばかりである
常夜《とこよ》・常夜《じょうや》・常闇《とこやみ》

▼夜の暗い
闇《やみ》・夜陰《やいん》・夜《よる》の帳《とばり》

▼月明かりがなく、暗い
暗夜《あんや》・闇夜《あんや》・闇《やみ》の夜《よ》・闇《やみ》夜《よ》・烏夜《うや》

▼涼しい　涼夜《りょうや》

▼雨の降る　雨夜《あまよ》・雨夜《うや》

▼雪の降る　雪夜《ゆきよ》

▼夜の温度がセ氏二十五度以上の
熱帯夜《ねったいや》

▼極地方で日没後も薄明かりの
白夜《びゃくや》・白夜《はくや》

暦・行事からみた「夜」

▼陰暦で月の下旬の
下《くだ》り闇《やみ》・下《しも》つ闇《やみ》

▼陰暦正月十五日の
元宵《げんしょう》・元夕《げんせき》

▼陰暦正月二十六日と七月二十六日の月待ちの
二十六夜《にじゅうろくや》

▼陰暦八月十五日の
十五夜《じゅうごや》・三五《さんご》・三五夜《さんごや》

▼陰暦九月十三日の　十三夜《じゅうさんや》

▼陰暦十四日の　幾望《きぼう》・待宵《まつよい》

▼陰暦十六日の
既望《きぼう》・十六夜《いざよい》・十六夜《じゅうろくや》

▼陰暦十六日から二十日までの宵のうちの闇
宵闇《よいやみ》

▼陰暦十九日の　寝待《ねま》ちの宵《よい》

▼陰暦二十三日に月待ちする
二十三夜《にじゅうさんや》

▼大晦日《おおみそか》の
除夜《じょや》・除夕《じょせき》・年《とし》の夜《よ》・年越《としこ》し・宵《よい》の年《とし》

▼クリスマス前夜
聖夜《せいや》・クリスマスイブ

▼節分の　年越《としこ》し

▼子の誕生日から七日目の祝いの
七夜《しちや》・七夜《ななよ》

▼仏家の習俗の庚申《こうしん》の　庚申待《こうしんまち》

▼庚申待の前夜
宵庚申《よいこうしん》・宵庚申《よいごうしん》

▼葬式・忌日の前夜　逮夜《たいや》

春夏秋冬の「昼夜」

▼その季節になって初めての夜
初夜《しょや》・初夜《そや》・初夜《はつよ》

▼春の昼間　春昼《しゅんちゅう》

▼春の昼間の長いこと
日長《ひなが》・日永《ひなが》・遅日《ちじつ》

▼春の宵　春宵《しゅんしょう》・宵《よい》の春《はる》

▼春の短い夜　春《はる》の夜《よ》・春夜《しゅんや》・夜半《よわ》の春《はる》

▼夏の卯の花の咲く月光の美しい夜　卯《う》の花月夜《はなづくよ》・卯《う》の花月夜《はなづきよ》

▼夏の日中の盛り　日盛《ひざか》り

▼真夏の焼けつく昼　炎昼《えんちゅう》

▼夏の夜を戸外で涼む　夜涼《やりょう》

▼夏の短い夜　短夜《みじかよ》・短夜《たんや》・明《あ》け易《やす》い

▼夏、五月雨《さみだれ》の降るころの夜の暗さ　五月闇《さつきやみ》

▼晩夏のころに夜だけ秋めいた気配がある　夜《よる》の秋《あき》

▼秋の夜たつ霧　夜霧《よぎり》

▼秋の夜の寒さを感じる　夜寒《よさむ》

▼秋の夜　秋《あき》の夜《よ》・秋夜《しゅうや》・秋宵《しゅうしょう》・夜《よ》半《わ》の秋《あき》

▼日の暮れるのが早く、夜明けが遅い秋の夜　夜長《よなが》・長夜《ちょうや》・長夜《じょうや》・長《なが》き夜《よ》・長夜《ながよ》

▼冬の昼間の短い日　短日《たんじつ》・日短《ひみじか》

▼寒気が厳しい冬の夜　冬《ふゆ》の夜《よ》・寒夜《かんや》

▼寒く霜の降りる冬の夜　霜夜《しもよ》

「昼夜」に関する慣用句・ことわざ

[頃《ころ》は三月夜《さんがつよ》は九月《くがつ》]

一年の中でいちばんよいのは、花が咲いて暖かな三月のころと、気候も涼しくて夜長の風情を楽しむことができる九月のころであるという意。三月、九月はいずれも旧暦を示す。「頃」は、「時《とき》」ともいう。

[昼夜《ちゅうや》を舎《お》かず]

昼も夜も休まず。絶えず行う。

《類》「昼夜《ちゅうや》を分《わ》かたず」

[夜陰《やいん》に乗《じょう》ずる]

夜の闇にまぎれて事を行う。

月《つき》

「月」の異称・美称と「月」の満ち欠け、光など

▼月の異称・美称

月輪《げつりん》・月《つき》の輪《わ》・月天《げってん》・月《げつ》娥《が》・月舟《げっしゅう》・月兎《げっと》・月蟾《げっせん》・月《げっ》魄《ぱく》・月代《つきしろ》・玉輪《ぎょくりん》・玉蟾《ぎょくせん》・玉《ぎょく》兎《と》・玉桂《たまかつら》・嫦娥《じょうが》・仙娥《せんが》・蟾《せん》蜍《じょ》・蟾魄《せんぱく》・月桂《げっけい》・桂月《けいげつ》・桂《かつら》男《お》・桂男《かつらおとこ》・金鏡《きんきょう》・水鏡《すいきょう》・

月

月夜見《つくよみ》・月夜見《つきよみ》・月読《つくよ》み・月読《つきよ》み・月読《つくよ》み男《おとこ》・月読《つきよ》み男《おとこ》・月人《つきひと》・月人男《つきひとおとこ》・細好男《ささらえおとこ》

▼「つき」の古形　月《つく》

▼全面がまるく輝いて見える
満月《まんげつ》・望《ぼう》・望月《もちづき》・天満月《あまみつつき》・月《つき》の鏡《かがみ》・フルムーン

▼半分欠けた
半月《はんげつ》・半輪《はんりん》の月《つき》・弦月《げんげつ》・弓《ゆみ》張《は》り月《づき》・片割《かたわ》れ月《づき》・ハーフムーン

▼細い弓形の
三日月《みかづき》・新月《しんげつ》・繊月《せんげつ》・初月《はつづき》・眉月《まゆづき》・眉月《びげつ》・月《つき》の眉《まゆ》・月《つき》の剣《つるぎ》・初三《しょさん》の月《つき》・銀鉤《ぎんこう》・繊魄《せんぱく》

▼新月から満月までの間の
盈月《えいげつ》・上弦《じょうげん》

▼満月から新月までの間の
虧月《きげつ》・下弦《かげん》

▼半月から満月に近づいてゆく
上《のぼ》り月《づき》

▼満月から半月に近づいてゆく
下《くだ》り月《づき》・降《くだ》り月《づき》

▼月の欠けることと満ちること
虧盈《きえい》・満《み》ち欠《か》け・盈《み》ち虧《か》け

▼月の光
月光《げっこう》・月華《げっか》・月気《げっき》・月色《げっしょく》・月影《げつえい》・月影《つきかげ》・月明《つきあ》かり・月《つき》白《しろ》・月代《つきしろ》・ムーンライト

▼波に映った月の光　波光《はこう》

▼窓に差し込む月影　窓《まど》の月《つき》

▼月の光のもと　月下《げっか》

▼月光に照らされて美しく映える
月映《つきば》え

▼月の光で見える虹　月虹《げっこう》

▼日と月
月日《げつじつ》・日月《じつげつ》・烏兎《うと》・両曜《りょうよう》

▼月と星と日　月星日《つきほしひ》・三光《さんこう》

▼春の夜の　春月《しゅんげつ》

▼夏の夜の　夏月《かげつ》

▼秋の夜の、また、秋の夜の澄み渡った
秋月《しゅうげつ》

▼冬の夜の　冬月《とうげつ》

▼冬の夜の寒ざむとした　寒月《かんげつ》

陰暦との関係からみた「月」

▼陰暦で月の初めの夜に見える
新月《しんげつ》・偃月《えんげつ》・三日月《みかづき》・繊《せん》月《げつ》・初月《はつづき》・上弦《じょうげん》・初弦《しょげん》

▼陰暦三日、四日ごろの夕方の
黄昏月《たそがれづき》

▼陰暦七日、八日ごろの半円の
半月《はんげつ》・弦月《げんげつ》・弓張《ゆみは》り月《づき》

▼陰暦十四日の　小望月《こもちづき》・幾望《きぼう》

▼陰暦十四日以降の　老《お》い月《づき》

▼陰暦十五日の夜に見える
満月《まんげつ》・望《ぼう》・望《もち》・名月《めいげつ》・明《めい》

月《げつ》・望月《もちづき》・芋名月《いもめいげつ》・最中《もなか》の月《つき》・三五《さんご》の月《つき》

▼陰暦十五夜の十日前後の
半月《はんげつ》・弦月《げんげつ》・半輪《はんりん》・弓張《ゆみは》り・弓張《ゆみは》り月《づき》・片割《かたわ》れ月《づき》

▼陰暦十六日の夜に見える
十六夜《いざよい》の月《つき》・十六夜《じゅうろくや》・十六夜《いざよい》・十六夜《いさよい》

▼陰暦十七日の夜に見える
立《た》ち待《ま》ち・立《た》ち待《ま》ち月《づき》・立《た》ち待《ま》ちの月《つき》

▼陰暦十八日の夜に見える
居待《いま》ち月《づき》・居待《いま》ちの月《つき》・居《い》待《ま》ち

▼陰暦十八夜ごろから二十一日・二十二日夜にかけての
下《くだ》り月《づき》・降《くだ》り月《づき》

▼陰暦十九日の夜に見える
臥《ふ》し待《ま》ち・臥《ふ》し待《ま》ち月《づき》・寝《ね》待《ま》ち・寝《ね》待《ま》ち月《づき》

▼陰暦二十日に見える
二十日月《はつかづき》・亥中《いなか》の月《つき》・更《ふ》け待《ま》ち・更《ふ》け待《ま》ち月《づき》

▼陰暦二十日後の
下《しも》の弓張《ゆみは》り・下《しも》つ弓張《ゆみは》り・下弦《かげん》

▼陰暦二十三日の夜に見える
真夜中《まよなか》の月《つき》

▼新月のうち、とくに陰暦八月初めの
初月《はつづき》

▼陰暦八月十五日の夜に見える
名月《めいげつ》・明月《めいげつ》・中秋《ちゅうしゅう》の名月《めいげつ》・仲秋《ちゅうしゅう》の名月《めいげつ》

▼陰暦九月十三日の夜に見える
名残《なごり》の月《つき》・月《つき》の名残《なごり》・後《のち》の月《つき》・豆名月《まめめいげつ》・栗名月《くりめいげつ》

気象・天候などからみた「月」

▼清く澄み渡って輝く
名月《めいげつ》・明月《めいげつ》・皓月《こうげつ》・素月《そげつ》・白月《はくげつ》・朗月《ろうげつ》

▼冷たく冴えた
寒月《かんげつ》

▼雲に覆われて、はっきり見えない。また、淡く光る
朧月《おぼろづき》・朧月《ろうげつ》・淡月《たんげつ》・澹月《たんげつ》

▼霞に隠れている
烟月《えんげつ》

▼雨が上がった後の
霽月《せいげつ》

▼雨の降る夜の
雨夜《あまよ》の月《つき》・雨月《うげつ》

▼水蒸気のため周りに油を流したように見える
油月《あぶらづき》

▼十五夜が曇りのため名月が見られない
無月《むげつ》

▼十五夜が雨のため名月が見られない
雨月《うげつ》

▼月の周りにできる光の暈《かさ》、光の強い

点
月暈《げつうん》・幻月《げんげつ》
▼風と　風月《ふうげつ》
▼花と　花月《かげつ》
▼水と。また、水に映る月影
水月《すいげつ》

時間の推移に伴う「月」

▼夕方に見える　夕月《ゆうづき》
▼たそがれ時にしばらく見える
黄昏月《たそがれづき》
▼宵の間だけ見える　宵月《よいづき》
▼沈もうとする　落月《らくげつ》・斜月《しゃげつ》
▼東の空に輝き出た　新月《しんげつ》
▼夜明けにまだ残っている
有明《ありあけ》・有明月《ありあけづき》・有明《ありあけ》の月《つき》・残月《ざんげつ》・残《のこ》んの月《つき》・残《のこ》りの月《つき》・朝行《あさゆ》く月《つき》

▼月が出る　月立《つきた》つ
▼月が出ようとするとき、空が白んで見える
月白《つきしろ》・月代《つきしろ》
▼月が出るのと共に満ちてくる潮
月《つき》の出潮《いでしお》

様態・種類からみた「月」

▼七夕の　七夜月《ななよづき》
▼ものさびしく見える　孤月《こげつ》
▼神代からずっと照り続けている
神代《かみよ》の月《つき》
▼小さく区切った田の面に一つ一つ映る
田毎《たごと》の月《つき》
▼湖水に映る　湖月《こげつ》
▼川の上にかかる　江月《こうげつ》
▼月の表面　月面《げつめん》

▼天空における月の位置　月次《げつじ》
▼月の中にあるという宮殿
月宮《がっくう》・月宮《げっきゅう》・月宮殿《げっきゅうでん》
▼バラモン神話から仏教に入った神の一つ
月天《がってん》・月天子《がってんし》・名月天子《めいげつてんし》
▼月天子が領有するという月の世界
月天《がってん》
▼月の運動　月離《げつり》
▼月を天頂に見る地点　月下点《げっかてん》
▼地球が太陽と月との間にきて一直線に並び太陽の光をさえぎるため、月の全部または一部が欠ける現象
月食《げっしょく》・月蝕《げっしょく》
▼古代インドの太陰暦で一日から十五日まで
白月《びゃくげつ》
▼古代インドの太陰暦で十六日から月末まで
黒月《こくげつ》

「月」に関する慣用句・成語

[秋月春風《しゅうげつしゅんぷう》]
秋の月と春の風。転じて歳月のこと。

[春花秋月《しゅんかしゅうげつ》]
春の花と秋の月。自然の美しい眺めのこと。

[月《つき》が満《み》ちる]
満月になる。また、産み月になる。

[月《つき》の鏡《かがみ》]
晴れ渡った月。また、月影を映す池の面を鏡にたとえた語。

[月《つき》の氷《こおり》]
月が澄んで、氷のように見えること。

[月《つき》の船《ふね》]
大空を海とみて、月が空を行くさまを船にたとえた語。

[月《つき》は世世《よよ》の形見《かたみ》]
月ははるか遠くの昔からこの世を照らし続け、代々にわたって伝えられてきた形見のようなものだから、月を見ていると昔がしのばれる。

手紙《てがみ》

性質・性格からみた「手紙」

▼要件や自分の意思などを伝えるために他人に送る文書
手紙《てがみ》・手簡《しゅかん》・手翰《しゅかん》・手札《しゅさつ》・書《しょ》・書簡《しょかん》・書翰《しょかん》・書状《しょじょう》・書札《しょさつ》・書信《しょしん》・書面《しょめん》・書尺《しょせき》・書牘《しょとく》・文《ふみ》・文書《ぶんしょ》・信書《しんしょ》・状《じょう》・状文《じょうぶみ》・雁書《がんしょ》・雁札《がんさつ》・雁帛《がんぱく》・雁字《がんじ》・雁《かり》の使《つか》い・雁《かり》の文《ふみ》・雁《かり》の伝《つて》・雁《かり》の便《たよ》り・雁《かり》の玉章《たまずさ》・簡札《かんさつ》・簡牘《かんとく》・簡牘《かんどく》・尺牘《せきとく》・双魚《そうぎょ》・双鯉《そうり》・紙面《しめん》・文通《ぶんつう》・音信《おんしん》・音信《いんしん》・訪《おとず》れ・便《たよ》り・消息《しょうそく》・消息《しょうそこ》・消息文《しょうそこぶみ》・玉章《たまずさ》・玉梓《たまずさ》・寄《よ》せ文《ぶみ》・水茎《みずくき》・レター・メール

▼自分の手紙の謙譲語
愚書《ぐしょ》・愚札《ぐさつ》・寸書《すんしょ》・寸簡《すんかん》・寸紙《すんし》・寸楮《すんちょ》

▼相手の手紙の尊敬語
御手紙《おてがみ》・御状《ごじょう》・御書《ごしょ》・御書面《ごしょめん》・貴書《きしょ》・貴札《きさつ》・貴簡《きかん》・貴翰《きかん》・貴状《きじょう》・尊書《そんしょ》・尊札《そんさつ》・尊簡《そんかん》・尊翰《そんかん》・尊紙《そんし》・尊墨《そんぼく》・玉書《ぎょくしょ》・玉札《ぎょくさつ》・玉章《ぎょくしょう》・華翰《かかん》・華墨《かぼく》・華箋《かせん》・芳札《ほうさつ》・芳墨《ほうぼく》・芳書《ほうしょ》・芳翰《ほうかん》・芳信《ほうしん》・高書《こうしょ》・台墨《たいぼく》・台書《たいしょ》・台翰《たいかん》・懇書《こんしょ》・朶雲《だうん》・朶翰《だかん》

▼美しい文章で書かれた
藻翰《そうかん》

手紙

▼自筆の
手書《しゅしょ》・手簡《しゅかん》・手翰《しゅかん》・手録《しゅろく》

▼女性の書いた　女文《おんなぶみ》

▼天皇の直筆の　親翰《しんかん》・宸翰《しんかん》

▼天皇や元首が直接したためた、また、自筆の
親書《しんしょ》

▼親しい者同士の　打《う》ち解《と》け文《ぶみ》

▼個人的で内密な　私書《ししょ》・私信《ししん》

▼自分の家からの　家書《かしょ》・家信《かしん》

▼故郷からの　郷書《きょうしょ》

▼返事を求める　往信《おうしん》

▼返事の
返信《へんしん》・返事《へんじ》・返辞《へんじ》・返《かえ》り・返書《へんしょ》・返札《へんさつ》・返状《へんじょう》・返章《へんしょう》・返簡《へんかん》・返《かえ》り言《ごと》・返《かえ》り事《ごと》・返《かえ》り文《ぶみ》・立《た》ち返《かえ》り・回章《かいしょう》・廻章《かいしょう》・回書《かいしょ》・回鯉《かいり》・報書《ほうしょ》・答書《とうしょ》

▼人からの返信の尊敬語
貴報《きほう》・尊報《そんぽう》

▼急ぎの　急書《きゅうしょ》・飛書《ひしょ》・飛札《ひさつ》

▼江戸時代、飛脚が江戸・京坂間を七日で届けた
早便《はやだよ》り

▼短い
寸紙《すんし》・寸書《すんしょ》・寸札《すんさつ》・寸簡《すんかん》・寸楮《すんちょ》・寸牘《すんとく》・短簡《たんかん》・短箋《たんせん》・尺書《せきしょ》・尺紙《せきし》・尺楮《せきちょ》・尺素《せきそ》

▼郵便で送る　郵書《ゆうしょ》

▼初めて出す　新玉章《にいたまずさ》

▼毎日続けて出す　日文《ひぶみ》

▼送られてきた
来信《らいしん》・来書《らいしょ》・来状《らいじょう》・来簡《らいかん》・来翰《らいかん》

▼続けざまに送られてくる　矢文《やぶみ》

▼匿名《とくめい》の　飛書《ひしょ》

▼中世の匿名の投書　落書《らくしょ》

▼特定の宛先に送らず、新聞・雑誌に掲載して公衆に示す
公開状《こうかいじょう》

▼にせの
贋手紙《にせてがみ》・偽手紙《にせてがみ》・贋文《にせぶみ》・偽文《にせぶみ》・贋筆《にせふで》・偽筆《にせふで》・偽筆《ぎひつ》・贋《にせ》書《が》き・偽《にせ》書《が》き・偽書《ぎしょ》・謀書《ぼうしょ》・拵《こしら》え文《ぶみ》・拵《こしら》え状《じょう》

▼秘密の　密書《みっしょ》・私書《ししょ》

▼古い　故券《こけん》

▼後で人が読むために書き残す
置《お》き手紙《てがみ》・書《か》き置《お》き・置《お》き文《ぶみ》

▼脅かして無理に書かせた
圧状《あつじょう》・圧状《おうじょう》

▼宛名を連記し、次々に回して用件や命令を伝える
回状《かいじょう》・廻状《かいじょう》・回章《かいしょう》・廻章《かいしょう》・回文《かいぶん》・回文《かいもん》・回《めぐ》らし文《ぶみ》・廻文《かいぶん》・廻文《かいもん》・回書《かいしょ》・回《まわ》し文《ぶみ》・廻《まわ》し文《ぶみ》・移文《いぶん》・移《うつ》し文《ぶみ》・回報《かいほう》・廻報《かいほう》・散状《さんじょう》・諜状《ちょうじょう》

▼衆人に告げ回る

手紙

檄《げき》・檄文《げきぶん》・檄書《げきしょ》・触《ふ》れ文《ぶみ》・触《ふ》れ書《が》き

▼急を要する檄《げき》

羽書《うしょ》・羽檄《うげき》・飛檄《ひげき》

形式・形態からみた「手紙」

▼封筒に入った　封書《ふうしょ》・封状《ふうじょう》

▼紙などに包んで封じた

包《つつ》み状《じょう》・包《つつ》み文《ぶみ》

▼上包みのない、また封をしない

裸文《はだかぶみ》・開封《かいふう》・開《ひら》き封《ふう》

▼別に添えた封書　別封《べっぷう》

▼半切りの和紙にしたためた

切《き》り紙《かみ》

▼折り紙にしたためた

折《お》り紙状《がみじょう》

▼たたんで端を折った

結《むす》び文《ぶみ》・結《むす》び状《じょう》

▼上包みの端を細く切って巻いて封をした

腰文《こしぶみ》・切《き》り封《ふう》じ

▼貴人宛の手紙で、遠慮してそばに仕える者宛とした

付《つ》け状《じょう》・附《つ》け状《じょう》

▼人を紹介したり物を贈ったりするとき、その旨を書き添えて送る

添《そ》え状《じょう》・添《そ》え書《しょ》・添《そ》え手《て》紙《がみ》・添《そ》え文《ぶみ》・付《つ》け状《じょう》・附《つ》け状《じょう》・添書《てんしょ》

▼礼紙《らいし》で巻いた書状を白紙で縦に包み、上下それぞれを折り返したもの

立文《たてぶみ》・竪文《たてぶみ》・式《しき》の立文《たてぶみ》・捻《ひね》り文《ぶみ》・拈《ひね》り文《ぶみ》

▼半切りにして書く捻《ひね》り文

小文《こぶみ》

▼一通の

一書《いっしょ》・一札《いっさつ》・一簡《いっかん》・一封《いっぷう》

書かれる内容・目的からみた「手紙」

▼儀礼・親愛の情などをしたためた

挨拶状《あいさつじょう》

▼人を恋する気持ちを書いた

文《ふみ》・恋文《こいぶみ》・色文《いろぶみ》・艶書《えんしょ》・艶書《えんじょ》・艶書《えんぞ》・艶文《えんぶん》・艶文《つやぶみ》・艶状《えんじょう》・懸想文《けそうぶみ》・優書《やさぶみ》・濡《ぬ》れ文《ぶみ》・痴話文《ちわぶみ》・付《つ》け文《ぶみ》・通《かよ》わせ文《ぶみ》・ラブレター

▼祝いの

祝《いわ》い状《じょう》・祝賀状《しゅくがじょう》・賀状《がじょう》・賀書《がしょ》

▼新年を祝う

年賀状《ねんがじょう》・賀状《がじょう》・年始状《ねんしじょう》・新年状《しんねんじょう》

▼知らせの

通知書《つうちしょ》・通知状《つうちじょう》・報知書《ほうちしょ》・

手紙

▼依頼の
報知状《ほうちじょう》・通報書《つうほうしょ》・報書《ほうしょ》・案《あん》内状《ないじょう》・案内書《あんないしょ》・通課《つうちょう》
依頼書《いらいしょ》・依頼状《いらいじょう》

▼問い合せの
問《と》い合《あわ》せ状《じょう》・照会状《しょうかいじょう》

▼あることを披露するための、また、目上の者に披露を依頼する
披露状《ひろうじょう》

▼結婚を披露するための
結婚披露状《けっこんひろうじょう》

▼招待の
招待状《しょうたいじょう》・案内状《あんないじょう》・招状《しょうじょう》・請待状《しょうたいじょう》・招請状《しょうせいじょう》

▼お礼の
礼状《れいじょう》・謝状《しゃじょう》

▼催促の
催促状《さいそくじょう》・督促状《とくそくじょう》

▼無事を伝える、また、ふつうの
平信《へいしん》

▼見舞いの
見舞《みま》い状《じょう》

▼慰めの
慰問状《いもんじょう》

▼お悔やみの
悔《く》やみ状《じょう》・悔《く》やみ文《ぶみ》・弔書《ちょうしょ》

本文の書き出しの語からみた「手紙」

▼往信で一般的に用いる　拝啓《はいけい》

▼往信で、謹しんで申し上げますの意
謹啓《きんけい》・粛啓《しゅくけい》・恭啓《きょうけい》・粛呈《しゅくてい》・粛白《しゅくはく》・拝白《はいはく》

▼往信で、男性が用いる
一筆啓上《いっぴつけいじょう》

▼往信で、時候の挨拶《あいさつ》などを省略する意
前略《ぜんりゃく》・冠省《かんしょう》・前略御免《ぜんりゃくごめん》・前文御免《ぜんぶんごめん》・略啓《りゃくけい》

▼往信で、急ぎの場合に用いる
急啓《きゅうけい》・急白《きゅうはく》・急呈《きゅうてい》

▼返信で用いる
拝復《はいふく》・復啓《ふくけい》・御手紙《おてがみ》拝見《はいけん》・啓復《けいふく》・拝答《はいとう》・拝誦《はいしょう》・拝読《はいどく》・拝披《はいひ》・謹答《きんとう》・貴酬《きしゅう》

▼もう一度申し上げますの意
再啓《さいけい》・再呈《さいてい》・追呈《ついてい》

本文の結びの語からみた「手紙」

▼冒頭の「拝啓」に対応して
敬具《けいぐ》・拝具《はいぐ》

▼冒頭の「謹啓」「粛啓」などに対応して
敬白《けいはく》・敬白《けいびゃく》・敬白《けいひゃく》・謹言《きんげん》・謹白《きんぱく》・頓首《とんしゅ》・再拝《さいはい》

▼相手が親しい場合に
さようなら・いずれ・では
また

▼相手が親しい場合男性が　失敬《しっけい》

▼冒頭の「前略」「冠省」などに対応して
草草《そうそう》・匆匆《そうそう》・不一《ふいち》・不一《ふいつ》・不乙《ふいつ》・不二《ふじ》・不尽《ふじん》・不宣《ふせん》・不悉《ふしつ》・不備《ふび》・不具《ふぐ》

▼女性がもっぱら
恐《かしこ》・畏《かしこ》・賢《かしこ》・恐《かしく》・畏《かしく》・可《か》祝《しく》・恐惶《あなかしこ》・穴賢《あなかしこ》・あらあらかしこ

▼慶事の際、女性がもっぱら
めでたくかしこ・めでたくかしく

送る相手の呼称からみた「手紙」

▼相手の氏名・職位名の下に添える一般的な
様《さま》

▼相手の氏名・職位名の下に添え、やや公的・形式的な
殿《どの》

▼師事する人、目上に対する
先生《せんせい》・大人《たいじん》

▼先輩に対する
学兄《がっけい》・学兄《がくけい》・尊台《そんだい》・貴台《きだい》・大兄《たいけい》

▼同輩・友人に対する
君《くん》・兄《けい》・大兄《たいけい》・雅兄《がけい》・さん

▼官庁・会社など個人でないときの
御中《おんちゅう》・殿《どの》

▼多人数に対する　各位《かくい》

宛名に書き添える語からみた「手紙」

▼封筒や本文の宛名の左下に書いて敬意を表す言葉
脇付《わきづけ》

▼封筒に、普通の音信であることを表す
平信《へいしん》・平安《へいあん》・無異《ぶい》・無事《ぶじ》

▼封筒に、大切な用件であることを表す
要用《ようよう》・緊用《きんよう》・重要《じゅうよう》

▼封筒に、急ぎの用件であることを表す
至急《しきゅう》・急信《きゅうしん》・火急《かきゅう》・急用《きゅうよう》

▼封筒に、会社の用件であることを表す
社用《しゃよう》

▼封筒に、内容物を表す
…在中《ざいちゅう》

▼封筒に、他人が開封してはいけないことを表す
親展《しんてん》・親披《しんぴ》・直披《じきひ》・直披《ちょくひ》・親覧《しんらん》

▼封筒に、他人に託した物であることを表す
幸便《こうびん》・託幸便《たくこうびん》

▼封筒に、直接相手の所に送るのではなく、相手の立ち寄り先や関係のある場所などに送ることを表す
気付《きづけ》・気付《きつけ》・気附《きづけ》・気附《きつけ》

▼封筒・書中で、男性が一般的に相手に対して
机下《きか》・几下《きか》・案下《あんか》・足下《そっか》・

手紙

座下《ざか》・梧下《ごか》・梧右《ごゆう》・座右《ざゆう》・硯北《けんぽく》・研北《けんぽく》

▼封筒・書中で、男性が目上の人に対して

侍史《じし》・侍曹《じそう》・玉案下《ぎょくあんか》・閣下《かっか》・尊下《そんか》・貴下《きか》・玉机下《ぎょくきか》

▼封筒・書中で、女性が一般的に相手に対して

御側《おそば》・御前《おまえ》・御前《おんまえ》に・御前《みまえ》に・御許《おんもと》・御許《おんもと》に・御許《みもと》に・御許《おんもと》へ・御手許《おてもと》・参《まい》る

▼封筒・書中で、師や長上に対して

函丈《かんじょう》

▼封筒・書中で、高貴な人に対して

玉案下《ぎょくあんか》・尊前《そんぜん》・台下《だいか》

▼封筒・書中で、学者や軍人に対して

虎皮下《こひか》

▼封筒・書中で、僧侶に対して

猊下《げいか》

▼封筒・書中で、男性が両親に対して

膝下《しっか》・御前《みまえ》に・御許《みもと》に

▼封筒・書中で、女性が両親に対して

御前《みまえ》に・御許《みもと》に

本文に付け足すことからみた「手紙」

▼手紙文の末尾に、付け加えて書く文

追伸《ついしん》・追申《ついしん》・追而《おって》書《が》き・尚《なお》尚《なお》書《が》き

▼追伸の冒頭の語

追伸《ついしん》・追申《ついしん》・尚《なお》・二伸《にしん》・二《に》白《はく》・追《お》って・追啓《ついけい》・追白《ついはく》・追陳《ついちん》・副啓《ふくけい》・尚尚《なおなお》・再伸《さいしん》・再白《さいはく》・追而《おって》

封緘語《ふうかんご》からみた「手紙」

▼封筒のとじ目に普通書く

封《ふう》・緘《かん》・〆《しめ》

▼祝いの封筒のとじ目に書く

寿《ことぶき》・賀《が》

▼女性が封筒のとじ目に書く

蕾《つぼみ》

人間の行為との関連でみた「手紙」

▼手紙を書こうと思う

消息《しょうそこ》がる

▼相手に応じ「謹謹上・謹上・進上」など名宛ての上に書く

上所《じょうしょ》

▼人に手紙を出す　寄書《きしょ》

▼手紙を急いで送る　飛書《ひしょ》

▼手紙のやり取り　文通《ぶんつう》

▼手紙で用件を済ませる

手紙使《てがみづか》い

▼新聞・雑誌などに自分の意見を書い

手紙

て送る
寄書《きしょ》・投書《とうしょ》・投稿《とうこう》

▼封筒の中に手紙の他に何かを入れる
同封《どうふう》

▼手紙をポストに入れる
投函《とうかん》

▼恋文を送る
付《つ》け文《ぶみ》

▼手紙を出しても返事がない
梨《なし》の礫《つぶて》

▼手紙の封を切る
開封《かいふう》

▼人からきた手紙を何度も読み返す
圭復《けいふく》

▼手紙を書くための紙
便箋《びんせん》・書簡紙《しょかんし》・状紙《じょうし》・書簡箋《しょかんせん》

▼手紙を書くための縦に短く横に長い和紙
半切《はんき》り・半切《はんき》れ・半切《はんき》り紙《がみ》・半切《はんき》れ紙《がみ》・切《き》り紙《かみ》・手紙《てがみ》

▼揚屋《あげや》が遊女に渡す手紙用の半紙
揚屋紙《あげやがみ》

「手紙」に関する慣用句・故事・ことわざ

[音信不通《おんしんふつう》]
便りがないこと。音沙汰がない。「音信」は、「いんしん」とも読み、便りのこと。

[久闊《きゅうかつ》を叙《じょ》する]
久しぶりであることの挨拶《あいさつ》をする。

[恐懼再拝《きょうくさいはい》]
「恐れ畏《かしこ》まり、二度拝します」の意を表す候文の手紙の結びに書く言葉。

[恐惶謹言《きょうこうきんげん》]
「恐れながら申し上げます」の意。候文の手紙の結びに書く最高の敬意表現。《類》「恐惶敬白《きょうこうけいはく》」「恐恐《きょうきょう》謹言《きんげん》」

[謹上再拝《きんじょうさいはい》]
「謹上」は、「謹んで差し上げる」、「再拝」は、「二度続けて敬礼します」の意であって、手紙文の最後に、相手への敬意を表して書く言葉。

[誠惶誠恐《せいこうせいきょう》]
手紙文の最後に添える、「心から恐れ畏まります」意を表す語の「誠惶」を、さらに丁寧にいう言葉。《類》「誠恐誠惶《せいきょうせいこう》」

[草草不一《そうそうふいつ》]
「草草」も「不一」も手紙文の最後に書いて、走り書きで気持ちを十分に尽くしていない意を表す言葉。この二つを重ねて簡略な手紙であることをわびる意を表す。「草草」は、「匆匆」とも書く。

[便《たよ》りのないのはよい便《たよ》り]
人は何か問題が起こらない限り手紙を書いて寄こさないものだから、手紙が来ないということは何事もないという証拠で、結局はよい便りと同じことであるということ。

[頓首謹言《とんしゅきんげん》]
「頓首」は、頭を地につけて敬意を

表すこと、「謹言」は、「謹んで申し上げます」の意で、手紙文の最後に書いて、相手に対して敬意を表す言葉。

【頓首再拝《とんしゅさいはい》】

「頓首」は、頭を地につけて敬意を表すこと、「再拝」は二度続けて礼拝することで、手紙文の最後に書いて、相手に対して敬意を表す言葉。

《類》「草草頓首《そうそうとんしゅ》」

時《とき》・年月《ねんげつ》・期《き》

比較的短い時を表す「時・時間」

▼過去から未来へと連続する自然の推移

時《じ》・時《とき》・時間《じかん》・光陰《こういん》

▼時の流れの長さ　時間《じかん》

▼一時間ごと　毎時《まいじ》

▼長い時間

長時間《ちょうじかん》・長時《ちょうじ》・多時《たじ》・長《なが》らく・長長《ながなが》と・長《なが》たらしく・長《なが》ったらしく

▼短い　短時間《たんじかん》

▼三、四時間　数刻《すうこく》

▼あることを行うのに要する

暇《いとま》・遑《いとま》・手間《てま》

▼ほんの少しの

一時《いちじ》・一時《ひととき》・一時《いっとき》・暫《しば》し・暫《しま》し・暫《しばら》く・須臾《しばらく》・須臾《しゅゆ》・一寸《ちょっと》・鳥渡《ちょっと》・暫時《ざんじ》・少時《しょうじ》・半時《はんとき》・片時《へんじ》・片時《かたとき》・片時《かたとき》・片時《へんじ》・片時《へんし》・束《つか》の間《ま》・時《とき》の間《ま》・程《ほど》・時《とき》の間《ま》・玉響《たまゆら》・露《つゆ》の間《ま》

▼ごくわずかな

一刻《いっこく》・寸刻《すんこく》・寸時《すんじ》・寸陰《すんいん》・寸《すん》秒《びょう》・分秒《ふんびょう》・瞬間《しゅんかん》・一瞬《いっしゅん》・瞬《しゅん》

時《じ》・瞬《またた》く間《ま》・咄嗟《とっさ》・刹那《せつな》・造次《ぞうじ》・草次《そうじ》・瞬刻《しゅんこく》・一瞬《いっしゅん》・間《かん》・瞬息《しゅんそく》・弾指《だんじ》・弾指《たんじ》・一《いち》弾指《だんし》・一弾指《いちたんじ》・モーメント

▼ある時と時との間

時間《じかん》・光陰《こういん》・間《ま》・間《かん》・暇《ひま》・隙《ひま》

▼ある物事が連続している間の途切れた短い時間

合間《あいま》・相間《あいま》・間合《まあ》い・合間小《あいまこ》間《ま》・絶《た》え間《ま》・インターバル

▼取り立てて用事のない

暇《ひま》・隙《ひま》・暇《いとま》・手透《てす》き・手隙《てすき》・閑《かん》暇《か》・余暇《よか》・手明《てあ》き・レジャー

▼わずかな暇　寸暇《すんか》・寸隙《すんげき》

▼食事と食事との間　食間《しょっかん》

▼雨が一時降りやんでいる間

雨間《あまあい》・雨間《あまま》

▼雪が一時降りやんでいる間

雪間《ゆきま》

▼演劇などの一幕が終わって次の幕

が開くまでの間
幕間《まくあい》・インターバル・インターミッション

あることの寸前からついでまでの「時・時間」

▼ある物事・行為の行われるちょっと前
寸前《すんぜん》・際《きわ》・間際《まぎわ》・矢先《やさき》

▼これから出掛けようとする矢先
出際《でぎわ》・出《で》しな・出掛《でが》け・出《いで》立《た》ち方《がた》

▼別れる間際　別《わか》れ際《ぎわ》

▼会社などを退出しようとする間際
引《ひ》け際《ぎわ》・退《ひ》け際《ぎわ》

▼今から寝ようとする間際
寝際《ねぎわ》・寝《ね》しな

▼戦いの始まる間際　物前《ものまえ》

▼死ぬ間際
死《し》に際《ぎわ》・往生際《おうじょうぎわ》・今際《いまわ》の際《きわ》・最期《さいご》・末期《まつご》・死《し》に目《め》・臨終《りんじゅう》

▼漠然とその時を表す
前後《ぜんご》・頃《ころ》・比《ころ》・頃《ころ》おい・程《ほど》・辺《あた》り・時分《じぶん》・方《がた》

▼朝に近い　朝方《あさがた》・明《あ》け方《がた》

▼日暮れに近い　夕方《ゆうがた》・暮《く》れ方《がた》

▼不定の時　何時《いつ》・何時《なんどき》

▼問題のその時
時《とき》・折《おり》・際《さい》・節《せつ》・段《だん》・度《たび》・期《ご》・砌《みぎり》・暁《あかつき》・場合《ばあい》

▼人に会う折　会《あ》う期《ご》

▼その時きっかり　丁度《ちょうど》・同時《どうじ》

▼その時に
其《そ》の折《おり》・其《そ》の節《せつ》・其《そ》の際《さい》

▼ちょうどその時
恰《あたか》も・宛《あたか》も・折《おり》しも・折《おり》柄《から》・折節《おりふし》・折《おり》も折《おり》・頃《ころ》しも

▼その時すぐ
即時《そくじ》・即刻《そっこく》・即座《そくざ》

▼その時思いがけず
ゆくりなく・端無《はしな》く・偶《たま》偶《たま》・適適《たまたま》・会会《たまたま》

▼その時幸せにも
折好《おりよ》く・運好《うんよ》く・都合好《つごうよ》く

▼その時ちょうどよい具合に
恰《あたか》も好《よ》し

▼その時具合の悪いことに
折悪《おりあ》しく・折《おり》もあろうに・運悪《うんわる》く・生憎《あいにく》

▼ただ今の時
現在《げんざい》・今《いま》・見在《げんざい》・只今《ただいま》・今《こん》時《じ》・方今《ほうこん》・当今《とうこん》・現今《げんこん》・目《もっ》下《か》・当下《とうか》・刻下《こっか》

▼現在の前後
今時《いまどき》・今頃《いまごろ》・今時分《いまじぶん》・今《いま》のところ

▼ある物事・行為の直後の時
途端《とたん》・拍子《ひょうし》・弾《はず》み

▼起床したばかり
起《お》き掛《が》け・起《お》き抜《ぬ》け・起《お》き

しな

▼出会った途端　出会《であ》い頭《がしら》

▼ある場所を出た途端
出《で》しな・出端《ではな》・出端《でばな》・出《で》鼻《はな》・出際《でぎわ》

▼風呂から出たばかり
風呂上《ふろあ》がり・湯上《ゆあ》がり

▼その時一緒にの意を表す
序《つい》で・がてら・旁旁《かたがた》・旁《かたがた》

▼その仕事をする時一緒に
手序《てつい》で

▼行くついでに
行《ゆ》き掛《が》け・行《い》き掛《が》け

▼通るついでに
通《とお》り掛《が》け・通《とお》り掛《が》かり・通《とお》りすがり・行《ゆ》き摩《ず》り・行《ゆ》き摺《ず》り

▼来るついでに
来《き》掛《が》け・来《き》しな

▼帰るついでに
帰《かえ》り掛《が》け・帰《かえ》りしな

▼いつか別の時に
別時《べつじ》・異時《いじ》・他日《たじつ》

主体的な行為との関係からみた「時」

▼物事を始めたり、やめたりするのに適した
時機《じき》・頃合《ころあ》い・潮時《しおどき》・折《おり》・潮《しお》・潮合《しおあ》い・機会《きかい》・好機《こうき》・機《き》・頃《ころ》・時《とき》・期《き》・期《ご》・間《かん》・瀬《せ》・好機会《こうきかい》・場合《ばあい》・時宜《じぎ》・機宜《きぎ》・時分《じぶん》・時《じ》節《せつ》・タイミング・チャンス

▼物事を始める時の勢い
切《き》っ掛《か》け・契機《けいき》・機縁《きえん》

▼時の回り合わせ　機運《きうん》・時運《じうん》

▼変化するきっかけ
転機《てんき》・一転機《いちてんき》・一転機《いってんき》・分《ぶん》岐点《きてん》・ターニングポイント

▼その時の世の中の成り行き
気運《きうん》・世運《せうん》

▼ちょうどよい
適時《てきじ》・タイムリー

▼勝てそうな　勝機《しょうき》

▼戦って勝てそうな　戦機《せんき》

▼危険な　危機《きき》

▼せっぱつまった　急場《きゅうば》

▼何度も何度も　頻《しき》りに

▼勝負の決まる
先途《せんど》・瀬戸際《せとぎわ》・瀬戸《せと》・分《わ》け目《め》

▼愛し合う男女が人に隠れて会う
逢瀬《おうせ》

▼ある物事が行われている間
最中《さいちゅう》・最中《さなか》

▼あることに打ち込んでいる
夢中《むちゅう》・熱中《ねっちゅう》

▼物事がいちばん盛んな
酣《たけなわ》・闌《たけなわ》

▼仕事などが長い

長丁場《ながちょうば》・長町場《ながちょうば》

さまざまな状況での「時刻」

▼時の流れの中のある一点
時刻《じこく》・時《とき》・時《じ》・時点《じてん》

▼日のある間
日中《にっちゅう》・昼間《ひるま》・昼《ひる》・昼間《ちゅうかん》・デイタイム

▼日の落ちた後
夜間《やかん》・夜《よる》・夜中《よなか》・夜分《やぶん》・ナイトタイム

▼太陽の日周運動を基準に測る時刻
太陽時《たいようじ》

▼その地の子午線を基準とした
地方時《ちほうじ》・ローカルタイム

▼標準とする地方時
中央標準時《ちゅうおうひょうじゅんじ》・スタンダードタイム

▼月のない明け方
暁闇《ぎょうあん》・暁闇《あかつきやみ》

▼朝方の薄暗い時刻
彼《か》は誰《たれ》・彼《か》は誰時《たれどき》・彼《かれ》は誰《たれ》時《どき》・彼《かれ》は誰《た》そ時《どき》

▼夜の十二時から昼の十二時まで
午前《ごぜん》

▼夜明けから十二時まで。または午前
上午《じょうご》

▼昼の十二時
正午《しょうご》・零時《れいじ》・午後零時《ごごれいじ》・午時《ごじ》

▼正午ごろ
昼時《ひるどき》・昼時分《ひるじぶん》・午時分《ひるじぶん》・昼《ひる》つ方《かた》・昼《ひる》つ程《ほど》

▼正午前の時刻　午前《ごぜん》・昼前《ひるまえ》

▼昼の十二時から夜の十二時まで
午後《ごご》・午后《ごご》・昼後《ひるご》

▼十二時から夕方まで。または午後
下午《かご》

▼正午のあと　昼過《ひるす》ぎ

▼正午を少し過ぎたころ
昼下《ひるさ》がり

▼太陽の没するころ
夕方《ゆうがた》・夕暮《ゆうぐ》れ・黄昏《たそがれ》・火点《ひとも》し頃《ごろ》・火点《ひとぼ》し頃《ごろ》・大禍時《おおまがとき》・逢《おう》魔《ま》が時《とき》・夕日隠《ゆうひがく》れ・黄昏時《たそがれどき》

▼月の出ようとする時
月白《つきしろ》・月代《つきしろ》

▼夜の十二時
零時《れいじ》・午前零時《ごぜんれいじ》・正子《しょうし》

▼定められた時刻
定刻《ていこく》・定時《ていじ》・刻限《こくげん》・時限《じげん》

▼定められたぎりぎりの
刻限《こくげん》・時限《じげん》

▼いつもの通りの　例刻《れいこく》・例時《れいじ》

▼のちの　後刻《ごこく》・後程《のちほど》

▼日付と時刻　日時《にちじ》

▼食事の
食事時《しょくじどき》・御飯時《ごはんどき》・飯時《めしどき》・飯《めし》時分《じぶん》・時分時《じぶんどき》

▼会社などを退出し家に帰ろうとする
引《ひ》け時《どき》・退《ひ》け時《どき》

▼それ以後は門の出入りを禁じる
門限《もんげん》

▼遊廓などの大戸を閉ざす　引《ひ》け

▼潮のさしひきする
潮時《しおどき》・潮候《ちょうこう》

▼潮のさしてくる　潮先《しおさき》・潮頭《しおがしら》

昔使われた呼称からみた「時刻・時間」

▼今の二時間　一時《いっとき》

▼一時間
半時《はんとき》・片時《かたとき》・一点鐘《いってんしょう》・時《とき》
半《なか》・時中《ときなか》

▼三十分　一刻《いっこく》・小半時《こはんとき》

▼一昼夜を六分した時刻　六時《ろくじ》

▼一夜を五分した称
五更《ごこう》・五夜《ごや》

▼およそ今の午前七時から九時の間の時刻。または午前八時ごろ
辰《たつ》・辰《たつ》の刻《こく》・五《いつ》つ時《どき》・五《いつ》つ

▼およそ午前九時から十一時。または午前十時ごろ
巳《み》・巳《み》の刻《こく》・四《よ》つ時《どき》・四《よ》つ

▼およそ午前十一時から午後一時。または昼十二時ごろ
午《うま》・午《うま》の刻《こく》・九《ここの》つ時《どき》・九《ここの》つ・日中《にっちゅう》

▼およそ午後一時から三時。または午後二時ごろ
未《ひつじ》・未《ひつじ》の刻《こく》・八《や》つ時《どき》・八《や》つ

▼およそ午後三時から五時。または午後四時ごろ
申《さる》・申《さる》の刻《こく》・七《なな》つ時《どき》・七《なな》つ

▼およそ午後五時から七時。または午後六時ごろ
酉《とり》・酉《とり》の刻《こく》・六《む》つ時《どき》・六《む》つ・日没《にちぼつ》・暮《く》れ六《む》つ

▼およそ午後七時から九時。または午後八時ごろ
戌《いぬ》・戌《いぬ》の刻《こく》・五《いつ》つ時《どき》・五《いつ》つ・初夜《しょや》・初夜《そや》・初更《しょこう》・甲夜《こうや》

▼およそ午後九時から十一時。または午後十時ごろ
亥《い》・亥《い》の刻《こく》・四《よ》つ時《どき》・四《よ》つ・二更《にこう》・乙夜《おつや》・乙夜《いつや》

▼人の寝静まる午後十時ごろ
人定《にんじょう》

▼およそ午後十一時から午前一時。または夜の十二時ごろ
子《ね》・子《ね》の刻《こく》・九《ここの》つ時《どき》・九《ここの》つ・三更《さんこう》・三鼓《さんこ》・丙夜《へいや》・午夜《ごや》

▼午後十時から午前二時ごろ
中夜《ちゅうや》・半夜《はんや》

▼およそ午前一時から三時。または午前二時ごろ
丑《うし》・丑《うし》の刻《こく》・八《や》つ時《どき》・八《や》つ・四更《しこう》・丁夜《ていや》

▼およそ午前三時から五時。または午前四時ごろ

寅《とら》・寅《とら》の刻《こく》・七《なな》つ時《どき》・七《なな》つ・後夜《ごや》・五更《ごこう》・五夜《ごや》・戊夜《ぼや》

▼午前三時から三時半ごろ
丑三《うしみ》つ・丑三《うしみ》つ時《どき》

▼およそ午前五時から七時。または午前六時ごろ
卯《う》・卯《う》の刻《こく》・六《む》つ時《どき》・六《む》つ・晨朝《じんじょう》・晨朝《しんちょう》・晨朝《じんちょう》・明《あ》け六《む》つ

▼夜の十二時から朝にかけて
後夜《ごや》

時の移ろいの中の「日」

▼暦の上での一日　暦日《れきじつ》

▼現在の　今日《きょう》・今日《こんにち》・本日《ほんじつ》

▼前の　昨日《きのう》・昨日《さくじつ》・前日《ぜんじつ》

▼昨日の前の
一昨日《いっさくじつ》・一昨日《おととい》・一昨日《おとつい》

▼一昨日の前の
一昨昨日《いっさくさくじつ》・一昨昨日《さきおととい》・一昨昨日《さきおとつい》・再昨《さいさく》

▼現在の日の次の
明日《あした》・明日《みょうにち》・明日《あす》

▼今日と明日の
今明日《こんみょうにち》・一両日《いちりょうじつ》

▼その日の次の
明《あ》くる日《ひ》・翌日《よくじつ》

▼明日の次の
明後日《みょうごにち》・明後日《あさって》

▼明後日の次の
明明後日《みょうみょうごにち》・明明後日《しあさって》・弥《や》の明後日《あさって》

▼近い過去の
先日《せんじつ》・過日《かじつ》・此《こ》の間《あいだ》・先《さき》頃《ごろ》・先達《せんだっ》て

▼近い未来の
近日《きんじつ》・近近《ちかぢか》・近近《きんきん》・不日《ふじつ》

▼ある　一日《いちにち》・一日《いちじつ》・某日《ぼうじつ》

▼日ごとの
毎日《まいにち》・日毎《ひごと》・日日《ひび》・日日《にちにち》・連日《れんじつ》

▼一日おきの　隔日《かくじつ》

▼その日のずっと後の
後日《ごじつ》・又《また》の日《ひ》・他日《たじつ》・余日《よじつ》

▼月の終わりの
晦日《みそか》・末日《まつじつ》・晦《つごもり》・尽日《じんじつ》

▼一年で最後の
大晦日《おおみそか》・大晦《おおつごもり》

▼陰陽道で縁起のよい
大安《たいあん》・大安《だいあん》・大安日《たいあんにち》・大安《たいあん》吉日《きちじつ》

▼めでたい
吉日《きちにち》・吉日《きちじつ》・吉辰《きっしん》・吉旦《きったん》・佳《か》日《じつ》・嘉日《かじつ》・嘉辰《かしん》・佳辰《かしん》・令辰《れいしん》

▼安らかな　寧日《ねいじつ》

▼運の悪い
悪日《あくにち》・悪日《あくび》・凶日《きょうじつ》

▼陰陽道で勝負なしの　友引《ともびき》

時・年月・期

▼陰陽道で災難の多い　厄日《やくび》

▼陰陽道でよくない　仏滅《ぶつめつ》・仏滅日《ぶつめつにち》

▼あることを行うと決めた　日取《ひど》り・予定日《よていび》

▼生まれた　誕生日《たんじょうび》・生年月日《せいねんがっぴ》・バースデー

▼書類などに記載した　年月日《ねんがっぴ》・月日《がっぴ》・日付《ひづけ》

▼多くの　幾日《いくにち》・幾日《いくか》・何日《なんにち》

▼日を重ねること　積日《せきじつ》・累日《るいじつ》・連日《れんじつ》

▼立春から八十八日目。五月二日ごろ　八十八夜《はちじゅうはちや》

▼梅雨に入ること。太陽暦の六月十一日ごろ　入梅《にゅうばい》・梅雨《つゆ》の入《い》り・入梅《ついり》・入梅《つゆいり》

時の移ろいの中の「月」

▼現在の　今月《こんげつ》・本月《ほんげつ》・当月《とうげつ》

▼その月に当たる　当月《とうげつ》・同月《どうげつ》

▼前の　先月《せんげつ》・前月《ぜんげつ》・去月《きょげつ》・後月《あとげつ》・客月《かくげつ》

▼先月の前の　先先月《せんせんげつ》

▼次の　来月《らいげつ》

▼その次の　翌月《よくげつ》・翌月《よくつき》・明《あ》くる月《つき》

▼来月の次の　再来月《さらいげつ》

▼去年の十二月。あるいは去年の暮れ　旧臘《きゅうろう》・客臘《かくろう》

▼月ごとの　毎月《まいつき》・毎月《まいげつ》・月月《つきづき》・月毎《つきごと》・各月《かくげつ》・例月《れいげつ》・月次《つきなみ》・月並《つきなみ》・月次《げつじ》・月別《つきべつ》

▼ひと月おきの　隔月《かくげつ》

▼数か月にわたる　累月《るいげつ》・連月《れんげつ》

▼閏《うるう》に当たる　閏月《うるうづき》

▼めでたい　令月《れいげつ》

▼ある月　某月《ぼうげつ》

陰暦による呼称の「月」

▼一月　睦月《むつき》・睦《むつ》び月《づき》・睦《むつ》びの月《つき》・孟春《もうしゅん》・初春《しょしゅん》

▼二月　如月《きさらぎ》・如月《じょげつ》・衣更着《きさらぎ》・衣更《きぬさら》着《ぎ》・仲春《ちゅうしゅん》

▼三月　弥生《やよい》・季春《きしゅん》・晩春《ばんしゅん》

▼四月　卯月《うづき》・初夏《しょか》・孟夏《もうか》・新夏《しんか》・夏半《かはん》・乏月《ぼうげつ》・中呂《ちゅうりょ》・仲呂《ちゅうりょ》・

時・年月・期

麦秋《ばくしゅう》・鳥待月《とりまちづき》・花残月《はなのこしづき》・花《はな》残月《のこりづき》・卯《う》の花月《はなづき》・夏初月《なつはづき》・夏端月《なつはづき》・木《こ》の葉採《はと》り月《づき》

▼五月

五月《さつき》・皐月《さつき》・皐月《こうげつ》・早月《そうげつ》・早月《さつき》・早月《はやづき》・仲夏《ちゅうか》・悪月《あくげつ》・雨月《うげつ》・梅月《ばいげつ》・橘月《たちばなづき》・蕤賓《すいひん》・田草月《たぐさづき》・早苗月《さなえづき》・さくも月《づき》・賤間月《しずまつき》・吹雪月《ふぶきづき》・梅《うめ》の色月《いろづき》・月見《つきみ》ず月《つき》・仲《なか》の夏《なつ》

▼六月

水無月《みなづき》・青水無月《あおみなづき》・涼暮月《すずくれづき》・常夏月《とこなつづき》・風待月《かぜまちづき》・夏越《なごし》の月《つき》・鳴神月《なるかみづき》・松風月《まつかぜつき》・蝉《せみ》の羽月《はづき》・晩夏《ばんか》・季夏《きか》・溽暑《じょくしょ》・長夏《ちょうか》・林鐘《りんしょう》

▼七月

文月《ふづき》・文月《ふつき》・文月《ふみづき》・孟秋《もうしゅう》・初秋《しょしゅう》

▼八月

葉月《はづき》・葉月《はつき》・仲秋《ちゅうしゅう》・仲秋《ちゅうじゅう》・中秋《ちゅうしゅう》・中秋《ちゅうじゅう》

▼九月

長月《ながつき》・長月《ながづき》・季秋《きしゅう》・晩秋《ばんしゅう》・涼秋《りょうしゅう》

▼十月

神無月《かんなづき》・神無月《かみなづき》・神無月《かみなしづき》・孟冬《もうとう》・初冬《しょとう》・小春《こはる》・初霜月《はつしもづき》

▼出雲《いずも》国での十月

神在月《かみありづき》

▼十一月

霜月《しもつき》・仲冬《ちゅうとう》・神帰《かみかえ》り月《づき》・霜降月《しもふりづき》

▼十二月

師走《しわす》・師走《しはす》・極月《ごくげつ》・極月《きわまりづき》・終月《しゅうげつ》・果《は》ての月《つき》・除月《じょげつ》・臘《ろう》・臘月《ろうげつ》・季冬《きとう》・晩冬《ばんとう》

時の移ろいの中の「年」

▼現在の

今年《ことし》・今年《こんねん》・本年《ほんねん》・当年《とうねん》・今茲《こんじ》

▼前の

昨年《さくねん》・去年《きょねん》・客年《かくねん》・客年《きゃくねん》・旧年《きゅうねん》・前年《ぜんねん》・客歳《かくさい》

▼昨年の前の

一昨年《いっさくねん》・前前年《ぜんぜんねん》・一昨年《おととし》

▼一昨年の前の

一昨昨年《いっさくさくねん》・一昨昨年《さきおととし》

▼遠く過ぎ去った

先年《せんねん》・往年《おうねん》・昔《むかし》

▼最近の

近年《きんねん》・近来《きんらい》・近頃《ちかごろ》

▼次の

来年《らいねん》・明年《みょうねん》

▼その年の次の

明《あ》くる年《とし》・翌年《よくねん》・翌年《よくとし》

▼来年の次の

明後年《みょうごねん》・再来年《さらいねん》

▼のちの

後年《こうねん》・他年《たねん》

▼年ごとの

時・年月・期

毎年《まいとし》・毎年《まいねん》・年年《ねんねん》・年年《としどし》・例年《れいねん》・年毎《としごと》・連年《れんねん》・年次《ねんじ》・年次《としなみ》・年並《としなみ》・累年《るいねん》・歴年《れきねん》

▼一年おきの　隔年《かくねん》

▼新しい
新年《しんねん》・ニューイヤー

▼新たに来る　来る年《くるとし》

▼過ぎ去る　行《ゆ》く年《とし》・流年《りゅうねん》

▼年号の改まった初めの　元年《がんねん》

▼初めの　初年《しょねん》

▼普通の　平年《へいねん》

▼閏《うるう》の　閏年《うるうどし》

▼年の初め
年頭《ねんとう》・年始《ねんし》・年初《ねんしょ》・年首《ねんしゅ》

▼多くの
多年《たねん》・長年《ながねん》・積年《せきねん》・永年《えいねん》・幾年《いくとせ》・幾年《いくねん》

▼生まれた　生年《せいねん》

▼死んだ　没年《ぼつねん》・歿年《ぼつねん》

さまざまな状況での「長い時の流れ」

▼過ぎ去った時
過去《かこ》・往時《おうじ》・来《こ》し方《かた》・既往《きおう》

▼前に
以前《いぜん》・曾《かつ》て・都《かつ》て・嘗《かつ》て・先頃《さきごろ》・何《い》時《つ》ぞや

▼ずっと以前
昔《むかし》・遥《はる》か昔《むかし》・大昔《おおむかし》・千古《せんこ》・太古《たいこ》・万古《ばんこ》

▼限りない
永久《えいきゅう》・永遠《えいえん》・久遠《くおん》

▼昔から現在まで
古今《ここん》・古来《こらい》・去来《きょらい》

▼長い時の後にまた
久久《ひさびさ》・久《ひさ》し振《ぶ》り・久《ひさ》方《かた》振《ぶ》り・暫《しばら》く振《ぶ》り

▼過去のその時　当時《とうじ》・一時《いちじ》

▼過去のある時　一頃《ひところ》・一時《ひととき》

▼日々の経過した時間
時日《じじつ》・月日《つきひ》・日数《にっすう》・日数《ひかず》

▼経過した日の数
日数《にっすう》・日数《ひかず》・日日《ひにち》

▼時と日　時日《じじつ》

▼わずかな時日
一朝一夕《いっちょういっせき》・短時日《たんじじつ》

▼のんびりと暇な月日　閑日月《かんじつげつ》

▼長い時の流れ
年月《としつき》・年月《ねんげつ》・月日《つきひ》・歳月《さいげつ》・光陰《こういん》・日月《じつげつ》・星霜《せいそう》・春秋《しゅんじゅう》・年所《ねんしょ》

▼長い年月の間
長年《ながねん》・長年《ちょうねん》・多年《たねん》・永年《ながねん》・永年《えいねん》

▼非常に長い年月
永世《えいせい》・永代《えいたい》・永年《えいねん》・百年《ひゃくねん》・千年《せんねん》・千歳《せんざい》・千歳《ちとせ》・千載《せんざい》・千代《ちよ》・千秋《せんしゅう》・万年《まんねん》・万歳《ばんざい》・万歳《ばんぜい》・万歳《ばんざい》・万万歳《ばんばんぜい》・万世《ばんせい》・万世《よろずよ》・

時・年月・期

▼きわめて長い年月　劫《こう》・劫《ごう》

万代《ばんだい》・万代《よろずよ》・百代《ももよ》・千秋万《せんしゅうばん》歳《ぜい》・万劫末代《まんごうまつだい》・千百秋《ちおあき》・千五《ちい》百秋《おあき》・長秋《ながあき》・長五百秋《ながいおあき》・万歳《よろずとせ》

▼人間の想像を超えた長い年月

永劫《えいごう》・永劫《ようごう》・万劫《まんごう》・万劫《まごう》・曠劫《こうごう》・億劫《おくこう》・億劫《おっこう》

▼月日が経つ　流光《りゅうこう》

▼長い月日の　長《なが》の・永《なが》の

▼長い時を経ている　久《ひさ》しい

▼今後いつまでも　幾久《いくひさ》しく

▼幾久しく変わらない

永久《えいきゅう》・永久《とわ》・常《とわ》・常《とこ》しえ・永久《とこしえ》・常《とこ》しなえ・永久《とこしなえ》・長《ちょう》久《きゅう》・恒久《こうきゅう》・悠久《ゆうきゅう》・悠遠《ゆうえん》・千古《せんこ》・万古《ばんこ》・終古《しゅうこ》

▼永久といってよい　半永久《はんえいきゅう》

▼いつまでもある

不滅《ふめつ》・不朽《ふきゅう》・不磨《ふま》

▼永久に変わらない　常磐《ときわ》

▼限りなく久しく続く

永遠《えいえん》・尽未来《じんみらい》・尽未来際《じんみらいさい》

▼過去と未来と現在　去来今《きょらいこん》

ある限られた時の「時期・期間」

▼ある程度長い間の時間の区切り

時期《じき》・時分《じぶん》・折《おり》・時《とき》・時《じ》・節《せつ》・期《き》・期間《きかん》

▼同じことが繰り返されるときのひと回り

周期《しゅうき》・サイクル

▼初めのころ　初期《しょき》

▼早い　早期《そうき》

▼真ん中あたりの　中期《ちゅうき》・中頃《なかごろ》

▼終わりごろの

末期《まっき》・終期《しゅうき》・尽期《じんご》・末つ方《すえつかた》

▼同じ　同期《どうき》

▼一定の　定時《ていじ》・定期《ていき》

▼時期が定まっていない

不定期《ふていき》

▼時期・時節からはずれた

不時《ふじ》・臨時《りんじ》

▼ある時期から他の時期へ移り変わる橋渡しの

過渡期《かとき》

▼物事が入れ代わる　代わり目《かわりめ》

▼物事が移り変わる　変わり目《かわりめ》

▼適している　適期《てっき》・佳期《かき》

▼国運などが盛んな　盛時《せいじ》

▼最も盛んな　最盛期《さいせいき》

▼見るのにちょうどよい　見頃《みごろ》

▼花の咲く　花期《かき》・花時《はなどき》

▼桜の花の咲く　花時《はなどき》

▼買うのに最もよい　買い時《かいどき》

▼魚・野菜・果物が最もおいしい

旬《しゅん》

時・年月・期

▼食べるのにちょうどよい
食《た》べ頃《ごろ》

▼商売が忙しい
書《か》き入《い》れ・書《か》き入《い》れ時《どき》

▼漁業に最も適した
漁期《ぎょき》・漁期《りょうき》

▼魚が最もよくとれる　盛漁期《せいぎょき》

▼稲や麦を刈るのに適した
刈《か》りしお

▼農家が忙しい
農期《のうき》・農時《のうじ》・農繁期《のうはんき》

▼新米が出回り始める直前の
端境期《はざかいき》

▼農家が暇な　農閑期《のうかんき》

▼雨の多い　雨期《うき》・雨季《うき》

▼雨の降らない　乾期《かんき》・乾季《かんき》

▼猟を行ってよい
猟期《りょうき》・狩猟期《しゅりょうき》

▼草木が霜枯れし始める
霜《しも》枯《か》れ時《どき》・枯《か》れ方《がた》

▼まだその時機でないのに、もう
夙《まだき》・未《ま》だき

▼国がよく治まっている　平時《へいじ》

▼戦乱の　戦時《せんじ》

▼国が乱れ、道徳などが地に落ちた時代
澆季《ぎょうき》・末世《まっせ》・季世《きせい》

▼ある時期と他のある時期との間
期間《きかん》・期《き》

▼七日の期間　週間《しゅうかん》

▼十日の　旬間《じゅんかん》

▼ひと月の　月間《げっかん》

▼一年の　年間《ねんかん》

▼一年を単位として定めた
年期《ねんき》・年度《ねんど》

▼会計上の一定の　会計年度《かいけいねんど》

▼現在の会計年度　本年度《ほんねんど》

▼次の会計年度　来年度《らいねんど》

▼年度が改まる　年度替《ねんどが》わり

▼年期の半分の
半期《はんき》・半季《はんき》・半年《はんとし》

▼年期の前半の
前半期《ぜんはんき》・上期《かみき》・上半期《かみはんき》

▼年期の後半の
後半期《こうはんき》・下期《しもき》・下半期《しもはんき》

▼年期の四分の一の　四半期《しはんき》

▼期間を幾つかに分けて初めの
前期《ぜんき》

▼期間を幾つかに分けて中ごろの
中期《ちゅうき》

▼期間を幾つかに分けて後の
後期《こうき》

▼一つの季節の半分　半季《はんき》

▼ある期間の終わり　期末《きまつ》

▼ある期間の初めから終わりまで
全期《ぜんき》

▼今の　今期《こんき》・当期《とうき》

▼前の　前期《ぜんき》

時・年月・期

▼次の　次期《じき》

▼短い　短期《たんき》・短期間《たんきかん》・短日月《たんじつげつ》・短《たん》時日《じじつ》

▼長い　長期《ちょうき》・長期間《ちょうきかん》・長日月《ちょうじつげつ》

▼一定の　定期《ていき》・定限《ていげん》

▼期間に限りのある　有期《ゆうき》

▼期間に限りのない　無期《むき》

▼あらかじめ設定される期間の終わり　締《し》め切《き》り・期日《きじつ》・定日《ていじつ》・日限《にちげん》・日日《ひにち》・期限《きげん》・リミット・デッドライン

▼貸付の約束の期限　貸付期限《かしつけきげん》

▼質物の流れる　流期《りゅうき》

▼年単位で定めた　年限《ねんげん》

▼期限を定めない　無期限《むきげん》

▼品物などを納めなければならない　納期《のうき》

▼時間単位の　時限《じげん》

▼年単位の　年限《ねんげん》

▼奉公人との間で取り交わす勤続年数　年季《ねんき》

▼学年を区分した一定の期間　学期《がっき》

▼その任務を任された　任期《にんき》・任限《にんげん》

▼会が行われる　会期《かいき》

▼上告の　上告期間《じょうこくきかん》

▼控訴できる　控訴期間《こうそきかん》

▼刑に服する　刑期《けいき》

▼喪に服する　喪中《もちゅう》・忌中《きちゅう》

▼天皇がその父母の喪に服する　諒闇《りょうあん》・諒闇《ろうあん》・諒闇《みものおもい》・亮陰《りょうあん》・諒陰《りょうあん》・亮闇《りょうあん》

▼春の　春期《しゅんき》

▼夏の　夏期《かき》

▼秋の　秋期《しゅうき》

▼冬の　冬期《とうき》

「時・年月・期」に関する慣用句

[一刻《いっこく》を争《あらそ》う]
ほんのわずかな時間も惜しまれるほど、事態が差し迫っている。

[機《き》を逸《いっ》する]
大事な時機を逃す。

[潮時《しおどき》を見《み》る]
あることをするのに絶好の機をうかがう。

[時《とき》を稼《かせ》ぐ]
準備が整うまで、時間を引き延ばす。《類》「時間《じかん》を稼《かせ》ぐ」

[時《とき》を待《ま》つ]
好機が到来するのを待つ。

「時・年月・期」に関する故事・成語・ことわざ

[一刻千金《いっこくせんきん》] わずかな時間が千金にも値するように、非常に貴重なこと。

[一寸《いっすん》の光陰《こういん》軽《かろ》んずべからず] わずかな時間も、決して無駄にしてはいけないということ。出典は朱熹《しゅき》『偶成《ぐうせい》』。

[歳月人《さいげつひと》を待《ま》たず] 年月は人の都合などを待ってはくれないの意で、今の時を大切にして生きよという戒め。出典は陶潜《とうせん》『雑詩』。《類》「光陰矢《こういんや》の如《ごと》し」「光《こう》陰《いん》に関守《せきもり》なし」「月日《つきひ》に関守《せきもり》なし」

[去《さ》る者《もの》は日日《ひび》に疎《うと》し] 親しかった者同士でも遠く離れていれば次第に疎遠になる。また、死んだ人が月日が経つうちに次第に忘れられていくこと。

[時期尚早《じきしょうそう》] その事を行うには、まだ時期が早過ぎること。

[時機到来《じきとうらい》] ある事を行うのに、適当な時がやってくること。

[千載一遇《せんざいいちぐう》] (⇒「あう」五六ページ)

[造次顛沛《ぞうじてんぱい》] わずかの間。「造次」はあわただしい、「顛沛」はつまずき倒れること。

[月日《つきひ》変《か》われば気《き》も変《か》わる] 時が経てば、人の気持ちも自然に変わっていくものだということ。一時の感情で行動を起こしてはならないという戒めとしても用いられる。

[電光石火《でんこうせっか》] 稲光や石を打ち合わせて出る火のように、ごくわずかの時間のこと。

[忙中閑《ぼうちゅうかん》あり] 忙しい最中にも、仕事から離れて、自分の楽しみをもつ時間はあるということ。

[物《もの》には時節《じせつ》] 何をするにも好機というものがある。それを逃すと、うまく事が運ばない。

努力 どりょく

励む・尽力からみた「努力」

▼目標達成のために力を尽くして励む 努力《どりょく》

▼力を尽くして行う 努《つと》める・勉《つと》める・力《つと》める

▼心を奮い立てて行う 励《はげ》む

▼心を奮い立たせるもの 励《はげ》み

▼力を尽くして努める 尽力《じんりょく》

努力

▼くたくたになるまで力を尽くす
尽瘁《じんすい》

▼努力することと怠けること
勤怠《きんたい》・勤惰《きんだ》

▼努力をする
労《ろう》・骨《ほね》・骨折《ほねお》り・労《ろう》する

▼ひと通りの　一骨《ひとほね》

▼わずかな　小骨《こぼね》

▼一心に努力する
必死《ひっし》・命懸《いのちが》け

▼苦しみに耐え非常に骨を折る
刻苦《こっく》

▼熱心に励む
勤《いそ》しむ・精進《しょうじん》・精励《せいれい》・精《せい》勤《きん》・勤勉《きんべん》

▼学業・仕事などに努め励む
勉強《べんきょう》・勉学《べんがく》・勉励《べんれい》

▼職務に励む
恪勤《かっきん》・精勤《せいきん》・勤労《きんろう》

▼自ら努め励む　自彊《じきょう》

▼奮い立ち、力いっぱい努力する
奮励《ふんれい》・奮闘《ふんとう》

▼わざわざする　折角《せっかく》

▼力の限り努力する
粉骨《ふんこつ》・砕身《さいしん》・摧身《さいしん》

▼一生懸命に精を出して行う
大車輪《だいしゃりん》・車輪《しゃりん》

▼努め励むさま
せっせと・孜孜《しし》・営営《えいえい》・役役《えきえき》

苦労・忍耐からみた「努力」

▼あれこれと骨を折り苦しい思いをする
苦労《くろう》・労苦《ろうく》・勤苦《きんく》・労《ろう》する

▼成し遂げようとあれこれ苦労する
苦心《くしん》・砕心《さいしん》・摧心《さいしん》

▼非常に苦労する　辛労《しんろう》

▼苦心し、考え悩む　苦慮《くりょ》

▼つらく苦しい
辛苦《しんく》・辛酸《しんさん》・艱苦《かんく》

▼苦しさや逆境をじっと我慢する
忍耐《にんたい》・辛抱《しんぼう》・忍苦《にんく》・堅忍《けんにん》・耐《た》える・堪《た》える・忍《しの》ぶ・耐《た》え忍《しの》ぶ

▼我慢して切り抜ける　凌《しの》ぐ

▼我慢強く続けていく気力
根気《こんき》・気根《きこん》・根《こん》

▼我慢強く続ける体力と精神力
精根《せいこん》

▼ある一つのことを我慢強く続ける根気
性根《しょうこん》・腰骨《こしぼね》・腰《こし》っ骨《ぼね》

▼根気よく続ける　粘《ねば》る

▼困難に屈せず努力し続ける
頑張《がんば》る・踏《ふ》ん張《ば》る

「努力」に関する慣用句

［倦《う》まず撓《たゆ》まず］
途中で飽きたり怠けたりせず、あることに努力し続けるさま。

［追《お》い込《こ》みを掛《か》ける］
物事の最終段階に一段と努力して励む。

［犬馬《けんば》の労《ろう》をとる］
主君や他人のために力を尽くす。

［心血《しんけつ》を注《そそ》ぐ］
力の限り努力する。《類》「全身全霊《ぜんしんぜんれい》を打《う》ち込《こ》む」

［精《せい》を出《だ》す］（⇒「熱心《ねっしん》」四六一ページ）

［力《ちから》を入《い》れる］
特にあることに熱心に努力する。《類》「力瘤《ちからこぶ》を入《い》れる」

［血《ち》と汗《あせ》］
非常な忍耐と努力のたとえ。

［血《ち》の滲《にじ》むよう］
非常に苦しくつらい努力をするようす。

［手《て》を尽《つ》くす］
考えられる限りの手段や方法を出し尽くす。

［馬力《ばりき》を掛《か》ける］
精力的に仕事をする。

［骨《ほね》が折《お》れる］
努力を要する。

［骨身《ほねみ》を惜《お》しまない］
労苦を嫌がらず努力する。

［本腰《ほんごし》を入《い》れる］
本気になって物事に当たる。《類》「身《み》が入《はい》る」「気《き》を入《い》れる」

［身《み》を砕《くだ》く］
苦労して努力する。《類》「身《み》を粉《こ》にする」

［労《ろう》を執《と》る］
人のために努力する。

「努力」に関する故事・成語・ことわざ

［一念天《いちねんてん》に通《つう》ず］
強い信念をもって一心に努力し続ければ、必ず成し遂げることができるということ。

［一簣《いっき》の功《こう》］
最後の努力。山をつくるには最後のもっこ一杯の土が足りなくても完成したとはいえないという故事から。「一簣」は一つのもっこ。

［一所懸命《いっしょけんめい》］
命懸けで努力すること。「一所」は、「一生《いっしょう》」とも書く。《類》「一意専心《いちいせんしん》」

［臥薪嘗胆《がしんしょうたん》］
目的を達成するため、自らに試練を課し、厳しい苦労や努力をすること。中国春秋時代、夫差《ふさ》が薪《たきぎ》の上に臥《ふ》し、また、勾践《こうせん》は苦い胆《きも》を嘗《な》めて恥辱を思い起こしたという故

事から。出典は『十八史略』。

【肝胆《かんたん》を砕《くだ》く】
非常に苦心し、努力することのたとえ。「肝胆」は、肝臓と胆嚢《たんのう》で、転じて心の奥底・真心の意。

【下駄《げた》も阿弥陀《あみだ》も同《おな》じ木《き》の切《き》れ】
出発点は同じであっても、その人の心がけや努力次第で、境遇に大きな差が出るということ。

【刻苦勉励《こっくべんれい》】
苦労しながらも努力すること。「刻苦」は、力を尽くし苦労すること。

【死《し》して後《のち》已《や》む】
死ぬまで一生懸命努力し続ける。《類》「斃《たお》れて後《のち》已《や》む」

【精神一到《せいしんいっとう》】
精神を集中させて努力すれば、どんなことでもできないことはない。「一到」は、一つの事に集中するの意。「精神一到《せいしんいっとう》何事《なにごと》か成《な》らざらん」ともいう。《類》「一念岩《いちねんいわ》をも通《とお》す」

【使《つか》っている鍬《くわ》は光《ひか》る】
たえず努力している人は生き生きとして見えるというたとえ。

【点滴石《てんてきいし》を穿《うが》つ】
わずかな力であっても努力し続ければ成功につながる。《類》「雨垂《あまだ》れ石《いし》を穿《うが》つ」

【駑馬《どば》に鞭《むち》打《う》つ】
頑張って努力することをへりくだっていう言葉。

【奮励努力《ふんれいどりょく》】
目標に向けて気を奮い起こし、努め励むこと。物事を成功させるための心構えとして使われる。

【粒粒辛苦《りゅうりゅうしんく》】
細かな努力を着実に積み重ねていって、物事の完成・実現を目ざすこと。

泣《な》く

泣き方の様態からみた「泣く」

▼声を殺して
忍《しの》び泣《な》き・締《し》め泣《な》き

▼声を出さないですすり　飲泣《いんきゅう》

▼しくしくと力なく　啾啾《しゅうしゅう》

▼心の中で自然に泣けてくる
心泣《うらな》く・裏嘆《うらな》く

▼激しく
絶泣《ぜっきゅう》・泣《な》き入《い》る・泣《な》き沈《しず》む・泣《な》き濡《ぬ》れる・甚泣《いたな》く

▼ますます激しく　泣《な》き勝《まさ》る

▼正体なく
泣《な》き崩《くず》る・泣《な》き崩《くず》れる・泣《な》

泣く

き伏《ふ》す
▼前後もわきまえぬまで　泣《な》き惑《まど》う
▼涙を流して　涕泣《ていきゅう》・泣涕《きゅうてい》
▼さめざめと　潸然《さんぜん》
▼長い間　長泣《ながな》き
▼泣いてばかりいる　泣《な》き頻《しき》る
▼悲しみ　悲泣《ひきゅう》・悲啼《ひてい》・哀泣《あいきゅう》
▼ひどく悲しんで激しく　泣血《きゅうけつ》
▼すすりあげて　欷歔《ききょ》・歔欷《きょき》・啜《すす》り泣《な》き・啜《すす》り上《あ》げる
▼息を詰まらせて　噎《むせ》ぶ・咽《むせ》ぶ・噎《むせ》び泣《な》く・咽《むせ》び泣《な》く・噎《む》せ返《かえ》る・嗚咽《おえつ》・哀咽《あいえつ》
▼しゃくりあげて　噦《しゃく》り泣《な》き・噦《さく》り泣《な》き・吃《さ》逆泣《くりな》き・泣《な》き噦《じゃく》る・噦《しゃく》り上《あ》げる・噦《しゃく》る・噦《さく》る

▼声を立てて　啼泣《ていきゅう》
▼大声を上げて　号泣《ごうきゅう》・慟哭《どうこく》・哭《こく》する・号哭《ごうこく》・啼哭《ていこく》・泣《な》き叫《さけ》ぶ・いさちる・いさつ
▼ひどく大声で　痛哭《つうこく》
▼大勢の人が大声で　泣《な》き響《とよ》む
▼見せかけの　空泣《そらな》き・虚泣《そらな》き・作《つく》り泣《な》き・泣《な》き真似《まね》・嘘泣《うそな》き
▼悔しがって　悔《くや》し泣《な》き
▼恨みに思って　託《かこ》ち泣《な》き
▼片方だけが　片泣《かたな》き・独《ひと》り泣《な》き
▼じれったさに　心気泣《しんきな》き・辛気泣《しんきな》き・悶《もだ》え泣《な》き
▼感動して　感泣《かんきゅう》
▼うれしさのあまり　嬉《うれ》し泣《な》き・喜《よろこ》び泣《な》き
▼同情して　貰《もら》い泣《な》き
▼泣いてすがる　泣《な》き込《こ》む・泣《な》き付《つ》く・泣《な》き落《お》とす
▼思い焦《こ》がれて　泣《な》き焦《こ》がる
▼一晩中　泣《な》き明《あ》かす
▼ひどく泣いて目をはらす　泣《な》き腫《は》らす
▼子どもなどの泣き顔　べそ・泣《な》きべそ
▼すぐ泣く人　泣《な》き虫《むし》・泣《な》き味噌《みそ》
▼酔って　酔《よ》い泣《な》き・酔《え》い泣《な》き・泣《な》き上戸《じょうご》
▼男がこらえきれず　男泣《おとこな》き
▼女がさめざめと泣くさま　雨雫《あめしずく》

泣く

▼子どものように　童《わらわ》泣《な》き

▼赤ん坊が夜に　夜《よ》泣《な》き

▼子どもがじれて　憤《むずか》る・憤《むつか》る

▼生まれたばかりの赤ん坊の泣き声　呱《こ》呱《こ》

▼浮かばれぬ死者の魂が　鬼《き》哭《こく》

▼泣きながら別れる　泣《な》き別《わか》れ

▼泣きながら笑う　泣《な》き笑《わら》い

涙の様態からみた「泣く」

▼涙のこと　空《そら》知《し》らぬ雨《あめ》・身《み》を知《し》る雨《あめ》

▼涙と鼻水　涕《てい》泗《し》

▼涙が出そうになる　催《さい》涙《るい》・差《さ》し含《ふく》む

▼涙を浮かべる　涙《なみだ》ぐむ・溜《た》め涙《なみだ》

▼涙を落とす　落《らく》涙《るい》・堕《だ》涙《るい》

▼涙を流す　流《りゅう》涕《てい》・涙《るい》涕《てい》・涕《てい》涙《るい》

▼すぐ涙を流す　涙《なみだ》脆《もろ》い・涙《なみだ》勝《が》ち・涙《なみだ》っぽい

▼涙を流して泣く　涕《てい》泣《きゅう》

▼感動の涙　熱《ねつ》涙《るい》・熱《ねっ》鉄《てつ》の涙《なみだ》

▼恋のために流す　恋《こい》水《みず》

▼喜びの　嬉《うれ》し涙《なみだ》

▼ありがたくて流す　感《かん》涙《るい》・有《あ》り難《がた》涙《なみだ》・忝《かたじけ》涙《なみだ》・辱《かたじけ》涙《なみだ》・随《ずい》喜《き》の涙《なみだ》

▼おろおろして流す　おろおろ涙《なみだ》

▼なぜともなく出る　漫《そぞ》ろ涙《なみだ》

▼人知れず流す　暗《あん》涙《るい》

▼悲しみの　悲《ひ》涙《るい》

▼袖にかかる　袖《そで》の雫《しずく》・袖《そで》時《しぐ》雨《れ》・袖《そで》の時《しぐ》雨《れ》

▼悔しくて流す　悔《くや》し涙《なみだ》

▼痛切な思いで流す　血《けつ》涙《るい》・血《ち》の涙《なみだ》・紅《こう》涙《るい》・紅《くれない》の涙《なみだ》

▼見せ掛けの　空《そら》涙《なみだ》

▼人に同情して流す　共《とも》涙《なみだ》・貰《もら》い涙《なみだ》

▼別れを惜しむ　別《べつ》涙《るい》

▼大粒の　粗《あら》涙《なみだ》

▼泣き出しそうな声　涙《なみだ》声《ごえ》

▼泣きながら　涙《なみだ》ながら・涙《なみだ》混《ま》じり

▼強い同情・感心のあまり涙が出そうになるさま　涙《なみだ》ぐましい

▼美人の　紅《こう》涙《るい》

「泣く」の擬音語・擬態語

▼大声を上げて
おいおい・よよと・わんわん

▼しきりに涙を流して
さめざめ

▼哀れげに弱々しく　しくしく

▼思い通りにいかず激しく
ひーひー

▼声を出さず静かに　めそめそ

▼大声でわめくように
わーわー

▼急に大声を出して　わっと

▼涙が続いて静かに落ちる
はらはら・ほろほろ

▼涙が静かに落ちかかる
はらりと

▼涙が次から次にこぼれる
ぼろぼろ・ぽろぽろ

▼深く同情して涙を流す
ほろり・ほろっと

▼涙が一滴落ちる
ぽろり・ぽろっと

「泣く」に関する慣用句

[血涙《けつるい》を絞《しぼ》る]
憤りや悲しみのあまり、激しく泣くこと。

[紅涙《こうるい》を絞《しぼ》る]
美人が強い悲しみなどのために涙を流して泣くさま。「紅涙」は美しい女性が流す涙の意。

[声《こえ》が潤《うる》む]（⇒「声《こえ》」二四八ページ）

[声涙《せいるい》倶《とも》に下《くだ》る]
激して、涙を流しながら話すこと。

[袖《そで》を絞《しぼ》る]
涙でぬれた袖を絞る意から、涙を流して泣くこと。

[袂《たもと》を絞《しぼ》る]
涙でぬれた袂を絞る意からひどく泣くこと。

[泣《な》き寝入《ねい》り]
泣きながら寝てしまうこと。また不服であるが黙ってあきらめること。

[泣《な》きの涙《なみだ》]
涙を流して泣くこと。ひどく悲しむさま。

[泣《な》きべそをかく]
叱られたり困りはてたりして、泣き出しそうな顔になるさま。《類》「べそをかく」「べそを作《つく》る」

[涙《なみだ》に暮《く》れる]
悲しみのあまり泣いて過ごす。

[涙《なみだ》に沈《しず》む]
悲しみのためうちしおれて泣く。泣き伏す。

[涙《なみだ》に咽《むせ》ぶ]

涙のために声を詰まらせながら泣く。

[涙《なみだ》を抑《おさ》える]
泣くまいと我慢する。《類》「涙《なみだ》を堪《こら》える」

[火《ひ》が付《つ》いたよう]
赤ん坊などが激しく泣くさま。また、急であわただしいさま。「火《ひ》の付《つ》いたよう」ともいう。

[目頭《めがしら》を押《お》さえる]
指で目もとを押さえて涙が流れ出ないようにする意で、感動したり、悲しかったりして泣きたくなるのを我慢するさま。

「泣く」に関する故事・ことわざ

[泣《な》いて暮《く》らすも一生《いっしょう》笑《わら》って暮《く》らすも一生《いっしょう》]
泣いて暮らしても笑って暮らしても同じ一生なら、笑って暮らした方が得であるということ。

[泣《な》く子《こ》は育《そだ》つ]
赤ん坊が泣くのは元気な証拠で、よく泣く子ほど丈夫に育つということ。

[流涕《りゅうてい》焦《こ》がる]
涙を流して非常に悲しむ。「流涕」は、涙を流すこと。

夏《なつ》

暦の上での「夏」

▼陰暦では四月～六月、普通には六月～八月の三か月間
夏《なつ》

▼二十四節気の一。五月六日ごろ。夏の始まり
立夏《りっか》

▼二十四節気の一。五月二十一日ごろ。陽気がよくなり、万物が満つる
小満《しょうまん》

▼二十四節気の一。六月六日ごろ。田植えのころ
芒種《ぼうしゅ》

▼二十四節気の一。六月二十二日ごろ。昼が一日で最長
夏至《げし》

▼二十四節気の一。七月七日ごろ。暑気に入っていよいよ暑くなる
小暑《しょうしょ》

▼二十四節気の一。七月二十三、二十四日ごろ。最高の暑さ
大暑《たいしょ》

▼陰暦四月十六日から七月十五日までの九十日間
一夏《いちげ》

▼雑節の一。夏至から十一日目
半夏《はんげ》・半夏生《はんげしょう》

夏

▼夏の最も暑い期間　三伏《さんぷく》
▼夏至後の第三の庚《かのえ》の日　初伏《しょふく》
▼夏至後の第四の庚の日　中伏《ちゅうふく》
▼立秋（八月八日ごろ）後の第一の庚の日　末伏《まっぷく》
▼立秋の前十八日をいう　夏《なつ》の土用《どよう》
▼土用の初めの日　土用《どよう》の入《い》り
▼夏の土用に入った日から三日目。この日の天候が快晴なら豊年、雨なら凶年とする　土用三郎《どようさぶろう》

季節・時からみた「夏」

▼夏の季節　夏季《かき》・夏月《かげつ》・暑月《しょげつ》・夏時《かじ》・夏方《なつかた》・夏場《なつば》・夏日《かじつ》・夏景《かけい》・朱夏《しゅか》・炎陽《えんよう》
▼夏の期間　夏期《かき》
▼夏季の九十日間　九夏《きゅうか》
▼夏季の三か月間　三夏《さんか》・夏月《かげつ》
▼夏らしくなる　夏《なつ》さぶ・夏《なつ》めく
▼夏の初め　初夏《しょか》・初夏《はつなつ》・首夏《しゅか》・麦秋《ばくしゅう》・麦秋《むぎあき》
▼夏の半ば、盛り　中夏《ちゅうか》・仲夏《ちゅうか》・仲《なか》の夏《なつ》・真《ま》夏《なつ》・盛夏《せいか》
▼夏の末　晩夏《ばんか》・季夏《きか》・夏《なつ》の暮《く》れ
▼今年の　今夏《こんか》
▼去年の　昨夏《さくか》・昨夏《さっか》
▼翌年の　来夏《らいか》
▼日の長い夏のころ　長夏《ちょうか》
▼夏の夕方　夏《なつ》の暮《く》れ

気象・様態などからみた「夏」

▼夏の気候　夏気《かき》
▼一日の最高気温がセ氏二十五度以上になる日　夏日《なつび》
▼一日の最高気温がセ氏三十度以上になる日　真夏日《まなつび》
▼夏の暑さ　暑気《しょき》
▼初夏のわずかな暑さ　薄暑《はくしょ》
▼空が晴れ渡ってすがすがしい夏の日　清夏《せいか》
▼夏の朝の涼しいとき　朝涼《あさすず》
▼気温の低い　冷夏《れいか》
▼非常に暑い。厳しい暑さ　酷暑《こくしょ》・極暑《ごくしょ》・大暑《たいしょ》・炎暑《えんしょ》・猛暑《もうしょ》・暑熱《しょねつ》・酷熱《こくねつ》・極熱《ごくねつ》・

夏

極熱《ごくねち》・炎熱《えんねつ》・劇暑《げきしょ》・激暑《げきしょ》・厳暑《げんしょ》・甚暑《じんしょ》

▼夏の焼け付くような天気、また、暑い空
炎天《えんてん》

▼青葉のころのやや強い風
青嵐《せいらん》・青嵐《あおあらし》

▼初夏に青葉のよい香りを送るおだやかな風
薫風《くんぷう》・緑風《りょくふう》

▼夏に湧く雲　夏雲《なつぐも》

▼夏に草木が茂ること
夏《なつ》の茂《しげ》り

▼夏のころ茂った木立　夏木立《なつこだち》

▼夏の物陰の涼しい所
夏陰《なつかげ》・夏《なつ》の陰《かげ》

自然と生活からみた「夏」

▼夏の景色　夏景《かけい》

▼夏に生い茂る草　夏草《なつくさ》

▼夏に生育して、秋または冬に収穫できる作物
夏作物《なつさくもつ》

▼草の茂った夏の野　夏野《なつの》

▼夏に行う祭り。また、病魔・汚れを払うため、夏に行う祭り
夏祭《なつまつ》り

▼夏らしい、趣のある服装
夏姿《なつすがた》

▼夏になって着る衣服
夏着《なつぎ》・夏衣《なつぎぬ》・夏衣《なつごろも》・夏服《なつふく》

▼夏に締める婦人帯　夏帯《なつおび》

▼夏に着る薄地の一重の羽織
夏羽織《なつばおり》

▼夏にかぶる帽子　夏帽子《なつぼうし》

▼夏の土用に衣類・書籍などを干す
夏干《なつぼ》し・虫干《むしぼ》し・土用干《どようぼ》し・虫払《むしばら》い

▼夏の暑さを切り抜ける
消夏《しょうか》・銷夏《しょうか》

▼夏の暑さのため、体力が弱ったり、食欲不振になる
夏負《なつま》け・夏《なつ》ばて・暑気中《しょきあた》り

▼夏の暑さのため、体力が弱ったり、食欲不振でやせる
夏痩《なつや》せ

▼夏の暑さを避けるための休み
夏休《なつやす》み・夏期休暇《かききゅうか》・暑中《しょちゅう》休暇《きゅうか》

▼夏に太陽の強い日光を長時間受けて起こる病気
日射病《にっしゃびょう》

▼夏の暑さをやわらげるため、涼しくする
夏清《かせい》

▼夏の時期に適する　夏向《なつむ》き

▼夏、特に八月ごろに見られる商売不振
夏枯《なつが》れ

▼夏の暑さを感じない　夏無《なつな》し

「夏」に関する慣用句・故事・ことわざ

［風薫《かぜかお》る］
初夏の若葉の中を風がさわやかに吹くさま。

［夏沖《なつおき》の秋山《あきやま》］
夏は沖が晴れていれば天気がよく、秋は山の方が晴れていれば天気がよいということ。

［夏暮《なつご》に炬燵《こたつ》俳諧《はいかい》］
夏は涼みながらの碁打ちを楽しむのがよく、冬は炬燵に入り暖をとりながらの俳諧づくりで楽しむのがよいという意。季節にふさわしい楽しみ方があるということ。《類》「夏将棋《なつしょうぎ》に炬燵《こたつ》俳諧《はいかい》」

［夏《なつ》の風邪《かぜ》は犬《いぬ》もひかぬ］
夏に風邪をひくほどつまらないことはないということ。《類》「夏《なつ》の風邪《かぜ》は猿《さる》もひかぬ」

習《なら》わし

生活様式などからみた「習わし」

▼人びとに広く受け入れられ、受け継がれてきた伝統的な生活様式・風俗・習慣など
習《なら》わし・為来《しきた》り・仕来《しきた》り・習《なら》い・倣《なら》い・習慣《しゅうかん》・風習《ふうしゅう》・慣習《かんしゅう》・慣例《かんれい》・手振《てぶ》り・手風《てぶり》・風儀《ふうぎ》・風俗《ふうぞく》・風《ふう》・格例《かくれい》・習俗《しゅうぞく》

▼古くからの
為来《しきた》り・仕来《しきた》り・慣例《かんれい》・先例《せんれい》・因習《いんしゅう》・流例《りゅうれい》・流俗《りゅうぞく》・旧《きゅう》例《れい》・旧慣《きゅうかん》・旧習《きゅうしゅう》・積習《せきしゅう》・宿習《しゅくしゅう》・旧貫《きゅうかん》・旧風《きゅうふう》

▼民間の風俗・習慣や言い伝え
民俗《みんぞく》

▼昔からの風俗
古俗《こぞく》・故俗《こぞく》・旧俗《きゅうぞく》

▼今に伝わる風俗・習慣　遺風《いふう》

▼古くから伝わる習慣・しきたりに従う
因襲《いんしゅう》

▼世間でごく普通に行われている
習《なら》い・倣《なら》い・世《よ》の習《なら》い・世《よ》の倣《なら》い・世《よ》の常《つね》・決《き》まり・御《お》定《さだ》まり・極《き》まり・世《よ》の習《なら》い・世《よ》の倣《なら》い・世習《よなら》い・世倣《よなら》い・人習《ひとなら》わし・人倣《ひとなら》わし・俗習《ぞくしゅう》・世俗《せぞく》・流俗《りゅうぞく》・通俗《つうぞく》・俗《ぞく》・定例《じょうれい》

▼世の習わしとして行われている
慣行《かんこう》

▼生活上の習わしとなっている
性《さが》・相《さが》・慣《な》れ・馴染《なじ》み・癖《へき》・習慣《しゅうかん》・習《なら》わし

習わし

▼古くから身にしみ込んだ
旧染《きゅうせん》・旧慣《きゅうかん》
▼習わしとなる　在《あ》り習《なら》う
▼世間で一般にいう
言《い》い習《なら》わす
▼習わしとなっている
振《ふ》り・風《ふり》・風《ふう》
▼昔のさま
古風《こふう》・古風《いにしえぶり》・昔風《むかしふう》・昔様《むかしよう》
▼今のさま
今風《いまふう》・今様《いまよう》・当世風《とうせいふう》・現代風《げんだいふう》
▼野蛮な
蛮習《ばんしゅう》・蕃習《ばんしゅう》・蛮風《ばんぷう》・蕃俗《ばんぞく》・
蕃風《ばんぷう》
▼風変わりな風俗・風習　奇習《きしゅう》
▼悪い
悪習《あくしゅう》・弊習《へいしゅう》・弊風《へいふう》・弊俗《へいぞく》・
悪風《あくふう》・悪癖《あくへき》・癖《へき》・陋習《ろうしゅう》・陋風《ろうふう》
▼その時代の悪い　時弊《じへい》
▼前々からの悪い　流弊《りゅうへい》

▼卑しい　陋風《ろうふう》・陋俗《ろうぞく》・陋習《ろうしゅう》
▼よい風俗・習慣
美風《びふう》・良風《りょうふう》・美俗《びぞく》・良俗《りょうぞく》
▼人情に厚い風俗
淳風《じゅんぷう》・醇風《じゅんぷう》
▼性的にみだらな風俗・風潮
淫風《いんぷう》
▼いまだに残っている
余習《よしゅう》・遺習《いしゅう》
▼昔から人びとの間で教訓めいて言
い習わされている
諺《ことわざ》・俚諺《りげん》
▼心にしみ込んだ習慣　心習《こころなら》い
▼古い習わしによる弊害　旧弊《きゅうへい》
▼その国独特の風習や風俗
国風《こくふう》・国風《くにぶり》・国《くに》の風《かぜ》
▼その土地の習わし
里俗《りぞく》・土俗《どぞく》・土地柄《とちがら》・所柄《ところがら》
▼その土地の人びとが共通してもっ
ている気質

気風《きふう》・気《き》っ風《ぷ》
▼その地方の気風　人気《にんき》・人気《じんき》
▼田舎風の習わし　俚俗《りぞく》
▼その家の　家風《かふう》
▼その家代々の　家例《かれい》
▼日本の　和習《わしゅう》
▼日本在来の
和風《わふう》・日本風《にほんふう》・日本風《にっぽんふう》・日《に》
本流《ほんりゅう》・日本流《にっぽんりゅう》・和様《わよう》
▼中国の唐代の制度や様式に準じて
いる。あるいは中国のものである感
じがする
唐風《とうふう》・唐風《からふう》・唐様《からよう》
▼西洋の様式をそなえている
洋風《ようふう》・欧風《おうふう》
▼古くからの習わしや考え方を頑固
に守る
旧弊《きゅうへい》
▼世間の習わしや世間づきあいに関
するさまざまな事柄

習わし

世故《せこ》

▼習わし・しきたりなどが代々受け継がれていく。または受け継がれた事柄

伝統《でんとう》・伝承《でんしょう》

▼受け継がれていく道筋

統《とう》・系統《けいとう》

▼仏法の伝統　法統《ほうとう》

儀式・行事などからみた「習わし」

▼以前からの決まり、規則

先規《せんき》・先規《せんぎ》・前例《ぜんれい》

▼一般の習わし　通例《つうれい》

▼習わし・しきたりの基準・根拠となる物事

例《れい》・先例《せんれい》

▼例となる儀式などについての決まり

例格《れいかく》・決《き》まり・極《き》まり・格《かく》式《しき》・格例《かくれい》・規則《きそく》

▼以前に行われた例

先例《せんれい》・前例《ぜんれい》・例《ためし》・様《ためし》・事例《じれい》

▼よりどころとなる先例　典例《てんれい》

▼特別な典例　特例《とくれい》

▼めでたい先例

佳例《かれい》・嘉例《かれい》・吉例《きちれい》・嘉躅《かちょく》

▼悪い先例　悪例《あくれい》

▼実際にあった例　実例《じつれい》

▼前の時代の実例

例《れい》・先蹤《せんしょう》・先例《せんれい》・前例《ぜんれい》

▼前例の内容や事実　事例《じれい》

▼昔の慣例　古例《これい》

▼常の習わし　常例《じょうれい》・常習《じょうしゅう》

▼すでに定まっている習わし

定例《ていれい》

▼特別な例。定例と違った例外

特例《とくれい》

▼似通った例　類例《るいれい》

▼罪を許された前例　赦例《しゃれい》

▼時間・場所などが決まっていて、いつも行われる

定例《じょうれい》・為来《しきた》り・仕来《しきた》り・恒例《こうれい》

▼いつも決まって行われる儀式や行事

恒儀《こうぎ》・為来《しきた》り・仕来《しきた》り・常《じょう》式《しき》・恒例《こうれい》

▼行う形式が定まっている儀式・儀礼

典礼《てんれい》・定式《じょうしき》・定式《ていしき》

▼昔の儀式などの決まり・慣例など

故実《こじつ》

▼朝廷や武家の習わしや官職などに関する知識。あるいはそれに通じている人

有職《ゆうそく》・有職《ゆうそこ》・有職《ゆうしょく》・有職《ゆうしき》

物事の行い方などからみた「習わし」

▼物事を処理する際の決まったやり方

定式《じょうしき》・定式《ていしき》・常式《じょうしき》・定法《じょうほう》・定石《じょうせき》・スタンダード

習わし

▼常と変わらぬ
常道《じょうどう》・常套《じょうとう》・常軌《じょうき》
▼昔のままの。また、ありきたりの
旧套《きゅうとう》
▼昔からの　旧式《きゅうしき》
▼儀式・動作などの決まった
法式《ほうしき》・例式《れいしき》
▼古くからの法式　古式《こしき》
▼礼儀作法に関する決まったやり方
礼式《れいしき》
▼言語・動作などの法式に則った決まり
作法《さほう》
▼作法の決まり
礼法《れいほう》・礼法《らいほう》・礼儀《れいぎ》・マナー・エチケット
▼茶道での作法・儀式
手前《てまえ》・御手前《おてまえ》・点前《てまえ》・点前《たてまえ》・建前《たてまえ》
▼技法の道で、その人、その一派が昔から行ってきた方法。または単にその人独特のやり方
流儀《りゅうぎ》・スタイル
▼古い流儀　古流《こりゅう》
▼他の門の　他流《たりゅう》
▼その人独特の　流《りゅう》・一流《いちりゅう》
▼自分独特の
我流《がりゅう》・自己流《じこりゅう》・自流《じりゅう》
▼技芸の道などにおける伝統的な
型《かた》
▼神道に則っての　神式《しんしき》
▼仏教の法式　仏式《ぶっしき》
▼西洋にならっての　洋式《ようしき》
▼日本風の　和式《わしき》

「習わし」に関する故事・ことわざ

［公序良俗《こうじょりょうぞく》］
公共の秩序と善良の風俗のこと。社会的に妥当と認められている道徳観で、法律制定の基本理念とされる。

［郷《ごう》に入《い》っては郷《ごう》に従《したが》え］
人は新しい土地に行ったらその土地の風俗・習慣に従うのがいちばんよい。

［醇風美俗《じゅんぷうびぞく》］
人情の厚い風俗やすぐれた習慣。

［雀百《すずめひゃく》まで踊《おど》り忘《わす》れず］
小さいときに身についた習慣は年老いても忘れない。《類》「三《み》つ子《ご》の魂百《たましいひゃく》まで」「習《なら》い性《せい》となる」

［所変《ところか》われば品変《しなか》わる］
土地が違えば習慣や言語も違うということ。

［百里《ひゃくり》にして習《なら》わしを異《こと》にす］
百里も遠く離れていると、その土地土地によって風俗や習慣が異なってくる。

［身《み》は習《なら》わし］
人間は習慣に従って行動するものであるから、日ごろの習慣によっ

て生き方や考え方が変わってくるということ。《類》「身《み》は習《なら》わしもの」

願《ねが》う・望《のぞ》む

神仏への願いの様態からみた「願う」

▼神仏に祈り、思っていることの成就を頼む
願・祈願《きがん》・発願《ほつがん》・立願《りゅうがん》・祈誓《きせい》・祈《ね》ぎ事《ごと》・祈請《きせい》・楽欲《ぎょうよく》・願立《がんた》て・願掛《がんか》け・神頼《かみだの》み

▼神仏に対し心の中で願を立てる
心願《しんがん》

▼仏・菩薩がすべての生き物（衆生）の苦しみを救おうと誓いを立てる
誓願《せいがん》・発願《ほつがん》・願立《がんた》て・願掛《がんか》け・本誓《ほんせい》

▼仏が衆生を救おうとする願い
大願《だいがん》・大願《たいがん》・本願《ほんがん》・仏願《ぶつがん》

▼仏が大慈悲心から発した誓願
悲願《ひがん》

▼神仏に願う　願《ねが》い事《ごと》

▼神仏への願い事を書いた文
願文《がんもん》・発願文《ほつがんもん》

▼勅命による祈願、天皇自らの祈願
勅願《ちょくがん》

▼身分の高い人の祈願・立願を敬っていう語
御願《ごがん》

▼本人に代わって神仏などに祈願する。また、その人
代願《だいがん》・代参《だいさん》

▼仏を信仰して極楽往生を願う
後生願《ごしょうねが》い・御生頼《ごしょうだの》み

▼神仏に願い事をしている上に、さらに他の願いをする
追願《ついがん》・追《お》い願《ねが》い

▼神仏にかけた願いを解く　還願《かんがん》

▼願いがかなってのお礼参り
願解《がんほど》き

▼日数を定めて催した法会などが終わること。またその日
結願《けちがん》・結願《けつがん》

▼神仏に祈願する際に約束した日数が満ちること。また、願いがかなうこと
満願《まんがん》

▼長く日照りが続いたときに、雨が降るように神仏に祈る
雨乞《あまご》い・雨請《あまご》い・祈雨《きう》

▼長生きできるよう神仏に祈る
命乞《いのちご》い

▼七夕に、願いをこめて竿にかける五色の糸
願《ねが》いの糸《いと》

願う・望む

一般的な願いの種類・様態からみた「願う」

▼心から願う、望む
願望《がんぼう》・願望《がんもう》・所願《しょがん》・至願《しがん》・懇願《こんがん》・悃願《こんがん》・熱願《ねつがん》・切願《せつがん》・請願《せいがん》・庶幾《そき》・庶幾《しょき》・思《おも》い
▼大きな　大願《だいがん》・大願《たいがん》
▼もとからの　本願《ほんがん》
▼初めての、初めからの　初願《しょがん》
▼いつも心にかけて　念願《ねんがん》
▼心の中で　心願《しんがん》
▼是非とも達成しようという悲壮な
悲願《ひがん》
▼以前からの
素願《そがん》・素懐《そかい》・宿願《しゅくがん》・宿望《しゅくぼう》
▼嘆き
嘆願《たんがん》・歎願《たんがん》・哀願《あいがん》・哀訴《あいそ》
▼物事を願う。物事の願い
物願《ものねが》い
▼願う心持ち、その内容　願意《がんい》
▼自分を犠牲にしても、まず他人の幸福を願う
利他《りた》

役所などに申請する「願い」

▼書類などを国や公共団体などに提出して希望を願い出る
請願《せいがん》
▼書類などを国や公共団体に提出して許可・認可を願い出る
申請《しんせい》
▼訴え出て願う。また、行政処分が違法、あるいは不当と考える人が、その取り消しや変更を求めて上級官庁に訴える
訴願《そがん》
▼権力者に願い出る。また、面会を求める
請謁《せいえつ》
▼あることを希望して願い出る
志願《しがん》
▼情実を述べて願い出る　情願《じょうがん》
▼本人からの願いによる　依願《いがん》
▼許可を得るために、必要な願いの趣旨を書いて提出する書類
願書《がんしょ》

望みの種類・様態からみた「望む・望み」

▼あることが成就できるよう期待し
夢《ゆめ》・望《のぞ》み・希望《きぼう》・希望《けもう》・冀《き》望《ぼう》・所望《しょもう》
▼本来の　本望《ほんもう》・本懐《ほんかい》・本意《ほんい》
▼強く
渇望《かつぼう》・欠望《けつぼう》・闕望《けつぼう》・懇望《こんぼう》・懇望《こんもう》・切望《せつぼう》・熱望《ねつぼう》・万望《ばんぼう》・

願う・望む

垂涎《すいぜん》・垂涎《すいえん》
▼かねてから持ち続けてきた
宿望《しゅくぼう》・宿望《しゅくもう》・素望《そぼう》・宿心《しゅくしん》・
宿志《しゅくし》・素志《そし》・素意《そい》
▼大きな、また、身に過ぎた
大望《たいもう》・大望《たいぼう》・野望《やぼう》
▼身分や能力以上の高い
高望《たかのぞ》み
▼身分不相応な　非望《ひぼう》・覬覦《きゆ》
▼普通とは違った　異望《いぼう》
▼我勝ちに　競望《きょうぼう》・競望《けいぼう》
▼望みをかける。期待する
嘱望《しょくぼう》・属望《しょくぼう》・要望《ようぼう》・注文《ちゅうもん》・
註文《ちゅうもん》
▼将来に対して望みが多い　多望《たぼう》
▼待ち　待望《たいぼう》
▼企て　企望《きぼう》
▼首を伸ばして　翹望《ぎょうぼう》
▼思い　思望《しぼう》

▼将来についての　志望《しぼう》
▼あることが到来するのを予期して
想望《そうぼう》・期待《きたい》

希求の意からみた「望む」

▼得たいと願い、強く求める
希求《ききゅう》・冀求《ききゅう》
▼喜んで仏の道を願い求める
欣求《ごんぐ》
▼仏の道を求めて修行する
求道《きゅうどう》・求道《ぐどう》・求法《ぐほう》
▼欲しがり求める　欲求《よっきゅう》
▼幸いを求める。また、仕えて禄を求める
干禄《かんろく》

願い依頼する意からみた「願う」

▼信じてすべてを任せる　信頼《しんらい》
▼何かをしてくれるよう人に
依頼《いらい》
▼ゆだね、また、任せ
委嘱《いしょく》・依属《いしょく》・委託《いたく》・嘱託《しょくたく》・
寄託《きたく》
▼相手を信じ　信託《しんたく》
▼金銭や有価証券などを政府の定めた機関に保管を
供託《きょうたく》
▼すべてを任せる　一任《いちにん》
▼頼まれたことを引き受ける
受託《じゅたく》
▼むりやりにする　無理頼《むりだの》み
▼人を間に立てて　又頼《まただの》み
▼直接に　直頼《すぐだの》み・直頼《じかだの》み

願う・望む

▼他人を当てにする　人頼《ひとだの》み
▼ひたすら　懇請《こんせい》
▼無理に　強請《きょうせい》・強請《ごうせい》

「願う・望む」に関する動詞・助動詞など

▼そうなって欲しいと心から求める
念《ねん》じる・念《ねん》ずる・欲《ほっ》する・願《ねが》う・望《のぞ》む・思《おも》う・欲《ほ》る・祈《いの》る・希《こいねが》う・冀《こいねが》う
▼願いを申し出る　願《ねが》い出《で》る
▼希望するものを手に入れようとする
求《もと》める
▼願う、望む、求める
請《こ》う・乞《こ》う・求《ま》ぐ・覓《ま》ぐ
▼強く求める　迫《せま》る・逼《せま》る
▼教えや命令・援助などを求める
仰《あお》ぐ
▼望むものが手に入らず満たされない
飢《う》える・餓《う》える・飢《かつ》える・餓《かつ》える・渇《かつ》する
▼早くそうなることを望む
待《ま》つ・待《ま》ち望《のぞ》む
▼無理に頼む
せがむ・せびる・無心《むしん》
▼泣くようにして頼む
泣《な》き付《つ》く・泣《な》き込《こ》む
▼頼りにして他に任す　頼《たの》む
▼しきりにあることを望んでいる
…たがる
▼そうなるのを願うところである、望むところである
願《ねが》わしい・望《のぞ》ましい
▼願うところは
願《ねが》わくば・願《ねが》わくは・望《のぞ》むらくは
▼相手に頼む気分を表す
何分《なにぶん》・どうか・どうぞ・何卒《なにとぞ》
▼希望していう　ひたすら

「願う・望む」に関する慣用句

[貴方任《あなたまか》せ]
阿弥陀仏の誓願に任せること。他人の言うがままになることもいう。

[一縷《いちる》の望《のぞ》み]
ごくわずかにつながっている望み。「一縷」は「一本の細い糸すじ」で、わずかを意味する。

[願《がん》を掛《か》ける]
神仏に自分の思いがかなうように願い事をする。

[苦《くる》しい時《とき》の神頼《かみだの》み]
ふだんは神への信仰心のない人が、災難や困難にあったときだけ神に祈って助けを求めること。

[食指《しょくし》が動《うご》く]
あることを求めようとする気持ちになる。

[曙光《しょこう》を見出《みいだ》す]
暗い中に現れ始めた希望の兆し。

[注文《ちゅうもん》を付《つ》ける]
条件を出して希望する。

[無《な》い物《もの》ねだり]
かないそうもないことを願うこと。

[願《ねが》い下《さ》げる]
いったん願い出た事を取りやめにする。

[願《ねが》ったり叶《かな》ったり]
願った通り、望んだ通りに事が行われるようす。

[願《ねが》ってもない]
願い、望んだこと以上に都合よく起こること。非常にありがたいと思うようす。

[望《のぞ》みを属《しょく》す]
ある事に希望をかけること。
《類》「望《のぞ》みを託《たく》す」

[望外《ぼうがい》の喜《よろこ》び]
望んでいた以上にうれしいこと。

「願う・望む」に関する故事・成語・ことわざ

[倚門《いもん》の望《ぼう》]
母が門の戸によりかかって、我が子が帰るのを待ちわびていることをいう。出典は『戦国策』。《類》「倚《い》閭《りょ》の望《ぼう》」

[欣求浄土《ごんぐじょうど》]
極楽浄土に往生できることを心から願い求めること。「欣求」は、喜び求めること。

[心願成就《しんがんじょうじゅ》]
心の中で願い続けていた希望や夢が達成されること。

[羨望嫉妬《せんぼうしっと》]
うらやんで、ねたむこと。

[大願成就《だいがんじょうじゅ》]
大願が成就したこと。願いがかなえられたこと。

[他力本願《たりきほんがん》]
ひたすら仏にすがって成仏《じょうぶつ》しようとすること。「他人任せ」というような悪い意味にも使う。

[棒《ぼう》ほど願《ねが》って針《はり》ほど叶《かな》う]
棒ほどに大きな願いをもっていても、実際には針ほどの大きさだけかなえられるということ。願い・望みが思い通りにはいかないものであるということのたとえ。《類》「富《ふ》士《じ》の山《やま》ほど願《ねが》って蟻塚《ありづか》ほど叶《かな》う」

[本願往生《ほんがんおうじょう》]
仏の誓願に救われて極楽往生すること。

[野心満満《やしんまんまん》]
大望をもっていること。

[隴《ろう》を得《え》て蜀《しょく》を望《のぞ》む]
一つの望みを遂げて、さらにその上を望むこと。出典は『後漢書《ごかんじょ》』。《類》「望蜀《ぼうしょく》の嘆《たん》」

熱心《ねっしん》

情熱・意欲の意からみた「熱心」

▼情熱をもって一心に物事に打ち込む
熱心《ねっしん》・懸命《けんめい》

▼熱心である
ねつい・ねつこい

▼熱心な気持ち　熱意《ねつい》

▼真心を込めて物事をする
丹精《たんせい》・丹誠《たんせい》・極心《ごくしん》・極真《ごくしん》

▼熱心に行う
勤《いそ》しむ・努力《どりょく》する・努《つと》める・骨折《ほねお》る

▼燃えているような激しい感情
情熱《じょうねつ》・激情《げきじょう》・熱血《ねっけつ》・熱情《ねつじょう》・パッション

▼感情を激しく燃え上がらせる
情熱的《じょうねつてき》・熱《ねつ》っぽい

▼感情が高ぶる
興奮《こうふん》・昂奮《こうふん》・亢奮《こうふん》・激昂《げっこう》・エキサイト

▼感情が高ぶりやすい性質　熱性《ねっせい》

▼深く思い込んで動かない心
執念《しゅうねん》・執着心《しゅうちゃくしん》・固執《こしつ》・固執《こしゅう》

▼心を込めて努める　鋭意《えいい》

▼物事を自ら進んで行う
積極的《せっきょくてき》・能動的《のうどうてき》・自発的《じはつてき》

▼積極的にやろうとする意志
意欲《いよく》

▼進んでしようとする張り切った気持ち
意気込《いきご》み・意気組《いきぐ》み

▼興奮した意気込み　熱気《ねっき》

▼本気で取り組む
本腰《ほんごし》・真剣《しんけん》・真面目《まじめ》

▼まじめでひたむき　真摯《しんし》

▼死ぬ覚悟で全力を尽くす
必死《ひっし》・命懸《いのちが》け・死《し》に物狂《ものぐる》い・捨《す》て身《み》・死《し》に身《み》

熱中・夢中の意からみた「熱心」

▼一つのことに心を集中して向かっていく
直向《ひたむ》き・一途《いちず》・一心《いっしん》・一意《いちい》・一念《いちねん》・専一《せんいつ》・専念《せんねん》・ひたすら・専心《せんしん》・一筋《ひとすじ》に

▼ただいちずに　偏《ひとえ》に

▼我を忘れてある物事に集中する
熱中《ねっちゅう》・夢中《むちゅう》・没頭《ぼっとう》・傾倒《けいとう》・傾注《けいちゅう》

▼一つのことに心を集中する
熱《ねっ》する・注《そそ》ぐ・凝《こ》る・凝《こ》らす・傾《かたむ》ける

熱心

▼物事に興奮して熱中する
熱狂《ねっきょう》・フィーバー・クレージー

▼一つのことに普通ではないほど熱中する様子。また、その人
マニア・マニアック

▼熱中して感情が激しい
熱烈《ねつれつ》・烈烈《れつれつ》・ホット

▼本気になって熱中する　躍起《やっき》

▼一方だけに傾倒する　一辺倒《いっぺんとう》

▼大喜びして夢中になる
有頂天《うちょうてん》

▼なりふりかまわず奮闘する
大童《おおわらわ》

▼度を越して熱中する
耽《ふけ》る・溺《おぼ》れる・淫《いん》する・惚《ほう》ける

▼人や物事に心を奪われ熱中する
心酔《しんすい》

▼夢中になって分別を失う
耽溺《たんでき》・惑溺《わくでき》

▼酒におぼれて生活がすさむ
沈湎《ちんめん》

物事を行う意から みた「熱心」

▼熱心に願う
熱願《ねつがん》・熱望《ねつぼう》・切望《せつぼう》

▼熱烈にほめたたえる
熱讃《ねっさん》・絶賛《ぜっさん》・絶讃《ぜっさん》・激賞《げきしょう》

▼熱のこもった話し方
熱弁《ねつべん》・熱辯《ねつべん》

▼熱心な議論　熱論《ねつろん》

▼熱烈に愛する　熱愛《ねつあい》・切愛《せつあい》

▼情熱を込めて歌う　熱唱《ねっしょう》

▼熱意を傾けて演じる
熱演《ねつえん》・力演《りきえん》

▼熱のこもった試合
熱戦《ねっせん》・熱闘《ねっとう》

▼熱心な応援　熱援《ねつえん》

▼力いっぱいたたかう
奮闘《ふんとう》・奮戦《ふんせん》・力闘《りきとう》・力戦《りきせん》

▼熱心に学問に励む　篤学《とくがく》

▼心を打ち込んで思索する　沈潜《ちんせん》

「熱心」に関する擬態語・形容語

▼一生懸命に一つのことを行う
せっせと

▼たゆまず着実に努力する
こつこつ・営営《えいえい》と

▼休まずに忙しく働く
あくせく

▼持続して活動する　しこしこ

▼時間をかけて十分に物事を行う
じっくり

▼心をはずませて動作を急ぐ
いそいそ

熱心

「熱心」に関する慣用句

【憂《う》き身《み》をやつす】

苦労もいとわず物事に熱中する。


【現《うつつ》を抜《ぬ》かす】

ある物事に熱中して本心を失う。《類》「病膏肓《やまいこうこう》に入《い》る」


【気《き》を入《い》れる】

心を打ち込んで熱心にする。《類》「本腰《ほんごし》を入《い》れる」「根《こん》を詰《つ》める」「打《う》ち込《こ》む」「身《み》を入《い》れる」「身《み》が入《はい》る」


【心血《しんけつ》を注《そそ》ぐ】（⇒「努力《どりょく》」四四二ページ）

【寝食《しんしょく》を忘《わす》れる】

日常生活を営むのに欠かせない寝食を忘れてしまうほど熱心なようす。《類》「寸暇《すんか》を惜《お》しむ」


【精《せい》を出《だ》す】

物事を一生懸命にやる。《類》「力《ちから》を入《い》れる」「力瘤《ちからこぶ》を入《い》れる」「馬力《ばりき》を掛《か》ける」「骨身《ほねみ》を惜《お》しまず」


【熱《ねつ》を上《あ》げる】

熱中する。《類》「心《こころ》を奪《うば》われる」「逆上《のぼ》せ上《あ》がる」「血道《ちみち》を上《あ》げる」「熱《ねつ》に浮《う》かされる」


【話《はなし》に花《はな》が咲《さ》く】（⇒「話《はな》す・話《はなし》」四九九ページ）

【話《はなし》に実《み》が入《はい》る】（⇒「話《はな》す・話《はなし》」四九九ページ）

【向《む》きになる】

ちょっとしたことでも本気になって熱中する。また、何でもないことに腹を立てる。


【余念《よねん》がない】（⇒「考《かんが》える・考《かんが》え」二〇六ページ）

【夜《よ》も日《ひ》も明《あ》けない】

それがないとわずかな間も過ごせないほど執着する、また、深く愛するさま。


【脇目《わきめ》も振《ふ》らず】

脇見もしないで熱中するさま。《類》「一心不乱《しんふらん》」「遮二無二《しゃにむに》」「無二無三《むにむさん》」「馬車馬《ばしゃうま》のよう」「明《あ》け暮《く》れる」

「熱心」に関する故事・成語

【一意専心《いちいせんしん》】

熱中するさま。熱心に。


【韋編三絶《いへんさんぜつ》】

何度も繰り返して書物を読むことで、読書に熱心なこと。「韋編《いへん》三《み》たび絶《た》つ」とも読み、書物のひもが三度も切れたという意。出典は『史記』。


【虚仮《こけ》の一心《いっしん》】

愚かな者が一つのことだけに集中して成し遂げようとすること。


【虚仮《こけ》も一心《いっしん》】

愚かな者も一心に事を行えばすぐれた事ができるということ。

[精励恪勤《せいれいかっきん》]
きわめて熱心に仕事に励むこと。

[無我夢中《むがむちゅう》]
ある事に心を奪われて我を忘れること。

寝《ね》る・眠《ねむ》る

体を横にするの意からみた「寝る」

▼体を横にする、横に寝る
寝《ね》る・寐《ね》る・寝《ぬ》る・寐《ぬ》る・臥《ふ》す・伏《ふ》す・休《やす》む・臥《が》す・臥《こ》やる・臥《こ》ゆ・臥《ふ》せる・臥《ふ》さる・寝《い》ぬ・寝《い》ぬる・さ寝《ね》・さ寝《ぬ》・さ寝《ぬ》る・横《よこ》たわる・寝《しん》・寝《ね》・寝《い》・寝《ぬ》・寐《ぬ》・枕《まくら》・横《よこ》

寝《ね》・横臥《おうが》・平臥《へいが》・寝臥《しんが》・伏臥《ふくが》

▼うつぶせに　偃臥《えんが》

▼仰向けに　仰臥《ぎょうが》

▼横になって体を休める　偃息《えんそく》

▼楽な姿勢で横になる　安臥《あんが》

▼疲れて横になる　困臥《こんが》

▼ごろっと横になる
寝転《ねころ》ぶ・寝《ね》そべる

▼寝ながらあちこち転がる
臥《ふ》し転《まろ》ぶ

▼酒に酔って横になる
酔《よ》い臥《ふ》す・酔《え》い臥《ふ》す

▼酔っぱらって寝転がる　酔臥《すいが》

▼だらしなく寝転がる
ぬたうつ・のたうつ

▼だらしなくだらだらと
寝腐《ねくさ》る

▼寝かせる　寝《な》す・寝《ね》かす

▼寝床につく
臥床《がしょう》・就寝《しゅうしん》・就床《しゅうしょう》

▼夜、寝る　夜寝《よい》

▼「寝る」の尊敬語
お休《やす》みになる・寝《な》す・臥《こ》やす・御《お》寝《よ》る・御《お》寝《よ》んなる・御《お》寝《よ》るなる・御《お》夜《よる》なる・御《ぎょ》寝《しん》なる

▼貴人がお休みになる
殿隠《とのごも》る・大殿籠《おおとのごも》る

▼野に
野宿《のじゅく》・露宿《ろしゅく》・露臥《ろが》・露次《ろじ》・草臥《くさぶ》し

▼物の下に横になる　下臥《したぶ》し

▼起きることと寝ること
起《お》き臥《ふ》し・起《お》き伏《ふ》し・起《き》臥《が》・寝起《ねお》き

▼座ることと寝ること
坐臥《ざが》・座臥《ざが》

睡眠の様態からみた「眠る」

▼心身を休めるため自然に無意識の状態に陥る
眠《ねむ》る・睡《ねむ》る・眠《ねぶ》る・睡《ねぶ》る・寝《ね》る・寐《ね》る・寝《ぬ》る・寐《ぬ》る・寝《い》ぬ・寝《い》ぬる・潜《ひそ》まる・睡《すい》眠《みん》・睡《すい》臥《が》・就《しゅう》眠《みん》・夢《む》寐《び》・交《こう》睫《しょう》・寝《ね》付《つ》き・寝《しん》・寝《い》・寝《ぬ》・寐《ぬ》

▼眠りの幼児語
ねんね・おねんね・ねね・ねんねこ

▼眠りの世界に入る
寝《ね》付《つ》く・寝《ね》入《い》る・眠《ねむ》り込《こ》む

▼眠って夢を見る　夢《む》寐《び》

▼夢の異称　寝《ぬ》る魂《たま》

▼夢の中　睡《すい》郷《きょう》

▼眠気を催す　催《さい》眠《みん》

▼しばらくの間うとうととして
微《まど》睡《ろ》む・疎《おろ》眠《ねぶ》る

▼うとうとするさま
まんじり

▼眠そうな目　眠《ねむ》り目《め》・眠《ねぶ》り目《め》

▼眠そうな声
眠《ねむ》り声《ごえ》・眠《ねぶ》り声《ごえ》・寝《ね》惚《ぼ》け声《ごえ》

▼座ったまま
居《い》眠《ねむ》り・居《い》眠《ねぶ》り・座《ざ》睡《すい》・坐《ざ》睡《すい》

▼ちょっとした眠り
一《いっ》睡《すい》・一《ひと》睡《ねむ》り・一《ひと》眠《ねむ》り・一《ひと》寝《ね》入《い》り・微睡《まどろみ》

▼眠ってしまうつもりでなく
転《うた》た寝《ね》・転《ころ》び寝《ね》・ごろ寝《ね》・仮《かり》寝《ね》・仮《か》眠《みん》・仮《か》睡《すい》

▼ぐっすり
寝《ね》込《こ》む・眠《ねむ》りこける

▼よく眠っている最中　寝《ね》込《こ》み

▼眠れない　不《ふ》眠《みん》

▼眠ったふり
狸《たぬき》寝《ね》入《い》り・狸《たぬき》寝《ね》・狸《たぬき》・空《そら》寝《ね》・空《そら》眠《ねむ》り・空《そら》臥《ぶ》し

▼心安らかに　高《たか》枕《まくら》

▼気持ちよく　安《あん》眠《みん》・快《かい》眠《みん》

▼うれいに沈んで
愁《しゅう》眠《みん》・愁《しゅう》沈《ちん》

▼ふてくされて　不《ふ》貞《て》寝《ね》

▼怠けて　惰《だ》眠《みん》

▼泣きながら
泣《な》き寝《ね》・泣《な》き寝《ね》入《い》り

▼前後不覚に
昏《こん》睡《すい》・熟《じゅく》睡《すい》・熟《じゅく》眠《みん》・旨《うま》寝《い》・熟《うま》寝《い》

▼いびきをかいて　鼾《かん》睡《すい》

▼何度も寝返りする
輾《てん》転《てん》・展《てん》転《てん》

▼眠気を覚ますこと。その手段
眠《ねむ》気《け》覚《ざ》まし・眠《ねむ》り覚《ざ》まし・眠《ねぶ》り覚《ざ》まし

寝る・眠る

▼よく眠る人　眠《ねぶ》り人《びと》

▼朝遅くまで
朝寝《あさね》・朝寝坊《あさねぼう》・寝坊《ねぼう》・長寝《ながね》

▼昼に　午睡《ごすい》・昼寝《ひるね》・昼休《ひるやす》み

▼宵の口から眠たがる
夕惑《ゆうまど》い・宵惑《よいまど》い・宵寝惑《よいねまど》い・夕寝惑《ゆうねまど》い

▼宵のうちから　早寝《はやね》・宵寝《よいね》

▼旅先で
旅寝《たびね》・草枕《くさまくら》・草《くさ》の枕《まくら》・旅《たび》枕《まくら》・笹枕《ささまくら》・薦枕《こもまくら》

▼船中で
浮《う》き枕《まくら》・楫枕《かじまくら》・波枕《なみまくら》・船《ふな》宿《やど》り

▼海辺近くで　磯寝《いそね》・磯枕《いそまくら》

▼眠りの状態が終わる
覚醒《かくせい》・覚《さ》める・醒《さ》める・目《め》覚《ざ》める・起《お》きる・寝覚《ねざ》め

▼覚めるようにする
覚《さ》ます・醒《さ》ます・起《お》こす・目覚《めざ》ます

▼むりに起こす
揺《ゆ》り起《お》こす・叩《たた》き起《お》こす

▼目を覚まして起きる　寝起《ねお》き

共に寝るの意からみた「寝る」

▼一つ床に共に寝る
同床《どうしょう》・同衾《どうきん》

▼二人が共に
一《ひと》つ寝《ね》・同衾《どうきん》・共寝《ともね》

▼新しい夫婦が初めて
床入《とこい》り・新枕《にいまくら》

▼そばに一緒に
添《そ》い寝《ね》・側臥《そくが》・添《そ》い臥《ふ》し

▼一人で
独《ひと》り寝《ね》・徒寝《あだね》・独《ひと》り臥《ぶ》し・徒臥《あだぶ》し・侘《わ》び寝《ね》

▼何人もの人が入り交じって同じところに
雑魚寝《ざこね》

病床につくの意からみた「寝る」

▼病んで倒れる、寝込む
寝《ね》る・寐《ね》る・臥《ふ》す・伏《ふ》す・臥《ふ》せる・臥《ふ》さる・寝込《ねこ》む・寝付《ねつ》く・病臥《びょうが》・臥病《がびょう》・平《へい》臥《が》・臥褥《がじょく》・就褥《しゅうじょく》

▼病の床
病床《びょうしょう》・病牀《びょうしょう》・病褥《びょうじょく》・病蓐《びょうじょく》

「寝る・眠る」の擬音語・擬態語

▼今まで忙しそうにしていた人が、やにわに横になる
ころり・ころっと

寝る・眠る

▼大きな体の人が無造作に身を横たえる
ごろり
▼いびきをかいて熟睡する
ぐーぐー
▼疲れ切った人などが、いびきをかいて死んだように眠る
ぐーすか
▼深い眠りについている
ぐっすり
▼いつの間にか、眠りに引き込まれる
ことっと・ころっと
▼何の悩みもなく、安心し切って眠りに入る
すーっと
▼いかにも気持ちよさそうに静かに眠っている
すやすや
▼眠気を催し、浅い眠りに入ったり目覚めたりを繰り返している
うつらうつら・うとうと

▼座ったままの状態で眠りに引き込まれて、頭や上半身が前後に揺れている
こくりこくり・こっくり
こっくり
▼ほんの短い時間、まどろむ
とろっと
▼眠気に負け、しばらくの間まどろむ
とろとろ

「寝る・眠る」に関する慣用句

［川《かわ》の字《じ》に寝《ね》る］
子どもを真ん中にして夫婦が寝るさまを「川」の字になぞらえていう。
［床《とこ》に就《つ》く］
床に入って寝る。また、病気になって寝る。
［寝返《ねがえ》りを打《う》つ］
寝たままで体の向きを変える。寝《ね》返《がえ》る。
［舟《ふね》を漕《こ》ぐ］
居眠りをして、体を前後に動かす。
［枕《まくら》を高《たか》くする］
安心して眠る。
［まんじりともしない］
一睡もしない。ちょっとの間も眠らない。
［目《め》が冴《さ》える］
頭の中がはっきりして眠くなくなる。《類》「寝《ね》そびれる」
［目《め》の皮《かわ》がたるむ］
眠くなる。眠気に襲われてまぶたが垂れ下がる意。《類》「睡魔《すいま》に襲《おそ》われる」
［夢《ゆめ》を結《むす》ぶ］
眠っていて夢を見る。また、寝ること。《類》「夢路《ゆめじ》を辿《たど》る」
［横《よこ》になる］
寝る。また、体を横にする。
［夜《よ》の目《め》も寝《ね》ない］
夜も寝ないで。

[夜《よ》を徹《てっ》する]
徹夜する。夜の間中起きている。

「寝る・眠る」に関する故事・成語・ことわざ

[華胥《かしょ》の国《くに》に遊《あそ》ぶ]
よい気分で昼寝をする。「華胥」は、昼寝の意で、黄帝が昼寝をして、「華胥氏の国」という理想郷の夢を見たという故事から。出典は『列子』。

[春眠《しゅんみん》暁《あかつき》を覚《おぼ》えず]
春の夜は、寝心地がすばらしく、朝になったのも分からずに寝入ってしまう。孟浩然《もうこうねん》の『春暁《しゅんぎょう》』という詩の一節。

[白河夜舟《しらかわよふね》]
よく寝込んでしまって何も知らないことのたとえ。京都見物をしてきたふりをした者が京の地名、白河を尋ねられて、川の名と思い、夜舟で通ったから知らないと答えたということから。「夜舟」は「夜船」とも、また、「白河」は「白川」とも書く。

[寝《ね》る子《こ》は育《そだ》つ]
十分に寝る子どもは丈夫に育っていくものだということ。

[寝《ね》る間《ま》が極楽《ごくらく》]
寝ているときの安楽な思いを極楽にたとえて言っている言葉。

[早寝早起《はやねはやお》き病《やまい》知《し》れず]
夜には早く寝て、朝には早く起きるという健康的な生活をすれば、病気にはならないということ。

年齢《ねんれい》

幼長・様態などからみた「年齢」

▼年齢の異称
年《とし》・生年《しょうねん》・行年《こうねん》・年歯《ねんし》・年《ねん》歳《さい》・齢《よわい》・歯《よわい》・年紀《ねんき》・年算《ねんさん》・年《とし》の端《は》・年齢《としよばい》・年齢《としよわい》・春秋《しゅんじゅう》

▼自分の年齢を謙遜して
馬齢《ばれい》・馬歯《ばし》

▼天皇の年齢の尊敬語
宝算《ほうさん》・宝寿《ほうじゅ》・聖算《せいさん》・聖寿《せいじゅ》

▼年長の男子の尊敬語　老台《ろうだい》

▼生まれた年を一歳として数える
数《かぞ》え年《どし》

▼生まれてから実際に生存した年月で表す
満年齢《まんねんれい》

▼およその
年頃《としごろ》・年《とし》の頃《ころ》・年端《としは》・年延《としば》え・年回《としまわ》り・年配《ねんぱい》・年来《ねんらい》

▼外見から推測した
年格好《としかっこう》・年恰好《としかっこう》

▼誕生を起点とした暦の上の

年齢

暦年齢《れきねんれい》・生活年齢《せいかつねんれい》

▼知能の発達程度による
精神年齢《せいしんねんれい》・知能年齢《ちのうねんれい》

▼一月一日から四月一日までに生まれる
早生《はやう》まれ

▼四月二日から十二月末日までに生まれる
遅生《おそう》まれ

▼数え年で年齢をいうとき、その年の前半に生まれた
年強《としづよ》

▼数え年で年齢をいうとき、その年の後半に生まれた
年弱《としよわ》

▼年長者　長老《ちょうろう》

▼仲間の中で最年長　年頭《としがしら》

▼年上　年長《ねんちょう》・年嵩《としかさ》

▼年下　年少《ねんしょう》・年若《としわか》

▼同じ
同《おな》い年《どし》・同年《どうねん》・同齢《どうれい》・同歯《どうし》・同甲《どうこう》・同庚《どうこう》

▼同じ年齢のころ　同年輩《どうねんぱい》

▼その年に生まれたこと　当歳《とうさい》

▼年齢にふさわしい思慮分別
年甲斐《としがい》

▼年齢に応じて支払う給料
年齢給《ねんれいきゅう》

▼節分に豆まきをする男性
年男《としおとこ》

▼同じ母親から毎年続けて生まれた子
年子《としご》

▼老いる　年寄《としよ》る・年取《としと》る

▼少壮を過ぎて年をとること
老大《ろうだい》

▼年寄るのを波にたとえて　年波《としなみ》

▼年をとってから生まれた子
年寄《としよ》り子《ご》

▼夫婦が共に年老いて長命である
相老《あいお》い

▼年をとって経験が豊か
年《とし》の功《こう》

▼年齢によって吉凶がある
年回《としまわ》り

▼凶に当たる年齢で、忌み慎む
厄年《やくどし》・厄《やく》・厄回《やくまわ》り

▼最も大きな厄年　大厄《たいやく》

▼厄年の前の年　前厄《まえやく》

▼厄年の次の年　後厄《あとやく》

年齢層の呼称・事柄からみた「年齢」

▼年齢によって区分けした層
年齢層《ねんれいそう》

▼へその緒のとれるまでの乳児
初生児《しょせいじ》

▼生後一～四週間の　新生児《しんせいじ》

▼生まれて間もない
赤子《あかご》・赤《あか》ん坊《ぼう》・赤《あか》ちゃん・

年齢

嬰児《えいじ》・嬰児《みどりご》・緑児《みどりご》・稚児《ちご》

▼生後一年くらいまでの
乳児《にゅうじ》・乳飲《ちの》み子《ご》・乳呑《ちの》み子《ご》

▼幼い子ども
幼年《ようねん》・幼児《ようじ》・小児《しょうに》・幼児《おさなご》・幼子《おさなご》・童子《どうじ》

▼幼い女の子ども　幼女《ようじょ》・童女《どうじょ》

▼幼いころ・就学前
幼少《ようしょう》・幼時《ようじ》

▼子どものころ。小・中学生ごろ
少年《しょうねん》・少女《しょうじょ》

▼小学校に入る義務が生じる
学齢《がくれい》

▼小学生　児童《じどう》・小人《しょうにん》・学童《がくどう》

▼成人と幼児の中間
中人《ちゅうにん》・中人《ちゅうじん》

▼中学生・高校生　生徒《せいと》

▼十歳から十九歳まで
十代《じゅうだい》・ティーンエージ・ティーンエージャー

▼心身が成育し、異性への関心が強くなるころ
思春期《ししゅんき》

▼まだ成年や一人前に達していない
未成年《みせいねん》・弱小《じゃくしょう》・弱齢《じゃくれい》・若年《じゃくねん》・年前《としまえ》

▼二十歳以上。一人前に達した
成年《せいねん》・成人《せいじん》・丁年《ていねん》・大人《おとな》・大人《だいにん》

▼若いころ
早年《そうねん》・芳年《ほうねん》・若者《わかもの》・少壮《しょうそう》・若輩《じゃくはい》・年少《ねんしょう》・若《わか》い衆《しゅう》

▼若くて希望にあふれる時代
青春《せいしゅん》・芳春《ほうしゅん》

▼青春期にある若い男女　青年《せいねん》

▼青年と少年の総称　青少年《せいしょうねん》

▼女性の年が若い　妙齢《みょうれい》・芳紀《ほうき》

▼そのことに適する　適齢《てきれい》

▼結婚にふさわしい
適齢期《てきれいき》・結婚適齢期《けっこんてきれいき》・婚期《こんき》・嫁期《かき》・桃夭《とうよう》・年頃《としごろ》

▼娘盛りを過ぎ、四十歳までの女性
年増《としま》

▼働き盛りの年ごろ
壮年《そうねん》・年壮《ねんそう》・年盛《としざか》り・壮齢《そうれい》・壮者《そうじゃ》・盛年《せいねん》

▼壮年の男性
丁男《ていだん》・壮丁《そうてい》・丁壮《ていそう》

▼青年と老年の間（四十～五十歳代）
中年《ちゅうねん》・熟年《じゅくねん》・実年《じつねん》・年配《ねんぱい》・年輩《ねんぱい》・ミドルエージ

▼中年から老年に入りかけの年ごろ
初老《しょろう》

▼老年・退職後の年代
老年・熟年・シニア

▼人体が老年期にさしかかる時期。女性の閉経期
更年期《こうねんき》

▼退職・退官する　定年《ていねん》・停年《ていねん》

▼年をとった人

年齢

老年《ろうねん》・老人《ろうじん》・年寄《としよ》り・年《ねん》
老《ろう》・老輩《ろうはい》・隠居《いんきょ》

▼男性の老人
老翁《ろうおう》・老爺《ろうや》・翁《おう》・翁《おきな》・爺《じい》さん

▼女性の老人
老媼《ろうおう》・老婆《ろうば》・媼《おうな》・老女《ろうじょ》・婆《ばあ》
さん

▼年老いた男性の尊敬語
老大人《ろうたいじん》

▼年齢が高い
高齢《こうれい》・年高《としだか》・高年《こうねん》・老齢《ろうれい》・
頽齢《たいれい》

▼経験豊かな老人の役割
年役《としやく》・年寄《としよ》り役《やく》

▼老人の境地
老境《ろうきょう》

▼年老いてのち
老後《ろうご》

▼老後から死ぬまでの人生・命
余年《よねん》・余生《よせい》・余命《よめい》・余齢《よれい》・
残年《ざんねん》・残生《ざんせい》・残暦《ざんれき》

▼長くない余命
残喘《ざんぜん》

▼死に近いころ
晩年《ばんねん》・晩歳《ばんさい》・晩節《ばんせつ》・末年《まつねん》・
暮年《ぼねん》・後年《こうねん》・暮歯《ぼし》・末路《まつろ》

▼いつまでも生きる
万歳《ばんざい》

▼命が長い
長年《ちょうねん》・長齢《ちょうれい》・長命《ちょうめい》・長寿《ちょうじゅ》・永《えい》
寿《じゅ》・高寿《こうじゅ》・霞《かすみ》の命《いのち》・長生《ながい》き

▼死んだときの
享年《きょうねん》・行年《ぎょうねん》・没年《ぼつねん》

▼命がある間の長さ
寿命《じゅみょう》・年寿《ねんじゅ》

▼天から授けられた寿命
天命《てんめい》・天年《てんねん》・天寿《てんじゅ》・定命《ていめい》・
定命《じょうみょう》

特定の呼称からみた「年齢」

▼十歳
幼学《ようがく》

▼十五歳
志学《しがく》

▼二十歳
丁年《ていねん》・二十歳《はたち》・弱冠《じゃっかん》

▼三十歳
而立《じりつ》（三十《さんじゅう》にして立《た》つ）・
三十《みそ》・三十路《みそじ》・年壮《ねんそう》

▼四十歳
不惑《ふわく》（四十《しじゅう》にして惑《まど》わず）・
四十《よそ》・四十路《よそじ》・初老《しょろう》・強仕《きょうし》

▼五十歳
知命《ちめい》（五十《ごじゅう》にして天命《てんめい》を知《し》
る）・艾年《がいねん》・五十《いそ》・五十路《いそじ》

▼六十歳
耳順《じじゅん》（六十《ろくじゅう》にして耳順《みみしたが》う）・
還暦《かんれき》・本卦還《ほんけがえ》り・六十《むそじ》・六《む》
十路《そじ》

▼六十歳または八十歳
下寿《かじゅ》

▼六十～七十歳
耆老《きろう》

▼七十歳
古稀《こき》（人生《じんせい》七十《しちじゅう》古来《こらい》稀《まれ》な
り）・七十《ななそじ》・七十路《ななそじ》

年齢

▼**七十七歳**　**喜寿《きじゅ》**

▼**八十歳**　**八十《やそじ》・八十路《やそじ》・傘寿《さんじゅ》**

▼**八十歳または百歳**　**中寿《ちゅうじゅ》**

▼**八十八歳**　**米寿《べいじゅ》**

▼**九十歳**　**九十《ここのそじ》・九十路《ここのそじ》・卒寿《そつじゅ》**

▼**九十九歳**　**白寿《はくじゅ》**

▼**百歳または百二十歳**　**上寿《じょうじゅ》**

「年齢」に関する慣用句

[春秋《しゅんじゅう》に富《と》む]
年が若い。また、将来が長い。

[薹《とう》が立《た》つ]
年ごろが過ぎる。また、盛りが過ぎる。

[年《とし》が行《い》く]
年をとる。また、一年が過ぎる。

[年端《としは》も行《い》かぬ]
年齢がまだ幼い。

[年《とし》を食《く》う]
年齢を重ねる。年をとる。《類》「年《とし》を取《と》る」「年取《としと》る」「年《とし》を拾《ひろ》う」

[馬齢《ばれい》を重《かさ》ねる]
無駄に年をとること。「馬齢」は、自分の年を謙遜していう言葉。
《類》「馬齢《ばれい》を加《くわ》える」

「年齢」に関する故事・成語・ことわざ

[亀《かめ》の甲《こう》より年《とし》の劫《こう》]
長い間の豊富な経験・知識はすぐれており、尊重すべきであるということ。年長者の人生経験を尊重すべきことのたとえ。「亀の甲」と「年の劫」はごろ合せ。「劫」は非常に長い時間。「功」とも書く。

[犬馬《けんば》の齢《よわい》]
つまらぬ犬や馬のようにただ年齢を重ねている意から、自分の年齢をへりくだっていう言葉。「齢」は、「歯」とも書く。出典は『漢書《かんじょ》』。
《類》「犬馬《けんば》の年《とし》」

[三歳《さんさい》の翁《おきな》百歳《ひゃくさい》の童子《どうじ》]
年が若くても分別のある賢い者もいれば、年を重ねていても愚かな者もいることのたとえ。

[四十肩《しじゅうかた》に五十腕《ごじゅううで》]
人間も四十歳、五十歳ごろともなると、肩や腕など、あちこちが痛み出すことを言った言葉。

[七十《しちじゅう》にして矩《のり》を踰《こ》えず]
孔子が七十歳で到達したといわれる「心の欲する所に従えども矩を踰えず」を言い換えた言葉。老年になると、心のおもむくままに行動しても道徳の道からはずれることはないという境地を表したもの。出典は『論語』。

[人生《じんせい》七十《しちじゅう》古来《こらい》稀《まれ》なり]
七十歳まで生きる人は昔からきわめてまれであるということ。杜甫《とほ》

の詩『曲江《きょっこう》』の一節。

【人生《じんせい》僅《わず》か五十年《ごじゅうねん》】
人の一生はわずか五十年だという、人生の短いことをいう。織田信長が好んだという言葉。

【男女七歳《だんじょしちさい》にして席《せき》を同《おな》じうせず】
七歳になったら男女の区別をはっきりしてみだりに親しくしてはいけないという儒教の教え。出典は『礼記《らいき》』。

【十《とお》で神童《しんどう》十五《じゅうご》で才子《さいし》二十《はたち》過《す》ぎれば只《ただ》の人《ひと》】
幼い時は神童とまで言われてもてはやされた者も、年を重ねて大きくなるにつれて平凡な人になってしまうことが多いということ。

【七《なな》つ下《さ》がりの雨《あめ》と四十《しじゅう》過《す》ぎての道楽《どうらく》はやまぬ】
七つ下がり（午後四時過ぎ）に降り始めた雨はやみにくいのと同様に、中年を過ぎて覚えた遊びはやめにくいものだ。

【年功序列《ねんこうじょれつ》】
年齢や勤続年数によって、地位や賃金に高下の差をつけること。

【二十《はたち》後家《ごけ》は立《た》つが三十《さんじゅう》後家《ごけ》は立《た》たぬ】
二十歳で夫と死別した女性は再婚しないで後家を通すことができるが、三十歳になって夫を亡くした女性は、夫婦生活を長く味わっているので再婚することが多い。

野《の》原《はら》

地形・季節からみた「野原」

▼平らな地　平地《へいち》・平地《ひらち》

▼広い平地　野《の》・野《や》・野《ぬ》・原《はら》・原《げん》・野《の》

原《はら》・野《の》っ原《ぱら》・原野《はらの》・原野《げんや》・小野《おの》・野外《やがい》・野面《のづら》・野面《のもせ》・野良《のら》・野辺《のべ》・野《の》ろ

▼広びろとした　平野《へいや》・平原《へいげん》・広野《ひろの》・広野《こうや》・広原《こうげん》・曠野《こうや》・曠原《こうげん》・大野《おおの》

▼広い野原の中央　中原《ちゅうげん》

▼人家から離れた　野離《のばな》れ

▼郊外の　郊野《こうや》・郊原《こうげん》

▼国土の広びろとした所　国原《くにばら》

▼山のふもとの傾斜した　裾野《すその》

▼山の裏の　陰野《かげの》

▼周囲よりくぼんだ所　凹地《くぼち》・窪地《くぼち》・低地《ていち》

▼周囲を山に囲まれた平地　盆地《ぼんち》・平《たい》ら

▼山に囲まれて入り込んだ　入《い》り野《の》

▼山と　山野《さんや》・野山《のやま》

野原

▼外輪山と中央火口丘との間の低地
火口原《かこうげん》

▼川沿いの平地
川原《かわら》・河原《かわら》・磧《かわら》

▼長期にわたる浸食作用でできたほぼ平らな地形
準平原《じゅんへいげん》

▼流水の堆積作用でできた平野
沖積平野《ちゅうせきへいや》

▼河川の付近で洪水時には浸水する低地
氾濫原《はんらんげん》

▼浅い海底の隆起などでできた
海岸平野《かいがんへいや》

▼田畑と
田野《でんや》・野良《のら》・野畑《のはた》・野畑《のばた》・野畑《のばたけ》

▼春の　春野《はるの》・春郊《しゅんこう》

▼夏の　夏野《なつの》

▼秋の　秋郊《しゅうこう》

▼秋の花の咲いている　花野《はなの》

▼冬の　冬野《ふゆの》

植物からみた「野原」

▼草の生えた
草《くさ》の原《はら》・草原《そうげん》・草原《くさはら》

▼草の深く茂った
草深野《くさぶかの》・深野《ふかの》

▼草木の茂った　繁野《しげの》

▼草木植物が中心の草原
禾本草原《かほんそうげん》

▼丈の短い草の生えた　浅野《あさの》

▼草木の青々と茂った　緑野《りょくや》

▼やぶになっている　藪原《やぶはら》

▼木の茂った　木原《こはら》

▼草の枯れた　枯野《かれの》・枯野《からの》

▼森林と　林野《りんや》

▼高山植物が群生している所
高山草原《こうざんそうげん》・御花畑《おはなばたけ》・御花畠《おはなばたけ》

▼アシの生えた　葦原《あしはら》・葦原《あしわら》

▼オギの生えた　荻原《おぎはら》・荻原《おぎわら》

▼カヤの生えた　茅野《かやの》・萱野《かやの》

▼クズの生えた　真葛原《まくずはら》

▼クチナシの生えた　梔子原《くちなしはら》

▼コハギの生えた　小萩原《こはぎはら》

▼ササが生えた
笹原《ささはら》・笹原《ささわら》・小笹原《おざさはら》・笹生《ささう》・笹生《ささふ》

▼芝の生えた　芝野《しばの》・芝原《しばはら》

▼スゲの生えた　菅原《すげはら》・菅原《すがわら》

▼チガヤの生えた　茅原《ちはら》・茅生《ちふ》

▼チガヤがまばらに生えた
浅茅《あさぢ》・浅茅原《あさぢはら》・浅茅が原《あさぢがはら》・浅茅生《あさぢふ》

▼シノの生えた　篠原《しのはら》

▼シノがまばらに生えた

浅篠原《あさじのはら》

▼ハギの生えた　萩原《はぎはら》・萩原《はぎわら》

▼ハハソの生えた　柞原《ははそはら》

▼杉の生えた　杉原《すぎはら》・杉原《すぎわら》

▼ヒノキの茂った　檜原《ひばら》

▼松の生えた　松原《まつばら》

▼小松の多く生えた　小松原《こまつばら》

▼染料とした紫草を栽培していた　紫野《むらさきの》

様態からみた「野原」

▼地味の肥えた　沃野《よくや》

▼ウズラをとる　鶉野《うずらの》

▼放し飼いをする　牧野《ぼくや》

▼焼けた　焼《や》け野《の》・焼《や》け原《はら》・焼《や》け野《の》原《はら》・焼《や》け野《の》が原《はら》

▼焼け野跡に新しく草の生えた所　焼《や》け生《ふ》・焼《や》け生《う》

▼火を付けて野原を焼く　燎原《りょうげん》

▼枯草を焼いて黒くなった　末黒野《すぐろの》

▼自然のまま荒れた　荒野《こうや》・荒野《あれの》・荒野《あらの》・荒原《こうげん》・曠野《あらの》・荒野《あらの》ら・曠野《あらの》ら

▼国有であり契約で地元住民に用益を認めた林野　共用林野《きょうようりんや》

▼農民の入会《いりあい》利用を禁じた　立野《たての》

▼皇室や貴人の所有で一般人の立ち入りを禁じた　標野《しめの》・禁野《きんや》

▼小石の多い平地　石原《いしはら》・石原《いしわら》

▼砂地の　砂原《すなはら》

▼乾燥地帯にできる荒野　砂漠《さばく》・沙漠《さばく》・乾荒原《かんこうげん》

▼湿気の多い土地に発達する草原　湿地草原《しっちそうげん》・湿原《しつげん》

▼雪が降り積もった原野　雪原《せつげん》・雪野原《ゆきのはら》

▼広びろと厚い氷で覆われた　氷原《ひょうげん》・氷野《ひょうや》

のべる
……述・陳・宣

順を追って説く意などの「述べる」

▼天皇に申し上げる　奏上《そうじょう》・述奏《じゅつそう》

▼心中の思いを　述懐《じゅっかい》・吐露《とろ》・舒懐《じょかい》

▼公式の席で意見を　公述《こうじゅつ》

のべる……述・陳・宣

▼翻訳して内容を　訳述《やくじゅつ》
▼箇条分けにして述べ説く
条陳《じょうちん》・分疏《ぶんそ》
▼よく分かるように　説明《せつめい》
▼詳しく説く　詳説《しょうせつ》
▼分析して説明する
解説《かいせつ》・コメント
▼説き　説述《せつじゅつ》
▼事情をのべ失敗などの言い訳をする
弁解《べんかい》・弁明《べんめい》・陳弁《ちんべん》・エクスキューズ
▼無理な言い訳をする　強弁《きょうべん》
▼説いて理解を求める　釈明《しゃくめい》
▼熱のこもった弁舌
熱弁《ねつべん》・熱辯《ねつべん》
▼大勢の前で自分の意見を
演説《えんぜつ》・弁論《べんろん》・論弁《ろんべん》・スピーチ
▼本人に代わって弁論する
代弁《だいべん》・代言《だいげん》
▼各地を回って自分の意見を説く
遊説《ゆうぜい》
▼論じ　論述《ろんじゅつ》・論談《ろんだん》
▼論じてそのことに言い及ぶ
論及《ろんきゅう》・言及《げんきゅう》
▼相手に理解させるために懸命に主張する
力説《りきせつ》・強調《きょうちょう》

主に文章で記す意の「述べる・叙べる」

▼文章に書き記す　記述《きじゅつ》
▼順序だてて　叙述《じょじゅつ》
▼順序だてて記録する　叙録《じょろく》
▼順序だてて論じる　叙論《じょろん》
▼文章でのべ説明する　叙説《じょせつ》
▼のべてある事柄　所述《しょじゅつ》
▼繰り返し　屢述《るじゅつ》
▼前にのべた
前述《ぜんじゅつ》・上述《じょうじゅつ》・先述《せんじゅつ》・叙上《じょじょう》・前掲《ぜんけい》
▼前にのべた通り　如上《じょじょう》
▼後で　後述《こうじゅつ》
▼余分な部分を除いて　刪述《さんじゅつ》
▼要点だけを　略述《りゃくじゅつ》
▼詳しく
詳述《しょうじゅつ》・縷述《るじゅつ》・縷陳《るちん》・具陳《ぐちん》
▼文章などの叙述の方法　叙法《じょほう》
▼普通の語順で文章を書く　平叙《へいじょ》
▼並べて書く　列叙《れつじょ》・列記《れっき》
▼風景を文章や詩に書き表す
叙景《じょけい》
▼自分に関することを　自叙《じじょ》
▼ありのままに　直叙《ちょくじょ》
▼事実をありのままにのべ記す
叙事《じょじ》
▼戦い・事件などを客観的にのべた詩
叙事詩《じょじし》

のべる……述・陳・宣

▼感情をのべ表す
抒情《じょじょう》・叙情《じょじょう》
▼作者の情感を主題としてのべた詩
抒情詩《じょじょうし》・叙情詩《じょじょうし》
▼先人の業績を受け継いで学問を進め
祖述《そじゅつ》・継述《けいじゅつ》・紹述《しょうじゅつ》
▼先人の説をのべ伝えるとともに新説をたてる
述作《じゅっさく》
▼書物を書き著す
著述《ちょじゅつ》・著作《ちょさく》・撰述《せんじゅつ》・述作《じゅっさく》・作述《さくじゅつ》
▼資料を集めて著述する　纂述《さんじゅつ》

主張する・申し立てる 意の「陳べる・申べる」

▼自分の意見や考えを強く言い張る
主張《しゅちょう》
▼意見を提示し主張する　提唱《ていしょう》

▼声高に唱える　高唱《こうしょう》
▼先に立って唱える
首唱《しゅしょう》・先唱《せんしょう》・唱道《しょうどう》・唱導《しょうどう》
▼中心となって唱える　主唱《しゅしょう》
▼広い見通しをもったすぐれた意見
達見《たっけん》
▼自分の意見や考えを口で言う
陳述《ちんじゅつ》・口述《こうじゅつ》・口供《こうきょう》・口宣《こうせん》・口演《こうえん》・口頭《こうとう》
▼人前で自分の意見を隠さず
開陳《かいちん》・披陳《ひちん》・披瀝《ひれき》・立言《りつげん》
▼被告人などが裁判官・検察官に事実や意見を
供述《きょうじゅつ》
▼訴訟で当事者などが裁判所に法律上の主張などをする
陳述《ちんじゅつ》
▼口頭で陳述する
口陳《こうちん》・口状《こうじょう》・口上《こうじょう》
▼面前で陳述する
面陳《めんちん》・面述《めんじゅつ》

▼陳述の文書　陳状《ちんじょう》・陳述書《ちんじゅつしょ》
▼事情などを記して上に陳述する
疏陳《そちん》
▼訴訟の旨を陳述する　訴陳《そちん》
▼公的な機関に実情を訴えて施策を請う
陳情《ちんじょう》
▼事情をのべて訴える　陳訴《ちんそ》
▼事情をのべて弁解する
陳弁《ちんべん》・陳辯《ちんべん》
▼事情をのべてわびる　陳謝《ちんしゃ》
▼上役などに意見や事情を強く
具申《ぐしん》・建言《けんげん》・建白《けんぱく》
▼上役や役所などに意見を
進言《しんげん》・上申《じょうしん》・言上《ごんじょう》・献言《けんげん》・建議《けんぎ》
▼諮問《しもん》機関が行政官庁へ意見を具申する
答申《とうしん》
▼官庁に申し出る　申告《しんこく》

のべる……述・陳・宣

▼計画などを上の人に　献策《けんさく》

▼事件を急いで上の人に報告する
注進《ちゅうしん》

▼内々に　内申《ないしん》

▼再び申し上げる（手紙で追記の文頭に書く語）
追申《ついしん》・追伸《ついしん》・追啓《ついけい》・追陳《ついちん》・追白《ついはく》・二白《にはく》・二伸《にしん》・再伸《さいしん》

▼天皇に意見を申し上げる
上奏《じょうそう》・奏聞《そうもん》

▼天皇・将軍などに直接訴える
直奏《じきそう》・直訴《じきそ》

行き渡らせる意の「宣べる」

▼公に知らせる。言い渡す　宣告《せんこく》

▼意見や方針を広く表明する
宣言《せんげん》・声明《せいめい》・ステートメント

▼広く示し知らせる　宣示《せんじ》

▼広く行き渡らせる　宣布《せんぷ》

▼ある物や主義主張などを広めていく
宣伝《せんでん》・コマーシャル・プロパガンダ

▼大勢の前で誓いの言葉をのべる
宣誓《せんせい》

▼のべて明らかにする　宣明《せんめい》

▼十分にのべ尽くしていない（手紙の末尾に添える語）
不宣《ふせん》・不尽《ふじん》・不一《ふいつ》・不一《ふいち》・不二《ふじ》・不悉《ふしつ》・不具《ふぐ》・不備《ふび》

▼民を教化する　宣化《せんか》

▼教えを世間にのべ広める
宣教《せんきょう》

▼広く仏法を行き渡らせる　広宣《こうせん》

▼君主などの意思を理解させて人心を安定させる
宣撫《せんぶ》

▼敵国に戦争開始の宣言をする
宣戦《せんせん》・宣戦布告《せんせんふこく》

▼天皇の勅命を広く知らせる
宣命《せんみょう》

▼天皇の言葉を下に伝える　宣旨《せんじ》

▼宣旨が下る　宣下《せんげ》

▼勅命の宣旨　勅宣《ちょくせん》

▼盛んであることを天下にはっきり示す
宣揚《せんよう》

▼神仏のお告げ
宣託《せんたく》・託宣《たくせん》・オラクル

「のべる」を意味する動詞・複合動詞

▼順を追って言い表す
述《の》べる・陳《の》べる・申《の》べる・言《い》う・話《はな》す・語《かた》る・説《と》く・告《つ》げる

▼受け継いで言い表す　述《の》べる

のべる……述・陳・宣

▼のべる・言うの謙譲語
申《もう》し述《の》べる
▼天皇に申し上げる
奏《そう》する
▼よく分かるように
説《と》く・説《と》き明《あ》かす
▼人前で
弁《べん》じる・弁《べん》ずる
▼筋道を立てて説明する
論《ろん》じる・論《ろん》ずる
▼強調して
謳《うた》う
▼文章に書き表す
述《の》べる・叙《じょ》する
▼順序だてて書き表す
叙《の》べる
▼心の思いを打ち明け書き
抒《の》べる
▼いちいち申し立てる
陳《の》べる・申《の》べる・述《の》べる・陳《ちん》ずる・陳《ちん》じる
▼人に先立って主張する
唱《とな》える
▼官公庁や上役などに意見や希望を強く言う
申《もう》し立《た》てる・言《い》い立《た》てる・申《もう》し出《で》る
▼広く行き渡らせる
宣《の》べる
▼公に広く告げ知らせる
宣《せん》する

「のべる」に関する慣用句

[一席打《いっせきぶ》つ]
大勢の前で演説する。
[口角泡《こうかくあわ》を飛《と》ばす] (⇒「話《はな》し合《あ》い」四九三ページ)
[舌端火《ぜったんひ》を吐《は》く]
自分の考えをはげしく論じ立てる。
[立《た》て板《いた》に水《みず》] (⇒「話《はな》す・話《はなし》」四九九ページ)
[論陣《ろんじん》を張《は》る]
態勢を整えて論争に挑む。《類》「議《ぎ》論《ろん》を戦《たたか》わす」

「のべる」に関する故事・成語

[一言居士《いちげんこじ》] (⇒「言《い》う」九七ページ)
[鼎《かなえ》の沸《わ》くが如《ごと》し]
大勢の人が盛んに論争するたとえ。出典は『漢書《かんじょ》』。
[侃侃諤諤《かんかんがくがく》]
何ものにもひるまず論議すること。「侃諤《かんがく》」も同意。

はげしい
……激・劇・烈

勢いが強い意を表す「はげしい」

▼勢いが強い　劇《げき》・猛《もう》・強烈《きょうれつ》・猛烈《もうれつ》・威《い》烈《れつ》・猛威《もうい》・熾烈《しれつ》・猛悪《もうあく》

▼特に水の勢いが強い　激《げき》

▼特に火の勢いが強い　烈《れつ》

▼強烈ではっきりしている　鮮烈《せんれつ》

▼勢いよく進む　猛進《もうしん》

▼勢いよく奮い立つ　奮迅《ふんじん》

▼勢いが強いさま　猛然《もうぜん》

▼勢いよくぶつかる　激突《げきとつ》

▼勢いのある強い声　激声《げきせい》

▼勢いのある強い言葉　激語《げきご》

▼勢いのある川などの流れ　激流《げきりゅう》・急流《きゅうりゅう》

▼荒い波、逆巻く波　激浪《げきろう》

▼水を一時遮って勢いを強くする。また、その水　激水《げきすい》

▼流れの早い瀬　激湍《げきたん》・奔湍《ほんたん》・早瀬《はやせ》・急湍《きゅうたん》

▼勢いよく降る雨　猛雨《もうう》

▼勢いよく燃える火　烈火《れっか》・猛火《もうか》・熱火《あつび》・猛火《みょうか》・武火《ぶか》

▼勢いよく吹く風　烈風《れっぷう》・猛風《もうふう》・狂風《きょうふう》・大風《おおかぜ》

▼はげしい地震。震度7の地震　激震《げきしん》・劇震《げきしん》

▼激震よりやや弱い地震。震度6の地震　烈震《れっしん》

▼はげしい襲撃　猛襲《もうしゅう》

甚だしい・ひどいの意を表す「はげしい」

▼きわめて　激甚《げきじん》・劇甚《げきじん》・激烈《げきれつ》・劇烈《げきれつ》

▼前よりはげしくなる　激化《げきか》・劇化《げきか》

▼はげしく起こる　激発《げきはつ》

▼はげしく動く　激動《げきどう》

▼はげしく動かす、揺れる　激盪《げきとう》・激蕩《げきとう》

▼はげしい論議　激論《げきろん》

▼はげしい談判　劇談《げきだん》

▼勇ましく　勇烈《ゆうれつ》

▼雄々しく　壮烈《そうれつ》

▼度が過ぎて　過激《かげき》

▼天候がひどく荒れる　大荒《おおあ》れ

はげしい……激・劇・烈

▼ひどい暑さ
激暑《げきしょ》・劇暑《げきしょ》・極熱《ごくねつ》・酷熱《こくねつ》・猛暑《もうしょ》・酷暑《こくしょ》・炎威《えんい》・厳暑《げんしょ》・極暑《ごくしょ》・炎暑《えんしょ》・炎熱《えんねつ》・暑熱《しょねつ》・大暑《たいしょ》

▼ひどい寒さ
厳寒《げんかん》・酷寒《こくかん》・酷寒《こっかん》・極寒《ごっかん》・寒烈《かんれつ》・凜烈《りんれつ》・凜冽《りんれつ》・凜凜《りんりん》・凜然《りんぜん》・峭寒《しょうかん》

▼ひどく怒る
激怒《げきど》・激憤《げきふん》・憤激《ふんげき》・激昂《げきこう》・激昂《げっこう》・激高《げっこう》・憤怒《ふんど》・憤怒《ふんぬ》・忿怒《ふんど》・忿怒《ふんぬ》・赫怒《かくど》

▼ひどいにおい　激臭《げきしゅう》・劇臭《げきしゅう》

▼香りが　芳烈《ほうれつ》

▼はげしい闘争　活劇《かつげき》

▼はげしい爆撃　猛爆《もうばく》

▼はげしく戦う　激戦《げきせん》・激闘《げきとう》

▼はげしく撃つ　猛射《もうしゃ》

▼はげしい痛み　激痛《げきつう》・劇痛《げきつう》

▼作用が強く、少量でも死に至る薬
劇薬《げきやく》

▼死に至るほどはげしいさま
殺人的《さつじんてき》

厳しいの意を表す「はげしい」

▼厳しい
厳格《げんかく》・厳重《げんじゅう》・厳密《げんみつ》・緊密《きんみつ》

▼厳し過ぎる　厳酷《げんこく》・厳刻《げんこく》

▼非常に厳しい
酷烈《こくれつ》・過酷《かこく》・苛酷《かこく》・苛刻《かこく》

▼手厳しい　痛烈《つうれつ》・辛辣《しんらつ》

▼厳しくてはげしい
厳烈《げんれつ》・峻厳《しゅんげん》・峭厳《しょうげん》・峻烈《しゅんれつ》・峻酷《しゅんこく》・峻刻《しゅんこく》

▼きわめてむごたらしい　惨烈《さんれつ》

▼厳しく拒む　峻拒《しゅんきょ》

▼厳しく命令する　厳令《げんれい》・厳命《げんめい》

▼厳しく責める　厳譴《げんけん》

▼厳しい罰　厳科《げんか》・厳罰《げんばつ》

▼厳しい法令　苛令《かれい》

▼厳しく反省する　猛省《もうせい》

気性・行動などからみた「はげしい」

▼感受性が強過ぎる　過敏《かびん》

▼感情が強く　激情《げきじょう》・熱烈《ねつれつ》

▼性質・気性が厳しく
厳厲《げんれい》・峻厲《しゅんれい》

▼はげしい気性　烈気《れっき》・猛気《もうき》

▼気性が強く気が荒い　猛悍《もうかん》

▼気力がはげしいさま　烈烈《れつれつ》

▼思想・行動などが過激である
矯激《きょうげき》・詭激《きげき》・先鋭《せんえい》・尖鋭《せんえい》・
ラジカル

▼行動などが急で

はげしい……激・劇・烈

急激《きゅうげき》・急劇《きゅうげき》
▼気持ちがはげしく高ぶる
激高《げっこう》・激昂《げっこう》・激越《げきえつ》
▼忠義・正義の心が強く
忠烈《ちゅうれつ》・義烈《ぎれつ》
▼心を強く動かす　奮激《ふんげき》・激切《げきせつ》
▼はげしく怒ることの形容　烈火《れっか》
▼気性が強く節操を守る、信念を貫く男性
烈士《れっし》・列士《れっし》・烈夫《れっぷ》
▼気性が強く貞操を守る、信念を貫く女性
烈女《れつじょ》・列女《れつじょ》・烈婦《れっぷ》

励ます・急になどの意を表す「はげしい」

▼励ます。奮い立たせる　激励《げきれい》
▼励まして勧める　激奨《げきしょう》
▼大いにほめる
激賞《げきしょう》・激賛《げきさん》・激讃《げきさん》
▼はげしく忙しい職
激職《げきしょく》・劇職《げきしょく》
▼はげしく忙しい務め
激務《げきむ》・劇務《げきむ》
▼急に変わる　激変《げきへん》・劇変《げきへん》
▼稲妻のように急に敵を攻撃する
電撃《でんげき》
▼急激にふえる　激増《げきぞう》
▼急激にへる　激減《げきげん》

「はげしい」に関する動詞・形容語

▼はげしくなる。また、励ます
激《げき》する
▼はげしく言い立てる、怒る
息巻《いきま》く
▼物事の程度が
甚《はなは》だしい・手厳《てきび》しい・きつい・厳《きび》しい・酷《ひど》い・夥《おびただ》しい
▼物事の勢い・程度などが甚だしい
凄《すさ》まじい・凄《すご》い・物凄《ものすさ》まじい・物凄《ものすご》い
▼当たりが強く、勢いが
荒《あら》い・手荒《てあら》い
▼刃物が突き刺さるように勢いが
鋭《するど》い
▼勢いが大きく　強《つよ》い
▼嫌になるほど程度が甚だしい。感じがきつい
どぎつい
▼受けた損害などが手厳しくひどい
手痛《ていた》い
▼非常に　痛烈《つうれつ》
▼厳しく　屹度《きっと》・厳《げん》に
▼はげしく身に迫る。また、強く身にこたえる
緊緊《ひしひし》・犇犇《ひしひし》
▼はげしく迫る。また、しっかりと

緊《ひし》と・犇《ひし》と

▼容赦なくする
びしびし・ぴしぴし

「はげしい」に関する慣用句・故事・成語

［苛斂誅求《かれんちゅうきゅう》］
人民から税金などを厳しくとりたてること。「苛求《かきゅう》」ともいう。出典は『旧唐書《くとうじょ》』。

［叱咤激励《しったげきれい》］
強い言葉や大声で励ますこと。
《類》「叱咤督励《しったとくれい》」

［秋霜烈日《しゅうそうれつじつ》］
草木を枯らしてしまう秋の霜や夏の太陽のことで、どちらもはげしく厳しいもののたとえ。

［鼻息《はないき》が荒《あら》い］
物事に対しての意気込みがはげしい。気負っている。

［波瀾万丈《はらんばんじょう》］
波の起伏がはげしいように、物事の変化や浮き沈みなどがはげしいこと。

はじめる・はじめ

……始・初

行動を起こすことを意味する「はじめる」

▼新たに行動を起こす
始《はじ》め・為始《しはじ》め・為初《しぞ》め・仕《し》初《ぞ》め・手始《てはじ》め・手初《てはじ》め・開《かい》始《し》・経始《けいし》

▼工事などに取り掛かる
着手《ちゃくしゅ》・着工《ちゃっこう》・起工《きこう》

▼事をやり始める。また、やり始めた事がまだ途中である
仕掛《しか》かり・仕懸《しか》かり

▼学問を学び始める
初学《しょがく》・初学《ういまな》び・新学《にいまな》び

▼書き始める。また、書き出し
筆頭《ひっとう》・筆頭《ふでがしら》

▼原稿を書き出す　起稿《きこう》

▼原稿や文案などを書き始める
起草《きそう》

▼数え始める。数えはじめ　起算《きさん》

▼物事の起こりはじめ。また、旅立ち
起程《きてい》

▼物事を始めようとする、ちょうどその時
矢先《やさき》・途端《とたん》

▼仕事・授業を　始業《しぎょう》

▼古いものを改め、新しく　更始《こうし》

▼会議・会合などを　開会《かいかい》

▼図書館などが業務を。また、図書館・映画館などを開設する
開館《かいかん》

はじめる・はじめ……始・初

▼新設された官庁が業務を　開庁《かいちょう》

▼法廷で裁判を　開廷《かいてい》

▼店などが営業を　開店《かいてん》・店開《たなびら》き・開業《かいぎょう》・オープン

▼店を開けて仕事を　店開《みせびら》き

▼芝居や劇などを　開演《かいえん》・開幕《かいまく》・幕開《まくびら》き

▼講義を　開講《かいこう》

▼戦いを　開戦《かいせん》

▼その年、はじめて川の納涼祭を行う　川開《かわびら》き

▼その年、はじめて海水浴場を開く　海開《うみびら》き

▼その年、はじめて登山が許される　山開《やまびら》き

▼新舞台で演芸を　舞台開《ぶたいびら》き・初舞台《はつぶたい》

▼早苗を植え　早開《さびら》き・早苗開《さなえびら》き

▼動き、また、行動を起こす　発動《はつどう》

▼計画して　発起《ほっき》・発起《はっき》

▼企業体・団体が活動し　発足《ほっそく》・発足《はっそく》

▼霜が降り　霜先《しもさき》

▼歌いはじめる。また、はじめの部分。歌合せのときの最初の歌　歌《うた》い出《だ》し

物事の早い段階を意味する「はじめ」

▼物事の一番早い段階　初《はつ》・上《かみ》・始《はじ》め・初《はじ》め・始《はじ》まり・仰《のっ》け・最初《さいしょ》・初頭《しょとう》・劈《へき》頭《とう》・起首《きしゅ》・第一歩《だいいっぽ》・序幕《じょまく》・嚆《こう》矢《し》・発端《ほったん》・糸口《いとぐち》・緒《いとぐち》・事端《じたん》・端緒《たんしょ》・口《くち》・初口《しょくち》・入《い》り口《ぐち》・口《くち》切《き》り・序《じょ》の口《くち》・序開《じょびら》き・口《くち》開《あ》け・口開《くちびら》き・取《と》っ付《つ》き・取《と》り付《つ》き・初《しょ》っ切《き》り・頭《あたま》

▼物事の一番早い段階を俗っぽく言う　初《しょ》っ端《ぱな》・三番叟《さんばそう》

▼物事の最初、取り掛かる初期　真《ま》っ先《さき》・手始《てはじ》め・手初《てはじ》め・皮切《かわき》り・立《た》ち上《あ》がり・出出《でだ》し・滑《すべ》り出《だ》し・振《ふ》り出《だ》し

▼はじめ、はじめのころ　当初《とうしょ》

▼何の前触れもない最初　打《ぶ》っ付《つ》け

▼はじめて発する。また、始発のこと　初発《しょはつ》・初発《しょほつ》

▼物の出たはじめ。出たばかり　出始《ではじ》め・出初《ではじ》め・水端《みずはな》

▼はじめてである。また、はじめての物　御初《おはつ》・初物《はつもの》

▼はじめの回。一番

はじめる・はじめ……始・初

初回《しょかい》・初度《しょど》・初番《しょばん》

何のという対象のある「はじめ」

▼多くあるものの中の最初　頭《かしら》

▼学校を設置する　開校《かいこう》

▼物事をはじめて起こす
草分《くさわ》け

▼はじめに思い立った心、最初の決心
初心《しょしん》・初志《しょし》・初一念《しょいちねん》・初念《しょねん》

▼学問・技芸などの初期
初歩《しょほ》・入門《にゅうもん》・いろは

▼習いはじめで未熟。また、その人
初心《しょしん》・初心者《しょしんしゃ》

▼「はじめての」を意味する接頭語
初《うい》

▼はじめての子　初子《ういご》・初子《はつご》

▼はじめての孫　初孫《ういまご》・初孫《はつまご》

▼はじめて子どもが歩く。また、その祝い事
歩《ある》き初《ぞ》め・歩《あり》き初《ぞ》め

▼興行などの最初の日　初日《しょにち》

▼正月にはじめて謡《うたい》をうたう儀式
謡《うた》い初《ぞ》め

▼新年の売りはじめ。はじめて売る
売《う》り初《ぞ》め・初売《はつう》り

▼新年になってはじめて買う
買《か》い初《ぞ》め・初買《はつが》い

▼新年になってはじめて筆で字を書く行事
書《か》き初《ぞ》め

▼子どもが生まれて百日目あるいは百二十日目にはじめて飯を食べさせる祝い事
食《く》い初《ぞ》め・箸初《はしぞ》め

▼新年になってはじめて出る
出初《でぞ》め

▼はじめて親しくなった動機
馴《な》れ初《そ》め

▼新年になってはじめて裁縫する
縫《ぬ》い初《ぞ》め

▼新年になってはじめて乗り物に乗る。また、新しい乗り物に乗る
乗《の》り初《ぞ》め・初乗《はつの》り

▼新しい履物をはじめてはく
履《は》き初《ぞ》め

▼新しい橋をはじめて渡る
渡《わた》り初《ぞ》め

▼官公庁などで新年になってはじめて仕事をする
御用始《ごようはじ》め

▼新年になってはじめて仕事をする
仕事始《しごとはじ》め

▼新年の物事のはじめ
事始《ことはじ》め・草結《くさむす》び

▼新年になってはじめて宮中で行われる歌会
歌会始《うたかいはじ》め・歌御会始《うたごかいはじ》め

▼はじめて后に立つ。また、皇居・神社などをはじめてつくる

宮始《みやはじ》め
▼新築された劇場などで、その落成を祝って行う最初の興行
こけら落《お》とし
▼西日本で十二月十三日をいう
正月始《しょうがつはじ》め
▼物が出たはじめ。はじめて出たばかり
出始《ではじ》め
▼はじめて会合を開く。会を組織して出発する
発会《はっかい》
▼新年になってはじめて商売用の荷を送り出す。また、その荷
初荷《はつに》
▼新年になってはじめて開く市
初市《はついち》
▼新年になって女子がはじめて化粧する
初鏡《はつかがみ》・初化粧《はつげしょう》
▼新年になってはじめて男女が情を交わす
姫始《ひめはじ》め
▼はじめての恋　初色《はついろ》・初恋《はつこい》
▼碁や将棋のはじめの段階。また、引き続いて行われることの早い段階
序盤《じょばん》
▼比喩《ひゆ》的に、物事がはじめて。一度も足を踏み入れていない
処女《しょじょ》
▼幼いころ。また物事のはじめのころ
二葉《ふたば》・双葉《ふたば》・嫩《ふたば》
▼終わりと
終始《しゅうし》・始終《しじゅう》・首尾《しゅび》
▼あることを始める時　始期《しき》
▼物事を始める機会　切《き》っ掛《か》け
▼物事を始める時。手掛かりとなるもの
取《と》っ掛《か》かり
▼物の出回る　出始《ではじ》め・出端《でばな》
▼演芸などの　大序《だいじょ》・序幕《じょまく》
▼鉢の使い　鉢開《はちびら》き
▼ある人とはじめて会う
初対面《しょたいめん》・初会《しょかい》
▼はじめて逢うこと
逢《あ》い初《そ》め・逢《あ》い初《ぞ》め
▼建国の　国初《こくしょ》
▼戦いの　戦端《せんたん》・兵端《へいたん》
▼年の
年初《ねんしょ》・年始《ねんし》・首歳《しゅさい》・歳首《さいしゅ》
▼一月一日（年・月・日のはじめ）
三始《さんし》・三元《さんげん》
▼月の　初旬《しょじゅん》・上旬《じょうじゅん》
▼はじめに書く　初筆《しょひつ》・初筆《しょふで》
▼習字の　手習《てなら》い初《はじ》め
▼はじめて学ぶ人に初歩を教える
手解《てほど》き
▼等級の　初等《しょとう》・初級《しょきゅう》
▼文章などの書き
序出《じょだ》し・書《か》き出《だ》し

はじめる・はじめ……始・初

▼文章のはじめに題意を書く
破題《はだい》

▼書物を開いた　巻頭《かんとう》・巻首《かんしゅ》

▼文章や詩歌などの
編首《へんしゅ》・篇首《へんしゅ》

▼文章や話などのはじめ。物事の
冒頭《ぼうとう》

▼本文のはじめに書いたもの
頭書《とうしょ》

▼事業をはじめて起こす。寺社をはじめて建立する
創業《そうぎょう》・創始《そうし》・草創《そうそう》

▼はじめてつくり出す
創造《そうぞう》・創製《そうせい》・肇造《ちょうぞう》・クリエーション

▼はじめてでき上がる　創成《そうせい》

▼はじめてその業・地位につく
突《つ》き出《だ》し

▼はじめて会ったときの感じ。最初
取《と》り付《つ》き・取《と》っ付《つ》き

▼はじめて会った人に対する挨拶《あいさつ》
初《はじ》めまして

物事の起こりを意味する「はじめ」

▼物事の起こり、もと
緒《しょ》・緒《ちょ》・原始《げんし》・元始《げんし》・原初《げんしょ》・本始《ほんし》・本初《ほんしょ》・本初《ほんじょ》・端《はし》・端《たん》・始原《しげん》・肇始《ちょうし》・起源《きげん》・起原《きげん》・濫觴《らんしょう》・権輿《けんよ》・オリジン

▼物事の基《もと》となる
基本《きほん》・基根《きこん》・基礎《きそ》・土台《どだい》・ベース

▼物事の基いを開く。寺院や宗派を開く、また、その人
開基《かいき》・開元《かいげん》・肇基《ちょうき》

▼天地・世界のはじめ　開闢《かいびゃく》

▼天地の開けたはじめ。この世のはじめ、劫《ごう》のはじめ
太始《たいし》・太初《たいしょ》・劫初《ごうしょ》

▼はじめて世界をつくる。世界の出来はじめ
創世《そうせい》

「はじめる・はじめ」に関する動詞・副詞など

▼新たにある物事が起こる
始《はじ》まる・発《はっ》する・開《ひら》く・開《あ》く

▼物事が起ころうとする気配がある
兆《きざ》す

▼物事を始めようと心が動く
兆《きざ》す・催《もよお》す

▼新たに物事を起こす
始《はじ》める・立《た》ち上《あ》がる

▼物事をし
初《そ》める・出《だ》す・為初《しそ》む・踏《ふ》み出《だ》す・取《と》り掛《か》かる・乗《の》り出《だ》す・乗《の》り掛《か》かる・仕出《しだ》す

はじめる・はじめ……始・初

▼話をし
話《はな》し出《だ》す・言《い》い始《はじ》める・言《い》い出《だ》す・言《い》い初《そ》める

▼相手を恋し
思《おも》い初《そ》める・恋《こ》い初《そ》める

▼心に掛け
思《おも》い初《そ》める

▼花が咲き
咲《さ》き初《そ》める

▼知り
知《し》り初《そ》める

▼散り
散《ち》り初《そ》める

▼なれ始める。恋仲となる
馴《な》れ初《そ》める

▼はじめて見る。見て恋をする
見《み》初《そ》める

▼打ち
打《う》ち出《だ》す

▼物を売り
売《う》り出《だ》す

▼字・文章を書き
書《か》き出《だ》す

▼走り
駈《か》け出《だ》す

▼叩き始める。また、叩くように追い出す
敲《たた》き出《だ》す・叩《たた》き出《だ》す

▼泣き
泣《な》き出《だ》す

▼乗り始める。乗って出発する。また、身を前に進める
乗《の》り出《だ》す

▼乗り始める。また、上に乗ってもたれかかる
乗《の》り掛《か》かる

▼振り始める。また、為替や手形を発行する
振《ふ》り出《だ》す

▼雨や雪などが降り
降《ふ》り出《だ》す

▼し始める。また、仕事が途中になる
仕《し》掛《か》かる

▼物事をし始める。動作をしむける。装置を設定する
仕《し》掛《か》ける

▼刀で切る動作を
切《き》り掛《か》かる・斬《き》り掛《か》かる

▼新しく、新たに
初《はじ》めて・始《はじ》めて・甫《はじ》めて

▼もとから、はじめから
頭《あたま》から・天《てん》から・端《はな》から・土《ど》台《だい》・根《ね》から・根《ね》っから

「はじめる・はじめ」に関する慣用句

[いの一番《いちばん》]
はじめ。最初。「い」は「いろは」の「い」のことで、第一番にあることから。

[産声《うぶごえ》を上《あ》げる]
赤子が生まれて、はじめて泣き声を上げる。新しいものが誕生する。

[口火《くちび》を切《き》る]
一番先に物事を始める。

[口《くち》を切《き》る]
最初に言い始める。馬を歩かせ始める。

[賽《さい》は投《な》げられた]
事をし始めたからにはやり遂げる

ほかはない。

［緒《しょ》に就《つ》く］
事をし始める。事が実際に始まる。

［端《たん》を発《はっ》する］
それが糸口・原因となって事が始まる。《類》「端《たん》を開《ひら》く」

［手《て》を染《そ》める］
事をし始める。物事に着手する。《類》「指《ゆび》を染《そ》める」

［手《て》を付《つ》ける］
新しく取り掛かる。

［旗《はた》を揚《あ》げる］
新しく事を始める。戦いを起こす。「旗揚《はたあ》げする」ともいう。

［火蓋《ひぶた》を切《き》る］
戦い、競技などを始める。

［蓋《ふた》を開《あ》ける］
実際に事を始める。その結果を見る。

［幕《まく》が開《あ》く］
物事が始まる。

［神輿《みこし》を上《あ》げる］
事にとりかかる。腰を上げる。

「はじめる・はじめ」に関する故事・成語・ことわざ

［会《あ》うは別《わか》れの始《はじ》め］（⇩「あう」五五ページ）

［思《おも》い立《た》ったが吉日《きちじつ》］
何かをしようと思ったら、すぐに始めるのがよいという教え。

［開闢《かいびゃく》以来《いらい》］
天地ができ、歴史が始ってからずっと。

［兄弟《きょうだい》は他人《たにん》の始《はじ》まり］（⇩「兄弟《きょうだい》姉妹《しまい》」二二三ページ）

［終始一貫《しゅうしいっかん》］
はじめから終わりまで態度や行動などがずっと変わらないこと。《類》「首尾一貫《しゅびいっかん》」「徹頭徹尾《てっとうてつび》」

［初志貫徹《しょしかんてつ》］
最初にたてた志を最後までやり通すこと。《類》「初心忘《しょしんわす》るべからず」

［天地開闢《てんちかいびゃく》］
世界のはじめ。

［初《はじ》め有《あ》らざること靡《な》し克《よ》く終《お》わり有《あ》ること鮮《すくな》し］
人は皆、事をしはじめはするけれども、その事をよく終わりまでやり通す者は少ない。出典は『詩経《しきょう》』。

［始《はじ》め有《あ》るものは必《かなら》ず終《お》わり有《あ》り］
何事にもはじめと終わりがあるもので、生あるものは必ず死に、栄えるものは必ず衰えるということ。出典は『法言《ほうげん》』。《類》「盛者必衰《じょうしゃひっすい》」「生者必滅《しょうしゃひつめつ》」「生《せい》ある者《もの》は死《し》あり」

［始《はじ》めが大事《だいじ》］
物事はどのような方法で始めたかがあとまでひびくから、最初の段階でよく考え、慎重に行わなければならないという教え。出典は『易経《えききょう》』。《類》「始《はじ》めよければ終《お》わりよし」「始《はじ》め半分《はんぶん》」

［初《はじ》めの煌《きら》めき］
物事は何でもはじめはきらきらして華やかだが、それも長くは続かないことをいう。

［揺籃《ようらん》の地《ち》］
文明がはじめて発生して、発展・発達した土地。

［竜頭蛇尾《りゅうとうだび》］
はじめは勢いがよいが、終わりは振るわないこと。

走《はし》る

動作・行為からみた「走る」

▼足早に動く
走《はし》る・馳《は》せる・走《わし》る・奔《はし》る・奔《わし》る・馳《は》す・走《はし》り

▼速く
さ走《ばし》る・駆《か》く・駈《か》く・駆《か》ける・駈《か》ける・駆《か》け出《だ》す・駈《か》け出《だ》す・飛《と》ぶ・疾走《しっそう》・奔《ほん》走《そう》・馳走《ちそう》・駆《か》け足《あし》・駈《か》け足《あし》・奔逸《ほんいつ》・奔馳《ほんち》・疾駆《しっく》・韋《い》駄天走《だてんばし》り・迅走《じんそう》

▼ちょっと
一走《ひとはし》り・一《ひと》っ走《ぱし》り

▼気が狂ったように　狂奔《きょうほん》

▼気持ちがよいほど速く　快走《かいそう》

▼先を争って　競走《きょうそう》・競奔《きょうほん》

▼追いつ追われつ　追逐《ついちく》

▼人より抜きんでて独り　独走《どくそう》

▼主人より先を走る従者
先走《さきばし》り

▼定められた所をそれて　逸走《いっそう》

▼横に　横走《よこばし》る

▼勢いをつけるために　助走《じょそう》

▼休まず　直走《ひたはし》る

▼力の限り　力走《りきそう》

▼健康増進のためにゆっくり
ジョギング

▼あちこち走り回る
駆《か》け回《まわ》る・駆《か》けずる・馳《は》せ回《まわ》る・駆《か》けずり回《まわ》る・駆《か》け巡《めぐ》る・飛《と》び回《まわ》る・奔走《ほんそう》・馳駆《ちく》・奔命《ほんめい》

▼あちこち使いで走り回る
使《つか》い走《ばし》り・使《つか》いっ走《ぱし》り

▼君命によって奔走する　奔命《ほんめい》

▼あわてて　遽走《そそばし》る

▼小股でちょこちょこ
小走《こばし》り・犬走《いぬばし》り

▼後も見ずに急いで
逸散走《いっさんばし》り・一目散《いちもくさん》

▼飛び上がりながら　騰奔《とうほん》

▼馬などが、互いに走ってすれ違う
馳《は》せ違《ちが》う

走る

▼後から駆けつける　後《おく》れ馳《ば》せ

▼走るのが速い　早走《はやばし》り

▼走るようにする　走《はし》らす・奔《はし》らす・走《はし》らせる・奔《はし》らせる・走《はし》らかす・馳《は》す・馳《は》せる

▼急いで走らせる　飛《と》ばす・打《ぶ》っ飛《と》ばす

▼馬で疾走する　駆《か》く・駆《か》ける・駈《か》く・駈《か》ける

▼馬などが驚いて　驚逸《きょういつ》・驚逸《けいいつ》

▼馬がやや速く　跑足《だくあし》・跑《だく》・諾足《だくあし》・トロット

▼鹿の走るのに似た馬の走り方　鹿《か》の子足《こあし》・鹿《か》の子《こ》

▼馬を速く走らせる　駆《か》け・駈《か》け・駆《か》け足《あし》・駈《か》け足《あし》・馳駆《ちく》・疾駆《しっく》・ギャロップ

▼馬を遠くまで　長駆《ちょうく》

▼馬を走らせ汗をかかせる　汗馬《かんば》

▼馬車を操り走らせる者　御者《ぎょしゃ》・馭者《ぎょしゃ》

逃げるの意からみた「走る」

▼逃げ去る　走《はし》る・奔《はし》る

▼逃げ出す　駆《か》け出《だ》す・ずらかる・飛《と》ぶ

▼走って逃げる　逃走《とうそう》・遁走《とんそう》・奔逸《ほんいつ》・逃奔《とうほん》・逸散《いっさん》・一散《いっさん》・竄走《ざんそう》・奔竄《ほんざん》

▼戦いに敗れて逃げる　潰走《かいそう》・敗走《はいそう》

▼脇目も振らず逃げなどするさま　一目散《いちもくさん》

▼逃げていなくなる　走《はし》り・失踪《しっそう》・失跡《しっせき》・出奔《しゅっぽん》・逐電《ちくでん》・逐電《ちくてん》・逃亡《とうぼう》

▼後を追いかける　追逐《ついちく》・随逐《ずいちく》

▼逃げかえる　却走《きゃくそう》・卻走《きゃくそう》

▼駆け落ちをする　奔《はし》る

事物が自由に動くの意からみた「走る」

▼車などが動く　走《はし》る・走行《そうこう》

▼車などが速く　疾走《しっそう》

▼乱暴に　暴走《ぼうそう》

▼飛行機などが滑るように　滑走《かっそう》

▼氷などの上を　滑《すべ》る

▼車などが横向きに　横滑《よこすべ》り

▼最後まで車などが走り通す　走破《そうは》

▼小川などが速く流れる　走《はし》る・奔《はし》る

▼車などを速く動かす　走《はし》らす・走《はし》らせる

「走る」の擬態語

▼小さい子どもなどが落ち着きなく走り回る
ちょこちょこ・ちょろちょろ・ちょこまか

▼一目散に逃げて行く
すたこら・すたこらさっさ

「走る」に関する慣用句

[足《あし》がある]
走るのが速い。脚力があること。この場合の「足」は、歩行の速さ・能力の意。

[宙《ちゅう》を飛《と》ぶ]
空を飛んで行くこと。また、空中を飛んで行くように、非常に速く走ること。

「走る」に関する故事・成語

[汗馬《かんば》の労《ろう》]
物事をまとめようとあちこち走り回ってする労苦。また、戦場で活躍した功労をいう。出典は『史記』。

[櫛風沐雨《しっぷうもくう》]
「風《かぜ》に髪《かみ》をくしけずり雨《あめ》にゆあみする」の意で、風雨にさらされながら走り回って苦労すること。出典は『晋書《しんじょ》』。

[東奔西走《とうほんせいそう》]
東に西に奔走する意から、あちこち忙しく駆け回るさま。《類》「南船北馬《なんせんほくば》」「東走西奔《とうそうせいほん》」

話《はな》し合《あ》い

相談の意からみた「話し合い」

▼どうすればよいか話し合う
相談《そうだん》・談合《だんごう》・商議《しょうぎ》・諮《はか》る・計《はか》らう・談《だん》じる・談《だん》ずる・話《はな》し合《あ》い・打《う》ち合《あわ》せ

▼前もって
打《う》ち合《あ》わせる・言《い》い合《あ》わせる・示《しめ》し合《あ》わせる

▼集まって
議《ぎ》する

▼本式の話し合いの前にしておく相談
下相談《したそうだん》・下話《したばなし》・下打《したう》ち合《あわ》せ

▼その場での
即談《そくだん》

▼内輪の
内談《ないだん》

▼秘密の　密談《みつだん》・密議《みつぎ》
▼借金の　金談《きんだん》
▼商取引の　商談《しょうだん》
▼結婚の　縁談《えんだん》
▼はかりごとの　謀議《ぼうぎ》
▼仲直りの　和議《わぎ》・和談《わだん》
▼手紙の往復によってする　文談《ぶんだん》
▼直接相手と話し合う　直談《じきだん》・直談《じかだん》・直談判《じかだんぱん》
▼よく相談する　熟談《じゅくだん》
▼心をこらして　凝議《ぎょうぎ》
▼表ざたにしないで話し合いで解決する　示談《じだん》
▼決めた相談を取り消す　破談《はだん》
▼公式に会って　会談《かいだん》

会議の意からみた「話し合い」

▼関係者が集まって相談する　会議《かいぎ》・議《ぎ》・合議《ごうぎ》・協議《きょうぎ》・評議《ひょうぎ》・商議《しょうぎ》・鳩首《きゅうしゅ》
▼正式の会議　本会議《ほんかいぎ》
▼調べて相談する　審議《しんぎ》
▼十分に審議する　熟議《じゅくぎ》
▼再び　再議《さいぎ》
▼先に　先議《せんぎ》
▼多人数で　衆議《しゅうぎ》
▼会議に議案を出す　発議《はつぎ》・発案《はつあん》・提案《ていあん》・提議《ていぎ》・提言《ていげん》
▼会議の日程にのせる　上程《じょうてい》
▼会議にかける　付議《ふぎ》・附議《ふぎ》・上程《じょうてい》

▼会議中に臨時に議案を出す　動議《どうぎ》
▼会議で討議する　議事《ぎじ》
▼会議で物事を決める　決議《けつぎ》・議決《ぎけつ》
▼本人に代わって討議する　代議《だいぎ》
▼評議して物事を明らかにする　詮議《せんぎ》
▼政治に関する議事に加わる　参議《さんぎ》
▼党内の討議　党議《とうぎ》
▼各大臣による　閣議《かくぎ》
▼各省で開く　省議《しょうぎ》
▼朝廷で開く　朝議《ちょうぎ》・廟議《びょうぎ》
▼天皇の前で開く　御前会議《ごぜんかいぎ》

議論の意からみた「話し合い」

▼意見を述べて論じ合う
論《ろん》じる・論《ろん》ずる・議論《ぎろん》・論議《ろんぎ》・討論《とうろん》・討議《とうぎ》・言議《げんぎ》・ディスカッション

▼自分の意見や思想を表明する
言論《げんろん》

▼意見を主張して争う
論争《ろんそう》・争論《そうろん》・争議《そうぎ》・論戦《ろんせん》・論判《ろんぱん》・舌戦《ぜっせん》・押《お》し問答《もんどう》

▼議論のための論の組み立て。論者の陣容
論陣《ろんじん》・筆陣《ひつじん》

▼議論の方法　論法《ろんぽう》・ロジック

▼前提が二つ、結論が一つからなる論法
三段論法《さんだんろんぽう》

▼議論の勢い　論鋒《ろんぽう》

▼議論の要点　論点《ろんてん》

▼議論の要旨　論旨《ろんし》

▼議論して決めた判断　結論《けつろん》

▼議論して結論を出す　論結《ろんけつ》

▼議論して決める　論決《ろんけつ》

▼議論の巧みな人　論客《ろんきゃく》・論客《ろんかく》

▼論争の相手　論敵《ろんてき》

▼はばからずに議論する　放論《ほうろん》

▼張り合って　抗論《こうろん》

▼激しく　激論《げきろん》

▼でたらめな　妄議《ぼうぎ》

▼他人とは異なった　異議《いぎ》・異論《いろん》・異存《いぞん》

▼熱心な　熱論《ねつろん》

▼道理にかなった正しい　正論《せいろん》

▼すぐれた　名論《めいろん》

▼議論がもつれる　紛議《ふんぎ》

▼議論する価値もない　論外《ろんがい》

▼口で言い合う
口論《こうろん》・口争《くちあらそ》い・口喧嘩《くちげんか》・諍《いさか》い・口舌《くぜつ》・口舌《くぜち》・口説《くぜつ》・口説《くぜち》

▼議論して是非を明らかにする
論弁《ろんべん》・論判《ろんぱん》・論決《ろんけつ》・論断《ろんだん》

▼是非を論じて批評する　論評《ろんぴょう》

▼そのことに論じ及ぶ　論及《ろんきゅう》

▼手厳しく論じる　痛論《つうろん》

▼極端な考え方で　極論《きょくろん》

▼詳しく　詳論《しょうろん》

▼細かく　細論《さいろん》

▼再び　再論《さいろん》

▼論を進めて物の道理をきわめる
論究《ろんきゅう》

▼論じて考察する　論考《ろんこう》・論攷《ろんこう》

▼反対の意見を申し入れる　抗議《こうぎ》

▼論じ返す　反論《はんろん》・反駁《はんばく》

▼議論して相手の説の誤りを攻撃する

話し合い

論駁《ろんばく》・駁論《ばくろん》・論難《ろんなん》・論破《ろんぱ》・弁駁《べんばく》

▼互いに主張し合って決着がつかない　水掛《みずか》け論《ろん》

▼世間の口やかましい　物議《ぶつぎ》

▼談話や　談論《だんろん》

▼宗派の教義上の論争　宗論《しゅうろん》

▼政治についての　政論《せいろん》・政談《せいだん》

「話し合い」に関する慣用句

[委曲《いきょく》を尽《つ》くす]
細大漏らさず詳しく説明する。

[議論《ぎろん》の余地《よち》はない]
申し分ない。改めて検討するまでもない。

[議論《ぎろん》を戦《たたか》わす]
熱心に議論する。

[言《げん》を左右《さゆう》にする]
あれこれと言葉巧みにごまかして、はっきりとしたことを言わない。

[口角泡《こうかくあわ》を飛《と》ばす]
激しい論戦を繰り広げるさま。

[言葉《ことば》を返《かえ》す]
反対の意見を言う。口答えする。

[言葉《ことば》を尽《つ》くす]
相手がよく理解できるように、精一杯に説明する。

[丁丁発止《ちょうちょうはっし》]
激しく真剣に議論を戦わせるさま。

[話《はなし》が付《つ》く]
相談や交渉がまとまる。

[話《はなし》に乗《の》る]
相談相手になる。計画などに加担する。

[腹《はら》を合《あ》わせる]
話し合って行う。

[膝《ひざ》を交《まじ》える]
親しく話し合う。

[額《ひたい》を集《あつ》める]
集まって相談する。

[物議《ぶつぎ》を醸《かも》す]
世間の人びとの議論を引き起こす。

[右《みぎ》と言《い》えば左《ひだり》]
つねに人の言うことに反対すること。

[水《みず》を差《さ》す]
そばから余計なことを言って、話の進行を妨げる。

[物言《ものい》いが付《つ》く]
すでに決定されたことに対して反対意見が出る。

[横槍《よこやり》を入《い》れる]
そばから口出しをして、話がまとまらないようにする。

「話し合い」に関する故事・成語

[小田原評定《おだわらひょうじょう》]
いつまで経っても結論が出ない

堂々めぐりの会議。

【鳩首凝議《きゅうしゅぎょうぎ》】人びとが顔を突き合わせて相談すること。

【議論百出《ぎろんひゃくしゅつ》】大勢の人からいろいろな意見が出され、議論が活発なさま。

【喧喧囂囂《けんけんごうごう》】大勢の人が口やかましく議論を戦わせるさま。

【甲論乙駁《こうろんおつばく》】一人がある意見を出せば別の者がそれに反対するという形で、議論がまとまらないさま。

【談論風発《だんろんふうはつ》】盛んに意見が交わされ、場がにぎわうこと。

【百家争鳴《ひゃっかそうめい》】学説などが続出して、盛んに論争し合うこと。《類》「百花斉放《ひゃっかせいほう》」。

話《はな》す・話《はなし》

発言の意からみた「話す・話」

▼相手に声に出してものを言って伝える
話《はな》す・喋《しゃべ》る

▼口数多く
長舌《ちょうぜつ》・長広舌《ちょうこうぜつ》・広長舌《こうちょうぜつ》・口忠実《くちまめ》・弄舌《ろうぜつ》・饒舌《じょうぜつ》・多言《たげん》・弄言《ろうげん》・多弁《たべん》・御喋《おしゃべ》り・囀《さえず》る

▼さからって　抗言《こうげん》

▼大きな声で　高話《たかばなし》

▼実力より大きなことを
大言《たいげん》・豪語《ごうご》・広言《こうげん》

▼遠慮せず極端な　極言《きょくげん》

▼思うままに　放談《ほうだん》・放言《ほうげん》

▼口先巧みに　便佞《べんねい》

▼横合いから第三者が
横槍《よこやり》・容喙《ようかい》

▼立ちながら　立談《りつだん》・立《た》ち話《ばなし》

▼聴衆に向かって分かりやすく
講演《こうえん》・講話《こうわ》・レクチャー

▼道ばたで往来の人に説法する
辻説法《つじせっぽう》・辻談義《つじだんぎ》

▼酒食なしで　素話《すばなし》

▼他人に　他言《たごん》・他言《たげん》・口外《こうがい》

▼なぞ掛けして
謎立《なぞだ》て・謎掛《なぞか》け

▼内密に声をひそめて
耳語《じご》・耳談合《みみだんごう》・耳相談《みみそうだん》・耳打《みみう》ち・内談《ないだん》・密談《みつだん》・密語《みつご》・囁《ささや》く・私語《ささや》く・内緒話《ないしょばなし》・内証話《ないしょうばなし》・ひそひそ話《ばなし》・こそこそ話《ばなし》

▼手を使って　手話《しゅわ》

▼覚めてから夢のことを

夢語《ゆめがた》り・夢物語《ゆめものがたり》・夢話《ゆめばなし》

談話の意からみた「話す・話」

▼一緒に話し合う
談話《だんわ》・相談《そうだん》・話《はな》し合《あ》い・語《かた》らい・掛《か》け合《あ》い

▼互いに話をする
談判《だんぱん》・言《い》い合《あ》う・言《い》い交《か》わす・話《はな》し合《あ》う・語《かた》り合《あ》う・語《かた》らう

▼本格的な話し合いの前にする
下相談《したそうだん》・下話《したばなし》・下打《したう》ち合《あわ》せ

▼話に夢中になる　話《はな》し込《こ》む

▼やって来て　来談《らいだん》

▼直接相手と
直談判《じかだんぱん》・直談《じかだん》・直談《じきだん》・直話《じきわ》

▼自分の要求に応じさせる
強談《ごうだん》・強談判《こわだんぱん》

▼数人が座って形式ばらずに
座談《ざだん》

▼楽しく
歓談《かんだん》・款談《かんだん》・歓語《かんご》・款語《かんご》

▼重要な　要談《ようだん》

▼用向きの　用談《ようだん》

▼用件を文字に書いて　筆談《ひつだん》

▼談話し議論する　談論《だんろん》・論談《ろんだん》

▼政治に関する　政談《せいだん》

▼裁判にしないで当事者間で解決する
示談《じだん》

▼話し合って解決する
話談《わだん》・和議《わぎ》・和談《わだん》

▼昔あったことを懐かしく
懐旧談《かいきゅうだん》

▼あたりかまわず　高談《こうだん》

▼いろいろの
雑話《ざつわ》・雑談《ざつだん》・四方山話《よもやまばなし》・世間話《せけんばなし》

▼睦《むつ》まじく
睦言《むつごと》・睦語《むつがた》り・睦物語《むつものがたり》・情話《じょうわ》

▼打ち解けて　懇談《こんだん》・懇話《こんわ》

▼心静かに、のんびりと
閑談《かんだん》・閑話《かんわ》・間話《かんわ》・閑語《かんご》

▼笑いながら
笑話《しょうわ》・笑《わら》い話《ばなし》・笑談《しょうだん》・談《だん》笑《しょう》・笑語《しょうご》

▼茶を飲みながら
茶話《さわ》・茶話《ちゃわ》・茶飲《ちゃの》み話《ばなし》・茶話《ちゃばなし》

▼相対して
対話《たいわ》・対談《たいだん》・面話《めんわ》・会話《かいわ》・面談《めんだん》・応対《おうたい》

▼三人が向かい合って
鼎談《ていだん》・三者会談《さんしゃかいだん》

▼いろりのそばでくつろいで
炉辺談話《ろへんだんわ》

▼夜、話をする
夜話《よばなし》・夜語《よがた》り・夜話《やわ》・夜咄《よばなし》

▼夜通し話し合う　語《かた》り明《あ》かす

話す内容からみた「話」

▼普通の　平話《へいわ》・常談《じょうだん》
▼自慢する
天狗咄《てんぐばなし》・至《いた》り話《ばなし》・手柄話《てがらばなし》
▼役に立たない、たわいない
無駄話《むだばなし》・徒話《むだばなし》・無駄口《むだぐち》・馬《ば》鹿話《かばなし》・閑談《かんだん》・閑話《かんわ》・間話《かんわ》・閑語《かんご》・冗談《じょうだん》・冗話《じょうわ》・空談《くうだん》
▼本筋以外の　余談《よだん》
▼ある事柄にまつわる興味深い
零《こぼ》れ話《ばなし》・余話《よわ》
▼いつも決まって得意になって話す
同じ内容の
一《ひと》つ話《ばなし》
▼悩みなどを隠さずに
打《う》ち明《あ》け話《ばなし》
▼一身上のことに関する打ち明け話
身《み》の上話《うえばなし》
▼心の奥底を打ち明けての
心底話《しんていばなし》
▼過去の過ちを悔いて打ち明ける
懺悔話《ざんげばなし》
▼思い出を　思《おも》い出《で》話《ばなし》
▼悲しい　悲話《ひわ》・哀話《あいわ》
▼明るい　朗話《ろうわ》
▼内々の、仲間内の
内輪話《うちわばなし》・楽屋話《がくやばなし》
▼入り組んでいる内緒の
魂胆話《こんたんばなし》
▼実際の　実話《じつわ》・実況《じっきょう》
▼まちの
街談《がいだん》・世間話《せけんばなし》・巷談《こうだん》・巷《こう》語《ご》・巷説《こうせつ》
▼俗世間の　俗談《ぞくだん》・俗話《ぞくわ》
▼世俗を離れた高尚な
清話《せいわ》・清談《せいだん》
▼他人の話の尊敬語　高談《こうだん》
▼よい
良話《りょうわ》・佳話《かわ》・美談《びだん》・善談《ぜんだん》
▼長時間にわたる
長談《ちょうだん》・長話《ながばなし》・長談義《ながだんぎ》・長《なが》物語《ものがたり》
▼ふざけての、くだらない
戯《ざ》れ言《ごと》・戯言《ぎげん》・冗談《じょうだん》・漫《すず》ろ言《ごと》・漫《そぞ》ろ言《ごと》・漫《すず》ろ物語《ものがたり》
▼おどけた　狂談《きょうだん》
▼珍しく変わった
珍談《ちんだん》・珍説《ちんせつ》・一《ひと》つ話《ばなし》・椿《ちん》説《せつ》・奇談《きだん》・奇話《きわ》
▼おもしろく仕組まれた　綺談《きだん》
▼世間に知られていない興味のある
逸話《いつわ》・エピソード
▼一般には知られていない陰の事情の
裏話《うらばなし》・インサイドストーリー
▼旅行中の見聞についての

話す・話

土産話《みやげばなし》

▼事実でない
虚談《きょだん》・虚説《きょせつ》・妄言《ぼうげん》・妄語《ぼうご》・妄語《もうご》・妄言《もうげん》・空言《そらごと》・虚言《そらごと》

▼つくりごとの
作り話《つくりばなし》・作り物語《つくりものがたり》・フィクション

▼世間の俗事に関する
世話《せわ》・世語り《よがたり》・俗話《ぞくわ》・俗談《ぞくだん》・世間話《せけんばなし》・浮世話《うきよばなし》・浮世咄《うきよばなし》

▼どこからともなく聞こえてくる人の消息など
風聞《ふうぶん》

▼世間で根拠もなく言いふらされる
噂《うわさ》・噂話《うわさばなし》・風説《ふうせつ》・流言《りゅうげん》・蜚語《ひご》・世評《せひょう》・浮説《ふせつ》・流説《りゅうせつ》・飛語《ひご》・飛言《ひげん》・浮言《ふげん》・空言《くうげん》・空言《そらごと》・浮評《ふひょう》・虚説《きょせつ》・虚聞《きょぶん》・虚談《きょだん》・虚声《きょせい》・虚伝《きょでん》

▼縁組の　縁談《えんだん》

▼寝ながらの　寝物語《ねものがたり》

▼のろけて話す　惚気話《のろけばなし》

▼男女の色事についての
色話《いろばなし》・艶話《つやばなし》・情話《じょうわ》

▼情人同士がたわむれての　痴話《ちわ》

▼男女の別れの　別れ話《わかればなし》

▼みだらな　猥談《わいだん》

▼金についての　金談《きんだん》

▼戦いについての　軍談《ぐんだん》

▼遊里のうわさ
御町話《おちょうばなし》・御町話《おまちばなし》

▼でたらめな　与太話《よたばなし》

▼ある物事にたとえて
譬え話《たとえばなし》・寓話《ぐうわ》

▼ことわざや成句などをもじってつくった文句
地口《じぐち》・口合い《くちあい》・語呂合せ《ごろあわせ》・語路合せ《ごろあわせ》・洒落《しゃれ》

文学・話芸などからみた「話」

▼ちょっとした
一口話《ひとくちばなし》・一口噺《ひとくちばなし》・一口咄《ひとくちばなし》・小話《しょうわ》・小話《こばなし》・小咄《こばなし》・寸話《すんわ》

▼文章に関する　文話《ぶんわ》・文談《ぶんだん》

▼俳諧の　俳談《はいだん》

▼和歌に関する
歌話《かわ》・歌談《かだん》・歌語り《うたがたり》

▼自分の芸に関する　芸談《げいだん》

▼歴史の　史話《しわ》・史談《しだん》

▼昔の
昔話《むかしばなし》・昔噺《むかしばなし》・昔語り《むかしがたり》・昔物語《むかしものがたり》・古語り《いにしえがたり》

▼庶民の間で昔から語り継がれてきた
民話《みんわ》

▼子どものための
童話《どうわ》・御伽噺《おとぎばなし》・御伽話《おとぎばなし》・御《お》

話す・話

伽《とぎ》・メルヘン

▼詩についての　詩話《しわ》・詩談《しだん》

▼化け物に関する　怪談《かいだん》・幻談《げんだん》・百物語《ひゃくものがたり》

▼仏法上の　法話《ほうわ》・法談《ほうだん》・法語《ほうご》

▼禅の修行のための　禅話《ぜんわ》・禅談《ぜんだん》

▼教え諭す　訓話《くんわ》

▼人の道を説いた　道話《どうわ》

▼教訓または風刺を含めた　寓話《ぐうわ》・譬《たと》え話《ばなし》

▼滑稽な、おどけた　戯《おど》け話《ばなし》・狂談《きょうだん》

▼最後に落ちのついた滑稽な　落語《らくご》・落《お》とし話《ばなし》・落《お》とし噺《ばなし》・軽口話《かるくちばなし》・咄《はなし》・噺《はなし》・御笑《おわら》い

▼落語で、人情・世情を題材にしたもの　人情話《にんじょうばなし》・人情噺《にんじょうばなし》

▼落語で、鳴り物のはいらない　素話《すばなし》・素噺《すばなし》

▼落語で、身振りを交えて演じる　仕方話《しかたばなし》・仕形話《しかたばなし》・仕方噺《しかたばなし》・仕形噺《しかたばなし》

▼武勇談・政談・侠客伝などを調子をつけて語る　講談《こうだん》・講釈《こうしゃく》

▼往来で講談などをして聴衆から金をもらう　辻講釈《つじこうしゃく》・辻噺《つじばなし》・大道講釈《だいどうこうしゃく》・辻談義《つじだんぎ》

▼社会風刺・世相批判などを入れて語る落語風の　漫談《まんだん》

▼二人の芸人が掛け合いで滑稽な話を交わす　漫才《まんざい》・掛《か》け合《あ》い漫才《まんざい》・掛《か》け合《あ》い話《ばなし》

▼客から出された三つの題をつづり合わせて即席で落語にする　三題噺《さんだいばなし》・三題咄《さんだいばなし》

「話す・話」に関する慣用句

[大風呂敷《おおぶろしき》を広《ひろ》げる]
自分にはできそうもないことまで、大げさに話す。《類》「大言壮語《たいげんそうご》」「法螺《ほら》を吹《ふ》く」

[尾鰭《おひれ》が付《つ》く]
事実以外のことが加わって話が大げさになる。

[開口一番《かいこういちばん》]
話を始めた途端に。

[肝胆《かんたん》を披《ひら》く]
互いに打ち解けて心の内を話す。《類》「胸襟《きょうきん》を開《ひら》く」

[聞《き》こえよがし]
わざとその人に聞こえるように話すさま。

[口《くち》がうまい]
話し方や話の運び方が上手である。

話す・話

［口《くち》の端《は》に掛《か》ける］
話題にする。

［口《くち》を割《わ》る］
隠していたことを話す。《類》「泥《どろ》を吐《は》く」

［立《た》て板《いた》に水《みず》］
つかえることもなく、さっそうと話し続けるさま。

［手《て》の内《うち》を見《み》せる］
ひそかに心に思っていることを人に話す。

［問《と》うに落《お》ちず語《かた》るに落《お》ちる］
人から問われたときは用心して話さないことも、何気なく話しているときに、ついうっかり話してしまうものだ。

［問《と》わず語《がた》り］
人が問いもしないのに自分から勝手に話すこと。

［話《はなし》が弾《はず》む］
次々と話題が広がって活気づく。

［話《はなし》に花《はな》が咲《さ》く］
楽しい話題が次々に出て話に夢中になる。

［話《はなし》に実《み》が入《はい》る］
興味のあることなので話に熱中する。

［話《はなし》の腰《こし》を折《お》る］
調子よく進んでいる話を途中でさえぎる。

［話半分《はなしはんぶん》］
その話は半分くらいが本当のことだと思って聞けということ。

［腹《はら》を割《わ》る］
本当の気持ちを打ち明ける。《類》「本音《ほんね》を吐《は》く」「底《そこ》を割《わ》る」

［下手《へた》の長談義《ながだんぎ》］
話下手な人がだらだらと話すさま。

［弁《べん》が立《た》つ］
話し方が巧みで、説得力がある。

［弁舌爽《べんぜつさわ》やか］
話し方がよどみなく明快であるさま。

［話頭《わとう》を転《てん》じる］
話題を変える。

「話す・話」に関する故事・成語・ことわざ

［一瀉千里《いっしゃせんり》］
弁舌がよどみなく爽やかであるさま。

［街談巷語《がいだんこうご》］
あまり根拠もなく、世間で言われている話。

［閑話休題《かんわきゅうだい》］
無駄話はさて置いて。

［単刀直入《たんとうちょくにゅう》］
前置きもなく、直接話の核心に入ってくるさま。

［喋喋喃喃《ちょうちょうなんなん》］
男女が小声で楽しそうに話すさま。

［道聴塗説《どうちょうとせつ》］
いい加減な世間の受け売り話。出典は『論語』。

[話上手《はなしじょうず》の聞《き》き下手《べた》] 話の上手な人は自分の話に夢中になってしまい、相手の話を聞くゆとりもなく、つい一方的にしゃべってしまうということ。

[話上手《はなしじょうず》の仕事下手《しごとべた》] 口ばかり達者で、仕事となるとそれに伴わない人を皮肉っていう言葉。《類》「話《はなし》は立《た》っても足腰《あしこし》立たぬ」

[話上手《はなしじょうず》は聞《き》き上手《じょうず》] 話の上手な人は、相手の話にもよく耳を傾けるものだということ。

[話《はなし》は下《しも》で果《は》てる] 大抵の話は続けていくうちにだんだん下品になっていき、最後は性の話で終わることが多いということ。《類》「話《はなし》が下《しも》へ回《まわ》ると仕舞《しま》いになる」

[流言飛語《りゅうげんひご》] (⇒「評判《ひょうばん》」五二四ページ)

はやい

……早・速

速度からみた「はやい」

▼時間的に短い。動作が敏捷《びんしょう》である
速《はや》し・速《はや》い・疾《と》し・疾《はや》い・捷《と》し・捷《はや》い・迅速《じんそく》・疾速《しっそく》・迅《じん》疾《しっ》・迅駛《じんし》・スピーディー・クイック

▼事物の動きが非常に
急速《きゅうそく》・速急《そっきゅう》・迅急《じんきゅう》

▼素晴らしく 快速《かいそく》・軽快《けいかい》

▼はやいようす 速《すみ》やか

▼はやい度合・程度
速《はや》さ・速度《そくど》・速力《そくりょく》・スピード

▼速度が大きい 高速度《こうそくど》・高速《こうそく》

▼速度がはやくなる 速《はや》まる

▼もっとはやくする 速《はや》める

▼速度が次第に増していく
加速度《かそくど》

▼出せる最大の速力 全速力《ぜんそくりょく》

▼一秒当たりの速さ 秒速《びょうそく》

▼一時間当たりの 時速《じそく》

▼光の 光速度《こうそくど》・光速《こうそく》

▼回転運動をする点の速さを中心に対する角度で表す
角速度《かくそくど》

▼水などの流れの 流速《りゅうそく》

▼風の 風速《ふうそく》・風脚《かざあし》

▼音が空気中を伝わる 音速《おんそく》

▼車などが走り始めるときの
出足《であし》

▼船の 船足《ふなあし》・船脚《ふなあし》

▼燃え移る火の 火足《ひあし》・火脚《ひあし》

▼川などの水が増減する 水足《みずあし》

はやい……早・速

▼歩くはやさの度合　歩度《ほど》

▼川の流れが
急流《きゅうりゅう》・激流《げきりゅう》・奔流《ほんりゅう》

▼非常にはやいもののたとえ
脱兎《だっと》

▼物事がとどこおることなく進む
早《はや》く・速《はや》く・疾《と》っ疾《と》と・疾《と》く・さっさと・どんどん・ずんずん・どしどし

▼遅いと　遅速《ちそく》・緩急《かんきゅう》

時期・時からみた「はやい」

▼まだその時期・時刻ではない
早《はや》い・早《はや》し

▼夜が明けて間もない
早《はや》い・早《はや》し

▼早朝に　夙《つと》に

▼ずいぶんと　早早《はやばや》・早《はや》くも

▼以前から
夙《つと》に・疾《と》うに・疾《と》っくに・疾《と》うから

▼今すぐに　早速《さっそく》

▼今となっては　早《はや》・最早《もはや》

▼定められた時より少し前　早《はや》め

▼はやい時期に　早《はや》く

▼予定より繰り上がる　早《はや》まる

▼予定より繰り上げる　早《はや》める

▼予定に遅れないようにはやくする
急《いそ》ぐ

▼はやく終わらせようとする
急《いそ》がせる・急《いそ》がす・急《せ》く・急《せ》かす

▼予定の時期をはやめる
繰《く》り上《あ》げる

▼予定の時期をはやめたりおくらせたりする
ずらす

▼時期が迫っている
切迫《せっぱく》・急切《きゅうせつ》・急迫《きゅうはく》

▼普通よりはやく咲く　早咲《はやざ》き

▼はやく死ぬ
早死《はやじ》に・早世《そうせい》・若死《わかじ》に・夭《よう》折《せつ》・夭死《ようし》・夭逝《ようせい》・殤死《しょうし》・長《ちょう》殤《しょう》・短折《たんせつ》・短命《たんめい》

動作・行為からみた「はやい」

▼動作や行動が
素早《すばや》し・素早《すばや》い・鋭《と》し・鋭《するど》し・鋭《するど》い・利《と》し・敏《と》し・すばしこし・すばしこい・すばしっこい・敏速《びんそく》・敏捷《びんしょう》・捷速《しょうそく》・軽快《けいかい》・捷急《しょうきゅう》・剽疾《ひょうしつ》

▼強く、かつ素早い　勁疾《けいしつ》

▼同じ人間とは思えないほど素早い
神速《しんそく》

▼才知にすぐれ行動が素早い

はやい……早・速

俊敏《しゅんびん》

▼身のこなしが軽く素早い
軽快《けいかい》・軽捷《けいしょう》・趫捷《きょうしょう》

▼仕事などを処理するのが
手早《てばや》し・手早《てばや》い・手捷《てばしこ》い

▼出来ばえはともかく、仕事が
拙速《せっそく》

▼素早い手並み　早業《はやわざ》・早技《はやわざ》

▼続いて敏速に行う　矢継《やつ》ぎ早《ばや》

▼はやく歩く
足早《あしばや》・早足《はやあし》・急《いそ》ぎ足《あし》・速《はや》歩《あし》・長足《ちょうそく》・疾足《しっそく》・速歩《そくほ》

▼足がはやい。また、その人
快足《かいそく》・駿足《しゅんそく》・俊足《しゅんそく》

▼少し　小早《こばや》し・小早《こばや》い

▼少し急ぐ　小早《こばや》・小急《こいそ》ぎ

▼情報などを人よりはやく聞きつける
耳疾《みみと》し・耳聡《みみと》し・耳聡《みみざと》い・耳早《みみばや》し・耳早《みみばや》い・耳《みみ》はしこい・早耳《はやみみ》・地獄耳《じごくみみ》

▼理解が
早呑《はやの》み込《こ》み・速了《そくりょう》・早分《はやわ》かり

▼話すのが
口疾《くちと》し・舌疾《したど》し・早口《はやくち》・速《はや》口《くち》・口早《くちばや》・口速《くちばや》・早言《はやこと》・口《くち》疾《ど》・舌疾《したど》

▼早口でいう言葉
早口《はやくち》・早口言葉《はやくちことば》・早言葉《はやことば》・早口《はやくち》そそり

▼物を見つけるのが
目敏《めざと》し・目敏《めざと》い・目聡《めざと》し・目聡《めざと》い・目早《めばや》し・目早《めばや》い・目敏《めざと》・目早《めばや》

▼目の覚めるのが
寝聡《いざと》し・寝聡《いざと》い・目敏《めざと》し・目敏《めざと》い・目聡《めざと》し・目聡《めざと》い

▼朝はやく起床する
早起《はやお》き・朝起《あさお》き

▼夜はやく寝る　早寝《はやね》

▼ふだんよりはやく出勤する
早出《はやで》

▼はやくその任に就《つ》く日　早番《はやばん》

▼会社などを定時よりはやく退出する
早退《そうたい》・早退《はやび》け・早引《はやび》け・早《はや》帰《がえ》り

▼外泊して朝はやく自宅に戻る
朝帰《あさがえ》り・早帰《はやがえ》り

▼あらかじめ十分に準備しておく
早手回《はやてまわ》し

▼はやく行きつける道。またはてっとりばやい方法
早道《はやみち》・速道《はやみち》・近道《ちかみち》・捷径《しょうけい》・ショートカット

▼特別にはやい飛脚　早飛脚《はやびきゃく》

▼足のはやい馬
駿馬《しゅんめ》・駿逸《しゅんいつ》・早馬《はやうま》・麒麟《きりん》

▼はやく打ち鳴らす鐘　早鐘《はやがね》

▼鐘などをはやく打つ　早打《はやう》ち

▼はやく告げ知らせる

早打《はやう》ち・速報《そくほう》・急報《きゅうほう》・飛報《ひほう》

▼手ばやく衣服などを替えて転身する

早変《はやが》わり・早替《はやが》わり

「はやい」に関する慣用句

[足《あし》がある]（⇒「走《はし》る」四九〇ページ）

[烏《からす》の行水《ぎょうずい》]
入浴を早ばやと済ませて出てしまうこと。

[脱兎《だっと》の勢《いきお》い]
非常に素早いことのたとえ。「脱兎」は、逃げていく兎の意。

[宙《ちゅう》を飛《と》ぶ]（⇒「走《はし》る」四九〇ページ）

[拍車《はくしゃ》をかける]
物事の進行を一段と速める。

[早《はや》いが勝《か》ち]
早いのが何よりもよいということ。《類》「早《はや》い者勝《ものが》ち」

[耳《みみ》が早《はや》い]（⇒「聞《き》く・聞《き》こえる」二一四ページ）

[目《め》にも留《と》まらぬ]
見定められないほど、非常に早いようす。

「はやい」に関する故事・成語・ことわざ

[一気呵成《いっきかせい》]（⇒「行《おこな》う・行《おこな》い」一二四ページ）

[歳月人《さいげつひと》を待《ま》たず]（⇒「時《とき》・年月《ねんげつ》・期《き》」四四〇ページ）

[疾風迅雷《しっぷうじんらい》]
行動や勢いが非常に素早く、激しいことのたとえ。「疾風」は速く激しい風、「迅雷」は激しく鳴る雷の意。

[塵《ちり》を絶《た》つ]
速く走り、しかも塵一つ立てないこと。《類》「絶塵《ぜつじん》」

[電光石火《でんこうせっか》]
素早い行動のたとえ。《類》「一刹那《いちせつな》」

[早《はや》い者《もの》に上手《じょうず》なし]
仕事を手早く仕上げる者は、仕上がりが雑であるということ。《類》「早《はや》かろう悪《わる》かろう」「早《はや》いばかりが能《のう》ではない」

[早合点《はやがってん》の早忘《はやわす》れ]
早呑み込みして分かったつもりでいる人は、忘れてしまうのも早いということ。《類》「早呑《はやの》み込《こ》みの早忘《はやわす》れ」

[早飯《はやめし》も芸《げい》のうち]
食事を素早く済ますのも才能のうちだということ。《類》「早飯早糞《はやめしはやぐそ》」「早算用《はやざんよう》」「男《おとこ》の早飯早仕度《はやめしはやじたく》」

[無常迅速《むじょうじんそく》]
人の世の移り変わりがきわめて早いこと。歳月は人を待たず、人の死の早く来ることにもいう。

春《はる》

暦の上での「春」

▼陰暦では一月～三月、普通には三月～五月の三か月間
春《はる》

▼二十四節気の一。二月四日ごろ。春の始まり
立春《りっしゅん》

▼二十四節気の一。二月十九日ごろ。雪・氷がとけて水となる
雨水《うすい》

▼二十四節気の一。三月六日ごろ。冬ごもりしていた虫が地上に出てくるころ
啓蟄《けいちつ》

▼二十四節気の一。三月二十一日ごろ。昼と夜の長さがほぼ同じ
春分《しゅんぶん》

▼二十四節気の一。四月五日ごろ。すべての物が清くはつらつとしてくる時期
清明《せいめい》

▼二十四節気の一。四月二十日ごろ。春の雨が穀物を潤す時期
穀雨《こくう》

▼陰暦の一月～三月をいう　三春《みはる》

▼春分を中心とする七日間
彼岸《ひがん》・春《はる》の彼岸《ひがん》

▼春分の日
中日《ちゅうにち》・彼岸《ひがん》の中日《ちゅうにち》

▼立夏の前十八日をいう
春《はる》の土用《どよう》

季節・時からみた「春」

▼春の季節
春季《しゅんき》・春月《しゅんげつ》・春陽《しゅんよう》・春方《はるべ》・春《はる》つ方《かた》・春永《はるなが》・日永《ひなが》

▼春の期間　春期《しゅんき》

▼春季の九十日間　九春《きゅうしゅん》

▼春季の三か月間　三春《さんしゅん》

▼春の初め
初春《しょしゅん》・初春《はつはる》・孟春《もうしゅん》・新春《しんしゅん》・早春《そうしゅん》・浅春《せんしゅん》・春初《しゅんしょ》・春首《しゅんしゅ》・春前《しゅんぜん》・春先《はるさき》・明《あ》けの春《はる》

▼春になる　春《はる》さる

▼春が始まる　春《はる》立《た》つ・春《はる》来《きた》る

▼春らしくなる　春《はる》めく

▼春の中ごろ。陰暦二月の異称
仲春《ちゅうしゅん》・仲陽《ちゅうよう》

▼春の末
晩春《ばんしゅん》・暮春《ぼしゅん》・季春《きしゅん》・残春《ざんしゅん》・老《お》いの春《はる》・暮《く》れの春《はる》・行《ゆ》く春《はる》・春尽《しゅんじん》・春《はる》の限《かぎ》り

春

▼行く春を惜しむ　惜春《せきしゅん》
▼今年の　今春《こんしゅん》
▼去年の　昨春《さくしゅん》
▼翌年の
来春《らいしゅん》・明春《みょうしゅん》・翌春《よくしゅん》
▼春の日。昼間の長い
春日《しゅんじつ》・春日《はるび》・永日《えいじつ》・春永《はるなが》・日永《ひなが》
▼春の日光　春陽《しゅんよう》・春日影《はるひかげ》
▼春の夜明け　春暁《しゅんぎょう》
▼春の夕　春宵《しゅんしょう》
▼春の夜　春夜《しゅんや》
▼新春を迎える　迎春《げいしゅん》
▼年が改まった春。また、新年
改春《かいしゅん》
▼年の初め・正月の祝い言葉
春永《はるなが》・日永《ひなが》
▼年老いての年月の祝い言葉
老《お》いの春《はる》

▼年賀の挨拶《あいさつ》として記す語
賀春《がしゅん》・頌春《しょうしゅん》

気象・様態などからみた「春」

▼立春後の寒さ。春まで残る寒さ
春寒《しゅんかん》・余寒《よかん》
▼春にぶり返す寒さ
寒《かん》の戻《もど》り・寒返《かんがえ》り
▼桜の花の咲くころの寒さ
花冷《はなび》え
▼春の暖かさ　春暖《しゅんだん》・春暄《しゅんけん》
▼陽気に満ちた春　陽春《ようしゅん》
▼常に春のような陽気
常春《とこはる》・長春《ちょうしゅん》
▼春に吹く暖かい風
春風《しゅんぷう》・春風《はるかぜ》・東風《とうふう》・東風《こち》
▼春先に吹く強い風
春嵐《しゅんらん》・春嵐《はるあらし》・春疾風《はるはやて》

▼春の雲。また、茶の異称
春雲《しゅんうん》
▼春に鳴る雷　春雷《しゅんらい》
▼春に降る雪　春雪《しゅんせつ》
▼春先の暴風雨　春荒《はるあ》れ
▼春に降る雨。特に若芽の出るころの静かで、細かい雨
春雨《しゅんう》・春雨《はるさめ》
▼春の長雨　春霖《しゅんりん》
▼春にたつ霞
春霞《しゅんか》・春霞《はるがすみ》・春靄《しゅんあい》・春靄《はるもや》・春嵐《しゅんらん》・春《はる》の衣《ころも》
▼春のぬかるみ。特に雪解けによる
春泥《しゅんでい》
▼春ののどかな心持ち　春意《しゅんい》
▼春の物思い
春思《しゅんし》・春愁《しゅんしゅう》・春心《しゅんしん》
▼春の気分　春気《しゅんき》
▼春のおもむき
春情《しゅんじょう》・春《はる》の情《なさ》け

春

▼春のうららかな景色
春景《しゅんけい》・春光《しゅんこう》・春《はる》ざれ・春《しゅん》容《よう》・春色《しゅんしょく》

自然と生活からみた「春」

▼春を迎えるため用意をする
春営《はるいとな》み
▼春に田畑を耕す　春耕《しゅんこう》
▼春に収穫できる作物　春作《はるさく》
▼一月から七月までにやる肥料
春肥《はるごえ》
▼春に萌《も》え出る草　春草《はるくさ》・若草《わかくさ》
▼春の陽光に満ちた野　春野《はるの》
▼春の郊外、野辺　春郊《しゅんこう》
▼春の風物を訪ね歩く　探春《たんしゅん》
▼正月あるいは三月に野外に出て遊ぶ
春慰《はるなぐさ》み

▼春の夜の夢　春夢《しゅんむ》
▼春の夜の眠り　春眠《しゅんみん》
▼春、酒を飲む杯　春《はる》の杯《さかずき》
▼春に行う祭り　春祭《はるまつ》り
▼春になって着る衣服。また、年始に着る新しい着物
春着《はるぎ》・春服《はるふく》・春《はる》の衣《ころも》
▼春に多くの花が錦を織ったように美しく咲くさま
春《はる》の錦《にしき》
▼春の七種の草花（セリ・ナズナ・ゴギョウ・ハコベラ・ホトケノザ・スズナ・スズシロ）
春《はる》の七草《ななくさ》
▼学校の春季の学期休み
春休《はるやす》み

「春」に関する故事・成語・ことわざ

[秋月春風《しゅうげつしゅんぷう》]（⇒「月《つき》」四二一ページ）

[春花秋月《しゅんかしゅうげつ》]（⇒「月《つき》」四二一ページ）

[春日遅遅《しゅんじつちち》]（⇒「太陽《たいよう》・日光《にっこう》」三七五ページ）

[春宵一刻値千金《しゅんしょういっこくあたいせんきん》]
春の夜は月がおぼろにかすんで風情があり、そのうえ温暖で気分がよく、そのすばらしい眺めは、ほんのわずかな時間が千金にも値するほどだということ。出典は蘇軾《そしょく》の詩『春夜《しゅんや》』。

[春風駘蕩《しゅんぷうたいとう》]
春風がのどかに吹くさま。のどかな春景色の意から、人の態度・性格がのんびりしていて温和なことのたとえにもいう。「駘蕩」は、のどかで穏やかなようす。

[春眠《しゅんみん》暁《あかつき》を覚《おぼ》えず]（⇒「寝《ね》る・眠《ねむ》る」四六六ページ）

[春《はる》に三日《みっか》の晴《は》れなし]
春の花どきの天気は三日と続かな

いということ。《類》「花曇《はなぐも》り七日《なぬか》」

【一人娘《ひとりむすめ》と春《はる》の日《ひ》はくれそうでくれぬ】
一人娘は親が手放すのを惜しんで、なかなか嫁にやらない。春の日も暮れそうで暮れないということ。「呉れる」と「暮れる」をかけている。

【冬来《ふゆきた》りなば春遠《はるとお》からじ】（⇒「冬《ふゆ》」五三一ページ）

晴《は》れる・晴《は》れ

⇓ 天候からみた「晴れる・晴れ」

▼雲が散って青空が現れる
晴《は》れる・霽《は》れる・晴《は》れ上《あ》がる・晴《は》れ渡《わた》る・照《て》る・晴《は》れ退《の》く

▼太陽が厳しく照る
照《て》り付《つ》ける

▼明るい日光。また、ゆらぐ水面に輝く日光
晴光《せいこう》

▼晴れ始める　晴《は》れ初《そ》める

▼半ば晴れた　半晴《はんせい》

▼雲が切れて青空がのぞく
晴《は》れ間《ま》・雲間《くもま》

▼空が晴れ渡る　澄清《ちょうせい》

▼晴れた天気
晴天《せいてん》・青天《せいてん》・日和《ひより》・天気《てんき》・好天《こうてん》・快天《かいてん》・光天《こうてん》・朗天《ろうてん》・麗天《れいてん》・天晴《てんせい》・好晴《こうせい》

▼非常によく晴れた
快晴《かいせい》・上天気《じょうてんき》

▼空に雲一つない快晴
日本晴《にほんば》れ・上様日和《うえさまびより》

▼よく晴れ渡った空
晴天《せいてん》・青天《せいてん》・青空《あおぞら》・青空《せいくう》・晴空《せいくう》・青冥《せいめい》・碧空《へきくう》・碧天《へきてん》

▼空が晴れて穏やかな
晴和《せいわ》・長閑《のど》か

▼日差しがやわらかでのどか
麗《うら》らか

▼空が晴れて大気が澄む　晴朗《せいろう》

▼長く雨が降らない
日照《ひで》り・旱《ひでり》・旱天《かんてん》

▼晴れと雨　晴雨《せいう》・照《て》り降《ぶ》り

▼晴れと曇り
晴曇《せいどん》・晴陰《せいいん》・陰晴《いんせい》

▼晴れた空に浮かぶ雲　晴雲《せいうん》

▼変わりやすい天気
一刻日和《いっこくびより》・気紛《きまぐ》れ天気《てんき》・狐《きつね》日和《びより》

▼にわかな　俄日和《にわかびより》

▼雪がやんで　雪晴《ゆきば》れ

▼朝霜が降りてよい天気になる

晴れる・晴れ

霜晴《しもば》れ・霜日和《しもびより》
▼夕方になって　夕晴《ゆうば》れ
▼朝のよい天気　朝日和《あさびより》
▼夕方の雨上がり　晩霽《ばんせい》・晩晴《ばんせい》
▼雨後の晴れた空の月　霽月《せいげつ》
▼晴れた日に山に漂うかすかに青い霞
晴嵐《せいらん》
▼水面が晴れ渡って遠くまで見える川
晴川《せいせん》
▼洗濯によい　洗濯日和《せんたくびより》
▼郊外などで遊ぶのによい
行楽日和《こうらくびより》
▼遠くを見渡す
見晴《みは》らす・見霽《みは》るかす・見《み》
晴《は》るかす
▼晴れた日にはく歯の低い下駄
日和下駄《ひよりげた》

春夏秋冬の「晴れる・晴れ」

▼元日の　初晴《はつば》れ
▼春のよい天気　春日和《はるびより》
▼日光のやわらかな
麗《うら》らか・麗《うら》ら
▼うららかな日　麗日《れいじつ》
▼晴れて穏やかな
長閑《のど》か・長閑《のど》けし・長閑《のど》や
か
▼梅雨の晴れ間
梅雨晴《つゆば》れ・五月晴《さつきば》れ
▼雲も風もなく汗ばむような日照り
油照《あぶらで》り・脂照《あぶらで》り
▼晴れて太陽が激しく照りつける
かんかん照《で》り・直照《ひたて》り・炎《えん》
天《てん》
▼晴天が続く夏の
旱《ひでり》・旱空《ひでりぞら》・旱天《かんてん》
▼秋のよい天気　秋日和《あきびより》
▼秋の晴天　秋晴《あきば》れ・秋晴《しゅうせい》
▼晴れた秋の日のさわやかさ
爽《さわ》やか・爽気《そうき》・秋爽《しゅうそう》・爽《そう》
涼《りょう》・明《さや》けし・清《さや》けし
▼冬のよい天気
冬晴《ふゆば》れ・冬日和《ふゆびより》
▼初冬の穏やかな
小春《こはる》・小春日《こはるび》・小春日和《こはるびより》・
小春空《こはるぞら》
▼雪の晴れ間
雪晴《ゆきば》れ・深雪晴《みゆきば》れ

わだかまりや疑いが解ける意の「晴れる・晴れ」

▼気が晴れて明るい
麗《うら》らか・晴《は》れやか
▼さっぱりとした気持ち

晴れる・晴れ

晴《は》れ晴《ば》れ・晴晴《せいせい》

▼ふさいだ気持ちを晴らす
気晴《きば》らし・憂《う》さ晴《ば》らし

▼疑いを晴らす
面晴《めんば》れ・面晴《めんば》れ

▼自分の身にふりかかった疑いを晴らす
身晴《みば》れ

▼怒りが晴れる　霽威《せいい》

▼執念を晴らす　念晴《ねんば》らし

▼仕返しして恨みを晴らす
意趣晴《いしゅば》らし

褻晴《けは》れの意からみた「晴れ」

▼ふだんの時と儀式ばった時
褻晴《けは》れ

▼晴れの場所に出るときの着物
晴《は》れ着《ぎ》・御晴《おは》れ・晴《は》れ衣《ぎぬ》

▼たいそう表だって華やか
晴《は》れがましい

▼晴れの場に立った姿　晴《は》れ姿《すがた》

「晴れる・晴れ」に関する擬態語・形容語

▼明るくさわやかで晴ればれしているさま
からっと・からりと

▼よく晴れてすがすがしくさわやか
すかっと

▼春の日の光が美しくのどかに照る
うらうら・うらら・うららか

▼太陽の光が明るくきらきらと輝く
燦燦《さんさん》・粲粲《さんさん》

▼太陽が急に明るく強く照りつける
かっと

▼太陽が持続的に強く照りつける
かっかと

▼太陽が強く照りつける
かんかん

▼太陽が焼けつくように強く照りつける
じりじり

「晴れる・晴れ」に関する慣用句

［思《おも》いを晴《は》らす］（⇒「思《おも》う・思《おも》い」一四八ページ）

［気《き》が晴《は》れない］
気掛かりなことがあって、気分が重い。

［抜《ぬ》ける程《ほど》］
雲一つなく澄み渡った空の青さのことをいう。また、非常に白いさま。

［胸《むね》が晴《は》れる］
不安や心配がなくなり気分がさわ

やかになる。

「晴れる・晴れ」に関する成語

【晴好雨奇《せいこううき》】（⇒「景色《けしき》」一二三二ページ）

【晴耕雨読《せいこううどく》】晴れの日には田畑を耕し、雨の日には家にこもって読書をする意から、のんびり気ままに暮らすことのたとえ。

【青天白日《せいてんはくじつ》】青空に輝く太陽の意からよく晴れた天気のこと。心にやましさがない。また、無実の罪が晴れること。

【台風一過《たいふういっか》】台風が短時間で過ぎ去った後のよい天気。

判断《はんだん》

評価・評定の意からみた「判断」

▼物事の価値を定める　評価《ひょうか》・評《ひょう》する

▼ある基準によって物事の評価を決める　評定《ひょうてい》

▼判断してどちらかに　判定《はんてい》

▼物事のよしあしや価値などを評価・判定する　批判《ひはん》

▼よい悪いを論じて　論判《ろんぱん》

▼調べて　査定《さてい》

▼事実の有無などについて調べ認める　認定《にんてい》

▼見て判定する　見做《みな》す・看做《みな》す

▼差がないものとみなす　同一視《どういっし》・同視《どうし》

▼物事の長短を論じて評価する　評《ひょう》・批評《ひひょう》

▼世間の人の批評　評判《ひょうばん》・世評《せひょう》

▼よい評判　好評《こうひょう》・高評《こうひょう》

▼よくない　悪評《あくひょう》・不評《ふひょう》

▼短くまとめた批評　寸評《すんぴょう》・短評《たんぴょう》・コラム・レビュー

▼内容を論じた　論評《ろんぴょう》

▼全体にわたるおおまかな　概評《がいひょう》

▼総まとめの　総評《そうひょう》

▼大勢でする　合評《がっぴょう》

▼多くの人の　衆評《しゅうひょう》

判断

▼時事に関する　時評《じひょう》
▼その月ごとの　月評《げっぴょう》
▼多くの作品からよいものを選んでする
選評《せんぴょう》
▼細かい部分にわたっての
細評《さいひょう》
▼説明を加え、指導的な立場からする
講評《こうひょう》
▼適切な　適評《てきひょう》
▼手厳しい　酷評《こくひょう》
▼冷淡な　冷評《れいひょう》
▼見当違いの批評。自分のする批評の謙譲語
妄評《もうひょう》・妄評《ぼうひょう》
▼産物・製品・作品などのよしあしを決める
品評《ひんぴょう》・品定《しなさだ》め・評定《ひょうてい》
▼決算などで在庫品の評価をする
店卸《たなおろ》し・棚卸《たなおろ》し

▼おおよその値段を見積もる
値踏《ねぶ》み
▼能力や価値などによって段階をつける
格付《かくづ》け
▼点数をつけて成績を決める
採点《さいてん》
▼演劇の批評　劇評《げきひょう》
▼書物についての　書評《しょひょう》
▼人物についての
月旦評《げったんひょう》・月旦《げったん》
▼公務員や会社員などの仕事ぶりで優劣を評価する
考課《こうか》・成果主義《せいかしゅぎ》
▼管理者が勤務態度などで
勤務評定《きんむひょうてい》・勤評《きんぴょう》
▼競技等で優劣などを判定する。また、その人
審判《しんぱん》・ジャッジ・レフェリー・アンパイア
▼間違った
誤審《ごしん》・ミスジャッジ

識別の意からみた「判断」

▼物事の性質や種類などを見分ける
識別《しきべつ》
▼ある基準で選び分ける
選別《せんべつ》
選《え》り分ける・選《よ》り分《わ》ける・
▼条件に合ったものを選び分ける
篩《ふる》う
▼事のよしあしや真偽などを見分けて決める
判断《はんだん》
▼はっきり見分ける
判別《はんべつ》・見境《みさかい》
▼違いを見つけて分ける
区別《くべつ》・区分《くぶん》
▼種類によって分ける

判断

分別《ぶんべつ》・類別《るいべつ》・分類《ぶんるい》

▼厳しく区別する　峻別《しゅんべつ》

▼物事のよしあしを判定する
物定《ものさだ》め

▼物事の善悪などを見分けて区別する
弁《べん》じる・弁《べん》ずる・弁《わきま》える・弁別《べんべつ》

▼よくわきまえる　明弁《めいべん》

▼調べて見分ける　鑑別《かんべつ》

▼議案などをよいと認めて決める
可決《かけつ》

▼物事の真偽や価値などを見分ける
鑑定《かんてい》・目利《めき》き・鑑識《かんしき》

▼すぐれた鑑識。自分の作品を見てもらうときの語
清鑑《せいかん》・清鑒《せいかん》

▼美醜を見分ける。また、その力
審美《しんび》・審美眼《しんびがん》

決定・決断の意からみた「判断」

▼方針や態度などをはっきりとさせる
決定《けってい》・決断《けつだん》・断《だん》じる・決《き》まる・決《き》める・決《けっ》する・定《さだ》まる・定《さだ》める

▼心を決める
決意《けつい》・決心《けっしん》・覚悟《かくご》・思《おも》い固《かた》む・思《おも》い定《さだ》める

▼覚悟する
処決《しょけつ》・思《おも》い切《き》る・期《き》する

▼思い切って決心する
踏《ふ》み切《き》る・踏《ふ》み切《き》り・踏《ふ》ん切《ぎ》り

▼死を覚悟して　決死《けっし》

▼見て判断する
見立《みた》て・判《はん》じる・判《はん》ずる・見立《みた》てる・見《み》て取《と》る

▼はっきりと　断定《だんてい》

▼案を断定する　断案《だんあん》

▼早まった考え　早計《そうけい》

▼その場で素早くする
即決《そっけつ》・速決《そっけつ》・速断《そくだん》・即断《そくだん》・果決《かけつ》

▼論じて言い定める　論定《ろんてい》

▼準備や計画が十分できないうちに始める
腰撓《こしだ》め

▼量り考えて　量定《りょうてい》

▼よく考えて　勘決《かんけつ》

▼すぐれた判断力で思い切って
英断《えいだん》

▼勇気をもってする
勇断《ゆうだん》・勇決《ゆうけつ》・果断《かだん》

▼自分だけの考えで勝手に決める
独断《どくだん》・独《ひと》り決《ぎ》め・専断《せんだん》・擅《せん》断《だん》・決《き》め込《こ》む

▼自分勝手な。軽がるしい

判断

妄断《もうだん》・妄断《ぼうだん》

▼武力による　武断《ぶだん》

▼心構えを決める　処決《しょけつ》

▼間違いなくはっきりと決定する
確定《かくてい》

▼一時的な　暫定《ざんてい》

▼内々の　内定《ないてい》

▼相談して
取《と》り決《き》め・取《と》り極《き》め

▼議論して下す　論断《ろんだん》・論判《ろんぱん》

▼すでに決まっている
既定《きてい》・既決《きけつ》

▼決まっていない　未定《みてい》・未決《みけつ》

▼先に決める　先決《せんけつ》

▼前もって決める　予定《よてい》

▼前もってする判断　予断《よだん》

▼仮に決定する　仮定《かてい》・想定《そうてい》

▼推測によってする判断
推定《すいてい》・推断《すいだん》・臆断《おくだん》・憶断《おくだん》

▼誤った　誤断《ごだん》

▼占ってする
占断《せんだん》・占定《せんてい》・卜定《ぼくじょう》・卜定《ぼくてい》

▼夢の吉凶を　夢判《ゆめはん》じ・夢判断《ゆめはんだん》

▼診察して　診断《しんだん》

▼天皇の　叡断《えいだん》・聖断《せいだん》

▼決心がつかず迷う
躊躇《ちゅうちょ》・逡巡《しゅんじゅん》・躊躇《ためら》う

▼ためらって決断できない
猶予《ゆうよ》・遅疑《ちぎ》・狐疑《こぎ》

裁定・解決の意からみた「判断」

▼第三者が両者のどちらが正しいか、または悪いかを決める
裁《さば》く・裁《さば》き・裁判《さいばん》・断決《だんけつ》・処弁《しょべん》・判定《はんてい》

▼善悪や理非を裁いて決める
裁定《さいてい》・裁決《さいけつ》・裁断《さいだん》・判決《はんけつ》・処断《しょだん》

▼公の裁判　公裁《こうさい》

▼刑事訴訟の裁判。また、その判決
折獄《せつごく》

▼仲裁人が民事上の争いについてする裁決
仲裁判断《ちゅうさいはんだん》

▼権限をもつ者が可否を決める
決裁《けっさい》

▼裁いて始末する
処置《しょち》・処理《しょり》・処分《しょぶん》

▼事件を調べて裁く
審理《しんり》・審判《しんぱん》

▼理非を検察し罪を決める　検断《けんだん》

▼自分で裁く。また、ただちに裁決する
直裁《ちょくさい》

▼人の意見を聞かずひとりで決める
独裁《どくさい》

▼自分の考えで物事を処理する

判断

裁量《さいりょう》

▼明快な裁断　**明断《めいだん》**

▼朝廷が下す　**朝裁《ちょうさい》**

▼天皇が下す
勅裁《ちょくさい》・親裁《しんさい》・聖断《せいだん》・聖裁《せいさい》・上裁《じょうさい》・宸断《しんだん》

▼天皇の命令で制定する　**欽定《きんてい》**

▼人為的な制定。また、その人かどうかを確かめる
人定《じんてい》

▼会議の決定　**議決《ぎけつ》・決議《けつぎ》**

▼手柄を述べ合って決める　**論功《ろんこう》**

▼議案を認めて　**可決《かけつ》**

▼議案を認めない　**否決《ひけつ》**

▼議論して
論決《ろんけつ》・論結《ろんけつ》・論定《ろんてい》・論断《ろんだん》

▼評議して
評決《ひょうけつ》・議定《ぎてい》・議定《ぎじょう》・評定《ひょうてい》・評定《ひょうじょう》

▼決をとって　**採決《さいけつ》**

▼議案の賛否を意思表示して
表決《ひょうけつ》

▼投票して　**票決《ひょうけつ》**

▼国で　**国定《こくてい》**

▼官庁や公共機関などが公式に
公定《こうてい》

▼法令によって　**法定《ほうてい》**

▼法律などをつくって　**制定《せいてい》**

▼問題などを裁いて決まりをつける
解決《かいけつ》

▼物事の決まりがつく　**決着《けっちゃく》**

▼最終的な　**結論《けつろん》・断案《だんあん》**

▼まだ解決されていない
未解決《みかいけつ》

「判断」に関する慣用句

[色眼鏡《いろめがね》で見《み》る]
片寄った先入観をもってものを見る。

[意《い》を決《けっ》する]（⇒「意向《いこう》・意志《いし》・意思《いし》」一〇二ページ）

[海《うみ》の物《もの》とも山《やま》の物《もの》とも付《つ》かない]
それがどういう性質のものか、これからどうなるか、まったく予測できない。

[黒白《こくびゃく》を争《あらそ》う]
事のよしあしをはっきりさせる。

[黒白《こくびゃく》を弁《べん》ぜず]
物事の是非や正邪の判断ができない。

[先入主《せんにゅうしゅ》となる]
最初に頭に入った考えが固定観念となる。

[盾《たて》の両面《りょうめん》を見《み》よ]
物事は一面だけを見て判断するのではなく、裏表の両面をよく見きわめてから判断せよ。

[棚卸《たなおろ》しをする]

決算などのため、在庫品の数量を調べ、その価額を見積もる意から、他人の欠点や過ちを取り上げて非難すること。

【断《だん》を下《くだ》す】きっぱりと決断する。

【鶴《つる》の一声《ひとこえ》】大勢が議論してまとまりがつかないときに、有無を言わさず物事を決定する、有力者・権力者の一言。

【長《なが》い目《め》で見《み》る】物事や人物を現状だけで判断せずに、気長に将来を見守る。

【目《め》が眩《くら》む】欲望にとらわれて、判断力がなくなる。

【予《よ》断《だん》を許《ゆる》さない】前もって判断することがむずかしい。

「判断」に関する成語・ことわざ

【一念発起《いちねんほっき》】(⇒「思《おも》う・思《おも》い」一四九ページ)

【一刀両断《いっとうりょうだん》】物事を思い切って処理すること。決断が早く鮮やかなこと。

【右顧左眄《うこさべん》】迷って、なかなか物事が決められないさま。「左顧右眄《さこうべん》」も同じ。

【清水《きよみず》の舞台《ぶたい》から飛《と》び下《お》りる】重大な決意をして、思い切って物事を実行するたとえ。

【熟慮断行《じゅくりょだんこう》】十分に考えた上で、思い切って実行すること。

【春秋《しゅんじゅう》の筆法《ひっぽう》】判断が中正で厳しいこと。『春秋』は中国の五経の一つ。公正で厳しい批判的な態度で書かれている。

【進取果敢《しんしゅかかん》】自分から進んで事を行い、決断力が強いこと。

【善《ぜん》は急《いそ》げ】(⇒「行《おこな》う・行《おこな》い」一二四ページ)

【即断即決《そくだんそっけつ》】時間をかけずに判断し、決めること。

火《ひ》

強弱・様態からみた「火」

▼物が熱・光を伴って燃える現象

火《ひ》・火《ほ》・真火《まひ》

▼気体が燃えて熱と光を出している

火

部分
炎《ほのお》・焰《ほのお》・炎《ほむら》・火炎《かえん》・火焰《かえん》
▼火の気配　火《ひ》の気《け》・火気《かき》
▼火をともす
点火《てんか》・着火《ちゃっか》・火点《ひと》し・火点《ひとぼ》し
▼燃え出す　発火《はっか》
▼酸化しやすい物質が自然に発火する
自然発火《しぜんはっか》
▼燃え上がる　炎上《えんじょう》
▼空中に立ちのぼる炎
火柱《ひばしら》・火《ひ》の柱《はしら》
▼燃え移る　引火《いんか》・火移《ひうつ》り
▼にわかに燃え上がる　急火《きゅうび》
▼盛んにおこっている　活火《かっか》
▼全体に火がついて燃え上がる
火達磨《ひだるま》
▼激しく燃える
烈火《れっか》・熱火《あつび》・猛火《もうか》・猛火《みょうか》・
武火《ぶか》
▼火が燃えるとき、飛び散る小さな
火《ひ》の粉《こ》・火片《かへん》・火花《ひばな》
▼ひらめく　閃火《せんか》
▼はじけて跳ね飛ぶ
跳《は》ね火《び》・走《はし》り火《び》
▼火を保つ　火持《ひも》ち・火保《ひも》ち
▼一つだけともっている
一《ひと》つ火《び》・孤灯《ことう》
▼覆いなどがなく炎が露出している
裸火《はだかび》
▼火力が強い　強火《つよび》・急火《きゅうび》
▼火力が中ぐらいの　中火《ちゅうび》
▼火力が弱い
とろ火《び》・とろとろ火《び》・微温《ぬる》
火《び》・緩火《ぬるび》・弱火《よわび》
▼火の勢いが衰える　下火《したび》
▼燃え残りの炎　余炎《よえん》
▼燃え残り　余燼《よじん》
▼消え残った
蛍火《ほたるび》・蛍火《けいか》・残《のこ》り火《び》・残火《ざんか》

火事からみた「火」

▼建物などが焼ける
火事《かじ》・火災《かさい》・火《ひ》の事《こと》・火《ひ》の
騒《さわ》ぎ
▼火事を忌んで言う　水流《みずなが》れ
▼大きな　大火《たいか》・大火事《おおかじ》
▼小さな　小火《ぼや》・小火《しょうか》
▼火事を出す　出火《しゅっか》
▼急に燃え上がった　急火《きゅうか》
▼火の燃える勢い　火《ひ》の手《て》
▼過ちで火事を出す
失火《しっか》・粗相火《そそうび》
▼人の過失による　人火《じんか》
▼自分の家から出た　自火《じか》
▼近所の　近火《きんか》・近火《ちかび》
▼火事の原因となる火の気のある所

火《ひ》の元《もと》・火《ひ》元《もと》

▼原因不明の
不審火《ふしんび》・不審火《ふしんか》・怪火《かいび》

▼近所の火事で一緒に燃える
貰《もら》い火《び》・類焼《るいしょう》・類火《るいか》

▼燃え広がる　延焼《えんしょう》

▼火の粉で離れた場所が火事になる
飛《と》び火《ひ》

▼風上の方へ燃え移る
後火《しりび》・尻火《しりび》

▼全部焼ける　全焼《ぜんしょう》・丸《まる》焼《や》け

▼残らず焼き尽くす
焼尽《しょうじん》・焦土《しょうど》

▼建物などが半分焼ける　半焼《はんしょう》

▼わざと火事を起こす
放火《ほうか》・付《つ》け火《び》・火《ひ》付《つ》け

▼山林の　山火《さんか》・山火事《やまかじ》

▼落雷による　雷火《らいか》

▼戦争による　兵火《へいか》・戦火《せんか》

▼防ぐ　防火《ぼうか》

▼消す　消火《しょうか》

▼鎮まる　鎮火《ちんか》・鎮火《ひしずめ》

種別からみた「火」

▼野原を焼く　野火《のび》・野火《やか》

▼ほた（木の切れ端）をたく
榾火《ほたび》

▼アシを燃やす　葦火《あしび》

▼アシ・カヤなどの枯れたものをたく
すくも火《び》

▼わらを燃やす　藁火《わらび》

▼藻塩を作るのにたく　藻塩火《もしおび》

▼海人《あま》が藻くずやごみをたく
芥火《あくたび》

▼害虫駆除のためあぜの枯れ草をたく
畦火《あぜび》

▼蚊を追い払うための煙

蚊《か》遣《や》り火《び》・蚊火《かび》・蚊《か》遣《や》り

▼山焼きの　山火《やまび》

▼暖をとるため屋外でたく
焚《た》き火《び》

▼庭でたく
庭火《にわび》・庭燎《にわび》・燎火《りょうか》・庭燎《ていりょう》

▼木をもみ込んで起こした、また、火打ち石で起こした
切《き》り火《び》・鑽《き》り火《び》・燧火《すいか》・打《う》ち火《び》・擦《す》り火《び》・摺《す》り火《び》・石火《せっか》・石《いし》の火《ひ》・清火《きよび》

▼火を打ち出す。また、その道具
火《ひ》打《う》ち・燧《ひうち》・火《ひ》打《う》ち石《いし》・燧石《ひうちいし》

▼枯れたヒノキなどの木口に棒をあてすり込んで火をつくる
火《ひ》鑽《き》り・火《ひ》切《き》り・燧《ひきり》

▼音を立てずにする切り火
忍《しの》び火《び》

▼火をおこすもとの　火種《ひだね》

▼灰の中に埋めた炭火

埋《うず》み火《び》・埋《い》け火《び》

▼赤く熱した炭火
燠火《おきび》・熾火《おきび》・熾し火《おこしび》・燠《おき》・熾《おき》

▼火桶の中の　桶火《おけび》

▼炭でおこした　炭火《すみび》

▼ともした
灯火《ともしび》・灯《ともしび》・燭《ともしび》・灯火《とうか》・灯《ともし》・点火《とぼし》・明《あ》かり・灯《あかし》・燈《ひ》・灯《ひ》

▼火鉢などにまたがって暖をとる
股火《またび》・股火鉢《またひばち》

▼火をおこすとき、準備されている
種火《たねび》

▼炭火の少ないとき、さらに炭火を加える
差《さ》し火《び》

▼蒲団に入れて足をあたためる道具
行火《あんか》

▼油に灯芯《とうしん》をつけてともした
油火《あぶらび》

▼火をつけて照明とする
炬火《きょか》・炬火《こか》・炬《たいまつ》・松明《たいまつ》・松火《しょうか》・打《う》ち松《まつ》・続松《ついまつ》・篝火《かがりび》・篝《かがり》

▼合図の
号火《ごうか》・煙火《えんか》・狼煙《のろし》・烽火《のろし》・狼煙《ろうえん》・狼火《ろうか》・烽火《ほうか》・烽《とぶひ》・飛《と》ぶ火《ひ》

▼空中の放電で起こる光
電火《でんか》・雷火《らいか》・電光《でんこう》・稲光《いなびかり》・稲妻《いなずま》

▼魚をとるためにたく
漁火《ぎょか》・漁《いさ》り火《び》

▼鵜飼いのときたく　鵜飼《うか》い火《び》

▼火薬を爆発させるための
導火《どうか》・口火《くちび》

▼火薬の導火線　道火《みちび》・火縄《ひなわ》

▼筒に入れた火薬に点火して観賞する
花火《はなび》・煙火《はなび》・煙火《えんか》

▼火をおもちゃにする
弄火《ろうか》・火遊《ひあそ》び

▼直接火にあてて焼いたりする
直火《じかび》

▼蒸し焼きに使う器具
天火《てんぴ》・オーブン

▼歌舞伎で狐火や人魂に見せる
樟脳火《しょうのうび》・焼酎火《しょうちゅうび》

▼歌舞伎で幽霊が出るときなどに使う
焰硝火《えんしょうび》

▼燃えてくる火に対してこちらから火をつけて火勢を弱める
向《む》かい火《び》

▼銃を撃つとき出る　銃火《じゅうか》

▼火砲を撃つとき出る　砲火《ほうか》

▼交叉して飛び交う銃砲火
十字砲火《じゅうじほうか》・十字火《じゅうじか》

▼原子力エネルギー　第三《だいさん》の火《ひ》

▼火山の爆発で溶岩などが噴き出す
噴火《ふんか》

▼夜、海上に多くの光が点在して見える現象
不知火《しらぬい》・不知火《しらぬひ》・白縫《しらぬい》

神・仏・信仰からみた「火」

▼正体が分からない　怪火《かいか》

▼夜間、山野に見える青白い怪火
狐火《きつねび》・狐《きつね》の提灯《ちょうちん》・鬼火《おにび》・鬼火《きか》・青火《あおび》・野火《やか》・燐火《りんか》・陰火《いんか》

▼夜間、空中を飛んでいるような鬼火
火《ひ》の玉《たま》・火玉《ひだま》・人魂《ひとだま》・幽霊火《ゆうれいび》

▼天が下した
天《あめ》の火《ひ》・天火《てんか》・天火《てんぴ》・神火《しんか》

▼仏前でたく焼香の　香火《こうか》

▼喪中の家の火で調理する、また、その調理したもの
合《あ》い火《び》

▼葬式の出棺後に門前でたく
門火《かどび》・跡火《あとび》・後火《あとび》

▼新盆の家または村共同でたく盆火
万灯火《まとび》・百八炬火《ひゃくはちたい》・百八炬火《ひゃくはつたい》

▼盂蘭盆《うらぼん》の初日にたく　迎《むか》え火《び》

▼盂蘭盆の最後の夜にたく
送《おく》り火《び》・施火《せび》・霊送《たまおく》り火《び》

▼物質界の四元素の中の風と火
風火《ふうか》

▼釈迦の教えを灯火にたとえる
法灯《ほうとう》・法《のり》の灯《ともしび》・法《のり》の灯火《ともしび》

▼地獄の　獄火《ごっか》

▼全世界を焼き尽くすという大火
劫火《ごうか》・劫火《こうか》

▼悪業が身を滅ぼすことを火にたとえる
業火《ごうか》

▼神聖な　聖火《せいか》・浄火《じょうか》

▼斎《い》み清めた
斎火《いみび》・忌火《いみび》・斎火《いむび》・忌火《いむび》・斎火《いんび》・忌火《いんび》・浄火《じょうか》

▼汚《けが》れに触れない　別火《べっか》・別火《べつび》

▼神に誓い、熱した鉄を握り心のあかしとする
神文鉄火《しんもんてっか》

▼火山噴火を神聖視していう
御神火《ごじんか》

▼火災のないよう祈る祭り
火《ひ》祭《まつ》り・鎮火祭《ちんかさい》・鎮火《ひしずめ》の祭《まつ》り

「燃焼」に関する動詞・複合動詞

▼火がついて炎が上がる
燃《も》える・焼《や》ける・燃《も》え付《つ》く・燃《も》え立《た》つ・燃《も》え上《あ》がる

▼火をつけて焼く
燃《も》やす・燃《も》す・焼《や》く・焚《た》く・くべる・焚《た》き付《つ》ける

▼盛んに燃える
燃《も》え盛《さか》る・燃《も》え広《ひろ》がる・熾《おこ》る

▼よく燃えず煙が出る
燻《くす》ぶる・燻《いぶ》る・煙《けむ》る・燻《ふす》ぶる・燻《ふす》ぼる

▼炎を出さないよう燃やす
燻《くす》べる・燻《ふす》べる・燻《いぶ》す

▼煙をゆっくりと立たせる
燻《くゆ》らす

▼煙が立つ　燻《くゆ》る

▼香をくゆらす　焚《た》く・炷《た》く

▼火が燃えなくなる
消《き》える・滅《めっ》する

▼火が消えず少し残る
消《き》え残《のこ》る

▼燃えているのを止める
消《け》す・揉《も》み消《け》す・消《け》し止《と》める・吹《ふ》き消《け》す・打《う》ち消《け》す

▼全部燃える　燃《も》え尽《つ》きる

「燃焼」に関する擬音語・擬態語

▼激しく燃える　がんがん

▼盛んに煮えたぎる
ぐらぐら・ぐつぐつ

▼静かに煮立つ　ことこと

▼ちょうどよく焼けて、薄茶色になる
こんがり

▼脂などが焼ける
じーじー・じゅーじゅー

▼油で炒《いた》める　じゃーじゃー

▼急に高温のものを水に入れたとき出る
じゅっ

▼炎がわずかに上がっている
ちょろちょろ・ちろちろ

▼毛などが焼けて縮れる
ちりちり・じりじり

▼火の勢いが弱い　とろとろ

▼火花を散らしながら燃える
ぱちぱち

▼煙だけ出て燃える　ぶすぶす

▼火が勢いよく燃えている
ぼーぼー・めらめら

▼火が勢いよく燃え立つ
ぼっと・ぱっと

「火」に関する慣用句

[灰燼《かいじん》に帰《き》す]
何もかも燃えて跡形もなく灰になってしまうこと。《類》「灰燼《かいじん》と化《か》す」「焦土《しょうど》と化《か》す」

[火《ひ》が付《つ》く]
燃え始めること。また、騒ぎや争いが起こる。

[火《ひ》を失《しっ》する]
誤って火事を出す。

【火《ひ》を付《つ》ける】①点火する。また、騒ぎのきっかけをつくる。②放火する。《類》「火《ひ》を掛《か》ける」「火《ひ》を放《はな》つ」

【火《ひ》を通《とお》す】焼いたり煮たりして熱が食べ物の内部まで行き渡るようにする。

【火《ひ》を吐《は》く】火を吹き出す。また、弁論の激しいさま。

【火《ひ》を吹《ふ》く】火を吹き出す。また、弾丸が発射される。また、かまどの火をおこすとき火吹き竹を吹く意から、炊事すること。

【火《ひ》を振《ふ》る】灯火や燃え木をかきたてること。また、仲違いすること。

「火」に関することわざ

【火事《かじ》と喧嘩《けんか》は江戸《えど》の花《はな》】火事と喧嘩は、華やかな江戸を象徴する二大名物であるということ。「花」は、「華」とも書く。《類》「火事《かじ》は江戸《えど》の花《はな》」「江戸《えど》の名物《めいぶつ》は火事《かじ》、喧嘩《けんか》、犬《いぬ》の糞《くそ》」

【竈《くど》の火《ひ》は前《まえ》で焚《た》け風呂《ふろ》の火《ひ》は奥《おく》で焚《た》け】かまどの火は焚《た》き口《ぐち》近くで燃やし、風呂の火は奥の方で燃やすようにすると火を効率よく燃やすことができるということ。

評判《ひょうばん》

うわさ・世評からみた「評判」

▼世間で言い触らされている

噂《うわさ》・評判《ひょうばん》・沙汰《さた》・名《な》・説《せつ》

▼多くの人の言葉

衆口《しゅうこう》・衆説《しゅうせつ》

▼世間の評判・うわさ

世評《せひょう》・風評《ふうひょう》・聞《き》こえ・物《もの》の聞《き》こえ・世間口《せけんぐち》・巷説《こうせつ》・世説《せせつ》・巷議《こうぎ》・世話《せわ》・外聞《がいぶん》・声聞《せいぶん》・名聞《めいぶん》・聞《き》き耳《みみ》・取《と》り沙汰《ざた》・下馬評《げばひょう》・呼《よ》び声《ごえ》・口《くち》の端《は》・人《ひと》の口《くち》・人口《じんこう》・人言《じんげん》・物論《ぶつろん》・物議《ぶつぎ》・街談《がいだん》・通《とお》り

▼高い　高評《こうひょう》・聞達《ぶんたつ》

▼物事が始まる前からの世間で言い触らされている

前評判《まえひょうばん》

▼世の中に公然と知れ渡る

表沙汰《おもてざた》

▼人物や物に対する世間の　声価《せいか》

▼多くの人が認める

定評《ていひょう》・極《きわ》め付《つ》き

評判

▼どこからともなく聞こえてくる
風聞《ふうぶん》・風声《ふうせい》・風信《ふうしん》・音《おと》
▼伝え聞く　伝聞《でんぶん》
▼世間でよく口にされる俗な
下説《げせつ》・下世話《げせわ》
▼遠回しに分からせる　諷言《ふうげん》
▼世間に広まっている根拠のない
風評《ふうひょう》・風説《ふうせつ》・浮説《ふせつ》・流説《りゅうせつ》・流言《りゅうげん》・飛語《ひご》・飛言《ひげん》・浮言《ふげん》・浮評《ふひょう》・虚説《きょせつ》・虚聞《きょぶん》・虚談《きょだん》・虚声《きょせい》・虚伝《きょでん》・空言《くうげん》・空言《そらごと》・蜚語《ひご》
▼事実を偽った
誣説《ふせつ》・誣言《ふげん》・誣言《ぶげん》
▼つやっぽい、情事の
艶聞《えんぶん》・浮《う》き名《な》・徒名《あだな》・戯《たわむ》れ名《な》

人気・名声からみた「評判」

▼その人が世間から受ける
人気《にんき》・受《う》け・気受《きう》け・人受《ひとう》け
▼大衆が気に入る　俗受《ぞくう》け
▼客の　客受《きゃくう》け
▼世間の信頼・人気がある　人望《じんぼう》
▼世間から受ける信頼・期待
衆望《しゅうぼう》・輿望《よぼう》
▼名声と人望　声望《せいぼう》
▼信頼と人望　信望《しんぼう》
▼徳が高くて人望がある　徳望《とくぼう》
▼人望・名声が高い　名望《めいぼう》
▼よい評判
好評《こうひょう》・名声《めいせい》・声名《せいめい》・芳名《ほうめい》・芳声《ほうせい》・令名《れいめい》・佳名《かめい》・誉《ほま》れ・名《な》・称《しょう》・名誉《めいよ》
▼特にすぐれた名声
英名《えいめい》・盛名《せいめい》・雷名《らいめい》
▼有名な
高名《こうめい》・高名《こうみょう》・名《な》うて・著名《ちょめい》・名代《なだい》

▼評判と声望　名聞《めいぶん》・名聞《みょうもん》
▼名目的な　美名《びめい》
▼勇気があるという　勇名《ゆうめい》・驍名《ぎょうめい》
▼才能があるという　才名《さいめい》
▼文章に巧みという　文名《ぶんめい》・文声《ぶんせい》
▼詩人としての　詩名《しめい》
▼武人としての　武名《ぶめい》
▼一家の　家名《かめい》・家声《かせい》
▼威光のある　威名《いめい》
▼花柳界での高い　嬌名《きょうめい》
▼評判と実質　名実《めいじつ》
▼その地域などで有名なもの
名物《めいぶつ》
▼死後まで残る誉れ　余栄《よえい》
▼悪い評判
悪評《あくひょう》・悪声《あくせい》・不評判《ふひょうばん》・不評《ふひょう》・汚名《おめい》・不人気《ふにんき》・不首《ふしゅ》

評判

尾《び》・悪名《あくめい》・悪名《あくみょう》

▼恥となるような悪い　醜名《しゅうめい》

▼実質のない名声　空名《くうめい》・虚名《きょめい》

流布などからみた「評判」

▼世間に広まる

流布《るふ》・普及《ふきゅう》・波及《はきゅう》

▼世間に広く知れ渡る　膾炙《かいしゃ》

▼世間に伝わり広まる

流伝《りゅうでん》・流伝《るでん》・伝播《でんぱ》

▼広く世間に知られるようにする

響《ひび》かせる・轟《とどろ》かせる・馳《は》せる・売《う》り込《こ》む・売名《ばいめい》

▼名声・評判が広く世間に知れ渡る

鳴《な》る・鳴《な》り渡《わた》る・鳴《な》り響《ひび》く・響《ひび》く・響《ひび》き渡《わた》る・轟《とどろ》く

「評判」に関する慣用句

[悪事千里《あくじせんり》を走《はし》る]
悪い行いや評判はすぐ世間に知れ渡る。《類》「悪事千里《あくじせんり》を行《ゆ》く」

[一世《いっせい》を風靡《ふうび》する]
その時代で知らない人がいないほど知られる。

[浮名《うきな》を流《なが》す]
男女の仲が評判になる。

[受《う》けがよい]
周りの人の評判がよい。

[腕《うで》を鳴《な》らす]
技術や能力で世間の評判を得る。

[音《おと》に聞《き》く]
評判が高い。また、人づてに聞く。《類》「世《よ》に聞《き》こえる」

[汚名《おめい》を雪《すす》ぐ]
悪い評判をぬぐいさる。

[顔《かお》が売《う》れる]
世の中に広く知られる。

[顔《かお》を売《う》る]
世の中に広く知られるようにする。

[株《かぶ》が上《あ》がる]
世間の評判がよくなる。

[口《くち》に乗《の》る]
世間の話題になる。《類》「口《くち》の端《は》に上《のぼ》る」

[名流《ななが》る]
評判が世間に伝わる。

[名《な》に聞《き》く]
うわさに聞く。

[名《な》にし負《お》う]
評判通りの。「名に負う」を強めた言い方。

[名《な》に立《た》つ]
うわさに立つ。

[名《な》に恥《は》じない]
評判だけでなく、実質も伴っているようす。

［名《な》を揚《あ》げる］
世の中の評判になる。
［名《な》を汚《けが》す］
名誉や評判を傷つける。《類》「名《な》を辱《はずかし》める」
［名《な》を立《た》てる］
あることで評判をとり、有名になる。《類》「名《な》を馳《は》せる」
［名《な》を取《と》る］
評判を受ける。有名になる。
［名《な》を流《なが》す］
世間に評判を立てる。
［名《な》を残《のこ》す］
評判を後の世まで伝える。《類》「名《な》を留《とど》める」
［名《な》を広《ひろ》める］
評判になる。
［札付《ふだつ》き］
世間の悪い定評。また、その人。
［不評《ふひょう》を買《か》う］
悪い評判を受ける。
［名実共《めいじつとも》に］
評判だけでなく実質も備わった。
［勇名《ゆうめい》を馳《は》せる］
勇敢さが評判になる。

「評判」に関する故事・成語・ことわざ

［衆口金《しゅうこうきん》を鑠《とか》す］
多くの人びとの言うことが一致すれば、たとえ固い金属であってもとかしてしまうということで、世間の評判や中傷には恐ろしい力があることのたとえ。
［人口《じんこう》に膾炙《かいしゃ》する］
広く世間の人びとにもてはやされ、評判になること。
［人《ひと》の噂《うわさ》も七十五日《しちじゅうごにち》］
世間の評判はそう長くは続かないものだということ。
［人《ひと》の口《くち》に戸《と》は立《た》てられぬ］
世間のうわさは防ぎようがない。
［火《ひ》のない所《ところ》に煙《けむり》は立《た》たぬ］（⇒「原《げん》因《いん》・結果《けっか》」二三六ページ）
［流言飛語《りゅうげんひご》］
世間に言い触らされて広まっている根拠のないうわさ。「流言蜚語」とも書く。

夫婦《ふうふ》

結婚した男女をいう「夫婦」の様態

▼結婚した男女
夫婦《ふうふ》・夫婦《めおと》・夫婦《おひとめ》・夫妻《ふさい》・夫妻《めおと》・配偶《はいぐう》・対偶《たいぐう》・伉配《こうはい》・伉儷《こうれい》・匹偶《ひつぐう》・匹耦《ひつぐう》・妹背《いもせ》・妹脊《いもせ》・女男《めお》・女男《めおと》・女夫《めおと》・妻夫《めおと》

▼夫婦をややくだけ、俗っぽく言って

夫婦

連《つ》れ合《あ》い・番《つがい》
▼夫婦の一方からみての他方
配偶者《はいぐうしゃ》
▼夫婦の間柄
夫婦仲《ふうふなか》・夫婦合《めおとあ》い
▼よい　好配《こうはい》・佳配《かはい》
▼仲のよい　鴛鴦《おしどり》・鴛鴦夫婦《おしどりふうふ》
▼密通して夫婦となったもの
出来合《できあ》い夫婦《ふうふ》・馴《な》れ合《あ》い・馴《な》れ合《あ》い夫婦《ふうふ》・どれあい夫婦《めおと》
▼夫婦が仲よく共に年老いるまで一緒に暮らす
偕老《かいろう》・共白髪《ともしらが》・友白髪《ともしらが》・諸白髪《もろしらが》・床旧《とこふ》る
▼子どもがたくさんいる
子福《こぶく》・子福者《こぶくしゃ》
▼一人の夫に一人の妻がいるという婚姻形態
一夫一婦《いっぷいっぷ》・一夫一妻《いっぷいっさい》
▼一人の夫に二人以上の妻がいる
一夫多妻《いっぷたさい》
▼夫婦とする
添《そ》わす・合《あ》わす・添《そ》わせる・連《つ》れ合《あ》わせる・くっつける・配合《はいごう》・配偶《はいぐう》
▼夫婦となる
連《つ》れ添《そ》う・くっつく・妹背《いもせ》結《むす》び
▼夫婦が一緒に出掛ける
夫婦連《ふうふづ》れ
▼夫婦が婚姻を解消する
離婚《りこん》・離縁《りえん》・夫婦別《ふうふわか》れ

夫婦のうちの男性をいう「夫」の様態

▼夫婦のうち男の方
夫《おっと》・夫《ふ》・夫君《ふくん》・良人《おっと》・亭主《ていしゅ》・主《ぬし》・契夫《けいふ》・男《お》・男《おとこ》・所天《しょてん》・夫子《せこ》・夫《おひと》・夫《つま》・連《つ》れ合《あ》い・ハズバンド
▼妻が他人に自分の配偶者をいう
夫《おっと》・主人《しゅじん》・郎君《ろうくん》・宅《たく》・良人《りょうじん》・良人《りょうにん》・己夫《おのづま》
▼妻が夫を敬っていう
背《せ》の君《きみ》・我《わ》が夫《せ》・夫君《ふくん》・旦那様《だんなさま》
▼妻が親愛をこめ、または俗っぽく夫を呼ぶ
内《うち》の人《ひと》・亭主《ていしゅ》・旦《だん》つく・宿《やど》・宿六《やどろく》・御亭《ごて》・御亭《ごて》さん・此方《こち》の人《ひと》・ダーリン
▼他人の夫をその妻に敬っていう
御主人様《ごしゅじんさま》・御主人《ごしゅじん》さん・旦那様《だんなさま》・旦那《だんな》さん
▼他人の夫をその妻に親愛をこめていう
夫君《ふくん》・御亭主《ごていしゅ》
▼妻からみて夫がいる　有夫《ゆうふ》

夫婦

▼正式に結婚した　本夫《ほんぷ》

▼他人の　他夫《ひとづま》

▼二人の　両夫《りょうふ》

▼遠くにいる、なかなか逢えない
遠夫《とおづま》

▼年をとった　老夫《ろうふ》

▼病気の　病夫《びょうふ》

▼前に連れ添った
先夫《せんぷ》・前夫《ぜんぷ》・前夫《したお》・下夫《したお》

▼亡くなった　亡夫《ぼうふ》

▼妻を失った
鰥夫《やもお》・鰥夫《やもめ》・男鰥《おとこやもめ》・寡夫《やもお》・寡夫《やもめ》

▼二度目の、二度目以降の
継夫《けいふ》・後夫《ごふ》・継人《ままびと》

▼心中に深く夫と決めた相手
心夫《こころづま》

▼いとしい　思《おも》い夫《づま》

▼夫の父親　舅《しゅうと》

▼夫の母親　姑《しゅうと》・姑《しゅうとめ》

▼夫の兄弟　小舅《こじゅうと》

▼夫の姉妹　小姑《こじゅうと》・小姑《こじゅうとめ》

▼姉の　義兄《ぎけい》・姉婿《あねむこ》

▼妹の　義弟《ぎてい》

▼姉妹の夫同士　相婿《あいむこ》・相聟《あいむこ》

▼娘の　婿《むこ》・聟《むこ》・壻《むこ》

夫婦のうちの女性をいう「妻」の様態

▼夫婦のうち女の方
妻《つま》・妻《さい》・妻女《さいじょ》・妻子《さいし》・細君《さいくん》・女房《にょうぼう》・女房《にょうぼ》・夫人《ふじん》・家内《かない》・家《いえ》・室《しつ》・家婦《かふ》・主婦《しゅふ》・閨室《けいしつ》・家刀自《いえとじ》・家刀自《いえとうじ》・連《つ》れ合《あ》い・ワイフ

▼妻のこと　嫁《よめ》・娵《よめ》・婦《よめ》・己妻《おのづま》

▼他人の
細君《さいくん》・正室《せいしつ》・内子《ないし》・人妻《ひとづま》

▼夫が他人に自分の配偶者をいう
妻《つま》・妻《さい》・家内《かない》・女房《にょうぼう》・女房《にょうぼ》

▼夫が親愛をこめ、また、俗っぽく妻を呼ぶ
室《しつ》・上《かみ》さん・嚊《かかあ》・嬶《かかあ》・山《やま》の神《かみ》

▼他人の妻をその夫に敬っていう
奥様《おくさま》・奥方《おくがた》・賢夫人《けんぷじん》・夫人《ふじん》・令閨《れいけい》・令夫人《れいふじん》・内室《ないしつ》・内儀《ないぎ》・令室《れいしつ》・内君《ないくん》・内方《ないほう》・内方《うちかた》・室家《しっか》・令政《れいせい》・令正《れいせい》

▼他人の妻をその夫に親愛をこめていう
細君《さいくん》・御上《おかみ》さん・奥《おく》さん

▼自分の妻のことを謙遜していう
細君《さいくん》・家内《かない》・愚妻《ぐさい》・愚婦《ぐふ》・内子《ないし》・寡妻《かさい》・荊妻《けいさい》・拙妻《せつさい》・山妻《さんさい》・内儀《ないぎ》

▼貴人・身分の高い人の
夫人《ふじん》・令夫人《れいふじん》・内室《ないしつ》・内《ない》

夫婦

方《ほう》・内方《うちかた》・裏方《うらかた》・御台所《みだいどころ》・
御簾中《ごれんじゅう》・御簾中《ごれんちゅう》

▼夫からみて妻がいる　有婦《ゆうふ》

▼正式に結婚した　本妻《ほんさい》・正妻《せいさい》

▼内縁関係にある　内妻《ないさい》

▼よい、賢い
良妻《りょうさい》・良嬪《りょうひん》・賢妻《けんさい》・賢夫人《けんぷじん》

▼悪い、愚かな　悪妻《あくさい》・愚妻《ぐさい》

▼若い、幼い
幼妻《おさなづま》・若妻《わかづま》・若奥《わかおく》さん・御《ご》
寮人《りょうにん》

▼結婚して間もない　新妻《にいづま》

▼恋愛結婚した
恋妻《こいづま》・恋女房《こいにょうぼう》・知音女房《ちいんにょうぼう》

▼口やかましい　山《やま》の神《かみ》

▼夫が愛している。また、その夫
愛妻《あいさい》・愛妻家《あいさいか》

▼夫が頭の上がらない。また、その夫
恐妻《きょうさい》・恐妻家《きょうさいか》

▼頭《かしら》・親分・兄貴分などの
姉御《あねご》・姐御《あねご》

▼夫より年上の
姉女房《あねにょうぼう》・姉《あね》さん女房《にょうぼう》・姉《ねえ》
さん女房《にょうぼう》

▼かいがいしく世話をする
世話女房《せわにょうぼう》

▼女性の方から積極的に男性に結婚
を強いた
押《お》し掛《か》け女房《にょうぼう》

▼遠くにいる、なかなか逢えない
遠妻《とおづま》

▼年をとった　老妻《ろうさい》

▼病気の　病妻《びょうさい》・病婦《びょうふ》

▼前に連れ添った
先妻《せんさい》・前妻《ぜんさい》・前妻《こなみ》・前婦《ぜんぷ》・
嫡妻《こなみ》

▼亡くなった
亡妻《ぼうさい》・亡室《ぼうしつ》・亡婦《ぼうふ》

▼夫を失った
未亡人《みぼうじん》・寡《やもめ》・孀《やもめ》・寡婦《かふ》・
寡婦《やもめ》・御家《ごけ》

▼二度目の、二度目以降の
後妻《ごさい》・後妻《うわなり》・後添《のちぞ》い・継《けい》
室《しつ》・継妻《けいさい》・後連《のちづ》れ・次妻《うわなり》

▼心中に深く妻ときめた相手
心妻《こころづま》

▼いとしい
思《おも》い妻《づま》・愛妻《はしづま》・奥妻《おくづま》

▼僧侶の　梵妻《ぼんさい》・大黒《だいこく》

▼妻の父親
外舅《がいきゅう》・外父《がいふ》・岳父《がくふ》・嶽父《がくふ》

▼妻の母親　外姑《がいこ》・外母《がいぼ》・宅母《たくぼ》

▼妻の兄弟　小舅《こじゅうと》

▼妻の姉妹　小姑《こじゅうと》・小姑《こじゅうとめ》

▼兄の妻　兄嫁《あによめ》・嫂《あによめ》

▼弟の　弟嫁《おとよめ》・弟嫁《おとうとよめ》・乙嫁《おとよめ》

▼兄弟の妻同士　相嫁《あいよめ》

▼息子の　嫁《よめ》・娵《よめ》・婦《よめ》

夫婦

▼嫁の尊敬語　嫁御《よめご》

▼嫁を親しみをもって呼ぶ　嫁女《よめじょ》

「夫婦」に関する慣用句・故事・成語・ことわざ

【偕老同穴《かいろうどうけつ》】

「偕老」は、共に老いること。「同穴」は、死んで同じ墓に葬られることで、夫婦が年老いるまで仲よく連れ添うこと。夫婦仲がよいことをいう。出典は『詩経《しきょう》』。《類》「お前百《まえひゃく》までわしゃ九十九《くじゅうく》まで」


【関雎《かんしょ》の楽《たの》しみ】

夫婦の道が礼儀正しく行われ、家庭がよくおさまる楽しみ。「雎」は「雎鳩」の略で、ミサゴのこと。


【琴瑟相和《きんしつあいわ》す】

琴《こと》と瑟《おおごと》の音がよく調和しているの意で、転じて、夫婦仲がむつまじいことをいう。


【形影相伴《けいえいあいともな》う】

形と影がいつも一緒であるように、夫婦仲のよいことをいう。《類》「影《かげ》の形《かたち》に添《そ》う如《ごと》し」


【糟糠《そうこう》の妻《つま》】

貧乏の中で、苦楽を共にしてきた妻のこと。「糟糠」は酒かすと米ぬかのことで、粗末な食べ物のこと。出典は『後漢書《ごかんじょ》』。


【茶飲《ちゃの》み友達《ともだち》】

年とってから結婚した夫婦をいう。


【亭主関白《ていしゅかんぱく》】

夫が家の中で絶対的な権威をもっていること。

【内助《ないじょ》の功《こう》】（⇒「たすける・たすけ」三八五ページ）

【似《に》た者夫婦《ものふうふ》】

性格や趣味などがよく似かよっている夫婦のこと。


【女房《にょうぼう》と鍋釜《なべかま》は古《ふる》いほどよい】

使い慣れた鍋釜がなじむように、女房も長く連れ添った方がありがたみがあるということ。


【女房《にょうぼう》は台所《だいどころ》から貰《もら》え】

妻をめとるなら家柄を鼻にかける女性よりも、家計のやりくりが上手な女性をもらえの意。


【破鏡《はきょう》再《ふたた》び照《て》らさず】

一度壊れたものは元には戻らない。夫婦が離婚することのたとえ。《類》「覆水盆《ふくすいぼん》に返《かえ》らず」


【夫婦喧嘩《ふうふげんか》は犬《いぬ》も食《く》わない】

何にでも首を突っ込んで食いあさりをする犬でさえも夫婦喧嘩には見向きもしないということ。転じて、夫婦間の争いはちょっとしたことから起こる一時的なものですぐ仲直りするものだから止めに入る必要はないということ。《類》「夫《ふう》婦《ふ》喧嘩《げんか》と夏《なつ》の餅《もち》は犬《いぬ》も食《く》わぬ」「夫《ふう》婦《ふ》喧嘩《げんか》と西風《にしかぜ》は夜《よる》に入《はい》って治《おさ》まる」


【夫婦喧嘩《ふうふげんか》は貧乏《びんぼう》の種蒔《たねま》き】

夫婦仲がよくないところは、やがて貧乏になるということ。《類》「夫婦《ふうふ》喧嘩《げんか》は貧《ひん》のもと」

［夫婦《ふうふ》は合《あ》わせ物離《ものはな》れ物《もの》］
夫婦はもともと赤の他人が一緒になったものだから、別れることがあるのも仕方がないものだということ。《類》「夫婦《ふうふ》は他人《たにん》の集《あつ》まり」

［夫婦《ふうふ》は一心同体《いっしんどうたい》］
苦楽を共にする夫婦は、二人であっても一つの心、一つの体《からだ》のように深く結びついているということ。《類》「夫婦《ふうふ》は同《おな》じ体《からだ》」

［夫婦《ふうふ》は二世《にせい》の契《ちぎ》り］
赤の他人同士が一緒になった夫婦の絆《きずな》は深く、この世ばかりでなく来世まで続くものであるということ。《類》「夫妻《ふさい》は輪廻《りんね》の絆《きずな》」

［夫唱婦随《ふしょうふずい》］
夫がまず唱え、妻がそれに従うのが、夫婦和合の道であるということ。夫婦仲がよいこと。

［良妻賢母《りょうさいけんぼ》］
夫に対してはよい妻であり、子に対しては賢い母であること。

［連理《れんり》の枝《えだ》］
深い愛情で結ばれた男女のこと。夫婦の深い契りのこと。出典は白《はく》居易《きょい》の詩『長恨歌《ちょうごんか》』。《類》「鴛鴦《えんおう》の契《ちぎ》り」「比翼《ひよく》の鳥《とり》」「比翼連理《ひよくれんり》」

［破《わ》れ鍋《なべ》に綴《と》じ蓋《ぶた》］（⇒「結婚《けっこん》」二三四ページ）

冬《ふゆ》

暦の上での「冬」

▼陰暦では十月〜十二月、普通には十二月〜二月
冬《ふゆ》

▼二十四節気の一。十一月八日ごろ。冬の始まり
立冬《りっとう》

▼二十四節気の一。十一月二十三日ごろ。それほど寒くなく、雪も少ない
小雪《しょうせつ》

▼二十四節気の一。十二月八日ごろ。雪の降る量が多い
大雪《たいせつ》

▼二十四節気の一。十二月二十二日ごろ。夜が一日で最長
冬至《とうじ》

▼二十四節気の一。一月六日ごろ。いよいよ寒くなる
小寒《しょうかん》

▼二十四節気の一。一月二十日ごろ。最高の寒さ
大寒《だいかん》

▼小寒から節分までの約三十日間
寒《かん》

▼寒に向かうこと
向寒《こうかん》

▼小寒の時季に入る
寒《かん》の入《い》り

▼小寒の初めから大寒の終わりまで

寒中《かんちゅう》

▼寒が終わって立春になる
寒明《かんあ》け

▼立春の前十八日をいう
冬《ふゆ》の土用《どよう》

季節からみた「冬」

▼冬の季節
冬季《とうき》・冬月《とうげつ》・冬将軍《ふゆしょうぐん》・冬場《ふゆば》・玄冬《げんとう》・冬天《とうてん》・冬節《とうせつ》・短日《たんじつ》

▼冬の期間　冬期《とうき》

▼冬季の九十日間　九冬《きゅうとう》

▼冬季の三か月間　三冬《さんとう》

▼冬の初め
初冬《しょとう》・初冬《はつふゆ》・孟冬《もうとう》・窮冬《きゅうとう》

▼冬がくる　冬立《ふゆた》つ

▼冬らしくなる　冬《ふゆ》めく

▼冬の半ば
中冬《ちゅうとう》・仲冬《ちゅうとう》・真冬《まふゆ》

▼冬の末　晩冬《ばんとう》・季冬《きとう》

▼今年の　今冬《こんとう》

▼去年の　昨冬《さくとう》・旧冬《きゅうとう》

▼前年末の冬。次の年の初めに使う
旧冬《きゅうとう》

気象・様態などからみた「冬」

▼一日の最低気温がセ氏零度未満になる日
冬日《ふゆび》

▼一日の最高気温がセ氏零度未満の日
真冬日《まふゆび》

▼冬の太陽、日光　冬日《とうじつ》

▼冬の天気、空模様
冬天《とうてん》・寒天《かんてん》・冬空《ふゆぞら》・寒空《さむぞら》・冬晴《ふゆば》れ・冬日和《ふゆびより》

▼厳しい寒さの　厳冬《げんとう》

▼寒さに向かう　向寒《こうかん》

▼平年より暖かい　暖冬《だんとう》

▼冬の日の暖かさ　暄冬《けんとう》

▼冬の荒れ、さびれたおもむき
冬《ふゆ》ざれ

▼冬の寒ざむとした雲、雪模様の雲
凍雲《とううん》

▼激しく降る雪。積もった雪
大雪《たいせつ》・大雪《おおゆき》

▼冬の雨　凍雨《とうう》・寒雨《かんう》・霙《みぞれ》

▼冬の初めころのうららかな空
小春空《こはるぞら》

▼冬の初めのころのうららかな日。その日差し
小春日《こはるび》・小春日和《こはるびより》・冬麗《とうれい》

▼冬の終わりごろ初めて吹く強い南風
春一《はるいち》・春一番《はるいちばん》

自然と生活からみた「冬」

▼冬を越す　越冬《えっとう》

▼冬の陣営、冬に陣営を張る。また、冬の寒さを越す準備
冬営《とうえい》

▼冬に備えての準備
冬支度《ふゆじたく》・冬仕度《ふゆじたく》

▼冬、枯れずにいる草　冬草《ふゆくさ》

▼白菜・小松菜など冬に作る菜
冬菜《ふゆな》

▼越冬して春に生育する芽
冬芽《とうが》・冬芽《ふゆめ》

▼冬に生育して、春または夏に収穫できる作物
冬作《ふゆさく》

▼冬の荒れた田　冬田《ふゆた》

▼冬に稲を刈る　冬刈《ふゆが》り

▼冬枯れのいかにも寒そうな山
冬山《ふゆやま》

▼冬枯れになってさびしい野
冬野《ふゆの》

▼冬枯れの木立　冬木立《ふゆこだち》

▼冬枯れになる　冬枯《ふゆが》る

▼冬の夜の月　冬月《とうげつ》

▼冬に凍った氷　冬氷《ふゆごおり》

▼カエルやクマなどの動物が冬の間活動をやめ、土・穴の中で冬を越す
冬眠《とうみん》

▼冬の間、じっと引きこもる
冬籠《ふゆごも》り

▼冬の寒い間着る衣服
冬着《ふゆぎ》・冬衣《ふゆぎぬ》・冬衣《ふゆごろも》・冬服《ふゆふく》

▼冬に着る袷《あわせ》や綿入れの羽織
冬羽織《ふゆばおり》

▼冬、特に二月ごろにみられる商売の不振なこと
冬枯《ふゆが》れ

「冬」に関する故事・ことわざ

［冬至《とうじ》冬中《ふゆなか》冬始《ふゆはじ》め］
冬至のころは、暦の上では冬の真ん中に当たるが、実際の冬の寒さはそれ以後に始まるものだということ。

［冬来《ふゆき》たりなば春遠《はるとお》からじ］
厳しい寒さの冬がやって来たならば、暖かい春はもうすぐ近くまで来ている。今、たとえ不幸でつらくともそれを耐え抜いたならば、前途には明るい希望が待っているということ。

［冬《ふゆ》の雨《あめ》は三日《みっか》降《ふ》らず］
冬の雨は三日と続かずに上がりやすいということ。

文章《ぶんしょう》

一般的な意味、執筆された「文章」

▼字を使って考えを書き表したもの　文《ぶん》・文《ふみ》・文章《ぶんしょう》・文字《もんじ》・成文《せいぶん》・詞藻《しそう》

▼文章の言葉　文詞《ぶんし》・文辞《ぶんじ》

▼文章・言葉の修飾、あや　詞藻《しそう》・文藻《ぶんそう》

▼同じ文章、同じ字。二つまたは二つ以上の同じ文章　同文《どうぶん》

▼文章を作る。また、その文章　作文《さくぶん》・撰文《せんぶん》

▼用例としてあげた　文例《ぶんれい》・例文《れいぶん》

▼文章の構想、下書き　文案《ぶんあん》・案文《あんぶん》

▼もとの　原文《げんぶん》

▼明確に記された　明文《めいぶん》

▼文章に書き記された文句、内容　文面《ぶんめん》

▼話し言葉と　言文《げんぶん》

▼主な点以外を省略して書いた　略文《りゃくぶん》・略筆《りゃくひつ》

▼文章の字句を省略する。漢字の点・画を省略する　省文《せいぶん》

▼長い文章を縮めて簡単にする　節文《せつぶん》・約文《やくぶん》

▼切れぎれの　断編《だんぺん》・断篇《だんぺん》

▼間違って書き入れられた余計な　衍文《えんぶん》

▼書いた文章の優劣を互いに競う　闘文《とうぶん》

▼自分のかいた絵に自分で文章を書き添える　自賛《じさん》・自讃《じさん》

▼文章を書いて報酬を得る　売文《ばいぶん》

▼文章に書き表さない　不文《ふぶん》

▼上から読んでも下から読んでも同じもの。また回覧用の文書　廻文《かいぶん》・廻文《かいもん》・回文《かいぶん》・回文《かいもん》

▼文章の構成、組み立て　構文《こうぶん》

▼文章の語句や文字の使い方　行文《こうぶん》

▼文章の読みとり方　句読《くとう》

形態からみた「文章」

▼江戸時代までの詩文　古文《こぶん》

▼平安時代の仮名文　中古文《ちゅうこぶん》

▼江戸時代中期から明治時代に、古代の文体を真似して作った

文章

擬古文《ぎこぶん》・雅文《がぶん》

▼現代語を基本とした　現代文《げんだいぶん》・普通文《ふつうぶん》

▼口語体で書いた文。また、言文一致の　口語文《こうごぶん》

▼文語体で書いた　文語文《ぶんごぶん》

▼詩歌など一定の韻律を整えた　韻文《いんぶん》

▼韻律や定型をもたない普通の　散文《さんぶん》

▼会話形式の　会話文《かいわぶん》

▼そうでないと打ち消す　否定文《ひていぶん》

▼肯定の内容の　肯定文《こうていぶん》

▼事実をありのままに述べた普通の　平叙文《へいじょぶん》

▼命令・禁止を表す　命令文《めいれいぶん》

▼疑問・反語を表す　疑問文《ぎもんぶん》

▼長い　長文《ちょうぶん》

▼短い　短文《たんぶん》・一筆《いっぴつ》

▼普通とは違った文章。本文だが、異本に見えるもの　異文《いぶん》

▼韻文・候文《そうろうぶん》以外の　普通文《ふつうぶん》

▼世間の人が分かるように書いてある　通俗文《つうぞくぶん》

▼仮名の多い　草《そう》勝《が》ち

▼仮名で書いた文章や手紙　仮名文《かなぶみ》・仮名文《かなぶん》

▼横に書き並べた文章、特に欧米の　横文《おうぶん》・欧文《おうぶん》・横文字《よこもじ》

▼外国のものを翻訳した　訳文《やくぶん》・翻訳文《ほんやくぶん》・訳筆《やくひつ》

▼中国の文語調の現代文　時文《じぶん》

▼返り点・句読点・送り仮名などのない漢文　白文《はくぶん》・素文《そぶん》

▼漢文で、注釈に対して本文をいう　素文《そぶん》・麁文《そぶん》

▼漢文で、自分が思ったことを自由、大胆に述べる　放胆文《ほうたんぶん》

▼漢文で、語句を洗練し、筆法を遠回しにした　小心文《しょうしんぶん》

▼仮名交じりにした漢文　書《か》き下《くだ》し文《ぶん》

▼漢文を日本語の語順で読んだもの　訓《よ》み下《くだ》し文《ぶん》

▼漢文を日本語の文法に従って読んだもの　漢文訓読文《かんぶんくんどくぶん》

▼中国で、明末以降行われた短い　小品《しょうひん》・小品文《しょうひんぶん》

▼金属の容器・貨幣などに刻まれている　金文《きんぶん》

▼石碑や器物に刻みつけられた　銘《めい》・銘文《めいぶん》・銘文《めいもん》・金石文《きんせきぶん》

▼石碑に刻まれている　石文《いしぶみ》・碑《いしぶみ》・碑文《ひぶん》・碑文《ひもん》・碑銘《ひめい》

文章

▼墓石に刻まれている
墓碑銘《ぼひめい》・墓銘《ぼめい》

▼死者の事跡を石などに書いて墓に埋めたもの。また、その墓石。その文章
墓誌《ぼし》・墓誌銘《ぼしめい》・銘誌《めいし》

内容からみた「文章」

▼相手によく理解させ、説得するための
説明文《せつめいぶん》

▼心に感じたり思ったりしたことを書き表した
感想文《かんそうぶん》

▼相手に書いて送る。手紙の文
消息文《しょうそくぶん》・書簡文《しょかんぶん》・書翰文《しょかんぶん》・書牘文《しょとくぶん》・尺牘文《せきとくぶん》・手紙文《てがみぶん》

▼手紙や葉書などで相手に用件や考えを伝える
通信文《つうしんぶん》

▼電報の　電文《でんぶん》

▼自分の考えや研究の結果などを論理を立てて述べた
論文《ろんぶん》

▼歴史・物語・記録などを順を追いありのままに書いた
叙事文《じょじぶん》

▼自分の感情を書き表した
抒情文《じょじょうぶん》・叙情文《じょじょうぶん》

▼風景を書き表した　叙景文《じょけいぶん》

▼自然や人事を客観的に見て、それを表現しようとする
写生文《しゃせいぶん》

▼旅の感想・記録などをつづった
紀行文《きこうぶん》

▼記録した
記文《きぶん》・記事《きじ》・記事文《きじぶん》・レポート

▼判決の事実、理由などを書いた
判決文《はんけつぶん》

▼会議・会合などで決定された事項を文章にしたもの
決議文《けつぎぶん》

▼条約・法令などの箇条書の
条文《じょうぶん》

▼祭りのときに神前で奏する
祭文《さいもん》・祭文《さいぶん》

▼神かけて誓う
神文《しんもん》・誓文《せいもん》・誓い文《ちかぶみ》・誓紙《せいし》・誓書《せいしょ》・固め文《かためぶみ》・起請文《きしょうもん》

▼神に祈る　祝文《しゅくぶん》

▼祝賀の意を書いた
祝文《しゅくぶん》・祝文《しゅくもん》・祝詞《しゅくし》・賀詞《がし》・賀表《がひょう》

▼神仏に願いを書いた
願文《がんもん》・発願文《ほつがんもん》

▼君主に奉る。文を奉る
上表《じょうひょう》・上書《じょうしょ》・上疏《じょうそ》・奏書《そうしょ》

▼天皇に事情、意見などを述べる
上奏文《じょうそうぶん》

文章

▼天子が臣下に告げる。神に告げ奉る
告文《こうもん》・告文《こうぶん》・告げ文《つぶみ》

▼上申の　告文《こくぶん》

▼思いのままに書き記した
随筆《ずいひつ》・随筆文《ずいひつぶん》・随想《ずいそう》・漫文《まんぶん》・漫筆《まんぴつ》・漫録《まんろく》・雑文《ざつぶん》・エッセー

▼たわむれに書いた　戯文《ぎぶん》

▼世間の人びとに自分の考えや主張を述べて決起を促す
檄《げき》・檄文《げきぶん》・檄書《げきしょ》・羽檄《うげき》・羽書《うしょ》・飛檄《ひげき》・触れ文《ふぶみ》

▼弔いの心を述べた
弔文《ちょうぶん》・弔詞《ちょうし》・弔辞《ちょうじ》

▼散逸し今では伝わっていない。また、世に知られていない
逸文《いつぶん》・佚文《いつぶん》

▼死後に残された
遺文《いぶん》・遺稿《いこう》・遺筆《いひつ》

▼時事問題などの方策を論じた
論策《ろんさく》

▼本書のほかに、控えとして取って置く文書
写《うつ》し・副書《ふくしょ》・コピー

▼歌舞伎で、脚本の外題《げだい》の上部に七五調でその作の大要を述べた
語《かた》り

▼薬などの効き目を書き記した
能書《のうが》き・効能書《こうのうが》き

▼答えの文が記された紙　答案《とうあん》

分野別からみた「文章」

▼日本語で書かれた文章、文字
国文《こくぶん》・大和文《やまとぶみ》・和文《わぶん》・邦文《ほうぶん》・日本文《にほんぶん》

▼優雅な。また、大和言葉で書いた平安時代の仮名文
雅文《がぶん》

▼英語で書かれた文章、文字
英文《えいぶん》

▼フランス語で書かれた文章、文字
仏文《ふつぶん》

▼ドイツ語で書かれた文章、文字
独文《どくぶん》

▼ロシア語で書かれた文章、文字
露文《ろぶん》

▼中国古来の、漢字で書いた
漢文《かんぶん》・漢書《からぶみ》・漢書《かんしょ》・漢書《もろこしぶみ》・唐土書《もろこしぶみ》

▼平安時代以降に男子の日記・書簡に用いられた日本化した漢文
変体漢文《へんたいかんぶん》

▼詩と文章。文学作品
詩文《しぶん》・翰藻《かんそう》

▼詩歌や文章の総称　詞章《ししょう》

▼ある人物や物などをほめたたえる詩や文
賛《さん》・讃《さん》

▼絵画に書き添える
賛《さん》・讃《さん》・画賛《がさん》・画讃《がさん》

文章

▼俳諧の文章、俳諧趣味を基調として書かれた　俳文《はいぶん》

▼仏の教えを説いた　法文《ほうもん》・経文《きょうもん》

▼梵字《ぼんじ》で書かれた文章、経文《きょうもん》　梵文《ぼんぶん》

▼法律の条文。また韻律のある　律文《りつぶん》

▼法令が記載されている　法文《ほうぶん》

全体・前・途中・終わりでの「文章」

▼文章の全体　全文《ぜんぶん》

▼注釈・説明文などに対して文書の本文。正式の文章。また、国際条約などで、解釈上の基準となる特定の　正文《せいぶん》

▼文書の中での主要な　本文《ほんぶん》・本文《ほんもん》・テキスト

▼文章上、分けられた部分　章《しょう》・節《せつ》・項《こう》・段《だん》・段落《だんらく》・文《ぶん》段《だん》・文段《もんだん》・件《くだり》・条《くだり》・条《じょう》・パラグラフ

▼文章の一まとまり　一段《いちだん》

▼文章の前の段落　前段《ぜんだん》

▼法令や規約などの前書き。また、前に記した　前文《ぜんぶん》・上文《じょうぶん》・前書《ぜんしょ》・冒頭《ぼうとう》

▼書物の初めに、成立事情・内容などを書き記した　序《じょ》・序文《じょぶん》・叙文《じょぶん》・序言《じょげん》・端《はし》書《が》き・前書《まえが》き・緒言《しょげん》・緒言《ちょげん》

▼短くて簡単な序文　小序《しょうじょ》

▼著編者が自分自身で書いた序文　自序《じじょ》

▼詩歌などの前に、その由来を書き記した　端詞《はしことば》

▼文章の後の段落　後段《こうだん》

▼文章の終わりの部分。手紙文の最後　末文《まつぶん》・末筆《まっぴつ》

▼文章の結末　結文《けつぶん》

▼書物や手紙などの終わりに書き添えた　後《あと》書《が》き・後記《こうき》・後序《こうじょ》・跋《ばつ》・跋文《ばつぶん》

▼書物の終わりに著編者名・発行所・発行年月日などを記載した　奥書《おくがき》・奥付《おくづけ》

▼官公庁などが書類の末尾に記載事項が正しいことを証明する　奥書《おくがき》

内容の程度、よしあしからみた「文章」

▼雄渾《ゆうこん》な　雄文《ゆうぶん》

▼優雅な、正しい　雅文《がぶん》

▼すぐれた、名高い　名文《めいぶん》

文章

▼筋道のよく通った、上手な
達文《たつぶん》・才筆《さいひつ》
▼立派な。また、他人の手紙の尊敬語
玉章《ぎょくしょう》
▼文章を書くのが上手　能文《のうぶん》
▼詩や文章を作る才能
文藻《ぶんそう》・文才《ぶんさい》・才藻《さいそう》・詞藻《しそう》
▼美しい言葉で飾った　美文《びぶん》
▼内容のない　死文《しぶん》
▼法令・規則などで、ただあるだけで実際の役に立たない文章・条文
空文《くうぶん》・死文《しぶん》
▼くだらない内容の、また、俗語を用いて書かれた
俗文《ぞくぶん》
▼むずかしくて分かりにくい
難文《なんぶん》
▼乱れて、整っていない。また、自分の文章の謙譲語
乱文《らんぶん》

▼乱れた字、乱れて整っていない文
乱筆乱文《らんぴつらんぶん》
▼下手な、また、文脈が乱れて分かりにくい
悪文《あくぶん》・迷文《めいぶん》
▼下手な、また、自分の文章の謙譲語
拙文《せつぶん》・駄文《だぶん》・腰折れ文《こしおれぶみ》・禿筆《とくひつ》
▼まずい　不文《ふぶん》
▼脱落のある　欠文《けつぶん》・闕文《けつぶん》
▼無駄の多い。また、長たらしい
冗文《じょうぶん》
▼事実を曲げて書いた
曲筆《きょくひつ》・舞文《ぶぶん》

体裁や文体からみた「文章」

▼文章の体裁
文体《ぶんたい》・文体《ぶんてい》・スタイル
▼話し言葉で書かれた　口語体《こうごたい》

▼書き言葉で書かれた
文語体《ぶんごたい》・文章体《ぶんしょうたい》
▼和語（大和言葉）を多く使った
和文体《わぶんたい》
▼文章が漢文になっている文体。漢文の口調にならった
漢文体《かんぶんたい》
▼漢文を訓読して漢字仮名交じりにした
漢文訓読体《かんぶんくんどくたい》・漢文崩し《かんぶんくずし》
▼論説的な文章の　論文体《ろんぶんたい》
▼手紙に使う　書簡体《しょかんたい》・書牘体《しょとくたい》
▼文末に文語の丁寧語「候」を用いた
候文《そうろうぶん》
▼文末を「です・ます」で結ぶ
敬体《けいたい》
▼文末を「だ・である」で結ぶ
常体《じょうたい》
▼雅語と俗語の入り交じった
雅俗混淆体《がぞくこんこうたい》・雅俗折衷文《がぞくせっちゅうぶん》

文章

▼和文・漢文系の文語を混用して文章効果をねらった
和漢混淆文《わかんこんこうぶん》・和漢混交文《わかんこんこうぶん》

▼漢字と仮名を交えて書いた
仮名《かな》交《ま》じり文《ぶん》・漢字仮名《かんじかな》交《ま》じり文《ぶん》

▼旅の途中の光景・旅情などをつづった韻文体の
道行《みちゆ》き・道行《みちゆ》き文《ぶみ》

▼外国の文章を、その原文の字句・語法に忠実に訳した
直訳体《ちょくやくたい》

▼何を言おうとしているのか、その意味内容が不明確な表現手法
朦朧体《もうろうたい》

▼起こった事実を年代を追って書き記す歴史書の
編年体《へんねんたい》

▼本紀（帝王の年譜）と列伝（民族や個人の伝記）を中心に書き記した歴史書の
紀伝体《きでんたい》

▼主語・述語の関係が一組だけで、従属節をもたない
単文《たんぶん》

▼その文の成分中に従属節のある
複文《ふくぶん》

▼一つの文中に二つか、二つ以上の対立節がある
重文《じゅうぶん》・合文《ごうぶん》

▼漢文の文体の一つで、物事の是非・真偽を見分けるのを目的とした
弁《べん》・辨《べん》

▼漢文の文体の一つで、理義を解釈しあるいは物事を借りて自分の考えを述べた
説《せつ》

▼漢文の文体の一つで、多くは韻を含み、毎句の字数が同じ。人の功績をたたえた
銘《めい》

▼漢文の文体の一つで、四字句、六字句を対句として多く用いた
駢儷体《べんれいたい》・四六文《しろくぶん》・四六体《しろくたい》・四六駢儷体《しろくべんれいたい》

▼漢文の文体の一つで、対句を用い、韻脚を整えた
対偶声律《たいぐうせいりつ》

▼中国、明初～清末の文体の一つで、官吏登用試験の科目に用いられた
八股《はっこ》・八股文《はっこぶん》

「文章」に関する故事・成語・ことわざ

[起承転結《きしょうてんけつ》]
漢詩の句の配列のしかた。特に絶句における句の配列で、第一句（起句）で言い起こし、第二句（承句）でそれを受け、第三句（転句）でその意を転じて変化を与え、第四句（結句）で全体をまとめていく。

[言文一致《げんぶんいっち》]
話し言葉の表現と書き言葉の表現とを同じにすること。文章を話し言葉に近づけ、口語文体の完成を

目指した明治初期の言文一致運動をいう。

［椽大《てんだい》の筆《ふで》］
屋根を支える垂木《たるき》のように大きな筆のこと。転じて、堂々として立派な文章のことをいう。

［同文同種《どうぶんどうしゅ》］
使用する文字も同じ、人種も同じであること。《類》「同種同文《どうしゅどうぶん》」

［筆紙《ひっし》に尽《つ》くし難《がた》い］
文章ではとても言い表せないということ。《類》「筆舌《ひつぜつ》に尽《つ》くし難《がた》い」

［舞文曲筆《ぶぶんきょくひつ》］
自分に都合のよいように巧みに文章や言葉を操ること。《類》「舞文《ぶぶん》弄法《ろうほう》」「舞文巧法《ぶぶんこうほう》」

［文章《ぶんしょう》は経国《けいこく》の大業《たいぎょう》不朽《ふきゅう》の盛事《せいじ》なり］
文章は国を治めることにも匹敵する大事業で永遠に朽ちることのない盛大な事業であるという意。転じて、文章は滅することなく永遠に伝わるということ。

［文は人《ひと》なり］
文章は筆者の性格、考えが表れるものだから、書いた物を見ればその人物が判断できるということ。

［文《ぶん》は武《ぶ》に勝《まさ》る］
言論が人びとに訴える強さは、武力による強さよりずっと勝っている。《類》「ペンは剣《けん》よりも強《つよ》し」

［文《ぶん》を属《しょく》す］
文章をつづる。

星《ほし》

様態からみた「星」

▼晴れた夜空に点々と光る天体
星《ほし》・星辰《せいしん》・辰星《しんせい》・星斗《せいと》

▼太陽と
日星《じっせい》・日星《にっせい》

▼日と月と
三光《さんこう》・三辰《さんしん》

▼地球から見てその位置を変えない
恒星《こうせい》・定星《ていせい》

▼恒星の周りを公転する天体
惑星《わくせい》・遊星《ゆうせい》・迷《まよ》い星《ぼし》・行星《こうせい》

▼太陽系内の木星・土星・天王星・海王星をいう
大惑星《だいわくせい》・木星型惑星《もくせいがたわくせい》

▼主に火星と木星の間にあり、太陽の周囲を公転している多くの小天体
小惑星《しょうわくせい》・小遊星《しょうゆうせい》・アステロイド

▼太陽系で地球の軌道の内側に軌道をもつ惑星
内惑星《ないわくせい》

▼太陽系で地球の軌道の外側に軌道をもつ
外惑星《がいわくせい》

▼太陽系で水星・金星・地球・火星をいう
地球型惑星《ちきゅうがたわくせい》

星

▼惑星の周囲を回る天体　衛星《えいせい》・陪星《ばいせい》・添《そ》い星《ぼし》・サテライト

▼ロケットにより打ち上げられ地球を公転する人工の物体　人工衛星《じんこうえいせい》・人工天体《じんこうてんたい》

▼極に最も近い　極星《きょくせい》

▼極の周囲を回る　周極星《しゅうきょくせい》

▼月の近くに出る　近星《ちかぼし》

▼半径・光度の大きい恒星　巨星《きょせい》

▼巨星のうち、半径と光度が特別に大きい　超巨星《ちょうきょせい》

▼半径や光度の小さい　矮星《わいせい》

▼高密度で白色微光の　白色矮星《はくしょくわいせい》

▼中性子からなる高密度の　中性子星《ちゅうせいしせい》

▼太陽を焦点として公転するガス状の天体　彗星《すいせい》・箒星《ほうきぼし》・帚星《ははきぼし》・戈星《ほこぼし》・桙星《ほこぼし》・コメット

▼一定の周期をもって太陽に接近する彗星　周期彗星《しゅうきすいせい》

▼宇宙塵が地球の大気圏に突入したとき発光する　流星《りゅうせい》・流《なが》れ星《ぼし》・奔星《ほんせい》・婚星《よばいぼし》・夜這《よば》い星《ぼし》・片割《かたわ》れ星《ぼし》・走《はし》り星《ぼし》

▼音を立てて落ちたりする大きな流星　天狗星《てんぐせい》

▼著しい流星群　流星雨《りゅうせいう》・星雨《せいう》

▼流星の燃えかす　隕石《いんせき》・隕星《いんせい》・星石《ほしいし》・星屎《ほしくそ》

▼肉眼では一個だが、実際は二個以上から成る　重星《じゅうせい》・多重星《たじゅうせい》

▼非常に近接した方向に見える二つの恒星　二重星《にじゅうせい》

▼天空に連なっている星　列星《れっせい》・列宿《れっしゅく》

▼二つの星が引力を及ぼし合って他の周りを公転する重星　連星《れんせい》

▼望遠鏡でその軌道が観測される連星　実視連星《じっしれんせい》

▼分光器で連星とされる　分光連星《ぶんこうれんせい》

▼連星のうち明るい方の　主星《しゅせい》

▼連星のうち暗い方の　伴星《ばんせい》

▼二個相対して見える　双星《そうせい》

▼明るさで分けた呼称　等星《とうせい》

▼肉眼による明るさで六段階に分けたもののうち一番明るい　一等星《いっとうせい》

▼星座の中で最も明るい　α星《アルファせい》・首星《しゅせい》

▼星座の中でα星に次ぐ明るい

星

β星《ベータせい》・次星《じせい》

▼星座の中で三番目に明るい
γ星《ガンマせい》

▼明るさが変わる
変光星《へんこうせい》

▼不規則に明るさが変わる
不規則変光星《ふきそくへんこうせい》

▼周期的に明るさを変える連星
食変光星《しょくへんこうせい》・食連星《しょくれんせい》

▼数十日周期で磁場の強さが変わる
磁変星《じへんせい》・磁気変光星《じきへんこうせい》

▼一時的に現れる
客星《かくせい》・客星《きゃくせい》・客星《きゃくしょう》

▼急に輝き出し、のち薄れていく。また、新しく発見された
新星《しんせい》・ノバ

▼できたばかりの
原始星《げんしせい》

▼恒星進化の最後で大爆発を起こす
超新星《ちょうしんせい》・スーパーノバ

▼非常に遠く銀河の中心核が爆発しているものとされる天体
準星《じゅんせい》・クェーサー

▼古代中国で大将になぞらえた
将星《しょうせい》

種別からみた「星」

▼太陽系の第一惑星
水星《すいせい》・辰星《たちみぼし》・辰星《しんせい》

▼太陽系の第二惑星
金星《きんせい》・明星《みょうじょう》・太白星《たいはくせい》・太白《たいはく》

▼われわれ人類が住む太陽系の第三惑星
地球《ちきゅう》・坤輿《こんよ》・渾円球《こんえんきゅう》・坤儀《こんぎ》

▼太陽系の第四惑星
火星《かせい》・火夏星《ひなつぼし》・熒惑星《ひなつぼし》・熒惑星《けいごくせい》・熒惑《けいごく》・熒惑《けいわく》・災い星《わざわいぼし》・炎星《ほのおぼし》

▼太陽系の第五惑星
木星《もくせい》・歳星《さいせい》・太歳《たいさい》・徳星《とくせい》

▼太陽系の第六惑星
土星《どせい》・鎮星《ちんせい》・塡星《てんせい》

▼太陽系の第七惑星
天王星《てんのうせい》・天王星《てんおうせい》

▼太陽系の第八惑星
海王星《かいおうせい》

▼太陽系の第九惑星
冥王星《めいおうせい》

▼地球をめぐる衛星
月《つき》・月《つく》・太陰《たいいん》・月輪《げつりん》・月輪《がちりん》・月輪《がつりん》・しまぼし・月球《げっきゅう》・月の輪《つきのわ》・月魄《げっぱく》

▼天の北極に最も近い
北極星《ほっきょくせい》・子の星《ねのほし》・天極《てんきょく》・北辰《ほくしん》

▼竜骨座の首星、カノープス
南極星《なんきょくせい》・老人星《ろうじんせい》・寿星《じゅせい》・南極老人《なんきょくろうじん》

▼大犬座の首星、シリウス
天狼星《てんろうせい》・天狼《てんろう》

▼鷲座《わしざ》の首星、アルタイル
牽牛星《けんぎゅうせい》・牽牛《けんぎゅう》・彦星《ひこぼし》・男星《おぼし》・婿星《むこぼし》・犬飼星《いぬかいぼし》・牛宿《いなみぼし》・牛《ぎゅう》

星

▼琴座の首星、ベガ
織姫星《おりひめぼし》・織女《しょくじょ》・織女星《しょくじょせい》・棚機《たなばた》つ女《め》・織姫《おりひめ》・棚機姫《たなばたひめ》・梶《かじ》の葉《は》姫《ひめ》・細蟹姫《ささがにひめ》

▼牽牛星と織女星
夫婦星《めおとぼし》・二星《にせい》

▼北斗七星の柄にあたる先端の
揺光《ようこう》・破軍星《はぐんせい》

▼北斗七星の水をくむ部分の先端に当たる第一星
魁星《かいせい》

主な星座・星団からみた「星」

▼恒星を見かけの位置で分けたもの
星座《せいざ》・星宿《せいしゅく》・星《ほし》の宿《やど》り・星《ほし》の位《くらい》・辰宿《しんしゅく》・星次《せいじ》・星辰《せいしん》

▼北天の大熊座にある七つの星
北斗七星《ほくとしちせい》・七星《しちせい》・七星《しちしょう》・七《しっ》星《しょう》・北斗星《ほくとせい》・七《なな》座《ます》星《ぼし》・七《なな》つ星《ぼし》・七曜星《しちようせい》・四三《しそう》の星《ほし》・北斗《ほくと》・軍星《いくさぼし》

▼牡牛座にあるプレアデス散開星団
昴《すばる》・昴《すまる》・昴星《ぼうせい》・昴宿《ぼうしゅく》・六連星《むつらぼし》

▼牡牛座のヒヤデス星団
釣《つ》り鐘《がね》星《ぼし》

▼オリオン座の中央部に直列する三つの恒星
三《み》つ星《ぼし》・唐鋤星《からすきぼし》・犂牛星《たらすきぼし》・参星《しんせい》・参《しん》・参宿《しんしゅく》・三《み》連《つら》星《ぼし》

▼射手座の一部で六つの星
南斗六星《なんとろくせい》・ひきつ星《ぼし》・ひつき星《ぼし》

▼白鳥座のデネブを頂点とした五つの星による十字形
北十字星《きたじゅうじせい》

▼カシオペア座のW形の五星
錠星《いかりぼし》・錨星《いかりぼし》

▼南十字座の十字形をなす四つの輝星
南十字星《みなみじゅうじせい》

▼夜空に長く白い帯状の星の群れ
天《あま》の川《がわ》・天《あま》の河《がわ》・安《やす》の河《かわ》・銀河《ぎんが》・銀漢《ぎんかん》・天漢《てんかん》・河漢《かかん》・天《あま》の戸《と》河《がわ》・星河《せいが》・雲漢《うんかん》・星漢《せいかん》・ギャラクシー

▼雲のように見える星の群れ
星雲《せいうん》・星霧《せいむ》

▼星の密集した集団　星団《せいだん》

▼小さい無数の　糠星《ぬかぼし》・星屑《ほしくず》

▼きらきら光る無数の　綺羅星《きらぼし》

▼多くの　群星《ぐんせい》・衆星《しゅうせい》

▼星が多く集まった所
星《ほし》の林《はやし》・星原《ほしはら》

▼天空一面にある　天満星《あまみつぼし》

陰陽道・星占いからみた「星」

星

▼七つの星（日・月と木・火・土・金・水の各星）
七曜《しちよう》・七曜星《しちようせい》

▼七曜星に羅睺《らご》と計都の二星を加えたもの。人の運命を占った
九曜星《くようせい》・九曜《くよう》

▼陰陽道で、生まれ年で決まり、その人の一生を支配する
年《とし》の星《ほし》・歳《とし》の星《ほし》・属星《ぞくせい》・属星《ぞくしょう》

▼陰陽道で運勢や吉凶を占う基準
九星《きゅうせい》

▼九星の中でその人の生年に当たる
本命星《ほんみょうしょう》

▼陰陽道で、北天にあり、兵乱・災害・生死を扱う
太一星《たいっせい》・太乙星《たいっせい》

▼星占いの「星座」（黄道十二宮図）
牡羊座《おひつじざ》・牡牛座《おうしざ》・双子座《ふたござ》・蟹座《かにざ》・獅子座《ししざ》・乙女座《おとめざ》・天秤座《てんびんざ》・蠍座《さそりざ》・射手座《いてざ》・山羊座《やぎざ》・水瓶座《みずがめざ》・魚座《うおざ》

時・星の明かり・伝承からみた「星」

▼明け方の東の空に見える金星
明《あ》けの明星《みょうじょう》・一《ひと》つ星《ぼし》・明星《あかぼし》・赤星《あかぼし》・啓明《けいめい》・誰時星《たれどきぼし》・彼《か》は誰星《たれぼし》

▼暁を知らせる金鶏が住むという
金鶏星《きんけいせい》

▼夜明けの空に残っている
残星《ざんせい》・晨星《しんせい》・有明《ありあ》けの星《ほし》・暁星《ぎょうせい》・暁天《ぎょうてん》の星《ほし》

▼早朝にまだ残っている
朝星《あさぼし》

▼夕方になって西の空に見える金星
一番星《いちばんぼし》・一《ひと》つ星《ぼし》・宵《よい》の明《みょう》・星《じょう》・長庚《ちょうこう》・長庚《ゆうずつ》・夕星《ゆうずつ》

▼星の光
星彩《せいさい》・星芒《せいぼう》

▼星の光による明るさ
星明《ほしあ》かり・星影《ほしかげ》

▼星の光が月のように明るい夜
星月夜《ほしづきよ》・星月夜《ほしづくよ》・星夜《せいや》

▼星の光のおぼろなこと
星《ほし》の紛《まぎ》れ

▼めでたい知らせの
瑞星《ずいせい》・景星《けいせい》・徳星《とくせい》

▼豊年の兆しに現れるという
穂垂《ほた》れ星《ぼし》

▼妖しい
妖星《ようせい》・妖霊星《ようれぼし》・妖霊星《ようれいぼし》

▼陰暦七月七日の星を祭る行事
星祭《ほしまつ》り・七夕《たなばた》・棚機《たなばた》・七夕《たなばた》祭《まつ》り・棚機祭《たなばたまつ》り・星迎《ほしむか》え・星合《ほしあ》い

ほめる

……褒・誉

行為としてみた「ほめる」

▼すぐれたものだ、立派な行いだという気持ちを口や文章で伝える
誉《ほ》む・誉《ほ》める・褒《ほ》む・褒《ほ》める・称《たた》える・称《たた》う・称《しょう》す・称《しょう》する・賞《しょう》す・賞《しょう》する・賛《さん》す・賛《さん》する・賞誉《しょうよ》・称美《しょうび》・褒美《ほうび》・褒誉《ほうよ》・賛賞《さんしょう》・讃賞《さんしょう》

▼相手が恥ずかしくなるほど言葉多く
誉《ほ》めちぎる・褒《ほ》めちぎる

▼盛んに
誉《ほ》め称《たた》う・誉《ほ》め称《たた》える・褒《ほ》め称《たた》う・褒《ほ》め称《たた》える・誉《ほ》めそやす・褒《ほ》めそやす・誉《ほ》め囃《はや》す・褒《ほ》め囃《はや》す・囃《はや》す・誉《ほ》め立《た》つ・誉《ほ》め立《た》てる・褒《ほ》め立《た》つ・褒《ほ》め立《た》てる・言《い》い囃《はや》す・言《い》いそやす・持《も》て囃《はや》す・持《も》て栄《はや》す・称揚《しょうよう》・賞揚《しょうよう》・賞賛《しょうさん》・賞讃《しょうさん》・称美《しょうび》・称賛《しょうさん》・称讃《しょうさん》・称誉《しょうよ》・賞美《しょうび》・賛美《さんび》・讃美《さんび》・褒称《ほうしょう》・褒賞《ほうしょう》・賛称《さんしょう》・讃称《さんしょう》・礼賛《らいさん》・礼讃《らいさん》・称嘆《しょうたん》・称歎《しょうたん》

▼感心してほめたたえる
感《かん》ず・感《かん》じ入《い》る・嘆《たん》ず・嘆《たん》ずる・嘆《たん》じる・歎《たん》ずる・歎《たん》じる・賞嘆《しょうたん》・賞歎《しょうたん》・嘆美《たんび》・歎美《たんび》・感賞《かんしょう》・嘆称《たんしょう》・歎称《たんしょう》・嘆賞《たんしょう》・歎賞《たんしょう》・感嘆《かんたん》・感歎《かんたん》・嗟嘆《さたん》・嗟歎《さたん》・嗟賞《さしょう》・嗟称《さしょう》

▼深く感心して
賛嘆《さんたん》・讃嘆《さんたん》・賛歎《さんたん》・讃歎《さんたん》

▼何度も感心して
三嘆《さんたん》・三歎《さんたん》

▼熱烈に
熱賛《ねっさん》・熱讃《ねっさん》・絶賛《ぜっさん》・絶讃《ぜっさん》・激賞《げきしょう》

▼脇から大勢がほめ立てる
囃《はや》す・栄《は》やす・映《は》やす・称《は》揚《や》す

▼やんやとほめそやす
喝采《かっさい》

▼ほめておだて上げる
持《も》ち上《あ》ぐ・持《も》ち上《あ》げる

▼口先だけで
空誉《そらぼ》め・空褒《そらぼ》め

▼目上の者が目下の者を
嘉《よみ》す・嘉《よみ》する・嘉賞《かしょう》・嘉尚《かしょう》

▼ある物を見て、もてはやす
見《み》栄《は》やす

▼深く心に感じたことを口に出して
詠嘆《えいたん》・詠歎《えいたん》

▼声を揃えて
謳歌《おうか》

▼その人や物がよいと、人に向かって
推奨《すいしょう》・推賞《すいしょう》・推誉《すいよ》・推称《すいしょう》・奨揚《しょうよう》・奨誉《しょうよ》

ほめる……褒・誉

▼すぐれた、よいものとしてよく言われる
誉《ほ》めらる・誉《ほ》められる・褒《ほ》めらる・褒《ほ》められる・賞《しょう》さる・賞《しょう》される・称《しょう》さる・称《しょう》される・称《たた》えらる・称《たた》えられる・嘉《よみ》さる・嘉《よみ》される

▼すぐれた、よいものとして大いにほめられる
誉《ほ》め称《たた》えらる・誉《ほ》め称《たた》えられる・褒《ほ》め称《たた》えらる・褒《ほ》め称《たた》えられる

▼すぐれた、よいものとしてよく言い過ぎる
過賞《かしょう》・過称《かしょう》・誉《ほ》め過《す》ぎ・過《か》誉《よ》・褒《ほ》め過《す》ぎ・溢美《いつび》・過褒《かほう》

▼そしることとほめること　毀誉《きよ》

▼ほめたりけなしたりする
褒貶《ほうへん》・抑揚《よくよう》

対象との関係からみた「ほめる」

▼功績などを　頌《しょう》す・頌《しょう》する

▼うやうやしく功徳を　奉頌《ほうしょう》

▼後からその功績を賞する
追賞《ついしょう》

▼死後、故人の生前の業績などを
追頌《ついしょう》

▼ほめ歌。また、神や仏徳をほめたたえる歌
頌歌《しょうか》

▼ほめ言葉
称《たた》え辞《ごと》・賛辞《さんじ》・讃辞《さんじ》・オマージュ

▼善行などを公にして　旌賞《せいしょう》

▼忠功をたたえて賞を与える
忠賞《ちゅうしょう》

▼徳を　頌徳《しょうとく》・称徳《しょうとく》

▼うやうやしくその徳を　推頌《すいしょう》

▼天子の徳を　叡聖《えいせい》

▼勲功を　勲賞《くんしょう》

▼多くの者の中から選んで賞する
抽賞《ちゅうしょう》

▼特別に賞する　特賞《とくしょう》

▼人に品物などを与えてその功を
勧賞《かんしょう》・勧賞《かんじょう》・勧賞《けんじょう》

▼ほめて与えるもの
褒美《ほうび》・褒賞《ほうしょう》・賞与《しょうよ》・勧賞《かんしょう》・勧賞《かんじょう》・勧賞《けんじょう》・感賞《かんしょう》・優賞《ゆうしょう》

▼特別に与える賞　特賞《とくしょう》

▼褒美などを与える　行賞《こうしょう》

▼みだりに褒美を与える　濫賞《らんしょう》

▼食べ物をほめ味わう　賞味《しょうみ》

▼自分の行いを自ら
自賛《じさん》・自讃《じさん》・自画賛《じがさん》・自画《じが》讃《さん》・手誉《てぼ》め・手褒《てぼ》め

▼ある物をほめて用いる　賞用《しょうよう》

▼ほめて人に勧める　嘉奨《かしょう》

▼ほめて人を引き立てる　勧奨《かんしょう》

▼賞美すべき事物のたとえ　金玉《きんぎょく》・瓊玉《けいぎょく》

▼美しい文章を賞して　珠玉《しゅぎょく》

「ほめる」に関する慣用句・故事・成語

［一字褒貶《いちじほうへん》］たった一字の使い分けで人をほめたり、けなしたりすること。

［一唱三嘆《いっしょうさんたん》］一人が歌って三人がこれに唱和すること。転じて、一度詩文を読んで、その素晴らしさを何度もほめること。「一倡三歎《いっしょうさんたん》」とも書く。出典は『礼記《らいき》』。

［毀誉褒貶《きよほうへん》］ほめたりけなしたりすること。《類》「上《あ》げたり下《さ》げたり」

［自画自賛《じがじさん》］自分でかいた絵を自分でほめること。自分の行いを自らほめること。

［手前味噌《てまえみそ》］自分で自分や自分に関することをほめること。

［拍手喝采《はくしゅかっさい》］みんなが拍手してほめそやすこと。

［論功行賞《ろんこうこうしょう》］功績の有無やその程度などを論じ定めて、それにふさわしい賞を与えること。出典は『魏志《ぎし》』。

学《まな》ぶ・習《なら》う

教えを受ける様態からみた「学ぶ・習う」

▼自分で　自学《じがく》・自習《じしゅう》・自学自習《じがくじしゅう》・独学《どくがく》・独習《どくしゅう》・独修《どくしゅう》

▼前もって　予習《よしゅう》・下調《したしら》べ・下読《したよ》み・下見《したみ》

▼忘れないよう繰り返し　復習《ふくしゅう》・復習《さらい》・御浚《おさら》い・復習《さらえ》・温習《おんしゅう》

▼機会があるたびに　時習《じしゅう》

▼全部を繰り返し　総浚《そうざら》い・総浚《そうざら》え

▼習字を繰り返し　復習書《さらいが》き

▼すでに学んだ　既習《きしゅう》

▼文字を書くことを　習字《しゅうじ》・手習《てなら》い・臨池《りんち》・書道《しょどう》

▼文字を書くことをはじめて　手習《てなら》い始《はじ》め

▼よみならう　誦習《しょうしゅう》

▼伝えられて　伝習《でんしゅう》

▼補うために　補習《ほしゅう》

学ぶ・習う

▼教え習わせる　教習《きょうしゅう》
▼学問・技芸などを研究し　講習《こうしゅう》
▼学芸などをきわめ　講修《こうしゅう》
▼実地の　演習《えんしゅう》・実習《じっしゅう》

勉学の様態からみた「学ぶ・習う」

▼初めて　初学《しょがく》・初学《うい まな》び・新学《にいまな》び
▼好き好んで　好学《こうがく》
▼学問を熱心に　篤学《とくがく》
▼学問を研究し　講学《こうがく》
▼学校に入って　就学《しゅうがく》
▼同一の学校で　同学《どうがく》・同窓《どうそう》
▼男女が同じ学校で　共学《きょうがく》
▼男女がそれぞれ別の学校で　別学《べつがく》

▼苦労して　苦学《くがく》・蛍雪《けいせつ》・蛍窓《けいそう》
▼その人に直接教えを受けてはいないが、慕って模範として　私淑《ししゅく》
▼努め励んで　勤学《きんがく》
▼二つ以上の学問・宗義などを　兼学《けんがく》
▼故郷を出て　遊学《ゆうがく》・留学《りゅうがく》
▼地方から京都に出て　京学《きょうがく》
▼学問に心を向けて　向学《こうがく》・志学《しがく》・向学心《こうがくしん》
▼夜に　夜学《やがく》
▼年をとってから　晩学《ばんがく》
▼生涯を通じて　生涯学習《しょうがいがくしゅう》

修行の様態からみた「学ぶ・習う」

▼修め　修習《しゅうしゅう》
▼学術・技芸などを修め　修業《しゅうぎょう》・修業《しゅぎょう》・習業《しゅうぎょう》
▼学問を研究し修め　修学《しゅうがく》・学修《がくしゅう》・研学《けんがく》・勉学《べんがく》・参学《さんがく》・所学《しょがく》・琢磨《たくま》
▼学芸を磨き修め　研修《けんしゅう》
▼一定の課程を修め　履修《りしゅう》
▼自ら学問を修め　自修《じしゅう》
▼一つの事を修め　専修《せんしゅう》
▼二つ以上の事を修め　兼修《けんしゅう》
▼覚えて身に付ける　修得《しゅうとく》
▼習い覚える　習得《しゅうとく》
▼聞きかじって　耳学《じがく》・耳学問《みみがくもん》
▼教えることと学ぶこと　教学《きょうがく》
▼物事を　物学《ものまな》び
▼仏教以外の事を　外学《げがく》
▼学問に習熟している　鴻学《こうがく》・碩学《せきがく》・博学《はくがく》・洪学《こうがく》
▼学問が未熟　浅学《せんがく》・末学《まつがく》・末学《ばつがく》

学ぶ・習う

▼学問をしない　非学《ひがく》

▼学のあることを自慢する

衒学《げんがく》・ペダンチック

▼正統でない学問　異学《いがく》・偽学《ぎがく》

練習・稽古などの様態からみた「学ぶ・習う」

▼繰り返し

練習《れんしゅう》・練修《れんしゅう》・修練《しゅうれん》・習練《しゅうれん》・精練《せいれん》・稽古《けいこ》・トレーニング

▼実際に行って　訓練《くんれん》

▼晴れの場でする事を前もって

下稽古《したげいこ》・内習《うちなら》し・リハーサル

▼通って　通学《つうがく》・通《かよ》い稽古《げいこ》

▼寒中での　寒稽古《かんげいこ》

▼特別な訓練の

特訓《とっくん》・特別訓練《とくべつくんれん》

▼心身を鍛える

鍛練《たんれん》・鍛錬《たんれん》・錬成《れんせい》・練磨《れんま》・錬磨《れんま》

▼手近なところから　下学《かがく》

▼試す　試練《しれん》・試煉《しれん》

▼水泳の　水練《すいれん》

▼戦闘のための　教練《きょうれん》

▼兵士の　調練《ちょうれん》・練兵《れんぺい》

▼実戦を想定した　演習《えんしゅう》

仏道・芸道からみた「学ぶ・習う」

▼仏道を修め　学道《がくどう》

▼技芸を修め　修技《しゅうぎ》

▼学問・技芸などの道を　修道《しゅうどう》

▼仏の道を実践する

修行《しゅぎょう》・修行《すぎょう》

▼修行と学問　行学《ぎょうがく》

▼念仏を唱え、他の行を修めない

専修《せんじゅ》

▼禅を　参禅《さんぜん》・問禅《もんぜん》

▼仏教の学問に携わること　参学《さんがく》

▼仏教に関する学問　内学《ないがく》

▼仏教八宗の教義を

八宗兼学《はっしゅうけんがく》

▼教義を信仰のためでなく学問として

依学《えがく》

▼諸国をめぐって　行脚《あんぎゃ》

▼武道を　講武《こうぶ》

▼刀剣で敵にあたる術を

撃剣《げきけん》・撃剣《げっけん》・剣法《けんぽう》

「学ぶ・習う」に関する動詞・複合動詞

▼教えられて覚える　学《まな》ぶ

▼繰り返して覚える　習《なら》う

▼見て覚える　見習《みなら》う・見倣《みなら》う

▼忘れないよう繰り返して習う
復習《さら》う・復習《さら》える

▼学問・技芸などを身に付ける
修《おさ》める

「学ぶ・習う」に関する慣用句

[腕《うで》に磨《みが》きを掛《か》ける]
よりいっそう上達するように、練習・勉強をする。

[腕《うで》を磨《みが》く]
技術が上達するように習練する。

[学《がく》がある]
深い知識・見識がある。むずかしいことをよく知っている。

[習《なら》うより慣《な》れろ]
物事は人に教えてもらうより、自分で体験を重ねる方がより身に付くということ。

[身《み》に付《つ》く]
学んだことが自分のものとなる。

「学ぶ・習う」に関する故事・成語・ことわざ

[教《おし》うるは学《まな》ぶの半《なか》ば]（⇒「教《おし》える・教《おし》え」一三二ページ）

[下学《かがく》して上達《じょうたつ》す]
日ごろから身近でやさしいことから学んでいって、やがて深遠な道理に達するということ。《類》「下《か》学《がく》の功《こう》」

[学者《がくしゃ》と大木《たいぼく》は俄《にわ》かには出来《でき》ぬ]
多年の勉学・研究が実って初めて立派な学者となり、木も長い年月育ててようやく大木となる。学問は短い日時では大成できず、長い間の努力が必要であることの教え。

[学《がく》に老若《ろうにゃく》の別《べつ》なし]
学問に年齢は関係ない。何歳であっても学ぶべきものはたくさんあるということ。

[学若《がくも》し成《な》らずんば死《し》すとも帰《かえ》らず]
学問が成就しない限り、死んでも故郷に帰らないという、並々ならぬ決意を述べたもの。

[学問《がくもん》に王道《おうどう》なし]
学問には一足飛びに身に付く方法というものはなく、系統だてて積み重ねていくことによって成就できるものだということ。《類》「学《がく》問《もん》に近道《ちかみち》なし」

[記問《きもん》の学《がく》]
古い書物を読んでただ暗記している学問。自分自身で理解し生かすことができない。出典は『礼記《らいき》』。

[曲学阿世《きょくがくあせい》]
真理を曲げて解釈した学問を利用して時勢や権力者にこび、へつらうこと。時勢に迎合するため学説を曲げる不正の学者を「曲学阿世の徒」という。出典は『史記』。

[蛍雪《けいせつ》の功《こう》]
苦労して学問に励んだ成果。出典

は『晋書《しんじょ》』。

[少年老《しょうねんお》い易《やす》く学成《がくな》り難《がた》し]

若い時はまだ時間があると思っていてもいつのまにか年をとってしまい、志している学問はなかなか進まないということ。時を惜しんで学問をせよ、という戒め。出典は朱熹《しゅき》の詩『偶成《ぐうせい》』。

[習《なら》い性《せい》となる]（⇒「性格《せいかく》・性質《せいしつ》」三四七ページ）

[習《なら》うは一生《いっしょう》]

人間の生涯は毎日毎日が勉強であり、死ぬまで学ぶことがある。学ぶことは無限だということ。

[習《なら》わぬ経《きょう》は読《よ》めぬ]

知識も経験もないことは、やれと言われてもやれるものではないということ。

[故《ふる》きを温《たず》ねて新《あたら》しきを知《し》る]

昔のことをよく研究して、そこから新しい知識を得ること。「温故知新《おんこちしん》」ともいう。出典は『論語』。

[学《まな》びて思《おも》わざれば則《すなわ》ち罔《くら》し]

学問をしていても自分で深く考えることがなければ、確かな知識として身に付くことはないということ。出典は『論語』。

[学《まな》びて時《とき》に之《これ》を習《なら》う亦《また》説《よろこ》ばしからずや]

学んだ物事を機会のあるたびに思索して、より深い理解を得ることは何とうれしいことではないかという意。出典は『論語』。

[門前《もんぜん》の小僧《こぞう》習《なら》わぬ経《きょう》を読《よ》む]

寺の門前に住む子どもはいつも僧の読経を聞いているので、いつのまにか自然に経が読めるようになってしまう。つまり、人は環境によって影響されてしまうたとえ。

《類》「見《み》よう見真似《みまね》」

[六十《ろくじゅう》の手習《てなら》い]

六十歳で習字を始めるというように、年をとってから学問や芸事を習い始めること。

まもる・まもり

……守・護・衛

守備・防衛からみた「まもる・まもり」

▼**他から侵されないようにする**
守《まも》る・護《まも》る・衛《まも》る・保《たも》つ・守《まも》り・護《まも》り・ガード

▼**最後まで**　守《まも》り抜《ぬ》く

▼**敵の侵入を防ぎ**
防衛《ぼうえい》・守御《しゅぎょ》・守禦《しゅぎょ》・防御《ぼうぎょ》・防禦《ぼうぎょ》・防守《ぼうしゅ》・守防《しゅぼう》・ディフェンス

▼**戦って**　戦守《せんしゅ》・守戦《しゅせん》

▼**立てこもって**　拠守《きょしゅ》

▼**居ながらにして**　居守《きょしゅ》

まもる・まもり……守・護・衛

▼いったん退いて　退守《たいしゅ》

▼攻めたり守ったりする　攻守《こうしゅ》・戦守《せんしゅ》・攻防《こうぼう》

▼固く　固守《こしゅ》・堅守《けんしゅ》

▼命懸けで　死守《ししゅ》

▼兵が集まりたむろして　屯《とん》する・屯守《とんしゅ》

▼兵がある所に集合している　駐屯《ちゅうとん》・駐留《ちゅうりゅう》

▼その地を占領して　占守《せんしゅ》

▼兵がその地に長くとどまって　衛戍《えいじゅ》

▼兵を駐屯させてその地を鎮め　鎮守《ちんじゅ》・鎮主《ちんじゅ》

▼辺地に兵が駐屯して　屯守《とんしゅ》・屯戍《とんじゅ》

▼国境を守る。また、その人　守戍《しゅじゅ》・戍守《じゅしゅ》

▼世の中を鎮め国を　鎮護《ちんご》

▼自分で自分を　自衛《じえい》

▼国を　護国《ごこく》

▼不測の出来事による危機に対応する政策・体制　危機管理《ききかんり》・リスクマネジメント

▼辺境を　辺守《へんしゅ》・辺戍《へんじゅ》

▼城を　城守《じょうしゅ》

▼家人の外出中、家を守る。また、その人　留守《るす》・留守番《るすばん》・留守居《るすい》

▼国を守る軍人　干城《かんじょう》

▼天皇の盾となって敵から守る者の謙譲語　醜《しこ》の御楯《みたて》

▼敵の攻撃に対して備える　守備《しゅび》・備《そな》え・守《まも》り・ディフェンス

▼軍隊の前方の　前衛《ぜんえい》

▼軍隊の後方の　後衛《こうえい》

▼遠地の守備につく。また、その人　征戍《せいじゅ》・防人《さきもり》

▼異常事態に備えて　守護《しゅご》・警固《けいご》・警備《けいび》・警衛《けいえい》

▼警戒を怠らずに　警守《けいしゅ》

▼それぞれの地方を根城として守りを固める　割拠《かっきょ》

▼気を付けてあたりを見る　張《は》る・見張《みは》る・守《まも》らう・見《み》守《まも》る

▼見張る。また、その人　番《ばん》・見張《みは》り・張《は》り番《ばん》・看《かん》守《しゅ》・守《も》る目《め》・ガード

▼見張っている人　守《まも》り手《て》・番人《ばんにん》・見張《みは》り番《ばん》・番方《ばんかた》・番衆《ばんしゅう》・番衆《ばんしゅ》・番士《ばんし》

▼夜に火事・盗難に備えて警戒する。また、その人　夜警《やけい》

まもる・まもり……守・護・衛

▼夜通し寝ないで番をする。また、その人
不寝《ねず》・不寝《ねず》の番《ばん》・不寝番《ねずばん》・不寝番《ふしんばん》
▼田の番をする　田守《たもり》
▼よく注意して見張る　監視《かんし》
▼保管して守る。また、その人
管守《かんしゅ》
▼木戸を守る。また、その人
木戸番《きどばん》
▼市中の辻々に設けた警固
辻固《つじがた》め
▼門を守る。また、その人
門番《もんばん》・門衛《もんえい》・守門《しゅもん》・門守《もんす》・門守《かどもり》
▼学校や会社などを警固する。また、その人
守衛《しゅえい》・警備員《けいびいん》・ガードマン

守護・看護などからみた「まもる・まもり」

▼被害や傷などを受けないようにする
守《まも》る・護《まも》る・衛《まも》る・庇《かば》う・プロテクト
▼傷つけられないように
庇護《ひご》・回護《かいご》・擁護《ようご》
▼他人の庇護の尊敬語
高庇《こうひ》・御陰《おかげ》・御蔭《おかげ》
▼注意して
保護《ほご》・保護《ほうご》・守護《しゅご》・護持《ごじ》
▼助けて保護する
救護《きゅうご》・援護《えんご》
▼愛して　愛護《あいご》
▼仏法を　護法《ごほう》
▼非行少年などを教育し　教護《きょうご》
▼監督し　監護《かんご》
▼そばに仕えて　侍《かしず》く・傅《かしず》く

▼そばに付き添って。また、その人
護衛《ごえい》・衛護《えいご》・衛護《えご》・用心《ようじん》棒《ぼう》・ボディーガード
▼宿泊して護衛する。また、その人
宿衛《しゅくえい》・宿直《とのい》
▼順番を決めて宿直などをする
結番《けつばん》・結番《けちばん》
▼貴人を護衛する　侍衛《じえい》
▼天皇・元首の護衛に当たる
近衛《このえ》・親衛《しんえい》
▼禁内《きんだい》を守る左右近衛府　内衛《ないえ》
▼禁内《きんだい》を守る左右兵衛府・左右衛門府
外衛《げえ》
▼皇室を　藩屏《はんぺい》・藩翰《はんかん》・藩籬《はんり》
▼主君の守りとなる臣　爪牙《そうが》
▼用心して　警護《けいご》
▼心を戒めて　戒護《かいご》
▼危険がないように　養護《ようご》
▼被害が生じないように支えて

まもる・まもり……守・護・衛

保障《ほしょう》
▼言葉によってその人の立場を　弁護《べんご》
▼力添えをして　助成《じょせい》
▼神仏が力を添えて　加護《かご》
▼国家や人、寺院などを守ってくれる神　守護神《しゅごしん》・守護神《しゅごじん》・守《まも》り神《がみ》
▼知らないうちの加護　冥加《みょうが》
▼神仏が影のようになり身を　影護《ようご》
▼神仏が加護して災難などから守るという札　護符《ごふ》・護符《ごふう》・守《まも》り札《ふだ》・御符《ごふ》・御符《ごふう》・札《ふだ》・御札《おふだ》・守《まも》り・御守《おまも》り・呪符《じゅふ》・霊符《れいふ》・御守《おまも》り札《ふだ》・護身符《ごしんふ》・護摩符《ごまふ》
▼神社が配る守り札　神符《しんぷ》
▼魔除けの札　陰符《いんぷ》
▼虫などの害から守るお札　虫除《むしよ》け・虫除《むしよ》け守《まも》り
▼ひもに結び胸に垂らす子どもの守り札　懸《か》け守《まも》り・筒守《つつまも》り
▼二の腕の腕貫《うでぬき》などに入れるお守り　腕守《うでまも》り
▼危険から身を　護身《ごしん》
▼敵の攻撃から味方の動きを　掩護《えんご》
▼自分の身を大切にする　自愛《じあい》・自重《じちょう》
▼健康を守り、病気の予防・治療に努める　衛生《えいせい》

遵守・固執などからみた「まもる・まもり」

▼決められたことに従う　守《まも》る
▼法律などに従い　遵守《じゅんしゅ》・順守《じゅんしゅ》・遵奉《じゅんぽう》・コンプライアンス
▼規則に則る　準則《じゅんそく》
▼法を尊び　遵法《じゅんぽう》・順法《じゅんぽう》
▼憲法を尊び　護憲《ごけん》
▼厳しく　厳守《げんしゅ》
▼忘れずに　服膺《ふくよう》・拳拳服膺《けんけんふくよう》
▼固く守り、変わらない　墨守《ぼくしゅ》
▼戒律を守って行いを正しくする　持斎《じさい》
▼仏法の戒めを　持戒《じかい》
▼戒律を　持律《じりつ》
▼戒律に従って修行する　戒行《かいぎょう》
▼旧来の物事を固く守ろうとする　保守《ほしゅ》・守旧《しゅきゅう》
▼旧習を頑固に守りいつまでも改めない　因循《いんじゅん》
▼人に対する義理を固く

義理立《ぎりだ》て・心中《しんじゅう》
▼固く義理を　**律義《りちぎ》・律儀《りちぎ》**
▼人との約束を最後まで
心中立《しんじゅうだ》て
▼約束を守り義を行う　**信義《しんぎ》**
▼正義に従う　**順義《じゅんぎ》**
▼信ずることを心に固く守り、変えない
節操《せっそう》・操《みさお》・操守《そうしゅ》
▼節操を　**守節《しゅせつ》**
▼固く節操を守り、世の中と相容れない
狷介《けんかい》・耿介《こうかい》
▼自分の意見を固く
固執《こしつ》・固執《こしゅう》・執意《しつい》
▼創業者の事業を、後を継いで
守成《しゅせい》

「まもる・まもり」に関する慣用句・故事

[跡《あと》を守《まも》る]
親や師の死後、その家業や芸風などを継ぐこと。

[流《なが》れを汲《く》む]
ある人・系統の流儀を守る。

[尾生《びせい》の信《しん》]
女と橋の下で会う約束をしていた尾生という男が、大雨で増水したために、杭《くい》にしがみついて約束を守り続けていたが、ついに溺死したことの故事から、愚直なまでに約束を守ることをいう。馬鹿正直で融通がきかないことのたとえにも使う。出典は『史記』。

[舟《ふね》に刻《きざ》みて剣《けん》を求《もと》む]
時の移り変わるのを知らず、旧習を守り続けることの愚かさのたとえ。船から剣を落とした楚《そ》の人が、船の移動するのを知らずに船べりに目印を刻んだことの故事による。出典は『呂氏春秋《りょししゅんじゅう》』。《類》「刻舟《こくしゅう》」

[墨守《ぼくしゅ》]
墨子が楚の公輸盤《こうゆばん》の城攻めを九回にわたって退けたという故事から、自分の意見や習慣を頑固に守って、何と言われようと改めないこと。出典は『墨子《ぼくし》』。

水《みず》

性質・用途などからみた「水」

▼塩分を含まない　**淡水《たんすい》・真水《まみず》**
▼塩分を含む
塩水《えんすい》・塩水《しおみず》・鹹水《かんすい》
▼海の

水

海水《かいすい》・潮水《ちょうすい》・潮《しお》・潮水《しおみず》・海《かい》潮《ちょう》・潮《うしお》

▼沸かしてない　生水《なまみず》

▼蒸留した　蒸留水《じょうりゅうすい》

▼飲むための

飲《の》み水《みず》・飲料水《いんりょうすい》・飲用水《いんようすい》・上水《じょうすい》

▼飲むための冷たい

冷《ひ》や水《みず》・御冷《おひ》や・冷水《れいすい》

▼氷をかき削り糖蜜などをかけたもの

氷水《こおりみず》・氷水《こおりすい》・欠《か》き氷《ごおり》

▼氷のかけらを入れて冷たくした

氷水《こおりみず》

▼きれいな

清水《せいすい》・清水《きよみず》・清水《しみず》・浄水《じょうすい》

▼名高い清水　名水《めいすい》

▼前日から汲んで置いた

宿水《しゅくすい》・汲《く》み置《お》き

▼浄化した　浄水《じょうすい》

▼濁った

濁《にご》り水《みず》・濁水《だくすい》・泥水《どろみず》・泥水《でいすい》

▼少し濁る

細濁《ささにご》り・小濁《ささにご》り・薄濁《ささにご》り

▼不要な　排水《はいすい》

▼使用済みの汚れた

汚水《おすい》・下水《げすい》・廃水《はいすい》

▼飲料水などに利用できない

悪水《あくすい》

▼毒を含んだ　毒水《どくすい》

▼灰を溶かした　灰水《はいみず》・灰汁《あく》

▼ある物質を水に溶解させた液

水溶液《すいようえき》

▼炭酸ガスの水溶液

炭酸水《たんさんすい》・ソーダ

▼消石灰の水溶液　石灰水《せっかいすい》

▼カルシウム塩やマグネシウム塩などを多く含む

硬水《こうすい》

▼カルシウム塩やマグネシウム塩などをほどんど含まない

軟水《なんすい》

▼鉱物質を多く含む

鉱水《こうすい》・ミネラルウォーター

▼重水素を含む　重水《じゅうすい》

▼仏に供える

閼伽《あか》・閼伽水《あかみず》・香水《こうずい》

▼神に供える

神水《しんすい》・神水《じんすい》・御供水《ごくうすい》

▼霊験ある　霊水《れいすい》

▼手や顔を洗う

手水《ちょうず》・手洗《てあら》い水《みず》・手水《てみず》

▼神仏に参る前に手や口を清める

浄水《じょうすい》・手水《ちょうず》

▼神仏に参る前に浄水する所

手水所《ちょうずどころ》・御手洗《みたらし》・御手洗《みたらい》

▼汚れた足を洗う　洗足《せんそく》・濯《すす》ぎ

▼鬢《びん》をなでるのに使う　鬢水《びんみず》

▼すずりの　硯水《けんすい》

▼物をとぐ　研《と》ぎ水《みず》・磨《と》ぎ水《みず》

水

▼米をといで白く濁った
研《と》ぎ水《みず》・磨《と》ぎ水《みず》・白水《しろみず》・磨《と》ぎ汁《じる》

▼飲料や灌漑《かんがい》に使う
用水《ようすい》・疎水《そすい》・疏水《そすい》

▼点茶のとき、茶碗をすすいだ水を捨てる道具
建水《けんすい》

▼力士が仕切りに入る前に口をすすぐ
力水《ちからみず》

▼地上にまく
撒水《さんすい》・散水《さんすい》・撒《ま》き水《みず》・撒水《さっすい》

▼田畑に水を注ぐ
灌水《かんすい》・灌漑《かんがい》

▼ポンプに入れて水を誘う
呼《よ》び水《みず》・誘《さそ》い水《みず》

▼納棺前に死体を清める湯
逆《さか》さ水《みず》

場所・状況からみた「水」

▼雨の
雨水《うすい》・雨水《あまみず》・天水《てんすい》

▼雨・雪など地上に降下した
降水《こうすい》

▼軒先などから落ちる雨の
雨垂《あまだ》れ・雨垂《あまだ》り・雨滴《あましたた》り・雨滴《あましだ》り・玉水《たまみず》・雨雫《あましずく》・雨滴《うてき》・点滴《てんてき》

▼船底にたまった
淦《あか》・船湯《ふなゆ》・湯《ゆ》・淦水《かんすい》

▼井戸の
井水《せいすい》・井水《いみず》・井泉《せいせん》

▼井戸から汲んだ
井戸水《いどみず》・汲《く》み水《みず》

▼湧き出る
湧《わ》き水《みず》・清水《しみず》・岩清水《いわしみず》・岩水《いわみず》・泉《いずみ》・泉水《せんすい》

▼山から出る
山水《やまみず》・山水《さんすい》

▼山の麓を流れる
山下水《やましたみず》

▼谷の
澗水《かんすい》・渓水《けいすい》・谿水《けいすい》

▼青色に深く澄んだ
碧水《へきすい》

▼地下を流れる
地下水《ちかすい》・地水《ちすい》

▼地層の中で地下水の流れている部分
水脈《すいみゃく》

▼流れている
流水《りゅうすい》・活水《かっすい》

▼地上の流水が一時地下に潜入して流れる
伏流水《ふくりゅうすい》

▼河川の
河水《かすい》・川水《かわみず》

▼早瀬の
湍水《たんすい》

▼大河の、また、揚子江の
江水《こうすい》

▼さらさらと流れる
細《さざ》れ水《みず》

▼草木などの陰に隠れて見えない
埋《う》もれ水《みず》

▼野中や樹陰などに隠れて人知れず流れる
忘《わす》れ水《みず》

▼浅い　浅水《せんすい》

▼深い　深水《しんすい》・淵水《えんすい》

▼川から揚げた　川揚《かわあ》げ水《みず》

▼水が漏れる。また、漏れた　漏水《ろうすい》

▼少しこぼれ出る　細小水《いさらみず》

▼こぼした　覆水《ふくすい》

▼流れずにたまっている　溜《た》まり水《みず》・止水《しすい》・死水《しすい》・静水《せいすい》

▼竹の幹を切り、節にためた　神水《じんすい》

▼日向にあって、ぬるんでいる　日向水《ひなたみず》

▼公園などで装置によって水を吹き上げる　噴水《ふんすい》・噴泉《ふんせん》・吹《ふ》き上《あ》げ

▼滞って流れない　滞水《たいすい》

▼底深くたたえられた　潭水《たんすい》

▼田の中の　田水《たみず》

▼庭園などに水を導き入れて流す　遣《や》り水《みず》

▼庭園または山麓を曲がって流れる　曲水《きょくすい》

人の暮らしからみた「水」

▼水流をよくして川の氾濫を防ぐ　治水《ちすい》

▼河川が氾濫して被害をもたらす大水　洪水《こうずい》・出水《しゅっすい》・出水《でみず》・大水《たいすい》・大水《おおみず》

▼山間地の川が集中豪雨であふれ、急激に流れ下る　鉄砲水《てっぽうみず》

▼洪水で田畑が水をかぶる　冠水《かんすい》

▼川などの水量がふえる　増水《ぞうすい》

▼堤防などの決壊によって水が氾濫する　決水《けっすい》

▼水が入り込み、水に浸る　浸水《しんすい》

▼水の流れ具合　水捌《みずは》け・水吐《みずは》き

▼水がひく　退水《たいすい》

▼水による災難　水禍《すいか》・水難《すいなん》・水害《すいがい》

▼生活用水・灌漑用水が極端に不足する　水飢饉《みずききん》・渇水《かっすい》

▼水田の用水分配をめぐる争い　水争《みずあらそ》い・水喧嘩《みずげんか》・水論《すいろん》・水論《みずろん》

▼飲料水などを供給する　給水《きゅうすい》

▼水を汲む　汲水《きゅうすい》

▼生物や機械などが水を吸う　吸水《きゅうすい》

▼汚れた水をこしてきれいにする　濾水《ろすい》・濾過《ろか》

▼水道の水がとまる　断水《だんすい》

▼水不足などで使用量を節約する　節水《せっすい》

▼水にぬれても水分が通らない。また、変質しない
耐水《たいすい》
▼燃料と飲用水　薪水《しんすい》
▼水中に溶けた物質が物などに付着するもの
水垢《みずあか》・水渋《みしぶ》・水銹《みさび》・水錆《みさび》
▼水中に身を投じて自殺する
入水《にゅうすい》・入水《じゅすい》
▼水中に死者を葬る
水葬《すいそう》・水葬式《みずそうしき》・水葬礼《みずそうれい》

変化・変形からみた「水」

▼水の粒
滴《したた》り・水滴《すいてき》・滴《しずく》・雫《しずく》
▼雨の滴り
雨垂《あまだ》れ・雨滴《うてき》・点滴《てんてき》・玉水《たまみず》・雨雫《あましずく》

▼雨が降った後の滴り
余滴《よてき》・残滴《ざんてき》・余瀝《よれき》
▼玉になった水滴　水玉《みずたま》
▼飛び散る水玉
繁吹《しぶ》き・飛沫《しぶき》・水飛沫《みずしぶき》・飛沫《ひまつ》・水沫《すいまつ》・水煙《すいえん》・水煙《みずけむり》・迸《とばし》り
▼そばにいて水しぶきを受ける
迸《とばっち》り・迸《とばち》り・迸《とばし》り
▼水などの液体がつくる泡
泡《あぶく》・水泡《すいほう》・水泡《みなわ》・水《みず》の泡《あわ》・気泡《きほう》・泡沫《ほうまつ》・泡沫《うたかた》・水沫《みなわ》・バブル・フォーム
▼飲み水を沸かしただけの湯
白湯《さゆ》
▼煮え立った湯　煮《に》え湯《ゆ》・熱湯《ねっとう》
▼煮えたぎる湯の泡　湯玉《ゆだま》
▼温度の低い　微温湯《ぬるまゆ》・微温湯《びおんとう》
▼さました湯　湯冷《ゆざ》まし
▼沸かしたばかりの風呂の湯
新湯《さらゆ》・新湯《あらゆ》

▼風呂から出るときにかけるきれいな湯
上《あ》がり湯《ゆ》・陸湯《おかゆ》
▼翌日にも使う風呂の湯
留《と》め湯《ゆ》
▼気化した
水蒸気《すいじょうき》・スチーム
▼水蒸気が水滴になって
湯気《ゆげ》・蒸気《じょうき》・湯煙《ゆけむり》
▼白く光った露　白露《はくろ》・白露《しらつゆ》
▼朝の草などについた露　朝露《あさつゆ》
▼夜の露　夜露《よつゆ》
▼木の茂みから落ちる露　下露《したつゆ》
▼雨と露　雨露《あめつゆ》・雨露《うろ》
▼滴《しずく》が棒状に凍った氷
氷柱《つらら》・垂氷《たるひ》・懸氷《けんぴょう》・氷柱《ひょうちゅう》
▼氷のかたまり　氷塊《ひょうかい》
▼流れる氷塊　流氷《りゅうひょう》
▼水に浮かぶ氷塊　浮氷《ふひょう》
▼涼をとるために立てる氷

氷柱《ひょうちゅう》

▼薄く張った氷

薄氷《はくひょう》・薄氷《うすごおり》・薄《うす》ら氷《ひ》・薄《うす》ら氷《い》・薄《うす》ら氷《び》

▼水蒸気が白く結晶したもの

霜《しも》・霜柱《しもばしら》

春夏秋冬の「水・露・霜」

▼元旦に汲んで、お供え・洗面・飲料に使うめでたい

若水《わかみず》・初若水《はつわかみず》・若井《わかい》

▼元旦に海から汲んで神に供える

若潮《わかしお》

▼雪解けや降雨による豊かな

春《はる》の水《みず》・春水《しゅんすい》

▼春先に霜解けや雨水などでできるどろんこ道

春泥《しゅんでい》

▼陸に起こる蜃気楼　逃《に》げ水《みず》

▼雪解けの

雪水《ゆきみず》・雪代《ゆきしろ》・雪代水《ゆきしろみず》・雪汁《ゆきしる》水《みず》・雪消水《ゆきげみず》・雪汁《ゆきしる》

▼春の増水　桃花水《とうかすい》

▼春の霜

忘《わす》れ霜《じも》・遅霜《おそじも》・晩霜《ばんそう》・別《わか》れ霜《じも》

▼山中の湧き水。その水たまり

泉《いずみ》

▼山渓や野道に見かける湧き水

清水《しみず》・岩清水《いわしみず》・山清水《やましみず》・苔《こけ》清水《しみず》

▼露が多い　露《つゆ》けし

▼時雨《しぐれ》の後のように露が一面に降りている

露時雨《つゆしぐれ》

▼露が凍って霜になる

露霜《つゆじも》・水霜《みずじも》

▼秋の澄んだ水。また、澄み渡った水の流れ

秋《あき》の水《みず》・秋水《しゅうすい》

▼台風や長雨による洪水

秋出水《あきでみず》

▼稲が実り、田水を落として田を干す

落《お》とし水《みず》

▼澄んでいるが、暗く重い冬の

冬《ふゆ》の水《みず》・寒泉《かんせん》

▼降雨量が少なく水が涸《か》れる時期

渇水期《かっすいき》

▼寒中の　寒《かん》の水《みず》・寒水《かんすい》

▼雨が地表・草木などに凍結した

雨氷《うひょう》

「水」に関する動詞・複合動詞

▼地下水などが地中から出る

湧《わ》く・涌《わ》く

▼水などをすくい上げる

汲《く》む・酌《く》む・掬《むす》ぶ

▼水などをつぎ込む
注《そそ》ぐ・汲《く》む・酌《く》む

▼水などをいっぱいにする
湛《たた》える・満《み》たす

▼水がいっぱいになって
溢《あふ》れる・溢《こぼ》れる・零《こぼ》れる

▼水滴などが落ちる
滴《したた》る・落《お》ちる・垂《た》れる

▼水などが勢いよく飛び散る
迸《ほとばし》る・迸《とばし》る

▼水が低い所へ　流《なが》れる・注《そそ》ぐ

▼水が激しく流れ波立つ
逆巻《さかま》く・渦巻《うずま》く・滾《たぎ》る・激《たぎ》る

▼熱せられ湯になる　沸《わ》く

▼湯が煮え立つ
滾《たぎ》る・激《たぎ》る・煮《に》え滾《たぎ》る・煮《に》え返《かえ》る・煮《に》え繰《く》り返《かえ》る

▼水や雨がかかる　濡《ぬ》れる

▼びっしょりとぬれる
濡《そぼ》つ・濡《ぬ》れそぼつ

▼水気や湿り気を帯びる
潤《うるお》う・潤《うる》む・湿《しめ》る

▼水分を含んでふくれる
潤《ほと》びる・ふやける

▼水につけてふくれさせる
潤《ほと》ばす・潤《ほと》ぼす・潤《ほと》ばかす・ふやかす

▼水が汚れて透明感を失う　濁《にご》る

「水」の流れ・湿気などの擬音語・擬態語

▼水滴などが一滴落ちる
ぽとり・ぽたり・ぽつり・ぽとん

▼水滴などが少量、次々と落ちる
ぽとぽと・ぽたぽた・ぽつぽつ

▼水滴などが多量に次々と落ちる
ぼとぼと・ぼたぼた・ぼつぼつ

▼口の小さな入れ物から水が流れ出る
とくとく

▼「とくとく」よりも盛んに、または粘り気のあるものが流れる
どくどく

▼水などが勢いよく流れ落ちる
しゃーしゃー・しゃーっと

▼水がひと揺れしたとき
ぽちゃと・ぽちゃん

▼水を大きく動かす
ざぶざぶ・じゃぶじゃぶ

▼少量の水が流れる
ちょろちょろ

▼きれいな水が少量流れる
さらさら

▼水が勢いよく流れる
ざーざー・ざーっと・じゃーじゃー

▼止められないほどの勢いで水が流

れる
だーっと

▼**水が濁ったようす**
どろどろ・どろっと

▼**水などが冷たい**
ひんやり

▼**水が跳ねる**
ぴちゃぴちゃ・ぴちぴち・ちゃぷちゃぷ

▼**水がしきりに跳ね返る**
びちゃびちゃ・びしゃびしゃ

▼**雨や水で激しくぬれる**
びしょびしょ・びちゃびちゃ・びっしょり・ずっぷり

▼**汗や水で衣服などがぬれる**
ぐしょぐしょ・ぐっしょり

▼**湿度が高くて不快な**
じめじめ・じとじと

▼**湿り気を帯びてうるおいがある**
しっとり・しっぽり

▼**にじみ出るように湿気を帯び、不快なさま**
じっとり・じくじく

「水」に関する慣用句・故事・成語・ことわざ

[雨露《あめつゆ》をしのぐ]
雨や露など、人が生活していく上で障害となるものに耐える、我慢することから、最低生活をたとえていう。

[知者《ちしゃ》は水《みず》を楽《たの》しむ]
知恵のある人は、知が水のよどみなく流れるようすによく似てよく働くので、水を好み楽しむ。

[茶《ちゃ》は水《みず》が詮《せん》]
おいしい茶をたてるのには、結局、よい水を選ぶことが肝心であるということ。「詮」は大事なもの。

[所《ところ》変《か》われば水《みず》変《か》わる]
異なった土地では飲み水の質が変わるから、自分の体質に合うかどうか注意すべきであるということ。また、土地が変われば風俗・習慣なども違うという意にも使われる。

[末期《まつご》の水《みず》]
死に際に口にふくませてやる水。《類》「死《し》に水《みず》」。

[酔《よ》い醒《ざ》めの水《みず》下戸《げこ》知《し》らず]
酒を飲んだあと、のどが渇いて飲む水のうまいことといったら酒を飲まない人には分からない。経験しなければその妙味が分からないたとえ。

[酔《よ》い醒《ざ》めの水《みず》は甘露《かんろ》の味《あじ》]
酔ったあと、眠りからさめて、渇いたのどを潤すために飲む水は、まるで甘露のようにおいしいということ。「甘露」は、王が仁政を施すと天から降るという甘い水。中国の伝説に由来する。

みち

……道・路・途

地形・位置からみた「みち」

▼人や車などが通る所
道《みち》・道路《どうろ》・路《みち》・途《みち》・径《みち》・行路《こうろ》・行道《こうどう》・往来《おうらい》・往還《おうかん》・通《とお》り道《みち》・通《とお》り路《みち》・通《とお》り途《みち》・通路《つうろ》・通《とお》り・道途《どうと》・道塗《どうと》・道筋《みちすじ》

▼市街の　街路《がいろ》

▼市街の主要な　表通《おもてどお》り・本通《ほんどお》り

▼裏手の　裏通《うらどお》り・裏道《うらみち》

▼人家の間の狭い　露地《ろじ》・路地《ろじ》

▼街路樹が植えられた　並木道《なみきみち》・アベニュー

▼山間に通じる　山道《やまみち》・山道《さんどう》・山道《せんどう》・山路《さんろ》・山路《やまじ》

▼山の中の小さい　山径《さんけい》

▼深い山の中の　深山路《みやまじ》

▼山の中の険しく細い　鳥道《ちょうどう》・鳥逕《ちょうけい》・鳥路《ちょうろ》

▼険しい　険路《けんろ》・嶮路《けんろ》・犬戻《いぬもど》り・難路《なんろ》・荒道《あらみち》・岨道《そばみち》・杣道《そまみち》・岨道《そわみち》・峻路《しゅんろ》

▼きこりの通う山の　樵路《しょうろ》・杣道《そまみち》

▼崖ぶちの険しい　崖路《がけみち》・崖路《がけじ》・崖路《ほきじ》

▼狭くて険しい　隘路《あいろ》

▼傾斜している　坂《さか》・阪《さか》・坂道《さかみち》・坂路《さかみち》・坂《はん》路《ろ》・阪路《はんろ》・スロープ

▼山の中の坂みち　山坂《やまさか》・山坂《やまざか》

▼険しい急な坂みち　急坂《きゅうはん》・胸突《むなつ》き八丁《はっちょう》

▼相対する二つの坂のうち急な　男坂《おとこざか》

▼相対する二つの坂のうちゆるやかな　女坂《おんなざか》

▼奥深い小さな　幽径《ゆうけい》

▼材木を運ぶ　林道《りんどう》

▼松林の中の小さい　松径《しょうけい》

▼イバラの茂った　棘路《きょくろ》

▼ツタカズラの茂った　蘿径《らけい》

▼草などの茂った　繁道《しげじ》・繁路《しげじ》

▼シカやイノシシなどによって自然にできた　猪道《ししみち》・鹿道《ししみち》・獣道《けものみち》

▼木陰など物の下に通じている　下道《したみち》・下道《したじ》

▼田舎の　田舎道《いなかみち》

▼田と田の間の　田道《たみち》・田路《たみち》・田圃道《たんぼみち》・畦道《あぜみち》・

みち……道・路・途

農道《のうどう》・縄手《なわて》・畷《なわて》・畷道《なわてみち》・畷道《なわてじ》

▼畑の間を通っている
畑道《はたけみち》・畑道《はたみち》

▼野中の　野道《のみち》・野路《のみち》・野路《のじ》

▼野中の小さい　野径《やけい》・野逕《やけい》

▼陸上の　陸路《りくろ》・陸路《くがじ》

▼川に沿った　川路《かわじ》

▼浜辺の　浜路《はまじ》・浜道《はまみち》

▼海辺の　浦路《うらじ》・海道《かいどう》

▼磯辺の　磯路《いそじ》

▼砂ばかりの
砂路《いさごじ》・砂子路《いさごじ》・砂路《すなみち》・真砂路《まさごじ》

▼石の多い　石道《いしみち》・石路《いしみち》・石径《せっけい》

▼東西に通じる
日《ひ》の縦《たたし》・日《ひ》の経《たて》

▼南北に通じる
日《ひ》の横《よこし》・日《ひ》の緯《ぬき》

▼平らな
平路《へいろ》・坦路《たんろ》・坦道《たんどう》・坦途《たんと》

大小・広狭・様態などからみた「みち」

▼人の通行する　人道《じんどう》・歩道《ほどう》

▼車が通る　車道《しゃどう》

▼高速度で走る自動車専用
高速道路《こうそくどうろ》・高速道《こうそくどう》・ハイウェー・アウトバーン

▼天子の車が通る　輦道《れんどう》・輦路《れんろ》

▼幅が広くて大きい
大道《だいどう》・大道《おおみち》・広小路《ひろこうじ》・大路《おおじ》・大路《たいろ》・大通《おおどお》り・街道《かいどう》

▼幅の狭い
小道《こみち》・小路《こみち》・小路《こうじ》・細道《ほそみち》・小径《しょうけい》・小逕《しょうけい》・蟻径《ぎけい》・細径《さいけい》・細逕《さいけい》

▼斜めになっている小さい　斜径《しゃけい》

▼真っすぐな
直道《ちょくどう》・直路《ちょくろ》・直路《ひたみち》・直路《ただじ》・直路《すぐじ》・正道《ただじ》

▼分かれた
枝道《えだみち》・二股道《ふたまたみち》・岐路《えだみち》・支路《しろ》・二道《ふたみち》・二筋道《ふたすじみち》・別《わか》れ道《みち》・別《わか》れ路《みち》・別《わか》れ路《じ》・岐《わか》れ路《みち》

▼三つの小さい
三《み》つの径《みち》・三径《さんけい》

▼道路の三つ叉《また》に分かれている所
三叉路《さんさろ》

▼道が十字形に交差する所
十字路《じゅうじろ》・四《よ》つ辻《つじ》・道辻《みちつじ》

▼主となっている
本道《ほんどう》・本街道《ほんかいどう》・表街道《おもてかいどう》

▼本街道以外の支街道
脇街道《わきかいどう》・脇往還《わきおうかん》・裏街道《うらかいどう》

▼本道からそれた
脇道《わきみち》・脇路《わきみち》・避《よ》け道《みち》・側道《そばみち》・間道《かんどう》・閑道《かんどう》・横道《よこみち》

▼道路が四方に通じている
四達《したつ》・四通《しつう》

▼曲がった

みち……道・路・途

曲《ま》がり道《みち》・曲《ま》がり路《みち》
▼曲がり角の多い　隈路《くまじ》
▼早く到着できる　近道《ちかみち》・早道《はやみち》・抜《ぬ》け裏《うら》・抜《ぬ》け道《みち》・捷径《しょうけい》・捷路《しょうろ》・漏路《くけじ》・匿《くけ》路《じ》・漏路《くけみち》・匿路《くけみち》
▼大事な　要路《ようろ》
▼長い道のり　長道《ながみち》・長道《ながじ》・長途《ちょうと》・長路《ながみち》・長路《ながじ》・遠路《えんろ》・鵬程《ほうてい》
▼迂回する　迂路《うろ》・回《まわ》り道《みち》・回《まわ》り路《みち》・迂《う》回道路《かいどうろ》・副道《ふくどう》・バイパス
▼往きの　往路《おうろ》・行《ゆ》き道《みち》
▼帰りの　復路《ふくろ》・帰《かえ》り道《みち》・帰途《きと》・帰《き》路《ろ》・帰《かえ》り路《みち》・戻《もど》り路《みち》・家路《いえじ》
▼往か復か一方の　片道《かたみち》
▼一本しかない　一本道《いっぽんみち》

▼真ん中の　中道《なかみち》
▼行くべき方向　前途《ぜんと》・先途《せんと》・先途《せんど》・行《ゆ》く手《て》・前路《ぜんろ》・進路《しんろ》・針路《しんろ》・行方《ゆくえ》
▼往き来する　通《かよ》い路《みち》・通《かよ》い路《じ》・行《ゆ》き交《か》い路《じ》
▼通行の途中に寄る　寄《よ》り道《みち》・道寄《みちよ》り
▼退却する　退路《たいろ》・逃《に》げ道《みち》・遁路《とんろ》
▼闇夜の　闇路《やみじ》
▼夜の　夜道《よみち》
▼日陰の　陰路《かげじ》
▼雪の降り積もった　雪道《ゆきみち》・雪路《ゆきみち》・雪路《ゆきじ》
▼霜の降りている　霜道《しもみち》
▼旅の　旅路《たびじ》・征途《せいと》
▼泥でぬかっている　泥道《どろみち》・泥路《でいろ》・泥濘《ぬかるみ》
▼歩きにくい　悪道《あくどう》・悪路《あくろ》
▼荒れ果てた小さな　荒径《こうけい》
▼新しく開いた　新道《しんどう》・新道《しんみち》・新路《しんみち》・墾道《はりみち》・新治道《にいばりみち》・新墾道《にいばりみち》
▼古い　古道《こどう》・古道《ふるみち》・旧道《きゅうどう》
▼廃止になった　廃道《はいどう》
▼寺社に通じる　参道《さんどう》
▼宮殿に通じる　宮道《みやじ》・宮路《みやじ》
▼徒歩で行く　徒路《かちじ》
▼競走する　走路《そうろ》
▼順序を決めた道筋　順路《じゅんろ》・順道《じゅんどう》
▼沿って行く　沿道《えんどう》・沿路《えんろ》・道端《みちばた》・路傍《ろぼう》・路頭《ろとう》
▼通り抜けられない　袋道《ふくろみち》・袋小路《ふくろこうじ》

みち……道・路・途

▼迷いやすい　迷路《めいろ》

管理・敷設からみた「みち」

▼公衆が通る　公道《こうどう》・公路《こうろ》
▼個人が所有している　私道《しどう》
▼国が管理する　国道《こくどう》
▼都道府県が管理する
都道府県道《とどうふけんどう》
▼府が管理する　府道《ふどう》
▼県が管理する　県道《けんどう》
▼市が管理する　市道《しどう》
▼区が管理する　区道《くどう》
▼村が管理する　村道《そんどう》
▼舗装した
舗道《ほどう》・舗道《ほどう》・舗装道路《ほそうどうろ》・
ペーブメント
▼がけに棚のようにつくった
懸《か》け路《じ》・懸《か》け路《みち》・懸《か》け橋《はし》・
掛《か》け橋《はし》・桟道《さんどう》
▼木材で舗装された　舗木道《ほぼくどう》
▼地中を掘って通した
地下道《ちかどう》・地道《ちどう》・隧道《ずいどう》・隧《すい》
道《どう》・隧路《すいろ》・坑道《こうどう》
▼散歩のためにつくった
遊歩道《ゆうほどう》・散歩道《さんぽどう》
▼列車・電車の通る
鉄道《てつどう》・線路《せんろ》・軌道《きどう》・軌条《きじょう》
▼飛行機の離着陸する　滑走路《かっそうろ》
▼水を送るための
水路《すいろ》・送水路《そうすいろ》・導水路《どうすいろ》・用《よう》
水路《すいろ》
▼飲料水などを供給するための
上水道《じょうすいどう》・水道《すいどう》
▼下水を流すための
下水道《げすいどう》・下水《げすい》
▼炊事・風呂などの廃水を再利用する
水道
中水道《ちゅうすいどう》・雑用水道《ざつようすいどう》
▼雨水・汚水の排水処理のための
排水路《はいすいろ》
▼洪水防止など水量調節のための
放水路《ほうすいろ》
▼余分な水を処理するための
余水路《よすいろ》・余水吐《よすいは》き

空・海・川からみた「みち」

▼船舶や航空機運行の一定のみちすじ
航路《こうろ》
▼飛行機の飛ぶために設定された
空路《くうろ》・航空路《こうくうろ》
▼船の通う
海路《かいろ》・澪《みお》・船路《せんろ》・海《うみ》つ路《じ》・
海路《うみじ》・海路《うなじ》・船路《ふなじ》・潮路《しおじ》・
波路《なみじ》・浪路《なみじ》・水路《すいろ》・水脈《すいみゃく》・
水脈《みお》・水尾《みお》

▼海流の流れる　潮道《しおみち》・潮路《しおじ》・汐路《しおじ》

▼はるかな潮の　八重《やえ》の潮路《しおじ》

▼多くの潮の　八潮路《やしおじ》

▼川水が流れる　河道《かどう》・川筋《かわすじ》

「みち」に関する成語

[紆余曲折《うよきょくせつ》]
道が曲がりくねっているさま。「紆」も「余」も、折れ曲がるさま。また、事情が混み入って種々変化することもいう。

[四通八達《しつうはったつ》]
道路や交通が四方八方に通じており、交通の便がよいこと。

[九十九折り《つづらおり》]
幾重にも折れ曲がっている山道のこと。「葛折り《つづらお》」とも書く。《類》「羊腸小径《ようちょうしょうけい》」

[鵬程万里《ほうていばんり》]
遠い道のりのこと。鵬が飛び渡る道程という意で、鵬は想像上の鳥。翼の長さ三千里、一度に九万里を飛ぶという。

みる
……見・視・観・覧・看・診

動作・方角からみた「みる」

▼目で　目視《もくし》・瞻視《せんし》・観覧《かんらん》

▼目の当たりに　目撃《もくげき》・正目《まさめ》・正眼《まさめ》

▼真っ正面から　正視《せいし》・直視《ちょくし》・直目《ただめ》

▼左を向いて　左顧《さこ》

▼後ろを振り向いて　後顧《こうこ》・回視《かいし》

▼ちょっと振り向いて　一顧《いっこ》

▼目だけ動かして後方を　後目《しりめ》・尻目《しりめ》

▼あたりを見回す　四顧《しこ》・顧望《こぼう》

▼仰ぎ　仰視《ぎょうし》・仰望《ぎょうぼう》

▼目だけ上に向けて　上目《うわめ》・上目使《うわめづか》い・上眼《うわめ》・空《そら》目《め》・上目遣《うわめづか》い

▼横目で　斜視《しゃし》・邪視《じゃし》・流眄《りゅうべん》・流眄《りゅうめん》・側目《そくもく》

▼よそを　余所見《よそみ》・余所目《よそめ》・脇見《わきみ》・脇《わき》目《め》・あからめ

▼遠くを　望見《ぼうけん》・遠見《えんけん》・遠見《とおみ》・遠望《えんぼう》・望《ぼう》遠《えん》・眺望《ちょうぼう》・遠視《えんし》・遠目《とおめ》・遠眼《とおめ》

▼広く四方を　展望《てんぼう》・四望《しぼう》・極目《きょくもく》

みる……見・視・観・覧・看・診

▼遠くの景色などをながめる
観望《かんぼう》

▼すぐれた景色を　覧勝《らんしょう》

▼ひと目で見渡す　一望《いちぼう》

▼見下ろす　瞰下《かんか》・瞰視《かんし》・下瞰《かかん》

▼高い所から広い範囲を
俯瞰《ふかん》・鳥瞰《ちょうかん》

▼あちらこちらを
流覧《りゅうらん》・左見右見《とみこうみ》

▼あちこちに目を配る。どこからみてもにらんでいるようにみえる
八方《はっぽう》睨《にら》み

▼指差して
指目《しもく》・指顧《しこ》・指差《ゆびさ》し

▼肉眼でみえる　可視《かし》

▼はっきりみえる　明視《めいし》

▼目で見る方向　視線《しせん》・目線《めせん》

態度・様態からみた「みる」

▼まともに　正視《せいし》・直視《ちょくし》

▼ちらっと
一見《いっけん》・一目《いちもく》・垣間見《かいまみ》・一目《ひとめ》・一瞥《いちべつ》・瞥見《べっけん》・一覧《いちらん》

▼ちょっと　一寸見《ちょっとみ》

▼すき間から　覗《のぞ》き見《み》・透《す》き見《み》

▼こっそり　盗《ぬす》み見《み》・盗視《とうし》

▼透かして　透視《とうし》

▼うわの空で　空見《そらみ》

▼成り行きを　静観《せいかん》

▼干渉しないで　黙視《もくし》・静観《せいかん》

▼自分には無関係なこととして
傍視《ぼうし》・傍観《ぼうかん》・座視《ざし》・坐視《ざし》

▼ざっと全体を　概観《がいかん》・疎観《そかん》

▼じっと一か所を
凝視《ぎょうし》・注視《ちゅうし》

▼気を付けて
注目《ちゅうもく》・着目《ちゃくもく》・着眼《ちゃくがん》

▼よく注意して　刮目《かつもく》・刮眼《かつがん》

▼詳しく　細見《さいけん》

▼はっきりと詳しく
諦観《ていかん》・諦視《ていし》

▼目をみはって
瞠目《どうもく》・瞠若《どうじゃく》・瞠視《どうし》

▼目をいからして　瞋目《しんもく》

▼にらみつけて　睥睨《へいげい》

▼鋭い目つきで　虎視《こし》

▼憎しみの目で　疾視《しっし》・敵視《てきし》

▼冷たい目で　白眼視《はくがんし》

▼ねたましく　嫉視《しっし》

▼さげすんで　蔑視《べっし》

▼期待して　属目《しょくもく》・嘱目《しょくもく》

▼気のありそうな目つきで
秋波《しゅうは》・流《なが》し目《め》・色目《いろめ》

みる……見・視・観・覧・看・診

状況・対象からみた「みる」

▼はじめて　初見《しょけん》・見始《みはじ》め
▼実際に　実見《じっけん》
▼必ず　必見《ひっけん》
▼見た事柄　所見《しょけん》
▼自由に　縦覧《じゅうらん》・縦覧《しょうらん》
▼想像して　想見《そうけん》
▼調べて　閲覧《えつらん》
▼内々の閲覧　内閲《ないえつ》
▼順々に回して　回覧《かいらん》・廻覧《かいらん》
▼広く全体を　総覧《そうらん》・通覧《つうらん》・通観《つうかん》・大観《たいかん》
▼広く一般に　博覧《はくらん》
▼公開して多くの人にみせる　供覧《きょうらん》
▼並べて広く一般にみせる　展覧《てんらん》・展示《てんじ》
▼公開せず内々に　内見《ないけん》・内覧《ないらん》
▼借りて　借覧《しゃくらん》
▼他人が　他見《たけん》・余所目《よそめ》・人目《ひとめ》・人《ひと》見《み》・傍目《はため》
▼世間の多くの人が　衆目《しゅうもく》・十目《じゅうもく》
▼外からみたようす　外観《がいかん》・外見《がいけん》・外見《そとみ》
▼現象を注意深く見きわめる　観察《かんさつ》
▼見間違える　僻目《ひがめ》
▼書物を　書見《しょけん》・披見《ひけん》・繙書《ばんしょ》・博覧《はくらん》
▼手紙など自身が開いて　親展《しんてん》・直披《じきひ》・直披《ちょくひ》
▼見ることが最後　見納《みおさ》め・見収《みおさ》め

見物の意からみた「みる」

▼実地にみて学ぶ　見学《けんがく》
▼見る価値のあるところ　見所《みどころ》・見処《みどころ》
▼興行物や場所を　見物《けんぶつ》・物見《ものみ》・事見・観覧《かんらん》
▼演劇を　観劇《かんげき》
▼後援団体などが相撲・演劇などを揃って見物する　総見《そうけん》
▼劇場で知らない人と同席して　割《わ》り込《こ》み
▼高貴な人のお供をして　陪観《ばいかん》
▼立ったままで　立《た》ち見《み》
▼無銭で興行物を　伝法《でんぼう》・伝法《でんぽう》・青田《あおた》
▼授業などを　参観《さんかん》

みる……見・視・観・覧・看・診

▼試合などを　観戦《かんせん》

▼他の土地の風光を見て回る　観光《かんこう》・観風《かんぷう》・周覧《しゅうらん》

▼見て回って楽しむ　遊覧《ゆうらん》

▼月を　観月《かんげつ》・月見《つきみ》

▼雪を　雪見《ゆきみ》

▼桜を　観桜《かんおう》・花見《はなみ》

▼梅を　観梅《かんばい》・梅見《うめみ》

▼紅葉を　紅葉見《もみじみ》・観楓《かんぷう》・紅葉狩《もみじが》り

▼菊を　観菊《かんぎく》・菊見《きくみ》

見守る・見張るの意からみた「みる」

▼警戒して見守る　看視《かんし》

▼気を付けて番をする。また、その人　見張《みは》り

▼警戒して見張る　監視《かんし》

▼敵の襲来を　哨戒《しょうかい》

▼あちこち注意深く　目配《めくば》り

▼間違いがないかよく　熟視《じゅくし》・熟覧《じゅくらん》

▼その場所へ行って調べ見きわめる　視察《しさつ》

▼見回って歩く　巡回《じゅんかい》・巡廻《じゅんかい》・巡邏《じゅんら》・パトロール

▼巡回して　巡視《じゅんし》・巡見《じゅんけん》・巡覧《じゅんらん》・周覧《しゅうらん》・歴覧《れきらん》

▼巡回して警戒する　警邏《けいら》

▼多くの人が周りで　環視《かんし》

▼見回って調べる　巡察《じゅんさつ》・巡検《じゅんけん》・巡閲《じゅんえつ》・巡按《じゅんあん》

▼立ち会って調べる　検分《けんぶん》・見分《けんぶん》

▼前もって調べる　下検分《したけんぶん》・下見《したみ》・下調《したしら》べ・内検《ないけん》

▼ついうっかりみないで過ぎてしまう　目溢《めこぼ》れ・目溢《めこぼ》し

▼見過ごす　看過《かんか》

▼わざと見逃す　目溢《めこぼ》し

▼病人の世話をする　看護《かんご》・看病《かんびょう》

見抜く・洞察の意からみた「みる」

▼物事の本質を見通す　洞察《どうさつ》・通察《つうさつ》・洞見《どうけん》・洞観《どうかん》

▼みて本当のところをとらえる　看取《かんしゅ》

▼はっきりと見抜く　明察《めいさつ》

▼細かいことにこだわらず事の道理を見通す　達観《たっかん》

▼物事が起こる前にあらかじめ見通す　予察《よさつ》・予見《よけん》・予知《よち》

みる……見・視・観・覧・看・診

▼隠れたものを見抜く　看破《かんぱ》

▼ちょっとした先の見通し
目先《めさき》・目前《めさき》

▼推し量って
推察《すいさつ》・推量《すいりょう》・察知《さっち》

▼思いやりをもって
諒察《りょうさつ》・亮察《りょうさつ》・了察《りょうさつ》

「みる」の敬語・謙譲語など

▼みるの尊敬語。相手がみる
見行《みそな》わす・高覧《こうらん》・貴覧《きらん》・御覧《ごらん》・清覧《せいらん》・尊覧《そんらん》・上覧《じょうらん》

▼みるの謙譲語。自分がみる
拝見《はいけん》・拝観《はいかん》・拝覧《はいらん》

▼見損なうの謙譲語　御見逸《おみそ》れ

▼自分のものを相手にみてもらう
笑覧《しょうらん》

▼貴人が　台覧《たいらん》

▼天皇が　天覧《てんらん》・叡覧《えいらん》・聖覧《せいらん》

▼天皇に奏上してご覧に入れる
奏覧《そうらん》

▼神仏が　照覧《しょうらん》・照鑑《しょうかん》

▼神仏が常に衆生を
冥見《みょうけん》・冥鑑《みょうかん》・冥覧《みょうらん》

医者が患者を調べる意の「みる」

▼医者が患者の病状を調べる
診察《しんさつ》

▼病人の診察と治療をする
診療《しんりょう》

▼病気かどうかを調べる
検診《けんしん》・健康診断《けんこうしんだん》・メディカルチェック

▼初めて診察する　初診《しょしん》

▼二度目以降の　再診《さいしん》

▼担当の医者に代わって
代診《だいしん》・代脈《だいみゃく》

▼病院や診療所などが診療を休む
休診《きゅうしん》

▼医者が病室を回って　回診《かいしん》

▼医者が患者の家に行って　往診《おうしん》

▼医者が患者の家に来て　来診《らいしん》

▼医者が自宅で患者を　宅診《たくしん》

▼医者が患者に病状や病歴などを聞いて
問診《もんしん》

▼医者が指などで患者の体を叩き、その音を聴いて内臓を
打診《だしん》

▼医者が手や指で患者に触れて
触診《しょくしん》

▼医者が体内の音を聴いて
聴診《ちょうしん》

▼医者が肉眼で患者を　視診《ししん》

みる……見・視・観・覧・看・診

「みる」の擬態語・副詞など

▼ひそかにみる　そっと
▼急に目を大きく開いて　かっと
▼厳しくにらむ　きっと
▼視線をそらさず　じっと・しげしげ・まじまじ
▼無遠慮にしつこく　じろじろ
▼批判的な目で一瞥《いちべつ》する　じろっと
▼一瞬　ちらっと
▼落ち着きなくあちこち　きょろきょろ・きょときょと
▼大きな目玉であたりを　ぎょろぎょろ

「みる」に関する主な動詞・複合動詞

▼人が目にとめる。目に触れる　見《み》る
▼気をつけてよく目に入れる　視《み》る
▼念を入れてこまかに目に入れる　観《み》る
▼一通りざっと目を通す　覧《み》る
▼注意して番をする　看《み》る・見張《みは》る
▼人の世話をする　見《み》る・看《み》る
▼見物する　観《み》る
▼病状を調べ判断する　診《み》る
▼後方を振り向いてみる　顧《かえり》みる・見返《みかえ》る
▼下の方から上の方を　見上《みあ》げる

▼広く遠くを　見渡《みわた》す・見遣《みや》る・望《のぞ》む
▼遠くまで一気に　見通《みとお》す
▼広く四方を見渡す　見晴《みは》らす・見晴《みは》るかす・見《み》霽《はる》かす・眺《なが》め遣《や》る
▼遠くの景色などを　眺《なが》める
▼ちょっと　打《う》ち見《み》る
▼そっとのぞいて　窺《うかが》う
▼すき間や穴から向こう側を　覗《のぞ》く・覘《のぞ》く・垣間見《かいまみ》る
▼うっとりと　見蕩《みと》れる・見惚《みと》れる・見惚《みほ》れる
▼じっとみつめる　見入《みい》る・見据《みす》える・見詰《みつ》める
▼気を付けてよく　見澄《みす》ます
▼目を大きく開いて　見張《みは》る・瞠《みは》る

みる……見・視・観・覧・看・診

▼互いに相手を
見合《みあ》う・見合《みあ》わせる・見交《みか》わす
▼一部分みられないで残す
見残《みのこ》す
▼余すところなく　見尽《みつ》くす
▼最後まで確実に
見届《みとど》ける・見定《みさだ》める・見極《みきわ》める・見果《みは》てる
▼目を離さず、気を付けて
見守《みまも》る
▼あちこちみて歩く
見回《みまわ》る・見廻《みまわ》る・見回《みめぐ》る
▼みていながら気付かない
見落《みお》とす・見過《みす》ごす・見過《みす》ぐす・見逃《みのが》す・見逸《みそ》れる
▼間違えて
見間違《みまちが》える・見誤《みあやま》る・見損《みそこ》なう・見違《みちが》える
▼物事の本質をみて知る
見抜《みぬ》く・見通《みとお》す
▼物事の本質を見通す。透かして
見透《みす》かす
▼目にとめる
見受《みう》ける・見掛《みか》ける
▼みて本当のところをとらえる
見《み》て取《と》る
▼隠れたものを見抜く　見破《みやぶ》る
▼みているうちに飽きて、みたくなくなる
見飽《みあ》きる

「みる」に関する慣用句

［穴《あな》の空《あ》くほど見《み》つめる］
心を集中して、じっと一か所を見る。

［色眼鏡《いろめがね》で見《み》る］（⇒「判断《はんだん》」五一四ページ）

［眼光人《がんこうひと》を射《い》る］
鋭い目つきで人を見る。

［これ見《み》よがし］
得意になって人に見せつけるようす。

［怖《こわ》いもの見《み》たさ］
恐ろしいものはかえって見たくなるという気持ち。

［視線《しせん》を浴《あ》びる］
大勢の人から一斉に見られる。《類》「脚光《きゃっこう》を浴《あ》びる」

［白《しろ》い目《め》で見《み》る］
冷ややかな目つきで見る。

［空目《そらめ》を使《つか》う］
うわ目づかいに見る。

［対岸《たいがん》の火事《かじ》］
自分には関係がないこととして見る。《類》「高見《たかみ》の見物《けんぶつ》」

［矯《た》めつ眇《すが》めつ］
いろいろな角度からよく見る。

［手《て》を拱《こまぬ》く］
そばで何もしないで、事の成り行

みる……見・視・観・覧・看・診

きを見ている。「拱く」は、「こまねく」とも読む。《類》「腕《うで》を拱《こまぬ》く」「手《て》を束《たば》ねる」「拱手傍観《きょうしゅぼうかん》」

【瞳《ひとみ》を凝《こ》らす】
一点をじっと見つめる。《類》「目《め》を凝《こ》らす」「目《め》を据《す》える」

【人目《ひとめ》に晒《さら》す】
他人に見せる。

【見《み》ると聞《き》くとは大違《おおちが》い】
実際に見るのと、聞いていたこととは大きな差があるということ。

【見《み》るに忍《しの》びない】
見ているのがつらくなるほど気の毒である。《類》「見るに見兼《みか》ねる」

【目《め》が眩《くら》む】
強い光で、一瞬目が見えなくなる。心を奪われて善悪の判断ができなくなることにもいう。

【目《め》が据《す》わる】
じっと一点を見つめたまま瞳が動かない。

【目《め》に角《かど》を立《た》てる】（⇩「怒《おこ》る・怒《いか》り」一二七ページ）

【目《め》に染《し》みる】
色彩などが鮮やかに見える。

【目《め》に留《と》まる】
目につく。目に印象づけられる。

【目《め》に入《はい》る】
見える。《類》「目《め》にする」「目《め》に映《うつ》る」「目《め》に触《ふ》れる」

【目《め》の毒《どく》】
見ると欲しくなるもの。

【目《め》も当《あ》てられない】
あまりにもひどくて見ることができない。

【目《め》も呉《く》れない】
見ようともしない。《類》「見向《みむ》きもしない」

【目《め》もすまに】
目もそらさずに。目も休めないで。

【目《め》を奪《うば》われる】
見とれさせられる。

【目《め》を落《お》とす】
下の方を見る。

【目《め》を配《くば》る】
あちこちを注意して見る。

【目《め》を皿《さら》にする】
目を大きく開けてよく見る。

【目《め》を注《そそ》ぐ】
注意して見る。

【目《め》を側《そば》める】
正視しないで横目で見る。

【目《め》を逸《そ》らす】
視線をそらす。《類》「目《め》を背《そむ》ける」

【目《め》をつける】
特に気を付けてよく見る。《類》「目《め》を留《と》める」

【目《め》を通《とお》す】
ひと通り見る。

【目《め》を光《ひか》らす】
怪しいとにらんで見張りを怠らない。

【目《め》を見張《みは》る】
感動・怒り・驚きなどで目を大きく

見開く。


【目《め》を遣《や》る】

ある所に目を向ける。《類》「目《め》を呉《く》れる」


【指《ゆび》を銜《くわ》える】

うらやみながら、そばでむなしく見ている。


【横目《よこめ》を使《つか》う】

目だけ動かして横を見る。


【余所《よそ》に見《み》る】

そのことに無関係の立場に立って眺める。

「みる」に関する故事・成語・ことわざ

【鼬《いたち》の目陰《まかげ》】

手を目の上にかざして見る。

【右顧左眄《うこさべん》】（⇒「判断《はんだん》」五一五ページ）

【眼光炯炯《がんこうけいけい》】

目が輝き、鋭く光るさま。物を見抜く力がすぐれていることにも使う。


【眼高手低《がんこうしゅてい》】

物を見る目は肥えているが、物を作り出す腕は下手なこと。


【拱手傍観《きょうしゅぼうかん》】

そばで手をこまぬいて見ているだけで、何もしないさま。「拱手」は「こうしゅ」とも読む。《類》「袖手《しゅうしゅ》傍観《ぼうかん》」


【心《こころ》焉《ここ》に在《あ》らざれば視《み》れども見《み》えず】

視線を向けていても、心が他のことにとらわれていては何も見えない。精神を集中して事に当たれという戒め。


【人《ひと》は見《み》かけによらぬもの】

人の性格や能力は外見だけでは判断できないものであるということ。


【百聞《ひゃくぶん》は一見《いっけん》に如《し》かず】

人から百回話を聞くよりも、自分で実際に一度見る方が確かであるということ。


【洞《ほら》ヶ《が》峠《とうげ》を決《き》め込《こ》む】

どちらか有利な方につこうと、形勢を見ている態度のたとえ。「洞ヶ峠」は京都と大阪の境にある峠で、羽柴秀吉と明智光秀が山崎で対戦したとき、筒井順慶がここで戦況の有利な方に味方しようとようすを見ていたという伝説による。


【見《み》ざる聞《き》かざる言《い》わざる】

人の欠点や過失は、見ない聞かない言わないというのが暮らしの知恵であるという戒め。目・耳・口を両手でふさいだ三匹の猿を「三猿」といい、「…ない」の「…ざる」と「猿」とをかけたもの。


【見《み》ぬが花《はな》】

何事も心の中で想像しているうちはいいが、現実に見てしまうと落胆することが多いということ。


【見《み》ぬもの清《きよ》し】

見てしまえば汚いものでも、見な

いうちは平気でいられるものだということ。

［見《み》るは法楽《ほうらく》］

美しいものを見るのは楽しく、心がなごむものだ。また、見るだけならただだということ。「法楽」とは、神仏を慰めるための音楽。転じて慰み・楽しみのこと。

山《やま》

高低・形状からみた「山」

▼平地から急に盛り上がっている高い土地　山《やま》・山《むれ》・牟礼《むれ》・山岳《さんがく》・山巒《さんらん》

▼山の異称　雲根《うんこん》

▼山の尊称　御山《おやま》・御山《みやま》

▼大きな　大山《たいざん》・大山《おおやま》・太山《たいざん》・大岳《たいがく》・大嶽《たいがく》

▼高い　高山《こうざん》・高山《たかやま》・泰山《たいざん》・岱山《たいざん》・太山《たいざん》

▼高くて大きな　岳《たけ》・嶽《たけ》・岳《だけ》・嶽《だけ》・御岳《みたけ》・御嶽《みたけ》

▼その山脈や山地で主だった　主峰《しゅほう》・首峰《しゅほう》

▼最も高い　最高峰《さいこうほう》

▼高くて大きいさま　巍巍《ぎぎ》・巍峨《ぎが》

▼雄大な　雄峰《ゆうほう》

▼小さく低い　小山《こやま》・岡《おか》・丘《おか》・丘陵《きゅうりょう》・狭《さ》山《やま》・低山《ひきやま》

▼険しい　峻岳《しゅんがく》・峻嶽《しゅんがく》・険山《けんざん》・嶮山《けんざん》・荒山《あらやま》

▼険しくそびえ立つさま　峨峨《がが》

▼高くて険しいさま　峻峭《しゅんしょう》

▼多くの　山山《やまやま》・群山《ぐんざん》・群山《むらやま》・諸山《しょざん》・群峰《ぐんぽう》

▼連なり続いた　連山《れんざん》・連峰《れんぽう》・山並《やまな》み・峰《ほう》巒《らん》・峰嶂《ほうしょう》

▼山の多い土地　山地《さんち》

▼脈状に長く連なった　山脈《さんみゃく》

▼山脈群が一系統をなしている　山系《さんけい》

▼山脈から離れ、周りを限られた山地　山塊《さんかい》

▼幾重にも重なった　八重山《やえやま》・百重山《ももえやま》・層巒《そうらん》・重《ちょう》巒《らん》・乱山《らんざん》・乱峰《らんぽう》・五百重山《いおえやま》

▼山全体　満山《まんざん》・全山《ぜんざん》・一山《ひとやま》

▼ただ一つ離れている　孤山《こざん》・離山《りざん》・孤峰《こほう》

山

▼一方が急斜面の　片丘《かたおか》・片岡《かたおか》
▼横たわっている　横山《よこやま》
▼美しい形の　秀峰《しゅうほう》
▼有名な　名山《めいざん》・名峰《めいほう》
▼雲のかかっている　雲山《うんざん》

位置・地形・名称からみた「山」

▼山のてっぺん
峰《ね》・嶺《ね》・根《ね》・峰《お》・頂《いただき》・峰《みね》・
嶺《みね》・尾《お》の上《え》・小峰《おみね》・山頂《さんちょう》・
山巓《さんてん》・山嶺《さんれい》・絶頂《ぜっちょう》・峰巒《ほうらん》・
嶺《ね》ろ・峰頂《ほうちょう》・峰頭《ほうとう》・山峰《さんぽう》・
ピーク・サミット
▼雲のかかった高い峰　雲嶺《うんれい》
▼高くそびえる峰
高峰《こうほう》・高嶺《たかね》・高根《たかね》・高嶺《こうれい》
▼高く険しい峰
危峰《きほう》・峻峰《しゅんぽう》・峻嶺《しゅんれい》・険嶺《けんれい》・
嶮嶺《けんれい》
▼大きな峰　大《おお》峰《お》
▼小さい峰　さ小《お》峰《お》・小峰《こみね》
▼槍の穂先のようにとがっている峰
尖峰《せんぽう》
▼珍しい形をした峰　奇峰《きほう》
▼多くの峰々　八峰《やつお》
▼山頂と山頂とをつなぐ峰伝いの線
峰《お》・丘《お》・尾根《おね》・山尾《やまお》・山《やま》の
尾《お》・山稜《さんりょう》・稜線《りょうせん》
▼分水界をなしている山の峰
分水嶺《ぶんすいれい》
▼連山の端にある　端山《はやま》・外山《とやま》
▼ふもとにある小山　裾山《すそやま》
▼野と　野山《のやま》・山野《さんや》
▼田に続いた　地先山《じさきやま》・鍬先山《くわさきやま》
▼家の裏の方にある　裏山《うらやま》
▼遠くに見える　遠山《えんざん》・遠山《とおやま》

▼近くにある　根山《ねやま》
▼人里離れた
奥山《おくやま》・深山《しんざん》・深山《みやま》
▼庭園などに築く小高い所
築山《つきやま》・仮山《かざん》
▼山の下の方の部分
麓《ふもと》・山麓《さんろく》・岳麓《がくろく》・山裾《やますそ》・山《さん》
足《そく》・山《やま》の裾《すそ》・山下《さんか》・山脚《さんきゃく》・
山下《やまもと》・山元《やまもと》・山趾《さんし》・裾《すそ》・袂《たもと》
▼頂とふもととの間の部分
山腹《さんぷく》・中腹《ちゅうふく》
▼山腹とふもととの間　山腰《さんよう》
▼周囲より高く盛り上がり、表面が平
坦な土地
高台《たかだい》・台地《だいち》・卓状地《たくじょうち》・高地《こうち》
▼高地にある平原　高原《こうげん》
▼岡と　丘山《きゅうざん》・山丘《さんきゅう》・山邱《さんきゅう》
▼海と　山海《さんかい》・海山《うみやま》・海岳《かいがく》
▼海辺と　浦山《うらやま》
▼海岸や河岸にできる階段状の地形

段丘《だんきゅう》

▼島の中の山。また、山からなる島　島山《しまやま》

▼沖にある島山　沖《おき》つ島山《しまやま》

▼平らな大洋底から隆起して海中にそびえた所　海山《かいざん》

▼海底が盛り上がり幅狭く長く連なっている所　海嶺《かいれい》・海底山脈《かいていさんみゃく》

季節・時・色彩からみた「山」

▼春の　春山《はるやま》

▼五月雨《さみだれ》のころの　五月山《さつきやま》・皐月山《さつきやま》

▼夏の　夏山《なつやま》

▼秋の　秋山《あきやま》

▼冬の　冬山《ふゆやま》

▼雪で覆われた　雪山《せつざん》・雪山《ゆきやま》・雪《ゆき》の山《やま》・雪嶺《せつれい》・銀嶺《ぎんれい》

▼日暮れの　夕山《ゆうやま》・暮山《ぼざん》

▼緑の　翠巒《すいらん》

▼緑の山の峰　翠峰《すいほう》・翠嶺《すいれい》

▼緑にかすむ山のたとえ　翠黛《すいたい》

▼樹木の青々と茂った　青山《あおやま》・青山《せいざん》

▼かすかに青く見える　翠微《すいび》

▼青々とした山が囲んでいるさま　青垣《あおかき》

様態からみた「山」

▼草木の茂った　繁山《しげやま》

▼木が茂りみずみずしく美しい　瑞山《みずやま》

▼材木用樹木の茂った　杣《そま》・杣山《そまやま》

▼材木を伐り出す　木山《きやま》

▼新しく材木や鉱物をとり始めた　新山《しんやま》

▼柴の生えた　柴山《しばやま》

▼芝の生えた　芝山《しばやま》

▼狩り・伐木を禁止した　立山《たてやま》・留山《とめやま》

▼草木が枯れてしまった　枯山《かれやま》・枯山《からやま》

▼山焼きしている山。また、山焼きで黒くなった　焼《や》け山《やま》

▼草木のない　禿《は》げ山《やま》・坊主山《ぼうずやま》・禿山《かぶろやま》・禿《かぶろ》・禿《かむろ》・兀山《こつざん》・赭山《しゃざん》

▼松の生えた　松山《まつやま》・千歳山《ちとせやま》

▼岩の多い　岩山《いわやま》

▼石の多い　石山《いしやま》・崔嵬《さいかい》

▼砂が堆積してできた丘

砂丘《さきゅう》・砂山《すなやま》

▼岩漿《がんしょう》が地表に噴出してできた

火山《かざん》・噴火山《ふんかざん》

▼現在活動しているか、近い将来活動が予想される

活火山《かっかざん》

▼現在は活動していない

休火山《きゅうかざん》・熄火山《そくかざん》・焼《や》け山《やま》

▼一度も活動した記録のない

死火山《しかざん》・消火山《しょうかざん》

▼火山の中腹や裾野に噴火してできた小火山

側火山《そっかざん》・寄生火山《きせいかざん》

▼天然ガスが水と一緒に泥を噴出してできた丘

泥火山《でいかざん》

▼鉱物を産出する

鉱山《こうざん》・山《やま》・金山《かなやま》

▼金を産出する

金山《きんざん》・金鉱《きんこう》・金坑《きんこう》

▼銀を産出する

銀山《ぎんざん》・銀鉱《ぎんこう》・銀坑《ぎんこう》

▼銅を産出する　銅山《どうざん》

▼鉄を産出する　鉄山《てつざん》

▼石炭を採掘する

炭鉱《たんこう》・炭礦《たんこう》・炭坑《たんこう》・炭山《たんざん》

▼採掘中止の

廃山《はいざん》・閉山《へいざん》・廃鉱《はいこう》・廃坑《はいこう》

▼選炭後の石ころなどを積んだ

ぼた山《やま》・ずり山《やま》

▼自分の住む　我《わ》が立《た》つ杣《そま》

▼見晴らしがよいので船乗りがそこに登り、海の空模様を予想した

日和山《ひよりやま》

▼人のいないさびしい　空山《くうざん》

信仰・伝説からみた「山」

▼相対する二つの山のうち、男性・夫に見立てた

背山《せやま》・兄山《せやま》

▼相対する二つの山のうち、女性・妻に見立てた

妹山《いもやま》

▼入ることを忌む　不入山《いらずやま》

▼神仏をまつる

神山《しんざん》・神山《かみやま》・霊山《れいざん》・霊峰《れいほう》

▼峠や坂の上を通る旅人が安全を祈願する手向けの神をまつった

手向《たむ》け山《やま》・手向《たむ》けの山《やま》

▼霊山の美称　蓬莱山《ほうらいさん》

▼霊山などにその年はじめて登る

初山《はつやま》

▼釈尊伝説の

霊鷲山《りょうじゅせん》・霊山《りょうぜん》・鷲《わし》の峰《みね》

▼死後に至る　死出《しで》の山《やま》

▼地獄にある針をいっぱい立て並べた

針《はり》の山《やま》

▼仏教世界の中心の

須弥山《しゅみせん》・須弥山《すみせん》・蘇迷盧《そめいろ》

▼宝が豊富にある　宝《たから》の山《やま》

▼中国で不老不死の仙人が住むという
藐《はこ》姑《や》射《やま》の山・姑《こ》射《や》山《さん》

「山」に関する慣用句

［山眠《やまねむ》る］
冬の山の静まり返って穏やかな姿をいう。

［山笑《やまわら》う］
春の山ののどかで明るい感じをいう。

病《や》む・病《やまい》

体の異変からみた「病む・病」

▼体・精神に異常が起こること
病気《びょうき》・病《やまい》・疾《やまい》・患《わずら》い・疾病《しっぺい》・疾患《しっかん》・病患《びょうかん》・病臥《びょうが》・罹病《りびょう》・罹患《りかん》・病魔《びょうま》・不快《ふかい》・所労《しょろう》

▼体・気分の具合が悪くなる
病気《びょうき》になる・病気《びょうき》に罹《かか》る・発病《はつびょう》する・病《や》む・病《や》み付《つ》く・患《わずら》う・患《わずら》い付《つ》く・寝込《ねこ》む・伏《ふ》せる・伏《ふ》す・臥《ふ》せる・臥《ふ》す・倒《たお》れる・革《あらた》まる

▼病気によって起こる変化
病変《びょうへん》

▼健康を失わせる、または、失う
害《がい》する・損《そこ》なう・害《そこ》なう・当《あ》たる・中《あた》る・壊《こわ》す・毀《こわ》す・障《さわ》る・衰《おとろ》える・弱《よわ》る・衰弱《すいじゃく》する

様態からみた「病む・病」

▼すべての病気
万病《まんびょう》・四百四病《しひゃくしびょう》

▼重い
大病《たいびょう》・重病《じゅうびょう》・大患《たいかん》・篤疾《とくしつ》

▼治りにくい、治らない
難病《なんびょう》・死病《しびょう》・業病《ごうびょう》・廃疾《はいしつ》・癈疾《はいしつ》・不治《ふじ》の病《やまい》

▼長く治らない
長患《ながわずら》い・長病《ながや》み・持病《じびょう》・後遺症《こういしょう》・痼疾《こしつ》・宿痾《しゅくあ》

▼急にかかる　急病《きゅうびょう》

▼再び悪くなる

病む・病

ぶり返《かえ》す・再発《さいはつ》

▼ある病気から別の病気が起こること、また、その病気

併発《へいはつ》・余病《よびょう》

▼うその　仮病《けびょう》・作《つく》り病《やまい》

▼夏の体調不良

夏《なつ》ばて・夏負《なつま》け・暑《あつ》さ負《ま》け・暑気中《しょきあた》り・暑《あつ》さ中《あた》り・霍乱《かくらん》

▼漢方で、疳《かん》を起こすと考えられていた虫

疳《かん》の虫《むし》・癇《かん》の虫《むし》

▼病気になっている間

病中《びょうちゅう》・病間《びょうかん》

▼病気や手術の後

病後《びょうご》・病《や》み上《あ》がり・術後《じゅつご》・予後《よご》

▼病気をしない　無病《むびょう》

療養や治療からみた「病む・病」

▼治療に関わる行為

治《なお》す・治《なお》る・癒《いや》す・癒《い》える・診察《しんさつ》・診療《しんりょう》・医療《いりょう》・加療《かりょう》・対症療法《たいしょうりょうほう》・臨床《りんしょう》・手当《てあ》て

▼病気がよくなる

小康《しょうこう》・快方《かいほう》・快復《かいふく》・治癒《ちゆ》・快癒《かいゆ》・平癒《へいゆ》

▼病気やけがが完全によくなる

完治《かんち》・全治《ぜんち》・全快《ぜんかい》・全癒《ぜんゆ》・根治《こんじ》・根治《こんち》・快気《かいき》

▼病人の寝ている床

病床《びょうしょう》・病牀《びょうしょう》・病褥《びょうじょく》・病蓐《びょうじょく》

▼病人のいる家　病家《びょうか》

▼病人などの世話をする

看病《かんびょう》・看護《かんご》・介護《かいご》・介抱《かいほう》・介添《かいぞ》え・養護《ようご》・ナース

▼病人が治療に努める

闘病《とうびょう》・療養《りょうよう》・養生《ようじょう》・保養《ほよう》・静養《せいよう》

▼薬を飲む

服用《ふくよう》・内用《ないよう》・内服《ないふく》・服薬《ふくやく》・喫《きっ》する・服《ふく》する・一服《いっぷく》

▼薬をその時一回で飲むこと

頓服《とんぷく》

▼薬を決められた回数に分けて飲む

分服《ぶんぷく》

▼医療に用いる薬

医薬《いやく》・薬剤《やくざい》・薬物《やくぶつ》・薬品《やくひん》

▼ある病気や症状に対して非常に効果のある薬

特効薬《とっこうやく》・妙薬《みょうやく》・秘薬《ひやく》

▼中国から伝来した薬。また動植物などから採取した材料をそのまま薬として用いるもの

漢方薬《かんぽうやく》・生薬《しょうやく》・生薬《きぐすり》

▼新しく開発された薬　新薬《しんやく》

病む・病

▼病気を予防する薬　**予防薬《よぼうやく》**

▼家庭で常備している薬
家庭薬《かていやく》・配置薬《はいちやく》

▼処方箋なしで買える薬
大衆薬《たいしゅうやく》

▼軽い病気やけがを大衆薬などを用いて自分で治療すること。また、自分で健康管理をすること
セルフメディケーション・セルフケア

▼病気の予防・早期発見などのための検査
健康診断《けんこうしんだん》・メディカルチェック

「病む・病」に関する慣用句

[薄紙《うすがみ》を剝《は》ぐよう]
病気がわずかずつよくなることのたとえ。

[鬼《おに》の霍乱《かくらん》]
「霍乱」は日射病、暑気あたりのこと。ふだんから丈夫で病気などしそうにない人が病気になること。

[体《からだ》に障《さわ》る]
健康を損ねる原因となる。

[体《からだ》を壊《こわ》す]
病気になる。

[気《き》に病《や》む]（⇒「心配《しんぱい》」三一八ページ）

[苦《く》に病《や》む]
ひどく気にして苦しみ悩む。

[床《とこ》に臥《ふ》す]
病気で寝込む。《類》「床に就く」

[熱《ねつ》に浮《う》かされる]
高熱のためにうわごとを言う。転じて、物事に夢中になることにもいう。

[腹《はら》も身《み》の内《うち》]
胃腸も体の一部なのだから、無茶な大食をすれば調子を悪くするという戒め。《類》「腹八分《はらはちぶ》に医者《いしゃ》要らず」

[蒲柳《ほりゅう》の質《しつ》]
「蒲柳」はカワヤナギの異名。秋になると早々に葉が枯れ落ちることから、虚弱な体質のたとえ。

[脈《みゃく》を取《と》る]
脈拍を調べ診察する。

[薬餌《やくじ》に親《した》しむ]
常に薬を飲む意から、病気がちであること。

[病《やまい》は気《き》から]
病気は気の持ちようで、よくも悪くもなるということ。

「病む・病」に関する故事・成語・ことわざ

[医者《いしゃ》の不養生《ふようじょう》]
患者に健康上の注意を説く医者自身が自分の健康には注意にしないこと。理屈が分かっていながら実行が伴わないことのたとえ。

【薬《くすり》人《ひと》を殺《ころ》さず医師《くすし》人《ひと》を殺《ころ》す】

薬が人を殺すのではなく、その薬の使い方を間違った医師が人を殺すということ。物は使いようが大切で、使う人によって害にもなるということのたとえ。


【薬《くすり》も過《す》ぎれば毒《どく》となる】

薬にも適量があって、飲み過ぎればかえって健康を損ねるということ。何事も度を過ごすのはよくないということのたとえ。


【薬《くすり》より養生《ようじょう》】

薬を飲むことで健康を保つよりも、日ごろの養生のほうが健康には効果があるということ。《類》「一《いち》に看病《かんびょう》二《に》に薬《くすり》」


【酒《さけ》は百薬《ひゃくやく》の長《ちょう》】

適量の酒は、どんな薬よりも健康のためによい。出典は『漢書《かんじょ》』。


【同病相憐《どうびょうあいあわ》れむ】

同じ病気、同じ苦しみに悩む者は、互いにいたわり合い同情し合う。出典は『呉越春秋《ごえつしゅんじゅう》』。《類》「同類《どうるい》相憐《あいあわ》れむ」

【無病息災《むびょうそくさい》】（⇒「健《すこ》やか・健康《けんこう》」三二六ページ）

【病膏肓《やまいこうこう》に入る】

「膏」は心臓の下部、「肓」は横隔膜の上部。薬もきかず鍼《はり》も届かないので、ともに病気を治しにくいところとされた。病気が重くなって治る見込みがなくなる。転じて、物事に極端に熱中して、抜け出せなくなることにもいう。出典は『春秋左氏伝《しゅんじゅうさしでん》』

【病《やまい》治《なお》りて医師《くすし》忘《わす》る】

病気が治れば医者のありがたさを忘れるということ。苦しい時が過ぎれば、その時の苦痛も受けた恩も簡単に忘れてしまうことのたとえ。


【良薬《りょうやく》は口《くち》に苦《にが》し】

よく効く薬は苦くて飲みにくいように、自分のためになる忠言は聞くのが辛いものである。出典は『孔子家語《こうしけご》』。

友人《ゆうじん》・知人《ちじん》

親しくしている人からみた「友人」

▼親しく付き合う
交友《こうゆう》・交際《こうさい》・交遊《こうゆう》

▼親しく交際している相手
友《とも》・朋《とも》・伴《とも》・侶《とも》・友人《ゆうじん》・友《とも》達《だち》・友達《ともどち》・友垣《ともがき》・朋友《ほうゆう》・朋《ぼう》友《ゆう》・同朋《どうぼう》・交友《こうゆう》・友朋《ゆうほう》

▼うわべだけの
面友《めんゆう》

▼友人間の気持ちのつながり
友情《ゆうじょう》・友誼《ゆうぎ》・交誼《こうぎ》

▼互いに気心が知れた親しい

友人・知人

親友《しんゆう》・親朋《しんぽう》・仲良《なかよ》し・仲好《なかよ》し・執友《しつゆう》・知友《ちゆう》・知己《ちき》・知音《ちいん》
▼気心のよく合った　心友《しんゆう》
▼共に死を誓うほどの親しい
死友《しゆう》
▼一緒に物事を行う親しい関係の
仲間《なかま》・同類《どうるい》・輩《ともがら》・伴侶《はんりょ》・連《つ》れ・友《とも》・侶伴《りょはん》・同士《どうし》・類《たぐい》・連中《れんちゅう》・連中《れんじゅう》
▼仲間の蔑称《べっしょう》
輩《やから》・一味《いちみ》・一類《いちるい》・手合《てあ》い・徒輩《とはい》・徒《と》
▼気の合った　同気《どうき》・同腹《どうふく》
▼いつもの　常連《じょうれん》
▼互いになれ親しんだ　馴染《なじ》み
▼志を同じくする
同友《どうゆう》・同心《どうしん》・執友《しつゆう》・同志《どうし》・同人《どうじん》・同人《どうにん》・仲間《なかま》・同臭《どうしゅう》
▼幼時の
幼友達《おさなともだち》・童友達《わらわともだち》・幼馴染《おさななじ》み

▼遊びの
遊《あそ》び友達《ともだち》・遊《あそ》び相手《あいて》・遊《あそ》び敵《がたき》・遊《あそ》び伽《とぎ》
▼同じ学級の
級友《きゅうゆう》・クラスメート
▼同じ学校の
学友《がくゆう》・校友《こうゆう》・学侶《がくりょ》
▼読書を通じて古人と交わる
尚友《しょうゆう》
▼学問の上での　学友《がくゆう》
▼師と仰ぐ　師友《しゆう》
▼尊敬する　畏友《いゆう》
▼付き合うのが好ましい
良友《りょうゆう》・益友《えきゆう》
▼よく意見や忠告をする　争友《そうゆう》
▼付き合うと不利益な　損友《そんゆう》
▼悪い　悪友《あくゆう》
▼同じ会社の　社友《しゃゆう》
▼同じ職場で一緒に仕事をする仲間

同僚《どうりょう》・同輩《どうはい》・僚友《りょうゆう》・僚輩《りょうはい》・朋《ほう》輩《ばい》・傍輩《ほうばい》・儕輩《せいはい》・儕輩《さいはい》・相棒《あいぼう》
▼同じ官職にある
官僚《かんりょう》・同僚《どうりょう》・同役《どうやく》
▼酒飲みの
酒友《しゅゆう》・飲《の》み友達《ともだち》・呑《の》み友《とも》達・飲《の》み仲間《なかま》・呑《の》み仲間《なかま》・削《けず》り友達《ともだち》・酒徒《しゅと》
▼釣りの　釣友《ちょうゆう》
▼風雅の　清友《せいゆう》
▼俳句の　俳友《はいゆう》
▼詩歌の上での　詩友《しゆう》・吟友《ぎんゆう》
▼同じ会に属する　会友《かいゆう》
▼政治の上での　政友《せいゆう》
▼同じ党派に属し、またはその党派を援助する
党友《とうゆう》
▼うれいを共にする
同憂《どうゆう》・同憂《どうゆう》の士《し》

友人・知人

▼互いに誓い合った　盟友《めいゆう》

▼一緒に敵と戦った　戦友《せんゆう》

▼男色関係にある　念友《ねんゆう》

▼男色関係にある友で兄貴分に当たる　念友《ねんゆう》・念者《ねんじゃ》・念人《ねんじん》

▼共に療養に専念する　療友《りょうゆう》

▼亡くなった　亡友《ぼうゆう》

▼父の　執友《しつゆう》

▼年老いた　老友《ろうゆう》

▼年長の友に対する尊敬語　老兄《ろうけい》

▼目上の友に対し、自分をへりくだる　辱友《じょくゆう》

▼友に対する尊敬語　畏友《いゆう》・盟兄《めいけい》

▼昔の親しい　旧友《きゅうゆう》・旧故《きゅうこ》・昔馴染《むかしなじ》み・故友《こゆう》

▼古くからの　旧友《きゅうゆう》・旧故《きゅうこ》・故友《こゆう》

▼ときどき集まり茶を飲む　茶飲《ちゃの》み友達《ともだち》・茶飲《ちゃの》み仲間《なかま》

▼古い友と親戚　親旧《しんきゅう》

▼先生と　師友《しゆう》

▼琴・酒・詩のこと　三友《さんゆう》・三《み》つの友《とも》

付き合い方の深浅による「知人」

▼それほど深い付き合いではないが、互いに知っている　知人《ちじん》・知己《ちき》・知《し》り合《あ》い・知《ち》音《いん》・近付《ちかづ》き・相識《そうしき》・面識《めんしき》・見《み》知《し》り・見《み》知《し》り合《あ》い・知《し》る辺《べ》・知《し》り人《うど》・知《し》り人《びと》・顔見《かおみ》知《し》り・顔馴染《かおなじ》み

▼昔からの　故旧《こきゅう》・旧知《きゅうち》・旧識《きゅうしき》・旧相識《きゅうそうしき》

▼新しい　新知《しんち》

▼互いに顔を知っている　面識《めんしき》

▼ほんのちょっと顔を知っている　一面識《いちめんしき》・半面識《はんめんしき》

▼以前から面識のある　身知《みし》り越《ご》し

▼非常に懇意にしている　心知《こころし》り

▼非常に世話になった　恩人《おんじん》

▼隣りに住む　隣人《りんじん》

▼頼りになる　伝《つて》・縁故《えんこ》・手蔓《てづる》・頼《たよ》り・縁《えん》・縁《ゆかり》・縁《よすが》・因《よすが》・便《よすが》・寄《よ》る辺《べ》・寄《よ》る方《べ》・コネ・コネクション

▼知り合いの謙譲語　存《ぞん》じ寄《よ》り

▼その人と知人であることの謙譲語　辱知《じょくち》・辱交《じょっこう》

「友人・知人」に関する慣用句

友人・知人

【蛇《じゃ》の道《みち》は蛇《へび》】

同類の者同士は、互いの間の事情には詳しいこと。同類の者には同類の者のすることがよく分かる。


【竹馬《ちくば》の友《とも》】

竹馬に乗って遊び合ったような幼時からの親しい友人。幼友達。


【類《るい》は友《とも》を呼《よ》ぶ】

善悪に関わらず、性格や好みの似た者同士は、自ずから集まるものだということ。

「友人・知人」に関する故事・成語

【益者三友損者三友《えきしゃさんゆうそんしゃさんゆう》】

交際して為になる友達に三種類あり、損をする友達に三種類あるの意。人と付き合う上で、どういう友達を選ぶべきかを説いたもの。「益者三友」は、正直・誠実・知識のある人、「損者三友」は、不正直・不誠実・口先が巧みな人のこと。出典は『論語』。


【己《おのれ》に如《し》かざる者《もの》を友《とも》とするなかれ】

自分よりも劣った者は、自分の修行の上であまり役に立つこともないので、友としない方がよいということ。出典は『論語』。


【読書尚友《どくしょしょうゆう》】

書物を読むことによって昔の賢人を友とすること。出典は『孟子《もうし》』。


【莫逆《ばくぎゃく》の友《とも》】

きわめて親しい友。無二の親友のこと。「莫逆」は、「ばくげき」とも読み、「逆《さか》らうこと莫《な》し」の意。出典は『荘子《そうじ》』。《類》「心腹《しんぷく》の友《とも》」「会《かい》心《しん》の友《とも》」


【刎頸《ふんけい》の友《とも》】

きわめて親密で、堅い交わりを結ぶ友。「刎頸」は、頸《くび》を刎《は》ねることで、相手のために首をはねられても悔いのない交わりの意。出典は『史記』。《類》「金蘭《きんらん》の友《とも》」


【文《ぶん》を以《もっ》て友《とも》と会《かい》す】

学問をすることによって友人を集めること。学問を志す者が集まり、友として交わることをいう。出典は『論語』。


【方外《ほうがい》の友《とも》】

世俗を離れて交わりを結んだ友。「方外」の「方」は世間・浮世の意。出典は『冷斎夜話《れいさいやわ》』。


【忘年《ぼうねん》の友《とも》】

年齢の差など関係なく、親しく交わる友。出典は『後漢書《ごかんじょ》』。


【朋《とも》有《あ》り遠方《えんぽう》より来《き》たる】

同学の友がはるばると遠い道のりを訪ねて来てくれた。このうれしさは、まさに格別であるということ。この後に「また楽しからずや」と続く。出典は『論語』。

雪《ゆき》・氷《こおり》

様態・性状などからみた「雪」

▼大気中の水蒸気が氷結し地表に降る細かな結晶
雪《ゆき》・雪《よき》・六花《りっか》・六花《ろっか》・瑞花《ずいか》・玉屑《ぎょくせつ》・六出《りくしゅつ》・玉《たま》の塵《ちり》・玉塵《ぎょくじん》・六出花《りくしゅつか》・六《む》つの花《はな》

▼雪の美称
み雪《ゆき》・深雪《みゆき》・白雪《しらゆき》・白雪《はくせつ》

▼積もった雪の美称　銀雪《ぎんせつ》

▼雪を花にたとえていう語
雪花《せっか》・雪華《せっか》

▼雨と　雨雪《うせつ》

▼霜と　霜雪《そうせつ》

▼氷と　氷雪《ひょうせつ》

▼雲や霧から落ちる不透明の小さな氷の結晶
霧雪《むせつ》

▼ひとひらの　雪片《せっぺん》

▼風上の降雪地からまばらに吹かれてくる
風花《かざはな》・風花《かざばな》

▼強い風に飛ばされて降る
飛雪《ひせつ》・雪吹雪《ゆきふぶき》・吹雪《ふぶき》・乱吹《ふぶき》・風雪《ふうせつ》・雪嵐《ゆきあらし》

▼猛烈な吹雪　暴風雪《ぼうふうせつ》

▼風が激しく吹いて乱れ降る
吹雪《ふぶ》く・乱吹《ふぶ》く

▼激しく降り、風が吹きまくる
雪《ゆき》しまき

▼まだらに降る
斑雪《はだらゆき》・斑雪《はだれゆき》・斑《はだれ》・斑雪《まだらゆき》

▼雪の結晶に微細な氷の粒のついたものが降る
霰《あられ》・雪霰《ゆきあられ》

▼雪の降り出しそうなようす
雪模様《ゆきもよう》・雪催《ゆきもよ》い・雪気《ゆきげ》・雪意《せつい》・雪空《ゆきぞら》

▼降っているさなか　雪《ゆき》もよ

▼風に舞う　回雪《かいせつ》

▼降り積もった　降雪《こうせつ》・積雪《せきせつ》

▼雪が枝や葉に積もっている
雪持《ゆきも》ち

▼松の枝葉に降り積もった
松《まつ》の雪《ゆき》

▼物の上に積もる、また、その雪
冠雪《かんせつ》

▼樹木などに積もった雪をかぶりものに見立てた
綿帽子《わたぼうし》

▼笠の上に積もった　笠《かさ》の雪《ゆき》

▼薄く積もった　淡雪《あわゆき》

▼餅や綿のようにふわふわした
餅雪《もちゆき》・綿雪《わたゆき》

雪・氷

▼山腹などの積雪が大量に崩れ落ちる
頽雪《たいせつ》・雪崩《なだれ》・雪傾《ゆきなだ》れ・傾《なだ》れ
▼木の枝などから落ちる
垂《しず》り雪《ゆき》
▼雪がとける
融雪《ゆうせつ》・雪解《ゆきど》け・雪融《ゆきど》け・雪《ゆき》消《げ》・雪消《ゆきぎ》え
▼雪解けの水
雪水《ゆきみず》・雪代《ゆきしろ》・雪代水《ゆきしろみず》・雪《ゆき》汁《しる》・雪汁水《ゆきしるみず》・雪消水《ゆきげみず》
▼泡のようにとけやすい
泡雪《あわゆき》・沫雪《あわゆき》
▼人工的にとかす　消雪《しょうせつ》・融雪《ゆうせつ》
▼とけずに残っている
残雪《ざんせつ》・宿雪《しゅくせつ》
▼下積みになって雪解けまで残る
根雪《ねゆき》
▼高山などで一年中消えない
万年雪《まんねんゆき》
▼とけたり凍ったりを繰り返してできた
粗目雪《ざらめゆき》・粗目《ざらめ》
▼雪を除く
除雪《じょせつ》・排雪《はいせつ》・雪掻《ゆきか》き
▼降雪や積雪に強い　耐雪《たいせつ》
▼紅色になる現象
赤雪《せきせつ》・赤雪《あかゆき》・紅雪《こうせつ》
▼水気の多い　べた雪《ゆき》・濡《ぬ》れ雪《ゆき》
▼雨や風などに雪が交じっている
雪交《ゆきま》じり・雪雑《ゆきま》じり・雪交《ゆきま》ぜ・雪雑《ゆきま》ぜ
▼小さな氷粒が網目状の状態になっている積雪
締《しま》り雪《ゆき》
▼里に降る　里雪《さとゆき》
▼山に降る　山雪《やまゆき》
▼積雪で薄明るくなる
雪明《ゆきあ》かり
▼雪模様で空が暗くなる。また、降りながら日が暮れる
雪暗《ゆきぐ》れ・雪暮《ゆきぐ》れ
▼降り積もってあたり一面が真っ白なさま
銀世界《ぎんせかい》
▼降雪で景色が美しく変化する
雪化粧《ゆきげしょう》
▼降雪や積雪の眺め　雪景色《ゆきげしき》
▼風などに舞って煙のように見える
雪煙《ゆきけむり》
▼めでたいしるしの　瑞雪《ずいせつ》

大小・降雪量などからみた「雪」

▼雪片の大きな
綿雪《わたゆき》・牡丹雪《ぼたんゆき》・ぼた雪《ゆき》・花《はな》弁雪《びらゆき》・太平《たび》ら雪《ゆき》・太平《だび》ら雪《ゆき》・段平雪《だんびらゆき》
▼細かに降る　細雪《ささめゆき》
▼粉のように細かな

雪・氷

粉雪《こなゆき》・粉雪《こゆき》・小米雪《こごめゆき》

▼少し降る　小雪《こゆき》・微雪《びせつ》

▼大量に積もった
大雪《おおゆき》・大雪《たいせつ》・衾雪《ふすまゆき》・豪雪《ごうせつ》

▼深く積もった　深雪《しんせつ》・深雪《みゆき》

▼一時に多量に降る　どか雪《ゆき》

季節・時期などからみた「雪」

▼その年にはじめて降る
初雪《はつゆき》・初雪《しょせつ》・新雪《しんせつ》

▼例年よりも早く降る　早雪《そうせつ》

▼その年最後の
終雪《しゅうせつ》・雪《ゆき》の果《は》て・雪《ゆき》の別《わか》れ・雪《ゆき》の名残《なごり》

▼正月に降る　三白《さんぱく》

▼春になってから降ったり、春になっても残ったりしている
名残《なごり》の雪《ゆき》

▼春に降る　春雪《しゅんせつ》・春《はる》の雪《ゆき》

▼陰暦十二月に降る　臘雪《ろうせつ》

様態・成因などからみた「氷」

▼水が冷却して固体となったもの
氷《こおり》・氷《ひ》・冰《ひ》・氷《つらら》・凍《し》み

▼凍りつく　氷結《ひょうけつ》・結氷《けっぴょう》

▼氷のかたまり　氷塊《ひょうかい》

▼雪の一部がとけて雨交じりに降る
氷雨《ひさめ》・霙《みぞれ》

▼降水の一種で、水滴が凍る
霰《あられ》・氷霰《こおりあられ》

▼雷雲の中から降ってくる氷片
雹《ひょう》

▼植物などについた雨がそのまま凍る
雨氷《うひょう》

▼水蒸気が凝結して微細な氷晶となり霧のように浮遊している現象
氷霧《こおりぎり》・氷霧《ひょうむ》

▼寒冷地で見られる極小氷晶の浮遊現象
細氷《さいひょう》・ダイヤモンドダスト

▼雪と　雪氷《せっぴょう》・氷雪《ひょうせつ》

▼氷の張った表面　氷面《ひも》

▼表面に薄く張った　上氷《うわごおり》

▼薄く張った
薄氷《はくひょう》・薄氷《うすごおり》・薄《うす》ら氷《ひ》・薄ら氷《い》・薄《うす》ら氷《び》

▼厚く張った　厚氷《あつごおり》・堅氷《けんぴょう》

▼樹枝に降り積もり氷がついたような霜
氷霜《ひょうそう》

▼空気中の冷却した微細な水滴が樹木などに凍りつき氷の層をつくる
樹氷《じゅひょう》・霧氷《むひょう》・粗氷《そひょう》

▼雨雪の水が軒や岩角などから滴り、凍って垂れ下がる
氷柱《つらら》・氷柱《ひょうちゅう》・垂氷《たるひ》・懸氷《けんぴょう》

雪・氷

▼夏に室内に立てておいて涼気を呼ぶ
氷柱《ひょうちゅう》・氷柱《こおりばしら》

▼中に花を入れて凍らせた氷柱
花氷《はなごおり》

▼人工的に水を冷却し、氷結させた
人造氷《じんぞうごおり》・氷室氷《ひむろごおり》

▼水を冷却し、人工的に氷をつくる
製氷《せいひょう》

▼氷を砕く　砕氷《さいひょう》

▼削った　削《けず》り氷《ひ》

▼小さく砕いた
打《ぶ》っ欠《か》き・欠《か》き氷《ごおり》・かちわり

▼削り氷《ひ》にシロップなどをかけた
欠《か》き氷《ごおり》・氷水《こおりみず》・氷水《こおりすい》・打《ぶ》っ欠《か》き・雪《ゆき》

▼氷のかけらを入れて冷たくした水
氷水《こおりみず》

▼氷が固く凍ったさまを楔《くさび》で閉じたさまに見立てる
氷《こおり》の楔《くさび》

▼圧力で水となった氷が圧力が除かれてまた氷となる現象
復氷《ふくひょう》

▼水蒸気や水しぶきが機体や船体に凍りつく、また、その氷
着氷《ちゃくひょう》

▼氷が一面に張りつめた海
氷海《ひょうかい》

▼海上に漂う氷のかたまり
流氷《りゅうひょう》

▼水上に浮かぶ氷のかたまり
浮氷《ふひょう》

▼海岸に凍結し、そのまま固着して動かない海氷
定着氷《ていちゃくひょう》

▼氷河の末端などが海上に押し出されて浮遊しているもの
氷山《ひょうざん》

▼氷河による浸食作用
氷食《ひょうしょく》・氷蝕《ひょうしょく》

▼大陸氷河の縁部が海上に浮いている氷原
棚氷《たなごおり》・氷棚《ひょうほう》

▼厚い氷で覆われた原野
氷原《ひょうげん》・氷野《ひょうや》

▼その年はじめて張る　初氷《はつごおり》

▼夕方に張る　夕氷《ゆうごおり》

▼氷がとける　解氷《かいひょう》

「雪」に関する擬音語・擬態語

▼絶えず降り続く　こんこん

▼軽く物にふれながら降る
さらさら

▼ひるがえりながら飛び散る
ちらちら

▼木の枝などから一時に落ちる
どさっと

▼軽やかに降る　はらはら

▼空中に漂う
ふわりと・ふわっと

「雪」に関する故事・ことわざ

[香炉峰《こうろほう》の雪《ゆき》は簾《すだれ》を撥《かか》げて看《み》る]
香炉峰のすばらしい雪景色はすだれを上げて眺める意で、白居易が詩にうたった有名な一節。「香炉峰」は、中国江西省盧山《ろざん》の北峰。

[雪《ゆき》は豊年《ほうねん》の瑞《しるし》]
雪の多く降った年は豊年になるということ。《類》「雪《ゆき》は豊年《ほうねん》の例《ため》し」「雪《ゆき》は豊年《ほうねん》の貢物《みつぎもの》」

[我《わ》が物《もの》と思《おも》えば軽《かろ》し笠《かさ》の雪《ゆき》]
笠の上に降り積もった雪も、自分の物だと思えばさほど重くは感じないということ。苦しみも自分のためになることだと思えば苦痛には感じないということのたとえ。

ゆるす・ゆるし

……許・免・赦・宥・恕

一般的な意味からみた「ゆるす・ゆるし」

▼願い・申し出を聞き入れる
許可《きょか》・允許《いんきょ》・印可《いんか》・許容《きょよう》・容《よう》赦《しゃ》・聞《き》き届《とど》け・聞《き》き済《ず》み・許《ゆる》し・聴許《ちょうきょ》・聴容《ちょうよう》・聴納《ちょうのう》

▼認めて
認可《にんか》・認許《にんきょ》・認容《にんよう》・容認《ようにん》

▼天皇のゆるし、許可
勅許《ちょっきょ》・勅免《ちょくめん》

▼君主が臣下の奏した案文を決裁して許可する
裁許《さいきょ》・裁可《さいか》・勅裁《ちょくさい》・批准《ひじゅん》

▼特定の事を行うのを官公庁が許可する
免許《めんきょ》・官許《かんきょ》・公許《こうきょ》・ライセンス

▼仮に与えられる免許
仮免《かりめん》・仮免許《かりめんきょ》

▼免許の尊敬語　御免《ごめん》

▼特別に許可する。また、特定の人・会社などに特定の権利を与える行政行為
特許《とっきょ》・パテント

▼特別に　特免《とくめん》

▼仮に　仮免《かめん》

▼暗黙のうちに
黙許《もっきょ》・黙認《もくにん》・見逃《みのが》し・看過《かんか》・仮借《かしゃく》・目溢《めこぼ》し・黙過《もっか》・見遁《みのが》し

▼義務や役目などを
免除《めんじょ》・除免《じょめん》

▼租税の一部または全部を
免租《めんそ》・免税《めんぜい》

▼服役・兵役を　免役《めんえき》

▼負担を軽減したり免除したりする。

ゆるす・ゆるし……許・免・赦・宥・恕

また、等級を下げるだけで免除する
減免《げんめん》

罪や過失を意味する「ゆるす・ゆるし」

▼罪を
赦《しゃ》・赦罪《しゃざい》・赦免《しゃめん》・免罪《めんざい》・宥免《ゆうめん》
▼赦免の尊敬語　高免《こうめん》・御免《ごめん》
▼裁判で決まった刑罰を政府がゆるし軽減する
恩赦《おんしゃ》・恩宥《おんゆう》
▼国家に慶事があったときの恩赦
大赦《たいしゃ》
▼特定の人に対して行われる恩赦
特赦《とくしゃ》
▼特に罪を　特免《とくめん》
▼あわれんで　仁恕《じんじょ》
▼ゆるして罪過を問わない
恕免《じょめん》・宥恕《ゆうじょ》

▼捕らえられている者をゆるして自由にしてやる
釈放《しゃくほう》・放免《ほうめん》
▼一定の保証金を納めさせて勾留中の被告人を釈放する
保釈《ほしゃく》
▼刑罰をゆるす旨の書面
赦免状《しゃめんじょう》・赦状《しゃじょう》・赦書《しゃしょ》

心の広さ・寛大さを意味する「ゆるす・ゆるし」

▼寛大な心で
寛恕《かんじょ》・宥恕《ゆうじょ》・寛仮《かんか》・寛容《かんよう》・
寛宥《かんゆう》・宥免《ゆうめん》・海容《かいよう》
▼事情を察して　諒恕《りょうじょ》・憐恕《れんじょ》
▼大目に見る。辛抱して　我慢《がまん》
▼怒りを押さえて　堪忍《かんにん》・勘弁《かんべん》
▼耐え忍んで
料簡《りょうけん》・了簡《りょうけん》・了見《りょうけん》

要求を聞き入れ認める意の「ゆるす・ゆるし」

▼相手の要求を入れてゆるし認める
許諾《きょだく》・承認《しょうにん》・認承《にんしょう》・承諾《しょうだく》・
是認《ぜにん》・肯諾《こうだく》・領諾《りょうだく》・了諾《りょうだく》・
応諾《おうだく》・一諾《いちだく》・然諾《ぜんだく》・肯定《こうてい》・
アクセプタンス
▼認め聞き入れる。また、民事訴訟で、被告が原告の主張を正当だと認める
認諾《にんだく》
▼快く、聞き入れる　快諾《かいだく》
▼喜んで　欣諾《きんだく》
▼その場ですぐに　即諾《そくだく》
▼内々に　内諾《ないだく》
▼黙って　黙諾《もくだく》
▼約束して　約諾《やくだく》
▼固い約束、貴重な承諾　金諾《きんだく》
▼外国との条約を国家が承認する

ゆるす・ゆるし……許・免・赦・宥・恕

批准《ひじゅん》

▼仕事の委嘱、金品の委託を引き受ける

受諾《じゅだく》

▼人の言うがままになる

唯諾《いだく》

▼物事が済んだあとで承知する

事後承諾《じごしょうだく》

「ゆるす・ゆるし」に関する動詞・複合動詞

▼願い・申し出を聞き入れる

許《ゆる》す・差《さ》し許《ゆる》す・言許《ことゆる》す

▼罪や過失を

赦《ゆる》す

▼罪をゆるして自由にする。免除する

免《ゆる》す・免《めん》ず・免《めん》ずる・免《めん》じる・許《ゆ》る・聴《ゆ》る

▼大目に見る、ゆるめる

宥《ゆる》す

▼思いやりをもって

恕《ゆる》す・恕《じょ》す・恕《じょ》する

▼先方の望みを聞いて

聴《ゆる》す・聴《き》く・聞《き》き入《い》れる・聞《き》く・聞《き》き届《とど》ける・聞《き》き済《す》ます

▼心の中で

思《おも》い許《ゆる》す

▼我慢して

堪《こら》える

▼寛大に

緩《ゆる》ぶ・緩《ゆる》める

▼見てそのままにしておく

見赦《みゆる》す・見逃《みのが》す・見遁《みのが》す・見過《みす》ごす・見過《みす》ぐす

▼承諾する

諾《だく》する・諾《うべな》う・宜《うべな》う・肯《うべな》う・諒《りょう》する・了《りょう》する

「ゆるす・ゆるし」に関する慣用句

[大目《おおめ》に見《み》る]
寛大に扱い、厳しくとがめることをしない。

[気《き》を許《ゆる》す]
相手を信頼して警戒心をなくす。油断する。

[心《こころ》を許《ゆる》す]
警戒心などをもたず、信頼して相手に接する。

[御免蒙《ごめんこうむ》る]
もし許されるなら拒否したい。

[自他共《じたとも》に許《ゆる》す]
自分も他人もそうであると認める。

[手心《てごころ》を加《くわ》える]
相手のことを考えて、厳しさをゆるめ、寛大に扱う。

[肌《はだ》を許《ゆる》す]
女性が男性に体をまかせる。

[水《みず》に流《なが》す]
恨み・もめごとなどをなかったものとして、以後こだわらない。

[目《め》をつぶる]
過失や欠点などを、見て見ぬふりをする。

「ゆるす・ゆるし」に関する成語

[唯唯諾諾《いいだくだく》]
事のよしあしに関係なく、人の言うがままに従うこと。

[葷酒山門《くんしゅさんもん》に入《い》るを許《ゆる》さず]
強いにおいのある野菜と酒は、修行の妨げになるから寺の中に持ち込んではいけないということ。

[免許皆伝《めんきょかいでん》]
芸道の奥義《おうぎ》を師からすべて弟子に伝えること。

容貌《ようぼう》・容姿《ようし》

美醜からみた「容貌・容姿」

▼顔の形やようす
顔《かお》・顔《かんばせ》・顔貌《かおかたち》・顔容《かおかたち》・顔《かお》様《ざま》・顔様《かおよう》・顔立《かおだ》ち・顔付《かおつ》き・顔《かお》ばせ・顔持《かおも》ち・顔貌《がんぼう》・面《おも》影《かげ》・面形《おもかた》・面差《おもざ》し・面立《おもだ》ち・面持《おもも》ち・面輪《おもわ》・面構《つらがま》え・面《つら》付《つ》き・面作《つらつく》り・面相《めんそう》・面像《めんぞう》・面体《めんてい》・面貌《めんぼう》・面目《めんもく》・面容《めんよう》・容《かんばせ》・容顔《ようがん》・容色《ようしょく》・容儀《ようぎ》・容貌《ようぼう》・相形《そうぎょう》・相好《そうごう》・相貌《そうぼう》・目鼻《めはな》・目鼻立《めはなだ》ち・眉目《びもく》・眉《み》目《め》・見目《みめ》・見目様《みめざま》・頰付《ほおつ》き・俤《おもかげ》・外貌《がいぼう》・器量《きりょう》・姿貌《しぼう》・人相《にんそう》・形相《ぎょうそう》・風貌《ふうぼう》・風丰《ふうぼう》

▼顔立ちを比喩《ひゆ》的に
造作《ぞうさく》

▼面相をからかって
御面相《ごめんそう》

▼他人の容貌の尊敬語
尊容《そんよう》

▼女性の
女色《じょしょく》・女色《にょしょく》・女色《にょしき》

▼容貌が美しい
見目麗《みめうるわ》しい・見目好《みめよ》い・眉《み》目《め》良《よ》い・美貌《びぼう》・佳容《かよう》・妍容《けんよう》・娟容《けんよう》・玉容《ぎょくよう》・美色《びしょく》・美顔《びがん》・美形《びけい》・妍麗《けんれい》・娟麗《けんれい》・花顔《かがん》

▼男性が美貌の
格好《かっこう》いい・カッコイイ・ハンサム・美形《びけい》・端整《たんせい》

▼容貌の美しい女性
美人《びじん》・明眸《めいぼう》・器量好《きりょうよ》し・見《み》目《め》好《よ》し・別嬪《べっぴん》・別品《べっぴん》・美女《びじょ》

▼美貌の男性
美男《びなん》・美男子《びだんし》・美男子《びなんし》・男《おとこ》前《まえ》・二枚目《にまいめ》・ハンサム

容貌・容姿

▼もてる男性　色男《いろおとこ》

▼男性の凛凛《りり》しい顔の形容
苦《にが》み走《ばし》った・野性的《やせいてき》・ワイルド

▼大人の男性の魅力
渋《しぶ》い・ダンディ

▼顔立ちが整っている　端整《たんせい》

▼容貌がみにくい
不器量《ぶきりょう》・不細工《ぶさいく》・不細工《ぶざいく》・醜貌《しゅうぼう》・醜容《しゅうよう》

▼恐ろしい　険相《けんそう》・凶相《きょうそう》

▼不器量な女性
醜女《しこめ》・醜婦《しゅうふ》・見目悪《みめわる》・お亀《かめ》・阿亀《おかめ》・御亀《おかめ》・阿多福《おたふく》・於多《おた》福《ふく》・醜女《ぶおんな》・狆《ちん》くしゃ・醜女《ぶす》

▼不器量な男性
醜男《ぶおとこ》・醜漢《しゅうかん》・ひょっとこ

▼容貌と体付き
容姿《ようし》・見目形《みめかたち》・見目姿《みめすがた》・形《なり》・態《なり》・振《ふ》り・風《ふり》・姿《すがた》・様《さま》・姿形《すがたかたち》・形姿《なりすがた》・姿態《したい》・形貌《なりかたち》・形恰好《なりかっこう》・風姿《ふうし》・風貌《ふうぼう》・風采《ふうさい》・風体《ふうてい》・風体《ふうたい》・容体《ようたい》・容態《ようたい》・形振《なりふ》り・風丰《ふうぼう》・風儀《ふうぎ》・姿色《ししょく》・容色《ようしょく》・風骨《ふうこつ》・形相《ぎょうそう》・姿貌《しぼう》・様子《ようす》・体《てい》たらく・為体《ていたらく》・恰好《かっこう》・格好《かっこう》・姿容《しよう》・体付《からだつ》き・スタイル・プロポーション・シルエット

▼体型の整った
スマート・すらりとした

▼体型のがっしりした
逞《たくま》しい・筋肉隆々《きんにくりゅうりゅう》・マッチョな

▼心に浮かぶ容姿
面影《おもかげ》・俤《おもかげ》・影《かげ》

▼さまざまな　百態《ひゃくたい》

▼美しい女性の
美容《びよう》・美粧《びしょう》・妍容《けんよう》・娟容《けんよう》・麗容《れいよう》・麗姿《れいし》・玉姿《ぎょくし》・花《はな》の姿《すがた》・玉《たま》の姿《すがた》・玉容《ぎょくよう》

▼すっきりとして色気がある
粋《すい》・粋《いき》・垢抜《あかぬ》け・洒脱《しゃだつ》・シック・スタイリッシュ

▼いきな姿
意気姿《いきすがた》・粋姿《いきすがた》・お洒落《しゃれ》

▼いきでない
ださい・やぼったい・どんくさい・田舎《いなか》くさい・格好《かっこう》悪《わる》い・カッコワルイ

▼女性のあでやかな　色香《いろか》

▼女性のしどけない
帯解《おびと》き姿《すがた》

▼女性のなまめいた
艶容《えんよう》・嬌容《きょうよう》・艶姿《えんし》・嬌姿《きょうし》・艶態《えんたい》・嬌態《きょうたい》・媚態《びたい》・艶姿《あですがた》

▼みにくい　醜態《しゅうたい》

▼男らしい容姿と気性
男振《おとこぶ》り・男付《おとこつ》き・男《おとこ》っ振《ぷ》り

▼女らしい
女振《おんなぶ》り・女付《おんなつ》き・女《おんな》っ振《ぷ》り

容貌・容姿

▼言葉と容貌　言貌《げんぼう》

▼人柄と容姿　品形《しなかたち》

▼容姿と才知　才色《さいしょく》

▼男性で、容姿が並はずれて大きく立派である　魁偉《かいい》

▼普通と違った容姿　異容《いよう》・異形《いぎょう》・異形《いけい》・異相《いそう》・異体《いたい》・異風《いふう》・風変《ふうが》わり・異《こと》様《ざま》・異様《いよう》・グロテスク・エキセントリック・ユニーク

喜怒哀楽からみた「容貌・容姿」

▼人を恨むような顔付き　恨《うら》み顔《がお》

▼恋しく思っているような　思《おも》い顔《がお》

▼物思いの　思案顔《しあんがお》

▼愛嬌《あいきょう》のない　仏頂面《ぶっちょうづら》・仏頂顔《ぶっちょうがお》

▼うれいに沈んだ　愁眉《しゅうび》・憂《うれ》い顔《がお》・憂《うれ》え顔《がお》・託《かこ》ち顔《がお》

▼嬉しそうな　にこにこ顔《がお》・恵比須顔《えびすがお》・夷《えびす》顔《がお》・嬉《うれ》し顔《がお》

▼苦々しい　渋面《じゅうめん》・渋面《しぶづら》・顰《しか》め面《づら》・顰《しか》めっ面《つら》・顰《しか》み面《づら》

▼心配そうな　事有《ことあ》り顔《がお》・心配顔《しんぱいがお》・案《あん》じ顔《がお》

▼気の毒そうな。また、おかしそうな　笑止顔《しょうしがお》

▼心配事がある　屈託顔《くったくがお》

▼笑った　笑顔《えがお》・笑《え》み顔《がお》

▼うとましく見える　隔《へだ》て顔《がお》

▼気がのらないような　不請顔《ふしょうがお》・不承顔《ふしょうがお》

▼ものに飽きた　倦《うん》じ顔《がお》

▼不機嫌な　不興顔《ふきょうがお》・むっと顔《がお》

▼怒った　尖《とが》り顔《がお》・尖《とん》り顔《がお》・仏頂面《ぶっちょうづら》・仏頂顔《ぶっちょうがお》・脹《ふく》れ面《づら》・脹《ふく》れっ面《つら》・膨《ふく》れっ面《つら》・閻魔面《えんまづら》・閻魔顔《えんまがお》

▼あきれた　呆《あき》れ顔《がお》

▼意外な　勿怪顔《もっけがお》

▼挑戦するような　挑《いど》み顔《がお》

▼疑わしいと思っている　胡散顔《うさんがお》

▼気後れした　臆面《おくめん》

▼自慢する、得意がる　手柄顔《てがらがお》・誇《ほこ》り顔《がお》・したり顔《がお》・自慢顔《じまんがお》・出来《でか》し顔《がお》・得《え》たり顔《がお》・所得顔《ところえがお》・優《まさ》り顔《がお》・勝《まさ》り顔《がお》・得意顔《とくいがお》

▼まことしやかな　真顔《まがお》

容貌・容姿

▼もったいぶった　しかつめ顔《がお》
▼優しい　恩顔《おんがん》・温顔《おんがん》・温容《おんよう》
▼今にも泣き出しそうな　泣《な》き面《つら》・泣《な》き顔《がお》・泣《な》きっ面《つら》・吠《ほ》え面《づら》
▼取り乱した　乱《みだ》り顔《がお》
▼子どもなどの泣き面　べそ
▼柔和な　婉容《えんよう》・地蔵顔《じぞうがお》
▼ものさびしく見える容姿　孤影《こえい》
▼晴れがましい　晴《は》れ姿《すがた》

状況からみた「容貌・容姿」

▼何でも心得ているような容貌　物知《ものし》り顔《がお》・心得顔《こころえがお》
▼分別のありそうな　心有《こころあ》り顔《がお》・分別顔《ふんべつがお》
▼まじめくさった　澄《す》まし顔《がお》
▼愚かそうな　間抜《まぬ》け面《づら》
▼厚かましい　強顔《きょうがん》・厚顔《こうがん》・鉄面皮《てつめんぴ》・野面《のづら》
▼礼儀正しい　礼貌《れいぼう》
▼気力を失った　衰顔《すいがん》
▼人を待つ　人待《ひとま》ち顔《がお》
▼厳かな　厳顔《げんがん》
▼聞き知っているような　聞《き》き知《し》り顔《がお》・聞《き》き顔《がお》
▼そ知らぬ　つれなし顔《がお》・然《さ》らぬ顔《かお》・知《し》らぬ顔《かお》・知《し》らん顔《かお》・知《し》らず顔《がお》
▼悪事などを犯してそ知らぬふりの　何食《なにく》わぬ顔《かお》
▼言葉につまり困った　然無顔《しかながお》
▼忠義ぶった　忠義顔《ちゅうぎがお》・御為顔《おためがお》
▼いかにもそうであるような　有《あ》り顔《がお》
▼寝ぼけた　寝惚《ねぼ》け顔《がお》・寝惚《ねぼ》け面《づら》
▼とぼけた　恍《とぼ》け顔《がお》・恍《とぼ》け面《づら》
▼ものなれた　馴《な》れ顔《がお》・打《う》ち解《と》け顔《がお》
▼横柄な　権柄面《けんぺいづら》
▼その場の状況に合わせた　作《つく》り顔《がお》・仕立《した》て顔《がお》
▼朝、起きたときの　寝起《ねお》き顔《がお》・朝顔《あさがお》・朝容《あさがたち》
▼舞台上の　舞台面《ぶたいづら》
▼自分のものだというような　我《わ》が物顔《ものがお》
▼自分に関係があるのに平然とした　涼《すず》しい顔《かお》
▼朝、起きたばかりの姿　朝姿《あさすがた》・寝起《ねお》き姿《すがた》
▼後ろからの　後《うし》ろ姿《すがた》・後《うし》ろ付《つ》き

容貌・容姿

▼去って行く人の後ろの
後《うし》ろ影《かげ》

「容貌・容姿」に関する慣用句

[雲衝《くもつ》く]
たいへん背の高いさま。《類》「雲《くも》を衝《つ》く」

[小股《こまた》の切《き》れ上《あ》がった]
すらりとした粋な女性の姿の形容。

[苦虫《にがむし》を噛《か》み潰《つぶ》した顔《かお》]
不機嫌で、にがりきった表情。

[風采《ふうさい》が上《あ》がらない]
見た目に貫禄がなく弱々しく、どちらかというと平凡でみすぼらしい。

[骨《ほね》と皮《かわ》]
がりがりに痩《や》せているさま。

[身《み》をやつす]
目立たないように、身なりをみすぼらしくする。

[装《よそお》いを凝《こ》らす]
人にひけを取らないように、身なりにさまざまな工夫をする。

[柳眉《りゅうび》を逆立《さかだ》てる] (⇒「怒《おこ》る・怒《いか》り」一二七ページ)

「容貌・容姿」に関する成語・ことわざ

[色《いろ》の白《しろ》いは七難隠《しちなんかく》す]
色白の女性は、よく見ればそれほどの器量よしではなくても、美人に見えるものだということ。

[外面似菩薩内心如夜叉《げめんじぼさつないしんにょやしゃ》]
外面は菩薩に似て、内面は夜叉の如《ごと》し。うわべは優しく見えるが、心の中は陰険な者のたとえ。「似《じ》」は「如《にょ》」ともいう。

[千姿万態《せんしばんたい》]
さまざまの姿とかたち。

[中肉中背《ちゅうにくちゅうぜい》]
太ってもやせてもいなく、また、ごく普通の身長であること。

[長身痩躯《ちょうしんそうく》]
背が高く、やせているようす。

[眉目秀麗《びもくしゅうれい》]
容貌が整っていて美しいさま。特に男性の場合にいう。

[見目《みめ》は果報《かほう》の基《もとい》]
器量のよいことは、幸運を招く一番の原因であるということ。

[明眸皓歯《めいぼうこうし》] (⇒「美《うつく》しい」一一四ページ)

[容姿端麗《ようしたんれい》]
顔や姿形が整っていて美しいさま。特に女性の場合にいう。

[容貌魁偉《ようぼうかいい》]
顔かたちが人並はずれて大きくたくましいさま。

[夜目遠目笠《よめとおめかさ》の内《うち》]
女性は、夜暗いときや遠いところから、あるいは笠で半分顔を隠したときに見るのが一番美しく見えるということ。はっきりと見えな

い方がいいという皮肉な意味もある。《類》「遠《とお》目《め》山《やま》越《こ》し笠《かさ》の内《うち》」

よむ……読・詠

よむ
……読・詠

様態からみた「読む」

▼目で見た文字や文章を声にする。また、理解する
読《よ》む・読《よ》み
▼読むことの謙譲語
拝《はい》読《どく》・拝《はい》誦《しょう》
▼謹んで　奉《ほう》読《どく》
▼手に捧げ持って　捧《ほう》読《どく》
▼声を出して
音《おん》読《どく》・読《どく》誦《しょう》・読《どく》誦《じゅ》・誦《しょう》読《どく》・諷《ふう》誦《しょう》・諷《ふう》誦《じゅ》・諷《ふ》誦《じゅ》・唱《とな》える・称《とな》える・誦《しょう》する
▼声高く
朗《ろう》読《どく》・読《よ》み上《あ》げ・朗《ろう》誦《しょう》・朗《ろう》唱《しょう》
▼声を出さないで　黙《もく》読《どく》
▼書き物を見ないで
背《はい》読《どく》・暗《あん》誦《しょう》・諳《あん》誦《しょう》・暗《あん》唱《しょう》・暗《あん》誦《じゅ》・諳《あん》誦《じゅ》・記《き》誦《しょう》・誦《しょう》記《き》・空《そら》読《よ》み
▼あらかじめ読んで調べておく
下《した》読《よ》み・下《した》見《み》・予《よ》習《しゅう》
▼ひと通り、ざっと
一《いち》読《どく》・通《つう》読《どく》・斜《なな》め読《よ》み・走《はし》り読《よ》み・略《りゃく》読《どく》
▼必要な部分やおもしろそうな部分だけを
抜《ぬ》き読《よ》み・拾《ひろ》い読《よ》み・抄《しょう》読《どく》
▼必ず読むべきこと。また、そのもの
必《ひつ》読《どく》
▼意味をよく考えて
熟《じゅく》読《どく》・味《み》読《どく》・玩《がん》読《どく》・精《せい》読《どく》
▼意味をよく考えずに文字のみを
素《そ》読《どく》・素《そ》読《よ》み・素《す》読《よ》み・白《はく》読《どく》・坊《ぼう》主《ず》読《よ》み
▼はじめから終わりまで
読《どく》破《は》・読《どっ》過《か》・読《よ》み下《くだ》し・読《どく》了《りょう》・卒《そつ》読《どく》
▼詳しく　細《さい》読《どく》・精《せい》読《どく》
▼速く　速《そく》読《どく》
▼二つ以上のものを合わせて
併《へい》読《どく》
▼読み違えると、他の者がその続きを読む、という読み方
取《と》り読《よ》み
▼好んで　愛《あい》読《どく》
▼内容を調べながら　閲《えつ》読《どく》
▼文章など正しく　正《せい》読《どく》
▼間違えて　誤《ご》読《どく》
▼読書し合って研究討論をする
会《かい》読《どく》・会《かい》読《どく》論《ろん》講《こう》・会《かい》読《どく》輪《りん》

よむ……読・詠

講《こう》・読書会《どくしょかい》

▼書物などを回して　回読《かいどく》・回《まわ》し読《よ》み・輪読《りんどく》

▼繰り返し書物を　復読《ふくどく》・再読《さいどく》・読《よ》み返《かえ》す

▼一緒に読んで確認する　相読《あいよ》み

▼書物を読んで意味を明らかにする　講読《こうどく》

▼文章を読んで、その意味を理解する　読解《どっかい》

▼書物を読んで文字の表面的意義のみを理解する　色読《しきどく》

▼文字の裏の真意まで読み取る　体読《たいどく》

▼手当たり次第に　濫読《らんどく》・乱読《らんどく》・雑読《ざつどく》・渉猟《しょうりょう》

▼夢中で　耽読《たんどく》

▼たくさんの本を　多読《たどく》

▼難解な文章・暗号などを　解読《かいどく》

▼読みがむずかしい　難読《なんどく》

▼推量して　判読《はんどく》

▼一字一字やっと　辿《たど》り読《よ》み

▼点字など指でさわって　触読《しょくどく》

▼ひらいて　披読《ひどく》・披見《ひけん》・披閲《ひえつ》

▼翻訳して　訳読《やくどく》

▼立ちながら　立《た》ち読《よ》み

▼人に知られぬよう隠れて　盗《ぬす》み読《よ》み

▼書物など買って　購読《こうどく》

▼書物を買い集めるだけで積み重ねて置く　積《つ》ん読《どく》

▼他人に代わって　代読《だいどく》

書物・文字・経からみた「読む」

▼本を　読書《どくしょ》・本読《ほんよ》み・書見《しょけん》・看読《かんどく》・繙読《はんどく》・物読《ものよ》み・念書《ねんしょ》・繙《ひもと》く

▼史書を　読史《どくし》・読史《とくし》

▼脚本を読んで聞かせる　本読《ほんよ》み

▼地図・図面などを読み取る　読図《どくず》

▼漢字・漢文を字音で　音読《おんよ》み・音読《おんどく》

▼慣用音によって　慣用読《かんようよ》み

▼漢字に和語をあてて　訓《くん》・訓読《くんどく》・和訓《わくん》・倭訓《わくん》・国訓《こっくん》・訓《くん》・大和訓《やまとくん》・字訓《じくん》

▼文字を対馬音である呉音で　対馬読《つしまよ》み

▼熟語の上を音、下を訓で　重箱読《じゅうばこよ》み

▼熟語の上を訓、下を音で　湯桶読《ゆとうよ》み

よむ……読・詠

▼漢語の熟語を直訳的に訓読する
文字読《もじよ》み

▼返り点・送り仮名などを付けて
漢籍読《かんせきよ》み・漢書読《かんしょよ》み・漢書《からぶみ》読《よ》み

▼漢文を訓点によって訓読する
点読《てんどく》

▼漢文などを返り点によって下から上へ
顚読《てんどく》

▼漢文などを返り点によらずに
棒読《ぼうよ》み・直読《ちょくどく》

▼漢文を和訳して　和読《わどく》・倭読《わどく》

▼漢文を日本文の語順にして
読《よ》み下《くだ》し・訓《よ》み下《くだ》し

▼文字を音読し、さらにその文字を訓読する読み方
文選読《もんぜんよ》み

▼文の切れ目に打つ点　読点《とうてん》・点《てん》

▼文の終わりの記号　句点《くてん》・丸《まる》

▼声をあげて経文を
読経《どきょう》・読誦《どくじゅ》・誦経《ずきょう》・誦経《じゅきょう》・諷経《ふぎん》

▼声を出さず経文を
観経《かんぎょう》・看経《かんきん》

▼経文の一部を略して全体を読んだことにする読み方
転読《てんどく》・転経《てんぎょう》・転経《てんきょう》

▼経文を省略せずに　真読《しんどく》

▼勧進のため書物を読み金銭をもらう
勧進読《かんじんよ》み

詩歌からみた「詠む」

▼詩歌などを作る。また、うたう
詠《よ》む・詠《えい》ずる・詠《えい》じる・吟《ぎん》ずる・吟《ぎん》じる・吟詠《ぎんえい》・詠《えい》歌《か》・詠歌《えいが》・諷詠《ふうえい》・詠吟《えいぎん》

▼詩歌などを声高くうたう
朗詠《ろうえい》・朗吟《ろうぎん》・吟誦《ぎんしょう》・吟唱《ぎんしょう》・吟嘯《ぎんしょう》・詠誦《えいしょう》・詠唱《えいしょう》・高詠《こうえい》

▼詩歌の詠みくせ、詠み方
詠《よ》み振《ぶ》り・詠《よ》み口《くち》

▼詩歌の会で詩歌を　披講《ひこう》

▼その場で詩歌を作る
即詠《そくえい》・即吟《そくぎん》・即興《そっきょう》

▼題を設けて詩歌を作る。また、その作品
題詠《だいえい》

▼題を決めずに詩歌を作る。また、その作品
雑詠《ざつえい》

▼自然物の名を題として詩歌を作る。また、その詩歌
詠物《えいぶつ》

▼歴史上の事実を主題に詩歌を作る
詠史《えいし》

▼近作の詩歌　近詠《きんえい》

▼心に思うことを　詠懐《えいかい》

よむ……読・詠

▼偶然心に浮かんだことを
偶詠《ぐうえい》・偶吟《ぐうぎん》
▼酒を飲み詩歌を吟ずる　觴詠《しょうえい》
▼和歌に特定の文字を隠して詠み入れる
入《い》れ文字《もじ》
▼和歌で、古歌の意味や語句などを詠み入れる
本歌取《ほんかど》り
▼他人に代わって詩歌を　代詠《だいえい》
▼歌の末句の言葉をとって次の初句とし、これを続けて
鎖題《くさりだい》
▼他人の詩歌を敬っていう
玉詠《ぎょくえい》・玉吟《ぎょくぎん》・芳詠《ほうえい》・芳咏《ほうえい》・芳吟《ほうぎん》・尊詠《そんえい》
▼自分の詩歌をへりくだっていう
拙詠《せつえい》・愚詠《ぐえい》
▼故人の遺《のこ》した詩歌　遺詠《いえい》
▼知らないふりして歌を
知《し》らず詠《よ》み
▼天皇や皇族が詩歌を作る。また、その詩歌
御詠《ぎょえい》
▼神が詠んだという和歌　神詠《しんえい》
▼宮中・神社などに詩歌を詠んで献上する
献詠《けんえい》
▼和歌の下書き　詠草《えいそう》・歌稿《かこう》

「読む・詠む」の複合動詞

▼間違って
読《よ》み誤《あやま》る・読《よ》み違《ちが》える・読《よ》み損《そこ》なう
▼一つの文章を一人が読み、他の人が聞きながら誤りを直す
読《よ》み合《あ》わせる・読《よ》み合《あ》わす
▼心を込めて　読《よ》み入《い》る
▼読むべきところを読まずに抜かす
読《よ》み落《お》とす
▼もう一度　読《よ》み返《かえ》す
▼ある漢字を別の読み方で
読《よ》み替《か》える
▼読み始める。また、途中まで
読《よ》み掛《か》ける
▼読んで聞かせる
読《よ》み聞《き》かせる・読《よ》み渡《わた》す
▼読み終わる　読《よ》み切《き》る
▼文章を終わりまでざっと読む。また、漢文を訓読して
読《よ》み下《くだ》す
▼読んで十分に理解する
読《よ》み熟《こな》す
▼熟読する　読《よ》み込《こ》む
▼詩歌などに事物の名などを入れて
詠《よ》み込《こ》む・詠《よ》み入《い》れる
▼読みかけて中途でやめる
読《よ》み止《さ》す

よむ……読・詠

▼読んだだけでかえりみない　読《よ》み捨《す》てる

▼読まないで終わる　読《よ》み損《そこ》なう

▼声を立てて　読《よ》み立《た》てる・読《よ》み上《あ》げる

▼不明のところや興味のないところを抜かして先へ進む　読《よ》み飛《と》ばす

▼読んで内容を理解する。また、相手の心を知る　読《よ》み取《と》る

▼すらすら読む。また、ざっと目を通す　読《よ》み流《なが》す

▼読むことになれる　読《よ》み馴《な》れる

▼夢中になって　読《よ》み耽《ふけ》る

▼読み尽くす　読《よ》み破《やぶ》る

「よむ」に関する故事・成語・ことわざ

[一目十行《いちもくじゅうぎょう》] ひと目見ただけで十行の文章を読み取るという意で、非常に速い速度で本を読むこと。《類》「十行倶《じゅうぎょうとも》に下る」

[乙夜《いつや》の覧《らん》] 天子が読書すること。「乙夜」は、今の午後十時ごろ。「おつや」とも読む。《類》「乙覧《いつらん》」

[韋編三絶《いへんさんぜつ》] （⇒「熱心《ねっしん》」四六一ページ）

[音吐朗朗《おんとろうろう》] 声がさわやかで、よく通るさま。「音吐」は声の出し方、「朗朗」は声が大きくはっきりしている意。

[眼光紙背《がんこうしはい》に徹《てっ》する] 書物を読み、字句の解釈にとどまらず、その深意を汲みとる。

[熟読玩味《じゅくどくがんみ》] 文章を十分に読み、深く味わうこと。「玩味」は、意味をよく考えて内容を味わう意。

[彫心鏤骨《ちょうしんるこつ》] 詩歌などを苦心して作り上げること。「鏤」は金属などに模様を彫りつける意。

[灯火親《とうかした》しむべし] 秋になるとさわやかで夜長にもなるので明かりになれ親しむようになり、本を読むのには最適であることをいう。出典は韓愈《かんゆ》の詩。

[読書三到《どくしょさんとう》] 本を読む際に役立つ三つの方法。本を読んで理解するには、まず目でよく見る（眼到）、ついで声を上げて読む（口到）、そして心を集中させて読む（心到）、以上の三つであるという。熟読のすすめ。出典は朱熹《しゅき》の『訓学斎規《くんがくさいき》』。

[読書三昧《どくしょざんまい》]

読書に熱中すること。「三昧」は、仏教語で、心を一つに集中させるの意。

［読書三余《どくしょさんよ》］
本を読むのによい三つの余暇のことで、一年の余りの冬、一日の余りの夜、時の余りの雨の三つのことをいう。「三余」は、「三餘」とも書く。出典は『魏志《ぎし》』。

［読書《どくしょ》百遍《ひゃっぺん》義《ぎ》自《おの》ずから見《あらわ》る］
書物は繰り返し繰り返し読めば、書かれた意味が自然に理解される。熟読の必要を説いている。出典は『魏志《ぎし》』。

よろこぶ よろこび
……喜・慶・悦

状態・様態からみた「よろこぶ・よろこび」

▼うれしくて、楽しく思う
喜《よろこ》び・悦《よろこ》び・悦《えつ》・歓《かん》・歓《かん》喜《き》・歓喜《かんぎ》・喜悦《きえつ》・悦喜《えつき》・悦《えつ》楽《らく》・悦予《えつよ》・欣悦《きんえつ》・歓楽《かんらく》・歓《かん》娯《ご》・怡悦《いえつ》・怡怡《いい》

▼楽しみ　喜楽《きらく》・愉悦《ゆえつ》

▼幸いに思って　欣幸《きんこう》

▼ありがたくよろこぶ。また、仏を信じありがたく思う
随喜《ずいき》

▼夢中になって　狂喜《きょうき》

▼感じ入って　感喜《かんき》・感悦《かんえつ》

▼謹んで。他人に自分のよろこびを言う
恭悦《きょうえつ》・恐悦《きょうえつ》

▼よろこんで躍り上がる
欣喜《きんき》・欣舞《きんぶ》・欣躍《きんやく》・雀躍《じゃくやく》・雀躍《こおど》り・小躍《こおど》り

▼手を打って　抃悦《べんえつ》

▼手を打ち、足を踏み鳴らして
抃舞《べんぶ》

▼よろこばしげなようす　喜気《きき》

▼驚きと　驚喜《きょうき》

▼悲しみと　悲喜《ひき》

▼よろこびと憂い　喜憂《きゆう》・憂喜《ゆうき》

▼よろこびと恐れ　喜懼《きく》

▼よろこぶさま
欣然《きんぜん》・歓然《かんぜん》・怡然《いぜん》・欣欣《きんきん》

▼よろこび楽しむさま

嬉嬉《きき》・喜喜《きき》・嘻嘻《きき》
▼よろこびがあると思ったのにあてがはずれる
糠喜《ぬかよろこ》び・空喜《そらよろこ》び・空悦《そらよろこ》び
▼よろこび遊ぶ　嬉遊《きゆう》・嬉戯《きぎ》
▼子どものようなよろこび。子どもが遊びたわむれる
児嬉《じき》
▼食べたい物を満足して食べられることの
食悦《しょくえつ》
▼うれしそうな顔付き　嬉《うれ》し顔《がお》
▼うれしく思わせる言葉・態度
嬉《うれ》しがらせ
▼うれしさのあまり泣く
喜《よろこ》び泣《な》き・嬉《うれ》し泣《な》き
▼うれしいような悲しいような気持ち
嬉《うれ》し悲《かな》しい・嬉《うれ》し悲《がな》しい
▼よろこんで寺社に進物し、また、貧しい人に施す
喜捨《きしゃ》
▼うれしくて出る涙　嬉《うれ》し涙《なみだ》
▼滑稽な出来事。人を笑わせながら人生を描く劇
喜劇《きげき》・コメディー
▼よろこびを伝える使者　喜使《きし》

程度からみた「よろこぶ・よろこび」

▼大きな
大喜《だいき》・大喜《おおよろこ》び・大悦《たいえつ》・大慶《たいけい》・欣喜《きんき》
▼心から　歓心《かんしん》
▼とても　驚喜《きょうき》・狂喜《きょうき》
▼満足して　満悦《まんえつ》
▼うっとりする
法悦《ほうえつ》・恍惚《こうこつ》・エクスタシー
▼心からよろこび従う　悦服《えっぷく》

祝い事・慶事からみた「よろこぶ・よろこび」

▼よろこび祝う
賀《が》・賀慶《がけい》・嘉慶《かけい》・嘉儀《かぎ》・慶賀《けいが》・慶祝《けいしゅく》・祝賀《しゅくが》・祝慶《しゅくけい》・祝儀《しゅくぎ》・祝着《しゅうちゃく》
▼めでたい、よろこび事
吉慶《きっけい》・祥慶《しょうけい》・祝《いわ》い事《ごと》・吉事《きつじ》・吉事《きちじ》・好事《こうじ》・寿《ことぶき》・御慶《ぎょけい》・御慶《ごけい》・慶事《けいじ》
▼自分も相手と同じくうれしい
同慶《どうけい》
▼新年の　新禧《しんき》
▼皇居に行って　参賀《さんが》
▼転居の
暖房《だんぼう》・煖房《だんぼう》・渡座《わたまし》の祝《いわ》い
▼よろこびと弔い　慶弔《けいちょう》
▼よろこびの顔色・ようす

よろこぶ・よろこび……喜・慶・悦

慶色《けいしょく》

▼喜の字の祝い。七十七歳の賀の祝い

喜寿《きじゅ》

▼官位に叙せられた礼を述べる

奏慶《そうけい》・慶《よろこ》び申《もう》し

「よろこぶ・よろこび」に関する動詞・形容詞

▼うれしく感じる

喜《よろこ》ぶ・嬉《うれ》しがる・悦《よろこ》ぶ・歓《よろこ》ぶ

▼とてもうれしく感じる

躍《おど》り上《あ》がる

▼うれしく感じさせる

喜《よろこ》ばす・嬉《うれ》しがらせる

▼うれしくて勢い込む

喜《よろこ》び勇《いさ》む

▼吉事のよろこびを述べる

祝《いわ》う・賀《が》す・賀《が》する・寿《ことほ》ぐ・言祝《ことほ》ぐ・慶《けい》す・慶《けい》する

▼うれしくて陽気になる

浮《う》かれる・浮《う》き立《た》つ

▼うれしくて調子づく

浮《う》かれ出《だ》す

▼うれしくて落ち着かない

浮《うわ》つく・上付《うわつ》く

▼快く楽しい

嬉《うれ》しい・面白《おもしろ》い

▼祝うべき、うれしい

めでたい・喜《よろこ》ばしい

「よろこぶ・よろこび」に関する擬態語

▼心が浮き立ち、よろこび勇む

いそいそ

▼よろこびで満足する

うはうは・ほくほく

▼うれしさのあまり身が震える

ぞくぞく

▼よろこびで心が躍る

わくわく・るんるん

「よろこぶ・よろこび」に関する慣用句

[快哉《かいさい》を叫《さけ》ぶ]
愉快な出来事に喜びの声を上《あ》げる。

[天《てん》にも昇《のぼ》る心地《ここち》]
とてもうれしくて、浮き浮きした気持ち。

[飛《と》び立《た》つばかり]
胸がわくわくしてとてもうれしいさま。

[眉《まゆ》を開《ひら》く]
うれいや心配事がなくなってうれしい。

「よろこぶ・よろこび」に関する故事・成語・ことわざ

[一喜一憂《いっきいちゆう》]
状況が変わるたびに喜んだり心配したりすること。感情が振り回されること。

[有頂天外《うちょうてんがい》]
喜びのあまり、我を忘れること。大喜びの形容。仏教語で「有頂天」は三界のうちの最高の場所で、さらにその上に出る意から。

[喜色満面《きしょくまんめん》]
喜び・うれしさが顔いっぱいにあふれているさま。喜びの表情が顔全体に広がっている状態をいう。

[喜怒哀楽《きどあいらく》]
喜び・怒り・悲しみ・楽しみの四つ。人間がもつさまざまな感情のこと。

[恐悦至極《きょうえつしごく》]
相手の厚意に対し、とても喜び、感謝を表す言葉。「恐悦」は謹んで喜ぶ意。

[欣喜雀躍《きんきじゃくやく》]
雀がぴょんぴょん跳ねるように、小躍りして喜ぶさまで、大喜びすることをいう。《類》「歓天喜地《かんてんきち》」「手《て》の舞《ま》い足《あし》の踏《ふ》む所《ところ》を知《し》らず」

[空谷の跫音《くうこくのきょうおん》]
人気《ひとけ》のない寂しい谷間でひびく人の足音の意から、予期しない珍しい人の訪れや便りがあることの喜びをいう。予期しない喜びのたとえ。出典は『荘子《そうじ》』。

[悲喜交交《ひきこもごも》]（⇒「悲《かな》しむ・悲《かな》しみ」一八〇ページ）

[喜《よろこ》び極《きわ》まれば憂《うれ》いを生《しょう》ず]
喜びが最高潮に達すると、そのあとは逆にもの悲しさや不安感が生じてくるということ。《類》「歓楽《かんらく》極《きわ》まりて哀情《あいじょう》多《おお》し」

[喜《よろこ》びの賀《が》]
「喜」の字の草書体「㐂」は七と十と七のような形に分けられることから、数え年七十七歳になったのを祝うこと。《類》「喜《き》の字《じ》の祝《いわ》い」「喜寿《きじゅ》」

[喜《よろこ》んで尻餅《しりもち》をつく]
物事が万事うまくいって大喜びし、あまり得意になり過ぎたために失敗してしまうことのたとえをいう。

料理《りょうり》

行為・行動からみた「料理」

▼食べ物をこしらえる

料理《りょうり》・調理《ちょうり》・炊事《すいじ》・煮炊《にた》き・おさんどん・料《りょう》る・割烹《かっぽう》・クッキング

▼費用を考えて食べ物をこしらえる

料理

賄《まかな》う

▼料理をする人

料《りょう》理《り》人《にん》・板前《いたまえ》・調《ちょう》理《り》師《し》・賄《まかな》い・コック・シェフ

▼菓子を作る人

菓《か》子《し》職《しょく》人《にん》・パティシエ

▼料理の準備をすること

下拵《したごしら》え・下準備《したじゅんび》・仕込《しこ》み

▼食品から不要なものを取り除くさまざまな方法

灰汁《あく》抜《ぬ》き・塩出《しおだ》し・油抜《あぶらぬ》き・血抜《ちぬ》き

▼色を鮮やかにする　色止《いろど》め

▼包丁で材料を処理するさまざまな方法

切《き》る・刻《きざ》む・削《そ》ぐ・剝《む》く・叩《たた》く・切《き》れ目《め》を入《い》れる・隠《かく》し包丁《ぼうちょう》・飾《かざ》り包丁《ぼうちょう》・面取《めんと》り・スライスする

▼魚を処理するさまざまな方法

捌《さば》く・おろす・開《ひら》く・叩《たた》きにする・節《ふし》どりにする

▼食材に調味料などを加えるさまざまな方法

振《ふ》る・塗《まぶ》す・散《ち》らす・振《ふ》り入《い》れる

▼食品に熱を加えるさまざまな料理法

焼《や》く・炒《いた》める・炙《あぶ》る・炒《い》る・煎《い》る・火《ひ》を通《とお》す・焙《ほう》じる・焦《こ》がす・焼《や》き色《いろ》をつける・焦《こ》げ目《め》をつける・温《あたた》める

▼食品を水や湯といっしょに熱を通すさまざまな料理法

煮《に》る・煮付《につ》ける・煮染《にし》める・煮込《にこ》む・煮含《にふく》める・煮詰《につ》める・煮上《にあ》げる・煮出《にだ》す・煮《に》切《き》る・一煮立《ひとにた》ち・茹《ゆ》でる・茹《う》でる・茹《ゆ》でこぼす・炊《た》く・湯掻《ゆが》く・湯引《ゆび》く・湯通《ゆどお》しする・湯煎《ゆせん》する・ボイルする

▼食品に湯気をあてて調理する

蒸《む》す・蒸《ふ》かす・蒸《む》らす・蒸《む》し上《あ》げる

▼熱した油に入れて調理する

揚《あ》げる・フライにする・素《す》揚《あ》げにする・油通《あぶらどお》しする

味を調えることからみた「料理」

▼味をととのえる、またそのための材料

調味《ちょうみ》・調味料《ちょうみりょう》・香辛料《こうしんりょう》・スパイス・ハーブ

▼塩で味をととのえること

塩梅《あんばい》・塩塩梅《しおあんばい》・塩加減《しおかげん》

▼味を調和させる　なじませる

▼味を整えるために少し食べる

味見《あじみ》・味《あじ》を見《み》る

様態からみた「料理」

▼程よく焼き色を付ける
こんがりと
▼つやを出して美味しそうに
照《て》り・照《て》りよく
▼やわらかく、しなやかに
しんなり
▼野菜などをみずみずしく
しゃきっと
▼豆などをやわらかかく
ふっくら・ふっくり
▼水の分量などについて材料がやっとかぶるくらいに
ひたひた
▼水の分量が多い　たっぷりの
▼温度が人間の体温ぐらいの
人肌《ひとはだ》の

味からみた「料理」

▼舌に残る刺激
味《あじ》・味《あじ》わい・味気《あじけ》・風味《ふうみ》・テイスト
▼甘く感じる
甘《あま》い・甘美《かんび》・甘露《かんろ》・甘味《かんみ》・甘口《あまくち》・スイート
▼辛く感じる
辛《から》い・辛味《からみ》・辛口《からくち》・ホット
▼塩見を強く感じる
鹹《から》い・塩辛《しおから》い・塩《しょ》っぱい・鹹味《かんみ》
▼塩味が薄めの　薄塩《うすじお》・甘塩《あまじお》
▼酸っぱく感じる
酸《す》い・酸《す》っぱい・酸味《さんみ》がある・サワー
▼苦みを感じる
苦《にが》い・苦味《にがみ》・苦味《くみ》・ほろ苦《にが》い・ビター
▼舌ざわりやのど越しがよい
なめらか
▼味に深みがある　こくのある
▼味が強くなくおだやか
まろやか・スムーズ

「料理」に関する擬音語・擬態語

▼肉などが焼ける
じゅうじゅう
▼なべで煮る
ぐつぐつ・ことこと・ごとごと
▼揚げ物について
ばりっと・さくっと・からりと・かりっと・さくさく・かりかり

▼弾力があって美味しそう

ぷりっと・ぷりぷり

▼芋などについて

ほくほく・ほっくり・ほっこり

▼熱い・できたての

ほかほか・ほっかほか・あつあつ

▼よく冷えた

ぎんぎん

「料理」に関する慣用句・ことわざ

[青菜《あおな》に塩《しお》]
青菜に塩をかけるとしんなりとするように、元気がなくしょげている様子。

[灰汁《あく》で洗《あら》っても]
どんなによく洗っても洗い流すことはできないことのたとえ。

[うまい汁《しる》を吸《す》う]
他人を利用して利益を得ること

[塩酢《えんそ》の世話《せわ》]
食事の世話のこと。

[大鍋《おおなべ》の底《そこ》は撫《な》でても三杯《さんばい》]
大鍋に入っている飯は底を突いたと思っても杓子に三杯分くらいはあるものである。規模の大きさを言うたとえ。

[同《おな》じ釜《かま》の飯《めし》を食《く》う]（⇓「親《した》しい・親《した》しむ」二九〇ページ）

[塩《しお》が浸《し》む]
苦労をする。世の中を渡る経験を積む。《類》「塩《しお》を踏《ふ》む」

[酢《す》が過《す》ぎる]
度が過ぎる。

[酢《す》でさいて飲《の》む]
欠点をあげおろす。こきおろす。

[糠味噌臭《ぬかみそくさ》い]
妻が所帯じみたさま

[手前味噌《てまえみそ》]
自慢すること。《類》「味噌《みそ》を上《あ》げる」

[胡麻《ごま》を擂《す》る]
へつらうこと。《類》「味噌《みそ》を擂《す》る」

[味噌《みそ》を付《つ》ける]
失敗すること。へまをしてしくじること。

[秋茄子嫁《あきなすびよめ》に食《く》わすな]（⇓「秋《あき》」六四ページ）

[名物《めいぶつ》に旨《うま》いものなし]
名物といわれて食べてみると期待したほどには旨くないこと。実が伴わないことにたとえ。

礼《れい》・礼儀《れいぎ》

感謝の意を表す言葉や金品からみた「礼」

▼感謝の意を表す

謝礼《しゃれい》・礼《れい》・謝辞《しゃじ》・畏《かしこ》まり

礼・礼儀

▼感謝の気持ち　謝意《しゃい》
▼礼の丁寧語　御礼《おれい》・御礼《おんれい》
▼謝意を表す礼儀　謝儀《しゃぎ》
▼礼の言葉を述べる
礼謝《れいしゃ》・拝謝《はいしゃ》・謝《しゃ》す・謝《しゃ》する
▼ありがたく思い謝意を表す
感謝《かんしゃ》
▼深く感謝する　深謝《しんしゃ》
▼厚く礼を言う
鳴謝《めいしゃ》・万謝《ばんしゃ》・厚謝《こうしゃ》・多謝《たしゃ》
▼差し出された品物などを断る
辞謝《じしゃ》・辞退《じたい》
▼受けた礼に対して報いる　返礼《へんれい》
▼謝意を込めた金品
礼《れい》・謝儀《しゃぎ》・謝礼《しゃれい》・礼物《れいぶつ》・礼《れい》
物《もつ》・進物《しんもつ》
▼謝礼の謙譲語
薄謝《はくしゃ》・薄儀《はくぎ》・寸志《すんし》
▼謝礼として出す金銭
礼金《れいきん》・謝金《しゃきん》

▼人に贈る品物の謙譲語
粗品《そしな》・粗品《そひん》・麁品《そひん》・薄志《はくし》・
不典《ふてん》
▼医師に贈る金品　薬礼《やくれい》
▼お返しとして贈る品物　返礼《へんれい》
▼入門などに際して贈る礼物
束脩《そくしゅう》

敬意を表す作法からみた「礼儀」

▼敬意を表す際の古来の決まり
礼儀《れいぎ》・典礼《てんれい》・儀礼《ぎれい》・礼式《れいしき》・
法式《ほうしき》・作法《さほう》・骨法《こっぽう》・礼法《れいほう》・礼《らい》
法《ほう》・行儀《ぎょうぎ》・礼節《れいせつ》・礼儀作法《れいぎさほう》・
礼《れい》・マナー・エチケット
▼作法にかなった立ち居振る舞い
威儀《いぎ》
▼礼儀正しいさま　礼容《れいよう》・慇懃《いんぎん》
▼うわべだけの　虚礼《きょれい》

▼さまざまな礼儀作法　諸礼《しょれい》
▼女性が心得るべき
女礼《じょれい》・女礼式《じょれいしき》
▼客をもてなす
饗礼《きょうれい》・振《ふ》る舞《ま》い・馳走《ちそう》・饗《あるじ》
設《もう》け・客礼《かくれい》・客礼《きゃくれい》・賓礼《ひんれい》
▼即位の礼などの朝廷の重要な儀式
大礼《たいれい》
▼重大な儀式
大典《たいてん》・盛典《せいてん》・盛儀《せいぎ》
▼些細《ささい》なことにこだわる　縟礼《じょくれい》
▼立ち居振る舞いなどの細かな
曲礼《きょくれい》・曲礼《きょくらい》
▼めでたいときの
嘉礼《かれい》・嘉儀《かぎ》・祝儀《しゅうぎ》・吉礼《きちれい》・
吉礼《きつれい》
▼正式な方式を略した
略儀《りゃくぎ》・略式《りゃくしき》

礼・礼儀

敬意を表す拝礼からみた「礼」

▼相手に対する敬意を形に表す　敬礼《けいれい》・礼《れい》・式礼《しきれい》・礼儀《れいぎ》・会《え》釈《しゃく》・挨拶《あいさつ》

▼軽く頭を下げて　辞儀《じぎ》・御辞儀《おじぎ》・辞宜《じぎ》・時《じ》宜《ぎ》・時儀《じぎ》・会釈《えしゃく》・挨拶《あいさつ》

▼頭を下げて　拝礼《はいれい》・拝礼《はいらい》

▼かしこまって　敬礼《けいれい》

▼頭を手まで下げてうやうやしく　拝手《はいしゅ》

▼最も丁重な　最敬礼《さいけいれい》

▼頭を垂《た》れて　低頭《ていとう》

▼二度続けて　再拝《さいはい》

▼立って左右左、座って左右左、ひざまずいて二度、また立って一度頭を下げる　九拝《きゅうはい》

▼目上の者の前にうつぶし、頭を地につけて、その人の足に拝する　頂礼《ちょうれい》・頂礼《ちょうらい》

▼手を組み合わせ上から下へおろして　長揖《ちょうゆう》

▼手を組み合わせて礼をし、へりくだる　揖譲《ゆうじょう》

▼目つきで　目礼《もくれい》

▼黙って　黙礼《もくれい》

▼手を挙げて　挙手《きょしゅ》

▼起立して　立礼《りつれい》

▼座し身を起こして　起拝《きはい》

▼座ったまま　座礼《ざれい》・坐礼《ざれい》

▼両膝《ひざ》を地に、上半身を立てて　長跪《ちょうき》

▼頭を地につけて　叩首《こうしゅ》・頓首《とんしゅ》・叩頭《こうとう》

▼首が地につくまで両手をつき頭を地につけて　稽首《けいしゅ》・啓首《けいしゅ》・稽顙《けいそう》・平伏《へいふく》・平身《へいしん》・拝伏《はいふく》・平伏《ひれふ》す

▼地面などにひざまずいて　跪拝《きはい》・拝跪《はいき》・土下座《どげざ》

▼笏《しゃく》を持ち頭を下げて　深揖《しんゆう》

▼返しの　答礼《とうれい》・返礼《へんれい》・答《とう》の拝《はい》・答《とう》・拝《はい》・答拝《たっぱい》

▼目上の者にお祝いを言う　拝賀《はいが》

▼年賀で回る　回礼《かいれい》・年礼《ねんれい》・賀礼《がれい》

▼礼儀を欠く　無礼《ぶれい》・無礼《ぶらい》・無礼《むらい》・失礼《しつれい》・欠礼《けつれい》・非礼《ひれい》・失儀《しつぎ》・不敬《ふけい》・失敬《しっけい》・不遜《ふそん》・狼籍《ろうぜき》・慮外《りょがい》・推参《すいさん》・無作法《ぶさほう》・不躾《ぶしつけ》・無《ぶ》仕《し》付《つ》け・不《ぶ》仕《し》付《つ》け・礼無《いやな》し・礼無《えやな》し・無礼《なめ》し・無礼《なめ》げ

礼・礼儀

「礼・礼儀」に関する慣用句

[威儀《いぎ》を正《ただ》す]
礼儀にかなった立ち居振る舞いをする。

[居住《いず》まいを正《ただ》す]
だらしなく座っていたのをきちんと座り直し、礼儀正しい態度を取る。

[折《お》り目《め》正《ただ》しい]
礼儀正しい。

[義理《ぎり》を立《た》てる]（⇩「交際《こうさい》・付《つ》き合《あ》い」二四三ページ）

[腰《こし》が低《ひく》い]
他人に対して控え目である。

[姿勢《しせい》を正《ただ》す]
これまでの態度や行動を反省して、真剣に物事に取り組む。《類》「襟《えり》を正《ただ》す」

[礼《れい》を失《しっ》する]
失礼な態度や発言をする。

[礼《れい》を取《と》る]
礼儀に則った対応をする。

「礼・礼儀」に関する故事・成語・ことわざ

[衣食《いしょく》足《た》りて礼節《れいせつ》を知《し》る]
人間は、着る物や食べ物の心配がなくなって初めて、礼儀などに心配りするようになるものだということ。出典は管子《かんし》の『牧民《ぼくみん》』。《類》「礼儀《れいぎ》は富足《ふそく》に生《しょう》ず」

[慇懃無礼《いんぎんぶれい》]
丁寧過ぎて、かえって失礼なこと。また、表面上の態度は礼儀正しく見えるけれども実は尊大なこと。

[温清定省《おんせいていせい》]
冬は暖かく、夏は涼しく、そして夕べには寝床を整え、朝にはその安否を尋ねる意から、父母に礼を尽くしてよく仕えること。

[三顧《さんこ》の礼《れい》]
蜀《しょく》の劉備《りゅうび》が諸葛孔明《しょかつこうめい》を軍師に迎えようと、三度その家を訪れたという故事による。上位の者が礼を尽くして、相手の協力を得ようと何度も足を運ぶこと。出典は諸葛亮《しょかつりょう》の「前出師《ぜんすいし》の表《ひょう》」。

[三尺《さんじゃく》去《さ》って師《し》の影《かげ》を踏《ふ》まず]
弟子は師を尊敬して、いついかなるときでも礼を失してはいけないという教え。

[三拝九拝《さんぱいきゅうはい》]
何度も頭を下げること。

[親《した》しき仲《なか》にも礼儀《れいぎ》あり]
どんなに親しい間柄でも、互いに守るべき礼儀はあるもので、それを軽んじると喧嘩や不仲の原因ともなるという戒め。《類》「心安《こころやす》いは不和《ふわ》の基《もと》」

[鳩《はと》に三枝《さんし》の礼《れい》あり]
鳩の子は親鳥よりも三本下の枝に

止まる礼儀を心得ているということから、人間は礼儀を重んじなければいけないという教え。

［門《もん》に入《い》らば笠《かさ》を脱《ぬ》げ］

他人の家を訪れたならば笠を脱いで挨拶をしなさいということで、人は時・場合の礼儀を失してはいけないという教え。

［礼《れい》も過《す》ぎれば無礼《ぶれい》になる］

礼儀正しいのは結構だが、それも度が過ぎると、かえって相手の目からすると無礼な奴と見られることがある。礼儀正しいのもほどほどにせよという戒め。

私《わたくし》・私達《わたくしたち》

自分のさまざまな呼称の「私」

▼男女を問わず、目上の人に対して、または少し改まって自分を言うときの語

私《わたくし》・私共《わたくしども》・此方《こちら》・此方《こなた》・自分《じぶん》・手前《てまえ》・手前共《てまえども》

▼男女を問わず、一般に自分を言うときの語。「わたくし」のややくだけた言い方

私《わたし》・私《あたくし》

▼男性が自分と同等ならびに同等以下の者に対して

僕《ぼく》

▼主として男性がややぞんざいに言うとき

俺《おれ》・己《おれ》・己《おら》・己等《おいら》

▼主として男性が同等ならびに同等以下の者に対してやや尊大に言うとき

私《わし》・儂《わし》・己様《おれさま》・俺様《おれさま》・乃《だい》公《こう》・我《わ》が輩《はい》・吾《わ》が輩《はい》・我《われ》・吾《われ》・我儕《わなみ》・吾儕《わなみ》

▼主として女性がややくだけた言い方で自分を言うとき

私《あたし》

▼主として職人や下町の男性が

私《あっし》・私《わっし》・私《わっち》・此方人等《こちとら》

▼主として東京の下町の女性が用いたくだけた言い方

私《わたい》・私《あたい》

▼自分をへりくだって

手前《てまえ》・手前《てめえ》・僕《やつがれ》・下名《かめい》・野《や》・拙《せつ》・拙《せつ》・野生《やせい》・拙生《せっせい》・迂生《うせい》・迂《う》・拙《せつ》・寒生《かんせい》・愚生《ぐせい》・生《せい》・不肖《ふしょう》・不敏《ふびん》・犬馬《けんば》・小生《しょうせい》・生《せい》・小弟《しょうてい》・小子《しょうし》

▼老人が自分をへりくだって

私・私達

愚老《ぐろう》・老生《ろうせい》

▼若い女性がへりくだって
小妹《しょうまい》・少妹《しょうまい》

▼自分を卑下して　戯奴《わけ》

▼自分を誇って　鼻様《はなさま》

▼少々ふざけ自分を誇って　鼻坊《はなぼう》

▼公務員が公の場で自分をへりくだって
小職《しょうしょく》・小官《しょうかん》

▼僧侶がへりくだって
愚僧《ぐそう》・拙僧《せっそう》・愚禿《ぐとく》

▼武士がへりくだって
拙者《せっしゃ》・拙子《せっし》・拙子《せっす》・拙下《せっか》

▼武士が同輩や同輩以下の者に対して
身共《みども》・身《み》・我《われ》・吾《われ》・我等《われら》・吾等《われら》

▼武士が同輩や目上の者に対して
某《それがし》・某《なにがし》・何某《なにがし》・己《おのれ》

▼主に武士が目下の者に対して
此《こ》の方《ほう》・此方《こち》

▼江戸時代、遊女・芸妓などが
私《わちき》

▼江戸時代、女性が自分をへりくだって
妾《わらわ》

▼主として公家の男女が上下を問わず
麿《まろ》・麻呂《まろ》

▼身分の高い武士などが　余《よ》・予《よ》

▼君主に対して自分を言うとき
臣《しん》

▼天皇や王が　朕《ちん》

自分達のさまざまな呼称の「私達」

▼男女を問わず、少し改まって自分たちのことを言うとき
私達《わたくしたち》・私共《わたくしども》・我我《われわれ》

▼主として女性が自分たちのことを一般に言うとき
私達《あたしたち》

▼男性が同輩またはそれ以下の者に対して
僕達《ぼくたち》・僕等《ぼくら》・俺達《おれたち》・俺等《おれら》・己達《おれたち》・己等《おれら》・儂達《わしたち》・儂等《わしら》・私達《わしたち》・私等《わしら》

▼主として男性が少しぞんざいに
此方人《こちと》・己等《おいら》・此方人等《こちとら》・己共《おんども》

▼主に昔の男性がやや格式張って
我等《われら》・吾人《ごじん》・我《わ》が輩《はい》・吾《わ》が輩《はい》・我《わ》が輩《ともがら》・吾《わ》が輩《ともがら》・我《わ》が儕《ともがら》・吾《わ》が儕《ともがら》・吾《わ》が曹《そう》・我《わ》が曹《そう》・吾《わ》が属《ぞく》・余輩《よはい》・予輩《よはい》

「私」に関する慣用句・成語

「人《ひと》は人我《ひとわれ》は我《われ》」

人はどうであれ、おれはおれで関係ない、自分の信ずることや、やりたいことを行うということ。

【我《わ》が意《い》を得《え》る】（⇒「考《かんが》える・考《かんが》え」二〇六ページ）

【我関《われかん》せず】自分は知らない、関係がない。

【我《われ》に返《かえ》る】本来の自分に戻る。正気づく。

笑《わら》う・笑《わら》い

状態・様態からみた「笑う・笑い」

▼喜び、おもしろがって顔面がゆるむ。また、声に出す　笑《わら》い・笑《え》まい・笑《え》み・スマイル

▼大きく口を開いて　哄笑《こうしょう》・解頤《かいい》

▼口を閉じて　含《ふく》み笑《わら》い

▼顔をしかめながら　顰笑《ひんしょう》

▼片頬で　片笑《かたえ》み

▼えくぼをつくりながら　靨笑《えんしょう》

▼目もとだけで　目笑《もくしょう》

▼指差しながら　指笑《ししょう》

▼話しながら　言笑《げんしょう》・談笑《だんしょう》

▼泣きながら　泣《な》き笑《わら》い

▼ほがらかに　朗笑《ろうしょう》

▼たわむれに　戯笑《ぎしょう》

▼笑いを含んだ顔　笑顔《えがお》・笑《え》み顔《がお》

▼笑い顔をする　解顔《かいがん》

▼喜び笑うさま　嘻嘻《きき》

▼笑いを含んださま　笑《え》み笑《え》み

▼笑いながらものを言う声　笑《え》み声《ごえ》・笑《わら》い声《ごえ》

▼笑って相手にしない　笑殺《しょうさつ》

▼他人を笑わせる　人笑《ひとわら》わせ

▼おかしいと思う顔付き。また、気の毒と思う顔付き　笑止顔《しょうしがお》

▼笑うときの口つき　笑《わら》い口《ぐち》

▼笑うときの様子　笑《わら》い様《ざま》

程度からみた「笑う・笑い」

▼ひどく　笑殺《しょうさつ》・捧腹《ほうふく》・抱腹《ほうふく》

▼大声を出して　大笑《たいしょう》・大笑《おおわら》い・高笑《たかわら》い・高《たか》笑《え》み・高笑《たかえ》・放笑《ほうしょう》・哄笑《こうしょう》・絶笑《ぜっしょう》・呵呵《かか》・馬鹿笑《ばかわら》い

▼よく　笑《わら》い勝《が》ち

▼大勢でどっと　爆笑《ばくしょう》・哄堂《こうどう》

▼倒れるほど　絶倒《ぜっとう》

▼少し　微笑《びしょう》・微笑《ほほえ》み・薄笑《うすわら》い・軽《けい》笑《しょう》・破顔《はがん》・莞爾《かんじ》

笑う・笑い

▼人に気付かれないようにそっと
忍《しの》び笑《わら》い

▼こっそり　盗《ぬす》み笑《わら》い

種別からみた「笑う・笑い」

▼喜び　歓笑《かんしょう》・嘻笑《きしょう》・嬉笑《きしょう》

▼一度だけ　一笑《いっしょう》・一粲《いっさん》

▼相手もなくひとりで
独《ひと》り笑《わら》い・独《ひと》り笑《え》み

▼思わず吹き出して
失笑《しっしょう》・噴飯《ふんぱん》

▼はにかみながら　照《て》れ笑《わら》い

▼あでやかに媚《こび》を含んで
艶笑《えんしょう》・嬌笑《きょうしょう》

▼愛嬌《あいきょう》のある　巧笑《こうしょう》・巧咲《こうしょう》

▼おどけて　謔笑《ぎゃくしょう》

▼おかしくもないのに
空《そら》笑《わら》い・作《つく》り笑《わら》い

▼あわれみ
閔笑《びんしょう》・憫笑《びんしょう》・愍笑《びんしょう》

▼豪傑のような豪放な
豪傑笑《ごうけつわら》い

▼何かを思い出して
思《おも》い出《だ》し笑《わら》い

▼心の中で　窃笑《せっしょう》

▼ほほ笑みとも苦笑ともつかない
微苦笑《びくしょう》

▼なまめかしい。また、お世辞の
媚笑《びしょう》

▼あざけりの
嘲笑《ちょうしょう》・嘲《せせ》ら笑《わら》い・嘲笑《あざわら》い・冷笑《れいしょう》・冷《せせ》ら笑《わら》い・嗤笑《ししょう》・譏《き》笑《しょう》・毀笑《きしょう》・似非笑《えせわら》い

▼侮った　目笑《もくしょう》

▼へつらいの
諂笑《てんしょう》・追従笑《ついしょうわら》い

▼苦々しく思いながら
苦笑《くしょう》・苦笑《にがわら》い

笑のつく別義からみた「笑い」

▼笑いを誘うもと
笑《わら》い種《ぐさ》・笑《わら》い草《ぐさ》・笑《わら》い物《もの》・笑《わら》い道具《どうぐ》・御《お》笑《わら》い種《ぐさ》

▼世間から笑われる
胡盧《ころ》・物笑《ものわら》い・人笑《ひとわら》われ

▼世間から嘲弄《ちょうろう》される人
嘲斎坊《ちょうさいぼう》

▼人を笑わせる絵。また、春画
笑《わら》い絵《え》

▼笑い絵をのせた本　笑《わら》い本《ぼん》

▼飲むと笑い出すという薬
笑《わら》い薬《ぐすり》

▼笑って済ませるほどのこと
笑《わら》い事《ごと》

▼おかしくて笑いをとめられない
笑《わら》い癪《じゃく》

笑う・笑い

▼笑顔の老人の能面　笑尉《わらいじょう》

▼よく笑う人、酔うと笑う人
笑《わら》い上戸《じょうご》

▼食べると笑いがとまらなくなる毒のある茸《きのこ》
笑茸《わらいたけ》

▼笑いながらする話。おもしろい、おかしい話
笑話《しょうわ》・笑《わら》い話《ばなし》

「笑う・笑い」に関する動詞・複合動詞

▼口もとがゆるんで、にこにこする
笑《わら》う・笑《え》む・綻《ほころ》びる・綻《ほころ》ぶ

▼自然に笑えてくる　笑《わら》える

▼笑い始める　笑《わら》い出《だ》す

▼おかしくて、にこにこさせる
笑《わら》わせる・綻《ほころ》ばす

▼ひどく
笑《わら》い崩《くず》れる・笑《わら》い転《こ》ける・笑《わら》い転《ころ》げる

▼おかしさにこらえられずに
吹《ふ》き出《だ》す

▼大口を開けて
咲《え》笑《わら》う・笑《え》み広《ひろ》ごる・笑《え》み曲《ま》ぐ

▼片頰で　片笑《かたえ》む・片頰笑《かたほえ》む

▼声を立てずに
微笑《ほほえ》む・頰笑《ほほえ》む・微笑《ほおえ》む・頰笑《ほおえ》む

▼笑い騒ぐ　笑《わら》いさざめく

▼思い通りにいったとひそかに
ほくそ笑《え》む・ほくそ笑《わら》う

▼笑って受け付けない
笑《わら》い飛《と》ばす

▼あざけり
嗤《わら》う・嘲《せせ》ら笑《わら》う・冷《せせ》ら笑《わら》う・嘲笑《あざわら》う

「笑う・笑い」の擬音語・擬態語

▼大きく口を開けて
あはは・ははは

▼大きな声で
わはは・わっはっは

▼さわやかに声高《こわだか》に
からから

▼何の屈託もないようすで
はっはっ

▼そっと物静かに
ほっほっ・ほほ・ほほほ

▼押さえていたものがそっと出てしまう
うふふ・うふっ

▼思わず吹き出して　ぷっ

▼軽く息を吹くように
ふっふっ

笑う・笑い

▼女性が口をすぼめて軽く
おほほ
▼豪傑のように大きく、高く
かんらかんら
▼女性や子どもがふざけたり、おどけたりして
きゃっきゃっ
▼媚《こ》びるような、つくった
えへへ
▼卑屈になって
ひひひ・いひひ
▼相手を侮って　ふふん
▼照れ隠しに　へっへっへっ
▼大声でいつまでも
げらげら・げたげた
▼大勢の人が一斉に声を出して
どっと
▼周りを気にせず、甲高い軽い調子で
けらけら
▼うれしそうに
にこり・にっこり・にこにこ
▼おかしくて笑い転げる
ころころ
▼声を立てずに歯を見せて
にっと・にやり
▼一瞬ものあり気に　にやっと
▼うす気味悪く
にたにた・にやにや
▼しまりがなく
えへらえへら
▼軽薄に　けたけた
▼だらしなく、むやみに
へらへら
▼声をひそめて
くすくす・くっくっ・くく
▼含み笑いをする　ふふふ
▼思い通りになって気味の悪い笑い顔をする
にんまり

「笑う・笑い」に関する慣用句

[顎《あご》を外《はず》す]
大きく口を開けて大笑いするさま。
《類》「顎《あご》が外《はず》れる」

[一粲《いっさん》を博《はく》す]
「お笑い種《ぐさ》までにどうぞ」と自作のものを人に贈るときに言う。「一粲」は一笑の意。

[一笑《いっしょう》に付《ふ》する]
つまらないことだと、笑って問題にしない。相手にしない。

[一笑《いっしょう》を買《か》う]
笑い者になる。

[笑壺《えつぼ》に入《い》る]
思い通りになって満足し笑わずにはいられなくなる。

[笑《え》みの眉《まゆ》開《ひら》く]

笑う・笑い

にこにこ笑って喜びが顔に出る。


【頤《おとがい》を解《と》く】

下あごがはずれるほど、大口を開けて笑う。《類》「頤《おとがい》を外《はず》す」


【顔《かお》を綻《ほころ》ばせる】

嬉しくて笑い顔になる。


【失笑《しっしょう》を買《か》う】

つまらない失敗をして笑われてしまう。


【白《しろ》い歯《は》を見《み》せる】

嬉しそうに笑顔を見せる。


【相好《そうごう》を崩《くず》す】

笑い顔になる。嬉しそうなようすを見せる。


【腹《はら》の筋《すじ》を縒《よ》る】

あまりのおかしさに大笑いする。《類》「腹《はら》を抱《かか》える」「腹《はら》が捩《よじ》れる」「腹《はら》を捩《よじ》る」「腹《はら》を縒《よ》る」


【臍《へそ》で茶《ちゃ》を沸《わ》かす】

おかしくてたまらないようす。《類》「臍《へそ》の宿《やど》がえ」


【頬《ほお》が緩《ゆる》む】

嬉しさなどで思わずほほ笑む。


【目《め》を細《ほそ》くする】

嬉しさや愛らしく思う気持ちで、顔に笑みがあふれる。


【笑《わら》いが止《と》まらない】

嬉しくてたまらず、自然に笑いがこみ上げてくる。

【笑《わら》い事《ごと》ではない】（⇩「大小《だいしょう》」三七一ページ）

【笑《わら》いを噛《か》み殺《ころ》す】

笑いたいのをじっとこらえる。《類》「笑《わら》いを殺《ころ》す」

「笑う・笑い」に関する故事・成語・ことわざ

【一顰一笑《いっぴんいっしょう》】

顔をしかめたり、笑ったりすることで、顔に表れる表情の変化、顔色のことをいう。


【呵呵大笑《かかたいしょう》】

大声で笑うこと。豪快な笑いに使う。


【猿《さる》の尻笑《しりわら》い】

猿が他の猿の尻が赤いといって笑うということで、自分の欠点には気付かないで他人の欠点を嘲笑《あざわら》うことのたとえ。《類》「目糞鼻糞《めくそはなくそ》を笑《わら》う」「鍋《なべ》が釜《かま》を黒《くろ》いという」


【笑止千万《しょうしせんばん》】

ひどくばかげていておかしいこと。また、気の毒なさま。


【笑中《しょうちゅう》に刀《とう》あり】

うわべは笑って好意を示すけれども、内《うち》に悪意を秘めていることのたとえ。《類》「笑中《しょうちゅう》に刃《やいば》を研《と》ぐ」「笑《わら》う者《もの》は測《はか》るべからず」「真綿《まわた》に針《はり》を包《つつ》む」


【泣《な》いて暮《く》らすも一生《いっしょう》笑《わら》って暮《く》らすも一生《いっしょう》】（⇩「泣《な》く」四四七ページ）

【破顔一笑《はがんいっしょう》】

表情をほころばせて、うれしそうに

笑うこと。

【捧腹絶倒《ほうふくぜっとう》】
腹を抱えて笑うこと。ひっくり返るほど大笑いすること。「抱腹絶倒《ほうふくぜっとう》」とも書く。

【来年《らいねん》の事《こと》を言《い》えば鬼《おに》が笑《わら》う】
あれこれと来年のことを予測したり、期待したりしてものを言うと鬼が嘲笑するということ。人は将来について前もって知ることはできないというたとえ。《類》「明日《あす》の事《こと》を言《い》えば鬼《おに》が笑《わら》う」「三年先《さんねんさき》の事《こと》を言《い》えば鬼《おに》が笑《わら》う」

【笑《わら》いは人《ひと》の薬《くすり》】
笑うということは、人にとっては薬と同じように役立つものだということ。

【笑《わら》う顔《かお》に矢立《やた》たず】
穏やかな笑顔で接してくる人にはこちらが抱いていた悪意さえも消え失せてしまうということ。《類》「向《む》かう笑顔《えがお》に矢立《やた》たず」「怒《いか》れる拳《こぶし》笑顔《えがお》に当《あ》たらず」「笑《わら》う顔《かお》は打《う》たれぬ」「笑《わら》って損《そん》した者《もの》なし」

【笑《わら》う門《かど》には福《ふく》来《き》たる】
いつも明るく笑い声の絶えない家には、自然に幸福がやって来るものだということ。《類》「笑《わら》う家《いえ》に福《ふく》来《き》たる」「祝《いわ》う門《かど》に福《ふく》来《き》たる」「和《わ》気財《きざい》を生《しょう》ず」

主要季語選

❶この「主要季語選」は、俳句の季語（季題）となるものを、四季・新年別に時候・天文・地理・人事・動物・植物の六つの部に分類して掲載した。

❷四季・新年の範囲は、現行の歳時記に準じて左の通りとした。

［春］……陰暦一月・二月・三月、陽暦二月・三月・四月

［夏］……陰暦四月・五月・六月、陽暦五月・六月・七月

［秋］……陰暦七月・八月・九月、陽暦八月・九月・十月

［冬］……陰暦十月・十一月・十二月、陽暦十一月・十二月・一月

［新年］…新年に関する季語

春

時候

春《はる》・初春《しょしゅん》・立春《りっしゅん》・二月《にがつ》・旧《きゅう》正月《しょうがつ》・睦月《むつき》・寒明《かんあ》け・早春《そうしゅん》・春浅《はるあさ》し・冴《さ》え返《かえ》る・余寒《よかん》・春《はる》寒《さむ》・遅春《ちしゅん》・春《はる》めく・春《はる》ざれ・雨水《うすい》・二月尽《にがつじん》・三月《さんがつ》・如月《きさらぎ》・仲春《ちゅうしゅん》・啓蟄《けいちつ》・春分《しゅんぶん》・彼岸《ひがん》・暖《あたた》か・麗《うらら》か・長閑《のどか》・日永《ひなが》・遅日《ちじつ》・花冷《はなび》え・木《こ》の芽時《めどき》・三《さん》月尽《がつじん》・四月《しがつ》・弥生《やよい》・晩春《ばんしゅん》・春社《しゅんしゃ》・春暁《しゅんぎょう》・春《はる》の朝《あさ》・春《しゅん》昼《ちゅう》・春《はる》の夕《ゆう》・春《はる》の宵《よい》・春《はる》の夜《よ》・花時《はなどき》・蛙《かわず》の目借時《めかりどき》・苗《なわ》代時《しろどき》・穀雨《こくう》・春深《はるふか》し・八十八《はちじゅうはち》夜《や》・春暑《はるあつ》し・夏近《なつちか》し・暮《く》れの春《はる》・行《ゆ》く春《はる》・春惜《はるお》しむ・弥生《やよい》尽《じん》・四月尽《しがつじん》

主要季語選

天文

春光《しゅんこう》・春《はる》の日《ひ》・春日和《はるびより》・春《しゅん》色《しょく》・春風《はるかぜ》・東風《こち》・貝寄風《かいよせ》・涅《ね》槃西風《はんにし》・風光《かぜひか》る・春一番《はるいちばん》・春《はる》疾風《はやて》・春嵐《はるあらし》・春北風《はるならい》・油《あぶら》まじ・春塵《しゅんじん》・霾《つちふ》る・春《はる》の空《そら》・春《はる》の雲《くも》・春《はる》の月《つき》・朧《おぼろ》・朧月《おぼろづき》・春《はる》の星《ほし》・春《はる》の闇《やみ》・霞《かすみ》・陽炎《かげろう》・春陰《しゅんいん》・花曇《はなぐも》り・鳥曇《とりぐも》り・鰊《にしん》曇《ぐも》り・蜃気楼《しんきろう》・フェーン・春《はる》の夕焼《ゆうや》け・春雨《はるさめ》・春時雨《はるしぐれ》・春《しゅん》霖《りん》・菜種梅雨《なたねづゆ》・花《はな》の雨《あめ》・春驟《はるしゅう》雨《う》・春《はる》の雪《ゆき》・淡雪《あわゆき》・斑雪《はだれ》・雪《ゆき》の果《は》て・春《はる》の雹《ひょう》・春《はる》の霙《みぞれ》・春《はる》の霰《あられ》・春《はる》の霜《しも》・別《わか》れ霜《じも》・春《はる》の露《つゆ》・春《はる》の虹《にじ》・初雷《はつらい》・春《しゅん》雷《らい》

地理

山笑《やまわら》う・春《はる》の山《やま》・春《はる》の野《の》・焼《や》け野《の》・末黒野《すぐろの》・春《はる》の水《みず》・水温《みずぬる》む・春《はる》の川《かわ》・春《はる》の池《いけ》・春《はる》の沼《ぬま》・春《はる》の湖《うみ》・春《はる》の海《うみ》・春《はる》の波《なみ》・春《はる》の潮《しお》・彼岸潮《ひがんじお》・潮干潟《しおひがた》・春田《はるた》・苗代《なわしろ》・春《しゅん》園《えん》・春《はる》の土《つち》・春泥《しゅんでい》・逃《に》げ水《みず》・残雪《ざんせつ》・雪間《ゆきま》・雪崩《なだれ》・雪解《ゆきど》け・雪《ゆき》しろ・春出水《はるでみず》・凍解《いてど》け・薄《うす》ら氷《い》・氷解《こおりと》く・流《りゅう》氷《ひょう》

人事

春《はる》の服《ふく》・春《はる》セーター・花衣《はなごろも》・春外套《はるがいとう》・春《はる》ショール・春袷《はるあわせ》・春帽子《はるぼうし》・春手袋《はるてぶくろ》・春日傘《はるひがさ》・鶯餅《うぐいすもち》・蕨餅《わらびもち》・草餅《くさもち》・桜餅《さくらもち》・椿餅《つばきもち》・菱餅《ひしもち》・五加飯《うこぎめし》・菜飯《なめし》・山葵漬《わさびづけ》・桜漬《さくらづけ》・花菜漬《はななづけ》・木《き》の芽漬《めづけ》・木《き》の芽和《めあ》え・木《き》の芽《め》味噌《みそ》・蕗味噌《ふきみそ》・団楽《でんがく》・若布和《わかめあ》え・独活和《うどあ》え・田螺和《たにしあ》え・青《あお》饅《ぬた》・鮒膾《ふなます》・蜆汁《しじみじる》・蒸鰈《むしがれい》・干鰈《ほしがれい》・目刺《めざ》し・白子干《しらすぼ》し・干鱈《ひだら》・壺焼《つぼや》き・雛《ひな》あられ・白《しろ》酒《ざけ》・治聾酒《じろうしゅ》
春《はる》の炉《ろ》・春炬燵《はるごたつ》・春暖炉《はるだんろ》・春《はる》火鉢《ひばち》・炉塞《ろふさ》ぎ・炬燵塞《こたつふさ》ぐ・暖《だん》炉納《ろおさ》む・春灯《しゅんとう》・春障子《はるしょうじ》・厩《うまや》出《だ》し・北窓開《きたまどひら》く・目貼《めば》り剝《は》ぐ・雪割《ゆきわ》り・霜除《しもよ》けとる・風《かざ》

除《よ》け解《と》く・橇《そり》しまう・車組《くるまく》む・垣繕《かきつくろ》う・松《まつ》の緑《みどり》摘《つ》む・耕《たがや》し・麦踏《むぎふ》み・田打《たう》ち・畑打《はたう》ち・畦塗《あぜぬ》り・種物《たねもの》・種選《たねえら》び・種浸《たねひた》し・種蒔《たねま》き・種案山子《たねかがし》・苗床《なえどこ》・苗木市《なえぎいち》・苗札《なえふだ》・植木市《うえきいち》・南瓜蒔《かぼちゃま》く・糸瓜蒔《へちまま》く・朝顔蒔《あさがおま》く・西瓜蒔《すいかま》く・牛蒡蒔《ごぼうま》く・茄子蒔《なすま》く・蓮植《はすう》う・芋植《いもう》う・球根植《きゅうこんう》う・馬鈴薯植《ばれいしょう》う・木《こ》の実植《みう》う・苗木植《なえぎう》う・果樹植《かじゅう》う・野焼《のや》き・山焼《やまや》き・畑焼《はたや》く・芝焼《しばや》く・農具市《のうぐいち》・接《つ》ぎ木《き》・剪定《せんてい》・挿《さ》し木《き》・根分《ねわ》け・慈姑掘《くわいほ》る・若布刈《わかめか》る・海苔掻《のりか》き・牧開《まきびら》き・羊《ひつじ》の毛刈《けか》る・桑解《くわと》く・桑摘《くわつ》み・蚕飼《こが》い・茶摘《ちゃつ》み・製茶《せいちゃ》・魞挿《えりさ》す・上《のぼ》り簗《やな》・磯開《いそびら》き・磯菜摘《いそなつ》み・海女《あま》・木流《きなが》し

野遊《のあそ》び・遠足《えんそく》・摘《つ》み草《くさ》・蕨狩《わらびがり》・梅見《うめみ》・花見《はなみ》・花筵《はなむしろ》・花守《はなもり》・花疲《はなづか》れ・磯遊《いそあそ》び・潮干狩《しおひがり》・観潮《かんちょう》・踏青《とうせい》・猟期終《りょうきお》わる・春《はる》スキー・ぶらんこ・都踊《みやこおど》り・春場所《はるばしょ》・凧《たこ》・風船《ふうせん》・風車《ふうしゃ》・石鹸玉《しゃぼんだま》・鶯笛《うぐいすぶえ》・雉笛《きじぶえ》・朝寝《あさね》・春眠《しゅんみん》・春《はる》の夢《ゆめ》・春興《しゅんきょう》・春意《しゅんい》・春愁《しゅんしゅう》・春《はる》の風邪《かぜ》・花粉症《かふんしょう》

建国記念日《けんこくきねんび》・緑《みどり》の日《ひ》・春分《しゅんぶん》の日《ひ》・曲水《きょくすい》・初午《はつうま》・出代《でが》わり・針供養《はりくよう》・桃《もも》の節句《せっく》・雛市《ひないち》・雛祭《ひなまつり》・雛流《ひなwhile》し・雛納《ひなおさ》め・義士祭《ぎしさい》・釈奠《せきてん》・四月馬鹿《しがつばか》・緑《みどり》の週間《しゅうかん》・黄金週間《おうごんしゅうかん》・入学試験《にゅうがくしけん》・春休《はるやす》み・進級《しんきゅう》・入学《にゅうがく》・卒業《そつぎょう》・新入社員《しんにゅうしゃいん》・春闘《しゅんとう》・祈年祭《きねんさい》・春祭《はるまつり》・高山祭《たかやままつり》・先帝祭《せんていさい》・涅槃会《ねはんえ》・聖霊会《しょうりょうえ》・修二会《しゅにえ》・お水取《みずと》り・彼岸会《ひがんえ》・御影供《みえいく》・仏生会《ぶっしょうえ》・花祭《はなまつり》・御忌《ぎょき》・壬生念仏《みぶねんぶつ》・バレンタインデー・復活祭《ふっかつさい》・良寛忌《りょうかんき》・義仲忌《よしなかき》・実朝忌《さねともき》・兼好忌《けんこうき》・西行忌《さいぎょうき》・鳴雪忌《めいせつき》・茂吉忌《もきちき》・利休忌《りきゅうき》・人麻呂忌《ひとまろき》・蓮如忌《れんにょき》・放哉忌《ほうさいき》・虚子忌《きょしき》・啄木忌《たくぼくき》・康成忌《やすなりき》

動物

若駒《わかごま》・仔馬《こうま》・春《はる》の鹿《しか》・孕《はら》み鹿《じか》・落《お》とし角《づの》・猫《ねこ》の恋《こい》・猫《ねこ》の子《こ》・お玉杓子《たまじゃくし》・蛙《かわず》・鶯《うぐいす》・雉《きじ》・小《こ》綬鶏《じゅけい》・雲雀《ひばり》・鷽《うそ》・頬白《ほおじろ》・燕《つばめ》・春《はる》の鳥《とり》・呼子鳥《よぶこどり》・山鳥《やまどり》・帰雁《きがん》・引《ひ》き鶴《づる》・引《ひ》き鴨《がも》・残《のこ》る鴨《かも》・鳥《とり》帰《かえ》る・鳥雲《とりくも》に入《い》る・囀《さえず》り・鳥交《とりさか》る・孕《はら》み雀《すずめ》・雀《すずめ》の子《こ》・鳥《とり》の巣《す》・古巣《ふるす》・巣箱《すばこ》・燕《つばめ》の巣《す》・雀《すずめ》の巣《す》・烏《からす》の巣《す》・雲雀《ひばり》の巣《す》・巣立《すだ》ち・桜鯛《さくらだい》・眼張《めばる》・鰊《にしん》・鰆《さわら》・子持鯊《こもちはぜ》・鱵《さより》・春《はる》鰯《いわし》・鯥五郎《むつごろう》・白魚《しらうお》・鱒《ます》・諸《もろ》子《こ》・公魚《わかさぎ》・桜鯎《さくらうぐい》・柳鮠《やなぎはえ》・初鮒《はつぶな》・乗込鮒《のっこみぶな》・若鮎《わかあゆ》・菜種《なたね》河豚《ふぐ》・蛍烏賊《ほたるいか》・花烏賊《はないか》・飯《いい》蛸《だこ》・栄螺《さざえ》・蛤《はまぐり》・浅蜊《あさり》・貽貝《いがい》・月日貝《つきひがい》・赤貝《あかがい》・馬珂貝《ばかがい》・潮吹《しおふき》・桜貝《さくらがい》・蜆《しじみ》・蜷《にな》・田螺《たにし》・烏《からす》貝《がい》・桜蝦《さくらえび》・望潮《しおまねき》・寄居虫《やどかり》・磯巾着《いそぎんちゃく》・雲丹《うに》・初蝶《はつちょう》・蝶《ちょう》・蜂《はち》・蜂《はち》の巣《す》・虻《あぶ》・春《はる》の蚊《か》・春《はる》の蠅《はえ》・蠅生《はえう》まる・蚕《かいこ》・山繭《やままゆ》・春蝉《はるぜみ》

植物

梅《うめ》・紅梅《こうばい》・盆梅《ぼんばい》・椿《つばき》・初《はつ》花《はな》・彼岸桜《ひがんざくら》・枝垂桜《しだれざくら》・桜《さくら》・花《はな》・山桜《やまざくら》・八重桜《やえざくら》・遅桜《おそざくら》・落花《らっか》・残花《ざんか》・薔薇《ばら》の芽《め》・牡丹《ぼたん》の芽《め》・辛夷《こぶし》・連《れん》翹《ぎょう》・沈丁花《じんちょうげ》・三椏《みつまた》の花《はな》・海棠《かいどう》・ライラック・長春《ちょうしゅん》花《か》・馬酔木《あせび》の花《はな》・満天星《どうだん》の花《はな》・躑躅《つつじ》・山査子《さんざし》の花《はな》・こでまりの花《はな》・雪柳《ゆきやなぎ》・木蓮《もくれん》・藤《ふじ》・山吹《やまぶき》・桃《もも》の花《はな》・李《すもも》の花《はな》・梨《なし》の花《はな》・杏《あんず》の花《はな》・林《りん》檎《ご》の花《はな》・榠樝《かりん》の花《はな》・伊予《いよ》柑《かん》・ネーブル・八朔柑《はっさくかん》・木《こ》の芽《め》・蘖《ひこばえ》・若緑《わかみどり》・柳《やなぎ》の芽《め》・山椒《さんしょう》の芽《め》・楤《たら》の芽《め》・枸《く》杞《こ》の芽《め》・桑《くわ》の芽《め》・五加木《うこぎ》・柳《やなぎ》・金縷梅《まんさく》・松《まつ》の花《はな》・杉《すぎ》の花《はな》・楓《かえで》の花《はな》・榛《はん》の木《き》の花《はな》・白樺《しらかば》の花《はな》・猫柳《ねこやなぎ》・柳《りゅう》絮《じょ》・枸橘《からたち》の花《はな》・一位《いちい》の花《はな》・桑《くわ》の花《はな》・鈴懸《すずかけ》の花《はな》・山帰来《さんきらい》の花《はな》・竹《たけ》の秋《あき》・春落葉《はるおちば》・三《さん》

色《しき》菫《すみれ》・黄水仙《きずいせん》・華鬘草《けまんそう》・雛菊《ひなぎく》・東菊《あずまぎく》・金盞花《きんせんか》・勿忘《わすれな》草《そう》・アネモネ・フリージア・チューリップ・クロッカス・シクラメン・ヒヤシンス・君子蘭《くんしらん》・芝桜《しばざくら》・霞《かすみ》草《そう》・都忘《みやこわす》れ・菜《な》の花《はな》・大根《だいこん》の花《はな》・豆《まめ》の花《はな》・豌豆《えんどう》の花《はな》・蚕豆《そらまめ》の花《はな》・苺《いちご》の花《はな》・葱坊《ねぎぼう》主《ず》・茎立《くくだち》・春菜《はるな》・鶯《うぐいす》菜《な》・菠薐草《ほうれんそう》・如月菜《きさらぎな》・水菜《みずな》・芥《からし》菜《な》・壬生菜《みぶな》・三月菜《さんがつな》・春大《はるだい》根《こん》・独活《うど》・アスパラガス・春《しゅん》菊《ぎく》・韮《にら》・蒜《にんにく》・胡葱《あさつき》・山葵《わさび》・茗荷《みょうが》竹《だけ》・慈姑《くわい》・種《たね》芋《いも》・春《はる》の草《くさ》・下萌《したも》え・草《くさ》の芽《め》・ものの芽《め》・末黒《すぐろ》の薄《すすき》・

双葉《ふたば》・若草《わかくさ》・古草《ふるくさ》・草若葉《くさわかば》・若芝《わかしば》・蔦若葉《つたわかば》・葎《むぐら》若葉《わかば》・菫《すみれ》・紫雲英《げんげ》・苜蓿《うまごやし》・薺《なずな》の花《はな》・蒲公英《たんぽぽ》・土筆《つくし》・蘩蔞《はこべ》・杉菜《すぎな》・桜草《さくらそう》・洲浜草《すはまそう》・一輪《いちりん》草《そう》・二輪草《にりんそう》・虎杖《いたどり》・翁草《おきなぐさ》・酸葉《すいば》・蕨《わらび》・薇《ぜんまい》・芹《せり》・野蒜《のびる》・犬《いぬ》ふぐり・山吹草《やまぶきそう》・錨草《いかりそう》・春蘭《しゅんらん》・熊谷草《くまがいそう》・金鳳華《きんぽうげ》・一人静《ひとりしずか》・二人静《ふたりしずか》・母子草《ははこぐさ》・父子草《ちちこぐさ》・蕗《ふき》の薹《とう》・蓬《よもぎ》・嫁《よめ》菜《な》・茅花《つばな》・諸葛菜《しょかつさい》・片栗《かたくり》の花《はな》・灯台草《とうだいぐさ》・水草生《みずくさお》う・蓴《ぬなわ》生《お》う・蘆《あし》の角《つの》・真菰《まこも》の芽《め》・薊《あざみ》・座禅草《ざぜんそう》・松露《しょうろ》・若布《わかめ》・鹿尾菜《ひじき》・海雲《もずく》・海松《みる》・海苔《のり》・角叉《つのまた》

夏

時候

夏《なつ》・立夏《りっか》・夏《なつ》めく・初夏《しょか》・五《ご》月《がつ》・卯月《うづき》・夏浅《なつあさ》し・薄暑《はくしょ》・麦《むぎ》の秋《あき》・小満《しょうまん》・六月《ろくがつ》・皐月《さつき》・仲夏《ちゅうか》・芒種《ぼうしゅ》・入梅《にゅうばい》・梅雨《つゆ》寒《さむ》・夏至《げし》・半夏生《はんげしょう》・七月《しちがつ》・水無月《みなづき》・晩夏《ばんか》・小暑《しょうしょ》・梅雨《つゆ》明《あ》け・夏《なつ》の朝《あさ》・夏《なつ》の暁《あかつき》・炎昼《えんちゅう》・夏《なつ》の夕《ゆう》・夏《なつ》の宵《よい》・夏《なつ》の夜《よる》・短夜《みじかよ》・土用《どよう》・冷夏《れいか》・盛夏《せいか》・三伏《さんぷく》・暑《あつ》し・大暑《たいしょ》・極暑《ごくしょ》・溽暑《じょくしょ》・炎暑《えんしょ》・熱帯《ねったい》夜《や》・炎熱《えんねつ》・灼《や》く・涼《すず》し・夏《なつ》

深《ふか》し・夏《なつ》の果《は》て・秋近《あきちか》し・秋《あき》を待《ま》つ・夜《よる》の秋《あき》・水無月《みなづき》尽《じん》

天文

夏《なつ》の日《ひ》・夏《なつ》の空《そら》・梅雨空《つゆぞら》・夏《なつ》の月《つき》・梅雨《つゆ》の月《つき》・夏《なつ》の星《ほし》・梅雨《つゆ》の星《ほし》・旱星《ひでりぼし》・夏《なつ》の雲《くも》・雲《くも》の峰《みね》・雲海《うんかい》・卯月曇《うづきぐも》り・梅雨曇《つゆぐも》り・朝曇《あさぐも》り・五月闇《さつきやみ》・御来迎《ごらいごう》・虹《にじ》・梅雨晴《つゆば》れ・五月《さつき》晴《ば》れ・朝焼《あさや》け・夕焼《ゆうや》け・日盛《ひざか》り・西日《にしび》・炎天《えんてん》・油照《あぶらで》り・片蔭《かたかげ》・旱《ひでり》・夏《なつ》の風《かぜ》・南風《みなみ》・やませ・黒南風《くろはえ》・白南風《しろはえ》・筍流《たけのこなが》し・青嵐《あおあらし》・薫風《くんぷう》・熱《ねっ》風《ぷう》・涼風《りょうふう》・朝凪《あさなぎ》・夕凪《ゆうなぎ》・土《ど》用凪《ようなぎ》・風死《かぜし》す・夏《なつ》の雨《あめ》・緑《りょく》雨《う》・梅雨《つゆ》・走《はし》り梅雨《づゆ》・雨季《うき》・空梅雨《からつゆ》・五月雨《さみだれ》・虎《とら》が雨《あめ》・夕立《ゆうだち》・驟雨《しゅうう》・喜雨《きう》・雹《ひょう》・雷《かみなり》

地理

夏《なつ》の山《やま》・夏富士《なつふじ》・五月富士《さつきふじ》・雪渓《せっけい》・お花畑《はなばたけ》・夏野《なつの》・夏《なつ》の庭《にわ》・代田《しろた》・植田《うえた》・田水沸《たみずわ》く・夏《なつ》の水《みず》・泉《いずみ》・清水《しみず》・滴《したた》り・夏《なつ》の川《かわ》・五月川《さつきがわ》・出水《でみず》・滝《たき》・夏《なつ》の湖《うみ》・夏《なつ》の海《うみ》・夏《なつ》の浜《はま》・夏《なつ》の波《なみ》・卯波《うなみ》・皐月波《さつきなみ》・土用波《どようなみ》・夏《なつ》の潮《しお》・青葉潮《あおばじお》・苦潮《にがしお》・熱砂《ねっさ》

人事

更衣《ころもがえ》・夏衣《なつごろも》・夏服《なつふく》・白服《しろふく》・袷《あわせ》・ネル・単衣《ひとえ》・セル・羅《うすもの》・浴衣《ゆかた》・白絣《しろがすり》・上布《じょうふ》・縮布《ちぢみふ》・夏羽織《なつばおり》・夏《なつ》シャツ・開襟《かいきん》シャツ・アロハシャツ・サマードレス・夏袴《なつばかま》・甚平《じんべい》・すててこ・レース・海水着《かいすいぎ》・夏帯《なつおび》・腹当《はらあ》て・夏帽子《なつぼうし》・夏手袋《なつてぶくろ》・夏足袋《なつたび》・白靴《しろぐつ》・サングラス夏料理《なつりょうり》・船料理《ふなりょうり》・麦飯《むぎめし》・筍《たけのこ》飯《めし》・豆飯《まめめし》・水飯《すいはん》・乾飯《ほしいい》・鮨《すし》・冷素麺《ひやそうめん》・冷麦《ひやむぎ》・冷奴《ひややっこ》・瓜揉《うりも》み・冷《ひや》し瓜《うり》・冷《ひや》し西瓜《すいか》・茄子《なす》漬《づけ》・鴫焼《しぎや》き・梅干《うめぼ》し・洗膾《あらい》・土用鰻《どようなぎ》・泥鰌鍋《どじょうなべ》・生節《なまぶし》・土用《どよう》

主要季語選

蜆《しじみ》・葛餅《くずもち》・葛饅頭《くずまんじゅう》・柏餅《かしわもち》・
粽《ちまき》・心太《ところてん》・甘酒《あまざけ》・新茶《しんちゃ》・古《こ》
茶《ちゃ》・麦湯《むぎゆ》・葛水《くずみず》・ラムネ・氷《こおり》
水《みず》・氷《こおり》じるこ・かちわり・
氷菓《ひょうか》・ビール・梅酒《うめしゅ》・焼酎《しょうちゅう》・
冷酒《ひやざけ》
夏館《なつやかた》・夏座敷《なつざしき》・夏蒲団《なつぶとん》・夏《なつ》
座蒲団《ざぶとん》・花茣蓙《はなござ》・寝茣蓙《ねござ》・
簟《たかむしろ》・陶枕《とうちん》・網戸《あみど》・日除《ひよ》け・
青簾《あおすだれ》・夏暖簾《なつのれん》・葭簀《よしず》・葭戸《よしど》・
露台《ろだい》・籐椅子《とういす》・ハンモック・
水盤《すいばん》・蝿除《はえよ》け・蝿叩《はえたた》き・蝿取《はえと》
り器《き》・蚊帳《かや》・蚊遣火《かやりび》・香水《こうすい》・
暑気払《しょきばら》い・天瓜粉《てんかふん》・蚤取《のみと》り
粉《こ》・冷房《れいぼう》・花氷《はなごおり》・冷蔵庫《れいぞうこ》・
扇《おうぎ》・団扇《うちわ》・扇風機《せんぷうき》・風鈴《ふうりん》・
釣忍《つりしのぶ》・夏《なつ》の灯《ひ》・走馬灯《そうまとう》・日《ひ》
傘《がさ》・虫干《むしぼ》し・日向水《ひなたみず》・打水《うちみず》・
噴水《ふんすい》・撒水車《さんすいしゃ》・行水《ぎょうずい》・如露《じょろ》・
シャワー・夜濯《よすす》ぎ・麦刈《むぎか》り・
麦扱《むぎこ》き・麦打《むぎう》ち・新麦《しんむぎ》・麦藁《むぎわら》・
代掻《しろか》き・草取《くさと》り・田植《たう》え・早《さ》
乙女《おとめ》・田下駄《たげた》・田草取《たぐさと》り・草《くさ》
刈《か》り・干《ほ》し草《くさ》・菜種刈《なたねか》り・豆《まめ》
植《う》う・溝浚《みぞさら》え・牛馬冷《ぎゅうばひや》す・
雨乞《あまご》い・早苗饗《さなぶり》・藻刈《もか》り・昆《こん》
布刈《ぶか》り・天草刈《てんぐさか》り・袋掛《ふくろか》け・
虫篝《むしかがり》・誘蛾灯《ゆうがとう》・虫送《むしおく》り・繭《まゆ》
川狩《かわがり》・鵜飼《うか》い・夜釣《よづ》り・水中《すいちゅう》
眼鏡《めがね》・魚簗《やな》・鱚釣《きすつ》り・烏賊釣《いかつ》
り
避暑《ひしょ》・納涼《すずみ》・船遊《ふなあそ》び・海水浴《かいすいよく》・
砂日傘《すなひがさ》・滝浴《たきあ》び・森林浴《しんりんよく》・釣《つり》
堀《ぼり》・夜店《よみせ》・金魚売《きんぎょう》り・花火《はなび》・線《せん》
香花火《こうはなび》・野外演奏《やがいえんそう》・夏場所《なつばしょ》・七《しち》
月場所《がつばしょ》・ダービー・ナイター・
水遊《みずあそ》び・水鉄砲《みずでっぽう》・水中花《すいちゅうか》・
昆虫採集《こんちゅうさいしゅう》・蛍狩《ほたるがり》・水玉《みずたま》・草《くさ》
笛《ぶえ》・麦笛《むぎぶえ》・ボート・ヨット・水《すい》
上《じょう》スキー・登山《とざん》・キャンプ・
サマーハウス・バンガロー・
泳《およ》ぎ・波乗《なみの》り・水球《すいきゅう》・端居《はしい》・
裸《はだか》・素足《すあし》・汗《あせ》・髪洗《かみあら》う・日焼《ひや》
け・昼寝《ひるね》・寝冷《ねび》え・暑気中《しょきあた》り・
水中《みずあた》り・夏痩《なつや》せ・夏風邪《なつかぜ》・疫《えき》
痢《り》・日射病《にっしゃびょう》・汗疹《あせも》・霍乱《かくらん》・
水虫《みずむし》
メーデー・憲法記念日《けんぽうきねんび》・子供《こども》
の日《ひ》・母《はは》の日《ひ》・父《ちち》の日《ひ》・バー
ドウィーク・時《とき》の記念日《きねんび》・端《たん》
午《ご》・幟《のぼり》・鯉幟《こいのぼり》・吹流《ふきなが》し・矢《や》

車《ぐるま》・武者人形《むしゃにんぎょう》・菖蒲葺《しょうぶふ》く・菖蒲湯《しょうぶゆ》・薬玉《くすだま》・黒船祭《くろふねまつり》・パリ祭《さい》・山開《やまびら》き・川開《かわびら》き・海開《うみびら》き・朝顔市《あさがおいち》・鬼灯市《ほおずきいち》・暑中《しょちゅう》見舞《みまい》・暑中休暇《しょちゅうきゅうか》・帰省《きせい》・夏《か》期講習会《きこうしゅうかい》・林間学校《りんかんがっこう》・祭《まつり》・神田祭《かんだまつり》・葵祭《あおいまつり》・三社祭《さんじゃまつり》・祇園会《ぎおんえ》・野馬追《のまおい》・那智火祭《なちひまつり》・天満祭《てんままつり》・夏越《なごし》・住吉祭《すみよしまつり》・安《あん》居《ご》・四万六千日《しまんろくせんにち》・四迷忌《しめいき》・たかし忌《き》・花袋忌《かたいき》・四明忌《しめいき》・業《なり》平忌《ひらき》・多佳子忌《たかこき》・桜桃記《おうとうき》・茅《ぼう》舎忌《しゃき》・秋桜子忌《しゅうおうしき》・河童忌《かっぱき》・露伴忌《ろはんき》・谷崎忌《たにざきき》

動物

鹿《しか》の子《こ》・蝙蝠《こうもり》・亀《かめ》の子《こ》・雨《あま》蛙《がえる》・河鹿《かじか》・蟇《ひきがえる》・山椒魚《さんしょううお》・蠑螈《いもり》・守宮《やもり》・蜥蜴《とかげ》・蛇《へび》・蛇衣《へびきぬ》を脱《ぬ》ぐ・羽抜鳥《はぬけどり》・時鳥《ほととぎす》・郭《かっ》公《こう》・筒鳥《つつどり》・仏法僧《ぶっぽうそう》・慈悲心《じひしん》鳥《ちょう》・夜鷹《よたか》・青葉木菟《あおばずく》・老鶯《ろうおう》・雷鳥《らいちょう》・葭切《よしきり》・翡翠《かわせみ》・鷭《ばん》・鳧《けり》・鵜《う》・水鶏《くいな》・青鷺《あおさぎ》・白鷺《しらさぎ》・大瑠《おおる》璃《り》・小瑠璃《こるり》・黄鶲《きびたき》・野鶲《のびたき》・瑠璃鶲《るりびたき》・夏燕《なつつばめ》・駒鳥《こまどり》・虎《とら》鶫《つぐみ》・赤腹《あかはら》・眼白《めじろ》・四十雀《しじゅうから》・五十雀《ごじゅうから》・山雀《やまがら》・日雀《ひがら》・小雀《こがら》・海猫《うみねこ》・金魚《きんぎょ》・緋鯉《ひごい》・熱帯魚《ねったいぎょ》・目高《めだか》・濁《にご》り鮒《ぶな》・鯰《なまず》・鮎《あゆ》・岩《いわ》魚《な》・山女《やまめ》・黒鯛《くろだい》・初鰹《はつがつお》・鰹《かつお》・鯖《さば》・鯵《あじ》・鱚《きす》・べら・飛魚《とびうお》・虎魚《おこぜ》・赤鱏《あかえい》・鯒《こち》・穴子《あなご》・鰻《うなぎ》・章魚《たこ》・鮑《あわび》・海酸漿《うみほおずき》・帆立貝《ほたてがい》・蝲蛄《ざりがに》・蝦蛄《しゃこ》・蟹《かに》・船虫《ふなむし》・海月《くらげ》・海鞘《ほや》・蛾《が》・夏蚕《なつご》・蚕蛾《さんが》・毛《け》虫《むし》・尺蠖《しゃくとり》・夜盗虫《よとうむし》・火取虫《ひとりむし》・蛍《ほたる》・兜虫《かぶとむし》・鍬形虫《くわがたむし》・天牛《かみきり》・玉虫《たまむし》・金亀子《こがねむし》・天道虫《てんとうむし》・穀《こく》象《ぞう》・斑猫《はんみょう》・米搗虫《こめつきむし》・源五郎《げんごろう》・鼓虫《まいまい》・水馬《あめんぼう》・田亀《たがめ》・蝉《せみ》・空《うつ》蝉《せみ》・蜻蛉《とんぼ》生《う》まる・糸蜻蛉《いととんぼ》・川《かわ》蜻蛉《とんぼ》・蠅《はえ》・蛆《うじ》・蚊《か》・孑孑《ぼうふら》・ががんぼ・蚋《ぶと》・草蜉蝣《くさかげろう》・優曇《うどん》華《げ》・蟻《あり》・蟻地獄《ありじごく》・油虫《あぶらむし》・紙魚《しみ》・蚤《のみ》・虱《しらみ》・蟻《あり》・羽蟻《はあり》・白蟻《しろあり》・螻蛄《けら》・蜘蛛《くも》・百足虫《むかで》・蚰蜒《げじげじ》・蛞蝓《なめくじ》・蝸牛《かたつむり》・蚯蚓《みみず》・蛭《ひる》・夜《や》光虫《こうちゅう》

植物

薔薇《ばら》・利休梅《りきゅうばい》・牡丹《ぼたん》・石楠《しゃくな》花《げ》・紫陽花《あじさい》・百日紅《さるすべり》・杜鵑花《さつき》・繡線花《しもつけ》・未央柳《びようやなぎ》・繡毬花《てまりばな》・金雀枝《えにしだ》・夾竹桃《きょうちくとう》・仏桑花《ぶっそうげ》・野牡丹《のぼたん》・茉莉花《まつりか》・余花《よか》・葉《は》桜《ざくら》・梔子《くちなし》の花《はな》・泰山木《たいさんぼく》の花《はな》・南天《なんてん》の花《はな》・凌霄《のうぜん》の花《はな》・青梅《あおうめ》・木苺《きいちご》・楊梅《やまもも》・早桃《さもも》・李《すもも》・杏《あん》子《ず》・巴旦杏《はたんきょう》・枇杷《びわ》・バナナ・蜜柑《みかん》の花《はな》・柚子《ゆず》の花《はな》・橙《だいだい》の花《はな》・栗《くり》の花《はな》・柿《かき》の花《はな》・石榴《ざくろ》の花《はな》・柿若葉《かきわかば》・青胡桃《あおくるみ》・青葡《あおぶ》萄《どう》・青林檎《あおりんご》・桜桃《おうとう》の実《み》・卯《う》の花《はな》・忍冬《すいかずら》の花《はな》・桐《きり》の花《はな》・橡《とち》の花《はな》・水木《みずき》の花《はな》・朴《ほお》の花《はな》・槐《えんじゅ》の花《はな》・アカシアの花《はな》・合歓《ねむ》の花《はな》・沙羅《さら》の花《はな》・木斛《もっこく》の花《はな》・新《しん》樹《じゅ》・若葉《わかば》・青葉《あおば》・新緑《しんりょく》・茂《しげ》り・万緑《ばんりょく》・木下闇《こしたやみ》・緑蔭《りょくいん》・若楓《わかかえで》・土用芽《どようめ》・病葉《わくらば》・玫瑰《はまなす》・夏茱萸《なつぐみ》・夏桑《なつぐわ》・青桐《あおぎり》・若竹《わかたけ》・桑《くわ》の実《み》・竹落葉《たけおちば》・竹《たけ》の皮脱《かわぬ》ぐ・杜若《かきつばた》・菖蒲《しょうぶ》・一八《いちはつ》・芍《しゃく》薬《やく》・ダリア・向日葵《ひまわり》・葵《あおい》・布袋草《ほていそう》・夏水仙《なつずいせん》・雛罌粟《ひなげし》・芥《け》子坊主《しぼうず》・夏菊《なつぎく》・矢車草《やぐるまそう》・除《じょ》虫菊《ちゅうぎく》・石竹《せきちく》・カーネーション・月下美人《げっかびじん》・孔雀草《くじゃくそう》・睡《すい》蓮《れん》・百合《ゆり》・含羞草《おじぎそう》・金魚草《きんぎょそう》・花魁草《おいらんそう》・縷紅草《るこうそう》・松葉牡丹《まつばぼたん》・サルビア・アマリリス・日《にち》日草《にちそう》・百日草《ひゃくにちそう》・小判草《こばんそう》・甘《かん》草《ぞう》・鉄線花《てっせんか》・絹糸草《きぬいとそう》・玉巻《たまま》く芭蕉《ばしょう》・芭蕉《ばしょう》の花《はな》・苺《いちご》・瓜苗《うりなえ》・胡瓜苗《きゅうりなえ》・糸瓜苗《へちまなえ》・茄《な》子苗《すなえ》・夕顔《ゆうがお》・瓜《うり》の花《はな》・茄子《なす》の花《はな》・馬鈴薯《じゃがいも》の花《はな》・甘藷《さつまいも》の花《はな》・独活《うど》の花《はな》・山葵《わさび》の花《はな》・豌豆《えんどう》・蚕豆《そらまめ》・筍《たけのこ》・蕗《ふき》・瓜《うり》・甜瓜《まくわうり》・胡瓜《きゅうり》・メロン・茄子《なす》・トマト・甘藍《かんらん》・高菜《たかな》・不断《ふだん》草《そう》・夏蕪《なつかぶ》・夏大根《なつだいこん》・新藷《しんいも》・新《しん》馬鈴薯《じゃがいも》・若牛蒡《わかごぼう》・夏葱《なつねぎ》・玉葱《たまねぎ》・辣韮《らっきょう》・パセリ・蓼《たで》・紫蘇《しそ》・青山椒《あおざんしょう》・蓮《はす》の花《はな》・蓮《はす》の葉《は》・麦《むぎ》・烏麦《からすむぎ》・早苗《さなえ》・帚木《ははきぎ》・麻《あさ》・草茂《くさしげ》る・草《くさ》いきれ・夏草《なつくさ》・青芝《あおしば》・青蔦《あおつた》・青芒《あおすすき》・青蘆《あおあし》・葎《むぐら》・夏萩《なつはぎ》・夏蓬《なつよもぎ》・石菖《せきしょう》・竹《たけ》

煮草《にぐさ》・紫蘭《しらん》・鈴蘭《すずらん》・昼顔《ひるがお》・月《つき》見草《みそう》・水芭蕉《みずばしょう》・真菰《まこも》・沢瀉《おもだか》・河骨《こうほね》・水葵《みずあおい》・菱《ひし》の花《はな》・藺《い》の花《はな》・藺《い》・太藺《ふとい》・蒲《がま》・浜木綿《はまゆう》の花《はな》・夏薊《なつあざみ》・羊蹄《ぎしぎし》の花《はな》・現《げん》の証拠《しょうこ》・蕺菜《どくだみ》・車前草《おおばこ》の花《はな》・踊子草《おどりこそう》・姫女苑《ひめじょおん》・都草《みやこぐさ》・捩《ねじ》花《ばな》・靫草《うつぼぐさ》・鷺草《さぎそう》・麒麟草《きりんそう》・一《ひと》つ葉《ば》・浜豌豆《はまえんどう》・浦島草《うらしまそう》・野《の》蒜《びる》の花《はな》・烏瓜《からすうり》の花《はな》・蛇苺《へびいちご》・夏蕨《なつわらび》・芹《せり》の花《はな》・鋸草《のこぎりそう》・浜《はま》菅《すげ》・夕菅《ゆうすげ》・蠅取草《はえとりぐさ》・岩桔梗《いわききょう》・風知草《ふうちそう》・苔《こけ》の花《はな》・苔茂《こけしげ》る・萍《うきくさ》・金魚藻《きんぎょも》・蛭蓆《ひるむしろ》・蓴菜《じゅんさい》・木耳《きくらげ》・天草《てんぐさ》・海蘿《ふのり》・昆布《こんぶ》・荒《あら》布《め》

秋

時候

秋《あき》・秋《あき》めく・秋《あき》さぶ・今朝《けさ》の秋《あき》・初秋《しょしゅう》・八月《はちがつ》・文月《ふみづき》・立秋《りっしゅう》・秋浅《あきあさ》し・秋暑《あきあつ》し・残暑《ざんしょ》・八月尽《はちがつじん》・新涼《しんりょう》・爽《さわ》やか・九月《くがつ》・葉月《はづき》・九月尽《くがつじん》・十月《じゅうがつ》・長月《ながつき》・八朔《はっさく》・白露《はくろ》・秋分《しゅうぶん》・秋《あき》の朝《あさ》・秋《あき》の昼《ひる》・秋《あき》の暮《く》れ・秋《あき》の宵《よい》・秋《あき》の夜《よる》・夜長《よなが》・晩秋《ばんしゅう》・秋澄《あきす》む・秋麗《あきうら》ら・秋気《しゅうき》・寒露《かんろ》・やや寒《さむ》・そぞろ寒《さむ》・秋寒《あきさむ》・肌寒《はださむ》・冷《ひ》ややか・身《み》に沁《し》む・夜寒《よさむ》・朝寒《あささむ》・霜降《そうこう》・秋深《あきふか》し・暮《く》れの秋《あき》・行《ゆ》く秋《あき》・秋惜《あきお》しむ・冬隣《ふゆどなり》

天文

秋《あき》の日《ひ》・秋空《あきぞら》・秋《あき》の色《いろ》・天高《てんたか》し・秋日和《あきびより》・秋晴《あきば》れ・秋旱《あきひでり》・秋光《しゅうこう》・秋《あき》の雲《くも》・鯖雲《さばぐも》・鰯雲《いわしぐも》・霧《きり》・露《つゆ》・秋時雨《あきしぐれ》・露時雨《つゆしぐれ》・秋《しゅう》霖《りん》・秋《あき》の雨《あめ》・秋曇《あきぐも》り・秋《あき》の風《かぜ》・初嵐《はつあらし》・野分《のわき》・台風《たいふう》・盆《ぼん》東風《ごち》・高西風《たかにし》・黍嵐《きびあらし》・雁渡《かりわた》し・青北風《あおぎた》・富士《ふじ》の初雪《はつゆき》・秋《あき》の雪《ゆき》・秋《あき》の雷《かみなり》・稲妻《いなずま》・秋《あき》の虹《にじ》・秋《あき》の夕焼《ゆうや》け・露霜《つゆじも》・秋《あき》の霜《しも》・月《つき》・盆《ぼん》の月《つき》・初月《はつづき》・二日《ふつか》月《づき》・三日月《みかづき》・夕月夜《ゆうづきよ》・待宵《まつよい》・

名月《めいげつ》・良夜《りょうや》・無月《むげつ》・十六夜《いざよい》・立待月《たちまちづき》・居待月《いまちづき》・臥待月《ふしまちづき》・更待月《ふけまちづき》・宵闇《よいやみ》・有明月《ありあけづき》・後《のち》の月《つき》・秋《あき》の星《ほし》・星月夜《ほしづきよ》・天《あま》の川《がわ》・流星《りゅうせい》

地理

秋《あき》の山《やま》・秋《あき》の野《の》・花野《はなの》・秋《しゅう》園《えん》・花畑《はなばたけ》・花圃《かほ》・水澄《みずす》む・秋《あき》の水《みず》・秋《あき》の川《かわ》・秋出水《あきでみず》・秋《あき》の田《た》・刈田《かりた》・穭田《ひつじた》・落《お》とし水《みず》・秋《あき》の潮《しお》・秋《あき》の海《うみ》・秋《あき》の湖《うみ》・初潮《はつじお》・高潮《たかしお》・盆波《ぼんなみ》・秋《あき》の浜《はま》・不知火《しらぬい》・秋《あき》の沼《ぬま》・秋《あき》の土《つち》

人事

秋袷《あきあわせ》・秋《あき》の服《ふく》・秋羽織《あきばおり》・夜《や》食《しょく》・秋渇《あきかわ》き・新米《しんまい》・新麹《しんこうじ》・零余子飯《むかごめし》・栗飯《くりめし》・松茸飯《まつたけめし》・橡餅《とちもち》・柚餅子《ゆべし》・柚子味噌《ゆずみそ》・干《ほし》柿《がき》・枝豆《えだまめ》・浅漬《あさづけ》・氷頭膾《ひずなます》・鱲子《からすみ》・衣被《きぬかつぎ》・とろろ汁《じる》・新蕎麦《しんそば》・新豆腐《しんとうふ》・新酒《しんしゅ》・古《こ》酒《しゅ》・濁《にご》り酒《ざけ》・葡萄酒醸《ぶどうしゅかも》す・菊酒《きくざけ》

灯火親《とうかした》し・秋《あき》の灯《ひ》・秋扇《しゅうせん》・秋簾《あきすだれ》・灯籠《とうろう》・秋《あき》の宿《やど》・障子《しょうじ》洗《あら》う・障子貼《しょうじは》る・冬支度《ふゆじたく》・松手入《まってい》れ・火恋《ひこい》し

秋耕《しゅうこう》・種採《たねと》り・菜種蒔《なたねま》く・大根蒔《だいこんま》く・豌豆蒔《えんどうま》く・蚕豆《そらまめ》蒔《ま》く・添水《そうず》・案山子《かがし》・鳴子《なるこ》・鳥威《とりおど》し・稲刈《いねか》り・稲干《いねほ》し・稲架《はざ》・稲扱《いねこ》き・籾《もみ》・秋収《あきおさ》め・豊年《ほうねん》・凶作《きょうさく》・新藁《しんわら》・夜《よ》なべ・新絹《しんぎぬ》・豆引《まめひ》く・蘆刈《あしか》り・蘆《あし》火《び》・桑括《くわくく》る・小鳥網《ことりあみ》・囮《おとり》・牧閉《まきとざ》す・鳩吹《はとふ》く・下《くだ》り簗《やな》・網代打《あじろう》ち・鮭打《さけう》ち・鰯引《いわしひ》く・鯊釣《はぜつ》り・紅葉狩《もみじがり》・秋《あき》の野遊《のあそ》び・茸狩《たけがり》・菊人形《きくにんぎょう》・月見《つきみ》・秋場所《あきばしょ》・草相撲《くさずもう》・秋《しゅう》興《きょう》・秋意《しゅうい》・秋思《しゅうし》・秋《あき》の愁《うれ》い

敬老《けいろう》の日《ひ》・秋分《しゅうぶん》の日《ひ》・重《ちょう》陽《よう》・原爆忌《げんばくき》・終戦記念日《しゅうせんきねんび》・震災記念日《しんさいきねんび》・赤《あか》い羽根《はね》・体《たい》育《いく》の日《ひ》・国民体育大会《こくみんたいいくたいかい》・芸《げい》

術祭《じゅつさい》・美術《びじゅつ》の秋《あき》・七夕《たなばた》・星合《ほしあい》・牽牛《けんぎゅう》・織女《しょくじょ》・佞武《ねぶ》多《た》・竿灯《かんとう》・盆路《ぼんみち》・盆花《ぼんばな》・盆《ぼん》休《やす》み・盆支度《ぼんしたく》・盂蘭盆《うらぼん》・苧《お》殻《がら》・精霊火《しょうりょうび》・迎《むか》え火《び》・送《おく》り火《び》・生身魂《いきみたま》・門火《かどび》・墓参《はかまい》り・施餓鬼《せがき》・大文字《だいもんじ》・精《しょう》霊舟《りょうぶね》・風《かぜ》の盆《ぼん》・中元《ちゅうげん》・鹿《しか》の角切《つのき》り・おくんち・べったら市《いち》・運動会《うんどうかい》・秋祭《あきまつり》・吉《よし》田火祭《だひまつり》・金刀比羅祭《ことひらまつり》・鞍《くら》馬《ま》の火祭《ひまつり》・時代祭《じだいまつり》・秋遍《あきへん》路《ろ》・六斎念仏《ろくさいねんぶつ》・六道参《ろくどうまい》り・地蔵盆《じぞうぼん》・菊供養《きくくよう》・宗祇忌《そうぎき》・鬼貫忌《おにつらき》・草田男忌《くさたおき》・定家《ていか》忌《き》・去来忌《きょらいき》・子規忌《しきき》・蛇笏《だこつ》忌《き》

動物

馬肥《うまこ》ゆる・猪《いのしし》・鹿《しか》・蛇穴《へびあな》に入《い》る・秋《あき》の蛙《かわず》・燕帰《つばめかえ》る・雁《かり》・渡《わた》り鳥《どり》・小鳥《ことり》・色《いろ》鳥《どり》・坂鳥《さかどり》・椋鳥《むくどり》・連雀《れんじゃく》・稲《いな》雀《すずめ》・秋雀《あきすずめ》・鵙《もず》・啄木鳥《きつつき》・懸巣《かけす》・鶸《ひわ》・鵯《ひよどり》・鶫《つぐみ》・鶉《うずら》・獦子鳥《あとり》・鶲《ひたき》・鶺鴒《せきれい》・鵲《かささぎ》・鴫《しぎ》・初鴨《はつがも》・鷹渡《たかわた》る・蜻蛉《とんぼ》・赤蜻蛉《あかとんぼ》・蜉蝣《かげろう》・蜩《ひぐらし》・法師《ほうし》蝉《ぜみ》・虫《むし》・竈馬《いとど》・蟋蟀《こおろぎ》・螽蟖《きりぎりす》・松虫《まつむし》・鈴虫《すずむし》・草雲雀《くさひばり》・邯《かん》鄲《たん》・鉦叩《かねたた》き・馬追《うまお》い・轡《くつわ》虫《むし》・螇蚸《ばった》・蝗《いなご》・蟷螂《かまきり》・茶《ちゃ》立虫《たてむし》・蓑虫《みのむし》・芋虫《いもむし》・螻蛄鳴《けらな》く・地虫鳴《じむしな》く・落《お》ち鮎《あゆ》・紅葉鮒《もみじぶな》・木葉山女《このはやまめ》・江鮭《あめのうお》・鰍《かじか》・鯔《ぼら》・鱸《すずき》・鯊《はぜ》・秋鯖《あきさば》・秋《あき》鯵《あじ》・鰯《いわし》・太刀魚《たちうお》・秋刀魚《さんま》・鮭《さけ》

植物

秋芽《あきめ》・秋果《しゅうか》・柿《かき》・林檎《りんご》・梨《なし》・桃《もも》・石榴《ざくろ》・葡萄《ぶどう》・栗《くり》・無花果《いちじく》・木《こ》の実《み》・杉《すぎ》の実《み》・橡《とち》の実《み》・樫《かし》の実《み》・椎《しい》の実《み》・榧《かや》の実《み》・黐《もち》の実《み》・団栗《どんぐり》・銀杏《ぎんなん》・菩提《ぼだい》子《し》・無患子《むくろじ》・衝羽根《つくばね》・橘《たちばな》・枳椇《けんぽなし》・桐《きり》の実《み》・紫式部《むらさきしきぶ》・枸《く》杞《こ》の実《み》・山椒《さんしょう》の実《み》・木天蓼《またたび》・梅擬《うめもどき》・秋茱萸《あきぐみ》・秋桑《あきくわ》・山葡《やまぶ》萄《どう》・野葡萄《のぶどう》・通草《あけび》・蔦《つた》・竹《たけ》の春《はる》・棗《なつめ》の実《み》・胡桃《くるみ》・柚子《ゆず》・柑《こう》

子《じ》・金柑《きんかん》・檸檬《れもん》・榲桲《まるめろ》・紅葉《もみじ》・初紅葉《はつもみじ》・薄紅葉《うすもみじ》・照葉《てりは》・黄《こう》葉《よう》・黄落《こうらく》・楓《かえで》・柏黄葉《かしわもみじ》・漆《うるし》紅葉《もみじ》・銀杏黄葉《いちょうもみじ》・桜紅葉《さくらもみじ》・柿紅葉《かきもみじ》・桐一葉《きりひとは》・銀杏《いちょう》散《ち》る・五倍子《ふし》・新松子《しんちぢり》・木犀《もくせい》の花《はな》・木槿《むくげ》・芙蓉《ふよう》・秋薔薇《あきばら》・木瓜《ぼけ》の実《み》・椿《つばき》の実《み》・枳殻《からたち》の実《み》・梔子《くちなし》の実《み》・芭蕉《ばしょう》・破《やぶ》れ芭蕉《ばしょう》・サフラン・蘭《らん》・朝顔《あさがお》・朝顔《あさがお》の実《み》・夜顔《よるがお》・鶏頭《けいとう》・葉鶏頭《はげいとう》・コスモス・白粉花《おしろいばな》・秋海棠《しゅうかいどう》・鬼灯《ほおずき》・鳳仙花《ほうせんか》・菊《きく》・晩菊《ばんぎく》・残《ざん》菊《ぎく》・紫苑《しおん》・木賊《とくさ》・弁慶草《べんけいそう》・西《すい》瓜《か》・南瓜《かぼちゃ》・冬瓜《とうが》・糸瓜《へちま》・瓢《ふくべ》・オクラ・秋茄子《あきなす》・馬鈴薯《じゃがいも》・甘藷《さつまいも》・芋《いも》・芋茎《ずいき》・自然薯《じねんじょ》・

長薯《ながいも》・仏掌薯《つくねいも》・零余子《むかご》・貝割《かいわり》菜《な》・間引菜《まびきな》・辣韮《らっきょう》の花《はな》・茗《みょう》荷《が》の花《はな》・紫蘇《しそ》の実《み》・唐辛子《とうがらし》・生姜《しょうが》・稲《いね》・稲《いね》の花《はな》・陸稲《おかぼ》・早稲《わせ》・中稲《なかて》・晩稲《おくて》・落穂《おちぼ》・稗《ひえ》・玉蜀黍《とうもろこし》・黍《きび》・粟《あわ》・蕎麦《そば》の花《はな》・大豆《だいず》・畦豆《あぜまめ》・隠元豆《いんげんまめ》・刀豆《なたまめ》・小豆《あずき》・落花生《らっかせい》・麻《あさ》の実《み》・ホップ・胡麻《ごま》・煙草《たばこ》の花《はな》・棉《わた》・棉《わた》吹《ふ》く・秋草《あきくさ》・草《くさ》の花《はな》・草《くさ》の穂《ほ》・草《くさ》の実《み》・秋《あき》の七草《ななくさ》・末枯《うらが》れ・萩《はぎ》・尾花《おばな》・芒《すすき》・荻《おぎ》・葛《くず》・葛《くず》の花《はな》・女郎花《おみなえし》・男郎花《おとこえし》・藤袴《ふじばかま》・萱《かや》・刈萱《かるかや》・蘆《あし》の花《はな》・泡立草《あわだちそう》・数珠玉《じゅずだま》・郁子《むべ》・藪枯《やぶから》し・撫子《なでしこ》・野菊《のぎく》・磯菊《いそぎく》・鉄道《てつどう》草《ぐさ》・浜菊《はまぎく》・旋覆花《おぐるま》・田村草《たむらそう》・

めはじき・狗尾草《えのころぐさ》・牛膝《いのこずち》・藪虱《やぶじらみ》・曼珠沙華《まんじゅしゃげ》・桔梗《ききょう》・吾《われ》亦紅《もこう》・水引《みずひき》の花《はな》・美男葛《びなんかずら》・竜胆《りんどう》・大文字草《だいもんじそう》・杜鵑草《ほととぎす》・松《まつ》虫草《むしそう》・露草《つゆくさ》・千振《せんぶり》・車前草《おおばこ》・思草《おもいぐさ》・忍草《しのぶぐさ》・蓼《たで》の花《はな》・溝《みぞ》蕎麦《そば》・茜草《あかね》・烏瓜《からすうり》・菱《ひし》の実《み》・茸《きのこ》・松茸《まつたけ》・椎茸《しいたけ》・占地《しめじ》・舞《まい》茸《たけ》・岩茸《いわたけ》・毒茸《どくたけ》・紅茸《べにたけ》・猿《ましら》茸《たけ》

冬

時候

冬《ふゆ》・冬《ふゆ》めく・冬《ふゆ》に入《い》る・冬来《ふゆきた》る・初冬《しょとう》・十一月《じゅういちがつ》・神無月《かんなづき》・

神有月《かみありづき》・立冬《りっとう》・冬《ふゆ》ざれ・冬暖《ふゆあたた》か・冬麗《ふゆうら》ら・冬浅《ふゆあさ》し・小春《こはる》・小雪《しょうせつ》・仲冬《ちゅうとう》・十二月《じゅうにがつ》・霜月《しもつき》・大雪《たいせつ》・冬至《とうじ》・年《とし》の暮《く》れ・年《とし》の内《うち》・行《ゆ》く年《とし》・年惜《としお》しむ・小晦日《こつごもり》・大晦日《おおみそか》・除夜《じょや》・年《とし》の夜《よ》・年越《としこ》し・一月《いちがつ》・師走《しわす》・寒《かん》の入《い》り・小寒《しょうかん》・大寒《だいかん》・寒《かん》の内《うち》・寒土用《かんどよう》・冬《ふゆ》の日《ひ》・冬《ふゆ》の朝《あさ》・冬《ふゆ》の暮《く》れ・短日《たんじつ》・冬《ふゆ》の夜《よる》・寒夜《かんや》・霜夜《しもよ》・冷《つめ》たし・寒《さむ》し・冱《い》つ・冴《さ》ゆ・底冷《そこび》え・しばれる・厳寒《げんかん》・寒波《かんぱ》・冬深《ふゆふか》し・三寒四温《さんかんしおん》・日脚伸《ひあしの》ぶ・春待《はるま》つ・春近《はるちか》し・冬尽《ふゆつ》く・節分《せつぶん》

天文

冬日《ふゆひ》・冬日向《ふゆひなた》・寒月《かんげつ》・冬晴《ふゆば》れ・冬凪《ふゆなぎ》・冬旱《ふゆひでり》・冬《ふゆ》の空《そら》・冬《ふゆ》の雲《くも》・冬《ふゆ》の月《つき》・冬《ふゆ》の星《ほし》・寒昴《かんすばる》・冬《ふゆ》の風《かぜ》・凩《こがらし》・北風《きたかぜ》・空風《からかぜ》・北颪《きたおろし》・寒風《かんぷう》・鎌鼬《かまいたち》・隙間風《すきまかぜ》・虎落笛《もがりぶえ》・神渡《かみわた》し・時雨《しぐれ》・初時雨《はつしぐれ》・寒《かん》の雨《あめ》・霰《あられ》・霙《みぞれ》・霜《しも》・初霜《はつしも》・霧氷《むひょう》・樹氷《じゅひょう》・雨氷《うひょう》・露凝《つゆこ》る・雪催《ゆきもよ》い・雪《ゆき》・初雪《はつゆき》・雪晴《ゆきば》れ・風花《かざばな》・吹雪《ふぶき》・雪《ゆき》しまき・雪女郎《ゆきじょろう》・雪起《ゆきおこ》し・冬《ふゆ》の雷《かみなり》・冬霞《ふゆがすみ》・冬《ふゆ》の霧《きり》・冬《ふゆ》の靄《もや》・冬《ふゆ》の虹《にじ》・冬夕焼《ふゆゆうや》け

地理

冬《ふゆ》の山《やま》・山眠《やまねむ》る・冬野《ふゆの》・枯《か》れ野《の》・冬田《ふゆた》・枯《か》れ園《その》・冬景色《ふゆげしき》・水涸《みずか》るる・寒《かん》の水《みず》・冬《ふゆ》の川《かわ》・冬《ふゆ》の海《うみ》・冬《ふゆ》の湖《うみ》・冬《ふゆ》の波《なみ》・寒潮《かんちょう》・冬《ふゆ》の浜《はま》・霜柱《しもばしら》・凍土《いてつち》・初氷《はつごおり》・氷柱《つらら》・氷壁《ひょうへき》・氷湖《ひょうこ》・氷海《ひょうかい》・御神渡《おみわた》り

人事

冬《ふゆ》の服《ふく》・冬着《ふゆぎ》・衾《ふすま》・蒲団《ふとん》・ちゃんちゃんこ・褞袍《どてら》・ねんねこ・冬《ふゆ》シャツ・ジャケツ・外套《がいとう》・コート・冬羽織《ふゆばおり》・毛皮《けがわ》・毛布《もうふ》・重《かさ》ね着《ぎ》・着《き》ぶくれ・股引《ももひき》・もんぺ・雪合羽《ゆきがっぱ》・アノラッ

主要季語選

ク・頭巾《ずきん》・綿帽子《わたぼうし》・冬帽子《ふゆぼうし》・防寒帽《ぼうかんぼう》・耳袋《みみぶくろ》・ショール・襟巻《えりまき》・マスク・手袋《てぶくろ》・足袋《たび》・毛糸編《けいとあ》む

湯豆腐《ゆどうふ》・焼鳥《やきとり》・凍豆腐《しみどうふ》・煮《に》凝《こごり》・寒卵《かんたまご》・おでん・寄鍋《よせなべ》・鋤焼《すきや》き・桜鍋《さくらなべ》・ちり鍋《なべ》・鮟《あん》鱇鍋《こうなべ》・石狩鍋《いしかりなべ》・蕪蒸《かぶらむ》し・風《ふ》呂吹《ろふ》き・ホットドリンク・葛《くず》湯《ゆ》・生姜湯《しょうがゆ》・蕎麦湯《そばゆ》・蕎麦掻《そばが》き・鍋焼《なべや》き・釜揚《かまあ》げ饂飩《うどん》・寒《かん》造《づく》り・熱燗《あつかん》・鰭酒《ひれざけ》・玉子酒《たまござけ》・生姜酒《しょうがざけ》・松葉酒《まつばざけ》・河豚汁《ふぐじる》・三平汁《さんぺいじる》・のっぺい汁《じる》・納豆《なっとう》汁《じる》・薩摩汁《さつまじる》・葱汁《ねぎじる》・粕汁《かすじる》・巻《けん》繊汁《ちんじる》・闇汁《やみじる》・塩汁《しょっつる》・餅《もち》・寒《かん》餅《もち》・氷餅《こおりもち》・茎漬《くきづけ》・酢茎《すぐき》・千枚《せんまい》漬《づけ》・海鼠腸《このわた》・酢海鼠《すなまこ》・新海苔《しんのり》・雑炊《ぞうすい》・芋粥《いもがゆ》・焼《や》き芋《いも》・今川焼《いまがわや》き・鯛焼《たいや》き

冬構《ふゆがま》え・冬籠《ふゆごも》り・目貼《めば》り・霜除《しもよ》け・雪囲《ゆきがこ》い・雁木《がんぎ》・藪《やぶ》巻《ま》き・雪吊《ゆきづ》り・雪踏《ゆきふ》み・雪《ゆき》掻《か》き・雪下《ゆきおろ》し・冬座敷《ふゆざしき》・冬《ふゆ》の灯《ひ》・暖房《だんぼう》・暖炉《だんろ》・ストーブ・スチーム・埋《うず》み火《び》・煉《れん》炭《たん》・炬燵《こたつ》・炉《ろ》・火鉢《ひばち》・手焙《てあぶ》り・行火《あんか》・懐炉《かいろ》・湯婆《たんぽ》・干菜《ほしな》湯《ゆ》・雪沓《ゆきぐつ》・樏《かんじき》・雪下駄《ゆきげた》・橇《そり》・雪上車《せつじょうしゃ》・焚火《たきび》・火《ひ》の番《ばん》・賀《が》状書《じょうか》く・古日記《ふるにっき》・古暦《ふるごよみ》・冬《とう》耕《こう》・蕎麦刈《そばか》り・大根引《だいこんひ》き・大根干《だいこんほ》す・大根洗《だいこんあら》い・蒟蒻《こんにゃく》掘《ほ》る・蓮根掘《れんこんほ》る・麦蒔《むぎま》き・寒肥《かんごえ》・狐罠《きつねわな》・鷹狩《たかがり》・柴漬《ふしづけ》・牡蠣剝《かきむ》く・砕氷船《さいひょうせん》・炭焼《すみや》き・注連作《しめつく》り・寒天造《かんてんつく》る・紙漉《かみす》き

避寒《ひかん》・雪見《ゆきみ》・探梅《たんばい》・牡蠣船《かきぶね》・寒《かん》釣《づ》り・竹馬《たけうま》・縄飛《なわと》び・九州《きゅうしゅう》場所《ばしょ》・押《お》しくら饅頭《まんじゅう》・綾取《あやと》り・雪像《せつぞう》・雪達磨《ゆきだるま》・雪投《ゆきな》げ・スキー・スケート・アイスホッケー・ラグビー

湯《ゆ》ざめ・風邪《かぜ》・咳《せき》・嚔《くさめ》・水《みず》洟《ばな》・息白《いきしろ》し・悴《かじか》む・手足荒《てあしあ》るる・皹《あかぎれ》・凍傷《とうしょう》・凍死《とうし》・雪焼《ゆきや》け・雪眼《ゆきめ》・日向《ひなた》ぼっこ

勤労感謝《きんろうかんしゃ》の日《ひ》・新嘗祭《にいなめのまつり》・七《しち》五三《ごさん》・針供養《はりくよう》・年《とし》の市《いち》・羽子《はご》板市《いたいち》・御用納《ごようおさ》め・冬休《ふゆやす》み・門《かど》

松立《まつた》つ・柚子湯《ゆずゆ》・冬至粥《とうじがゆ》・熊《くま》祭《まつり》・歳暮《せいぼ》・餅搗《もちつ》き・注連飾《しめかざ》る・掃《は》き納《おさ》め・年《とし》の湯《ゆ》・晦日《みそか》蕎麦《そば》・年取《としと》り・豆撒《まめま》き・厄落《やくお》とし・酉《とり》の市《いち》・神楽《かぐら》・札納《ふだおさ》め・和布刈神事《めかりのしんじ》・除夜詣《じょやもうで》・除夜《じょや》の鐘《かね》・寒詣《かんもうで》・寒念仏《かんねんぶつ》・クリスマス・感謝祭《かんしゃさい》・芭蕉忌《ばしょうき》・嵐雪忌《らんせつき》・白秋忌《はくしゅうき》・波郷忌《はきょうき》・近松忌《ちかまつき》・一葉忌《いちようき》・漱石忌《そうせきき》・蕪《ぶ》村忌《そんき》

動物

熊《くま》・狐《きつね》・狸《たぬき》・兎《うさぎ》・狼《おおかみ》・竈《かまど》猫《ねこ》・羚羊《かもしか》・鼬《いたち》・むささび・冬眠《とうみん》・鷹《たか》・鷲《わし》・隼《はやぶさ》・木菟《みみずく》・梟《ふくろう》・鳰《かいつぶり》・千鳥《ちどり》・鴨《かも》・都《みやこ》鳥《どり》・白鳥《はくちょう》・鴛鴦《おしどり》・鷦鷯《みそさざい》・鶴《つる》・七面鳥《しちめんちょう》・寒禽《かんきん》・冬《ふゆ》の雁《かり》・寒《かん》雀《すずめ》・寒鴉《かんがらす》・田鳧《たげり》・冬鷗《ふゆかもめ》・凍鶴《いてづる》・鮪《まぐろ》・鱈《たら》・鰤《ぶり》・鮟鱇《あんこう》・氷下魚《こまい》・河豚《ふぐ》・海鼠《なまこ》・牡蠣《かき》・鰰《はたはた》・旗魚《かじき》・鯥《むつ》・甘鯛《あまだい》・金目《きんめ》鯛《だい》・鮃《ひらめ》・柳葉魚《ししゃも》・寒鰤《かんぶり》・寒《かん》鯛《だい》・寒鯉《かんごい》・寒鮒《かんぶな》・鱈場蟹《たらばがに》・ずわい蟹《がに》・寒蜆《かんしじみ》・綿虫《わたむし》・冬《ふゆ》の虫《むし》・凍蝶《いてちょう》・冬《ふゆ》の蠅《はえ》

植物

蜜柑《みかん》・椪柑《ぽんかん》・冬林檎《ふゆりんご》・青木《あおき》の実《み》・枇杷《びわ》の花《はな》・早梅《そうばい》・臘梅《ろうばい》・帰《かえ》り花《ばな》・山茶花《さざんか》・八《や》つ手《で》の花《はな》・茶《ちゃ》の花《はな》・室咲《むろざ》き・冬至梅《とうじばい》・冬薔薇《ふゆばら》・冬牡丹《ふゆぼたん》・寒椿《かんつばき》・寒《かん》木瓜《ぼけ》・寒菊《かんぎく》・仙蓼《せんりょう》・万両《まんりょう》・水仙《すいせん》・葉牡丹《はぼたん》・カトレア・枯《か》れ菊《ぎく》・枯《か》れ芭蕉《ばしょう》・枯《か》れ蓮《はす》・冬《ふゆ》紅葉《もみじ》・木《こ》の葉《は》・枯《か》れ葉《は》・落葉《おちば》・冬木立《ふゆこだち》・枯《か》れ木《き》・冬枯《ふゆが》れ・冬《ふゆ》芽《め》・雪折《ゆきお》れ・冬菜《ふゆな》・白菜《はくさい》・芽《め》キャベツ・葱《ねぎ》・大根《だいこん》・人参《にんじん》・蕪《かぶら》・セロリ・麦《むぎ》の芽《め》・冬草《ふゆくさ》・枯《か》れ草《くさ》・枯《か》れ尾花《おばな》・枯《か》れ葦《あし》・枯《か》れ真菰《まこも》・枯《か》れ芝《しば》・枯《か》れ葎《むぐら》・藪柑子《やぶこうじ》・石蕗《つわ》の花《はな》・冬蕨《ふゆわらび》・冬菫《ふゆすみれ》・寒葵《かんあおい》・寒蘭《かんらん》・冬芒《ふゆすすき》・寒菅《かんすげ》・冬萌《ふゆも》え・寒茸《かんたけ》・榎茸《えのきたけ》・滑子《なめこ》・寒海苔《かんのり》

主要季語選

新年

時候

新年《しんねん》・正月《しょうがつ》・初春《はつはる》・今年《ことし》・去年《こぞ》・年立《とした》つ・年迎《としむか》う・元日《がんじつ》・元朝《がんちょう》・元旦《がんたん》・初旦《はつあした》・小正《こしょう》月《がつ》・七日正月《なぬかしょうがつ》・二十日正月《はつかしょうがつ》・二日《ふつか》・三日《みっか》・三《さん》が日《にち》・四日《よっか》・五日《いつか》・六日《むいか》・七日《なぬか》・松《まつ》の内《うち》・松過《まつす》ぎ・女正月《おんなしょうがつ》

天文

初空《はつぞら》・初日《はつひ》・初日影《はつひかげ》・初東雲《はつしののめ》・初茜《はつあかね》・初曙《はつあけぼの》・初晴《はつば》れ・初《はつ》風《かぜ》・初東風《はつこち》・初凪《はつなぎ》・初霞《はつがすみ》・初明《はつあ》かり・淑気《しゅくき》・御降《おさが》り

地理

初富士《はつふじ》・初筑波《はつつくば》・初比叡《はつひえい》・初《はつ》浅間《あさま》・初景色《はつげしき》・初山河《はつさんが》・初波《はつなみ》

人事

春着《はるぎ》・春小袖《はるこそで》・初衣桁《はつえこう》・年《ねん》酒《しゅ》・喰積《くいつ》み・屠蘇《とそ》・数《かず》の子《こ》・草石蚕《ちょろぎ》・結《むす》び昆布《こんぶ》・田作《たつく》り・小殿原《ことのばら》・鱓《ごまめ》・開《ひら》き豆《まめ》・雑《ぞう》煮《に》・芋頭《いもがしら》・鏡餅《かがみもち》・御鏡《おかがみ》・七種粥《ななくさがゆ》・七日粥《なぬかがゆ》・小豆粥《あずきがゆ》・大福茶《おおぶくちゃ》・太箸《ふとばし》・箸紙《はしがみ》・柳《やなぎ》箸《ばし》

門松《かどまつ》・飾《かざ》り松《まつ》・門飾《かどかざり》・年木《としき》・松飾《かざ》り・鬼打木《おにうちぎ》・注連飾《しめかざ》り・七五三飾《しめかざ》り・掛筵《かけむしろ》・福藁《ふくわら》・穂垂《ほたれ》・繭玉《まゆだま》

年賀《ねんが》・年玉《としだま》・賀状《がじょう》・節振舞《せちぶるまい》・賀客《がきゃく》・回礼《かいれい》・新年会《しんねんかい》・七種《ななくさ》・若菜摘《わかなつ》み・松納《まつおさ》め・飾《かざ》り取《と》る・鏡開《かがみびら》き・蔵開《くらびら》き・寝正《ねしょう》月《がつ》・寝積《いねつ》む

歌留多《かるた》・双六《すごろく》・初占《はつうらな》い・福《ふく》笑《わら》い・羽子板《はごいた》・胡鬼板《こぎいた》・追《おい》羽子《ばね》・独楽《こま》・福引《ふくびき》・毬杖《ぎっちょう》・獅子舞《ししまい》・大黒舞《だいこくまい》・猿回《さるまわ》し・松《まつ》囃子《ばやし》・なまはげ・左義長《さぎちょう》・かまくら・えんぶり・万歳《まんざい》

初詣《はつもうで》・初参《はつまい》り・鷽替《うそが》え・十《とお》日戎《かえびす》・恵方詣《えほうまいり》・初戎《はつえびす》・初《はつ》天神《てんじん》・初薬師《はつやくし》・初閻魔《はつえんま》・初《はつ》観音《かんのん》・初大師《はつだいし》・初不動《はつふどう》・初《はつ》

庚申《こうしん》・初伊勢《はついせ》・初金毘羅《はつこんぴら》・初卯詣《はつうまいり》・破魔弓《はまゆみ》・破魔矢《はまや》・福達磨《ふくだるま》・卯杖《うづえ》・節男《せちおとこ》・年《とし》男《おとこ》

若水《わかみず》・初手水《はつちょうず》・初炊ぎ《はつかしぎ》・俎《まないた》始《はじ》め・着衣始《きそはじ》め・掃《は》き初《ぞ》め・書初《かきぞ》め・初座敷《はつざしき》・初湯《はつゆ》・初《はつ》暦《ごよみ》・初電話《はつでんわ》・初写真《はつしゃしん》・初笑《はつわら》い・初夢《はつゆめ》・初寝覚《はつねざ》め・泣《な》き初《ぞ》め・梳《す》き初《ぞ》め・初髪《はつかみ》・初《はつ》鏡《かがみ》・日記始《にっきはじ》め・初乗《はつの》り

成人《せいじん》の日《ひ》・出初《でぞ》め・初場所《はつばしょ》・初芝居《はつしばい》・歌会始《うたかいはじ》め・講書始《こうしょはじ》め・稽古始《けいこはじ》め・初出勤《はつしゅっきん》・仕事始《しごとはじ》め・御用始《ごようはじ》め・織《お》り初《ぞ》め・縫《ぬ》い初《ぞ》め・鍬始《くわはじ》め・初山《はつやま》・初漁《はつりょう》・初市《はついち》・初商《はつあきな》い・初荷《はつに》・初売《はつう》り・初買《はつが》い・大発会《だいはっかい》

動・植物

初鶏《はつどり》・初雀《はつすずめ》・丹頂《たんちょう》・初鴉《はつがらす》・初烏《はつがらす》・初鶯《はつうぐいす》・初鳩《はつばと》・春駒《はるごま》・嫁《よめ》が君《きみ》・伊勢海老《いせえび》・橙《だいだい》・福《ふく》寿草《じゅそう》・若菜《わかな》・薺《なずな》・御行《ごぎょう》・仏《ほとけ》の座《ざ》・菘《すずな》・蘿蔔《すずしろ》・歯朶《しだ》・譲《ゆずり》葉《は》・穂俵《ほだわら》・神馬藻《ほんだわら》・子《ね》の日《ひ》草《ぐさ》

時に応じ場合に即し
日本語使いさばき辞典　改訂増補版

2006年10月1日第1刷発行

著　者
現代言語研究会
発行人
大谷武彦
編　集
株式会社日本レキシコ
改訂増補版編集協力
株式会社オラクル
装　丁
井上硯滋＋川岸 歩
写真
ユニフォトプレス
発行所
あすとろ出版株式会社
〒114-0005　東京都北区栄町 48-23
TEL (03) 5902-3161
印刷所　東京書籍印刷株式会社

和の色*赤系

001…茜色《あかねいろ》

002…緋色《ひいろ》

003…深緋《こきひ》

004…蘇比《そひ》

005…朱色《しゅいろ》

006…埴《はに》

007…紅《くれない》

008…紅梅色《こうばいいろ》

009…一斤染《いっこんぞめ》

010…退紅《あらぞめ》

011…桜色《さくらいろ》

012…今様色《いまよういろ》

013…鴇色《ときいろ》

014…珊瑚色《さんごいろ》

さくらいろに衣はふかくそめてきむ
花のちりなむのちのかたみに
(紀有朋・古今集)

春は萌え夏は緑に紅の
綵(しみ)色に見ゆる秋の山かも
(万葉集)

和の色＊赤系

015…蘇《す》芳《おう》色《いろ》

016…葡萄《えび》色《いろ》

017…臙脂《えんじ》色《いろ》

018…檜皮《ひわだ》色《いろ》

019…紅殻《べんがら》色《いろ》

020…代赭《たいしゃ》色《いろ》

021…蒲色《かばいろ》

022…丹《に》色《いろ》

023…黄《おう》丹《に》

024…朱華《はねず》

025…照《てり》柿《がき》

026…柿渋《かきしぶ》色《いろ》

027…洗朱《あらいしゅ》

028…東雲《しののめ》色《いろ》

紅梅のいといたく文浮きたるに葡萄染の御小袿、今様色のすぐれたるは、この御料…
（源氏物語・「玉鬘」）

ほととぎす鳴出づべきしののめも、海のかたよりしらみそめたるに…
（芭蕉・笈の小文）

和の色*黄系

032…山吹色《やまぶきいろ》　031…支子色《くちなしいろ》　030…刈安色《かりやすいろ》　029…萱草色《かんぞういろ》

036…琥珀色《こはくいろ》　035…承和色《そがいろ》　034…鬱金色《うこんいろ》　033…黄蘗色《きはだいろ》

038…朽葉色《くちばいろ》　037…黄櫨染《こうろぜん》

やまぶきのにほへる妹がはねず色の
赤裳の姿夢にみえつつ
（万葉集）

040…木蘭色《もくらんいろ》　039…枯色《かれいろ》

冬枯れの森の朽葉の霜の上に
落ちたる月の影の寒けさ
（藤原清輔・新古今集）

042…山鳩色《やまばといろ》　041…鶸色《ひわいろ》

和の色*茶系

043…海老茶《えびちゃ》

044…落栗《おちぐり》

045…金茶《きんちゃ》

046…雀色《すずめいろ》

047…白茶《しらちゃ》

048…百塩茶《ももしおちゃ》

049…千歳茶《せんざいちゃ》

050…媚茶《こびちゃ》

051…璃寛茶《りかんちゃ》

052…芝翫茶《しかんちゃ》

053…路考茶《ろこうちゃ》

054…煤竹色《すすたけいろ》

055…丁子色《ちょうじいろ》

056…香色《こういろ》

かねつけてゐみをふくめるかほばせに
こよひあふみのおちぐりの本
（仮名草子・「獣の歌合」）

さびしさや小春日和の雀いろ
（草司・風やらい）

和の色＊緑系

060…緑青《ろくしょう》

059…海松色《みるいろ》

058…青丹《あおに》

057…萌黄色《もえぎいろ》

064…青竹色《あおたけいろ》

063…常盤色《ときわいろ》

062…柳色《やなぎいろ》

061…白緑《びゃくろく》

066…老竹色《おいたけいろ》

065…若竹色《わかたけいろ》

浅みどり糸よりかけて白露を
玉にもぬける春のやなぎか
（僧正遍照・古今集）

068…千種色《ちぐさいろ》

067…木賊色《とくさいろ》

山かげの岩間をつたふ苔水の
かすかに我はすみわたるかも
（良寛）

070…鶯色《うぐいすいろ》

069…苔色《こけいろ》

和の色*青系

071…瑠璃色《るりいろ》

072…群青《ぐんじょう》

073…白群《びゃくぐん》

074…呉須色《ごすいろ》

075…青磁色《せいじいろ》

076…藍色《あいいろ》

077…露草色《つゆくさいろ》

078…縹色《はなだいろ》

079…褐色《かちいろ》

080…浅葱色《あさぎいろ》

081…瓶覗《かめのぞき》

082…御納戸色《おなんどいろ》

083…鉄色《てついろ》

084…新橋色《しんばしいろ》

青磁色の鶉縮緬に三つ紋を縫はせた羽織を襲ねて…
（森鴎外・『青年』）

露草にそめぬ衣のいかなれは
うつし心もなくなしつらん
（和泉式部）

和の色*紫系

085…濃色《こきいろ》

086…薄色《うすいろ》

087…半色《はしたいろ》

088…二藍《ふたあい》

089…滅紫《けしむらさき》

090…藤色《ふじいろ》

091…紅藤《べにふじ》

092…杜若色《かきつばたいろ》

093…紫《し》苑色《おんいろ》

094…菖蒲《あやめ》色《いろ》

095…桔《き》梗色《きょういろ》

096…江《え》戸紫《どむらさき》

097…京紫《きょうむらさき》

098…紫《し》紺《こん》

藤の花色のかぎりににほふには
春さへ惜しくおもほゆるかな
（宇津保物語）

あやめ草足に結ばん草鞋の緒
（芭蕉・奥の細道）

和の色＊白・黒系

099…濡色《ぬれいろ》

100…藍墨茶《あいすみちゃ》

101…憲法色《けんぼういろ》

102…卯花色《うのはないろ》

103…鳥《とり》の子《こ》色《いろ》

104…亜麻色《あまいろ》

105…鈍色《にびいろ》

106…青鈍《あおにび》

107…空五倍子色《うつぶしいろ》

108…灰汁色《あくいろ》

109…銀鼠《ぎんねず》

110…利休鼠《りきゅうねず》

111…深川鼠《ふかがわねず》

112…鳩羽鼠《はとばねず》

所の衆の、青色に白襲をけしきばかり
ひきかけたるは、卯の花の垣根ちかう
おぼえて、…（枕草子・「祭のかへさ」）

にび色の空のもと　ほど近い海の匂ひ
茫洋とした川口の引き潮どきを　家鴨
一羽流れてゆく　（三好達治・南窗集）